기업경영과
노동법
LABOR LAWS

勞動法

노동자의 인간 존엄성이 보장되는
나라를 희망하며

〈기업경영과 노동법〉이 처음으로 나온 것은 2006년이었다. 해마다 바뀌는 노동법을 시의 적절하게 반영하느라 그 사이에 4년의 주기로 두 번이나 개정판을 냈고 이번엔 3년 만에 개 정 3판을 낸다. 고마운 일이다.

그간 〈기업경영과 노동법〉 수강생들(대학생 및 대학원생)과 학습을 하는 가운데, 나는 일관되 게 노사 모두에게 '삶의 질'을 강조해 왔다. 이런 관점에서 노동법 및 기업 경영과 관련해 몇 가지 중요한 변화들이 있었다.

첫째, 산업재해 관련 판례들인데, 하나는, 영화 '또 하나의 약속'에 나오는 백혈병 논란에 이어 다발성경화증도 산재로 인정되었다는 점이다. 또 다른 하나는 영화 '카트'에 나오는 것 과 같은 대형마트 여성노동자들이 감정노동으로 인해 겪는 스트레스가 산재로 인정된 것이 다. 둘 다 노동자의 건강권(감정권 포함)이 인정된 판결이다. 우선, 2017년 2월 10일, 서울행정 법원 행정1단독 이규훈 판사는 삼성전자 엘시디(LCD) 생산라인에서 일하다 다발성경화증이 발병한 김미선씨가 근로복지공단을 상대로 낸 요양불승인처분 취소소송에서 원고 승소 판결 했다. 다발성경화증이란 중추신경계 질환으로 10만 명당 3.5명이 발병하는 희귀병이다. 김씨 는 만 17살이었던 1997년 삼성전자 기흥공장에 입사해 3년 동안 생산직으로 일하다 2000년 3월에 병을 얻어 석 달 만에 퇴사했다. 김씨는 근로복지공단이 다발성경화증을 업무상 질병 으로 인정하지 않자 2013년에 행정소송을 제기했다. 김씨는 지금까지 1급 시각장애와 고관 절·무릎 연골 손상 등의 질환을 앓아 왔다. 행정법원 판사는 "김씨가 업무 중 아세톤 등 유 기용제에 노출됐고, 20살 이전에 야간근무를 포함한 교대근무를 수행했으며, 밀폐된 공간에 서 야간근무를 수행하며 자외선 노출이 부족했던 점이 다발성경화증의 발병 혹은 악화 요인 이 된 것으로 보인다."고 했다. 삼성 엘시디 공정에서 '업무상 질병'으로 인한 산재가 공인된 것은 이 판례가 처음이다. 다음으로, 2016년 10월 근로복지공단은, 고객으로부터 성희롱과 폭언을 들은 뒤 정신적 스트레스와 우울증 및 적응장애를 호소하던 노동자에게 처음으로 산 업재해가 인정된다고 판정했다. 이는 2016년 3월 중순에 개정된 '산재보험법 시행령'에 근거한 것으로, 텔레마케터와 백화점·마트 판매원, 항공기·열차 승무원 등 감정노동자가 고객의 폭언이나 폭행, 모멸적 요구('갑질')로 적응장애나 우울증을 겪게 되면 산재 인정이 가능하다는 것이다.

둘째, '해고된' 노동자의 산별노조 조합원 자격에 관한 판결인데, 대법원이 '자격이 있다'고 판단한 것이다. 2016년 11월 23일, 대법원 2부(주심 이상훈 대법관)는 '노동조합및노동관계조정법' 위반으로 재판을 받은 전국철도노조 조합원 이씨에게 벌금 100만원을 선고한 원심이 철도노조의 성격, 근로자의 범위, 철도노조 규약 해석 등을 오해했다며 다시 판결하라고 원심 법원으로 돌려보냈다. 철도노조는 2006년에 조합원 결의를 거쳐 산별노조인 전국운수산업노동조합 산하 철도본부로 조직을 변경했다. 이후 2011년 한국철도공사에서 근무하다 해임된 노동자 두 명을 지부장으로 뽑았다. 철도공사는 "해임된 노동자를 지부장으로 선출한 것은 철도노조 규약을 어긴 것"이라며 서울지방고용노동청에 시정명령을 신청했다. 철도노조 규약 제7조는 '철도공사 근무 직원과 관련 산업, 부대업체에서 근무하는 직원'을 조합원으로 인정하고 있다. 노동청은 해고된 노동자는 조합원 자격이 없다고 판단, 시정명령을 내렸다. 하지만 철도노조 측은 "철도노조는 운수노조 산하 조직인데, 운수노조는 해고자, 실업자도 조합원 자격이 있기 때문에 규약에 위배되지 않는다."며 거부했다. 운수노조 규약은 '운수산업 및 관련 분야에 종사하는 모든 노동자' 외에도 '운수산업 관련 해고자, 실업자, 퇴직자, 예비노동자, 조합에 임용된 자' 등을 모두 조합원으로 인정한다. 결국 사건은 법원으로 넘어갔다. 1심과 2심 재판부는 해고된 노동자는 철도노조 조합원 자격이 없다고 보고, 조합장이던 이씨에게 벌금 100만원을 선고했다. 그러나 대법원 판단은 달랐다. 대법원은 먼저 노동조합및노동관계조정법에 따르면 "노동자에는 취업한 사람 말고도 실업상태에 있거나 구직중인 자도 포함하도록 돼 있다."고 설명했다. 또, "철도노조 규약에 '근무하는 직원이 조합원'이라고 나와 있지만, 그렇다고 해고 근로자는 철도노조 조합원 자격이 없다고 단정할 순 없다."며 "이런 이유로 철도노조 규약을 위반했다고 보기 어렵고, 위반을 전제로 한 시정명령 역시 적법하다고 보기 어렵다."고 판시했다. 이는 노조원 자격에 대해, 편협하게 해석하던 예전과 달리, 보다 넓은 범주로 해석할 가능성을 연 판결이다.

셋째, 보다 구조적인 변화로, 2016년 10월 24일, 〈JTBC 뉴스룸〉의 '최순실 태블릿PC' 보도 이후 그간 한국 사회를 지배해 온 '재벌-국가 복합체'야말로 기업경영과 노동법, 그리고 사회경제, 교육문화 전반을 왜곡시킨 주범임이 드러났다는 점이다. '재벌-국가 복합체'란 무엇인가? 그것은 재벌, 여당, 국회, 검찰, 행정, 언론, 대학 등이 일종의 기득권층을 형성한 채, 노동자나 소비자, 중소기업 등 사회 전반의 피와 땀과 눈물을 지속적으로 짜내려는 경향을 가진 일종의 '중독 시스템'이다. 이 중독 시스템에서 그 핵심 인사들은 기본적으로 경제성장 중독에다 돈 중독, 권력 중독, 명예 중독에 빠져 있다. 그리고 그 주변 사람들을 동반 중독자로 만들어가며, 돈이나 일, 조직의 사명이나 분위기, 그리고 보상 시스템 등을 통해 모든 조직 구성원과 사회 구성원들을 중독 과정 속으로 통합해 나간다. 일중독, 소비 중독, 알코올 중독, 니코틴 중독, 마약 중독, 음식 중독, 성형 중독 등 각종 중독들이 온 사회로 확산되는 메커니즘이다. 이런 구조들과 노동법은 무슨 상관일까? 이미 밝혀진 바, 재벌들은 수십억의 돈을 모아 전경련을 통해 각종 우익 단체들을 지원하는 한편으로 대통령에겐 (기업하기 좋은 여건을 만들어 달라며) 노동법 개정이란 '민원'을 지속적으로 제기해왔다. 박근혜 대통령과 비선실세 최순실은 미르재단과 K스포츠재단 등을 통해 재벌로부터 약 800조 원의 기금을 출연 받았고, 특히 삼성은 최순실과 그 딸 정유라에게 약 400억 원의 특혜를 베풀었다. 그 대신 대통령은 특히 2015~16년 사이에 노사정 위원회와 여당을 압박해, 임금피크제, 성과연봉제, 저성과자 해고, 비정규직 확대 등을 포함하는 노동법 개정을 강행하려 했다. 한마디로, 돈과 법을 교환하려 했다.

이와 같이, 민주공화국 대한민국에서 기업경영과 노동법의 현실은 여전히 갈 길이 멀다. 아직도 유전무죄, 무전유죄라는 현실도 여전하고, 노동권 보호를 위한 규정들이 노동권을 제약하는 역설도 여전하며, 동일한 노동법 적용에 있어 노와 사 사이의 불균형 역시 심각하다. 특히, '박근혜-최순실 게이트'로 상징되는 중독 시스템은 대통령 탄핵이나 새 대통령 선거 이후에도 쉽게 청산되지는 않을 것이다.

하지만, 이럴 때일수록 진리탐구와 비판적 지성 연마, 그리고 창의적 대안 제시를 본연의 사명으로 하는 대학(大學)에서 교수와 학생들은 기업경영과 노동법의 현실을 한 걸음 더 전진시키기 위해 뼈를 깎는 노력을 해야 한다. 우리가 대학에서 공부하는 까닭은 결국 나도 행복하고 사회도 행복하기 위해서가 아니던가? 그러기 위해서라도 잘못된 현실을 바로 잡는 일을 게을리 하지 말아야 한다. 여기서 핵심은 인간 존엄성이다. 헌법 10조에서도 인간으로서의 존엄과 가치를 말하며 '행복 추구권'을 말하지 않던가.

그런 의미에서 이 책이 독자들에게 단순히 또 하나의 교과서가 아니라 우리 현실을 보다 행복하게 만드는 데 작은 길잡이가 되기를 바란다. 이 개정판을 엮는 과정에서 고려대 대학원에 재학 중인 조규준 군이 법령 및 판례 정리에 큰 도움을 주었고, 한올출판사의 최혜숙 실장님과 편집진, 인쇄 노동자께서 멋진 책으로 만들어주셨다. 감사 인사를 드린다.

2017년 2월

고려대 융합경영학부 강 수 돌

총론 / 2

기업 경영 과정과 노동법 / 36

I. 직원의 선발 및 채용 과정과 노동법 / 38

V. 직원의 징계, 이동, 이직, 해고, 퇴직과 노동법 / 154

Part 3 헌법 및 주요 노동관계법 / 180

Part 4 국제 및 외국 노동법 / 426

총 론

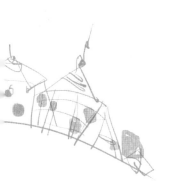

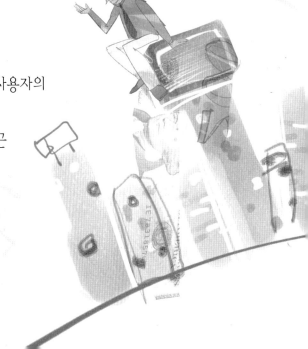

총 론

1. 노동법의 기원

노동법의 역사적 뿌리는 원초적으로 함무라비 법전[1] 까지 거슬러 올라갈 수 있으나, 현대 노동법의 기원은 1789년 프랑스 혁명과 같은 근대 시민혁명(Bourgeoisie Revolution)에서 찾을 수 있다. 18세기의 산업혁명과 당시의 계몽주의 운동을 배경으로 거세게 일어난 근대 시민혁명의 주된 구호는 자유, 평등, 우애, 사적 소유 등이었다. 그 역사적 변화의 과정에서 신흥 상공인 계급은 본질적으로 봉건적 사회관계들을 타파하고 자신들, 즉 자산계급의 이익을 대변하기 위한 각종 장치들을 만들기 시작했다. 그런데 다른 편으로 초기 자본주의의 새로운 공장들에서는 기계화와 더불어 비인간적 노동조건이 일상화되었고 이에 따라 노동자들의 권리 요구도 거세졌다. 즉 생존권, 노동권, 생활권 따위를 요구하는 사회 운동이 활발하게 나타났다.

이러한 상황에서 자본가들은 한편으로 노동자의 요구를 수용하면서도 다른 편으로 노동자들이 자본주의를 전복시키지 않고 그 틀 속에서 열심히 일할 수 있도록 일종의 보호 장치를 만들게 되었는데, 이것이 바로 노동법(Labor Law)의 역사적 성격을 규정한다. 예컨대 산업혁명 이전에는 10시간 또는 기껏해야 12시간이었던 노동시간이 기계의 도입으로 14시간 또는 16

---

1) 함무라비법전은 세계 최초의 성문법으로 B.C. 18세기 경 고대바빌로니아 왕국의 함무라비 왕이 '정의'(justice)를 바로 세우려고 '귀에는 귀, 이에는 이'라는 동태복수법 원칙을 바탕으로 만든 282개조의 법률이다. 그 중엔 토지관계, 소작관계, 채무관계, 채무노예관계, 혼인관계, 고용관계 등에 대한 조항이 담겨 있다.

시간으로 늘어났고, 전기의 발명과 더불어 야간 잔업이나 철야 작업도 가능하게 되었다. 노동자에 대한 유혈적 착취나 폭력, 과로 체제, 산업재해 및 직업병이 일상화되는 한편 노동자의 저항도 거세게 일어났다. 이러한 배경 속에서 노동법이 제정된 것은 산업화 및 기계화가 진행되면서 작업장의 새로운 노동방식으로부터 노동자들을 보호함과 동시에, 사적 소유를 핵으로 하는 자본주의 노동체제를 거시적으로 수호하려는 양면성을 갖고 있다고 보아야 옳다.

구체적으로 초기의 노동법을 보면, 어린 아이들을 학대고용에서 보호하려는 법률이 1802년 영국에서 처음으로 제정되었고, 1833년엔 공장법이 제정되어 세계 최초로 미성년자(13세~18세)에게 하루 12시간의 표준노동일을 적용하게 되었고, 1844년 법에서는 성인 남자도 하루 12시간 노동으로 제한하게 되었으며, 1847년의 신공장법에서는 10시간 노동법이 실시되었고 1864년엔 10시간 노동법이 더욱 광범위하게 적용되었다. 그러나 유럽 노동법의 대부분은 19세기말에 제정되었고, 미국에서는 1930년대에 제정되었다. 노동자의 권리를 인정하는 법률은 차티스트운동(Chartist Movement)이나 러다이트 운동(Luddite Movement), 노동시간 단축 운동 등 정치사회적 변화의 영향을 크게 받아왔으며, 오늘날에 와서도 정치적 변동에 매우 민감한 노동법의 한 분야로 남아 있다. 영국에서는 1824년에 양복공 플레이스(F. Place)가 주도한 투쟁이 거세게 일어나자 이미 1800년에 노동탄압을 위해 제정되었던 결사금지법(combination act)을 폐지했다. 또 프랑스에서는 노동자 운동이 거세게 일어나자 이미 1791년에 제정되었던 르 샤플리에(Le Chapelier)법을 1884년에 공식 폐지하기 전에 이미 1864년엔 노동자의 파업권을 인정하고 1868년엔 노조 결성과 집회의 자유도 허용했다. 미국은 1886년 5월 1일에 시카고 헤이마켓 광장에서 벌어진 '8시간 노동제' 운동이 오늘날 '메이데이'의 기원이 되었고, 1908년 3월 8일에 섬유업의 여성 노동자들이 럿거스광장에서 10시간 노동제, 작업환경 개선, 참정권 등을 요구했다. 그 뒤 1930년대 중반이 되어서야 혁신적인 와그너법(Wagner Law), 즉 전국노동관계법을 통해 노동자의 단결권을 공식 인정하게 된다.

〈 1789년 프랑스 인권 선언문(일부) 〉

제1조 인간은 권리에 있어서 자유롭고 평등하게 태어나 생존한다.

제2조 모든 정치적 결사의 목적은 인간의 자연적이고 소멸될 수 없는 권리를 보전함에 있다. 그 권리란 자유, 재산, 안전 그리고 압제에 대한 저항이다.

제3조 모든 주권의 원리는 본질적으로 국민에게 있다. 어떠한 단체나 개인도 국민으로부터 유래하지 않는 권리를 행사할 수 없다.

제5조 법으로 금지되지 않은 것은 어떤 것이라도 방해될 수 없으며 누구도 법이 명하지 않는 것을 하도록 강제될 수 없다.

이와 같이 노동법은 결코 하늘에서 갑자기 떨어진 것이 아니라 역사적, 사회적 관계의 산물이라 본다. 따라서 역사적, 사회적 관계가 변동함에 따라 노동법의 형태와 내용도 부단히 변동한다.

이제 우리나라 노동법의 역사를 간략히 살피면 다음과 같다. 사실상 자본주의적 임노동관계가 대량으로 발생한 것은 구한말이던 19세기 말 광산 및 항만 지대 등에서라고 기록되지만, 한반도에서 최초의 노동법이라 할 수 있는 것은 1925년 일제 아래에서의 '치안유지법'(천황제나 사유재산제를 부정하는 운동을 단속하는 법)이었다. 이것은 당시 노동 문제를 보는 일제의 시각을 알 수 있는 단초로서, 노동 관련 사회 문제를 노동 문제로 인식하지 않고 치안 문제의 일환으로 보고 있음을 알 수 있다. 즉 노동 문제가 노동이 구체적으로 이뤄지는 상황이나 노동하는 사람들의 삶의 조건이라는 관점에서 복합적으로 인식되기보다는 단순히 위로부터의 질서 유지와 효율적 통제라는 관점에서 인식되고 있었음을 뜻한다. 이것은 또한 일제가 노동 문제를 곧 치안을 교란하는 골치 아픈 문제라 보고 있었음을 암시한다. 구체적으로 일제는 조선 노동자들의 집회를 금지하고 노조 결성을 방해했으며 노동운동 지도자들을 체포·투옥했다. 그럼에도 불구하고 1925년엔 평양, 경성, 부산 등의 인쇄공 파업, 1926년의 목포 제유공 파업, 1928년 영흥 노동자 총파업, 1929년의 원산 총파업, 1933년의 고무공장 파업 등이 불굴의 의지로 조직되고 또 탄압받았다.

바로 이렇게 왜곡된 인식, 선입견과 편견으로 가득찬 노동문제 인식이 1945년 해방 이후, 그리고 1960년대 이후로 정부 주도의 수출 지향적 경제개발 과정과 군사 독재 시절, 또한 1990년대 이후 문민정부와 국민의 정부, 그리고 참여 정부 등에 이르기까지 약 100년 가까이 이러저러한 형태로 부단히 재생산되어온 것이 우리의 현실이다. 오늘날 국가나 기업들, 그리고 많은 사람들이 노동 문제를 있는 그대로 인식하기보다는 뭔가 골치 아픈 문제 또는 산업평화를 해치고 사회 불안을 일으키는 문제 따위로 인식하게 된 역사적 배경이 바로 여기에 있다고 본다.

1945년에 일제로부터 '해방'이 되자 1945년 9월부터 1948년 8월 15일 남한 정부 수립 이전까지 약 3년간 미군정이 시작되었다. 이 기간에는 미군정법령이 사실상의 노동법 역할을 하였다. 예컨대 1945년 10월 10일의 법령 제14호는 최초로 노동자의 임금수준을 규정했으며, 10월 30일자의 법령 제19호는 노동자가 기본적으로 취업 및 노동할 권리를 가짐을 명시하고 있고 모든 노동쟁의에 대해서는 조정위원회가 강제력 있게 해결하며 그 때까지 파업이 금지됨을 명시했다. 또 1946년 7월 23일의 법령 97호에서는 최초로 노동부가 설치되었고 민주적 노동조합을 장려하며 노사간 평화적 협상을 통해 노동조건을 결정할 수 있게 했다. 1946년 9월 18일의 법령 제112호는 14세 미만의 아동노동을 금지하고 위험작업에서 21세 미만의 여성노동도 금지했다. 11월 7일의 법령 제121호는 주당 48시간의 '최고노동시간법' (Regulations on Maximum Working Hours)을, 또 과도입법의원에 의한 법률 제4호는 군정법령 112호를 완화하여 '미성년자 노동보호법'을 각각 제정했다. 그러나 이 두 개의 법은 1953년에 '근로기준법'이 제정·공포됨에 따라 동법 부칙 제114조에 의해 폐지되었다.

이로써 형식상 노동조합도 합법적으로 설립할 수 있도록 했으며 집단행동도 형식상 가능했다. 그 배경에는 1935년의 미국 '와그너법'(Wagner Law)이 있는데, 이는 미국에서 1929년 이후의 경제대공황을 탈출하기 위한 케인즈주의적인 아이디어가 노동법에 구현된 결과이다. 와그너법에서는 전향적으로 노동조합 결성의 자유와 단체교섭의 보장, 단체행동권의 보장 등 노동3권이 국가적으로 보장되었다. 그래야 노동자들이 합법적으로 사회경제적 권익을 드높일 것이며 그래야 케인즈가 말하는 유효수요, 즉 구매력이 높아짐으로써 소비가 활성화되고 이것이 정체된 경제에 활력을 만들어줄 것이라고 보았기 때문이다. 그러나 미국과는 달리 당시 한국에서는 좌우익의 극한 대립이 있었고 미국 자본주의의 헤게모니를 확장하는 데 기여해야 했던 미군정 당국으로서는 남한에서 노동(조합) 운동이 지나치게 심화하는 것을 탐탁찮게 여기게 된다. 그래서 좌파 노동운동, 특히 1925년 4월에 결성되어 지하조직으로 잠재해 있다가 다시 부상한 전평(전국노동조합평의회)이 1946년 9월과 1947년 3월 등 몇 차례 총파업을 조직하자 1947년 6월에 불법화를 선언하고 탄압에 나선다. 반면 보수 반동적 우파 노조운동이 의식적으로 조장되는데 그것이 오늘날 한국노총의 전신으로 1946년 3월 10일에 결성된 대한노총(대한독립촉성노동총연맹)이다.

1950년 6월엔 한국 전쟁이 시작되었는데, 전쟁이 끝나기 전인 1953년 3월 8일에 전시 국회에서 노동조합법, 노동쟁의조정법, 노동위원회법이 제정되었고, 5월 10일엔 근로기준법이 제정되었다. 오늘날의 노동3법인 근로기준법, 노동조합법, 노동쟁의조정법 등은 흥미롭게도 한국 전쟁의 와중에 그 기본적 틀이 형성되었다.

1960년대에 박정희 식의 산업화 및 개발독재가 강행됨으로 말미암아 한국 노동법은 실질적 효력을 드러내기 어려웠다. 노동, 노동자, 노동조합이라는 말만 들어도 두드러기 반응을 일으키던 시대라 노동자의 권리를 찾기가 상당히 어려웠다.

그 뒤 1980년에 신군부가 들어서면서 노동법의 일부 개정이 이뤄져, 기업별 노조 체제의 명시화, 노동조합의 정치활동 금지, 복수노조의 금지 등 악법 조항이 삽입되고 한편, 1981년 엔 노사협의회법, 산업안전보건법이 별도로 탄생한다. 노동법의 탈정치화와 동시에 경제주의 화가 의식적으로 강화된다. 이 시기에는 여전히 노동조합이나 단체교섭은 불온시되었고 기 껏해야 노사협의회 차원에서 형식적으로 논의하는 정도의 노사관계만 인정하는 분위기였다. 기업계에서는 전반적으로는 무노조 경영(union-free management)이나 어용노조(yellow unions)가 대세를 이루는 형국이었다.

1980년대 중반에 들어 대우자동차 파업, 구노동맹파업 등이 이어지다가 마침내 1987년 여 름에 '노동자대투쟁'이 벌어진다. 이어 노동자들의 요구를 일부 반영하여 1988년 노동법 개 정이 있었고, 1991년엔 전노협이, 1995년에는 민주노총이 설립되었다. 그 뒤 문민정부 말기 였던 1996년 성탄절을 전후하여 노동법 개악 시도가 있었으나 광범위한 저항으로 말미암아 1997년에 새로운 개정안이 나오게 되었다.

그런데 새로운 개정안이 노동자들의 의도와는 달리 상층부 교섭에 매달린 결과 1996년말 과 1997년초의 범국민적 저항과 요구를 전폭적으로 수용하지 못하게 되었다. 결국 'IMF 시 대'인 1997-8년의 노동법은 정리해고, 파견근로, 변형근로제 등을 새롭게 도입하고 말았다. 정리해고를 엄격히 규정한다는 취지로 도입된 정리해고제는 역설적이게도 정리해고를 합법 화했고, 역시 파견근로를 엄밀히 규정한다고 했던 파견근로제는 역설적이게도 불법적 근로 자 파견과 비정규직을 양산했다. 비정규직 문제는 오늘날 한국 노사관계의 또 다른 태풍의 눈이다. 한편 노동시간 단축을 통한 삶의 질 향상이라는 요구가 광범위하게 확산되면서 마 침내 2004년 근로기준법 개정에서는 연차적으로 주5일제(주40시간제)를 도입하기로 했으며 2005년엔 퇴직연금법이 제정되고 공무원노동조합법이 제정되어 2006년부터 시행되었다. 또 한 여성 노동권의 보호와 동시에 노동력 재생산의 안정적 보장이라는 차원에서 '모성보호법' 도 도입되었다. 이로써 육아 및 출산과 관련하여 여성 노동자들은 물론 남성 노동자들도 일 정한 권익을 향유할 수 있게 되었으나 그 실효성은 아직도 크게 나타나지 않는 편이다.

2. 노동법의 법리

노동법이 성립하고 운용되는 토대, 즉 기본 원리를 노동법의 법리(Principles of Labor Law)라 한다. 그런데 노동법이란 앞서 본 바와 같이 근대 시민사회의 사유재산권 보호를 위한 법인 민법에 대한 안티테제로 나온 것이기 때문에 노동법의 법리 또한 민법의 법리에 대한 안티테제 속에서 올바로 이해할 수 있다. 즉 노동법의 법리란 한마디로, 재산권을 가진 시민의 법이라고 할 수 있는 민법의 3대 원리를 수정한 것이다.

민법의 3대 법리는 첫째, 소유권 절대주의, 둘째, 계약 자유주의, 셋째, 과실 책임주의 등이다. 노동법은 이 3대 원리들을 수정하였다. 즉 노동법의 3대 법리는 첫째, 소유권 상대주의, 둘째, 계약 제한주의, 셋째, 무과실 책임주의 등이다.

소유권 상대주의란 노동관계가 이루어지는 일정한 사회적 공간에서 재산, 즉 생산수단을 가진 소유자(자본가)의 절대적 권리에 일정한 제한을 가하는 것이다. 예컨대 근로기준법에서 기업가가 파산 등 생산수단을 처분하는 경우에도 노동자의 임금을 우선적으로 지급해야 한다고 규정한 것, 또 노동조합및노동관계조정법에서 사용자가 노동자들에게 합법적인 노조 활동을 허용해야 한다는 내용, 동법에서 사용자는 생산수단의 소유자랍시고 마음대로 하기보다는 노동조합과 신의와 성실에 기초한 협상에 임해야 한다는 내용, 노사협의회법에서 노사협의회에 사용자가 보고, 협의, 공동 결정 등의 의무를 지는 것 등을 들 수 있다.

제한적 계약주의란 민법상 자유로운 계약을 보장하는 조항에 일정한 제약을 가한 것이다. 예컨대 근로기준의 결정과 관련하여 노동자에게 유리한 조건 우선의 원칙을 적용한다든지 최저임금이나 최고 노동시간 등 기본적인 근로조건을 준수하도록 강제한다는 점 등에서 전형적으로 나타난다. 또한 근로기준법에서는 근로계약을 체결하는 주체로 만 15세가 넘는 이로 규정하거나 18세 미만인 경우 친권자나 후견인의 동의를 필요조건으로 규정함으로써 아무리 자유 계약을 했다고 해도 어린이나 연소자 노동을 시키지 못하게 하고 있다.

무과실 책임주의란 민법상 책임이 자신의 과실로 말미암은 것일 때 성립하는 것임에 비해 노동법에서는 사용자가 직접 노동자에게 피해를 입히지 않았다고 하더라도 일정한 책임을 지는 것을 말한다. 예컨대 근로기준법에서 보듯이 노동자가 업무상 재해로 산업재해를 입을 경우에 사용자가 직접 노동자에게 보상책임을 지도록 법으로 강제하고, 동시에 산재보험법에서 보듯이 노동자를 위해 사용자가 산재보험을 들고 보험료를 내야 하는 것이 대표적이다. 또한 산업재해를 예방하기 위해 위험한 작업장 또는 공정에 사용자 책임으로 산업안전 설비를 해야 하는 것도 그러한 무과실 책임주의에 따른 것이다.

이러한 내용을 간략히 정리하면 다음 표와 같다.

〈 노동법의 3대 법리 〉

1) 소유권 절대주의 → 소유권 상대주의
 * 노조활동의 사용자 수인 의무, 노사협의회 보고 · 협의 · 의결 의무 등
2) 계약 자유주의 → 계약 제한주의
 * 유리조건 우선의 원칙, 근로조건 강제주의
3) 과실 책임주의 → 무과실 책임주의
 * 업무상재해 보상책임.

---

3. 노동법의 체계

노동법은 규율하는 대상에 따라 개별노동관계법과 집단노동관계법으로 양분하는 것이 일반적인 태도이다. 동시에 사회안전망의 중요성 증대로 노동자의 복지 분야를 복지노동관계법으로, 노동시장에 있어 노동유연화의 심각한 부작용으로 인하여 고용안정분야를 고용관계법으로 다시 분류해 볼 수 있다.

개별노동관계법은 근로자 개인과 사용자 사이의 근로관계를 규율하는 법으로 근로기준법을 기본법으로 하여 산업안전보건법, 최저임금법, 파견근로자보호등에관한법률, 남녀고용평등법, 선원법, 건설근로자의고용개선등에관한법률, 외국인근로자의고용등에관한법률, 진폐의예방과진폐근로자의보호등에관한법률 등이 있다.

그리고 집단노동관계법은 근로자 단체와 사용자간의 집단 간을 규율하는 법으로 노동조합및노동관계조정법을 기본법으로 하여 교원의노동조합설립및운영등에관한법률, 공무원의노동조합설립및운영등에관한법률, 근로자참여및협력증진에관한법률, 공무원직장협의회의설립 · 운영에관한법률, 노동위원회법, 노사정위원회의설치및운영등에관한법률등이 있다.

복지노동관계법은 규율대상에 있어 개별근로자의 근로조건의 하나인 복지 분야를 규율하고 있어 개별근로관계법의 영역으로 볼 수도 있다. 그러나 개별근로법이 근로자와 사용자를 주로 규율 주체로 하지만 복지관계노동법은 당사자에 있어 사회보험의 특성을 반영하여 국가가 중요한 역할을 담당한다는 점에 있어 차이가 있다. 이러한 성격의 법률로서 산업재해보상보험법을 기본법으로 하여 사내근로복지기금법, 근로자퇴직급여보장법, 근로자복지기본법, 임금채권보장법, 근로복지공단법 등이 있다.

또한 고용관계법 역시 근로자 개인을 대상으로 하는 점에 있어 개별근로관계법으로 분류

할 수 있으며, 국가가 중요한 역할을 담당하는 점에 있어서는 복지노동관계법으로 분류할 수 있으나, 근로관계의 성립이전 고용 문제를 대상으로 하는 점에 있어 구분될 수 있다. 이러한 성격의 법률로서 고용보험법과 직업안정법을 기본법으로 하여 고령자고용촉진법, 고용정책기본법, 근로자직업능력개발법, 국가기술자격법, 기능대학법, 기능장려법, 장애인고용촉진및직업재활법, 한국산업인력공단법 등이 있다.

노동법의 체계를 보면, 가장 상위의 법으로 헌법을 갖고 있고(예컨대 노동3권은 헌법에 보장된 내용임), 다음으로 노동관계법, 시행령, 시행세칙 등이 있다.

그 아래로는 단체협약이 있고 취업규칙과 근로계약이 있다. 헌법에 의하여 체결된 국제조약(ILO협약들)도 국내법과 동일 효력을 갖는다. 한편, 노동법에서 명시되지 않거나 맥락이 모호한 경우에는 법원의 판례나 노동부 등의 예규, 질의회시 등이 중요한 역할을 하기도 한다.

노동자 입장에서 보면 취업과 동시에 근로계약을 맺음으로써 근로계약에 명시된 근로조건은 물론 취업규칙의 적용을 받지만 다른 편으로 단체협약의 적용도 받는다. 대개 1년 단위로 체결되는 임금협약, 또는 대체로 2년 단위로 체결되는 단체협약 등이 원만하게 합의되고 성실하게 준수되면 아무 문제가 없지만 노사 당사자나 정부가 불만족하는 경우에는 일정한 행위를 조직하거나 헌법의 테두리 안에서 노동관계법의 변화를 꾀하기도 한다.

한편, 사법적 차원이 아니라 행정적 차원에서 보면, 노동행정과 관련해서 가장 상위의 기관이 노동부장관이 있고, 독립적 기구로 중앙노동위원회, 지방노동위원회가 있다. 노동자의 입장에서 보면 고충이나 불만, 부당노동행위 등에 직면하여 본인의 권익을 옹호하기 위해 구제를 받기 위해서는 일차적으로 지방노동위원회에 신고하여 상담하고 필요 서류를 제출해야 한다. 물론 공인노무사(Certified Public Labor Attorney)의 도움을 받을 수 있다. 지방노동위원회의 처분에 불만족하는 경우 중앙노동위원회로 갈 수 있다. 이러한 지방노동위원회와 중앙노동위원회는 법제상 노동행정기관이지만 사실상의 노동법원(Labor Court) 역할을 수행하고 있다. 독일은 노동법원(Arbeitsgericht)이 별도의 국가 기관으로 존재하는 대표적 나라다.

그런데 위 노동자나 사용자가 노동위원회의 결정에 불복하는 경우 다시 사법기관으로 가서 행정소송을 제기할 수 있다. 행정소송의 1심과 2심은 행정법원에서 이뤄지고 3심은 대법원에서 이뤄진다. 행정법원이나 대법원의 판결은 대개 판례로 남아 유사한 사안이 또다시 문제되는 경우 판결에 참고가 되기도 한다. 물론 유사한 사안이거나 동일한 사안인데도 시대별로 재판부별로 판결 결과는 다를 수 있다.

〈 노동법의 체계 〉

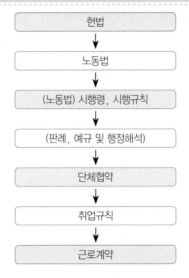

헌법

↓

노동법

↓

(노동법) 시행령, 시행규칙

↓

(판례, 예규 및 행정해석)

↓

단체협약

↓

취업규칙

↓

근로계약

위와 같은 노사(정) 사이에 생기는 분쟁은 여러 가지가 있으나 크게 나누면 두 가지로 대별된다. 하나는 이익분쟁이고 다른 하나는 권리분쟁이다. 이익분쟁이란 파업이나 직장폐쇄 등 쟁의행위와 같이 근로조건 등의 내용과 관련하여 노사가 각자 편에서 더욱 유리한 내용을 획득하기 위해 다투는 것이고, 권리분쟁이란 이미 일정한 내용이 단체협약이나 법규로 규정되어 있는 경우에 이의 해석과 적용을 둘러싸고 노사 혹은 노정간에 벌어지는 다툼이다.

한편, 노사 당사자 중 어느 한 편이 노동법을 위반했을 때, 민사상 또는 형사상 책임을 져야하는데 그 절차는 다음과 같다. 우선 형사상 처벌 절차는 최우선적으로 지방노동사무소에 신고하거나 아니면 직접 경찰이나 검찰에 신고하면 된다. 검찰의 지시로 노동부에서 조사가 진행되고 검찰이 조사 결과를 종합 검토하여 지방법원에서 정식 재판을 통해 결정할 것인지 아니면 구약식의 형태로 벌금형을 부과함으로 끝낼 것인지를 결정한다. 만일 지방법원에서 사건이 종료되지 않고 불복되면 고등법원, 대법원까지 심급이 올라갈 수 있다. 한국에서는 노동분쟁으로 인해 사용자보다 노동자들이 형사상의 중한 처벌을 받는 경우가 훨씬 많다. 물론 노사 간 교섭과 협상이 힘겹게나마 성공적으로 완성되는 경우에 그 과정에서 생긴 민·형사상의 책임을 서로 묻지 않기로 합의하는 경우도 많다.

다음으로 민사상 이익이 침해되었을 때 손해배상 청구 소송이 가능하다. 마찬가지로 지방법원, 고등법원, 대법원 등 3심급을 모두 거칠 수 있다. 노사간 교섭이 원만하게 진척되지 못해 노동쟁의가 발생하고 조정 절차를 거친 뒤에도 성과가 없어 일정한 절차를 거쳐 쟁의행위가 합법적으로 발생했다면 사용자 입장에서는 엄청난 재산 손실을 입었다 해도 민형사상 책임을 노조나 노동자에게 물을 수 없다. 다만 불법 파업 등 노동자나 노조의 불법 행위가 증명된다면 그 집단 행위의 종료 뒤에 민형사상 책임을 물을 수 있다.

한국에서는 종종 사용자들이 신의와 성실에 기초한 교섭이 이뤄지지 않고 의도적으로 협상을 회피함으로써 노동조합이 파업을 할 수밖에 없도록 내몰아 마침내 불법 파업을 유도하고 그를 근거로 수억 내지 수십억의 손해배상과 가압류 청구를 하기도 한다. 또한 이런 행위가 노동자와 노조의 분노를 더욱 부채질해 노사관계가 극도로 악화되기도 한다. 노사간 상호 신의와 성실에 기초한 교섭과 합의야말로 이런 문제에 대한 합리적 해결책일 것이다.

앞서 말한 행정상, 사법상의 문제 해결 절차를 간단히 요약하면 다음과 같다.

〈 노동 문제의 행정상 · 사법상 해결 절차 〉

- 행정절차(구제절차) : 부당 해고(징계, 전보 등), 부당노동행위
  - * 지방노동위원회 * 중앙노동위원회 * 행정법원 * 대법원
- 형사절차(처벌절차) : 노동법 위반
  - * 지방노동청(사무소) * 검찰 * 지방법원 * 고등법원 * 대법원
- 민사절차(손해배상절차) : 이익 침해
  - * 지방법원 * 고등법원 * 대법원

〈 부당한 징계의 법률적 구제방법 〉

- 진정 – 지방노동사무소
- 고소, 고발 – 지방노동사무소, 검찰청
- 부당해고 구제신청(근로기준법 제28조) – 지방노동위원회(3개월 이내)
- 부당노동행위 구제신청(노동조합및노동관계조정법 제82조) – 지방노동위원회(3개월 이내)
  초심 – 지방 노동위원회
  재심신청 – 중앙노동위원회
  행정소송 – 행정 법원 및 각 지방 법원 행정부
- 해고처분효력정지및임금지급 가처분신청
  본안과 함께 신청 가능, 최근에는 거의 실효성 없음
- 출입방해금지가처분 신청
  해고된 후에도 조합원 자격을 유지할 경우,
  노동조합 사무실 출입 등을 위해 신청
- 해고무효확인청구 민사소송– 해고 문제의 현실적으로 마지막 해결 방식(예외적 : 2014. 02. 07. 쌍용차 해고자 156명 정리해고 무효 판결(근로기준법 24조) (서울 고법, 민사 2부)
  * 이후 2014. 11. 대법원에서 뒤집어짐 ■ 조합원지위인정확인청구 민사소송
  노동조합이 조합원 자격을 인정하지 않을 경우 노동조합을 상대로 제기

※ 1인 이상 사업장(전사업장)에 적용되는 노동법률 목록

　건설근로자의 고용개선 등에 관한 법률, 고용정책기본법, 교원의노동조합설립및운영등에관한법률, 근로자참여및협력증진에관한법률, 근로자퇴직급여보장법, 남녀고용평등법, 노동위원회법, 노동조합및노동관계조정법, 산업안전보건법, 산업재해보상보험법, 고령자고용촉진법, 고용보험법, 고용보험및산업재해보상보험의보험료징수등에관한법률, 공무원의노동조합설립및운영등에관한법률, 공무원직장협의회의설립 · 운영에관한법률, 국가기술자격법, 국가유공자 등 예우 및 지원에 관한 법률, 근로감독관규정, 근로자복지기본법, 근로자의날제정에관한법률, 근로자직업능력개발법, 기능자양성령, 기능장려법, 기업활동규제완화에관한특별조치법, 남녀차별금지및구제에관한법률, 노동위원회규칙, 노사정위원회의설치및운영등에관한법률, 사내근로복지기금법, 사회보장기본법, 사회복지사업법, 산업보건기준에관한규칙, 산업안전기준에관한규칙, 선원법, 영유아보육법, 외국인근로자의 고용 등에 관한 법률, 유해 · 위험작업의취업제한에관한규칙, 의료급여법, 임금채권보장법, 장애인고용촉진 및 직업재활법, 장애인복지법, 직업안정법, 진폐의예방과진폐근로자의보호등에관한법률, 청년실업해소특별법, 최저임금법, 파견근로자보호등에관한법률

※ 근로기준법 중 모든 사업장에 적용되는 규정(근기법 시행령 [별표1])

◎ 상시 4인 이하의 근로자를 사용하는 사업 또는 사업장에 적용하는 법 규정　　　　　(제7조 관련)

구 분	적 용 법 규 정
제1장 총 칙	제1조부터 제13조까지의 규정
제2장 근로계약	제15조, 제17조, 제18조, 제19조제1항, 제20조부터 제22조까지의 규정, 제23조 제2항, 제26조, 제35조부터 제42조까지의 규정
제3장 임 금	제43조부터 제45조까지의 규정, 제47조부터 제49조까지의 규정
제4장 근로시간과 휴식	제54조, 제55조, 제61조, 제62조
제5장 여성과 소년	제64조, 제65조제1항 · 제3항(임산부와 18세 미만인 자로 한정한다), 제66조부터 제69조까지의 규정, 제70조제2항 · 제3항, 제71조, 제72조, 제74조
제6장 안전과 보건	제76조
제8장 재해보상	제78조부터 제92조까지의 규정
제11장 근로감독관 등	제101조부터 제106조까지의 규정
제12장 벌 칙	제107조부터 제116조까지의 규정(제1장부터 제6장까지, 제8장, 제11장의 규정 중 상시 4명 이하 근로자를 사용하는 사업 또는 사업장에 적용되는 규정을 위반한 경우로 한정한다)

4. 기업 경영과 법적 근거 : 법원(法源)

1) 법원(法源)의 의미

법원(法源)은 법적 분쟁을 해결하고자 할 때 기준이 되는 규범을 말한다. 보통 분쟁이 발생한 경우 감정적으로 대립하거나, 일방적으로 자기에게 유리한 주장을 하여 불필요하게 분쟁을 심화시키는 경우가 있는데 이는 바람직하지 않다. 분쟁이 발생한 경우 법원을 중심으로 누구의 주장이 타당한지를 검토한 후, 법과 약속에 따라 분쟁을 합리적으로 풀어나가게 된다. 여기에 법원을 잘 이해해야 할 필요성이 있다.

2) 법원(法源)의 종류

노동법의 법원(法源)을 엄격히 구분한다면 성문법주의를 택하는 우리나라에서는 객관적 규범성을 갖는 헌법과 국회에서 제정된 법률, 조례 등으로 국한한다고 볼 수 있다. 그러나 노동법의 특성상 근로자를 보호하기 위하여 사실관계를 중시하기 때문에 주관적 규범성까지 법원(法源)으로서 폭넓게 인정되고 있다고 보아야 한다. 즉 노무관리를 수행할 때, 또는 법적 분쟁을 해결하기 위해 검토해야 할 문건은 다양하지만, 일반적으로 성문 노동(관계)법, 그리고 정부의 명령인 시행령, 행정기관이 정하는 규칙, 그리고 조례 등이 있으며, 단체협약, 취업규칙, 근로계약, 관행, 당사자 의사, 사용자의 지시 등이 중요한 의미를 가진다.

> 💡 어떤 관행이 근로계약의 내용을 이루려면 회사에서 사실상의 제도로서 확립되어 있어야 한다
> (2002.07.26, 대법 2000다73094).

3) 법원(法源)이 서로 충돌하는 경우 해결 원칙

(1) 상위 법원(法源) 우선의 원칙

간혹 법원(法源)이 충돌하는 경우가 있다. 예를 들어 사용자와 근로자가 법을 잘 몰라서 법에 위반되는 단체협약이나, 취업규칙, 근로계약을 작성한 경우가 있다. 이 경우 양 당사자는 본인에게 유리한 내용을 중심으로 주장을 관철하고자 하는 예가 많다. 이와 같이 법원이 상충하는 경우 효력의 순위는 노동법의 체계에서 살핀 바대로, 헌법〉노동관계법령〉단체협약〉취업규칙〉근로계약의 순서다. 즉 단체협약은 노동관계법령에 반하면 안 되고, 취업규칙은 단체

협약에 반하면 안 되고, 근로계약은 취업규칙에 반하면 안 된다. 예를 들어 근로계약의 내용이 법령에 위반되는 경우에 근로계약의 그 부분은 무효가 되고 무효가 된 부분은 법령의 내용으로 대체된다(편면적용의 원칙).

(2) 유리한 조건 우선의 원칙

그런데 상위 법원 우선의 원칙이 항상 우선적으로 적용되는 것은 아니다. 예를 들어 근로계약의 내용이 취업규칙보다 유리한 경우와 같이 하위법원이 상위법원보다 노동자에게 유리할 때에도 상위법우선의 원칙만을 강조한다면 "노동자 보호를 위한 법"이라는 근로기준법의 취지에 반하게 된다. 그래서 이 경우에는 원칙적으로 하위법원이 효력을 가진다.

> 🔖 개정법 시행일 이후라도 종전의 단체협약이 변경되지 않는 경우 동법의 기준보다 노동자에게 유리한 조건을 정한 부분은 계속 효력을 가진다(2004.05.19, 근로기준과-2531).

(3) 질서의 원칙

어떤 경우에는 취업규칙에 규정된 근로조건을 노동자에게 불리하게 변경할 필요가 발생할 수도 있다. 이 경우 노동자에게 불리한 변경은 모두 위법하다고 한다면 기업의 실정에 맞지 않는 결과가 생길 수 있다. 따라서 뒤에 성립한 규정이 앞의 규정보다 노동자에게 불리하더라도 법이 정한 적법한 절차를 거쳐 변경하였다면 노동자에게 불리하더라도 뒤의 규정이 적용된다. 예를 들어 단체교섭을 통해 단체협약의 내용을 변경, 서명 날인한 경우, 노동자 집단의 집단적인 동의를 얻어 취업규칙을 변경한 경우, 노동자 개개인의 동의를 얻어 근로계약을 변경한 경우에는 그 변경이 노동자에게 불리하더라도 변경된 규정이 효력을 발휘하게 된다. 역으로 그러한 절차를 거치지 않고 사용자가 일방적으로 불리한 변경을 강행하였다면 이는 법정절차를 준수하지 않아 위법무효가 되므로 노동자는 이전의 유리한 조건대로 청구할 수 있다.

5. 개정된 근로기준법(2004.7.1.시행)의 취지와 핵심 내용

1) 근로기준법의 개정 취지

근로기준법은 노동자의 삶의 질을 향상하고 기업의 경쟁력을 강화하려는 두 가지 취지에서 주로 근로시간, 휴가의 부분에서 개정이 이루어졌다. 보통 많은 사람들이 근로기준법의 개정이 주5일제를 실시하기 위한 법이라고 오해를 하는데, 개정법은 주당 기본 노동시간을 40시간으로 규정하고 주5일제라는 명시적인 표현을 사용하고 있지는 않다. 따라서 기업의 실정에 따라 노사 간에 합의하여 주5일제, 주6일제, 격주휴무제 등 다양한 방법으로 개정법을 기업에 도입할 수 있다.

개정된 내용은 우선 공공부문이나 금융보험업 분야, 그리고 상시 1천 명 이상의 노동자가 일하는 일반사업장에서는 2004년 7월 1일부터 주 40시간제를 적용한다. 규모가 작아질수록 실시 시기를 뒤로 미루어 갑작스런 변화가 미칠 충격을 완화하고자 했다.

〈 주 40시간제의 시행시기 〉

- 2004. 7. 1 : 금융보험업, 공공부문, 상시 1000인 이상 노동자
- 2005. 7. 1 : 상시 300인 – 1000인 미만
- 2006. 7. 1 : 상시 100인 – 300인 미만
- 2007. 7. 1 : 상시 50인 – 100인 미만
- 2008. 7. 1 : 상시 20인 – 50인 미만
- 2011 (대통령령) : 국가, 지방자치단체의 기관, 상시 20인 미만

2) 개정 근로기준법의 주된 골자

(1) 근로시간의 측면

개정법은 최근까지 1주간 44시간으로 되어 있던 법정근로시간을 40시간으로 단축하여 노동자의 삶의 질의 향상을 도모한다(제49조). 또한 탄력적 근로시간제의 단위기간을 현행 1월 이내에서 3월 이내로 확대하여 근로시간의 효율적인 활용을 도모한다(제50조).

(2) 휴가제도의 측면

개정법은 국제적인 입법례에 따라 월차유급휴가를 폐지하고, 여성 노동자에 대하여 월 1일의 유급 생리휴가를 부여하도록 하던 것을 무급화 하여 사용자의 부담을 경감한다(현행 제57조 삭제 및 제71조).

또한 개정법은 연차유급휴가를 조정하고 있다. 즉 기존에는 1년간 개근한 노동자에 대하여 10일, 9할 이상 출근한 자에 대하여 8일의 유급휴가를 주고, 취업 후 1년이 지난 노동자에게 1년마다 1일의 휴가를 가산하도록 하였는데 반해, 개정법은 1년간 8할 이상 출근한 자에 대하여 15일의 유급휴가를 주고, 2년마다 1일의 휴가를 가산하되, 휴가일수의 상한을 25일로 정하고 있다(제59조).

(3) 기 타

① 선택적 보상휴가제도의 마련

개정법은 사용자와 노동자 대표가 서면으로 합의한 경우 연장, 야간, 휴일근로에 대하여 지급되는 임금을 대신해서 휴가를 부여할 수 있도록 하고 있다(제55조의2 신설).

② 휴가사용촉진제도의 마련

개정법은 사용자가 연차유급휴가를 사용하도록 조치했음에도 불구하고 노동자가 휴가를 사용하지 않은 경우, 사용자에게 그 미사용한 휴가에 대하여 보상할 의무를 면제하고 있다(제59조의2 신설).

6. 취업규칙

1) 취업규칙이란?

취업규칙이란 노동자의 근로조건과 복무규율에 관해 사용자가 작성하여 적용하는 일반적인 규정을 말한다. 보통 사규와 취업규칙이 같은 것이라고 생각하는 사람들이 있는데 취업규칙은 광범위한 사규 중에서도 근로조건 및 복무규율과 관련된 규정만을 의미하는 것으로 파악하는 것이 타당하다. 이러한 취업규칙은 회사에 하나만 있는 것이 아니라 다수 존재할 수 있다.

💡 전 노동자의 근로계약서가 일률적으로 작성되고 근로조건과 복무규율 등에 관한 통일적인 준칙으로 볼 수 있는 경우 취업규칙으로 볼 수 있다(2002.11.16, 근기 68207-3234).

2) 모든 사업장에서 다 취업규칙을 작성해야 하는가?

취업규칙을 작성해야 할 법적인 의무가 있는 사업장은 상시 10인 이상의 노동자를 사용하는 사업(장)이다(근기 93조). 상시 10인 이상의 사업(장)의 사용자는 근로기준법 93조에 규정된 기재사항을 담아 적법, 타당하게 취업규칙을 작성한 후, 노동자 집단의 집단적 방식의 청취(불리하지 않은 경우) 또는 동의(불리한 경우)를 거치고 나서, 노동부 장관에게 신고해야 한다(근기 94조).

💡 '상시노동자 10인 이상'이라 함은 근로기준법의 전부 또는 일부를 적용 받는 노동자가 상태적으로 보아 10인 이상인 경우를 의미한다(2002.12.17, 근기 68207-3367).

◉ 기존 근로조건을 일방적으로 불리하게 변경하려면 종전 취업규칙의 적용을 받던 노동자 집단
의 집단적 의사결정방법에 의한 동의를 얻어야 한다(1991.02.12, 대법 90다 15952 · 15969 ·
15976).

3) 취업규칙과 근로계약, 법령, 단체협약의 관계

취업규칙에 정한 기준에 미달하는 근로계약은 그 부분에 한해 무효로 되고 취업규칙에 정
한 기준에 따라야 한다(근기 97조). 또한 취업규칙이 근로기준법, 단체협약에 반하면 그 부분
에 한해 무효가 되고, 근로기준법, 단체협약에 정한 기준에 따라야 한다(근기 96조).

♬ 취업규칙의 일부 규정이 다소 불합리해도 직접 법령을 위반한 경우 등이 아니라면 이를 당연
무효로 보거나, 효력에 대해 결정할 수 없다(2003.07.28, 근기 68207−942).

🌱 단체협약에서 정한 근로조건이 취업규칙에서 정한 부분보다 유리한 경우 해당 조합원에 대하
여는 단체협약이 우선 적용되어야한다(1995.01.28,근기68207−191).

7. 노무관리의 기본 정신

1) 개 관

근로기준법을 제정하거나, 해석하거나, 적용할 때 기본이 되는 정신이 있다. 이를 근로기준
법의 기본이념이라고 한다. 근로기준법은 채용에서 퇴직까지 근로관계를 규율하는 가장 기
본적인 법인데, 이 법은 노무관리의 정신을 다음과 같이 말하고 있다.

- 노동자의 기본생활을 보장한다(근기 3조).
- 결정된 근로조건은 성실하게 준수한다(근기 5조)
- 노동자들을 균등하게 대우한다(근기 6조).
- 강제로 근로에 종사시켜서는 안 된다(근기 7조).
- 폭행, 폭언은 절대 금물이다(근기 8조).
- 중간에서 착취하면 안 된다(근기 9조).
- 공민권을 수행할 수 있도록 보장한다(근기 10조).
- 근로자의 취업을 방해해서는 안 된다(근기 40조).

2) 균등처우의 원칙

(1) 불합리한 차별금지

사용자는 남녀, 국적, 신앙, 사회적 신분 등 불합리한 사유로 근로조건을 차별해서는 안 된다(근기 6조). 그러나 노동자가 제공하는 근로의 성질, 내용, 근무형태 등 제반 여건이 다름에도 불구하고 기계적으로 동일하게 대우해야 한다면 오히려 불합리하고 불평등할 것이다. 합리적인 기준을 두고 직책, 직급에 따라 달리 대우하는 것은 위법하지 않는 것으로 판단한다.

> ❦ 정년규정은 근로의 성질, 내용, 근로형태에 따라 달리 정할 수 있고 같은 사업장내에서도 직책, 직급 등에 따라 달리 정할 수 있다(1991.04.09, 대법 90다16245)

(2) 불합리한 남녀 차별금지

사용자는 남녀의 성이 다르다는 이유로 채용에서부터 퇴직에 이르기까지 근로조건에 있어서 불합리한 차별을 해서는 안 된다. 예를 들어 노동의 양과 질이 같음에도 불구하고 임금차별을 하거나, 남녀 간 정년을 차별하거나, 결혼을 이유로 여성만 퇴직시키는 것은 위법이다.

> 🎠 여자라는 이유만으로 가족수당을 지급치 않는 것은 균등처우에 위반된다(1991.03.14, 근기 01254-3534).

> ❦ 결혼을 이유로 여성노동자를 퇴직하게 한 것은 부당해고에 해당한다(2000.02.15, 서울행법 99구 18615).

(3) 불법 이주(외국인) 노동자와 차별금지

한국에 체류할 자격이 없는 해외로부터의 이주자는 〈출입국관리법〉 위반에 따라 벌을 받을 수는 있다. 그러나 출입국관리법은 취업자격이 없는 외국인을 고용하지 못하도록 한 취지일 뿐, 노동자라는 신분에 따르는 노동법의 권리를 부정하는 규정은 아니다. 불법 체류 외국인이라고 할지라도 근로를 제공하고 임금을 받아왔다면 노동자로서 법적 보호를 받을 수 있다.

> 🌾 불법 체류 외국인 노동자에게도 근로기준법상의 퇴직금 규정이 적용된다(1997.08.26, 대법 97다 18875).

8. 근로기준법이 말하는 사용자의 개념과 의무

1) 근로기준법의 사용자

(1) 사용자의 의미

보통 사용자란 사장만을 의미한다고 생각하나 그렇지 않다. 사용자란 사업주(법인, 또는 개인 사업자), 사업경영 담당자(대표이사), 기타 노동자에 관한 사항에 대하여 사업주를 위하여 행위하는 사람(관리자)을 말한다(근기 2조).

> 주식회사의 이사가 대표이사와 같이 노동자를 고용하고 급료를 지급하는 등 회사의 노동자에 관한 사항에 대해 실질상 직무를 수행하여 왔다면 근로기준법 제15조의 사용자에 해당한다 (1995.12.05, 대법 95도 2151).

> 인사, 급여, 노무관리 등 근로조건의 결정 또는 근로의 실시에 관하여 사업주로부터 권한을 위·임받아 지휘감독하는 자는 사용자의 범주에 속한다(1976.06.22, 법무 811-10801).

(2) 근로기준법의 사용자 개념은 절대적인가 하는 점

근로기준법의 사용자 개념은 상대적이다. 예를 들어 팀장의 경우 사업주의 위임을 받아 부하 직원에 대해 지휘명령을 하는 사용자이면서 동시에 사업주에 대해서는 노동자가 된다. 따라서 팀장 본인이 권리를 침해당한 경우 법적 보호를 받을 수 있는 반면, 본인이 부하직원과의 관계에서 권리를 침해한 경우 사용자로서 처벌을 받을 수 있다.

> 근로기준법상 노동자란 직업의 종류를 불문하고 사업 또는 사업장에서 임금을 목적으로 근로를 제공하는 자이며, 사용자란 사업주 또는 사업경영담당자 기타 노동자에 관한 사항에 대하여 사업주를 위하여 행위하는 자를 말하는 것으로서 법인에 있어서 업무집행권이나 대표권을 가지고 있는 대표이사 등 임원은 근로기준법상 사용자라 할 것이나, 임원이 아닌 간부직원의 경우는 구체적 법률관계에 따라 노동자로서의 지위와 사용자로서의 지위를 함께 가지고 있다 할 것이다(1992.09.29, 근기 01254-1626).

(3) 사용자가 법을 모르고 위반했다면?

사용자의 지위에 있는 사람이 근로기준법을 위반하면 벌칙이 적용된다. 법을 알고 위반하였든 모르고 위반하였든 이는 동일하다. 그리고 근로기준법을 위반한 사람이 사업주 본인이 아니라, 노동자에 관한 사항에 있어서 사업주를 위하여 행위한 대리인, 사용인, 기타 종업원인 경우라도 원칙적으로 사업주에게도 벌금형이 동시에 내려진다(근기 115조).

> 🎵 공장장이 단독으로 사업을 경영해 왔다 하더라도 공장장이 법위반행위를 했을 때에는 양벌규정에 의거 법인의 대표자도 처벌된다(1991.02.13, 근기 01254-2135).

> 💡 통상임금이 범위를 제한하는 노사간 합의를 근로기준법에 정한 기준과 전체적으로 비교해 그에 미치지 못하는 근로조건이 종합된 부분에 한해 무효가 된다(2014.10.23, 부산고법 2014나 507713).

2) 사용자의 의무

(1) 노동자에 대한 의무

사용자는 노동자가 성실하게 근로한 대가인 임금을 지급할 의무가 있다. 그러나 만일 노동자가 성실근로의무를 위반하여 지각, 조퇴, 무단결근을 한다면 어떻게 될까? 이 경우 사용자는 지각, 조퇴, 무단결근에 "상응"하는 임금을 공제한 후 지급할 수 있다. 또한 사용자는 노동자가 근로 제공 과정에서 당면할 수 있는 위험으로부터 노동자의 생명, 신체, 건강을 안전하게 보호해야 할 배려의 의무가 있다(무과실 책임의 원칙).

> 🎏 노동자의 임금에 관하여 사용주와 노동자가 합의에 의하여 이를 받지 않기로 하든가 또는 이를 포기하는 일은 근로기준법에 정하여진 근로조건을 어기는 것이 되어 무효이다 (1976.09.28, 대법 75다 801).

> ☀️ 통상임금의 범위를 제한하는 노사간 합의는 근기법에 정한 기준과 전체적으로 비교해 그에 미치지 모하는 근로조건이 포함된 부분에 한해 무효가 된다(2014.10.23, 부산고법 2012나 50773)

(2) 근로기준법에 규정된 사용자의 공법상 의무

그 외 사용자는 근로기준법에 규정된 사용자의 의무를 다해야 한다. 다음과 같은 내용들이 바로 그것이다.

- 행정관청에 보고, 출석 의무(근기 13조)
- 취업규칙, 기숙사 규칙의 게시, 작성, 주지 의무(근기 14조)
- 노동자 명부의 작성 의무(근기 41조)

- 노동자 명부와 근로계약에 관한 중요 서류의 보관 의무(근기 42조)

- 임금대장의 작성 의무(근기 48조)

- 연소자 증명서의 비치 의무(근기 66조)

- 재해보상 관계 서류의 보존 의무 등(근기 91조)

9. 근로기준법이 말하는 근로자의 개념과 의무

1) 근로기준법의 근로자

(1) 근로자의 개념

근로자란 사업(장)에서 임금을 받기 위해서 근로를 제공하는 자를 말하는데 어떤 일을 하는가는 불문한다. 여기서 중요한 점은 임금을 목적으로 제공한 근로는 "사용자와의 관계에 있어 종속적인 근로"이어야 한다는 점이다. 즉 회사에서 일을 했다고 할지라도 그 근로가 종속적인 것이 아니었다면 근로자로 인정되지 않는다.

> 🔎 대학교 시간강사라도 종속적 지위에서 근로를 제공하고 그 대가로 임금을 지급 받는 경우 근로자에 해당한다(2003.02.17, 근기 68207-201).

(2) 사용종속관계

과연 회사에서 일하는 프리랜서가 근로자에 해당될까? 자기 차량을 소유하며 일한 만큼 수수료를 받는 지입차주가 근로자에 해당될까? 카바레에서 노래하는 가수도 근로자로 보아야 할까? 이와 같이 근로자인지 아닌지를 판단하기가 애매한 경우가 많은데 이 때에는 근로자 개념의 핵심 징표인 "종속적인 관계에서 근로를 했는가?"하는 점을 살펴야 한다. 사용종속성을 판단하는 지표로서 업무수행에 대한 구속성, 업무수행 시간에 대한 구속성, 업무수행 장소의 구속성, 근로제공관계의 계속성, 업무수행의 대가성, 인사권 및 징계권, 기타 규정전속성과 비대체성 등을 종합적으로 사용자의 지휘명령으로 노동을 제공하는지 여부를 판단하여야 한다.

> 🔎 방송 구성작가, 리포터, MC, DJ는 방송사에 대하여 종속적인 관계 하에서 노무를 제공하는 근로자에 해당한다고 할 수 없으므로 원고 방송사가 여성노조의 단체교섭요구를 거부하였더라도 부당노동행위가 성립되지 않는다(2003.11.06, 서울고법 2003누 72).

> 🔎 지입차주가 자신명의로 사업자등록을 하고 자기 책임하에 개인운송 사업을 한다면 근로자로 볼 수 없다(2000.10.06, 대법2000다30240).

(3) 회사의 이사도 근로자로 볼 수 있는가 하는 점

보통 회사의 이사는 사업주와의 관계에서 종속적인 근로를 제공하는 것은 아니므로 근로자로 인정받기는 어렵다. 그러나 이사라는 명칭을 불문하고 이사로서 위임받은 사무를 처리하는 외에 사업주로부터 지휘명령을 받으면서 일정한 노무를 제공해 왔다면 근로자로서 지위를 인정받을 수 있다(대판 1992.5.12, 91누11490 등).

> 🌳 회사의 이사가 일정한 노무를 담당하고 그 대가로 일정한 보수를 지급받아 왔다면 근로자이다
> (1992.05.12, 대법 91누 11490).

(4) 근로자성 인정 여부 각종 사례

사용종속성이 존재하여 근로자성을 인정한 사례로서 신문사 광고 외근원, 신문사 판매확장요원, 시청료 위탁징수원, 산업연수생, 수련의, 아마추어 전문 운동선수, 학원·학교의 시간강사, 임시교원, 사립학교 조교, 직장예비군 지휘관, 아르바이트 학생, 법인의 예술단원, 한국야구위원회 소속 심판원, KBS 외부제작요원, 병원에 소속한 물리치료사, 방송사 악단원, 업무집행권이 없는 임원 등이다.

사용종속성이 없어 근로자성을 부정하는 사례로 한국전력주식회사의 위탁수금원, 보험모집인, 학습지교사, 양성공, 도급공, 직업훈련생, 실습생, 공인회계사시보, 부목사, 비상근 위촉계약자, 지입차주 겸 운전자, 레미콘 차주 겸 운전자, 프로 운동선수, 유흥업소 코너주, 수익분배 계약 학원강사, 지역예비군 지휘관, 경마협회 조교와 기수, 주문제작하청업자, 신문사 자율기자, 공사의 의료원장, 가수의 매니저, 퀵서비스 배달기사, 아파트입주자대표회의 회장, 병원이 장소를 제공하는 물리치료사, 업무집행권이 있는 임원 등이다.

2) 근로자의 의무

(1) 근로자의 의무

근로자는 주된 의무로서 근로제공의 의무를 진다. 또한 근로자는 신의에 적합하게 근로관계를 유지할 다음과 같은 부수적인 의무(충실의무)도 진다. 이와 같은 사항은 보통 회사 취업규칙의 복무규율로 정해지기 마련이며 이를 위반한 경우 근로자는 징계처분을 받게 된다.

① 근로자가 행해서는 안 되는 사항

다음과 같은 사항들은 사용자의 지휘명령을 받는 등 종속 관계에서 일하는 근로자들이 행해서는 안 되는 내용들이다.

- 비밀 누설
- 겸직
- 회사 신용이나 명예의 훼손
- 수뢰나 횡령 등

② 근로자가 행해야만 하는 사항

다음과 같은 사항들은 사용자의 지휘명령을 받는 등 종속 관계에서 일하는 근로자들이 반드시 해야만 하는 내용들이다.

- 사용자의 이익보호 의무
- 정당한 명령 이행 의무
- 직무 전념 의무
- 사고나 손해의 고지 의무
- 기타 용모단정 의무, 불가피한 경우에 조사나 검사를 응낙할 의무 등

③ 근로자가 의무를 위반한 경우 책임

근로자가 의무를 위반한 경우에는 해고, 정직, 감봉, 경고 등의 징계를 받게 된다. 나아가 근로자가 고의나 과실로 위법하게 사용자에게 손해를 발생케 한 경우에는 채무불이행 또는 불법행위 책임을 부담하게 된다. 그러나 사용자가 모든 경우에 같은 배상을 청구하는 것은 부당하다. 예를 들어 근로자가 종사하는 업무가 손해발생의 가능성이 높은 위험작업(창고, 금고 관리업무에 있어서 결손 책임도 마찬가지임)이라면 근로자가 손해발생에 대해 고의 또는 중과실이 있을 때에만 배상 책임을 인정하는 것이 타당할 것이다.

🌱 사후의 승인도 받지 않고 계속 결근한 행위는 근로제공의무를 이행하지 않은 것으로 해고사유에 해당한다(2002.03.21, 서울행법 2001구30885).

🌑 취업규칙상 성실의무에 위반하고 직무상의 질서를 문란케 한 행위는 징계사유에 해당한다(2002.02.01, 서울행법 2001구44150).

10. 기업의 인사권

1) 인사권의 근거

사용자는 근로자에 대하여 승진, 휴직, 전직, 정직 등의 조치를 취할 수 있다. 이러한 인사권의 행사로 인하여 근로관계의 변동이 나타나는데, 문제는 이러한 인사권의 근거가 무엇인가 하는 점이다. 이에 대해서는 다양한 견해가 존재하지만, 판례는 사용자에게 헌법상 사유재산권 보호에 근거한 경영권이 있기 때문이라고 본다. 즉 사용자는 경영권에 근거하여 인사권을 행사할 수 있고, 근로자는 사용자와 대등한 위치에서 자유로운 의사를 바탕으로 체결된 근로계약을 통하여 사용자의 경영체계에 편입됨으로써 근로계약의 본질적 성격에 근거하여 사용자의 인사권 행사에 따른 노무지휘를 받게 된다.

> ♬ 인사 경영권은 노동3권과 함께 사유재산권을 보장하고 있는 헌법체계상 재산의 관리와 유기적 일체성을 가져야 한다는 점에서 경영목적 달성을 위한 사용자의 권능으로 인정되어야 한다 (1997.05.16, 노조 01254-445).

2) 인사권은 어떠한 제한을 받는가?

근로기준법 제30조는 사용자가 정당한 이유 없이 해고, 휴직, 정직, 전직, 감봉 기타 징벌을 하지 못한다고 규정하여, 인사권의 행사를 사용자가 함부로 행하지 못하도록 한다. 인사권을 남용하게 되면 근로자의 신분이 불안정해지기 때문이다. 이렇게 사용자의 인사권행사는 '정당한 이유'가 있어야만 한다. 여기서 정당한 이유는 보통 취업규칙이나 단체협약에서 정해지게 되는데, 규정상 비추어 볼 때 정당한 이유가 있는 인사권의 행사라도 다음과 같은 점에 주의해야 한다.

먼저 인사권을 행사하는 경우 경영측에서 반드시 준수하여야 할 4가지 규범으로서 다음과 같은 점을 들 수 있다.

1) 실정법을 위반해서는 안 된다.
2) 노동조합과 체결한 단체협약을 위반하여서는 안 된다.
3) 사용자가 정한 취업규칙을 포함한 제 규정을 위반해서는 안 된다.
4) 근로자와 체결한 근로계약을 위반해서는 안 된다.

다음으로 인사권을 행사하는 경우 그 정당성을 인정받기 위한 4가지 요건이 있는데 이는 다음과 같다.

1) 인사권 행사가 업무상 필요해야 한다.

2) 인사권의 필요성과 근로자의 생활상 불이익을 비교해서 신중해야 한다.

3) 해당 근로자와 사전 협의를 하는 등 일정한 절차를 거쳐야 한다.

4) 인사권 행사에 있어서 부당한 차별이 없어야 한다.

> ◉ 인사 · 경영권에 관한 사항일지라도 근로자들의 근로조건과 밀접한 관련이 있는 부분은 단체협약 대상이 될 수 있다(1994.08.26, 대법 93누 8993).

> ◐ 원고는 신용업무만을 담당할 것으로 알고 고용되어 신용업무만을 담당하여 오다가 이 사건 전적으로 인하여 처음으로 지도상무 대리로서 신용업무 이외의 일을 맡게 된 데다가 출퇴근 시간이 현저히 증가하는 등의 생활상 불이익을 입게 된 점 등을 알 수 있고, 또한 이와 같이 원고가 입게 될 사실상의 불이익이 있음에도 불구하고 참가인 조합이 신용상무인 원고에 대하여 지도상무로 굳이 이례적인 이 사건 전적조치를 하여야 할 만한 업무상 필요성이 있었다거나, '조합원인사교류지침'에서 정하고 있는 인사교류기준에 해당하는 사정이 있었다는 점에 관하여, 나아가 이 사건 전적 조치를 취함에 있어 사전에 원고로부터 동의는 아니더라도 양해 내지는 협조를 구하는 절차를 취하였다는 점 등에 관하여 이를 인정할 아무런 증거도 없는 점 등을 종합하면, 원고에 대한 이 사건 전적 조치는 정당한 인사권의 범위를 넘는 부당한 조치라 할 것이다(2004.06.15, 서울행법 2003구합 38310).

11. 새로 바뀐 노동관계법

(1) 정년 60세 연장법: 고용 상 연령차별금지 및 고령자 고용촉진법

(개정 2013. 4. 30; 시행 2015. 5. 23)

2016년부터 공공기관, 지방공사, 지방공단, 300인 이상 사업장에서, 또 2017년부터는 국가 및 지자체, 300인 미만 사업장에서 정년을 60세 이상으로 의무화한다.

(2) 고용형태 고시제: 고용정책 기본법 시행령 (시행 2013. 6. 19)

상시 300인 이상의 사업주는 매년 고용형태 현황을 고시해야 한다. 이는 비정규직의 과다 사용을 제한하고 자율적 고용구조 개선을 유도하려는 취지다. 고용형태 분류는 ① 계약기한 없는 근로자(정규직, 무기계약직, 무기 단시간 근로자 포함), ② 기간제, ③ 기타 (기한 단시간, 재택, 가내, 일용직), ④ 외부 (용역, 파견, 하도급) 등으로 구분한다.

(3) 근로시간 면제(타임오프) 한도 고시 (시행 2013. 7. 1.)

조합원 규모	연간 시간 한도	사용 가능 인원
99명 이하	최대 2,000시간 이내	300명 미만 규모: 파트타임 사용 시 그 인원은 풀타임 사용 인원의 3배까지
100~199명	최대 3,000시간 이내	
200~299명	최대 4,000시간 이내	
300~499명	최대 5,000시간 이내	300명 이상 규모: 파트타임 사용 시 그 인원은 풀타임 사용 인원의 2배까지
500~999명	최대 6,000시간 이내	
1,000~2,999명	최대 10,000시간 이내	
3,000~4,999명	최대 14,000시간 이내	
5,000~9,999명	최대 22,000시간 이내	
10,000~14,999명	최대 28,000시간 이내	
15,000명 이상	최대 36,000시간 이내	

(4) 업무상 질병 인정 범위 확대: 산재보상보험법 시행령 (시행 2013. 7. 1)

- 발암 물질 및 암의 목록 확대 범위
- 과거 노출 조사가 어려운 특정 직종의 업무 처리
- 호흡기 계 질병 인정 범위 확대
- 급성 중독 인정 범위 확대
- 산재보험법 시행령 분류 체계 개편
- 근로기준법 시행령 분류 체계 개편

(5) 유해 화학 물질 관리법 전부 개정 법률

- 유해 화학 물질 관리법 개정안에 대한 쟁점 사항

(6) 차별 금지 조항의 명확화: 기간제, 파견 근로자 보호법 (시행 2013. 9. 23)

상시 5인 이상 사업장에서 기간제, 단시간, 파견 근로자에 대한 차별 처우 금지 영역을 구체적으로 명시한다. ① 근로기준법 제2조 제1항 제5호에 따른 임금, ② 정기 상여금, 명절 상여금 등 정기적인 성격의 상여금, ③ 경영성과에 따른 상여금, ④ 그 외 근로조건 및 복리후생 등에 관한 사항 등이 바로 그것이다. 차별 처우가 있는 경우, 당사자는 6개월 이내에 시정 신청을 할 수 있다.

- "임단협 적용 못믿는 기간에도 상여금 줘야"(2015.03. 서울고법 2015.02.01)

2017년부터 달라지는 노동관련 법과 제도

(참고: 2015년 이후 청와대, 여당, 정부가 강행하려 한 '노동시장 선진화' 법안 주요 내용)

2016년은 20대 국회가 여소야대로 구성되고 환경노동위원회에 여야 모두 다수의 노동계 출신 의원이 배치되면서 경영계에 부담되는 법안들이 많이 발의되었다. 또한 '박근혜–최순실 게이트' 등 정국 혼란으로 인해 국정감사 및 국정조사 등에 관심이 집중되면서 대다수 법안들이 여전히 국회에 계류되었다.

2017년의 최저임금은 (2016년의 6,030원보다 7.2% 인상되어) 시간당 6,470원으로 결정되었고, 「채용절차 공정화에 관한 법률」이 30인 이상 기업으로 확대 적용된다. 또, 사업주가 산재보험급여 신청을 이유로 근로자에게 해고 등 불이익한 처우를 하는 경우 이를 처벌하는 법안(위반 시 2년 이하 징역 또는 2천만 원 이하 벌금)도 통과되었다.

이미 2016년부터 300인 이상 사업장과 공공기관에 적용된 '정년 60세' 의무규정이 2017년부터는 근로자 300인 미만 기업에서도 전면 시행된다.

또한 도급인의 안전·보건조치 의무 대상 작업범위가 확대되고, 대형화재 피해가 우려되는 작업장소에 화재감시자 배치가 의무화됨에 따라 향후 안전·보건조치에 있어 더욱 세심한 주의와 적절한 대처가 요구된다.

한편, 근로시간 단축, 통상임금 등 노동개혁 법안의 입법화 여부에 대해서도 예의주시해야 한다. 향후 국회 내 논의 및 사회적 세력 관계 등에 따라 그 내용과 시행이 달라질 것이다.

간접적으로 노동 생활과 관련되는 변화 내용도 있는데, 예컨대, 학생들이 보다 원활한 취업과 창업을 할 수 있도록 대학창조일자리센터도 늘어난다. 2016년에 41곳이던 대학창조일자리센터는 2017년에 60곳으로 확대되며 총 사업비도 대학당 5억 원에서 6억 원으로 늘어난다. 또, 전문 의료기관이 아닌 집에서 사용하는 재가치료 장치에 대해서도 건강보험 지원을 확대하기로 했다.

기초생활보장 급여 선정기준인 '기준 중위소득'은 4인가구 기준 약 447만원으로 2016년 대비 약 1.7% 인상된다. 생계급여 선정기준도 기준 중위소득의 29%에서 30%로 확대됨에 따라 더 많은 사람이 생계급여를 받을 수 있게 된다. 또한 임신부, 조숙아 등에 대한 건강보험 적용을 확대하고, 중증시각장애인을 위한 점자스티커가 부착된 점자여권도 2017년 상반기부터 발급된다.

특히, 2015년 9월 중순에 당시 여당이던 새누리당이 당론으로 급히 발의한 '노동 5법' 개정안은 결국 (2016년 10월 이후) '박근혜–최순실 게이트'의 진실이 하나씩 밝혀지면서 박근혜 정부와 재벌 사이의 불의한 유착(예, 미르재단 및 K스포츠재단에 재벌 기업 등 50여 기업이 약 800억 원을 출연)에 의한 친기업, 반노동적 내용으로 될 수밖에 없었다는 사실이 뒤늦게 드러났다.

◎ 근로기준법 ◎

통상임금 개념
- '소정근로에 대하여 정기적·일률적으로 지급키로 한 임금'으로 정의, 제외금품은 시행령으로 위임하여 규정토록 명시
  * 개인적 사정, 업적, 성과 등에 따라 지급여부·금액이 달라지는 금품(시행령 위임)

근로시간 단축
- 휴일근로를 연장근로에 포함하되, 기업규모별로 4단계 시행, 노사합의 시 휴일에 한해 1주 8시간까지 특별연장근로 허용(~2023년)
- 휴일근로 시 가산수당은 8시간 이내는 50%, 8시간 초과 시 100%로 명시(현행 행정해석 기준)

탄력적 근로시간제 단위기간 확대(취업규칙: 2주→1개월, 노사합의: 3개월→6개월/2024년부터 시행)

근로시간 특례제도 적용 업종 조정(26개→10개)

보상휴가제를 근로시간저축휴가제로 확대 개편(연장·야간·휴일근로 외에 유급휴가도 적립 가능, 先휴가 後근로도 허용)

◎ 고용보험법 ◎

실업급여 보장성 강화
- 지급수준을 실직 전 평균임금의 50%→60%, 지급기간을 90~240일→120~270일로 확대
- 한 사업장에서 동일하게 계속 근로하는 65세 이상자는 수급사업주가 변경되더라도 실업급여 적용

실업급여제도 운영 효율화
- 구직급여 기여요건 강화(이직 전 18개월 동안 180일 이상 → 이직 전 24개월 동안 270일 이상)
- 구직급여 하한액을 최저임금의 90%→80%로 조정
- 재취업 촉진을 위하여 실업인정 강화 및 반복수급 제재
  * 90일 이상 미취업자, 5년 이내 3회 이상 반복수급자에 대하여 실업인정 주기 단축, 반복수급자가 훈련지시 등을 거부 시 구직급여 최고 30% 감액
- 연장급여제도 개선(훈련연장급여 지급결정을 위한 심의회 운영), 조기재취업수당 폐지

◎ 산재보험법 ◎

통상적 출퇴근 재해 보상제도 도입
- 단계적 시행(2017년: 도보·대중교통, 2020년: 자동차)
- 근로자 중과실로 인한 사고는 보험급여 일부(예: 장해·유족급여 등) 제한
- 통상적 출퇴근 재해에는 근로기준법상 사용자 재해보상책임 배제
- 자동차로 인한 출퇴근 재해 시 자동차보험 우선 적용

◎ 기간제근로자법 ◎

생명 · 안전 관련 핵심 업무에 기간제 근로자 남용을 제한
- 선박, 철도, 항공기, 자동차 등 여객운송사업 중 생명 · 안전 관련 핵심 업무, 산안법상 안전/보건관리자 업무에 기간제 근로자 사용 제한
  * 출산 · 질병 등에 따른 업무대체자, 고령자로서 해당 업무 관련 자격 및 경력을 일정기준 이상 갖춘 경우 등 예외적으로 사용 가능한 사유도 함께 명시

기간제 근로계약 반복 갱신횟수 제한(2년 범위 내 3회 초과 금지)

기간제근로자 사용기간 예외적 연장 허용(2년+2년)
- 사용자의 일방적 연장을 방지하기 위해 35세 이상 근로자가 직접 연장을 신청하는 경우로 한정
- 연장된 기간 만료 시 사용자는 기간의 정함이 없는 근로자로 전환토록 하고, 전환하지 않고 근로계약 종료 시에는 일정 금액의 '이직수당'을 지급토록 함
  * 연장된 기간이 만료된 뒤에도 별도 조치 없이 해당근로자를 계속 사용하는 경우에는 기간제법 상 무기계약 간주 원칙 명시

◎ 파견근로자법 ◎

생명 · 안전 관련 핵심 업무에 근로자파견 사용을 제한
- 기존 근로자파견 금지업무에 유 · 도선 선원 업무, 철도종사자 업무, 산안법상 안전/보건관리자 업무 추가

파견계약 시 파견대가 항목을 직접인건비, 간접인건비, 일반관리비, 근로자파견사업자의 순이익 등으로 구체화하여 명시토록 함

고령자, 고소득 전문직 등 파견허용업무 확대
- 제조업 직접생산공정 업무 및 근로자파견 금지업무를 제외한 모든 업무에 고령자(55세 이상) 파견 허용
- 전문직*에 종사하는 고소득자**에 대하여 관련 업무의 파견 허용
  * 한국표준직업분류의 대분류 1(관리자) 및 대분류 2(전문가) 종사자
  ** 고용형태별근로실태조사의 한국표준직업분류 대분류 2 종사자의 근로소득 상위 25%(2015년 5600만원)
- 뿌리산업(금형, 주조, 용접 등 6개 업종)에 대한 파견 허용

◎ 관련 부수법안: 고용 · 산재보험료 징수법 ◎

(산재보험법 관련) 출퇴근 재해 도입 관련, 보험료율은 업종 구분 없이 단일요율로 정하고 개별실적요율 및 산재예방요율은 적용하지 않도록 규정

(고용보험법 관련) 65세 이상자 중 실업급여 특례가 적용되는 경우 보험료를 징수토록 규정

통상임금 대법원 판결

(법률신문, 2013. 12. 18)

정기상여금은 통상임금… 노사 협의로 배제 못해
통상임금 추가분 회사 경영에 어려움 초래되면 허용 안돼

상여금이 2개월 또는 3개월, 6개월, 1년마다 지급되더라도 정기적으로만 지급되면 통상임금에 포함해야 한다는 대법원 전원합의체 판결이 나왔다.

하지만 대법원은 회사가 상여금을 포함해 다시 산정한 통상임금을 추가분을 지급하는 경우 회사 경영에 어려움이 초래된다면 추가임금 청구는 신의성실의 원칙에 위배되므로 허용되지 않는다고 밝혔다.

이로써 대법원이 2012년 3월 상여금을 통상임금 산정에 포함하는 판결을 내린 이후 통상임금 범위와 관련한 논란은 일단락 됐다. 근로기준법상 통상임금은 4대 사회보험료, 연장근로수당, 연차휴가수당 등 각종 수당의 산정 기준이 되므로 통상임금 범위가 넓어지면 근로자들이 그만큼 수당을 더 받게 된다.

대법원 전원합의체(재판장 양승태 대법원장)는 12월 18일 ㈜갑을오토텍에서 근무하다가 퇴사한 김모씨가 회사를 상대로 낸 퇴직금 청구소송(2012다89399)과 현직 근로자 295명이 회사를 상대로 낸 임금청구소송(201294643) 사건에 대한 상고심에서 명절 상여금 등을 통상임금으로 산정한 원심을 깨고 사건을 서울고법으로 돌려보냈다.

◇ 1개월 기준으로 지급되지 않는 정기상여금도 통상임금= 재판부는 판결문에서 "어떤 임금이 통상임금에 속하는지 여부는 임금의 명칭이나 그 지급주기의 장단 등 형식적 기준에 의해 정할 것이 아니다"라며 "일정한 기간에 제공되는 근로에 대해 1개월을 초과하는 일정기간마다 지급되는 정기상여금은 통상임금에 해당한다"고 밝혔다. 예를 들면 매월 지급되지 않더라도 3개월이나 6개월 단위로 지급되는 정기상여금은 통상임금에 포함된다.

그동안 재계는 "근로기준법 시행령 제6조는 통상임금 산정기간을 한정하면서 1개월을 최대 기간으로 하고 있으므로 1개월을 초과하는 기간에서 지급되는 것은 통상임금에서 제외해야 한다"고 주장해왔다.

재판부는 그러나 "근로자가 소정의 근로를 했는지 여부와 관계없이 특정 시점에 재직 중인 근로자에게만 지급하기로 정한 임금은 근로를 제공하는 시점에서 지급조건이 성취될 지 여부가 불확실하므로 통상임금이라고 볼 수 없다"고 덧붙였다. 예컨대 명절 귀향비나 휴가비는 그 시점에 재직 중인 근로자만 지급받는 금품이므로, 근로의 대가가 아니어서 통상임금에 포함되지 않는다.

◇ 정기상여금을 통상임금 산정에서 제외하는 노사 합의는 무효= 재판부는 "법률상 통상임금에 해당하는 정기상여금 등을 통상임금 산정에서 제외하기로 하는 노사 합의는 근로기준법에 위반되므로 무효"라고 밝혔다.

피고인 갑을오토텍 측은 그동안 "갑을오토텍의 단체협약은 통상임금에서 상여금을 포함하지 않았고, 이것은 노사가 대등한 관계에서 통상임금에 상여금이 포함되지 않는다는 인식이 공유된 것으로 임금총액을 기준으로 협상이 된 것으로 봐야 한다"며 정기상여금이 통상임금에 포함된다고 하더라도 노사간 협의에 의해 이를 배제할 수 있다고 주장했었다.

◇ 초과근로수당, 퇴직금 다시 산정해서 청구가능= 이번 판결로 통상임금의 범위가 확장됐기 때문에, 앞으로 기업들은 통상임금을 기초로 산정되는 퇴직금이나 초과근로수당을 다시 산정해야 한다. 근로기준법상 통상임금은 퇴직금과 4대 사회보험료, 연장근로수당, 연차휴가수당 등 각종 수당의 산정 기준이 되므로 통상임금 범위가 넓어지면 근로자들이 그만큼 퇴직금과 수당을 더 받게 된다. 노사 협의에 따라 정기상여금을 통상임금에서 제외하기로 하고 이미 돈을 지급받은 근로자들도 추가지급을 청구할 수도 있다.

그러나 대법원은 노사간 협의로 정기상여금을 통상임금에서 제외하기로 하는 것은 무효이지만, 이미 노사가 그 사실을 명확하게 알고 있다면 신의성실의 원칙이 적용돼 추가지급 청구가 제한될 수 있다고 판단했다. 대법원은 신의성실의 원칙이 적용되기 위해서는 이러한 노사합의가 이번 판결 이전에 이뤄지고, 그 합의가 기업에게 중대한 경영상 어려움을 초래하거나 기업의 존립 자체가 위태롭게 된다는 사정이 인정될 것을 요건으로 정했다.

통상임금 5대 궁금증

(한국경제, 2013. 12. 20.)

[1] 통상임금 규정한 취업규칙도 노사합의? – 근로관행 · 노사 묵시적 합의 땐 인정

노동조합이 없는 기업이 취업규칙에 통상임금의 범위를 정해 놓고 노사협의회를 통해 논의했다면 노사합의로 인정된다. 노조가 있는 기업에선 노사합의를 통해 단체협약을 정한다. 노조가 없어도 사용자가 정하는 취업규칙에 통상임금 범위를 명시하고 그 내용을 근로자가 잘 알고 있다면 노사합의가 있다고 봐야 한다는 것이다. 대법원은 이번 판결문에서 "묵시적 합의나 근로관행도 노사합의에 포함된다"고 명시했다. 박지순 고려대 법학전문대학원 교수는 "취업규칙에 통상임금 범위가 규정돼 있다 해도 근로자들이 이 내용을 모르고 있다면 논란의 여지가 있다"며 "이 경우 노사협의회 등에서 어떤 얘기가 오갔는지를 따져봐야 할 것"이라고 말했다. 노조가 없는 곳에서는 근로자가 취업규칙에 얼마나 동의했는지에 따라 노사합의 여부가 결정될 전망이다.

[2] 3년치 소급분도 청구 가능한가? – 신의성실 원칙 적용되면 청구 불가

대법원은 정기상여금을 통상임금에 포함시켰다. 이에 따라 근로자는 추가임금에 대한 3년치 소급분 청구를 할 수 있다. 하지만 이 청구가 모두 받아들여지는 것은 아니다. '신의성실의 원칙(신의칙)'이 적용되면 이 청구는 기각된다. 신의칙이란 형평에 어긋나고 신뢰를 저버리는 내용 또는 방법으로 권리행사를 해서는 안된다는 민사법의 대원칙이다. 이번에 대법원이 밝힌 신의칙 적용의 요건은 세 가지다. △정기상여금에만 적용 가능하며 △노사가 정기상여금이 통상임금에 해당하지 않는다고 믿고 이를 제외하는 합의를 했으며 △추가임금이 기업에 중대한 경영상 어려움을 초래하거나 기업의 존립이 위태롭게 될 수 있다는 사정이 있어야 한다는 것이다. 즉, 노사 간 정기상여금이 통상임금에 해당되지 않는다고 합의한 기업의 근로자가 회사를 상대로 추가임금을 달라는 소송을 제기했을 때 이 금액이 기업에 심각한 재정적인 부담을 주면 소송이 기각될 가능성이 높다.

[3] '중대한 경영상 어려움' 기준은? – 일시 임금폭증 등 기업현황 따져봐야

일각에선 이에 대해 '흑자 기업의 적자 전환' 등의 요건이 필요하다고 주장한다. 하지만 대법원은 판결문에서 개별 기업의 구체적인 사정을 제시했다. 대법원은 △정기상여금 추가 시 실질 임금인상률이 교섭 당시 예정한 임금인상률을 훨씬 초과하고 △예상치 못한 과도한 지출이 예상되며 △순이익의 대부분을 추가 지급해야 하는 사정 등을 '중대한 경영상의 어려움'이라고 언급했다. 적자 전환이 아니어도 임금이 폭증하거나 일시적으로 기업이 지출해야 할 비용이 크다면 이 역시 중대한 경영상의 어려움이라는 것이다. 박 교수는 "당장 자동차 제조사가 원화 강세와 엔화 약세로 영업이익 등 실적이 악화되는 것과 같은 산업 전반의 업황도 고려하는 것이 바람직하다"고 말했다. 하지만 노동계에서는 이를 받아들이지 않을 가능성이 큰 만큼 상당한 논란이 빚어질 수 있다.

[4] 매년 주는 김장보너스도 통상임금? – 재직자에게만 주면 '통상임금' 인정 안돼

대법원은 만약 기업이 김장보너스를 지급하는 시점에 재직 중인 근로자에게만 이를 줬다면 통상임금이 아니라고 설명했다. 고정성, 일률성이 없는데다 근로의 대가가 아니라고 판단해서다. 하지만 김장보너스를 지급하는 시점 전에 퇴직한 근로자에게 근무 일수를 비례해 줬다면 이는 통상임금에 해당된다. 즉, 매년 김장보너스 12만원을 지급하는 D기업이 입사한 지 6개월 된 직원이 퇴직할 때 6만원을 줬다면 고정성이 있기 때문에 통상임금이라는 뜻이다. 설·추석 상여금, 여름 휴가비, 명절귀향비, 생일자지원비 등도 같은 방식으로 따져보면 된다. 앞으로 복지 차원에서 지급하는 각종 지원금은 노사합의 여부에 관계없이 고정성, 일률성, 정기성을 따져 통상임금 포함 여부를 결정하게 된다.

[5] 대법원 판결적용 시점은 언제부터? – 판결 후 새로 맺는 임단협부터 적용

대법원은 추가임금에 대한 소급청구를 신의칙을 근거로 제한하면서 "신의칙 법리는 이 판결 이후의 합의에는 적용될 수 없다"고 설명했다. 이에 대해 한국경영자총협회는 "판결 이후 새로운 노사합의 전까지는 신의칙 법리를 적용할 수 있다는 것으로 해석되기 때문에 새 임·단협까지는 소급청구할 수 없다고 봐야 한다"고 분석했다. 판결 이후 새로 맺는 임·단협부터 이번 통상임금 범위가 적용되며, 그 이전의 임금에 대해선 소급청구할 수 없다는 것이다. 이정 한국외국어대 법학전문대학원 교수는 "대부분 임금·단체협상이 1~2년 주기로 체결되는 점을 감안하면 대법원 판결 이전과 이후의 수당을 구분하는 것이 더 큰 사회적인 혼란을 가져올 수 있다"며 "기존 임·단협이 노사합의와 근로 관행임을 고려하면 새로 체결할 때까지는 존중하는 것이 바람직하다"고 설명했다. 노사가 합의로 정식 임·단협 전에 정기상여금을 통상임금에 포함하는 방향으로 수당을 조정하는 것도 가능하다는 것이 고용노동부의 설명이다.

2013.12.18. 통상임금 판결의 함정
① 통상임금 미지급분 – 신의칙 – 소급적용요구 ✕
② 회사 경영상황에 따라 판단
③ 노동부행정 지침(2014.01.23.) – 판결이후 통상임금도 2014 새단협 이후 적용된다.

만 8세 이하 자녀 둔 부모가
2014.10부터 육아휴직 대신 단축근무 선택 시 급여외 받는 단축급여가 통상임금의 40%에서 60% 확대, 단축근무 활용도 최장 2년으로 연장(연합뉴스 2014.02.04.)

"노조원들 감시·미행도 부당노동행위 해당"

(경향신문, 2013. 12. 23)

노조원들을 불법 사찰하는 등 노조 설립을 방해한 혐의로 신세계 이마트 전 대표 등 임직원들이 재판에 넘겨졌다. 검찰은 사측의 감시·미행이 부당노동행위에 해당한다고 판단했다. 정용진 신세계그룹 부회장(45)은 무혐의 처분됐다.

서울중앙지검 공안2부(김광수 부장검사)는 이마트 노조원들을 감시·미행하고 인사상 불이익을 주는 등 노조 설립을 방해한 혐의(노동조합 및 노동관계조정법 위반) 등으로 최병렬 전 대표(64)와 인사담당 윤모 상무(52) 등 임직원 5명을 불구속 기소했다고 22일 밝혔다.

이들은 지난해 10월부터 약 한 달간 노조 설립에 가담한 직원들을 장거리 전보 발령하거나 해고하는 수법으로 인사 상 불이익을 준 혐의를 받고 있다. 노조가 설립 사실을 알리기 위해 피켓 선전전을 할 때 피켓을 가리는 등 홍보 활동을 방해한 혐의도 있다. 이들은 100여명의 개인 e메일을 사용, 노조원 등 직원들의 민주노총 가입 여부를 확인하면서 개인정보보호법도 위반한 것으로 조사됐다.

검찰은 사측이 노조원을 감시·미행한 행위도 노동조합 및 노동관계조정법상 금지된 '개입'에 해당, 부당노동행위로 판단했다.

2013년 1월, 민주당 장하나 의원 등이 공개한 신세계 이마트의 내부 문서를 보면, 사측은 노조 설립을 막기 위해 직원들을 문제(MJ)·관심(KS)·가족(KJ)·여론주도(OL) 사원 등으로 나눠 관리했다. 이 중 노조를 설립하거나 가능성이 높은 문제·관심 사원들에게 A~D, S로 등급을 매겨 동태를 파악했다. 2012년에 노조를 설립한 전수찬 위원장 등 조합원 3명과 친분이 있는 인물 34명을 별도 관리해오기도 했다.

검찰은 "노조를 조직하려는 사람을 해고하거나 장거리 전보 명령을 내리는 것은 '지배', 상대방이 인식하지 못하도록 미행·감시하는 것은 '개입'"이라며 "미행·감시는 영향력을 행사한다는 점에서 개입으로 봐야 한다고 적극적으로 해석했다"고 말했다.

이어 "미행·감시를 '개입'으로 보고 기소한 사례는 없었다"면서 "다만 국내나 일본의 학설과 일본 하급심 판례에서 불법을 인정한 유사한 사례가 있다"고 설명했다.

검찰은 이마트 공동대표였던 정용진 부회장과 허인철 현 대표 등은 부당노동행위에 가담한 사실이 확인되지 않아 '혐의 없음' 처분을 내렸다. 검찰은 "정 부회장 등이 부당노동행위와 관련된 보고를 받았거나 지시했다는 내용 등 가담 사실이 확인되지 않았다"고 설명했다. 검찰은 정 부회장을 소환 조사하지는 않았다.

기업 경영 과정과 노동법

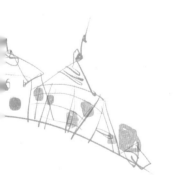

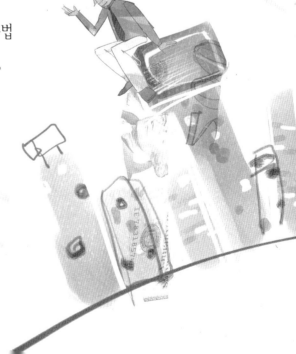

기업 경영 과정과 노동법

 직원의 선발 및 채용 과정과 노동법

1. 부당노동행위로서의 황견계약

노조법은 "근로자가 어느 노동조합에 가입하지 아니할 것 또는 탈퇴할 것을 고용조건으로 하거나 특정한 노동조합의 조합원이 될 것을 고용조건"으로 하는 것을 부당노동행위로 규정하고 있다(노조 81조 2항). 이러한 고용계약을 황견계약(yellow dog contract; 비열계약)이라고 한다.

2. 채용 시 부당한 차별 금지

1) 남녀차별이란?

남녀차별이란 성별, 혼인, 임신, 출산 등의 사유로 합리적인 이유 없이 채용이나 근로조건을 달리하거나, 불이익한 조치를 취하는 경우를 말한다. 그러나 다음의 경우는 차별로 보지 않는다(남녀고용평등법 제2조 1항).

- 직무의 성질상 특정성이 불가피하게 요구되는 경우
- 근로여성의 임신, 출산, 수유 등 모성보호를 위한 조치를 취하는 경우
- 현존하는 차별을 해소하기 위하여 국가, 지방자치단체 또는 사업주가 잠정적으로 특정의 성을 우대하는 조치를 취하는 경우(차별해소조치, Affirmative Action)

2) 남녀차별이 금지되는 사항은?

- 모집, 채용에 있어서 차별금지(고평 7조)
- 임금에 있어서 불합리한 차별금지(고평 8조)
- 임금 외의 금품(복리후생 등)에 있어서 차별금지(고평 9조)
- 교육, 배치, 승진에 있어서 차별금지(고평 10조)
- 정년, 퇴직, 해고에 있어서 차별금지(고평 11조)

💡 모집·채용광고의 남녀차별 여부 판단시 모집광고내용 중 일부직종은 관계법령에 의해 합법적으로 여성채용을 제한할 수 있는 직종이고 일부직종은 여성채용을 제한할 수 없는 직종임에도 제한할 수 있는 직종과 제한할 수 없는 직종을 모두 여성채용을 배제하여 1건으로 모집·광고하였다면 그 전체가 위법이라고 보아야 함(2000.7.27, 여정 68247-443).

👁 남자 근로자가 여자에 비해 단지 무거운 물건을 운반한다는 이유로 임금에 차이를 두는 것은 남녀고용평등법 위반임(2003.03.14, 대법 2002도3883).

♛ 단체협약이나 국민주택촉진법에 기혼세대주인 경우 주택구입자금을 대출하도록 되어 있음에도 회사에서 자금대출 제한규정이라든가 대출하지 못할 객관적이고 명백한 사유가 존재하지 아니한 상태에서 단순한 소득원 등의 이유를 들어 대출거부하는 것은 성을 이유로 차별하는 것으로 근로기준법 제5조 위반임(1995.2.11, 감독 68213-480).

🔦 사업주가 근로자에 대한 호봉을 부여함에 있어 군복무 기간을 감안하여 그 기간에 상당한 수준만큼 차등을 두는 것은 합리적인 차별이라고 볼 수 있으나, 여자근로자와 군미필 또는 면제자인 남자근로자를 구분하여 차등을 두는 것은 합리성이 인정되지 않으므로 이 법이 금지하는 성별에 의한 차별에 해당됨(1994.5.27, 부소 68240-177).

🚂 여성전용 직종인 교환직에 대해서만 합리적 이유없이 정년의 차등을 둔 인사규정은 남녀차별 금지의 입법취지에 반한다(1994.09.29, 서울고법 93구 25563).

🎈 부진인력 대상자에게 인사고가, 업무분담 등에서 불이익을 주는 차별정책을 시행하는 것은 부당하다(2015.06.24, 대법 2014다22195).

🔬 유산은 태아가 생존이 가능한 시기 이전에 임신이 증명되는 상태이며, 사산은 임신한지 4개월 이상 지난 후 이미 죽은 태아를 분만한 것으로서 각각 해당 임신 주차에 해당하는 유산·사산

휴가를 부여하며, 출산 전 두 휴가가 사용과 별개로 유산 · 사산한 시점부터 유산 · 사산 휴가를 부여해야 함(2015.10.29, 고용노동부 여성고용 정책과 – 3216).

3. 근로계약

일정부분 구체적 지시없이 자율적으로 업무를 진행했더라도 대표이사의 지휘 · 감독을 받고 근로의 대가로서 보수를 지급받으며 광고업무를 담당해온 자는 근로자에 해당한다(2015.05.01, 울산지법 204노1149).

1) 근로계약의 의미

근로계약이란 근로자가 사용자에게 근로를 제공하고 사용자는 이에 대하여 임금지급을 목적으로 체결된 계약을 말한다. 근로계약은 사용자와 개개 근로자가 행하는 가장 원초적인 약속이기 때문에 노무관리를 수행할 때나 분쟁이 발생할 때 무척 중요한 의미를 가진다.

- 근로기준법 제17조에 의하면 근로계약이라 함은 근로자가 사용자에게 근로를 제공하고 사용자는 이에 대하여 임금을 지급함을 목적으로 체결된 계약을 말하며 이는 민법상의 노무도급계약과는 달리 근로자와 사용자 사이에 부종적으로 체결된 근로조건하에서 근로자가 사용자의 지휘 · 명령에 따라 근로를 제공하는 관계가 유지되어야 한다(1987.02.10, 대법 86다카1949).

- 원어민 강사는 근로기준법상의 근로자에 해당하므로, 퇴직금과 주휴수당 등을 지급할 의무가 있다(2015.06.11, 대법 2013다88161)

- 회사로부터 추상적 간접적 지휘 · 감독을 받았다 하더라도 상법상 사내이사로서 회사의 업무를 집행하였다 할 것이므로 근로자로 볼 수 없다(2015.03.20, 서울고법2014누58398).

2) 근로계약을 체결하는 과정에서도 지켜야 할 사항이 있다.

근로계약이 체결되기 전까지는 근로자와 사용자의 지위에 있는 것은 아니지만, 쌍방은 상대방의 신뢰에 적합하도록 사실 그대로를 성실하게 알려 줄 의무가 있다. 예를 들어 입사지원자가 본인의 경력을 사칭하거나, 은폐하여 입사하였다면 사용자는 그에 따른 손해를 청구할 수도 있다. 또한 제3자의 시각에서 객관적으로 볼 때 그러한 사정을 사전에 알았다면 채용하지 않았을 것으로 인정되는 한 해고할 수 있다.

💡 사용자가 근로자를 고용함에 있어 학력이나 경력 등을 기재한 이력서를 요구하는 이유는 그것을 바탕으로 그 근로자의 노동력을 평가하기 위해서 뿐만 아니라 근로자의 전인격을 평가하여 채용여부를 결정하려는 데도 그 뜻이 있다 할 것이므로 이력서에 허위로 기재된 내용이 어느 것에 관련되는 것이던 간에 그것이 채용여부를 결정하는데 영향을 미친 것이라면 징벌해고사유가 된다고 할 것이다(1988.02.09, 대법 87누 818).

💿 회사분할에 따른 근로관계 승계후 상당한 기간이 경과한 시점에서 잔류시와 비교하여 적은 급여를 받게 되었다는 사정만으로 고용승계가 무효화 된다거나, 근로자가 근로관계의 승계에 대하여 거부권을 행사할 수는 없다(2004.10.23,서울고법 2014누1033).

3) 채용을 내정한 후 일방적으로 해약해 버리면 안 된다.

채용내정이란 사용자가 입사지원자(보통 졸업예정자)에게 미래에 채용하겠다는 약정을 말한다. 채용내정의 법률적 의미는 근로자가 채용에 응모하는 청약행위와 사용자의 합격통지에 따른 승낙행위로서 근로계약이 성립되는 것이다. 따라서 채용내정된 자의 신분은 근로자의 신분으로서 보호되어야 할 것이다.

채용내정과 관련된 분쟁은 입사시험에 합격하여 채용하기로 약속한 자에게 나중에 회사의 경영상 사정 등을 이유로 합격을 취소하는 경우 발생한다.

아직 정식으로 근로계약이 체결되지 않았다는 점을 이유로 사용자는 채용하기로 한 약속을 일방적으로 파기해도 될까? 이에 대해 판례는 채용내정은 해지권을 유보한 근로계약으로 보아 원칙적으로 사용자가 추후 그 내정을 취소할 수는 있지만, 그 취소는 입사지원자에게 중대한 귀책사유가 있거나, 회사에 긴박한 경영상 사정이 생겨 정리해고의 절차를 거친 경우에 한해 정당하다고 본다. 즉 사용자가 자기 사정만을 생각해서 임의적으로 채용내정을 취소하는 것은 법적으로 부당하다.

📕 채용내정상태에서 상당기간이 지나도록 채용하지 않은 후 채용을 취소하였다면 그 기간에 대하여 손해배상하여야 한다. 그러나 채용내정만으로 정식채용이 확정된 것은 아니고, 회사가 구체적인 입사예정일을 정하여 통보한 것은 아니어서, 그 정식채용 여부에 대한 분명한 답변과 그 대책 등에 대하여 지속적으로 문의하거나, 피고가 정식채용을 거절할 것에 대비하여 다른 일자리를 구하는 등의 조치를 강구하였어야 함에도 불구하고 원고는 그러한 노력을 소홀히 한 잘못이 있으므로, 이를 피고가 배상할 손해액을 산정함에 있어 참작하기로 하되, 원고의 과실비율을 50%정도로 봄이 상당하므로, 피고의 책임을 나머지 50%로 제한한다(2003.08.27, 서울지법 2002나 40400).

표준근로계약서

_____(이하 "갑"이라 함)과(와) _____(이하 "을"이라 함)은 다음과 같이 근로계약을 체결한다.

1. 근로계약기간 :   년   월   일부터   년   월   일까지

   ※ 근로계약기간을 정하지 않는 경우에는 "근로개시일"만 기재

2. 근 무 장 소 :

3. 업무의 내용 :

4. 소정근로시간 : ___시___분부터 ___시___분까지 (휴게시간 : 시 분~ 시 분)

5. 근무일/휴일 : 매주 __일(또는 매일단위)근무, 주휴일 매주 __요일

6. 임 금

   - 월(일, 시간)급 : _____원
   - 상여금 : 있음 (   ) _____원, 없음 (   )
   - 기타급여(제수당 등) : 있음 (   ),   없음 (   )
     · _____원,   _____원
     · _____원,   _____원
   - 임금지급일 : 매월(매주 또는 매일) _____일(휴일의 경우는 전일 지급)
   - 지급방법 : 을에게 직접지급(   ),   예금통장에 입금(   )

7. 연차유급휴가

   - 연차유급휴가는 근로기준법에서 정하는 바에 따라 부여함

8. 근로계약서 교부

   - "갑"은 근로계약을 체결함과 동시에 본 계약서를 사본하여 "을"의 교부요구와 관계없이 "을"에게 교부함(근로기준법 제17조 이행)

9. 기 타

   - 이 계약에 정함이 없는 사항은 근로기준법령에 의함

                        년   월   일

(갑) 사업체명 :   (전화 :   )
    주   소 :
    대 표 자 :   (서명)

(을) 주   소 :
    연 락 처 :
    성   명 :   (서명)

4) 근로조건을 명시해야 한다.

(1) 근로조건 명시란?

사용자는 근로계약을 체결할 때에 임금, 근로시간 등의 근로조건을 명시해야 한다. 여기서 명시해야 할 근로조건에는 임금, 근로시간, 휴일 및 휴가, 취업 장소, 종사해야 할 업무, 근로계약기간 등이 있다. 여기서 특히 주의할 점은 근로계약은 보통 구두로 이루어지기도 하지만, 원칙적으로 문서를 통해 하는 것이 법적 분쟁을 예방하는데 바람직하다는 점, 그리고 임금의 구성항목, 계산방법, 지불방법에 관한 사항은 반드시 서면으로 명시해야 한다는 점이다(근로기준법 제17조).

(2) 사용자가 명시된 근로조건을 위반한 경우(근로기준법 제19조)

- 계약의 즉시 해제
- 귀향여비 지급
- 손해배상 청구

(3) 근로계약 관련 판례

- 택시 운행하면서 차량관리를 직접했고, 근무시간 및 근무장소 등에 대해 회사의 지휘·감독을 받지 않는 주주인 택시운전자는 근로자로 볼 수 없다(2013.07.11, 서울행법 2013구합42045).

- 업무의 동종성과 유사성은 현재 수행하고 있는 업무의 내용을 기준으로 해야 하지 그 업무를 수행할 자격이나 능력을 기준으로 삼아서는 안 된다(2013.07.12, 서울행법 2013구합3498).

- 기존 취업규칙과 불리하더라도 개정된 단협이 우선하나, 기존 단협보다 유리하게 개정된 취업규칙은 단협에 우선한다(2014.12.24, 대법 2012다107334).

- 이력서의 경력기간과 ㄷ으기사항 전무 증명서의 경력기간이 서로 차이가 있다는 사유로 채용 합격 취소를 한 것은 부당하다(2016.02.24, 중앙노동위원회 2015낙해1203)

- 계약직을 무기계약직으로 전환시 정년차등 둬도 불이익 변경 아님(중노위 2016.06.08, 선고 2016낙해 32장-335 병합 판결).

- 야쿠르트 아줌마, 근로자로 볼 수 없어(대법 2016.08.24, 선고 2015더253986 판결).

- 한국철도공사 소속 열차팀장 업무와 철도유통 소속 KTX 여승무원 업무가 구분됐고, 철도 유통이 승객 서비스업을 경영하면서 직접 고용한 승무원을 관리하고 인사권을 독점적으로 행사 했으므로 한국철도공사와 KTX 여승무원들 사이에 직접 근로관계가 성립하였다고 단정할 수 없다(2015.02.26, 대법 2011다78316).

5) 수습제도와 관련해서 다음 사항에 유의해야 한다.

(1) 수습제도란?

실무적으로 수습이라는 단어는 다양한 의미로 사용되고 있다. 예를 들어 정규직으로 임명하는데 신중을 기하기 위해 본 계약의 체결 자체를 유보한 가운데 업무능력이나 적성 여부를 판단하는 경우도 있고, 본채용을 한 후에 오리엔테이션 차원에서 둔 경우도 있다. 이와 같이 수습기간이 본채용이 이루어진 후의 기간인지, 아니면 그 전의 기간인지 모호해서 분쟁이 발생하는 경우가 있으므로 사용자는 그 의미를 취업규칙, 근로계약에 명시하는 것이 타당하다.

(2) 수습제도를 정할 때 주의할 사항

- 근로계약에 명시
- 업무에 부적격한 경우에는 본채용을 거절(해고)할 수 있음
- 업무와 무관하게 불채용(해고)하는 것은 부당함

> 수습평가 결과가 정식 채용을 거부할 정도로 객관적·합리적 이유가 없는 이상, 정식 채용 거절은 유보해약권을 남용한 부당해고이다(2002.08.27, 서울행법 2002구합7210).

> 일정한 수습기간을 두고 고용된 시용근로자라고 할지라도 그에 대한 해고에 있어서는 근로기준법 제27조 소정의 '정당한 이유'가 있어야 한다(1999.02.12, 서울행법 98구 15558).

> 수습기간 중에 있는 근로자라 하더라도 2개월 여의 단기간 내에 수주실적이 없다고 하여 업무적격성 결여를 이유로 해고한 것은 부당하다(2004.01.16, 서울지법 2003가합 45613).

> 일정한 수습기간을 두고 고용된 시용근로자라고 할지라도 그에 대한 해고에 있어서는 근로기준법 제27조 소정의 '정당한 이유'가 있어야 한다(1999.02.12, 서울행법 98구 15558).

> 정식취업을 위한 수습 기간 중 일당제 대무운전기사로 근무한 근로자도 회사와 근로계약관계가 성립된 것으로 본다. 근로자가 회사의 정식기사로 취업하기 위하여 구비서류를 제출하고 회사의 단체협약과 취업규칙이 정한 수습기간내의 기간 중 일당제 대무운전기사로 근무하여 온 것이라면 근로자와 회사 사이의 근로관계를 단순히 일용근로계약관계가 반복적으로 발생한 것이라고 할 수는 없고, 시용 기간 중에 업무부적격성 등 별다른 취업장애사유가 발견되지 아니하면 정식기사로 채용하기로 하는, 근로기준법의 적용을 받는 계속적 근로계약관계가 성립된 것이라고 보아야 한다(1994.01.11, 대법 92다44695).

6) 근로계약을 체결할 때에 다음과 같은 약정을 해서는 안 된다.

(1) 위법한 내용을 약정해서는 안 된다.

(2) 근로자의 계약기간은 1회에 원칙적으로 1년을 초과해서는 안 된다.

(3) 기간제 근로자의 경우, 2년을 초과할 수 없다(기간제법 4조).

(4) 근로계약 불이행에 대한 위약금 등을 사전에 예정해서는 안 된다.

(5) 전차금을 상계하는 약정은 금지된다.

(6) 강제 저축이나 사용자에게 통장관리를 위탁하는 계약은 금지된다.

> 💡 사용자는 근로자를 고용하는 경우에는 근로조건에 대하여 차별적 처우를 하여서는 아니되는 것이므로 "촉탁근무자에게는 퇴직금을 지급하지 않는다"는 근로계약은 근로기준법에 위반되어 무효임(1987.06.22, 근기 01254-10002).

> 💡 최초입사시 기간을 1년으로 근로계약서를 작성하였다면 재입사시 새로이 근로계약서를 작성하지 아니하였다 하더라도 그 근로계약기간은 1년이라고 봄이 상당하다(2003.11.27, 서울행법 2003구합 13793).

> 🎵 근로기준법 제24조는 위약예정을 금지하고 있고, 동법 제36조는 임금의 전액을 근로자에게 지급하도록 규정하고 있으므로 근로자가 근무 도중에 사용자에게 피해를 입힐 것을 대비하여 사고발생시의 실제 손해액과 관계없이 일정액을 미리 정하여 근로자에게 배상케 하는 근로계약을 체결하거나 동 배상액을 사용자가 일방적으로 임금 또는 퇴직금과 상계할 수는 없을 것임(1993.03.25, 근기 01254-455).

> 🎵 근로기준법에 임금은 근로자에게 통화로 직접 그 전액을 지급하도록 규정되어 있고 또한 임금에 대하여는 전차금과 상쇄하지 못하도록 규정되어 있으므로 회사가 채무액을 근로자의 임금에서 공제하도록 규정한 단체협약은 그 부분이 무효가 되는 것임(1987.06.16, 근기 01254-9703).

> 💡 사용자가 근로자의 위탁으로 저축금을 관리하는 경우에는 "저축증대와 근로자 재산형성 지원에 관한 법률"에 의한 재산형성 저축에 불구하고 사용자는 근로기준법 제26조 제2항에 의거 저축금의 보관과 반환방법을 정하여 노동부장관의 인가를 받아야 함(1987.03.03, 근기 01254-3397).

7) 근로기준법에 위반된 근로계약은 시정해야 한다.

근로기준법은 근로자를 보호하기 위한 최저기준이자 강행규정이므로 근로기준법을 위반한 근로계약은 그 부분에 한하여 무효가 된다. 또한 무효로 된 근로계약의 부분은 근로기준법에 정한 기준에 따라 규율된다. 따라서 사용자는 위법한 근로계약을 그대로 유지하려고 하지 말고 시정해야 한다(근기 15조).

- ☀ 법기준 이상으로 되어있는 단체협약에 별도의 퇴직금 지급기준이 규정되어 있는 경우에는 동 협약기준에 의한 퇴직금을 지급하여야 한다(1991.03.06, 서울고법 90나 39592).

- ☀ 사용자가 취업규칙을 근로자들에게 불이익하게 변경하는 경우, 노동조합의 동의를 받는 것으로 족하고, 법적 효과까지 주지시킬 의무는 없다(2014.09.26, 서울고법 2014누5455).

4. 파견근로관계

1) 파견근로

파견근로란 근로자 파견에 따라 행하여지는 근로관계를 의미한다. 여기서 근로자 파견은 파견사업주가 근로자를 고용한 후 그 고용관계를 유지하면서 근로자 파견계약의 내용에 따라 사용사업주의 지휘명령을 받아 근로에 종사하게 하는 것을 말한다(파견 2조 1항).

- ⚖ 파견근로자보호등에관한법률에 의한 근로자파견은 파견사업주가 근로자를 고용한 후 그 고용 관계를 유지하면서 사용사업주와 사이에 체결한 근로자파견계약에 따라 사용사업주에게 근로 자를 파견하여 근로를 제공하게 하는 것임(2003.10.09, 대법 2001다24655).

2) 우리 회사의 사내하청 근로자는 혹시 파견근로자가 아닐까?

노동부는 파견법의 규제를 피하기 위해 위장도급을 하는 경우가 있으므로 진정도급과 위장도급을 구별하고, 위장도급의 경우 파견근로자 보호를 위하여 처벌을 한다. 근로자를 불법 파견을 한 사업주는 3년이하의 징역이나 2천만원 이하의 벌금형에 해당되며(파견 43조), 불법 파견을 제공받은 사업주는 1년이하의 징역이나 1천만원 이하의 벌금에 해당한다(파견 44조).

- ☀ 모회사인 사업주가 업무도급의 형식으로 자회사의 근로자들을 사용하였으나, 실질적으로는 위장도급으로서 사업주와 근로자들 사이에 직접 근로계약관계가 존재한다(2003. 9. 23, 대법 2003두3420).

- ⚖ 현대차 사내하청은 불법파견(2015.03. 대법원 2015.02.26)

● 고용/도급/위임/파견 등 개념 구분 ●

노동력의 사용과 관련하여 다양한 개념들이 있다. 통상 인력의 제공을 용역업이라고 표현하기도 하고, 도급이라고 부르기도 한다. 또한 근로계약이나 고용계약이 혼용되어 사용되기도 하며, 불법파견과 불법도급이 혼용되기도 한다.

① 고용

당사자 일방이 상대방에 대하여 노무 내지 노동력을 제공할 것을 약정하고, 상대방이 이에 대하여 보수를 지급할 것을 약정함으로써 성립하는 계약(민법 제655조)

② 도급

당사자 일방(수급인, 용역 회사)이 어느 일을 완성할 것을 약정하고 상대방(도급인, 원청)이 그 일의 결과에 대하여 보수를 지급할 것을 약정함으로써 성립하는 계약(민법 제664조). 수급인이 스스로의 재량과 책임 하에서 자기가 고용한 근로자를 사용(직접 인사 노무 관리)하여 일을 완성하는 것

③ 위임(업무위탁)

당사자 일방(위임인)이 상대방(수임인)에 대하여 사무의 처리를 위탁하고 상대방이 이를 승낙함으로써 성립하는 계약(민법 제680조)으로 노무공급계약의 일종이지만 일정한 사무의 처리라고 하는 통일된 노무제공을 목적으로 함

④ 근로자파견

파견사업주가 근로자를 고용한 후 그 고용관계를 유지하면서 근로자 파견계약의 내용에 따라 사용사업주의 지휘명령을 받아 사용사업주를 위한 근로에 종사하게 하는 것(파견근로자보호등에관한법률 제2조 제1항)

⑤ 근로자공급사업

근로자를 공급하는 자가 공급계약에 의하여 근로자를 공급받는 자에게 사용하게 하는 것(직업안정법 제2조). 국내 근로자공급사업의 경우 노동조합만이 허가를 받아 사업을 할 수 있으며, 파견근로자보호등에관한법률 제2조의 규정에 의한 근로자파견 사업은 제외함.

⑥ 사외파견

사업주가 고용조정 또는 기술지도 등을 위해서 자기가 고용한 근로자를 그 고용관계를 유지하면서 협력회사·계열회사 등에 일정기간 파견하는 것으로 사업으로서 근로자를 파견하는 것이 아니므로 근로자파견법의 적용을 받지 않음

⑦ 직업소개

구인 또는 구직의 신청을 받아 구인자와 구직자간에 고용계약의 성립을 알선하는 것(직업안정법 제2조)

⑧ 하청(하도급)

수급인이 맡은 일의 전부나 일부를 다시 제삼자가 하수급인으로서 맡는 것

⑨ 용역

일반적으로 생산이나 소비에 필요한 노무(勞務)를 제공하는 것. 그러나 최근엔 법적 개념인 도급을 사회적 개념으로 용역이라 하기도 한다.

상기 개념의 구분 실익은 형태에 따라 어떤 법리를 적용해야하는 지에 대한 구분이다. 모든 계약은 통상적으로 민법의 일반 법리를 적용하여야 타당하나, 별도로 법률에서 정하는 특수한 계약은 다른 법률의 적용을 받아야 한다. 고용계약일지라도 사용종속관계가 성립되는 경우에는 노동법이 적용되어야 하며, 채용 당사자와 지휘명령 당사자가 상이한 경우에는 파견법의 적용을 받아야 하며, 근로자공급이나 직업소개는 직업안정법의 적용을 우선적으로 받아야 한다.

3) 근로자파견계약기간은 적법한가?

근로자파견계약은 1년을 초과할 수 없으나, 당사자가 합의한 경우에는 1회에 한하여 1년의 범위에서 기간을 연장할 수 있다. 사용사업주가 2년을 초과하여 계속적으로 파견근로자를 사용하는 경우에는 2년의 기간이 만료된 날의 다음 날부터 법률상 파견근로자를 직접 고용해야 한다(파견법 제6조의2 고용의무).

💡 파견근로자보호법 제7조 제1항에 의한 허가를 받지 않고 근로자를 파견했다 하더라도 파견계약의 기간과 관계없이 2년이 지난 후에는 사용사업주가 파견 근로자를 사실상 계속 근로시킨 경우 같은법 제6조 제3항에 의한 정규직으로의 고용의제가 적용되어 이후에는 사용업체서 사용자로서의 책임을 져야 한다(2003.03.14, 서울고법 2002누 12320).

💡 파견근로자보호등에관한법률 제6조제1항의 규정에 의하여 근로자파견기간은 최대2년을 초과할 수 없음. 따라서 파견근로자가 하나의 사업장에서 2년이상 계속하여 파견근로자로서 근무하고 싶다는 명시적인 의사표시(본인이 원한 경우)를 하였음을 이유로 하나의 사업장에 2년을 초과하여 파견근로자를 사용하고 있다면 이는 동법위반이며, 파견사업주와 사용사업주는 동법 제43조 및 제44조의 규정에 의하여 처벌을 면할 수 없음. 동법 제6조제3항에서 규정하고 있는 "다만 당해 파견근로자가 명시적인 반대의사를 표시하는 경우에는 제외한다"라 함은 파견근로자가 사용사업장의 근로자로 고용되는 것에 대한 반대의사를 표시하는 경우는 사용사업장의 근로자로 고용이 의제되는 법적 효과가 발생되지 않는다는 의미일 뿐임(1998.10.23, 고관 68460-1043).

◇ 파견법 제6조2항의 『고용의무』규정 [2006. 12. 21 개정]
사용사업주가 동일한 파견근로자를 2년 초과 고용시 인사명령 등을 통해 정식 직원으로 고용해야 할 의무가 있다.
기존의 '고용의제' 규정은 법에 따라 자동적으로 정식 직원으로 간주된다는 뜻으로 사용자의 인사명령 없이도 회사 직원 지위 보장.

◇ 기간제법에 따라 고용된 근로자의 경우 2년 계약 기간 만료 이유로 해고는 부당 (2014. 11. 10, 서울고법 행정7부)
  - 갱신기대권 인정(여타 직원의 정규직화, 사실상 정규직과 동일 업무)

4) 파견근로자 보호는 적법하게 이루어지고 있는가?

파견법은 파견근로자를 보호하기 위해서 파견사업주, 사용사업주가 책임을 져야 할 부분을 나누어 규정하고 있다(사용자기능의 분열). 파견근로와 관련해서 파견사업주만 노동법의 책임을 지는 것은 아니라는 점을 잘 기억해야 한다. 즉 사용사업주는 각종 근로시간 규제, 휴게,

휴일, 월차유급휴가, 여자와 연소근로자의 보호, 산업안전보건법상의 책임[원칙적으로 사용사업주의 책임]을 지게 된다. 또한 사용사업주의 책임으로 파견사업주가 임금을 지급하지 못하거나, 파견사업주와 사용사업주가 근로자파견계약에 근로기준법을 위반하는 내용을 포함시킨 경우에는 양자 모두 책임을 지게 된다.

- 파견근로자가 사고시 사업주와 고용계약을 체결한 것이 아니더라도 그 사업주가 산재보험의 가입자인 이상 파견근로자는 사업주 보험범위 내에 속하는 근로자로 봐야 한다(2003.06.24, 서울행법 2002구합24390).

- 외주업체에 소속되어 고속도로 요금소에서 2년 이상 근무한 근로자들은 한국도로공사가 직접 고용할 의무가 있다(2015.01.06, 서울동부지법 2013가합2298).

- 사내협력업체 소속으로 자동차 생산공정에서 업무를 수행한 근로자들은 근로자 파견관계에 있었다 봄이 타당하다(2015.02.26, 대법 106436).

- 구파견법상 고용간주 규정에 따라 간주되는 경우 사용사업주 근로자 중 파견근로자와 동종 혹은 유사업무 수행 근로자가 있다면 동일한 근로조건이 파견근로자에게도 적용된다(2016.02.18, 대법 2014다11550).

- 협력업체에 고용돼 원청업체에 사내하청으로 사용된 것은 근로자 파견관계에 해당하고, 2년을 초과해 계속 근무했으므로 원청업체 근로자로 봐야 한다(2016.02.18, 광주지법 2011가합5218).

- 한국 GM 사내하청 근로자, 정규직 지위 인정돼(대법 2016.06.10, 선고 2016다10254 판결)

- 한전KPS 하청업체 근로자, 직접 고용 인정(대법 2016.06.23, 선고. 2016다13741 판결).

- 포스코 사내하청 근로자도 "정규직 인정"(광주고법 2016.08.17, 선고 2013나1128 판결).

- 정규직 전환된 파견 근로자 호봉은 전환시부터 산정(대법 2016.06.23, 선고 2012다 108139 판결).

◎ 파견근로자에 대한 주 40시간제 적용기준 ◎
(2004.07.26, 근로기준과-3803)

1. 관련 규정
① 파견근로자보호등에관한법률 제34조제1항·제3항에 의하면, 근로기준법 제36조(금품청산), 제42조(임금지불), 제59조(연차유급휴가)의 규정의 적용에 있어서는 파견사업주를, 근로기준법 제49조(근로시간), 제57조(월차유급휴가), 제71조(생리휴가)의 규정의 적용에 있어서는 사용사업주를 근로기준법 제15조의 규정에 의한 사용자로 보되, 근로기준법 제57조(월차유급휴가)의 규정에 의하여 사용사업주가 유급휴가를 주는 경우 그 휴가에 대하여 유급으로 지급되는 임금은 파견사업주가 지급해야 한다고 명시하고 있음

② '03.9.15 개정된 근로기준법에 의하면, 법정근로시간이 주 44시간에서 주 40시간으로 단축되고, 연·월차휴가는 조정 또는 폐지되었으며, 유급 생리휴가는 무급화되었고, 그 시행시기는 업종 및 규모에 따라 단계적으로 시행토록 규정되어 있음(금융·보험업이나 상시 1,000인 이상의 근로자를 사용하는 사업 또는 사업장 등은 2004.7.1, 상시 300인 이상 1,000인 미만의 근로자를 사용하는 사업 또는 사업장은 2005.7.1 등)

2. 파견업체와 사용업체의 시행시기가 서로 다를 경우 개정 근로기준법 적용방법

(사례 1)   A 파견업체 : 직속 근로자 100명+파견근로자 900명(B에 파견) = 1,000명

B 사용업체 : 직속 근로자 300명+파견근로자 900명 = 1,200명

(사례 2)   C 파견업체 : 직속 근로자 100명+파견근로자 800명(D에 파견) = 900명

D 사용업체 : 직속 근로자 1,000명 + 파견근로자 800명 = 1,800명

① 개정 근로기준법(이하 '개정법'이라 함) 시행시기를 판단할 때, 파견근로자는 파견업체의 상시근로자수에 포함시켜야 하며, 사용업체의 상시근로자수에 산입하여서는 아니 됨

㉠ (사례 1)의 경우, A 파견업체는 2004.7.1부터 개정법이 적용되고, B 사용업체는 2005.7.1부터 개정법이 적용됨 (B 사용업체 사용자는 개정법 부칙 제2조의 특례신고를 하여 2005.7.1 이전에 개정법을 적용할 수 있음)

㉡ (사례 2)의 경우, C 파견업체는 2005.7.1부터 개정법이 적용되며, D 사용업체는 2004.7.1부터 개정법이 적용됨

② 파견근로자의 근로시간수, 월차휴가일수, 생리휴가 유급 여부는 사용사업주를 기준으로 결정하고, 근로시간 보호, 월차·생리휴가 부여 의무도 사용사업주에게 있음

㉠ (사례 1)과 같이 A 파견업체의 파견근로자 900명이 개정법이 적용되지 않는 B 사용업체에 파견되어 근로를 제공할 경우 법정근로시간은 사용사업주를 기준으로 결정되므로, 2004.7.23 현재 이들의 법정근로시간은 주 44시간이 되고(A 파견업체에 대해 개정법이 적용된다 하여 그 파견근로자의 법정근로시간이 주 40시간으로 되는 것은 아님), 법정근로시간을 지켜야 할 의무도 사용사업주에게 있음. 아울러, 월차유급휴가·생리휴가 부여 의무도 사용사업주에게 있음(휴가일수나 유급 여부 등은 종전의 근로기준법(이하 '종전법'이라 함)을 적용하여 결정함)

㉡ (사례 2)의 경우, 2004.7.23 현재 D 사용업체는 개정법이 적용되므로 파견근로자의 법정근로시간은 주 40시간이며, 파견근로자와 고용계약관계를 맺고 있는 C 파견업체에게 2005.6.30까지 종전법이 적용된다고 하더라도 그 소속 파견근로자에게 주 44시간이 적용되는 것은 아님. 아울러, 파견근로자들에게 개정법상의 월차휴가 폐지(제57조)·생리휴가 무급화(제71조)를 적용함

③ 월차휴가 등의 부여의무를 사용사업주가 위반할 경우 형사책임은 사용사업주에게 있으나, 월차유급휴가 미부여 등으로 인해 발생하는 임금(수당) 지급에 대한 민·형사상 책임은 파견근로자보호등에관한법률 제34조제3항의 규정을 감안하여 파견사업주에게 있음(다만, 사용사업주가 임의로 법규정을 위반하여 연장근로를 시킨 경우 연장근로수당 지급 책임은 별론임)

㉠ (사례 1)의 경우, 월차유급휴가는 B 사용업체가 종전법에 의거 이를 주어야 하는데, 위반시 그 행위자인 사용사업주에게 그 형사책임이 있으며, 월차휴가수당 및 월차휴가를 사용하지 않고 근로를 제공함으로써 발생하는 월차휴가근로수당은 A 파견사업주가 지급해야 하고(민사책임), 이를 지급하지 않을 경우 형사책임도 A 파견사업주에게 있음

㉡ (사례 2)의 경우, D 사용업체는 개정법을 적용받기 때문에 월차유급휴가를 주어야 할 의무가 없으므로 월차휴가 부여의무 및 수당 미지급에 따른 법적 책임은 문제되지 않음

④ 연차휴가 부여 의무나 휴가 미사용시 발생하는 수당지급에 대한 민·형사상 책임은 모두 파견사업주가 부담하는데, 이때 연차휴가일수도 파견사업주를 기준으로 산정함

　　⊙ 연차휴가 부담의무가 A·C 파견사업주에게 있고, 연차휴가수당 및 휴가 미사용시 연차휴가근로수당 지급의무도 A·C 파견사업주에게 있으며, 수당 미지급에 따른 형사책임도 A·C 파견사업주에게 있다는 점에서는 (사례 1)·(사례 2)가 동일함

　　ⓒ 다만, (사례 1)의 경우에는 A 파견업체에 개정법이 적용되므로 연 8할 이상 출근시 15일 이상의 연차휴가가 발생하는데 비해, (사례 2)의 경우에는 C 파견업체에 종전법이 적용되므로 1년 개근시 10일, 9할 이상 출근시 8일의 연차휴가가 발생한다는 점이 상이함

5) 파견근로자를 사용할 수 있는 업무는 무엇인가?

상시 근로자파견이 가능한 업무는 전문지식·기술 또는 경험을 필요로 하는 3,226개 업무로서 최장 2년까지 파견할 수 있으며, 주요 업무는 컴퓨터 전문가, 사업전문가, 도안사, 비서, 타자원, 여행안내요원, 조리사, 자동차운전원의 업무 등이다.

일시적으로 파견이 가능한 업무는 파견금지 대상인 건설공사 현장에서의 업무, 항만·철도 등의 하역업무, 선원업무, 유해·위험업무 등을 제외한 모든 업무에 최장 6개월까지 파견할 수 있다.

5. 단시간 근로자의 고용관계

1) 단시간 근로자

단시간 근로자란 당해 사업장에서 유사한 일을 하는 일반 근로자보다 1주간의 소정 근로시간이 짧은 근로자를 말한다. 단시간근로자에 대하여는 근로시간이 짧다는 것을 이유로 하는 합리적인 차별을 제외하고는 원칙적으로 근로조건 기타 대우에 관해서 통상근로자에 비해 부당한 차별을 해서는 안 된다(비례적 보호의 원칙).

그러나 예외적으로 1주간의 근로시간이 현저히 짧은 단시간근로자, 즉 4주간을 평균하여 1주간의 소정근로시간이 15시간 미만인 근로자에 대해서는 [퇴직금지급규정] [휴일] [월차유급휴가] [연차유급휴가] 제도를 적용하지 않더라도 무방하다.

💡 근로기준법 제18조 제3항 및 동법시행령 제9조 제2항, 제3항의 규정에 의하여 1주간의 소정근로시간이 15시간 미만인 단시간근로자에 대해서는 퇴직금, 주휴일, 연·월차유급휴가 규정이

적용되지 않음. 당사자가 15시간 이상으로 소정근로시간을 정한 경우라면 근로계약기간 중 공휴일이나 휴가사용 등으로 실근로시간이 1주간에 15시간 미만이 되더라도 근로기준법 제25조 제3항에 의하여 퇴직금 규정 등이 적용 배제되는 "소정근로시간이 현저히 짧은 단시간근로자"로 볼 수 없음(2002.07.22, 근기 68207-2562).

2) 우리 회사 단시간근로자의 근로조건은 적법한가?

(1) 적법한 근로계약서를 체결, 교부해야 한다.

(2) 근로계약서에 미리 연장근로, 수당 지급유무에 대한 약정을 해야 한다.

(3) 합리적인 사유가 없다면 통상 근로자와 임금(시급)을 차별하면 안 된다.

(4) 연장근로는 근로자와 합의 하에 시킬 수 있다.

(5) 개근한 단시간 근로자에게는 유급휴일을 주어야 한다.

(6) 단시간 근로자라도 법정 연차, 월차유급휴가를 주어야 한다.

(7) 여성인 근로자에 대해서는 생리휴가, 산전후휴가를 주어야 한다.

(8) 단시간근로자라고 해서 마음대로 해고하면 부당하다.

(9) 계속근로 1년이 넘은 단시간 근로자에게는 퇴직금을 지급해야 한다.

> ♬ 통상근로자에게 법정기준을 상회하는 보호를 하고 있을 경우 단시간 근로자에게도 통상근로자와 동일하게 법정기준을 상회하는 보호를 해야 한다(1997.06.18, 근기 68207-785).

> ☀ 1주간의 소정근로시간이 15시간을 초과하는 근로자가 계속근로연수 1년을 초과한 경우라면 근로계약을 체결하여 고용된 날부터 퇴직할 때까지의 기간에 대해서는 퇴직금을 지급해야 할 것임(1999.11.15, 임금 68207-233).

◎ 단시간 근로자에 대한 근로기준법 적용지침 ◎
(2004.08.30, 근로기준과-4532)

Ⅰ. 단시간 근로자의 개념

○ 단시간 근로자는 1주간의 소정근로시간이 당해 사업장의 동종 업무에 종사하는 통상근로자의 1주간 소정근로시간에 비해 짧은 근로자를 말함(근로기준법 제2조, 제18조)

Ⅱ. 단시간 근로자에 대한 근로기준법 적용

1. 근로기준법 적용 일반

○ 단시간 근로자도 원칙적으로 근로기준법이 적용됨

- 단시간 근로자의 근로조건은 당해 사업장의 동종 업무에 종사하는 통상근로자의 근로시간을 기준으로 산정한 비율에 따라 결정함(근로기준법 제18조)

— 1주간의 소정근로시간이 현저히 짧은 단시간 근로자(4주간(4주간 미만으로 근로하는 경우에는 당해 주간)을 평균하여 1주간의 소정근로시간이 15시간 미만인 근로자를 말함)에 대해서는 근로기준법의 일부를 적용하지 않음

* 퇴직금, 주휴일, 연·월차휴가에 관한 규정 적용 제외

2. 근로기준법의 구체적 적용방법

가. 근로계약 체결

○ 사용자는 단시간 근로자를 고용하고자 할 때에는 임금, 근로시간, 기타의 근로조건을 명시한 근로계약서를 작성("표준근로계약서")하여 이를 근로자에게 교부하여야 함(근로기준법 제17조, 제18조 및 같은법시행령 제9조)

— 임금의 구성항목·계산방법 및 지불방법에 관한 사항을 명시

— 근로시간(시업 및 종업시각)과 휴게시간, 근로일 및 휴일 등에 관한 사항을 명시

— 취업의 장소와 종사하여야 할 업무에 관한 사항을 명시(이상 근로기준법시행령제7조)

— 계약기간 기타 근로조건에 관한 사항

○ 단시간 근로자에 대해서도 근로계약서, 근로자명부, 임금대장 등 근로계약에 관한 중요한 서류를 3년간 보관(근로기준법 제41조 및 제42조)

— 근로자명부에는 근로자의 성명·생년월일·이력과 종사하는 업무, 고용 또는 고용갱신 연월일, 계약기간을 정한 경우에는 그 기간 기타 고용에 관한 사항을 기재(근로기준법시행령 제15조)

나. 임금의 지급 및 계산

○ 근로기준법상의 통화불, 직접불, 전액불, 정기불의 임금지급원칙을 준수(근로기준법 제43조)

○ 각종 수당 등에 대해서는 취업규칙 또는 근로계약 등으로 정하는 바에 의하여 지급하고

— 계속근로연수 1년에 대해 30일분 이상의 평균임금을 퇴직금으로 지급(단, 계속근로연수가 1년 미만인 경우는 제외 : 근로기준법 제34조)

○ 단시간 근로자의 임금산정 단위는 시간급을 원칙으로 함(근로기준법시행령 별표 1의2 제2호)

다. 근로시간

○ 단시간 근로자의 1주간의 소정근로시간은 주당 40시간(개정법(법률 제6974호, 이하 같다)을 적용받는 경우에는 40시간) 이내에서 정함(근로기준법 제18조 및 제50조)

○ 단시간 근로자로 하여금 소정근로일이 아닌 날에 근로토록 하거나 소정근로시간을 초과하여 근로토록 하고자 할 경우에는 근로계약서·취업규칙 등에 그 내용 및 정도를 명시

— 당사자 간 합의한 경우에 한해서 연장 근로할 수 있음

— 법 내 연장근로에 대해서는 사용자가 가산임금의 지급여부 및 지급률 등을 정할 수 있음

· 가산임금을 지급하기로 한 경우에는 그 지급률을 근로계약서·취업규칙 등에 명시하여야 함(근로기준법시행령 별표 1의2 제3호)

※ 법 내 연장근로라 함은 소정근로시간을 초과하여 법정근로시간(1주 40시간, 1일 8시간)까지 근로시간을 연장하는 것을 말함. 법 내 연장근로는 근로기준법상 시간 외 근로의 제한을 받지 않으며, 할증임금을 지급하지 않아도 무방(대판 1991.6.28. 90다카14758)

- 그러나, 소정근로시간에 연장근로시간을 더한 총 근로시간이 1주 또는 1일의 법정한도를 초과하는 경우에는 반드시 통상임금의 100분의 50 이상을 가산하여 지급하여야 함

※ 개정법을 적용받는 경우에는 개정법 시행일로부터 3년간은 1주 16시간을 한도로 연장근로를 할 수 있으며 이 중 최초 4시간분의 연장근로에 대하여는 통상임금의 100분의 25를 가산하여 지급할 수 있음
- 야간, 휴일근로에 대해서는 반드시 통상임금의 100분의 50 이상을 가산하여 지급

라. 휴게, 휴일 · 휴가
○ 1일 근로시간이 4시간인 경우에는 30분 이상, 8시간인 경우에는 1시간 이상의 휴게시간을 근로시간 도중에 주어야 함(근로기준법 제54조)
○ 1주간의 소정근로일수를 개근한 근로자에 대해서는 1주에 평균 1회 이상의 유급휴일을 부여(근로기준법 제55조)
- 주휴수당은 1일 소정근로시간 수에 시간급 임금을 곱하여 산정

※ 1일의 소정근로시간 수는 4주간의 소정근로시간을 그 기간의 총 일수(통상근로자의 총 소정근로일수)로 나누어 산출된 시간수로 함
⇨ 1주에 6일, 각 6시간을 일하는 단시간 근로자가 시간급을 3,000원으로 정했다면 주휴수당은
△ 주휴수당 : 3,000원×6시간=18,000원
⇨ 1주 6일 근무 사업장에서 월, 수, 금요일 각 6시간을 일하는 근로자가 시간급을 3,000원으로 정했다면 주휴수당은
△ 주휴수당 : 3,000원×(18시간×4주÷24일)=9,000원
- 1주간에 휴무일이 2일 이상인 사업장의 경우에는 휴무일 중 1일은 유급으로 주고, 나머지는 무급으로 부여하면 됨

○ 1월간의 소정근로일수를 개근한 경우에는 월차유급휴가를 부여(구 근로기준법 제57조)하고, 1년간 소정근로일수를 개근(또는 9할 이상 출근)한 자에 대해서는 연차유급휴가를 부여(근로기준법 제60조)하고, 수당은 시간급을 기준으로 지급
⇨ 단시간 근로자의 연 · 월차 휴가 산정방식 = 통상근로자의 월차 또는 연차휴가일수×(단시간 근로자의 소정근로시간÷통상근로자의 소정근로시간) × 8시간

※ 개정법을 적용받는 경우에는 월차휴가를 부여하지 않아도 되나, 1년 미만 근속기간 동안은 매 1월간 개근시 1일의 연차휴가를 부여하여야 하고 1년 근속시 소정근로일수의 8할 이상을 출근한 경우 연차휴가 15일(1월당 1일씩 부여한 휴가를 포함), 이후 2년당 1일씩 가산(총 25일 한도)한 휴가를 부여하여야 함
⇨ 단시간 근로자 연차휴가 산정방식 = 통상근로자의 연차휴가일수 × (단시간 근로자의 소정근로시간 ÷ 통상근로자의 소정근로시간) × 8시간
○ 여자인 단시간 근로자에 대해서는 통상근로자와 동등하게 유급 생리휴가와 유급 산전후휴가를 일단위로 부여(근로기준법 제73조 및 제74조)
- 산전후휴가 90일 중 최초 60일은 유급으로 하고 있으므로 사용자는 60일분의 산전후휴가수당을 지급해야 하고, 나머지 30일분은 고용보험에서 산전후휴가급여 지급(단, 고용보험 적용 제외자는 산전후휴가급여를 받을 수 없음)

※ 개정법을 적용받는 경우에는 여성인 근로자가 청구하는 때에 월 1일의 생리휴가를 부여하여야 하되, 무급으로 할 수 있음

마. 취업규칙

O 사용자는 단시간 근로자에게 적용되는 취업규칙을 별도 작성할 수 있음

   – 단시간 근로자에 대한 취업규칙을 작성 또는 변경하고자 하는 경우에는 적용대상이 되는 단시간 근로자 과반수의 의견을 들어야 하며, 불이익하게 변경하는 경우에는 그 동의를 얻어야 함(근로기준법 제94조)

O 단시간 근로자를 대상으로 하는 별도의 취업규칙이 없을 경우에는 그 성질이 허용하는 한 통상근로자에게 적용되는 취업규칙이 적용되는 것으로 봄

   – 다만, 취업규칙에서 명시적으로 단시간 근로자에 대하여 적용이 배제된다는 규정을 두거나 달리 적용한다는 규정을 둔 경우에는 이에 따름

바. 해고 등

O 단시간 근로자를 해고하고자 하는 경우에도 정당한 사유가 있어야 함(근로기준법 제23조)

사. 재해보상

O 단시간 근로자에 대해서도 원칙적으로 산업재해보상보험이 적용됨

O 산업재해보상보험법이 적용되지 않는 범위 내에서 근로기준법상의 재해보상 규정이 적용됨

   – 업무상 부상 또는 질병으로 인해 요양하고 있는 기간 중에 근로계약이 해지되어도 당해 부상, 질병이 완쾌되거나 일시보상을 행할 때까지는 요양보상, 휴업보상 등을 행하여야 함

III. 단시간 근로자에 대한 여타 관계법 적용

1. 고용보험의 적용

O 단시간 근로자에 대해서도 원칙적으로 고용보험법이 적용됨

   – 다만, 1월간의 소정근로시간이 60시간 미만인 자(1주간의 소정근로시간이 15시간 미만인 자를 포함) 고용보험법이 적용되지 않되, 15시간 미만이더라도 생업을 목적으로 3월 이상 계속 고용되는 자는 적용됨(고용보험법 제8조 및 고용보험법시행규칙 제2조)

※ '04년1월1일 전에는 1월간의 소정근로시간이 80시간 미만인 근로자(1주간 소정근로시간이 18시간 미만인 자를 포함)에 대하여 고용보험법을 적용하지 아니함

2. 최저임금의 적용

O 취업기간이 6월을 경과하지 아니한 18세 미만 근로자에 대해서는 최저임금액에서 100분의 10을 감한 금액을 당해 근로자의 시간급 최저임금으로 함(최저임금법 제5조 및 최저임금법시행령 제3조)

O ① 정신 또는 신체의 장애로 근로능력이 현저히 낮은 자 ② 감시 또는 단속적 근로에 종사하는 자 등에 대해서는 노동부장관의 인가를 받아 최저임금 적용을 제외할 수 있음(최저임금법 제7조 및 최저임금법시행령 제6조)

Ⅱ 직원들의 노동조건과 노동법

1. 임금 지급의 원칙

1) 사용자는 근로자에게 어떻게 임금을 지급해야 하는가?

사용자는 근로자에게 임금 전액을, 통화로, 매월 1회 이상 약속된 날짜에, 직접 지불해야 한다. 이를 임금지불의 전액불, 통화불, 정기불, 직접불 4대 원칙이라고 한다(근기 43조).

- ☀ 근로기준법 제42조의 규정에 의거 임금은 통화로 직접 근로자에게 그 전액을 지급하여야 하며, 법령 또는 단체협약에 특별한 규정이 있는 경우에는 임금의 일부를 공제하거나 통화 외의 것으로 지급할 수 있도록 하고 있음. 여기서 직접·통화불의 원칙은 국내에서 강제 통용력이 있는 화폐(한국은행법 제48조)로 지급되는 것을 말하는 것이며, 금융제도가 매우 발달되어 있는 현대에서는 은행에 의해 그 지급이 보증되는 보증수표로 임금을 지급하여도 직접·통화불 원칙에 위배되지 않는 것으로 보고 있음(2002.07.29, 임금 68207-552).

- 💡 법원의 판결이나 판결과 동일한 효력이 있는 공증 등이 있는 경우에는 제3자에게 임금지급이 가능하나 임금총액의 1/2을 초과할 수 없다(1987.03.31, 근기 01254-5205).

- 💡 퇴직금도 임금의 성질을 갖는 것으로 직접 근로자에게 그 전액을 지급하여야 한다. 퇴직금도 임금의 성질을 갖는 것인데 형식상으로는 은행원이 퇴직 후 퇴직금을 전액 수령하여 그 은행의 자기 예금계좌에 입금하였다가 은행원의 은행에 대한 변상판정금의 일부로 임의변제하는 형식을 취하였으나, 실제로는 은행이 퇴직금 지급전에 미리 그 은행원으로부터 받아 둔 예금청구서를 이용하여 위 금액을 인출한 것이라면 퇴직금 중 위 인출금액에 해당하는 부분은 근로기준법 제36조 제1항에 위배하여 근로자인 은행원에게 직접 지급되지 않았다고 볼 것이다(1989.11.24, 대법 88다카 25038).

- 🎵 근로자가 받을 퇴직금도 임금의 성질을 가진 것이므로 그 지급에 관하여서는 근로기준법 제36조에 따른 직접전액지급의 원칙이 적용될 것이니, 사용자는 근로자의 퇴직금 채권에 대하여 그가 근로자에 대하여 가지고 있는 불법행위를 원인으로 하는 채권으로 상계할 수는 없다(1976.09.28, 대법 75다 1768).

- 💡 개별근로자의 임금공제 동의서에 기초하여 수재의연금을 임금에서 공제하였다면 임금전액 지급원칙에 위배되는 것으로 볼 수 없다(2002.09.04, 임금 68207-667).

- ☀ 사용자가 근로자에 대하여 가지는 대출금이나 불법행위를 원인으로 한 채권으로써 근로자의 임금채권과 상계할 수 없다(1999.07.13, 대법 99도 2168).

- 회사가 채무액을 근로자의 임금에서 일방적으로 공제하는 것은 근로기준법 제36조의 전액불과, 근로기준법 제25조의 전차금상쇄금지조항에 위반된다(1987.06.16, 근기 01254-9703).

- 해외취업근로자의 귀책사유로 중도 귀국시 임금에서 항공료를 상계하는 규정은 근로기준법 제24조에 의하여 무효이다(1986.01.20, 해지 01254-838).

- 근로자의 고의 또는 과실로 재산상 손해를 끼쳐 가불영수증을 받았다 하더라도 사용자가 일방적으로 공제할 수 없다(1983.03.15, 해지 125-6651).

- 임금 등의 기일 내 지급의무 위반죄는 사용자가 경영부진으로 인한 자금사정 등으로 지급기일 내에 임금 등을 지급할 수 없었던 불가피한 경우뿐만 아니라 기타의 사정으로 사용자의 임금 부지급에 고의가 없거나 비난할 수 없는 경우에도 그 죄가 되지 않는다(1998.06.26, 대법 98 도 1260).

- 쟁의행위 기간 중에는 임금지급의무가 없으며, 쟁의 비참가자의 경우는 사실관계에 따라 노무 수령지체 책임 여부에 따라 판단해야 한다(1991.07.25, 임금 32240-10779).

- 산업연수생의 고의 또는 과실로 인하여 현실적으로 손해가 발생한 경우 그 손해액을 당해 근로자의 임금에서 공제하는 것은 근로기준법 위반이다(2000.09.28, 근기 68207-2970).

- 업무를 종료할 때까지 포괄임금제 약정의 효력을 다투지 않았다면 포괄임금제 약정이 불리하거나 부당하여 무효라 할 수 없다(2004.07.23, 서울고법 2004나 2740).

- 산전후 유급휴가에 대한 임금지급에서 착오로 임금을 초과 지급한 경우 이후에 지급할 임금에서 정산할 수 있다(2002.01.22, 인천지법 2000가단70650).

2) 사용자가 임금을 체불한 경우 근로자는 어떤 방법으로 구제를 받을 수 있을까?

사용자가 임금 전액을 근로자에게 직접, 통화로, 매월 1회 이상 약속한 날에 지급하지 않는다면 이는 임금체불로서 위법하다. 이와 같이 사용자가 임금을 체불한 경우 근로자는 다음과 같은 방법으로 임금체불에 대해 구제를 받게 된다.

(1) 내용증명 등의 방법으로 사용자에게 직접 임금지급을 독촉하는 방법

(2) 고용노동지청에 진정, 고소하는 방법(벌칙 적용을 통한 심리적 강제)

(3) 법원에 민사소송을 제기하는 방법

- 임금지급기일에 근로자들에게 임금을 지급하지 않았다면 그 후 임금의 일부 또는 전부를 지급하였더라도 근로기준법상의 죄책을 면할 수 없다(1985.10.08, 대법 85도 1566).

- 임금을 지급받지 못한 근로자가 수인일 경우에 근로기준법 제109조, 제30조 (현행 제112조, 제42조) 위반은 근로자 각자에 대하여 적용하여야 한다(1995.04.14, 대법 94도 1724).

2. 특수 상황에서의 임금 지급

1) 회사가 어려워서 휴업한 경우

사용자의 귀책사유로 인해 휴업이 이루어지는 경우 사용자는 근로자가 근로를 제공하지 않았더라도 휴업기간 중 통상임금의 100% 범위 내에서 평균임금 70/100 이상의 수당을 지급해야 한다(근기법 제46조). 다만, 사용자가 [부득이한 사유]로 인하여 [사업계속이 불가능]하여 [노동위원회의 승인]을 얻은 경우에는 70/100 이하의 휴업수당(경우에 따라서는 전무할 수도 있음)을 지급할 수 있다.

- ♬ 사용자의 귀책사유로 인한 휴업시 지급되는 휴업수당이 당해 근로자의 평균임금의 70% 이상이라면 근로기준법 위반으로 볼 수 없다고 사료됨. 다만 부득이한 사유로 사업계속이 불가능하여 노동위원회의 승인을 얻은 경우에는 평균임금의 70%에 미달하는 휴업수당을 지급할 수 있음(근기 68207-3154, 2000.10.12.).

- ☀ 조합원의 불법적인 직장봉쇄로 비조합원의 노무제공 자체가 전혀 불가능하였다면 사용자의 귀책사유로 보기 어렵다(2004.03.20, 근로기준과-1380).

- ♛ 원인 미상의 화재발생으로 휴업한 기간은 휴업수당을 지급하지 않아도 되는 부득이한 사유에 해당한다(1989.10.17, 중노위 89휴업 1).

- ♡ 단전·단수로 작업을 중지하는 경우는 사용자의 귀책사유로 볼 수 없다(1987.11.13, 근기 01254-18029).

- ♟ 폭설로 통근버스운행이 불가능하여 당일을 휴일로 대체시 휴업수당을 지급하지 않아도 된다(1987.03.25, 근기 01254-4826).

- ♬ 사전 예견치 못한 악천후로 작업을 중단하였다면 사용자의 귀책사유로 볼 수 없다(1984.06.01, 해지 125-12623).

- ♣ 폭우로 길이 막혀 휴업하는 경우에도 노동위원회의 승인을 받는 경우에 한하여 휴업지불 예외를 인정할 수 있다(1982.09.24, 근기 1455-26530).

- ☀ 사용자의 귀책사유로 인하여 해고된 근로자가 해고기간 중에 다른 직장에 종사하여 얻은 이익금액은 해고기간 중의 임금을 지급함에 있어 공제할 수 있다(2004.02.04, 인천지법 2003가합 4750).

- ♟ 공무원에게도 근로기준법 제46조의 휴업수당이 적용된다. 공무원도 임금을 목적으로 근로를 제공하는 소정의 근로자이므로, 공무원연금법, 공무원보수규정, 공무원수당규정 등에 특별한 규정이 없는 경우에는 공무원에 대하여도 성질에 반하지 아니하는 한 원칙적으로 근로기준법이 적용되므로, 국가의 부당한 면직처분으로 인하여 공무원이 그 의사에 반하여 근로를 제공할 수 없는 경우 공무원의 최저생활을 보장할 필요성은 사기업의 근로자와 동일하므로 근로기준법 제38조는 공무원에게도 적용된다(1996.04.23, 대법 94다 446).

- ♛ 사용자의 노동위원회에 대한 휴업수당지급의 예외승인신청기간은 제척기간이 아니고 훈시규정이다(1990.09.28, 대법 89누2493).

- ♬ 1주 6일 근무에서 1주 5일 근무로 전환된 것이 적법한 근로조건의 변경에 해당하는 경우 근로기준법 제46조의 휴업수당 지급문제는 발생하지 아니한다(2000.09.25, 근기 68207-2918).

※ 사용자의 귀책사유로 인하여 해고된 근로자는 그 기간 중에 노무를 제공하지 못하였더라도 민법 제538조 제1항 본문의 규정에 의하여 사용자에게 그 기간동안의 임금을 청구할 수 있고, 이 경우에 근로자가 자기의 채무를 면함으로써 얻은 이익이 있을 때에는 민법 제538조 제2항의 규정에 의하여 이를 사용자에게 상환할 의무가 있다고 할 것인데, 근로자가 해고 기간 중에 다른 직장에 종사하여 얻은 수입은 근로제공의 의무를 면함으로써 얻은 이익이라고 할 것이므로, 사용자는 근로자에게 해고 기간 중의 임금을 지급함에 있어서 위의 이익(이른바 중간수입)을 공제할 수 있다. 근로기준법 제46조는 근로자의 최저생활을 보장하려는 취지에서 사용자의 귀책사유로 인하여 휴업하는 경우에는 사용자는 휴업 기간 중 당해 근로자에게 그 평균임금의 70/100 이상의 수당을 지급하여야 한다고 규정하고 있고, 여기서의 휴업에는 개개의 근로자가 근로계약에 따라 근로를 제공할 의사가 있음에도 불구하고, 그 의사에 반하여 취업이 거부되거나 또는 불가능하게 된 경우도 포함되므로 근로자가 사용자의 귀책사유로 인하여 해고된 경우에도 위 휴업수당에 관한 근로기준법이 적용될 수 있으며, 이 경우에 근로자가 지급받을 수 있는 해고기간중의 임금액 중 위 휴업수당의 한도에서는 이를 위 중간수입 공제의 대상으로 삼을 수 없고, 그 휴업수당을 초과하는 금액범위에서만 공제하여야 할 것이다 (1991.12.13, 대법 90다 18999).

2) 근로자가 아파서 가불을 요청한 경우

근로자, 또는 그의 수입에 의하여 생계를 유지하는 자에게 출산, 질병, 재해 기타 대통령령이 정한 비상의 경우(혼인, 사망, 부득이한 사유로 인해 1주일 이상 귀향하게 되는 경우)가 발생하여 그 비용에 충당하려고 급하게 돈이 필요할 때가 있다. 근로기준법은 이 경우 근로자가 사용자에게 임금을 청구(가불)할 수 있고 사용자는 임금지급일 전이라도 기왕의 근로에 대한 임금을 지급해야 한다고 규정하고 있다(근기법 제45조).

3) 원청이 결재를 안 해서 임금을 줄 수 없는 경우

사업이 수차의 도급에 의해 행해지는 경우 하수급인이 직상수급인의 귀책사유로 근로자에게 임금을 지급하지 못하게 되면 그 직상수급인은 당해수급인과 연대하여 책임을 져야 한다. 즉 상위 수급인이 정당한 사유 없이 도급 금액을 지급하지 않거나, 정당한 사유 없이 원자재 공급을 지연, 공급하지 않거나, 정당한 사유 없이 도급계약의 조건을 이행하지 아니함으로써 하수급인이 도급사업을 정상적으로 수행하지 못한 경우 등 임금을 지급하지 못한데 상위 수급인에게 책임이 있다면 직상수급인과 하수급인은 근로자의 임금에 대하여 연대해서 책임을 져야 한다.

- 도급사업에서의 임금지급 연대책임은 수급인인 사용자뿐만 아니라 귀책사유가 있는 도급인에게도 임금지급 책임을 과함으로써 근로자를 보호하려는데 그 취지가 있는 것으로써 도급이 1차에 걸쳐 행하여지든 또는 수차에 걸쳐 행하여지든 이를 구별하지 않는 것이 타당함. 따라서 도급이 1차에 걸쳐 행하여진 경우에도 원 도급인을 근로기준법 제43조의 규정에 의한 직상수급인으로 봄이 타당함(근기 68207-3884, 2000.12.13.).

- 직상수급자의 귀책사유 없이 하수급인이 임금을 체불하였을 시는 직상수급자는 임금지불에 대한 연대책임은 없다(1983.08.26, 해지 125-21829).

4) 감급, 정직의 징계를 받은 근로자의 경우

근로자의 기업질서 위반에 대하여 부과된 견책, 감급, 정직, 해고 등 일정한 불이익조치를 징계라고 한다. 다양한 징계의 종류 중 특히 임금과 관련이 있는 징계 유형은 감급과 출근정지(정직)가 있다. 감급의 제재란 징계 차원에서 임금의 일정액을 공제하는 것인데 근로자가 아무리 잘못했다고 해도 감급의 제재를 무한정 인정하면 근로자들은 생활이 어려워질 수 있으므로 근로기준법의 감액은 제재 1회의 액이 1일 평균임금의 2분의 1을 초과하면 안 되고, 감급 제재의 총액이 1임금 지급기 임금총액의 10분의 1을 초과하면 안 된다(근기 95조). 또한 출근정지(정직, 대기발령) 기간 중에는 근로의 제공이 없으므로 사용자는 임금을 지급하지 않아도 무방하다.

- 취업규칙에 감급의 제재 규정을 둘 경우 그 감액은 1회의 액이 평균임금의 1일분의 2분의 1을, 총액이 1임금지급기에 있어서의 임금총액의 10분의 1을 초과하지 못한다. 근로기준법 제95조에 의하면 취업규칙에서 감급의 제재 규정을 둘 경우에는 그 감액은 1회의 액이 평균임금의 1일분의 2분의 1을, 총액이 1임금지급기에 있어서의 임금총액의 10분의 1을 초과하지 못한다고 규정하고 있음. 위 질의와 같이 월급이 1,500,000원이고, 1일 평균임금이 50,000원인 근로자가 1회의 위반행위에 대하여 감봉 6개월의 제재를 받았을 경우 감급 1회의 액은 1일 평균임금 50,000원의 반액인 25,000원을 초과할 수 없으며, 6월간에 걸쳐 수회 감급할 수 있으나 그 감급 총액은 1임금지급기 임금총액의 10분의 1인 150,000원을 초과할 수 없다(2002.12.23, 근기 68207-3381).

- 근로자가 자신의 귀책사유로 인해 취업규칙 등에 정한 정당한 사유에 의해 출근정지, 정직이나 직위해제 등의 징계를 받음으로써 임금의 전부 또는 일부를 지급받지 못했다면 법 제98조 위반은 아니다(1999.12.04, 근기 68207-798).

- 보수규정에 금고 이상의 형을 받아 당연 면직되거나 파면되는 경우 퇴직급여액을 감액한다고 규정되어 있다면 관계법규에 위반되지 않는 범위내에서 감액 지급할 수 있다(1994.04.12, 대법 92다 20309).

- 💡 상여금은 차등지급하더라도 법위반이 아니므로 근로기준법 제24조와 제95조에 위반되지 않는다(1993.09.14, 근기 68207-1997).

- ⚖️ 일정기간 승급을 정지하여 임금을 감액하는 조치는 근로기준법 제95조의 감액기준을 초과할 수 없다(1993.04.14, 근기 01254-638).

- ☀️ 사립학교 교직원에게는 근로기준법 제95조의 적용이 배제된다. 사립학교법 제61조 제4항 감봉은 1월 이상 3월 이하의 기간, 보수의 3분의 1일 감한다는 규정에 근거하여 학교 징계규정 및 보수규정에 위 내용대로 제재규정을 두었는바, 사립학교 교원의 복무관계 내지 근로조건 중 사립학교법에 특칙이 규정되어 있는 사항에 대해서는 특별법 우선의 원칙에 따라 근로기준법의 적용이 배제되는 것인바, 감봉에 대하여는 사립학교법 제61조 제4항에 특별히 정하고 있으므로 사립학교 교직원에게는 근로기준법 제96조의 적용이 배제된다(1991.06.27, 근기 01254-9246).

- 🚩 근로기준법 제96조의 임금총액이라 함은 상여금 등을 제외하고 임금지급기에 정기적으로 지급되는 임금의 총액을 말한다(1987.12.10, 근기 01254-19532).

5) 영업양도의 경우

영업양도란 회사, 또는 회사의 일부 사업 부서를 통째로 양도하는 것을 말한다. 영업양도의 경우 양도한 회사에서 기존에 근로한 대가인 임금을 지급해야 하는 것은 당연하다. 문제는 양수인도 책임을 지는가 하는 점인데, 영업양도에 있어 양수인은 기존의 근로관계에서 발생하는 모든 권리뿐만 아니라 의무도 포함하기 때문에 체불된 임금 등 채무도 승계하게 되므로 연대채무관계로서 임금을 지급할 의무가 있다.

- 💡 영업의 양도라 함은 일정한 영업목적에 의하여 조직화된 업체, 즉, 인적·물적 조직을 그 동일성은 유지하면서 일체로서 이전하는 것으로서, 이러한 영업양도가 이루어진 경우에는 원칙적으로 해당 근로자들의 근로관계가 양수하는 기업에 포괄적으로 승계된다(2003.05.30, 대법 2002다23826).

- 🏆 영업양도의 경우에는 특단의 사정이 없는 한 근로자들의 근로관계 역시 양수인에 의하여 계속적으로 승계되는 것으로, 영업양도시 퇴직금을 수령하였다는 사실만으로 전 회사와의 근로관계가 종료되고 인수한 회사와 새로운 근로관계가 시작되었다고 볼 것은 아니고 다만, 근로자가 자의에 의하여 사직서를 제출하고 퇴직금을 지급받았다면 계속근로의 단절에 동의한 것으로 볼 여지가 있지만, 이와 달리 회사의 경영방침에 따른 일방적 결정으로 퇴직 및 재입사의 형식을 거친 것이라면 퇴직금을 지급받았더라도 계속근로관계는 단절되지 않는 것이다(2001.11.13, 대법 2000다18608).

6) 회사가 어려워서 임금삭감이 필요한 경우

회사가 어려워서 임금삭감이 필요하더라도 사용자는 일방적으로 삭감해서는 안 된다. 즉 아무리 어렵다고 해도 사용자는 일방적으로 삭감해서는 안 되고 근로자의 동의라는 절차를 거쳐야 한다.

💡 기왕의 근로에 대하여 이미 발생된 임금채권을 일부 반납하거나 앞으로 채권이 발생하면 그중 일부를 반납키로 약속하는 것은 확정된 자기의 권리를 행사하는 것이므로 개별근로자의 자유 의사에 기초할 때만 유효함. 이미 발생된 임금의 반납이 아니라 앞으로의 근로조건으로서 임 금 또는 상여금의 수준을 낮추거나 변경하기 위해서는 단체협약 또는 취업규칙 등의 변경을 통하여 실현되어야 할 것임(1999.12.13, 근기 68207-843).

7) 근로자가 퇴사한지 1년 후에 체불임금을 청구한 경우

임금채권은 3년간 행사하지 아니하는 때에는 시효로 인하여 소멸된다(근기법 제49조). 즉, 예를 들어 각종 수당을 지급하지 않은 경우, 사용자는 지난 3년의 체불임금에 대해서는 지급해야 할 의무가 있다. 다만, 이 경우라도 사용자가 임의적으로 지급하는 것은 무방하다.

🎐 근로기준법 제36조에 따라 사용자는 근로자가 퇴직한 때로부터 14일 이내에 임금 등 금품을 근로자에게 지급하여야 하는 바, 이때 임금은 같은 법 제49조의 규정에 의한 소멸시효가 완성된 것은 제외된다고 보아야 할 것임(2001.5.3, 임금 68207-315).

💡 임금 내지 퇴직금채권에 대한 소멸시효기간이 특별히 짧다거나 불합리하다고 할 수 없으며, 다른 일반채권자들에 비하여 근로자에 대해서만 특별히 차별대우를 하고 있다고 볼 수 없다 (1998.06.25, 헌재 96헌바 27).

🎵 연차휴가근로수당은 휴가청구권이 소멸한 날의 다음 날에 발생하는 것으로 그로부터 3년간 청구하지 아니하면 소멸시효가 완성된다(2004.02.09., 근로기준과-208).

🍸 임원 보수는 근로기준법 소정의 임금이 아니며 임원퇴직금은 일반채권의 시효규정이 적용된 다(1988.06.14, 대법 87다카 2268).

☀ 임금채권의 소멸시효는 3년이며 시효중단사유는 청구, 압류, 가압류, 가처분 및 승인의 경우에 한 한다(1987.10.13, 근기 01254-16276).

8) 회사가 어렵고 채권자가 많아서 다 변제할 수 없는 경우

사용자가 도산 등으로 인하여 임금 지급 능력이 없는 경우를 대비해서 근로기준법 제38조는 임금채권 등 근로관계로 인한 채권은 다른 채권, 조세, 공과금 등보다 우선 변제되어야 함을 명시하고 있다. 특히 최종 3개월의 임금, 최종 3년의 퇴직금, 재해보상금에 대해서는 가장 우선적으로 변제되어야 한다는 점을 규정하고 있다. 따라서 사용자는 그 어떤 채권자에 우선해서 최소한 3개월의 임금, 3년의 퇴직금은 가장 먼저 변제해야 한다.

- 근로기준법 제38조 제2항에 의하면, 근로관계로 인한 채권 중 최종 3월분의 임금, 최종 3년간의 퇴직금, 재해보상금의 채권은 사용자의 총재산에 대하여 질권 또는 저당권에 의하여 담보된 채권, 조세·공과금 및 다른 채권에 우선하여 변제되어야 한다고 규정하고 있는바, 위와 같은 임금 등 채권의 최우선변제권은 근로자의 생활안정을 위한 사회정책적 고려에서 담보물권자 등의 희생 아래 인정되고 있는 것임(2000.01.28, 대법 99마 5143).

- 우선변제청구권이 있는 임금채권자가 경매절차개시 전에 경매 목적부동산을 가압류하였으나 경락시까지 우선권 있는 임금채권임을 소명하지 않은 경우, 배당표 확정 전까지 가압류청구채권이 우선권 있는 임금채권임을 입증하면 우선배당을 받을 수 있다(2002.05.14, 대법 2002다 4870).

- 임금채권을 집행채권으로 하여 회사의 예금채권에 관해 압류 및 추심명령을 얻었다 해도 그 당시 이미 예금과 상계적상에 있는 대출금채권과의 상계를 허용하는 것이 임금채권우선변제 원칙에 반한다고 할 수 없다(2000.05.26, 대법 99다 31551).

- 고용이 승계된 근로자는 물론 법인 전환 후에 신규로 채용된 근로자들도 사용자가 재산을 취득하기 전에 설정된 담보권에 대하여 임금 등의 우선변제권을 가진다(2004.05.27, 대법 2002다 65905).

- 임금에 대한 우선특권 규정에 의하여 보호되는 임금채권의 범위는 퇴직의 시기를 묻지 아니하고 사용자로부터 지급받지 못한 최종 3개월분의 임금을 말한다(1997.11.14, 대법 97다 32178).

- 배당요구 채권자는 경락기일까지 배당요구를 한 경우에 한하여 비로소 배당을 받을 수 있고, 적법한 배당요구를 하지 아니한 경우에는 실체법상 우선변제청구권이 있는 채권자라 하더라도 배당을 받을 수 없다(1997.02.25, 대법 96다 10263).

- 우선변제의 대상이 되는 퇴직금이 최종 3개월간 근무한 부분에 대한 퇴직금만으로 한정되는 것이라고는 볼 수 없고, 원칙적으로 퇴직금 전액이 그 대상이 된다(1997.01.21, 대법 96다 457).

♬ 근로자의 임금채권 우선변제권은 사용자의 재산에 대하여 담보권의 실행을 위한 경매나 강제
경매절차가 개시된 경우 이를 행사하기 위하여는 반드시 경락기일까지 배당요구신청을 하여
야 한다(1996.12.03, 대법 95나 31678).

💡 부도난 회사의 직원이 회사재산 가압류 조치를 했다면 배당요구를 하지 않았더라도 우선변제
권이 있다(1997.07.15, 서울지법 96가합 83846).

9) 회사가 도산하여 임금을 받기 어려운 경우

회사가 경기의 변동 및 산업구조의 변화 등으로 사업의 계속이 불가능하거나 기업의 경영
이 불안정하여 임금 등을 지급 받지 못한 상태로 퇴직한 근로자에게 그 지급을 보장하는 조
치를 강구함으로써 근로자의 생활안정에 이바지하기 위하여 임금채권을 사업주를 대신하여
국가가 일부 지급하는 제도이다(임금채권보장법 1조). 임금지급에 소요되는 자금은 사업주로부
터 부담금으로 매년 징수하며, 근로자에게 지급된 임금의 청구권을 국가가 대위한다(임금채권
보장법 6조).

지급사유로서 파산법에 의한 파산의 선고, 화의법에 의한 화의개시의 결정, 회사정리법에
의한 정리절차 개시의 결정, 노동부장관이 도산사실 인정하는 경우로서 사업이나 생산이 중
단된 상태에서 압류나 양도된 경우, 사업에 대한 인허가등이 취소된 경우, 주된 생산이 1월
이상 중단된 경우, 사업주가 1월 이상 소재불명인 경우, 사업주의 재산으로부터 회수하는데
3월 이상 소요되는 경우에 퇴직한 날로부터 1년 이내 신청하여야 한다.

3. 각종 수당의 지급

1) 우리 회사는 적법하게 연장근로수당을 지급하고 있는가?

(1) 연장근로수당

법정근로시간은 일반 근로자의 경우 주40시간, 일8시간이다. 이러한 근로시간을 초과하여
근로하는 경우 지급하는 수당이 연장근로수당이다. 근로기준법 제53조 1항은 당사자 간의 합
의가 있는 경우에는 1주간에 12시간을 한도로 법정근로시간을 연장할 수 있다고 규정하며
근로기준법 제56조는 사용자는 연장근로에 대하여 통상임금의 100분의 50을 가산하여 지급
하여야 한다고 규정하여 연장근로시간의 한도와 가산수당에 대해 규정하고 있다.

(2) 개정법과 연장근로수당의 법적 쟁점

개정법은 법정근로시간을 주40시간, 일8시간으로 단축하고 시행일로부터 3년간 한시적으로 연장근로 한도를 12시간에서 16시간으로 확대하고 최초 4시간에 대해서는 할증률을 50%에서 25%로 인하하였다. 다만, 3년이 지난 뒤부터는 연장근로시간의 상한은 1주 12시간이며 연장근로에 의한 할증률도 현행과 같이 50%가 적용된다는 점에 유의해야 한다.

- 교대제 형태를 취하더라도 1주간 44시간, 1일 8시간을 초과하는 연장근로에 대해서는 근로기준법 제55조의 규정에 의한 가산임금을 지급해야 하며, 이때의 '1주' 또는 '1일'이란 역일에 의한 1주 또는 1일을 뜻한다고 할 것임(2003.06.10, 근기 68207-682).

- 개정근로기준법을 적용받는 사용자는 1주 40시간을 초과하는 연장근로에 대하여는 연장근로수당을 지급하여야 한다(2004.08.11, 근로기준과-4113).

- '이 법 시행으로 인하여' 단축되는 근로시간이 아니라 당사자가 임의로 단축하는 연장근로 시간은 개정 근로기준법에 의한 임금보전 대상으로 보기 어렵다(2004.04.09., 근로기준과-1736).

- 파업으로 인하여 법정근로시간 미달시 종업시간 이후의 근로시간에 대한 연장근로가산임금을 지급할 의무는 없다(2002.08.21, 근기 68207-2776).

- 연장근로에 대한 가산임금 지급방법은 근무시간이 1일 8시간을 초과하는 경우에는 그 초과시간에 대해 가산임금을 지급해야 하고, 1주 44시간을 초과하는 경우에는 그 초과시간에 대해서 가산임금을 지급하면 된다(1999.11.27, 근기 68207-735).

- 대학병원의 임상병리사·약사 등의 당직근무를 통상의 근로로 보아 이에 대하여 통상임금 및 근로기준법 제46조 소정의 가산임금을 지급하여야 한다(1996.06.28, 대법 94다 14742).

- 단순히 휴게시간을 근로시간으로 인정한다고 규정한 것만으로는 근로기준법 제46조의 연장근로수당 산정기초가 되는 기준근로 시간에 휴게시간이 포함된다고 할 수 없다(1991.03.28, 근기 01254-4347).

- 감시·단속적 일·숙직이 아니고 일·숙직시 업무내용이 본래 업무의 연장이고 그 내용과 질이 통상근로로 평가되는 경우 그러한 일·숙직 초과근무시 야간·연장·휴일근로수당 등이 지급된다(1995.01.20, 대법 93다 46254).

2) 우리 회사는 적법하게 야간근로수당을 지급하고 있는가?

야간근로란 하오 10시부터 상오 6시까지 야간에 이루어지는 근로를 말한다. 근로기준법 제56조는 야간근로의 경우 통상임금의 50%를 가산하여 지급해야 한다고 규정한다. 따라서 야간근로가 이루어진 경우 야간근로임금 100%와 가산수당 50%를 추가로 지급해야 한다.

문제는 연장근로의 결과 야간근로에 이르게 된 경우 가산수당 액수는 얼마가 적법한가 하는 점인데 이 경우 근로임금 100% + 연장근로 가산수당 50% + 야간근로 가산수당 50%을 추가로 지급하는 것이 타당하다.

- 🔘 야간근로시 통상임금의 50/100 이상을 가산지급하여야 한다(1992.01.24, 근기 01254−125).

- 🎼 연장근로와 야간근로가 중복시 가산임금을 각각 산정하여야 한다(1991.10.05, 근기 01254−14333).

- 🎵 출장 중인 근로자가 물품감시나 기타 특별한 지시 없이 단순히 다음 목적지로 이동하기 위한 휴일 또는 야간여행은 야간근로 또는 휴일근로로 보지 아니 한다(1986.06.14, 근기 01254−9659).

- 💡 야간근로시 통상임금의 50/100 이상의 가산임금이 지급되며 휴게시간은 근로시간에서 제외된다(1984.08.22, 근기 1451−17757).

- 💡 격일제 근무시에도 야간근로수당을 지급받을 수 있다. 근로기준법 제46조 규정에 의하여 1일 8시간 1주 44시간(근로시간 단축유예업종지정 주 46시간)을 초과하는 시간외 근로와 하오 10시부터 상오 6시까지 사이의 야간근로에 대하여는 통상임금의 100분의 50 이상을 가산 지급받을 수 있는 것이 원칙이다(1990.05.03, 근기 01254−6344).

3) 우리 회사는 휴일근로수당을 적법하게 지급하고 있는가?

근로자가 휴일에 근로를 하는 경우에 사용자는 시간당 150%의 통상임금(근로임금 100% + 가산수당 50%)을 추가로 지급해야 한다. 휴일은 주휴일 뿐만 아니라 회사가 정한 약정휴일의 근무도 적용된다.

실무상 자주 제기되는 문제는 휴일근로와 연장근로, 야간근로가 중복되는 경우이다. 이 경우에는 각각 수당을 계산, 지급해야 한다. 예를 들어 휴일근로와 연장, 야간근로가 중복된 시간에는 근로임금 100% + 휴일근로가산수당 50% + 연장근로가산수당 50% + 야간근로가산수당 50%를 합산한 임금을 추가로 지급하는 것이 적법하다.

- 💡 휴일근로와 시간외근로가 중복시 가산임금을 각각 가산하여 산정한다(1991.03.22, 대법 90다6545).

- 🎵 '근로자의 날'을 다른 날로 대체할 수 없으며, 다른 날로 대체하였더라도 근로자의 날에 근로한 경우에는 휴일근로수당을 지급하여야 한다(2004.02.19., 근로기준과−829).

- 💡 미리 근로자에게 교체할 휴일을 특정하여 고지하면 달리 보아야 할 사정이 없는 한 사용자는 근로자에게 휴일근로수당을 지급할 의무를 지지 않는다(2000.09.22, 대법 99다 7367).

- 일용근로자의 경우 주휴수당을 포함하여 임금을 지급받기로 사전에 약정하지 않은 한 주휴일이 부여된 일용근로자에게는 임금과 별도로 주휴수당을 지급하여야 한다(1997.04.02, 근기 68207-424).

- 휴일근로수당을 지급해야 하는 휴일이란 유급주휴일 뿐만 아니라 단체협약·취업규칙 등에 의해 휴일로 정해진 날도 가리킨다(1991.05.14, 대법 90다14089).

- 무급휴일근로시 통상임금의 50% 이상을 가산하여 지급하고, 시간외·야간근로시 가산임금이 지급된다(1987.02.25, 근기 01254-3065).

- 국경일과 임시공휴일은 취업규칙이나 단체협약 등에 유·무급휴일로 규정하지 않는 한 이날 근로를 제공하여도 휴일근로수당을 지급하지 않아도 무방하다(1984.08.01, 근기 1451-16619).

- 유급휴일근로시 유급당연지급임금 100%, 당해 일 근로대가 100%와 가산임금 50%를 합한 250%가 지급되며, 무급휴일근로시 유급당연지급임금을 제외한 150%가 지급된다(1981.06.23, 근기 1455-19386).

- 근로일에 야유회를 실시한 경우 임금이 지급되며, 유급휴일에 야유회 실시한 경우 휴일에 당연지급되는 임금과 유급휴일근로에 대한 통상임금이 지급된다(1979.07.12, 근기 1455-7105).

- 휴일근로와 연장·야간근로가 겹치는 경우 휴일근로임금과 연장·야간근로수당을 합산하여 지급한다(1987.07.09, 근기 01254-11011).

- 휴일에 근로하였으나 동 근로시간 가운데 연장근로에 해당하는 시간이 있거나 야간근로와 중복되는 시간이 있을 경우에는 통상적인 근로시간내 휴일근로에 대한 임금(150%)과 연장근로에 대한 임금(150%) 및 야간근로에 대한 수당(50%)을 합산하여 지급하여야 한다(1987.07.09, 근기 01254-11011).

4) 우리 회사는 적법하게 연월차 근로수당을 지급하고 있는가?

(1) 월차근로수당 : 폐기됨.

(2) 연차근로수당

근로자가 연차휴가를 1년간 행사하지 않으면 연차휴가는 소멸한다. 이와 같이 근로자가 연차휴가를 사용하지 않고 일한 경우 연차휴가를 사용할 권리는 소멸하지만, 이에 상응하는 근로수당을 청구할 권리는 3년간 존속한다. 따라서 사용자는 근로자가 연차휴가일에 근로한 대가로서 1일에 대해 통상임금 100% 이상의 근로수당을 지급해야 한다.

🌱 연차유급휴가 미사용시 연차휴가근로수당을 청구할 수 있다(1995.06.29, 대법 94다 18553).

💡 연월차유급휴가를 이용하지 아니하고 계속 근로한 근로자들은 사용자에 대하여 그 휴가일수에 해당하는 임금(연월차휴가 근로수당)을 더 청구할 수 있고 이러한 임금의 지급청구권은 근로자가 퇴직하였다 하여 소멸되는 것이 아님은 물론, 근로자가 퇴직하기 전에 연월차휴가청구권을 행사하지 아니하였다 하여 발생하지 아니하는 것이라고 할 수도 없으며, 사용자의 이러한 연월차휴가 근로수당 지급의무는 연월차휴가에 대한 금전보상을 규정하고 있는 사용자의 보수규정이 무효인지의 여부와 관련 없이 발생한다(대판 91.6.28, 90다카 14758).

💡 사용자의 적극적인 권고 여부와 관계없이 근로자가 실제 휴가를 사용하지 않고 근로하였다면 연차휴가근로수당을 지급하여야 한다(2004.02.19., 근로기준과-883).

💡 사용자가 휴가기간을 지정하고 휴가기간에 실제로 근로자의 노무제공의 수령을 거부하였다면 휴가근로수당의 지급의무는 발생하지 않는다(1997.09.04, 근기 68207-1195).

🎵 본인의 귀책사유에 의해 휴가를 사용할 수 있는 날이 없었다면 연차유급휴가근로수당의 지급청구권은 발생되지 않는다(1997.09.04, 근기 68207-1190).

💡 근로자 의사에 반하여 연차유급휴가를 부여하지 않는 내용의 근로계약은 위법이며 동 휴가일 근로시 미사용휴가일에 해당되는 통상임금 이상의 수당을 지급하여야 한다(1994.07.07, 근기 68207-1090).

🌱 연차휴가 대체근로시 임금지급률은 유급휴가시 당연지급분 100%, 당해 일 근로대가 100%, 합계 200%가 지급된다(1991.11.06, 근기 01254-16101).

💡 연차수당 청구권은 연차휴가권이 소멸한 때로부터 3년간 행사할 수 있다(1991.02.04, 임금 32240-1608).

💡 주 5일 근무로 토요일을 연·월차휴가로 대체합의 사용한 경우 연·월차수당은 지급된 것으로 본다(1990.03.19, 근기 01254-4022).

💡 연차유급휴가 수당산정의 기준임금은 최종휴가청구권이 있는 달의 임금지급일의 임금을 기준으로 한다(1990.03.19, 근기 01254-3999).

💡 연차유급휴가기간중 받을 수 있는 임금은 통상임금이며 야간근로수당은 통상임금에서 제외된다(1987.10.22, 근기 01254-16818).

🌱 미사용 연·월차휴가수당을 대체지급하고자 하는 때에는 지급당시의 임금(현재임금)을 기준으로 해야한다(1986.08.16, 근기 01254-13399).

💡 근로자 퇴직시 연차유급휴가 미사용일에 대해서는 수당으로 대체지급하고, 동 휴가는 근로자가 청구하는 시기에 부여하여야 한다(1986.02.21, 근기 01254-3033).

💡 연·월차 및 생리휴가 등 유급휴가 근로시 임금지급률은 당연지급되는 임금100%, 당해 일 근로임금 100%, 합계 200%가 된다(1981.05.26, 근기 1455-15762).

4. 연봉제의 적법성

1) 연봉제

연봉제에 대한 정의는 학자에 따라 다양하나, 일반적으로 근로자의 능력, 실적, 공헌도 등을 평가하여 연단위로 임금을 결정하는 제도라고 정의할 수 있다. 연봉제를 도입하는 이유는 기업마다 다양하지만, 주된 이유는 연봉제를 도입함으로써 기업의 생산성과 경쟁력을 높이려는 취지라고 볼 수 있다.

2) 연봉제를 실시하면 근로기준법의 규정을 회피할 수 있는가?

연봉제를 법적으로 판단하면 시급, 주급, 일급, 월급, 연봉 중 연 단위로 임금을 계산하는 방식에 불과하다. 연봉제를 포함하여 어떠한 임금계산 방식이든 월 1회 이상 정기적으로 지급하는 방식을 택하여야 한다. 따라서 연봉제가 도입되었다는 이유로 근로기준법의 규제를 받지 않는다고 생각한다면 올바르지 않다.

3) 연봉제 적용을 받는 근로자는 계약직 근로자인가?

연봉계약은 매년 연봉을 변경하는 성격의 계약에 불과하므로 근로계약기간(계약직)과는 무관하다. 따라서 근로자를 계약직으로 채용한 경우가 아니라면 연봉계약 기간이 종료되었다는 이유로 퇴사 처리하는 것은 위법하며 부당해고가 될 수 있다.

- 임금과 관련한 연봉계약의 단위기간 또는 용역계약기간 등이 1년이라고 해서 근로계약도 당연히 1년으로 되는 것은 아니다(2002.06.04, 서울행법 2001구37794).
- 연봉계약기간의 만료가 근로관계 종료를 의미하는 것은 아니다(2000.08.03, 근기 68207-2328).

4) 연봉제를 실시하면 연장근로수당을 지급하지 않아도 무방한가?

연봉제를 실시하더라도 연장근로에 대한 임금과 가산 수당을 지급해야 한다(법 제56조). 다만 문제는 연장근로수당을 연봉에 미리 포함하여 지급하는 것이 적법한가 하는 점이다. 연봉제의 경우 연장근로수당을 연봉에 포함하여 지급하는 포괄임금제를 도입하는 경우가 많은데 이러한 포괄임금제가 적법하려면 다음과 같은 요건을 구비해야 한다.

- 예상 연장근로시간의 법정수당을 정액화할 것
- 정액수당을 연봉(기본연봉 항목, 또는 제수당 항목)에 포함할 것
- 이를 취업규칙, 연봉(근로)계약 등에 명시하여 각각의 절차적 요건을 준수할 것

> 예외적으로 감시단속적 근로 등과 같이 근로시간, 근로형태와 업무의 성질을 고려할 때 근로시간의 산정이 어려운 것으로 인정되는 경우가 있을 수 있고, 이러한 경우에는 사용자와 근로자 사이에 기본임금을 미리 산정하지 아니한 채 법정수당까지 포함된 금액을 월급여액이나 일당임금으로 정하거나 기본임금을 미리 산정하면서도 법정 제 수당을 구분하지 아니한 채 일정액을 법정 제 수당으로 정하여 이를 근로시간 수에 상관없이 지급하기로 약정하는 내용의 이른바 포괄임금제에 의한 임금 지급계약을 체결하더라도 그것이 달리 근로자에게 불이익이 없고 여러 사정에 비추어 정당하다고 인정될 때에는 유효하다 할 것이다.
>
> 그러나 위와 같이 근로시간의 산정이 어려운 경우가 아니라면 달리 근로기준법상의 근로시간에 관한 규정을 그대로 적용할 수 없다고 볼 만한 특별한 사정이 없는 한 앞서 본 바와 같이 근로기준법상의 근로시간에 따른 임금지급의 원칙이 적용되어야 할 것이므로, 이러한 경우에도 근로시간 수에 상관없이 일정액을 법정 수당으로 지급하는 내용의 포괄임금제 방식의 임금 지급계약을 체결하는 것은 그것이 근로기준법이 정한 근로시간에 관한 규제를 위반하는 이상 허용될 수 없다(2015.05.13, 대법 2008다6052).

5) 연봉제를 실시하면 휴일근로수당을 지급하지 않더라도 무방한가?

연봉제를 실시하더라도 휴일근로수당을 지급해야 함은 명백하다. 다만, 휴일근로수당을 연봉제 포함해서 지급해도 무방한가에 대해서는 견해의 대립이 있다. 만일 휴일근로수당을 임금에 미리 포함해서 사실상 휴일사용권을 박탈한다면 위법하다고 볼 수 있다. 따라서 연봉에 휴일근로수당을 포함하는 태도는 바람직하지 않다.

> 야간 · 휴일근로 여부와 상관없이 고정일급을 지급하기로 하는 포괄임금제는 정당하지 않다
> (2001.10.26, 서울지법 2000가합3313, 4842 병합).

6) 연봉제를 실시하면 연월차유급휴가 및 근로수당을 지급하지 않아도 무방한가?

연봉제 하에서도 사용자는 연월차휴가를 부여해야 하며 만일 근로자가 휴가를 사용하지 않은 경우에는 별도의 근로수당을 지급해야 한다. 문제는 연월차 근로수당을 미리 연봉에 포함하여 지급하는 방법이 적법한가 하는 점인데 이와 같이 휴가를 돈으로 매수하는 것은 휴가 사용권을 박탈하게 되므로 위법하다고 판단될 소지가 있다.

☀ 연·월차유급휴가를 사용하지 아니하고 근로한 대가로 지급하는 연·월차유급휴가근로수당은 그 성격상 미리 임금에 포함하여 근로계약을 체결하는 경우 근로기준법에 위배됨 (2000.6.16, 근기 68207-1844).

7) 연봉제를 실시하면 퇴직금을 지급하지 않아도 무방한가?

연봉제를 실시하더라도 퇴직금을 지급해야 한다. 다만, 문제는 퇴직금을 연봉에 포함하여 매월(월 단위 퇴직금 중간정산제도는 지양해야 함), 매년 분할 지급하는 형태로 퇴직금중간정산을 할 수 있는가 하는 점이다. 이러한 중간정산제도가 적법하려면 다음의 요건을 충족해야 한다.

- 연봉액에 포함될 퇴직금의 액수를 명확히 정할 것
- 퇴직금을 중간정산 받고자 하는 근로자의 서면 요구를 받을 것
- 지급 받은 퇴직금이 법정 액수에 미달하지 않을 것

그러나 퇴직금을 선지급하는 경우 지금까지 퇴직금지급의 효력을 인정하여왔던 입장을 바꾸어 대법원에서 사전지급의 효력을 부정하는 견해가 있어 연봉제에서 퇴직금 지급방법에 대하여 향후 논란이 예상되고 있다.

💡 사용자와 근로자가 매월 지급하는 월급이나 매일 지급하는 일당과 함께 퇴직금으로 일정한 금원을 미리 지급하기로 약정하였다면, 그 약정은 근로자퇴직급여보장법 제8조제2항 전문 소정의 퇴직금 중간정산으로 인정되는 경우가 아닌 한 최종 퇴직 시 발생하는 퇴직금청구권을 근로자가 사전에 포기하는 것으로서, 강행법규인 같은 법 제8조에 위배되어 무효이다.
한편 사용자가 근로자에게 퇴직금 명목의 금원을 실질적으로 지급하였음에도 불구하고 정작 퇴직금 지급의 효력이 인정되지 아니할 뿐만 아니라 임금 지급의 효력도 인정되지 않는다면, 근로자는 수령한 퇴직금 명목의 금원을 부당이득으로 사용자에게 반환하여야 한다고 보는 것이 공평의 견지에서 합당하다. 다만 퇴직금 제도를 강행법규로 규정한 입법 취지를 고려할 때, 위와 같은 법리는 사용자와 근로자 사이에 실질적인 퇴직금 분할 약정이 존재함을 전제로 하여 비로소 적용할 수 있다. 따라서 사용자와 근로자가 체결한 해당 약정이 그 실질은 임금을 정한 것에 불과함에도 사용자가 퇴직금 지급을 면탈하기 위하여 퇴직금 분할 약정의 형식만을 취한 것인 경우에는 위와 같은 법리를 적용할 수 없다. 즉, 사용자와 근로자 사이에 월급이나 일당 등에 퇴직금을 포함하고 퇴직 시 별도의 퇴직금을 지급하지 않는다는 취지의 합의가 존재할 뿐만 아니라, 임금과 구별되는 퇴직금 명목 금원의 액수가 특정되고, 위 퇴직금 명목 금원을 제외한 임금 액수 등을 고려할 때 퇴직금 분할 약정을 포함하는 근로계약 내용이 종전 근로계약이나 근로기준법 등에 비추어 근로자에게 불이익하지 아니하여야 하는 등, 사용자와 근로자가 임금과 구별하여 추가로 퇴직금 명목으로 일정한 금원을 실질적으로 지급할 것을 약정한 경우에 한하여 위와 같은 법리가 적용된다(2012.10.11, 대법 2010다95147).

8) 연봉제는 어떻게 도입해야 하는가?

연봉제를 도입하면 성과에 따라 임금이 등락하게 되므로 일부 근로자에게는 불리한 제도로 볼 수 있다. 따라서 단체협약이나 취업규칙에서 정한 조건에 대하여 일부 직원들에게 불리할 수 있는 연봉제를 도입하려면 원칙적으로 노동조합과의 단체교섭을 통한 협약 체결, 근로자 집단의 집단적 방식의 동의를 통한 취업규칙 불이익 변경, 당사자 동의에 의한 연봉계약서의 체결이라는 절차를 거쳐야 한다. 만일 사용자가 이러한 절차를 거치지 않고 일방적으로 연봉제를 실시한다면 이는 효력에 대한 다툼이 발생하여 위법무효가 될 수 있다는 점에 유의해야 한다.

- 연봉제를 실시하기 위해 취업규칙을 변경할 경우에는 근로기준법 제97조에 의한 취업규칙 변경절차를 거쳐야 함. 연봉제로의 변경이 일부 근로자에게는 유리하고 일부 근로자에게는 불리한 것인 때에는 불이익변경으로 보아야 하며 따라서 근로자 과반수의 집단적인 동의를 얻어야 하는 바, 근로자의 과반수로 조직된 노동조합이 있으면 그 노동조합, 없으면 근로자 과반수의 동의를 얻어야 함(2001.11.27, 근기 68207-4087).

- 일부 근로자에게는 불리하고 일부근로자에게는 유리한 임금체제 변경은 전체적으로 보아 불이익변경에 해당된다(2002.04.24, 근기 68207-1760).

- 연봉제 실시에 관하여 근로자가 동의하지 않는다고 징계 또는 해고를 할 수는 없다(1998.06, 근기 68207-000).

- 연봉제 도입을 위한 취업규칙 변경시 불이익한 변경으로 보아야 한다(2000.03.31, 근기 68207-988).

- 인사고과에 따라 임금이 삭감될 수도 있는 형태의 연봉제 도입시 취업규칙 불이익변경의 절차를 거쳐야 한다(2002.03.06, 근기 68207-928).

- 연봉제 도입과 관련된 취업규칙의 변경절차, 단체협약을 적용받는 근로자에 대한 변경된 취업규칙의 효력 및 신규입사자에 대한 단체협약·취업규칙의 적용관계(2001.11.27, 근기 68207-4087).

5. 최저임금

1) 최저임금제도

최저임금제는 국가가 임금액의 최저 한도를 정하여 사용자에게 준수할 의무를 법적으로 강제하는 제도를 말한다. 최저임금제는 근로자에게 임금의 최저 수준을 보장하여 근로자의 생활안정을 도모하려는 취지에서 인정된다. 특히 최저임금제는 부당하게 저임금을 받을 가능성이 있는 연소근로자나, 미숙련 근로자 등에게 유용한 제도라고 할 수 있다.

우리나라는 헌법 제32조제1항『국가는 법률이 정하는 바에 의하여 최저임금제를 시행하여야 한다』라는 근거규정에 입각하여, 1986년 12월 31일에 최저임금법이 제정 · 공포되고 1988년 1월 1일부터 시행되고 있다.

> 💬 사용자는 최저임금의 적용을 받는 근로자에게 최저임금 이상의 임금을 지급해야 하고, 최저임금의 적용을 받는 근로자와 사용자 사이에 최저임금액에 미달하는 임금을 정한 근로계약은 그 부분에 한하여 무효로 하며, 무효로된 부분은 최저임금법에 의하여 정한 최저임금액을 지급하기로 정한 것으로 보기 때문임(1999.12.27, 임금 68207－360).

2) 최저임금법은 모든 근로자에게 다 적용되는가?

최저임금법은 상시 1인 이상의 근로자를 사용하는 사업(장)에 적용된다. 즉 대한민국의 거의 모든 사업(장)에 최저임금법은 적용된다고 해도 과언이 아니다. 그러나 사용자는 정신 · 신체상의 장애로 근로능력이 현저히 낮은 근로자, 3월 이내의 수습사용 중인 근로자, 직업훈련촉진법상 훈련을 받는 근로자, 감시 · 단속적 근로자에 대해서는 노동부의 인가를 받아 최저임금의 적용을 제외할 수 있다. 또한 취업기간이 6개월이 경과되지 않은 18세 미만의 근로자의 경우에는 시급 최저임금액의 100분의 10을 감한 금액을 시간급 최저임금액으로 할 수 있다.

3) 최저임금에 포함되지 않는 임금은 어떤 종류가 있는지?

(1) 매월 1회 이상 정기적으로 지급하는 임금외의 임금

① 1월을 초과하는 기간의 출근성적에 의하여 지급하는 정근수당

② 1월을 초과하는 일정기간의 계속근무에 대하여 지급하는 근속수당

③ 1월을 초과하는 기간에 걸친 사유에 의하여 산정하는 장려가급 · 능률수당 또는 상여금

④ 기타 결혼수당 · 월동수당 · 김장수당 · 체력단련비 등 임시 또는 돌발적인 사유에 따라 지급하거나, 지급조건이 사전에 정하여진 경우에도 그 사유발생이 확정되지 아니하거나 불규칙적인 임금 · 수당

(2) 소정의 근로시간 또는 소정 근로일에 대하여 지급하는 임금외의 임금

① 연 · 월차휴가근로수당, 유급휴가근로수당, 유급휴일근로수당

② 연장시간 근로 · 휴일근로에 대한 임금 및 가산임금

③ 야간근로에 대한 가산임금

④ 일 · 숙직수당

⑤ 기타 명칭여하에 관계없이 소정근로에 대하여 지급하는 임금이라고 인정할 수 없는 것

(3) 기타 최저임금액에 산입하는 것이 적당하지 아니한 임금

가족수당 · 급식수당 · 주택수당 · 통근수당 등 근로자의 생활을 보조하는 수당 또는 식사, 기숙사 · 주택제공, 통근차운행 등 현물이나 이와 유사한 형태로 지급되는 급여 등 근로자의 복리후생을 위한 성질의 것

- 🎈 유급휴일근로에 대한 임금 및 가산수당, 연 · 월차휴가근로수당

  유급휴일근로에 대한 임금 및 가산수당, 연 · 월차휴가근로수당은 최저임금 적용을 위한 임금 및 소정근로시간에 산입되지 않음(임금32240-19950, '89. 11. 28).

- 🎈 상여금은 최저임금 적용을 위한 임금에 산입되지 않음. 비록 상여금이 매월 분할 지급된다고 하더라도 상여금 성격을 가지고 있는 한 최저임금산입을 위한 임금에 포함되지 않음(임금 68200-894, '01. 12. 29).

- 🌾 능률에 따라 지급되는 생산장려수당, 장려가급 등은 최저임금 적용을 위한 임금에 산입되지 않음. 다만, 이러한 명목의 임금이 1월 미만의 기간에 걸친 사유에 의하여 산정되어 매월 일정액 지급된다면 산입됨(임금32240-21666, '89. 12. 29).

- 🔆 식비 등 복리후생을 위한 성질의 급여(가족수당·급식수당 · 주택수당 · 통근수당 등 근로자의 생활을 보조하는 수당 또는 식사, 기숙사·주택제공, 통근차운행 등)는 단체협약의 임금항목으로 명시되어 매월 1회 이상 정기적 · 일률적으로 지급되고 이를 통상임금 산정시에 포함시킨다 할지라도, 이는 근로자의 생활을 간접적으로 보조하는 수당으로 분류되어 최저임금 적용을 위한 임금에 산입되지 않음(임금32240-381, '89. 1. 12).

- 🎈 봉사료는 사용자가 일괄관리 하더라도 정기적 · 일률적으로 지급하는 임금으로 볼 수 없어 최저임금 적용을 위한 임금에 산입되지 않음(임금32240-21667, '89. 12. 29) 다만, ㉮「기본급화된 봉사료」는 최저임금의 적용을 위한 임금의 산입범위에 포함(임금68200-525, '01. 7. 27)되며, ㉯봉사료가 단체협약 · 취업규칙 또는 근로계약에 지급근거가 명시되어 있거나 관례에 따라 지급하는 것으로서 매출액에 관계없이 모든 근로자에게 매월 일정금액을 지급한 경우에는 최저임금의 적용을 위한 임금에 산입될 수 있음(임금68220-545, '00. 11. 3).

- 🎐 택시업에 있어 사납금 초과수입을 운전기사가 갖도록 되어 있는 경우 생산고에 따른 임금지급으로 보아 최저임금 적용을 위한 임금에 산입될 수도 있음(임금68207-555, '93. 9. 14).

- 🔆 최저임금법시행령 제5조제2항에 의하면 생산고에 따라 산정 지급되는 임금에 대하여는 총근로시간으로 나누어 시간당 임금으로 환산토록 규정되어 있는 바, 이 건 질의의 경우 구체적인 사실관계를 알 수 없어 정확한 판단은 어려우나, 외무사원에게 월간 판매실적(생산고)에 따라

산정 지급되는 능률수당은 위 규정에 따라 총근로시간으로 나누어 시간당 임금으로 환산한 뒤 기본급 등 월단위로 정하여진 임금을 소정근로시간으로 나누어 환산한 시간당 임금과 합산하여 시간급 최저임금 미달여부를 판단하여야 할 것임(임금32240-4770, '90. 4. 3).

💡 최저임금법의 적용을 받는 사업장의 근로자는 근로기준법 제14조의 규정에 의한 근로자를 의미하므로 상용근로자뿐만 아니라 임시직·일용직·시간제근로자, 외국인근로자 등 고용형태나 국적에 관계없이 근로기준법상 근로자이면 모두 포함됨. 따라서 아르바이트 종사자의 경우에도 위와 같은 조건에 해당된다면 최저임금법의 적용을 받게 됨(임금 사이버민원, '02. 6. 3).

📝 참고 1　**아르바이트 학생에 적용되는 노동법**

1) 근로기준법 상 만 15세 이상자만 근로계약 가능하다. [18세 미만 중학생은 금지]
* 예외: 노동부 장관 발급 취직인허증이 있는 경우.

2) 근로기준법 상 만 18세 미만자는 연소근로자 규정 적용된다.
– 연령 증명 호적증명서와 친권자 동의서를 사업장에 비치해야 함.
– 유해, 위험 작업 금지
– 근로시간은 1일 7시간, 1주 40시간 초과 금지, 단, 당사자 합의 시 1일 1시간, 1주 6시간까지 연장 가능.
– 4시간 당 30분 이상 휴게시간 부여(예: 3시간 30분 근로, 30분 휴게)
– 본인 동의 없인 야근(밤 10시 – 오전 6시) 금지
– 본인 동의 없인 휴일 근로 금지
– 갱내 근로 금지

3) 문서로 수습기간을 정한 경우, 처음부터 3개월까지는 최저임금의 90% 지급이 가능함(2012. 7.부터 개정·폐지함).

4) 일반적으로는 알바생도 최저임금 이상을 받는 것이 원칙임(3개월 수습기간 제외).

5) 청소년보호법상 만 19세 미만자 출입 및 취업 금지업소: 유흥주점, 단란주점, 비디오방, 노래방(단, 청소년의 출입이 허용되는 시설을 갖춘 업소는 출입 허용), 전화방, 무도학원업, 무도장업, 사행행위업, 성기구 취급업소.
◉ 만 19세 미만자 고용이 금지된 업소: 숙박업, 이용업, 목욕장업 중 안마실을 설치하거나 개실로 구획하여 하는 영업, 담배소매업, 유독물 제조·판매·취급업, 티켓다방, 주류판매 목적의 소주방, 호프 및 카페 등 형태의 영업, 음반판매업, 비디오물 판매·대여업, 일반게임장, 만화대여업.

6) 근로계약서에는 일을 하기로 한 기간, 일할 장소, 해야 할 일, 하루에 일해야 하는 시간과 쉬는 시간, 쉬는 날, 받아야 할 돈(임금), 임금 받는 날 등 중요한 내용이 반드시 나타나 있어야 함. 근로계약은 반드시 본인이 해야 하며 다른 사람이 대신할 수 없음. 근로계약서를 작성한 후에는 계약서를 한 부 달라고 해서 가지고 있는 것도 좋은 방법.

7) 최저임금 보다 적게 지급할 경우 "최저임금법" 위반으로 3년 이하의 징역 또는 2천만 원 이하의 형사처벌 대상이 됨. 피해 당사자가 노동부에 진정서를 제출하면 조사하여 위반 확인 시 처벌이 됨(2009년 시급 4,000원, 2010년 4,110원, 2011년 4,320원, 2012년 4,580원, 2013년 4,860원, 2014년 5,210원, 2015년 5,580원, 2016년 6,030원, 2017년 6,470원).

8) 계속 고용하기 어려울 정도로 근로자가 중대한 잘못을 했을 경우 해고가 될 수도 있지만, 일반적으로 정당한 이유 없이 마음대로 해고 불가.

(단위 : 원, %)

적용년도	시간급	일급(8시간 기준)	인상률	심의의결일	결정고시일
2017	6,470	51,760	7.3	'16. 7.16	'16. 8. 5
2016	6,030	48,240	8.1	'15. 7. 9	'15. 8. 5
2015	5,580	44,640	7.2	'14. 6.27	'14. 8. 4
2014	5,210	41,680	7.2	'13. 7. 5	'13. 8. 2
2013	4,860	38,880	6.1	'12. 6.30	'12. 8. 1
2012	4,580	36,640	6.0	'11. 7.13	'11. 8. 1
2011	4,320	34,560	5.1	'10. 7. 3	'10. 8. 3
2010	4,110	32,880	2.75	'09. 6.30	'09. 8. 3
2009	4,000	32,000	6.1	'08. 6.27	'08. 7.23
2008	3,770	30,160	8.3	'07. 6.26	'07. 8. 1
'07.1.1~'07.12.31	3,480	27,840	12.3	'06. 6.29	'06. 8. 3
'05.9~'06.12	3,100	24,800	9.2	'05. 6.29	'05. 7.28
'04.9~'05.8	2,840	22,720	13.1	'04. 6.25	'04. 8. 3
'03.9~'04.8	2,510	20,080	10.3	'03. 6.27	'03. 7.31
'02.9~'03.8	2,275	18,200	8.3	'02. 6.28	'02. 7.27
'01.9~'02.8	2,100	16,800	12.6	'01. 7.20	'01. 8. 6
'00.9~'01.8	1,865	14,920	16.6	'00. 7.21	'00. 8. 5
'99.9~'00.8	1,600	12,800	4.9	'99. 7.20	'99. 8. 5
'98.9~'99.8	1,525	12,200	2.7	'98. 7.23	'98. 8.17
'97.9~'98.8	1,485	11,880	6.1	'97. 7.24	'97. 8.12
'96.9~'97.8	1,400	11,200	9.8	'96. 7. 5	'96. 8. 5
'95.9~'96.8	1,275	10,200	8.97	'95. 7. 3	'95. 8. 5
'94.9~'95.8	1,170	9,360	7.8	'94. 7. 5	'94. 7.29
'94.(1~8)	1,085	8,680	7.96	'93.10.11	'93.12. 4
'93	1,005	8,040	8.6	'92.10.10	'92.12. 4
'92	925	7,400	12.8	'90.10.11	'91.12.13
'91	820	6,560	18.8	'90.10.12	'90.12.13
'90	690	5,520	15.0	'89.10.12	'89.12.19
'89	600	4,800	1그룹 29.7 2그룹 23.7	'88.10.12	'88.11.12
'88	1그룹 462.50 2그룹 487.50	3,700 3,900	–	'87.12.24	'87.12.30

6. 평균임금과 통상임금

1) 평균임금

(1) 평균임금

평균임금이란 실현된 사후적 임금으로 퇴직금, 구직 급여, 휴업수당, 재해보상, 감급의 제재 등을 계산할 때 계산의 기초가 되는 임금을 말한다. 즉 이러한 사유가 발생한 날 이전 3개월 동안 근로자에게 지급한 임금 총액을 그 기간의 총일수로 나눈 금액을 평균임금이라고 한다(근기 2조). 여기서 근로자에게 지급한 임금총액에는 근로의 대가로 지급한 임금을 모두 포함한다. 다만, 임시로 지불된 임금과 통화 외의 것으로 지불된 임금은 산입하지 않는다.

- 퇴직금산정을 위한 평균임금은 근로기준법 제19조의 규정에 의거 이를 산정하여야 할 사유가 발생한 날 이전 3월간에 지급된 임금총액을 그 기간의 총 일수로 나눈 금액을 말하며, 이러한 방법으로 산출된 평균임금액이 당해 근로자의 통상임금보다 저액일 경우에는 그 통상임금액을 평균임금으로 하도록 정하고 있음(2003.02.27, 임금 68207-132).

- 퇴직금산정의 기초인 평균임금에 연장근로수당도 포함된다(2005.05.26, 서울중앙지법 2005나 175).

- 경영성과급, 특별상여금 및 생산장려금 등의 지급여부·지급률·지급시기 등이 대표이사에 의해 임의적으로 결정되어 왔다면 평균임금에 해당되지 않는다(2005.03.25., 근로기준과-1758).

- 목욕비가 근로의 대상으로 지급하는 금품으로서 사용자에게 지급의무가 있다면 평균임금에 해당할 수 있다(2004.03.20, 임금정책과-898).

- 취업규칙 등에 규정되어 관례적으로 지급되어 온 체력단련비 및 효도휴가비는 평균임금에 포함된다(2000.10.05, 임금 68207-466).

(2) 평균임금을 산정할 때 제외하는 기간

근무하지 않는 기간도 평균임금 산정기간에 포함되는 것이 원칙이나 연차휴가기간이나 월차휴가기간 등은 근무한 것으로 인정하여 동기간을 포함하여 계산하나, 평균임금을 산정할 때 임금총액과 산정기간에서 모두 제외하고 계산하는 경우는 아래와 같다.

- 업무수행으로 인한 부상. 질병의 요양을 위하여 휴업한 기간
- 사용자의 귀책사유로 인하여 휴업한 기간
- 수습사용 중의 기간

- 산전후 휴가기간
- 남녀고용평등법에 의한 육아휴직기간
- 노동조합 및 노동관계조정법에 의한 쟁의행위기간
- 병역법. 향토예비군설치법. 민방위기본법에 의한 의무이행을 위하여 휴직하거나 근로하지 못한 기간. 다만 그 기간이라도 임금을 지급 받은 기간이 있다면 이는 제외하지 않음.
- 업무 외 부상, 질병으로 사용자의 승인을 얻어 휴업한 기간 등이다.

> ⛳ 평균임금 산정기간중 업무상 재해로 인한 요양기간이 있는 경우에는 그 기간에 지급된 임금과 일수를 공제하여야 한다(1987.03.23, 근기 01254-4704).

> 🎈 대기발령이 정당하다면 대기발령기간을 평균임금 산정대상기간에 포함된다(2003.07.16, 임금 68207-562).

> 🎵 사용자 귀책사유로 근로를 제공하지 못한 기간은 평균임금산정시 제외하는 것이 타당하다(2003.05.13, 임금 68207-353).

> 🌷 사용자 귀책사유로 인한 휴업기간과 임금은 평균임금산정기준이 되는 기간과 임금의 총액에서 제외되나 불법파업기간에 대해서는 정함이 없다(2002.08.01, 임금 68207-564).

(3) 평균임금이 통상임금보다 낮은 경우에도 평균임금으로 계산하는가?

평균임금 계산방법으로 산출된 금액이 통상임금보다 저액일 경우에는 그 통상임금을 평균임금으로 한다. 평균임금은 일정한 사유가 발생한 때 근로자에게 통상임금으로 계산해 지급하는 것보다 보탬이 되도록 그 계산방법을 마련한 것인데 그에 따른 평균임금이 통상임금보다 낮다면 그 때에는 통상임금 수준은 보전해야 하는 것이다.

> ☀ 평균임금이 통상임금보다 저액일시는 통상임금을 평균임금으로 한다(1983.07.22, 보상 1457.8-18711).

2) 통상임금

지급일 당시 재직여부에 따라 지급 여부가 좌우되는 명절 상여금 · 성과금은 통상임금에 해당하지 않고 고정적 · 정기적 · 일률적으로 지급되는 근무수당 · 직무수당 · 직책금 · 식대 · 능력급 등은 통상임금에 해당한다(2015.6.5, 서울중앙지법 2013가합546054).

(1) 통상임금

통상임금이란 실현되지 않은 사전적 임금으로 근로자에게 정기적, 일률적으로 소정근로 또는 총근로에 대하여 지급하기로 정한 시간급, 일급, 주급, 월급 또는 도급 금액을 말한다.

- 💡 정기적으로 전 종업원에게 지급하였고 퇴직자에게도 일할 계산해 지급한 상여금은 정기성·일률성·고정성을 모두 충족하여 통상임금에 해당된다(2015.2.15, 울산지법 2012가합10108).

- 💡 재직중인 근로자에 한하여 기본금의 연 600%를 연 6회로 지급하는 상여금은 통상임금에 해당한다(2015.1.13, 서울북부지법 2012가단106192).

- 💡 고정성이 인정되지 않는 명절휴가비는 통상임금에 해당하지 않고 고정성이 인정되는 기본수당, 정근수당, 체력단련비는 통상임금에 해당한다(2014.11.19, 울산지법 2012가함4882).

즉 통상임금이란 근로의 대가로서 지급되는 임금 중 정기적, 일률적, 고정적으로 지급되는 기본급과 각종 수당(정기적, 일률적으로 지급되는 작업수당, 기술수당, 위험수당, 직급수당, 정기상여금 등)을 포함한다. 통상임금은 해고수당, 연장, 야간, 휴일근로수당, 연차근로수당의 산출기초가 되는 임금이다(근기 시행령 6조).

- 💡 소정 근로 또는 총근로의 대상으로 근로자에게 지급되는 금품으로서 그것이 정기적·일률적으로 지급되는 것이면 원칙적으로 모두 구 근로기준법(1997.3.13, 법률 제5309호로 제정되기 전의 것)상의 통상임금에 속하는 임금이라 할 것이나, 근로기준법의 입법 취지와 통상임금의 기능 및 필요성에 비추어 볼 때 어떤 임금이 통상임금에 해당하려면 그것이 정기적·일률적으로 지급되는 고정적인 임금에 속하여야 하므로 실제의 근무성적에 따라 지급 여부 및 지급액이 달라지는 임금은 고정적인 임금이라 할 수 없어 통상임금에 해당하지 아니한다(1998.04.24, 대법 97다 28421).

- 💡 노사합의에서 미리 정해놓은 지급시기와 지급비원을 적용해 산정한 금액에 근로자들에게 정기적·일률적으로 일정액이 지급되는 상여금은 통상임금에 해당한다(2014.10.23, 부산고법 2012나50711).

(2) 시급통상임금을 산정하는 방법

시급통상임금을 계산하는 방법은 일단 임금항목 중 정기적, 일률적으로 지급한 금액을 확정한 후, 그 금액을 기준시간으로 나누는 것이다. 여기서 실무적으로 중요한 사항은 월 통상임금을 시급 통상임금으로 변경할 때 몇 시간으로 나눌 것인가 하는 점이다. 시급 통상임금 산정을 위한 기준시간은 일반적으로 209시간(소정근로시간 외에 유급 처리되는 시간을 합산)으로 볼 수 있다. 그러나 일주일 간 유급 처리되는 시간이 주40시간을 초과한다면 그 기준시간은 209시간보다 더 증가될 수도 있다.

💡 상여금 지급규정에서 "유결 1회당 기간상여금 3% 감율조건"은 고정성과 무관하고, "15일 이상 근무조건"은 고정성이 결여돼 통상임금성이 부정된다(2015.01.16, 서울지법 2013가합 508591).

📝 참고

1. 주 44시간 제도의 월급제 산출계산식 (226시간의 산출 계산식)

(44시간 + 8시간) x 365일/7일(52.14주) / 12월 = 226시간

2. 주 40시간 제도의 월급제 산출계산식 (209시간)

(40시간 + 8시간) x 365일/7일(52.14주) / 12월 = 208.57시간

🌳 근로의 대가가 아니라 복리후생적 차원에서 지급되는 교통비, 식대보조비는 통상임금에 포함된다고 보기 어렵다(2004.07.06, 임금정책과-2469).

🐛 전년도 인사평가 결과에 따라 그 지급액이 달라지는 정기상여금도 통상임금에 해당한다(2016.01.14, 대법 2012다96885).
1. 버스운전기사들의 운행 전·후의 각 30분씩 및 대기시간의 일부는 근로기간으로 보아야 한다..
2. 근무수당, 폐쇄회로수당, 문짝수당, 상여금 등은 통상임금에 해당한다(2014.11.26, 서울고법 201341551).

💡 1주 40시간제를 실시하는 사업장에서 당초 근로제공의무가 없는 토요일 8시간을 유급처리하는 경우에 월 통상시급 산정기준시간수는 월 243시간으로 정하는 것이 타당하다(2004.06.11, 근로기준과-2883).

🎵 통상임금에 포함되기 위해서는 소정근로 또는 총 근로의 대가성, 정기적·일률적(1임금 산정기간 내)으로 지급되는 고정임금이어야 한다(2004.01.14, 근로기준과-9163).

🌿 상여금은 통상임금에 포함하며 법정수당 미지급분 지급을 구하는 것이 신의칙에 반하지 않는다(2014.12.12, 서울남부지버 2013기함15846).

📋 별표 **통상임금 등의 판단기준 예시**

판 단 기 준 예 시	통상임금	평균임금	기타금품
1. 소정근로시간 또는 법정근로시간에 대하여 지급하기로 정하여진 기본급 임금	○	○	
2. 일·주·월 기타 1임금산정기간내의 소정근로시간 또는 법정근로시간에 대하여 일급·주급·월급 등의 형태로 정기적·일률적으로 지급하기로 정하여진 고정급임금			

항목	1	2	3
① 담당업무나 직책의 경중 등에 따라 미리 정하여진 지급조건에 의해 지급하는 수당 : 직무수당(금융수당, 출납수당), 직책수당(반장수당, 소장수당)등	○	○	
② 물가변동이나 직급간의 임금격차 등을 조정하기 위하여 지급하는 수당 : 물가수당, 조정수당 등	○	○	
③ 기술이나 자격 · 면허증소지자, 특수작업종사자 등에게 지급하는 수당 : 기술수당, 자격수당, 면허수당, 특수작업수당, 위험수당 등	○	○	
④ 특수지역에 근무하는 근로자에게 정기적 · 일률적으로 지급하는 수당 : 벽지수당, 한냉지근무수당 등	○	○	
⑤ 버스, 택시, 화물자동차, 선박, 항공기 등에 승무하여 운행 · 조종 · 항해 · 항공 등의 업무에 종사하는 자에게 근무일수와 관계없이 일정한 금액을 일률적으로 지급하는 수당 : 승무수당, 운항수당, 항해수당 등	○	○	
⑥ 생산기술과 능률을 향상시킬 목적으로 근무성적에 관계없이 매월 일정한 금액을 일률적으로 지급하는 수당 : 생산장려수당, 능률수당 등	○	○	
⑦ 기타 제①내지 제⑥에 준하는 임금 또는 수당	○	○	
3. 실제 근로여부에 따라 지급금액이 변동되는 금품과 1임금산정기간 이외에 지급되는 금품			
① 「근로기준법」과 「근로자의날제정에관한법률」 등에 의하여 지급되는 연장근로수당, 야간근로수당, 휴일근로수당, 월차유급휴가근로수당, 연차유급휴가근로수당, 생리휴가보전수당 및 취업규칙 등에 의하여 정하여진 휴일에 근로한 대가로 지급되는 휴일근로수당 등		○	
② 근무일에 따라 일정금액을 지급하는 수당 : 승무수당, 운항수당, 항해 수당, 입갱수당 등		○	
③ 생산기술과 능률을 향상시킬 목적으로 근무성적 등에 따라 정기적으로 지급하는 수당 : 생산장려수당, 능률수당 등		○	
④ 장기근속자의 우대 또는 개근을 촉진하기 위한 수당 : 개근수당, 근속수당, 정근수당 등		○	
⑤ 취업규칙 등에 미리 지급금액을 정하여 지급하는 일 · 숙직수당		○	
⑥ 상여금			
가. 취업규칙 등에 지급조건, 금액, 지급시기가 정해져 있거나 전 근로자에게 관례적으로 지급하여 사회통념상 근로자가 당연히 지급 받을 수 있다는 기대를 갖게 되는 경우 : 정기상여금, 체력단련비 등		○	
나. 관례적으로 지급한 사례가 없고, 기업이윤에 따라 일시적 · 불확정적으로 사용자의 재량이나 호의에 의해 지급하는 경우 : 경영성과배분금, 격려금, 생산장려금, 포상금, 인센티브 등			○
4. 근로시간과 관계없이 근로자에게 생활보조적 · 복리후생적으로 지급되는 금품			
① 통근수당, 차량유지비			
가. 전 근로자에게 정기적 · 일률적으로 지급하는 경우		○	
나. 출근일수에 따라 변동적으로 지급하거나 일부 근로자에게 지급하는 경우			○

② 사택수당, 월동연료수당, 김장수당		
가. 전 근로자에게 정기적·일률적으로 지급하는 경우	○	
나. 일시적으로 지급하거나 일부 근로자에게 지급하는 경우		○
③ 가족수당, 교육수당		
가. 독신자를 포함하여 전 근로자에게 일률적으로 지급하는 경우	○	
나. 가족수에 따라 차등 지급되거나 일부 근로자에게만 지급하는 경우(학자보조금, 근로자 교육비 지원 등의 명칭으로 지급)		○
④ 급식 및 급식비		
가. 근로계약, 취업규칙 등에 규정된 급식비로써 근무일수에 관계 없이 전 근로자에게 일률적으로 지급하는 경우	○	
나. 출근일수에 따라 차등 지급하는 경우		○
④ 장기근속자의 우대 또는 개근을 촉진하기 위한 수당 : 개근수당, 근속수당, 정근수당 등	○	
5. 임금의 대상에서 제외되는 금품		
① 휴업수당, 퇴직금, 해고예고수당		○
② 단순히 생활보조적, 복리후생적으로 보조하거나 혜택을 부여하는 금품 : 결혼축의금, 조의금, 의료비, 재해위로금, 교육기관·체육시설 이용비, 피복비, 통근차·기숙사·주택제공 등		○
③ 사회보장성 및 손해보험성 보험료부담금 : 고용보험료, 의료보험료, 국민연금, 운전자 보험 등		○
④ 실비변상으로 지급되는 금품 : 출장비, 정보활동비, 업무추진비, 작업용품 구입비 등		○
⑤ 돌발적인 사유에 따라 지급되거나 지급조건이 규정되어 있어도 사유발생이 불확정으로 나타나는 금품 : 결혼수당, 사상병수당 등		○

💡 연봉총액에 포함된 업적연봉은 통상임금이다(2013.07.26, 서울고법 2010나20053).

🌼 소정근로의 대가로서 정기적·일률적·고정적으로 지급된 정기상여금은 통상임금에 해당하고 지급일 현재 재직중이라는 추가 조건을 성취해야 지급되는 특별상여금은 통상임금으로 볼 수 없다(2015.01.15, 춘천지법 2013가합500).

🌱 지급 제외자 규정에 따라 소정근로를 제공하는 외에 일정 근로일수의 충족이라는 추가적이고 불확실한 조건을 성취하여야 비로소 지급되는 상여금은 고정성 요건을 갖추지 못해 통상임금에 해당하지 않는다(2015.01.16, 서울중앙지법 2013가합508519).

🌳 상여금, 장기근무수당, 급식보조비, 맞춤형 복지카드는 통상임금에 해당하고 육아 휴직급여 산정시 이를 포함하여 산정함이 옳다(2015.02.12, 부산지법 2014구합3397).

🎵 노사합의로 통상임금 항목에서 제외한 수당도 대법원 전천합의체 판결 이전부터 통상임금 인정받은 것(근무수당, 중식보조비)이라면 신의칙 적용불가(회사개입·취업규칙·불이익 변경 무효) (2016.10.12, 서울동부지법).

7. 개정 근로기준법의 연차휴가제도

1) 연차유급휴가

사용자는 1년간 80퍼센트 이상 출근한 근로자에게 15일의 유급휴가를 주어야 한다(근로자가 업무상의 부상, 질병으로 휴업한 기간과 산전후의 여성이 휴업한 소정 근로일수를 계산할 때 출근한 것으로 간주해야 함). 그리고 근로자가 3년 이상 계속하여 근로한 근로자에게는 최초 1년을 초과하는 계속 근로연수 매2년에 대하여 1일을 가산한 유급휴가를 주어야 한다. 이 경우 총 휴가 일수는 25일을 한도로 한다. 그리고 계속근로기간이 1년 미만인 근로자 또는 1년간 80퍼센트 미만 출근한 근로자에게 1개월 개근 시 1일의 유급휴가를 주어야 한다(근기 60조).

2) 연차휴가의 시기와 방법

(1) 연차휴가의 시기

1년간 계속 근로하여 연차휴가를 사용할 권리가 있는 근로자라면 언제 사용할지 그 시기는 자율적으로 결정할 수 있다(시기지정권). 다만, 사용자는 사업운영에 심대한 지장이 있는 경우 근로자가 청구한 연차휴가의 시기를 변경할 권리를 가진다(시기변경권). 이는 근로자의 연차휴가권과 사용자의 경영권을 조화하고자 하는 취지라고 할 수 있다.

> 💡 근로자의 연차유급휴가는 회사운영에 심대한 지장이 없는 한 회사의 허가유무와는 관계없이 근로자가 자유로이 연차유급휴가 시기를 지정하여 사용할 수 있다(1995.12.20, 서울고법 95나 247).

(2) 연차휴가의 사용방법

근로자는 연차유급휴가를 분할하여 사용할 수 있다. 즉 연차가 총 15일이라면 8일, 7일로 나누어 사용할 수 있다. 그리고 어떤 용도로 연차휴가를 사용할 지를 근로자는 자유롭게 결정할 수 있다. 다만, 집단적으로 연차휴가를 쟁의행위로 이용하는 것은 연차휴가라는 이름만을 빌린 파업이므로 쟁의행위의 정당성 요건이 필요하다.

> ⚖ 근로자가 집단적 · 일방적으로 연 · 월차유급휴가를 청구함으로써 사업의 정상적 운영을 저해하는 경우에는 사업주는 그 시기를 변경할 수 있음. 사업주가 정당한 시기변경권을 행사한 경우에도 불구하고 집단으로 동 휴가를 사용한 경우에는 정당한 휴가권의 행사로 볼 수 없음 (1994.09.01, 근기 98207-1377).

3) 연차휴가를 사용하지 않고 일한 경우

근로자가 연차휴가를 1년간 행사하지 않으면 원칙적으로 연차휴가는 소멸한다. 이 경우 근로자의 연차휴가 사용권리는 소멸하지만, 이에 상응하는 근로수당을 청구할 권리는 3년간 존속한다. 즉 사용자는 근로자에게 연차휴가일에 근로한 대가로서의 연차휴가 근로수당(일반적으로 통상임금 100%)을 지급해야 한다.

> 연차유급휴가는 1년간 행사하지 않으면 소멸되나, 수당청구권의 소멸시효는 3년이다 (1991.02.04, 임금 32240-1608).

4) 연월차휴가를 특정한 날로 대체할 수 있을까?

어떤 사업체에는 여름에는 비수기인데 반해 겨울에는 무척 일이 많은 경우가 있다. 이 경우 연차휴가를 비수기인 여름으로 대체할 수 있을까? 법적으로 허용된다. 즉 사용자와 근로자대표는 서면으로 연차휴가를 대신하여 특정한 근로일에 근로자가 연차휴가를 사용하도록 합의할 수 있다.

> 사용자가 근로자대표와의 서면합의에 의하여 연·월차유급휴가를 대체할 경우 원칙적으로 대체할 근로일이 특정되어야 한다(2004.10.12., 근로기준과-5454).

5) 연차유급휴가제도의 주요 개정내용

개정 전 근로기준법은 1년간 개근한 경우 10일, 9할 이상 출근한 경우 8일의 연차유급휴가를 부여하고 1년을 초과한 기간에 대하여 1년에 1일씩 가산하되, 총20일을 초과하는 휴가일수는 금전보상을 할 수 있도록 규정하고 있었다. 그러나 개정근로기준법은 주40시간을 도입하는 경우에 8할 이상 출근시 15일의 연차유급휴가를 부여하고 2년마다 1일을 가산하되, 휴가일수의 한도를 25일로 정하고 있다.

6) 1년 미만 근속자도 연차휴가를 사용할 수 있는가?

주40시간 제도의 개정법은 1년 미만 근속자 또는 1년 미만 단기계약직 근로자에 대해서도 1개월간 개근시 1일의 휴가를 부여하도록 규정하므로 연차휴가를 사용할 수 있다. 다만, 미리 사용한 휴가일수는 1년 근속시 부여되는 연차유급휴가일수에서 차감하여 지급할 수 있도록 규정되어 있다.

7) 휴가사용촉진제도

휴가사용촉진제도란 사용자의 적극적인 휴가사용에도 불구하고 근로자가 휴가사용을 하지 않을 경우 금전보상의무(연차근로수당 지급의무)를 면제하는 제도를 말한다. 그러나 사용자는 아무 때에나 휴가사용촉진을 주장할 수 있는 것이 아니라 일정한 요건을 구비한 경우에만 주장할 수 있다는 점을 기억해야 한다.

즉 ① 연차휴가 사용기간 만료일 6월 전을 기준으로 10일 이내에 사용자가 근로자별로 미사용 휴가일수를 알려 주고, 근로자가 그 사용 시기를 정하여 사용자에게 통보하도록 서면으로 촉구할 것 ② 사용자의 촉구에도 불구하고 근로자가 촉구를 받은 때부터 10일 이내에 미사용 휴가의 사용 시기를 사용자에게 통보하지 아니한 경우에는 연차휴가 사용기간 만료일 2월 전까지 사용자가 사용 시기를 정하여 근로자에게 서면으로 통보할 것이라는 요건을 구비하여야 한다.

> 🌿 휴가사용촉진조치를 '회사내 E-mail을 활용하여 통보'하거나 '근로자별 미사용 휴가일수를 게재한 공문을 사내 게시판에 게재'하는 것은 그러한 방법이 근로자 개인별로 서면촉구 또는 통보하는 것에 비하여 명확하다고 볼 수 없는 한 인정되기 어렵다(2004.07.27., 근로기준과-3836).

8. 월차유급휴가제도

1) 월차유급휴가

월차유급휴가란 1개월간 소정근로일수를 개근한 근로자에게 1개월에 1일 발생하는 유급휴가를 말한다. 월차유급휴가는 근로자의 자유의사로 1년에 한하여 자유롭게 적치, 분할하여 사용할 수 있다. 그렇다면 근로자가 월차유급휴가를 사용하지 않고 일한 경우는 어떻게 될까? 판례는 근로자가 휴가를 사용하지 못한 경우 사용자는 미 사용한 휴가에 대해 근로수당(보통 통상임금의 100%)을 지급할 의무가 있다고 본다.

> 🌿 사용자가 휴가사용을 권고하였음에도 이를 사용하지 않아 휴가시기를 지정하고 휴가조치를 취하였다면 월차휴가 미사용 분에 대한 수당 지급의무는 없다(1997.04.03, 근기 68207-435).

2) 개정법과 월차유급휴가의 쟁점

주 40시간 제도의 개정법은 근로시간 단축에 따른 사용자의 부담을 완화하고 세계 보편적

인 추세에 발맞추어 월차유급휴가제도를 폐지하였다. 따라서 개정법이 시행되는 사업장의 경우 단체협약이나 취업규칙에 별도의 합의가 없는 한, 월차유급휴가는 폐지된다.

9. 개정법과 선택적 보상휴가제도

(1) 선택적 보상휴가제도

개정법(제57조)은 근로자와 사용자의 임금과 휴가에 대한 선택의 폭을 확대하기 위하여 선택적 보상휴가제를 신설하고 있다. 즉 사용자와 근로자 대표가 서면합의를 체결하면 연장, 야간 및 휴일근로에 대하여 지급하는 임금 대신에 휴가를 부여할 수 있도록 제도를 마련하고 있다.

(2) 선택적 보상휴가제도 하에서 연장, 야간, 휴일근로의 임금과 휴가의 관계

연장, 야간, 휴일근로에 대한 임금과 이에 갈음하여 부여하는 휴가 사이에는 동등한 가치가 있어야 한다. 예를 들어 연장근로를 2시간 한 경우 가산임금을 포함하면 총 3시간분의 임금이 지급되어야 하므로 3시간의 휴가가 발생하는 것이 적법할 것이다.

> 💡 근로기준법 제56조의2에는 '사용자는 근로자대표와의 서면합의에 따라 제56조의 규정에 의한 연장근로 · 야간근로 및 휴일근로에 대하여 임금을 지급하는 것에 갈음하여 휴가를 부여할 수 있다'고 규정하고 있는 바, 이 경우 보상휴가의 대상이 되는 연장근로 · 야간근로 및 휴일근로의 범위와 보상휴가를 부여하는 기간 등에 대하여도 노사가 서면합의로 정할 수 있다고 보아야 할 것이므로, 귀 질의와 같이 사용자가 근로자대표와의 서면합의에 의하여 1년간의 연장근로 · 야간근로 및 휴일근로시간을 계산하여 다음연도에 1년간 휴가를 사용하게 하고, 미사용한 휴가에 대하여 그 다음연도 첫 번째 달의 임금정기지급일에 금전으로 보상하기로 합의한다 하더라도 이를 반드시 위법하다고 보기는 어려울 것임(2005.02.14, 근로기준과−779).

10. 휴일제도

1) 휴 일

휴일이란 근로자에게 근로의 의무가 없는 날을 말한다. 휴일에는 법에서 정하는 법정휴일 (주휴일, 근로자의 날(5.1))과 단체협약, 취업규칙, 근로계약으로 정한 약정휴일이 있다. 이러한 휴일은 다시 유급휴일과 무급휴일로 나눌 수 있다.

🔆 법정 유급휴일인 근로자의 날, 주휴일 이외에 기타 공휴일, 국경일의 휴일여부는 단체협약 취업규칙에 정한 바에 따른다(1988.06.16, 근기 01254-8895).

📖 관공서의 공휴일(대통령령): 일요일, 국경일, 1월 1일 등.

2) 주휴일

근로기준법은 사용자는 1주간의 소정근로일수를 개근한 근로자에게 1주일에 평균 1회 이상의 유급휴일을 주어야 한다고 규정하는데 이를 주휴일이라고 한다. 주휴일은 단체협약이나 취업규칙에 특정되는 것이 일반적인데, 반드시 일요일일 필요는 없다.

🔆 근로기준법 제55조 및 동법시행령 제25조는 1주일간 개근한 근로자에 대하여 1주일에 평균 1회 이상의 유급휴일(주휴일)을 부여하도록 규정하고 있을 뿐, 주휴일을 특정일에 부여하여야 한다고 정하고는 있지 않으므로 주휴일을 반드시 일요일에 부여해야 하는 것은 아님. 다만, 주휴일제도의 취지상 근로계약, 취업규칙 등에 매주 같은 요일을 주휴일로 정하여 정기적으로 부여하는 것이 바람직하다고 봄(2001.08.22, 여원 68240-342).

3) 개정법과 휴일의 쟁점 : 주5일제와 토요일

개정법은 근로시간을 주 44시간에서 주 40시간으로 변경하면서 주휴일은 44시간 제도와 동일하다. 따라서 엄격한 의미에서 주40시간 제도는 주5일제와는 구분되어져야 한다. 주5일 근무제를 실시하여 토요일과 일요일을 쉰다고 할지라도 주휴일은 일요일 하루로 정할 수 있으며 나머지 1일인 토요일은 약정휴무일로 정할 수 있다. 이 때 약정휴무일은 근로자와 사용자의 약정에 따라서는 유급으로도 무급으로도 정할 수 있으므로 반드시 유급으로 처리해야 한다는 의무는 없다. 단지 휴무일의 급여지급 여부에 따라 월급제의 경우 통상임금 계산에 영향을 미칠 수 있으며, 이의 영향으로 인한 각종 수당의 계산에 영향을 미칠 수 있다. 즉, 동일한 임금수준에서 유급휴무일로 정하는 경우 통상시급이 저하되며, 무급휴무일로 하는 경우 통상임금이 상승되는 반비례의 결과가 나타난다.

11. 휴게제도

휴게시간이란 근로계약상 근로자가 사용자의 지휘, 감독에서 벗어나 근로를 제공하지 않고 자유롭게 사용할 수 있는 시간을 말한다. 휴게시간은 근로시간 4시간에 대하여 30분 이상,

8시간에 대하여 1시간 이상을 근로시간 도중에 주어야 한다. 또한 사용자는 휴게시간을 근로자가 자유롭게 이용할 수 있도록 해야 한다. 그런데 휴게시간은 업무로부터 자유롭지 못하는 대기시간과는 구분되어야 한다. 대기시간의 경우 고객을 기다리거나, 배차시간을 기다리거나, 화물의 도착을 기다리는 등의 사용자의 지휘명령하에 놓여있는 시간으로서 근무시간으로 인정된다. 따라서 대기시간이 과도하게 많은 감시적 근로자나 단속적 근로자는 노동부의 인가를 거쳐 휴게시간 제도에서 배제하고 있다.

> 🎈 휴게제도 본래의 취지에 어긋나지 않는 한 휴게시간을 분할해 주어도 무방하다(1992.06.25, 근기 01254-884).

12. 근로시간의 계산

1) 근로시간

근로시간이란 근로자가 사용자의 지휘, 감독 아래에서 근로계약상의 근로를 제공하는 시간을 말한다(대판 1992.10.9. 91다14406). 간혹 휴게시간도 근로시간에 포함된다고 생각하는 경우가 있는데, 법적으로 근로시간은 작업 개시부터 종료까지의 시간에서 휴식시간을 제외한 실제로 근로한 시간을 말한다.

이와 같은 근로시간과 관련해서 주의할 점은 법정근로시간(주40시간)과 연장근로의 한도(주12시간)의 합인 주56시간의 실 근로시간을 위반하여 근로를 강제하고 있지는 않은가 하는 점이다. 이와 같은 근로시간 규정을 위반하면 비록 연장근로수당을 모두 지급했다고 할지라도 법 위반을 이유로 벌칙을 적용받을 수 있다는 점을 기억해야 한다.

> 🎵 근로시간이란 근로자가 사용자의 지휘감독 아래 근로계약상의 근로를 제공하는 시간, 즉 실근로시간을 말한다고 할 것이다(대판 1992.10.9., 91다14406).

2) 법정근로시간

(1) 법정근로시간

근로기준법에서 정하는 법정근로시간제도로는 3가지 원칙이 있다.
- 성인근로자의 근로시간 : 일 8시간, 주 40시간의 근로시간제도
- 연소근로자의 근로시간 : 일 7시간, 주 40시간의 근로시간제도

- 유해, 위험작업의 근로시간 : 일6시간, 주34시간의 근로시간제도

(2) 개정법과 법정근로시간

근로기준법 개정에 따라 성인근로자와 연소근로자의 근로시간이 변경되었다. 즉 성인근로자의 경우 주44시간에서 주40시간으로, 연소근로자의 경우 주42시간에서 주40시간으로 근로시간이 단축되었다.

💡 개정법 시행 사업(장)에서 사용자가 당사자간의 합의 없이 1주 40시간을 초과하여 근로하게
하는 경우 처벌대상이 되며 초과하는 근로시간에 대하여는 가산임금을 지급하여야 한다
(2004.08.05, 근로기준과-4009).

◎ 연소근로자 야간근로 인가업무 처리지침 ◎
(2004.07.26, 평등정책과-2004)

□ 연소자가 다수 아르바이트를 하고 있는 패스트푸드점에 대하여 업종의 특성상 야간 가동(영업)이 불가피 하다고
볼 수 있어 그간 오후 10시~오전 6시 사이의 야간근로를 허용하였으나
* '02.12.24 근로감독관집무규정 개정시 다양화된 직종 및 근로형태에 부합되도록 업종의 특성상 야간 가동(영업)
이 불가피한 경우까지 인가범위를 확대(제52조 제3호 신설)
 – 연소근로자의 건강보호 및 학습보장, 귀가 등 안전을 고려하여 특별한 사유가 없는 한 오후 12시까지 제한적
 으로 인가
* "특별한 사유"라 함은 사업주의 야업의 필요성에 따라 인가가 남용되어서는 안되며, 연소근로자의 사유에 따라
판단하되 근로자의 건강 등에 무리가 없는 경우를 말함.

□ 주유소, 편의점 등에 대한 조치
 ○ 연소자가 실제 아르바이트를 많이 하고 있는 업종인 주유소, 편의점, 일반 음식점, PC방 등도 야간가동(영업)이
 불가피한 경우에 해당한다고 볼 수 있으므로 동일하게 처리
 ※ "사업의 계속적인 영위가 곤란하여 야업이 불가피할 것"은 사업 경영에 관한 사항이므로 원칙적으로 사업주의
 판단사안임.

□ 기존의 질의회시 등에 따른 인가의 효력
 ○ 지방노동관서에서 인가한 패스트푸드점 등에 대한 오후 10시~ 오전 6시까지의 야간근로 허용은 연소근로자
 의 고용안정과 행정의 일관성 차원에서 인가기간 만료일까지 효력을 인정

□ 시행일 : '04.7.27 인가하는 근로자부터 적용
 ※ 임신 12주 이내 or 36주 이후 여성근로자 → 모6시근로제(2014.03.24, 300인이상 사업장, 2014.09 ~ 시행, 그외
 20169.03 ~ 시행).

---

3) 연장근로

(1) 연장근로

연장근로란 근로기준법에서 정한 법정근로시간을 초과하는 근로를 말한다.

연장근로와 관련해서 특히 주의할 점은 원칙적으로 주12시간의 한도에서 행할 수 있다는 점, 근로자와의 합의를 거쳐야 한다는 점, 연장근로에 대해서는 시간당 통상임금의 50% 이상 가산수당을 지급해야 한다는 점이다.

> 🍃 연장근로에 대한 가산임금 지급방법은 근무시간이 1일 8시간을 초과하는 경우에는 그 초과시간에 대해 가산임금을 지급해야 하고, 1주 40시간을 초과하는 경우에는 그 초과시간에 대해서 가산임금을 지급하면 된다(1999.11.27, 근기 68207-735).

> 💡 근무시간 중 일부가 주 40시간을 초과한 경우, 그날이 휴일인지 여부가 관계성이 연장근무수당을 지급해야 한다(2014.12.12, 서울남부지법 2013가합15843).

(2) 개정법과 연장근로

개정법 부칙 제3조는 법정근로시간이 주44시간에서 주40시간으로 단축되므로 기업의 부담을 완화하고 이에 적응 할 수 있도록 한시적인 경과조치를 규정하고 있다. 즉 개정법 적용일로부터 3년간 한시적으로 연장근로의 한도를 주12시간에서 주16시간으로 확대하고 최초 4시간에 대해서는 할증률을 50%에서 25%로 인하하였다. 다만, 3년이 지난 뒤부터는 연장근로시간의 상한은 1주 12시간이며 연장근로에 의한 할증률도 현행과 같이 50%가 적용된다는 점을 기억해야 한다.

> 💡 개정 근로기준법 시행 후 3년간은 1주의 연장근로 중 최초의 4시간에 해당하는 시간에 대하여는 통상임금의 100분의 25(25%) 이상을 가산한 임금을 지급할 수 있을 것임(2004.05.10, 근로기준과-2325).

4) 주12시간 이상 연장근로를 할 수 있는 특례 업종

일정한 업종(주로 공공의 이익과 관련되는 업종)에서는 사용자와 근로자대표가 서면으로 주12시간 이상 연장근로하기로 합의한 때에는 주12시간 이상의 연장근로가 이루어지더라도 위법하지 않는다. 다만, 이는 연소근로자에 대해서는 적용될 수 없다는 점, 연장근로에 대한 가산수당을 지급해야 한다는 점을 기억해야 한다.

이러한 업종으로는 운수업, 물품판매 및 보관업, 금융보험업, 영화제작 및 흥행업, 통신업, 교육연구 및 조사사업, 광고업, 의료 및 위생사업, 접객업, 소각 및 청소업, 이용업, 사회복지사업을 말한다.

5) 근로시간 규제에도 예외는 있는가?

아래와 같은 특수한 업무수행에 있어서는 통상의 근로시간을 적용하는 것은 사업 운용상 불합리하여 예외적으로 휴게시간과 연장근로시간 및 휴일근로시간에 대하여 제한을 하지 않는다. 단지 감시 또는 단속적 근로자에 대해서는 노동부의 인가를 득한 경우에 한하여 인정된다. 관리감독자의 경우 다른 근로자에 대한 단순한 업무지휘권을 가진 근로자가 아닌 사실상 스스로 근무시간을 결정할 수 있는 위치에 있는 자를 말한다. 그런데 근로시간의 규제를 받지 않기 때문에 연장근로가산수당이나 휴일근로가산수당이 적용되지 않으나 야간근로가산수당은 인정되어야 한다.

- 토지의 경작·개간, 식물의 재식. 재배·채취사업 기타의 농림사업
- 동물의 사육, 수산동식물의 채포·양식사업, 기타의 축산, 양잠, 수산사업
- 감시, 단속적 근로자로서 사용자가 노동부장관의 승인을 얻은 자
- 관리, 감독 업무, 기밀을 취급하는 업무 종사자

  - 감시 또는 단속적 근로에 종사하는 자로서 인가를 득한 경우 근로시간, 휴게, 휴일의 특례규정이 적용된다(1986.08.20, 근기 01254-13592).

  - 적용제외승인을 받은 감시·단속적 근로자의 근로시간이 실근로시간과 다를 경우 요건을 갖추어 재승인을 받아야 한다(2005.03.10, 근로기준과-1445).

  - 정상근무와 24시간 격일제 근무가 규칙적으로 반복되는 형태의 근로에 종사하는 자는 단속적 근로에 종사하는 자로 보기 어렵다(2004.12.04., 근로기준과-6550).

  - 아파트 위탁관리업체가 변경되면서 고용승계를 하였고, 사업종류·종사업무·근로형태 및 승인근로자수 등이 변경되지 않았다면 적용제외 승인을 다시 받을 필요는 없다(2004.09.08., 근로기준과-4770).

  - 근로의 성격이 감시·단속적이라 하더라도 적용제외 승인을 얻지 못한 경우라면 근로기준법에 의한 근로시간, 휴게와 휴일에 관한 규정이 적용되어야 한다(2003.10.02, 근기 68207-1215).

  - 감시·단속적근로자로 승인을 받지 않은 경우 24시간 격일제 근무는 근로기준법에 위반될 수 있다(2003.09.01, 근기 68207-1096).

6) 탄력적근로시간제도

탄력적근로시간제도는 법정근로시간을 초과하여 근로하더라도 이를 연장근로로 보지 않는 제도이다. 일정기간 동안 평균근로시간이 법정근로시간 이내인 경우 연장근로에 대한 적용 없이 모두 법정근로시간으로 인정하는 제도이다. 현재 탄력적 근로시간제도는 2주간 평균, 3개월 평균의 2가지 형태로 운영되고 있다. 3개월 평균은 주40시간제도와 연계하여 시행하고 있으며, 근로자대표와 서면합의에 의하여 실시할 수 있다.

- 복격일제 근무합의를 일정한 단위기간을 정하여 탄력적 근로시간제를 실시키로 합의한 것으로 보기는 어렵다(2004.04.06., 근로기준과-1662).

- 사용자는 근로자대표와의 서면합의가 있을 경우 취업규칙의 규정이 없더라도 2주를 단위기간으로 하여 탄력적 근로시간제를 실시할 수 있다(2003.12.09, 근기 68207-1584).

- 2주 단위의 탄력적 근로시간제를 도입한 경우 소정근로시간이 40시간인 주에는 40시간을, 48시간인 주에는 48시간을 초과한 근로에 대하여 연장근로수당을 지급하면 된다(2003.11.26, 근기 68207-1542).

- 1월 이내의 탄력적 근로시간제를 채택하면 1주간 근로시간이 44시간을, 특정주에 56시간, 특정일에 12시간을 초과하지 않으면 연장근로수당이 발생하지 않는다(2001.12.21, 중노위 2001 단협3)..

7) 선택적근로시간제도

선택적근로시간제도 역시 법정근로시간을 초과하는 경우에 연장근로로 보지 않는 점은 변형근로와 같다. 그러나 이 제도의 특징은 출·퇴근시간을 포함하여 근로시간을 변경할 수 있도록 하는 제도이다. 사용자는 취업규칙에 의하여 시업 및 종업시각을 근로자의 결정에 맡기기로 한 근로자에 대하여 근로자대표와의 서면합의에 의하여 1월 이내의 정산기간을 평균하여 1주간의 근로시간이 법정근로시간을 초과하지 않는 범위 안에서, 근로시간을 변경할 수 있다. 이 제도를 시행하기 위해서는 대상근로자의 범위, 정산기간, 총근로시간, 의무근로시간대, 선택근로시간대, 표준근로시간 등을 사전에 결정하여야 한다.

8) 출장근로와 근로시간의 계산

근로자가 출장 기타의 사유로 근로시간의 전부, 일부를 사업장 밖에서 근로함으로써 근로시간을 산정하기 곤란한 경우가 있다. 이러한 경우에는 원칙적으로 소정근로시간을 근로한 것으로 본다.

그러나 사업장 바깥에서 업무를 수행하는데 일반적으로 소정근로시간을 초과해서 근로해야 하는 경우가 있다. 이 경우에도 소정근로시간만을 근로한 것으로 본다면 근로자에게 부당하므로 ① 사용자가 근로자대표와 일정한 서면합의가 없는 경우에는 당해 업무의 수행에 통상 필요한 시간을 근로한 것으로 보며, ② 근로자대표와 일정한 서면합의가 있는 경우에는 합의에서 정한 시간을 그 업무수행에 통상 필요한 시간으로 본다.

> ◉ 근로자가 출장 기타의 사유로 근로시간의 전부 또는 일부를 사업장 밖에서 근로한 경우에는 노사당사자간 특약이 없는 한 소정근로시간을 근로한 것으로 봄(2000.6.28, 근기 68207-1963).

9) 재량근로와 근로시간의 계산

신상품의 연구개발, 정보처리시스템의 설계, 기사의 취재와 편집, 광고 디자인, 영화 프로듀서 등의 업무 등은 보통 공통적인 특징을 가지고 있다. 즉 업무의 성질상 사용자가 업무수행 방법을 구체적으로 지시할 수 없고, 근로자의 재량에 위임할 필요가 있다는 점이다. 이러한 업무(대통령령이 정한 업무)에 있어서는 고정된 근로시간을 정하기 어려우므로 사용자와 근로자대표와 근로시간을 서면합의 함으로써 그 시간을 근로한 것으로 간주할 수 있다. 이를 재량근로의 인정근로시간제도라고 한다.

13. 교대제도

교대제 근로란 근로자를 교대로 일하도록 하는 제도를 말한다. 교대제의 형태는 2조2교대제, 3조3교대제, 4조3교대제 등 다양할 수 있다. 그런데 근로시간 규제를 받지 않는 사업이나, 근로시간의 특례가 적용되는 사업이 아니라면 법정 근로시간제도에 저촉되지 않도록 4조3교대제(연장근로 있음), 5조3교대제(연장근로 없음)가 타당하다.

또한 교대제 근로를 실시하는 기업 중 연장, 야간, 휴일근로수당을 정확하게 지급하지 않음으로써 추후 법적인 분쟁에 휘말리는 경우가 있다. 교대제 근로를 설계할 때에는 이와 같은 측면에 주의해야 한다. 다만, 휴일근로와 관련해서는 꼭 일요일이 아니더라도 연속하여 24시간을 휴식하면 법정유급휴일을 부여한 것으로 해석해도 무방하다.

교대제 근무자에게도 유급주휴일이 부여되어야 하며 반드시 일요일이어야 하는 것은 아니나 매주 특정요일로 정하는 것이 바람직할 것임(1994.05.09, 근기 68207-761).

◎ 교대제 근로자 근로기준법 적용지침 ◎
(1999.11.10, 근기 68201-574)

1. 교대제 근로가 활용되는 경우
○ 공공 서비스사업 : 전기, 가스, 운수, 수도, 통신, 병원 등 공익적 사업을 중지할 수 없는 경우
○ 생산기술, 업무의 성격 : 철강, 석유화학등 생산과정이 연속되어 작업을 중단할 수 없는 경우
○ 경영효율성 등 : 생산설비 완전가동, 기업간 경쟁 등 사유로 조업 및 영업시간을 길게 하는 경우

2. 교대제 근로의 유형 및 고려사항
(가) 유형 : 2조격일제, 2조2교대, 3조2교대, 4조3교대제 등
(나) 고려 사항
○ 취업규칙 등에 제도화(제96조)
○ 주휴일 : 주휴일을 미리 예측 가능하도록 지정(제54조)
○ 법정근로시간 및 휴게시간
 - 기준근로시간 : 1일 8시간, 1주 40시간(제50조)
 - 연장근로 : 당사자간 합의 필요, 1주에 12시간 초과 금지(제53조)
 - 휴게시간 : 법정 휴게시간 부여(제54조)
○ 휴가 : 휴가 부여시 비교대제 근로자와 동일하게 부여(제57조 및 제59조)
○ 야간근로 : 가산임금 지급 필요. 여자 및 연소근로자는 본인 동의와 노동부장관 인가 필요(3교대제 포함, 제70조)
○ 근로자 건강고려
 - 근로자의 생체리듬과 건강을 고려할 때, 처음으로 교대제 근로에 투입되는 근로자에 대해서는 근무시간표를 『아침 → 낮 → 밤』식으로 순차적으로 편성하고(이른바 전진근무 방식) 교대제 형태는 가능한 한 4조 3교대제로 운영하는 것이 바람직

3. 교대제 근로의 유형별 적법성

(가) 격일제 근무
○ 야간근로를 포함, 지나치게 긴 시간을 근로하게 되므로 근로자 건강상 해로운 결과를 초래할 수 있는 근무형태 : 운수업(근기법 제58조), 아파트 경비(근기법 제63조) 등
○ 적법성 한계 검토
 - 원칙적으로 2개조가 격일제로 계속 근로하는 것은 불가. 다만, 근기법 제58조(근로시간 및 휴게시간의 특례 ; 서면합의) 및 제63조(근로시간·휴일·휴게 적용의 제외 ; 승인)의 적용대상인 경우는 1주 7일, 1일 24시간 가동도 가능

ㅇ 적법성 한계 검토

　- 1주 가동일수와 관련, 근기법 제58조(연장근로 및 휴게시간 특례) 및 제63조(근로시간, 휴일·휴게 적용
　　제외)의 예외규정이 적용되는 근로 이외에는 1주에 7일을 계속 가동하는 것은 불가

　- 원칙적으로 1일 18시간 [(8시간 + 휴게1시간) × 2] 가동 가능하며, 당사자 합의로 1일 22시간[(8시간 + 휴
　　게1시간 + 연장2시간) × 2]까지는 가동 가능(따라서 24시간 계속 가동은 불가)

　　· 다만, 근기법 제58조 및 제63조 적용 사업장은 1일 24시간 가동 가능

　　· 한편, 1월 단위 탄력적근로시간제 도입 사업장에서 당사자간에 1주 12시간 연장근로에 합의하는 때에는
　　　필요시 주중 특정일에 부분적으로 24시간 가동 가능(근로자 건강에 대한 악영향을 고려할 때 지양해야
　　　할 근무형태)

(다) 3조 2교대제 근무

ㅇ 1일 24시간, 1주 7일 계속 가동을 목적으로 행하는 것으로, 근로자 건강상 바람직하지 않으나, 공익에 필수
　적인 사업 또는 공정이 자동화된 제조업(예 : 주류제조업)에서 주로 활용

ㅇ 적법성 한계 검토(휴게시간에 대한 검토)

　※ 구속시간은 휴게시간 및 실근로시간을 포함하여 사업주의 지배하에 있는 시간을 의미

　　- 1주 5일 근무의 경우 당사자간 연장근로에 합의하면서 근로일당 1.6시간의 휴게를 부여하는 경우에는
　　　1주당 기준시간 초과가 12시간 이내로 들어오게 되므로 근로기준법 위반이 되지 않을 수 있음

　※ 1주 4일 근무조의 경우는 당사자간 연장근로에 합의하면서 1일 1시간 휴게를 부여하는 경우 근로기준법
　　위반이 되지 않을 수 있음

　　- 주휴일은 24시간 연속휴무가 부여된 날 중 1일 유급 처리

　　- 근로기준법 제60조 규정에 의한 유급휴가 대체에 대한 서면합의가 있을 경우 근무조별로 연월차휴
　　　가의 대체사용 가능

　　- 여자 및 연소 근로자에 대해서는 적용상 한계

　　　· 여자는 1일 2시간(1주 6시간), 연소자는 1일 1시간(1주 6시간) 연장근로 제한에 따라 운용 불가능

(라) 3조3교대제 근무 : 1주간 계속 가동하기 위한 근무형태

ㅇ 1주 6일 근무제

　- 매주 일정한 날에 전근로자에게 주휴일을 부여

　- 휴일 아침근무의 경우, 근무 후 24시간 연속 유급휴무를 부여하면 주휴일을 준 것으로 간주

　- 실근로시간 1개조당 1일 7시간 20분(휴게시간 40분) 이하일 경우 주당 근로시간 위반 문제 없음

ㅇ 1주 7일근무제(공정을 멈출 수 없는 철강, 유리제조업 등)

　- 3개 교대조 별로 휴무일을 다르게 하고, 1개조가 휴무하는 날은 다른 1개조가 8시간 연장근로 하거나, 2
　　개조가 4시간씩 연장근로

　- 적법성 한계 검토

　　· 교대조별로 1주일에 5시간씩 연장근로를 하게 되는데, 당사자간 합의가 필요. 주휴는 위의 표준 근무순
　　　환표와 같이 1주에 24시간 연속 유급으로 부여하면 됨

- 여자는 1일 25시간, 연소자는 1일 1시간 연장근로 제한에 따라 운용 불가능
- 실구속시간이 1일 8시간인 여자 근로자의 경우 실근로시 간을 1일 7시간으로 규정한다면 1주 6시간 위반 문제는 발생하지 아니하나, 1일 2시간, 연간 150시간 위반 문제가 발생하므로 여자 근로자를 사용할 경우에는 4조 3교대제를 운용토록 지도
- 연중무휴 완전 가동시, 동 교대제 근로형태는 지양토록 지도
- ※ 근무시간대 간격이 너무 짧거나, 휴일이 불규칙하게 되어 근로자 건강상 악영향, 생산성 저하 및 산재 위험 등 문제가 있음

(마) 4조3교대제 근무(병원 등)

ㅇ 교대조당 실구속시간이 1일 8시간(휴게시간 포함)인 근로 형태로 연장근로가 없으므로 여자의 경우도 야간 근로에 대한 본인의 동의와 노동부장관의 승인을 받으면 가능. 1일 24시간 1주 7일 가동에 적합
  - 근로기준법 제60조의 규정에 의한 유급휴가 대체에 관한 서면합의가 있을 경우 연월차휴가의 대체사용 가능
  - 2주단위 탄력적 근로시간제 도입시 연장근로수당이 발생하지 않을 수 있음

14. 고충처리

1) 고충처리

고충이란 근로자의 근로환경이나 근로조건에 관한 개별적인 불만을 말한다. 고충의 발생 원인은 욕구충족 미진에서 나오며, 그 원인을 보면 외부적인 요인으로는 동료 근로자와의 임금차이, 조직내 상하급자와의 갈등, 작업장의 분진·소음·조명 등 작업환경 요인이 있으며 내부적인 요인으로는 애정문제, 가정문제, 일과 성격의 부조화 등이 있다.

2) 고충처리위원

상시 30인 이상의 근로자를 사용하는 모든 사업(장)에는 고충처리위원을 두어야 한다. 고충처리위원은 노사를 대표하는 3인 이내의 위원으로 구성하며 노사협의회가 설치되어 있는 사업 또는 사업장의 경우에는 노사협의회가 그 위원 중에서 선임한다.

♬ 지역을 달리하는 지사의 근로자수가 30인 이상일 경우 각 지사별로 고충처리위원을 배치하여 야 한다(1999.03.18, 노사 68107-92).

3) 고충처리방법

근로자가 고충사항이 있는 때에는 고충처리위원에게 구두 또는 서면으로 신고하고 신고를 접수한 고충처리위원은 지체 없이 이를 처리해야 한다. 즉 고충처리위원이 고충사항을 근로자로부터 청취한 때에는 10일 이내에 조치사항이나 기타 처리결과를 당해 근로자에게 통보해야 한다. 또한 고충처리위원은 개인의 고충사항이 다수 또는 전체 근로자에 해당하는 사항이거나 고충처리위원이 처리하기 곤란한 사항일 경우에는 협의회 의안으로 상정하여 해결할 수 있다.

15. 직장 내 성희롱 문제

1) 직장 내 성희롱의 의미

직장 내 성희롱이란 ① 사업주, 상급자 또는 근로자가 ② 직장 내의 지위를 이용하거나 업무와 관련해서 ③ 성적인 언행을 행하거나 이를 조건으로 ④ 고용상 불이익을 주거나 ⑤ 성적 굴욕감을 유발하게 함으로써 고용환경을 악화시키는 것을 말한다.

> ⚙ 단순한 농담 또는 호의적이고 권유적인 언동의 수준을 넘어 성적 굴욕감이나 혐오감을 느끼게 하는 정도에 이르렀다면 성희롱에 해당된다(1999.06.25, 서울고법 98나12180).

> ⚖ 사진찍자며 뒤에서 안다시피… 성희롱 상사 해고는 적법(2016.03.23, 대전고법 1행정부).

2) 직장 내 성희롱을 구체적으로 예시한다면?

(1) 육체적 행위

- 입맞춤이나 포옹, 뒤에서 껴안기 등의 신체적 접촉행위
- 가슴, 엉덩이 등 특정 신체부위를 만지는 행위
- 안마나 애무를 강요하는 행위

(2) 언어적 행위

- 음란한 농담을 하는 행위
- 외모에 대한 성적인 비유나 평가를 하는 행위
- 성적 사실관계를 묻거나 의도적으로 유포, 성적 관계를 강요, 회유하는 행위
- 회식자리 등에서 무리하게 옆에 앉혀 술을 따르도록 강요하는 행위 등

(3) 시각적 행위

- 음란한 사진·낙서·출판물 등을 게시하거나 만지는 행위
- 성과 관련된 특정한 신체부위를 고의적으로 노출시키거나 만지는 행위
- 기타 사회통념상 성적 굴욕감을 유발하는 것으로 인정되는 언동

3) 직장 내 성희롱의 예방교육

사업주는 직장 내 성희롱을 예방하고 근로자가 안전한 근로환경에서 일할 수 있는 여건 조성을 위해 직장 내 성희롱 예방을 위한 교육을 회사모두에 실시해야 한다(고평법 13조).

예방교육에는 1) 직장 내 성희롱에 관한 법령, 2) 당해 사업장의 직장 내 성희롱 발생시의 처리절차 및 조치기준, 3) 당해 사업장의 직장 내 성희롱 피해근로자의 고충상담 및 구제절차, 4) 그 밖에 직장 내 성희롱 예방에 필요한 사항이 포함되어야 한다(고평법 시행령 4조).

4) 직장 내 성희롱 발생시 조치

사업주는 직장 내 성희롱 발생이 확인된 경우 지체 없이 행위자에 대하여 징계, 기타 이에 준하는 조치를 취하여야 한다. 또한 사업주는 직장 내 성희롱과 관련하여 피해주장이 제기되었을 때는 그 주장을 제기한 근로자가 근무여건상 불이익을 받지 않도록 노력하여야 한다. 그리고 사업주는 직장 내 성희롱과 관련하여 그 피해근로자에게 해고 기타 불이익한 조치를 취하여서는 아니 된다(고평법 14조). 사업주는 직장 내 성희롱을 한 자에 대한 징계 그 밖에 이에 준하는 조치를 취하는 경우에는 성희롱의 정도 및 지속성 등을 고려하여야 한다(고평법 시행령 9조).

〈 성범죄의 개념 구분 〉

■ 성범죄 ── ① 성폭력 ┬── ⓐ 성폭행 (강간)
　　　　　　　　　　　├── ⓑ 성추행 (강제 입맞춤, 강제 포옹, 강제 옷 벗김 등)
　　　　　　　　　　　└── ⓒ 성희롱 (육체적·언어적·시각적 행위로 불쾌감·수치심·굴욕감 유발)
　　　　　　 └ ② 성매매

cf. 관계 거리 ① 친밀한 거리 : 45cm 이내
　　　　　　　② 사적인 거리 : 120cm 이내
　　　　　　　③ 사회적 거리 : 350cm 이내
　　　　　　　④ 공적인 거리 : 350cm 초과

Ⅲ 산업재해, 직업병, 안전 문제와 노동법

1. 산업재해보상제도

1) 산재보상제도

　산업재해보상제도는 근로자가 근로 중에 업무상의 사유로 부상을 입거나, 질병에 걸리거나, 사망한 경우에 재해로 인한 손실을 보상하거나 보호하기 위해 마련된 제도를 말한다. 사업주는 근로자에 대하여 안전배려의무를 지니고 있으며 업무상재해가 발생하는 경우 요양비, 휴업수당, 장해보상, 유족보상, 장례비 등의 보상을 행하여야 한다. 그러나 사업주의 보상능력의 불확실성으로부터 근로자를 보호하기 위하여 국가에서 운영하는 보험제도의 형태를 도입하였다. 산재보험제도의 운영은 사업주는 보험료를 국가에 납부함으로써 근로기준법상의 재해보상 책임을 면하게 되고, 근로자는 국가로부터 산업재해에 대한 보상받을 권리가 부여된다. 따라서 이와 같은 산재보상보험제도는 다음과 같은 특징을 가진다.

　(1) 무과실 책임주의 : 고의, 과실을 불문하고 보상함
　(2) 정률보상방식 : 근로자의 평균임금을 기초로 획일적으로 보상함
　(3) 강제사회보험 : 사용자의 가입여부를 불문하고 근로자에게 보상을 함

　🔵 파견근로자가 사업현장에서 사고시 사업주와 고용계약을 체결한 것이 아니더라도 그 사업주가 산재보험의 가입자인 이상 파견근로자는 사업주 보험범위 내에 속하는 근로자로 봐야 한다 (2003.06.24, 서울행법 2002구합 24390).

　🔵 선원들이 각자의 어획량에 따른 보수를 지급받았다고 하여도 산재보험법 적용대상 근로자에 해당한다(1999.08.10, 서울행법 98구 21836).

　🔵 지입차주는 근로기준법과 산업재해보상보험법상의 근로자에 해당하지 않는다(1996.11.29, 대법 96누 11181).

　🔵 외국인 산업연수생도 산업재해보상보험법상 요양급여 지급대상에 해당된다(1995.09.15, 대법 94누 12067).

　🔵 신문을 배달하는 학생은 근로자에 해당하므로 산재보험이 적용된다(1994.12.05, 징수 68630-608).

Q 질문 보험설계사로 일하다가 과도한 스트레스로 쓰러져 병원에 가게 되었다. 병원에서 측정한 혈압은 140이 조금 넘었고, 뇌졸중이 의심된다고 해서 20여 일을 재활센터에서 입원 치료를 받았다. 1개월 가까이 병원에 있다 보니 의료비가 300만원 가까이 나왔다. 산재신청이 가능한지, 회사에 공상처리를 할 수 있는지 궁금하다.

A 답변 스트레스는 모든 병의 근원이라고 해도 지나치지 않다. 직장에서 낙오자가 되지 않기 위해 자신의 몸 상태를 신경 쓸 여유도 없이 열심히 일하다 보니 어느 날 쓰러졌다. 이런 경우 근로자는 산재신청을 하여 치료 받기를 원하나 신청이 인정받기도 어렵지만 처음부터 산재적용 대상으로 적용되지 않는 직종도 있다. 산재적용 대상자가 되려면 근로자성을 인정받아야 한다.

근로자란 직업의 종류를 불문하고 사업 또는 사업장에서 임금을 목적으로 근로를 제공하는 자이다. 근로자 인가를 구체적으로 판단 할 때 가장 중요한 기준이 사용종속관계 하에서 종속적인 근로를 제공하고 있는가 하는 점이다. 보험설계사의 경우는 개인사업자의 형태를 띠고 있어 특수형태의 근로종사자로 분류하기 때문에 이전에는 산재적용을 받기 어려웠다.

그러나 현행 산업재해보상보험법 125조에서는 특수형태 근로종사자에 대한 특례조항을 두어 특수형태의 근로종사자 중 일부 직종에 대해 산재보험 혜택을 받을 수 있다.

적용대상은 보험설계사, 골프장 경기 보조원, 학습지 교사, 레미콘 자차 기사와 대통령이 정하는 직종에 종사하는 자다.

[신설하 광주여성노동자회 고용평등상담실장, 〈광주드림〉 2009. 7. 9]

※ 산재와 공상의 개념 차이

– 공상(公傷) : 3일 이하의 치료나 요양을 요하는 업무상 사고. 사용자와의 합의가 중요.

– 산재(産災) : 4일 이상 치료나 요양을 요하는 사고. 근로복지공단의 인정이 중요.

---

2) 근로자가 산재를 당한 경우 산재보상만 받을 수 있는가?

근로자가 업무상의 재해를 입은 경우 근로자는 근로기준법, 산업재해보상보험법, 민법상의 청구권을 행사할 수 있다. 특히 산업재해보상보험법에 따라 산재급여를 받은 경우라도 근로자는 민법상 손해배상을 청구할 수 있는가 하는 점에 대해 질의하는 경우가 많은데, 사용자는 동일한 손해에 관하여 근로자가 산재보상을 받았더라도 손해배상의 귀책사유가 있다면 산재보상이 이루어진 한도 내에서만 책임을 면할 뿐, 전적으로 민사책임을 면하는 것은 아니라는 점을 기억해야 한다.

- 산업재해보상보험법에 의한 유족보상금을 그 수령권자가 수령하였다면 보험가입자는 그 금액의 한도내에서 민법상의 손해배상책임을 면하게 된다(1987.06.09, 대법 86다카 2581).

- 근로자 사망과 관련하여 유족이 시공업체로부터 받은 손해배상 및 위자료가 유족보상금보다 상회하는 경우 또다시 유족보상금을 청구할 수 없다(1995.01.23, 산심위 94-1235).

- 업무상 재해를 입은 근로자가 사용자가 아닌 제3자로부터 요양보상에 해당하는 급부를 받은 경우, 사용자는 근로자에 대한 요양보상의무를 면하게 되며 이로 인한 이득은 제3자에게 반환하여야 한다(2005.04.28, 대법 2004다 12660).

- 회사 소속 택시운전사가 근무교대시 교대근무자의 택시를 타고 퇴근하다가 교통사고를 당한 경우 업무상 재해에 해당하여 근로기준법에 의한 재해보상을 받을 수 있다(1992.01.21, 대법 90다카 25499).

- 산업재해보상보험법에서 보험급여를 받을 수 없었을지라도 동일한 재해로 근로기준법상 재해보상청구를 할 수 있다(1986.08.19, 대법 85다카 1670).

- 피해자가 사고로 인하여 휴업을 하였다면 휴직으로 인하여 받지 못하게 된 금액을 일실수입에 포함시켜야 한다(1993.11.23, 대법 93다 11180).

- 장해등급 1급에 해당하는 연금을 수령하고 자가요양중 사망한 경우 사업주로부터 받은 합의금을 제외한 유족보상금을 청구할 수 있다(1994.06.20, 산심위 94-479).

- 민사소송의 승소금액에 비하여 현저히 미달되는 화해금액을 사업주로부터 수령한 경우 산재보험급여를 포함한 손해배상의무 일체를 면제시켰다고 볼 수 없다(1994.03.28, 산심위 94-179).

- 가해자로부터 손해배상금을 수령하면서 민사상 이의를 제기하지 않겠다는 합의가 있었더라도 손해배상금보다 산업재해보상보험법상의 보험급여가 많을 때에는 그 차액에 대해 청구할 수 있다(1990.05.21, 산심위 90-108).

2. 대표적인 산재보상의 종류

1) 요양급여

요양급여란 근로자가 업무상 부상이나, 질병(4일 이상의 요양기간을 요함)에 걸렸을 경우 치유될 때까지 공단이 설치한 보험시설이나, 지정 의료기관에서 요양을 직접 행하게 하는 현물급여를 말한다. 다만, 비지정 의료기관에서 요양을 받은 경우나, 산재환자가 자비로 실시한 요양 등 부득이한 경우에는 요양비를 지급한다.

- 요양급여비용의 정산금 청구권은 산재요양승인결정을 한 때에 비로소 행사할 수 있으므로 산재요양승인결정을 한 때부터 3년간 행사하지 아니하면 소멸시효가 완성된다(2014.11.27 대법 2014다44376).

- 재요양은 일단 요양이 종결된 후에 당해 상병이 재발하거나 또는 당해 상병에 기인한 합병증에 대하여 실시하는 요양이라는 점 외에는 최초의 요양과 그 성질이 같다(1996.05.07, 서울고법 95구 21602).

- 요양을 중단하고 직장에 복귀하였다가 다시 재요양 신청을 하였다 하더라도 산업재해보상보험법상의 취지에 어긋나지 않는다(1993.06.17, 서울고법 93구 10493).

- 근로자의 사고발생일이 요양신청일로부터 3년이 경과한 경우, 역산한 기간은 소멸시효가 완성되어 산재보험처리가 불가능하나, 3년 이내의 부분 및 장래 발생한 부분에 대한 산재보험처리는 가능하다(1998.10.22, 산재 68607-1053).

- 의료기관의 진료이외 치료를 위한 투약기간도 요양기간에 포함된다(1984.01.14, 보상 1458.7-890).

- 요양급여와 장애급여 등의 보험급여를 지급한 후 11년여가 경과한 후에 범죄행위인 음주운전이 원인이 되어 발생한 재해라는 이유로 낙당이득금 징수결정처분을 한 것은 위법이다(2015.01.30, 대구지법 2013구단3714).

2) 휴업급여

휴업급여는 산재를 당한 근로자가 요양으로 인해 취업하지 못한 기간 동안 지급하는 보상을 말한다. 휴업급여는 원칙적으로 평균임금의 100분의 70에 상당하는 금액이다.

- 요양기간중 평균임금의 70%를 휴업급여로 받고 나머지 30%는 단체협약이나 취업규칙에 의한다(1991.01.11, 재보 01254-374).

- 산업재해보상보험법에 의한 장해급여 및 기간이 정하여진 휴업급여는 산재보험급여로 수령하기로 하고 나머지는 사업주로부터 수령한 경우 그후 재요양기간 동안의 휴업급여는 청구할 수 없다(1994.05.30, 산심위 94-343).

- 운전기사가 취업요양 결정을 받았으나 요양기간 실제로는 취업하지 아니한 경우도 휴업급여를 지급해야 한다(1994.05.09, 산심위 94-275).

- 업무상 재해로 상병 진단을 받고 3년의 소멸시효가 지나지 않아 신청한 휴업·장해급여를 지급하지 않았다면 위법하다(2004.10.22, 서울행법 2003구단 8794).

3) 장해급여

(1) 장해급여

장해급여는 근로자가 업무상 재해를 당한 후 치유되었으나, 신체에 장해가 남게 되는 경우 그 장해정도에 따라 지급하는 보험급여를 말한다. 장해급여는 노동능력 상실에 대한 손실전보를 목적으로 하는 것으로서 ① 장해급여 대상이 되는 장해는 업무상재해와 관련된 신체장해이며, ② 신체, 정신의 결손이 의학적으로 인정되어야 하고, ③ 장래에 회복이 곤란하다고 인정되는 장해를 말한다. 장해등급의 판정은 원칙적으로 요양이 종료된 때에 증상이 고정된 상태에서 행한다.

(2) 장해등급과 보상의 정도

장해등급과 보상의 정도는 산재보상보험법에 의한 신체장해 등급표에 정해져 있다. 장해급여는 장해의 정도에 따라 장해보상일시금 또는 장해연금으로 지급하는데, 장해 제1급 내지 제3급의 경우 장해보상연금으로 지급하고, 장해 제4급 내지 제7급의 경우 장해보상연금 또는 장해보상일시금을 수급권자의 선택에 따라 지급하고, 장해 제8급 내지 제14급의 경우 장해보상일시금으로 지급한다.

> 💡 업무상 재해를 입은 근로자는 재해가 발생한 시점에서 바로 장해급여청구권을 취득하는 것이 아니라 장해급여의 사유가 발생한 때, 즉 치료가 종결된 시점에서 신체에 장해가 있는 경우에 비로소 그 지급청구권을 취득하는 것으로 본다(1997.08.22, 대법 97누 6544).

> 💡 기존에 장해보상일시금을 지급받은 사람이 재요양을 받고 그 장해상태가 악화돼 장해보상연금을 청구한 경우, 재요양 후 치유된 날이 속하는 달의 다음달부터 변경된 장해등급에 해당하는 장해보상연금의 지급일 수에 따라 장해보상연금을 지급해야 한다(2015.04.16, 대법 2012두26142).

4) 유족급여

유족급여란 근로자가 산재로 사망하거나, 사망한 것으로 추정되는 경우에 유족들의 생활보장을 위해 지급되는 보험급여를 말한다. 유족급여는 연금 지급이 원칙인데, 연금 수급권자가 원하는 경우에는 유족일시금(평균임금의 1300일분 상당)의 50% 이하를 일시금으로 지급하고 유족보상연금은 그 비율로 감액하여 지급한다.

> 📷 장해급여 수령후 재요양중 동 상병이 악화되어 사망한 경우 유족급여를 지급해야 한다(1993.06.30, 재보 68607-639).

- 법률상 친생자확인이 곤란한 경우에는 가사심판법에 의한 친생관계 확인절차에 따라 수급권을 판단한다(1993.07.06, 재보 68607-660).
- 근로자가 사망당시 유족이 없고 유언으로 가까운 친척을 수급권자로 지정했어도 유족급여의 수급권자가 될 수 없다(1992.05.12, 대법 92누 923).
- 처가 행방불명상태에 있다면 부모와 부양관계가 있다는 입증으로 부모에게 우선권이 있다(1991.09.13, 재보 01254-13325).

5) 장의비

근로자가 산재로 사망한 경우 그 장제에 소요되는 비용으로 장의비를 지급한다. 장의비는 평균임금의 120일분 상당액인데, 장의비가 노동부장관이 고시하는 최고금액을 초과하거나 최저금액에 미달하는 경우에는 그 최고금액 또는 최저금액을 각각 장의비로 한다.

- 장의비를 산정하는 산업재해보상보험법 제38조 제6항과 제45조 제2항은 헌법에 위반되지 아니한다(2004.11.25, 헌재 2002헌바 52).
- 장의비는 그 장제를 행하는 자에게 지급한다(1984.11.10, 보상 1458.7-22488).

3. 업무상 질병에 의한 산업재해

1) 업무상 질병

업무상 질병이란 업무상 사유로 인하여 발생한 질병을 말한다. 업무상 질병은 대체로 작업환경이나 작업방법의 특수성이 장기간에 걸쳐 점진적으로 발생하는 성질을 지니므로 그 업무와의 상당인과관계를 정확히 파악하기 곤란한 경우가 많다는 데 특징이 있다.

업무상 질병과 관련하여 기존 질병이 있었더라도 업무상 질병으로 인정받을 수 있는가 하는 점이 문제 되는데, 판례는 그 재해가 업무와 직접 관련이 없는 기존의 질병이더라도 그것이 업무와 관련하여 더욱 악화되었다면 기존질병의 악화와 업무 사이에는 인과관계가 존재한다고 본다.

- 퇴행성 질환이라도 업무수행중 사고로 인하여 발현되거나 악화된 경우 업무상 질병에 해당된다(1994.11.08, 대법 93누 21927).
- 기존 질병이 재해로 인하여 자연적인 진행속도 이상으로 급격히 악화되어 발병한 것으로 추단

할 수 있으므로, 질병과 공무와는 인과관계가 있다(2000.07.04, 서울행법 2000구3275).

🌱 B형 간염에 감염이 업무와 관련 없다해도 근무로 인한 과로와 스트레스로 악화돼 사망했다면 업무상 재해에 해당된다(2001.07.27, 대법2000두4538).

💡 18년간 정유제품의 분석 및 실험업무에 종사하면서 고온으로 녹인 석유타르, 아스팔트 등의 물건을 취급하던 중 발병한 폐암은 업무차 상당인과 관계가 있다(2015.05.14, 울산지법 2013 구합981).

2) 업무상 질병의 구체적인 예

업무상 질병에는 사고성 질병과 직업성 질병이 있다. 사고성 질병이란 업무와 질병 간에 돌발적인 재해가 개재하는 질병을 말하며, 직업성 질병이란 업무와 질병 간에 돌발적인 재해를 매개로 하지 않는 질병을 말한다. 대표적인 업무상 질병으로는 다음과 같은 것이 있다.

- 업무상의 부상에 기인하는 질병
- 무겁고 힘든 업무로 인한 근육, 관절의 질병
- 고열이나 유해광선 등으로 인한 안질환
- 유해 방사선으로 인한 질병
- 뜨거운 장소에서 업무로 인한 화상이나 추운 장소에서 업무로 인한 동상
- 먼지가 많은 장소에서 업무로 인한 폐결핵
- 제사, 방적 등의 업무로 인한 피부염
- 강렬한 소음을 발하는 장소에서 업무로 인한 귀 질환
- 영상표시단말기(VDT, Visual Display Terminal) 등에 의한 경견완장애
- 유해 화학물질로 인한 중독증
- 기타 업무로 기인한 것이 명확한 질병 등

💡 망간 가스가 발생하는 용접작업으로 인해 파킨슨증후군 등의 증상을 보였다면 업무상 재해이 다(2000.01.28, 서울행법 98구7175).

🌳 업무상 사고후 정신질환이 재발하였다면 업무상 재해에 해당한다(2005.04.07, 서울행법 2004구합 20552).

🦠 자동차 제조업체의 금형 작업 담당근로자의 벤젠 노출과 백혈병 발병 사이에는 인과관계가 있다(2015.10.29, 서울중앙지법 2014가합17034).

🦴 업무상 재해로 인한 상병을 치료하는 과정에서 발생한 요도협착과 이를 치료하기 위한 수술

과정에서 발생한 발기부전이라는 성기능장애도 업무상 재해에 해당한다(2003.05.30, 대법 2002두13055).

⚜ 전투경찰대원으로 복무 중 시위진압으로 인한 스트레스로 정신분열병이 발병했다면 정신분열 증과 공무수행간의 인과관계가 있다(2002.09.06, 서울행법 2001구 38339).

🎈 팀원들로부터의 소외 등으로 생긴 '적응장애'와 '우울장애'가 업무와 상당한 인과관계가 있다 면 업무상 재해로 볼 수 있다(2000.07.29, 2000재결 제664호).

💡 우울증이 업무상 스트레스에 의한 것이었다면 당연히 자살도 업무상 스트레스의 영향을 받은 것으로 보아야 한다(1998.12.17, 서울고법 98누 1675).

💡 입사 전에 비형 간염에 감염된 근로자가 재직중 간암으로 사망한 사안에서, 업무상 과로 또는 음주와 사망 사이에 인과관계를 인정할 여지가 있다(1998.12.08, 대법 98두 12642).

🎈 공무수행이 폐암발생을 유발하였다거나 폐암을 자연적인 진행속도 이상으로 악화시켜 왔다고 인정할만한 증거가 없으면 공무상의 질병에 의한 사망이라고 볼 수가 없다(1997.09.04, 서울 고법 96구 15253).

☀ 시간외근무 등으로 과로와 스트레스가 가중되어 면역기능이 저하된 상태에서 질병이 발병하 였다면 업무상 재해에 해당한다(2005.03.15, 서울행법 2004구합 21104).

💡 폐결핵의 진단을 받은 이후에도 회사사정으로 쉬지 못하여 과로와 스트레스로 병세가 악화되 었다면 업무상 재해에 해당한다(2004.12.10, 서울행법 2002구단 6005).

⚜ 잦은 지방출장으로 인한 과로와 스트레스가 간경변을 악화시켰다면 업무상 재해이다 (2004.12.10, 서울행법 2002구단 3211).

🎏 과로 및 스트레스로 인한 만성신부전증은 업무상 재해에 해당한다(2003.08.28, 서울고법 2003누 1808).

🎈 외국생활과 과중한 업무에 따른 만성적이고 반복적인 스트레스로 인하여 일시적인 정신착란 상태에서 창문을 통하여 아래쪽으로 뛰어내려 사망한 것은 업무와 상당인과관계가 있는 재해 로 인정된다(2001.03.23, 대법 2000두10281).

⚜ 아트서 서서일하다 뇌경색… 인과관계 미흡, 회사 책임 없어(2016.03.07, 서울지방법원)

🎈 업무상 스트레스와 과로로 인해 유실된 정신 장애상태에서 자살에 이른 것은 업무상 재해에 해당한다(2015.04.03, 대구고법 2014누6037).

☀ 늘어난 업무 속에 20대 돌연사 "업무상 재해"(2015.03. 대법원 2015.02.06.).

⚜ 물탱크 점검하다 눈 화상 뒤 자살 "공무상 재해"(2015.03. 대법원 2015.02.05.)

🎈 전직으로 인한 과로와 스트레스가 누적되어 뇌경색의 유발 내지 악화 요인이 되었다면 공무상 질병에 해당한다(2005.03.09, 서울행법 2004구합 24363).

❁ 뇌경색의 소인을 가지고 있었다고 하더라도 직접적인 원인이 누적된 과로·스트레스와 갑자기 차가워진 날씨 때문이라면 업무상 재해에 해당한다(2005.02.04, 서울고법 2004누6008).

♫ 고혈압이 있는 상태에서 연장작업과 직원들로부터의 스트레스 등으로 기존의 병이 악화되었다면 업무상 재해이다(2004.10.22, 서울행법 2003구단 6163).

♀ 교번근무제에 따른 불규칙한 업무와 1인 승무로 인한 육체적 과로 및 스트레스로 급성심근경색이 유발되어 사망했다면 공무상 재해에 해당한다(2004.10.14, 서울행법 2004.구합 4581)

❁ 청신경 기능저하를 가져오는 작업환경 자연적 경과 이상으로 급속히 악화됐다면 요양신청을 불승인 한 것은 위법하다(2001.11.30, 서울고법 2000누15165).

♀ 열차승무원으로 장기간 근무하면서 철도소음에 노출돼 난청이 발병했다면 공무상 질병에 해당된다(2001.08.13, 서울행법2000구14626).

♠ 발암물질로 염료를 생산하다 백혈병으로 사망하였다면 업무상재해에 해당한다(2004.07.14, 서울행법 2003구합 6818)..

♫ 유해물질과의 관련성이 의학적으로 규명이 안되더라도 적어도 발병을 촉진한 하나의 원인이 되었다면 업무상 재해에 해당한다(1998.11.13, 서울고법 97구 29402).

♀ 발암물질인 벤젠을 자주 사용하는 직에 근무한 망인의 사망은 업무상 재해에 해당한다(1997.02.28, 대법 96누 14883).

❁ 실적부진에 대한 질책과 권고사직의 두려움에 의한 자살은 업무상 재해에 해당한다(2015.01.15, 대법 2013두7230).

❁ 영어실력 부족에 대한 극심한 업무상의 스트레스 및 심각한 정신적 고통으로 우울증세가 급격히 유발돼 자살한 것은 업무상 재해에 해당한다(23015.01.15, 대법 2013두23461).

📝 **별표 1**

◎ 산업재해보상보험법시행규칙 ◎

업무상 질병 또는 업무상 질병으로 인한 사망에 대한 업무상 재해인정기준 (2003.7.1. 개정)

1. 뇌혈관질환 또는 심장질환

가. 근로자가 업무수행 중에 다음의 1에 해당되는 원인으로 인하여 뇌실질내출혈·지주막하출혈·뇌경색·고혈압성뇌증·협심증·심근경색증·해리성대동맥류가 발병되거나 같은 질병으로 인하여 사망이 인정되는 경우에는 이를 업무상 질병으로 본다. 업무수행중에 발병되지 아니한 경우로서 그 질병의 유발 또는 악화가 업무와 상당인과관계가 있음이 시간적·의학적으로 명백한 경우에도 또한 같다(99.10.7. 개정).

(1) 돌발적이고 예측곤란한 정도의 긴장·흥분·공포·놀람 등과 급격한 작업환경의 변화로 근로자에게 현저한 생리적인 변화를 초래한 경우

(2) 업무의 양·시간·강도·책임 및 작업환경의 변화 등 업무상 부담이 증가하여 만성적으로 육체적·정신적인 과로를 유발한 경우

(3) 업무수행중 뇌실질내출혈·지주막하출혈이 발병되거나 같은 질병으로 사망한 원인이 자연발생적으로 악화되었음이 의학적으로 명백하게 증명되지 아니하는 경우

나. 가목(1)에서 "급격한 작업환경의 변화"라 함은 뇌혈관 또는 심장혈관의 정상적인 기능에 뚜렷한 영향을 줄 수 있는 정도의 과중부하를 말한다.

다. 가목(2)에서 "만성적인 과로"라 함은 근로자의 업무량과 업무시간이 발병전 3일 이상 연속적으로 일상업무보다 30% 이상 증가되거나 발병전 1주일이내에 업무의 양·시간·강도·책임 및 작업환경 등이 일반인이 적응하기 어려운 정도로 바뀐 경우를 말한다.

2. 물리적인 인자로 인한 질병

물리적인 인자에 노출되는 상태에서 업무를 수행하는 근로자에게 다음 각목의 1에 해당되는 증상 또는 소견이 나타나는 경우에는 이를 업무상 질병으로 본다.

가. 자외선에 노출되는 업무로 인한 전안부(前眼部)질환 또는 피부질환

나. 적외선에 노출되는 업무로 인한 망막화상·백내장 등의 안질환 또는 피부질환

다. 레이저광선에 노출되는 업무로 인한 망막화상 등의 안질환 또는 피부질환

라. 마이크로파에 노출되는 업무로 인한 백내장 등의 안질환

마. 유해방사선에 노출되는 업무로 인한 급성방사선증·피부궤양 등의 방사선피부장해·백내장 등의 방사선 안질환·방사선 폐렴·재생불량성빈혈 등의 조혈기장해·골괴사 또는 기타의 방사선 장해

바. 덥고 뜨거운 장소에서의 업무로 인한 일사병 또는 열사병

사. 고열물체를 취급하는 업무로 인한 제2도 이상의 화상

아. 춥고 차가운 장소에서의 업무 또는 저온물체를 취급하는 업무로 인한 제2도 이상의 동상

3. 이상기압으로 인한 질병

잠수작업·잠함실내종사·고공종사 등으로 대기압보다 높거나 낮은 환경압조건에 노출되고 있는 근로자에게 다음 각목의 1에 해당되는 증상 또는 소견이 나타나는 경우에는 이를 업무상 질병으로 본다(2003.7.1. 개정).

가. 고기압 또는 저기압조건에 노출된 후 6시간 내지 12시간 이내에 나타나는 다음의 1에 해당되는 장해

(1) 폐·중이·부비동 또는 치아등에 발생한 압착증

(2) 물안경 또는 헬멧 등과 같은 잠수기기에 의한 압착증

(3) 질소마취현상 또는 중추신경계 산소독성으로 속발된 건강장해

(4) 피부·근골격계·호흡기·중추신경계 또는 내이 등에 발생한 감압병

(5) 뇌동맥 또는 관상동맥에 발생한 공기색전증

(6) 기흉·혈기흉·종격동·심낭 또는 피하기종

(7) 배부·복부의 통증 또는 극심한 피로감

나. 고압노출작업환경에 2개월이상 종사하고 있거나 그 업무를 떠난 후 5년 전후에 나타나는 무혈성골괴사의 만성 장해. 다만, 만성알콜중독·매독·당뇨병·간경변증·간염·류마티스성관절·고지질혈증·혈소판감소증·통풍·레이노증후군·결절성 다발성동맥염·알캅톤뇨증 및 약물치료 등 다른 원인에 의한 경우를 제외한다.

4. 소음성 난청 (99.10.7. 개정)

가. 인정기준

(1) 연속음으로 85dB(A) 이상의 소음에 노출되는 작업장에서 3년 이상 종사하거나 종사한 경력이 있는 근로자로서 한 귀의 청력손실이 40dB 이상이 되는 감각신경성 난청의 증상 또는 소견이 있을 것

(2) (1)의 규정에 의한 근로자의 증상이 다음의 요건을 충족할 것

(가) 고막 또는 중이에 뚜렷한 병변이 없을 것

(나) 순음청력검사결과 기도청력역치(기도청력역치)와 골도청력역치(골도청력역치) 사이에 뚜렷한 차이가 없어야 하며, 청력장해가 저음역보다 고음역에서 클 것

(다) 내이염·약물중독·열성질환·메니에르씨증후군·매독·두부외상·돌발성난청·유전성난청·가족성 난청·노인성난청 또는 재해성 폭발음 등에 의한 난청이 아닐 것

나. 난청의 측정방법

(1) 24시간 이상 소음작업을 중단한 후 공단이 정하여 고시한 검사항목에 대하여 공단이 정하여 고시한 인력·설을 갖춘 의료기관에서 500(a)·1,000(b)·2,000(c) 및 4,000(d)Hz의 주파수음에 대한 청력역치를 측정하여 6분법(a+2b+2c+d/6)으로 판정한다. 이 경우 순음청력계기는 ISO(International Organization for Standardization)기준으로 보정된 계기를 사용하여야 한다.

(2) 순음청력검사는 의사의 판단에 따라 3~7일간의 간격으로 3회 이상(음향외상성난청에 대하여는 요양종결 후 30일 간격으로 3회 이상) 실시하여 검사의 유의차(有意差)가 없는 경우 그 중 최소가청력치를 청력장해로 인정하되, 검사결과가 다음의 모든 요건을 충족하지 아니하는 경우에는 1개월 후 재검사를 실시한다.

(가) 기도청력역치와 골도청력역치의 차이가 각 주파수마다 10dB 이내일 것

(나) 상승법·하강법·혼합법 각각의 청력역치의 차이가 각 주파수마다 10dB 이내일 것

(다) 각 주파수마다 하강법의 청력역치가 상승법의 청력역치에 비해 낮거나 같을 것

(라) 반복검사간 청력역치의 최대치와 최소치의 차이가 각 주파수마다 10dB 이내일 것

(마) 순음청력도상 어음역(500, 1000, 2000Hz)에서의 주파수간 역치변동이 20dB 이내이면 순음청력역치의 3분법 평균치와 어음청취역치의 차이가 10dB 이내일 것

5. 신체에 과도한 부담을 주는 작업으로 인한 질병

가. 작업자세 및 작업강도등에 의하여 신체에 과도한 부담을 줄 수 있는 작업을 수행한 근로자가 다음의 1에 해당되는 질병에 이환된 경우에는 이를 업무상 질병으로 본다. 다만, 선천성이상·류마티스관절염·퇴행성질환·통풍등 업무상 질병에 의하지 아니한 장해의 경우에는 그러하지 아니하다.

(1) 근육·건·골격 또는 관절의 질병

(2) 내탈장(장기 또는 조직의 일부가 자기의 위치에서 다른 부위로 이탈하는 증상)

(3) 경견완증후군으로서 다음 각목의 1에 해당되는 질병

(가) 경추부의 신경 또는 기능장해

(나) 견갑부의 극상근증후군·건초염·활액낭염

(다) 상완 및 전완부의 상과염을 포함한 건초염·수근관증후군

(라) 수지의 압통과 부종을 동반한 운동기능장해

나. 가목(3)에서 "경견완증후군"이라 함은 상지에 반복적으로 무리한 힘을 가하는 업무에 6개월이상 종사한 근로자에게 나타나는 경부·견갑부·상완부·주관절·전완부 및 그 이하에서 발생된 근골격계질환을 말한다.

6. 진동장해

착암기 · 병타기 · 동력사슬톱등의 진동공구를 취급하여 신체국부에 진동을 받는 업무에 상당기간 종사하고 있거나 종사한 경력이 있는 근로자에게 다음 각목의 1에 해당되는 증상 또는 소견이 나타나는 경우에는 이를 업무상 질병으로 본다(2003.7.1. 개정).

가. 손가락 · 팔목 등에 저림 · 통증 · 냉감 · 뼈근함(뻣뻣함)등의 자각증상이 지속적 또는 간헐적으로 나타나고, 다음에 해당하는 장해가 나타나거나 그중 어느 하나가 뚜렷이 나타나는 경우

    (1) 수지 · 전완등의 말초순환장해

    (2) 수지 · 전완등의 말초신경장해

    (3) 수지 · 전완등의 골 · 관절 · 근육 · 건등의 이상으로 인한 운동기능장해

나. 레이노현상의 발현이 인정된 질병

7. 요 통

가. 업무수행중 발생한 사고로 인한 요부의 부상(급격한 힘의 작용에 의한 배부 · 연부조직의 손상을 포함한다)으로 인하여 다음의 1에 해당되는 요통이 나타나는 경우에는 이를 업무상 질병으로 본다.

    (1) 통상의 동작과 다른 동작에 의해 요부에 급격한 힘의 작용이 업무수행 중에 돌발적으로 가해져서 발생한 요통

    (2) 요부에 작용한 힘이 요통을 발생시켰거나 요통의 기왕증 또는 기초질환을 악화시켰음이 의학적으로 인정되는 요통

나. 요부에 과도한 부담을 주는 업무에 비교적 단기간(약 3월 이상)종사하는 근로자에게 나타난 요통 또는 중량물을 취급하는 업무 또는 요부에 과도한 부담을 주는 작업상태의 업무에 장기간(약 5년 이상)에 걸쳐서 계속하여 종사하는 근로자에게 나타난 만성적인 요통은 이를 업무상 질병으로 본다. 다만, 방사성학적 소견상 변형성척추증 · 골다공증 · 척추분피증 · 척추체전방전위증 및 추체변연융기 등 일반적으로 연령의 증가에 따른 퇴행성 척추변화의 결과로 발생되는 경우를 제외한다(2000.7.29. 개정).

다. 나목에서 "중량물을 취급하는 업무"라 함은 30kg 이상의 중량물을 노동시간의 1/3 이상 취급하는 업무 또는 20kg 이상의 중량물을 노동시간의 1/2 이상 취급하는 업무를 말한다.

8. 화학물질로 인한 중독 또는 그 속발증

화학물질을 취급하거나 이에 노출되는 업무에 종사한 경력이 있는 근로자에게 다음 각목의 1에 해당되는 증상 또는 소견이 나타나는 경우에는 이를 업무상 질병으로 본다(2003.7.1. 개정).

가. 아연 · 구리 등의 금속증기로 인한 금속열

나. 불소수지 · 아크릴수지등 합성수지의 열분해 생성물로 인한 안점막의 염증 또는 기도점막의 염증 등의 호흡기질환

다. 검댕 · 광물유 · 옻 · 시멘트 등에 의한 봉와직염 · 습진 · 기타의 피부질환

라. 검댕 · 타르 · 피치 · 아스팔트 · 광물유 · 파라핀 등으로 인한 원발성상피암

마. 목재분진 · 짐승털의 먼지 · 항생물질 등에 의한 알레르기성비염 · 기관지천식 등의 호흡기질환

바. 공기중의 산소농도가 부족한 장소에서의 산소결핍증

9. 염화비닐로 인한 증상 또는 그 속발증

　가. 염화비닐에 노출되는 업무에 종사하거나 종사한 경력이 있는 근로자에게 다음의 1에 해당되는 증상 또는 소견이 나타나는 경우에는 이를 업무상 질병으로 본다(2003.7.1. 개정).

　　(1) 간비장증후군 (간섬유화 · 비장종대 · 혈소판감소증 등)

　　(2) 지골단 용해증

　　(3) 경피증

　　(4) 레이노현상

　나. 염화비닐에 노출되는 업무에 4년 이상 근무한 근로자에게 원발성간혈관육종의 증상이 나타나는 경우에는 이를 업무상 질병으로 본다.

　다. 일시적으로 다량의 염화비닐에 노출되는 업무에 종사하는 근로자에게 다음의 1에 해당되는 증상 또는 소견이 나타나는 경우에는 이를 업무상 질병으로 본다(2003.7.1. 신설).

　　(1) 중추신경계장해

　　(2) 급성 호흡부전

10. 타르로 인한 중독 또는 그 속발증

　가. 타르에 노출되는 업무에 종사하거나 종사한 경력이 있는 근로자에게 다음의 1에 해당되는 증상 또는 소견이 나타나는 경우에는 이를 업무상 질병으로 본다. 다만, 타르외의 원인에 의한 피부질환 및 안과질환의 경우에는 그러하지 아니하다(2003.7.1. 개정).

　　(1) 접촉피부염

　　(2) 광과민피부염 (광독성 · 광알레르기성)

　　(3) 피부색소이상

　　(4) 타르에 의한 염소 여드름

　　(5) 국소모세혈관확장증

　　(6) 타르에 의한 사마귀

　　(7) 각막 위축증 · 각막 궤양

　나. 타르에 노출되는 업무에 10년 이상 종사한 근로자에게 다음의 1에 해당되는 증상 또는 소견이 나타나는 경우에는 이를 업무상 질병으로 본다(2003.7.1. 개정).

　　(1) 원발성폐암

　　(2) 원발성피부암 (편평세포암 · 기저세포암)

11. 망간 또는 그 화합물로 인한 중독 또는 그 속발증

　가. 망간 또는 그 화합물에 노출되는 업무에 2개월 이상 종사하거나 종사한 경력이 있는 근로자에게 다음의 1에 해당되는 증상 또는 소견이 나타나는 경우에는 이를 업무상 질병으로 본다. 다만, 뇌혈관장해 · 일산화탄소중독후 후유증 · 뇌염 또는 뇌염 후 후유증 · 다발성경화증 · 윌슨병 · 척수소뇌변성증 · 뇌매독 및 원인이 명확한 말초신경염 등 망간 외의 원인에 의한 질환의 경우에는 그러하지 아니하다(2003.7.1. 개정).

(1) 망간정신병

(2) 파킨슨증후군

(3) 근이긴장증

나. 일시적으로 다량의 망간 또는 그 화합물에 노출되어 폐렴 혹은 폐실질염에 해당하는 증상이나 소견이 나타나는 경우에는 이를 업무상 질병으로 본다(2003.7.1. 개정).

12. 연·연합금 또는 그 화합물로 인한 중독 또는 그 속발증 (2003.7.1. 개정)

가. 연·연합금 또는 그 화합물(유기연을 제외한다)에 노출되는 업무에 종사한 경력이 있는 근로자에게 다음의 1에 해당되는 증상 또는 소견이 나타나는 경우에는 이를 업무상 질병으로 본다.

(1) 신근마비

(2) 빈혈. 다만, 철결핍빈혈을 제외한다.

(3) 만성신부전증

(4) 혈중 연농도가 혈액 100밀리리터중 40㎍ 이상 검출되고 연중독의 증상이나 소견이 나타나는 경우. 다만, 혈중 연농도가 40㎍ 미만으로 나타나는 경우에는 요중연·ZPP·δ–ALA 등의 검사결과를 참고로 한다.

나. 일시적으로 다량의 연·연합금 또는 그 화합물(유기연을 제외한다)에 노출되어 연창백·복부산통·관절통 등의 급성 중독현상이 나타나는 경우에는 이를 업무상 질병으로 본다.

13. 수은·아말감 또는 그 화합물로 인한 중독 또는 그 속발증 (2003.7.1. 개정)

가. 수은·아말감 또는 그 화합물(유기수은을 제외한다) 또는 그의 증기나 분진 등에 노출되는 업무에 종사하고 있거나 종사한 경력이 있는 근로자에게 다음의 1에 해당되는 증상 또는 소견이 나타나는 경우에는 이를 업무상 질병으로 본다. 다만, (1)의 경우에는 전신마비·알코올중독·망간중독증 등 다른 원인에 의한 정신신경질환을, (4)의 경우에는 다른 원인에 의한 단백뇨 등 신장질환의 경우를 제외한다.

(1) 국소 또는 전신진전·보행장해·말하는 기능의 장해 등 신경계증상 또는 감정의 항진·성격변화 등 정신장해가 인정되는 경우

(2) 궤양성 구내염·과다한 타액분비·치은염·치주농양 등의 구강내질환이 인정되는 경우

(3) 안과용 세극등검사에서 수정체 전낭에 적회색의 침착이 일측 또는 양측성으로 확인될 경우

(4) 단백뇨 등 신장장해가 인정되는 경우

나. 일시적으로 다량의 수은·아말감 또는 그 화합물(유기수은을 제외한다) 또는 그의 증기나 분진 등에 노출되어 한기·고열·치조농루·설사·단백뇨 등의 신증상 그 밖의 급성 중독현상이 나타나는 경우에는 이를 업무상 질병으로 본다.

14. 크롬 또는 그 화합물에 의한 중독증 또는 그 속발증

가. 크롬 또는 그 화합물에 노출되는 업무에 2년 이상 종사한 경력이 있는 근로자에게 다음의 1에 해당되는 증상 또는 소견이 나타나는 경우에는 이를 업무상 질병으로 본다. 다만, 흡연등 크롬 또는 그 화합물이 아닌 원인에 의한 경우에는 그러하지 아니하다(2003.7.1. 개정).

(1) 비중격궤양 및 천공. 크롬에 의한 기관지천식 비강 및 호흡기질환

(2) 크롬으로 인한 접촉피부염

(3) 결막염 · 결막궤양의 안장해

(4) 구강점막장해 또는 치근막염

(5) 원발성 폐암

(6) 비강 · 부비강 · 후두의 원발성암

나. 일시적으로 다량의 크롬 또는 그 화합물에 노출된 근로자에게 나타나는 급성장 해로 다음의 1에 해당되는 증상 또는 소견이 나타나는 경우에는 이를 업무상 질병으로 본다(2003.7.1. 개정).

(1) 급성 호흡기질환

(2) 급성 신장장해 등 급성 중독

15. 카드뮴 또는 그 화합물로 인한 중독 또는 그 속발증

가. 카드뮴 또는 그 화합물에 노출되는 업무에 2년 이상 종사한 경력이 있는 근로자에게 다음의 1에 해당되는 증상 또는 소견이 나타나는 경우에는 이를 업무상 질병으로 본다(2003.7.1. 개정).

(1) 세뇨관성 신질환 및 그 결과로 인한 골연화증

(2) 폐기종

(3) 후각신경마비(무후각증)

나. 일시적으로 다량의 카드뮴 또는 그 화합물에 노출된 근로자에게 다음의 1에 해당되는 증상 또는 소견이 나타나는 경우에는 이를 업무상 질병으로 본다(2003.7.1. 개정).

(1) 폐렴 혹은 폐실질염

(2) 급성 위장관계질환

16. 벤젠으로 인한 중독 또는 그 속발증

가. 벤젠에 노출되는 업무에 종사하고 있거나 종사한 경력이 있는 근로자에게 다음의 1에 해당되는 증상 또는 소견이 나타나는 경우에는 이를 업무상 질병으로 본다. 다만, 혈액질환과 피부질환의 경우에 소화기질환 · 철분결핍성빈혈 등 영양부족 및 만성소모성질환 등 다른 원인에 의한 경우에는 그러하지 아니하다(2003.7.1. 개정).

(1) 빈혈 · 백혈구감소증 · 혈소판감소증 · 범혈구감소증

(2) 급성 또는 만성 피부염

나. 1ppm 이상의 농도에 10년 이상 노출된 근로자에게 다음의 1에 해당하는 조혈기계질환이 나타나는 경우에는 이를 업무상 질병으로 본다. 다만, 노출기간이 10년 미만이더라도 누적 노출량이 10ppm 이상인 경우나 과거 노출력에 대한 기록이 불분명하여 현재의 노출농도를 기준으로 10년 이상 누적노출량이 1ppm 이상인 경우에는 이를 업무상 질병으로 본다(2003.7.1. 신설).

(1) 백혈병

(2) 골수형성이상증후군

(3) 다발성 골수종

(4) 재생불량성 빈혈

다. 일시적으로 다량의 벤젠증기를 흡입하여 두통 · 현기증 · 구역 · 구토 · 흉부압박감 · 흥분상태 · 경련 · 섬망 · 혼수상태 기타 급성중독증상이 나타나는 경우에는 이를 업무상 질병으로 본다(2003.7.1. 개정).

17. **지방족 및 방향족 화합물중 유기용제로 인한 중독 또는 그 속발증** (2003.7.1. 개정)

　가. 지방족 및 방향족화합물중 유기용제(톨루엔·크실렌·스티렌·사이클로헥산·노말헥산 등)에 노출되는 업무에 종사하거나 종사한 경력이 있는 근로자에게 다음의 1에 해당되는 증상 또는 소견이 나타난 경우에는 이를 업무상 질병으로 본다. 다만, (1) 및 (2)의 경우에는 그 업무를 떠난 후 3개월이 경과되지 아니한 경우에 한한다.

　　(1) 접촉 피부염

　　(2) 결막염·각막염 또는 비염 등 점막자극질환

　　(3) 중추신경장해. 다만, 뇌손상·간질·알코올이나 약물중독 및 동맥경화증 등에 의한 질환을 제외한다.

　　(4) 말초신경병증. 다만, 당뇨병·알코올·척추손상·연·비소·아크릴아미드·이황화탄소 및 신경포착 등 다른 원인에 의한 질환을 제외한다.

　　(5) 만성신부전 혹은 급성세뇨관괴사. 다만, 고혈압·당뇨병 등 다른 원인에 의한 질환을 제외한다.

　　(6) 전신성 경화증. 다만, 유전적 소인 및 다른 원인에 의한 질환을 제외한다.

　나. 일시적으로 다량의 유기용제를 흡입하여 의식장해·경련·심장질환·급성중독증상 등이 나타나는 경우에는 이를 업무상 질병으로 본다.

18. **트리클로로에틸렌으로 인한 중독 또는 그 속발증** (2003.7.1. 개정)

　가. 트리클로로에틸렌에 노출되는 업무에 종사하고 있거나 종사한 경력이 있는 근로자에게 다음의 1에 해당되는 증상 또는 소견이 나타나는 경우에는 이를 업무상 질병으로 본다. 다만, (1) 내지 (5)의 경우에는 업무를 떠난 후 3개월이 경과되지 아니한 경우에 한한다.

　　(1) 접촉피부염

　　(2) 결막염·각막염 또는 비염 등 점막자극질환

　　(3) 독성간염. 다만, 약물·알코올 등 다른 원인에 의한 질환을 제외한다.

　　(4) 삼차신경마비. 다만, 바이러스 감염·종양 등에 의한 질환을 제외한다.

　　(5) 다형홍반 및 스티븐스존슨 증후군. 다만, 약제·감염·후천성면역결핍증·악성 종양 등 다른 원인에 의한 질환을 제외한다.

　　(6) 중추신경장해. 다만, 뇌손상·간질·알코올이나 약물중독 및 동맥경화증 등에 의한 질환을 제외한다.

　　(7) 말초신경병증. 다만, 당뇨병·알코올·척추손상 등 다른 원인에 의한 질환을 제외한다.

　　(8) 만성신부전 및 급성세뇨관괴사. 다만, 고혈압·당뇨병 등 다른 원인에 의한 질환을 제외한다.

　나. 일시적으로 다량의 트리클로로에틸렌을 흡입하여 의식장해, 경련, 심장질환 그 밖의 급성중독 증상이 나타나는 경우에는 이를 업무상 질병으로 인정한다.

19. **디이소시아네이트로 인한 중독 또는 그 속발증**

　디이소시아네이트(TDI·MDI·HDI 등)에 노출되는 업무(도장작업·가구제조·폴리우레탄제조·인조피혁 제조 등)에 종사한 경력이 있는 근로자에게 다음의 1에 해당되는 증상 또는 소견이 나타나는 경우에는 이를 업무상 질병으로 본다. 다만, 내인성천식 또는 다른 항원물질에 외인성천식 등 다른 원인에 의한 질병의 경우에는 그러하지 아니하다(2003.7.1. 개정).

　가. 피부염 또는 알레르기 접촉피부염 등 피부질환

　나. 각막염 또는 결막염 등 안질환

　다. 기관지천식·반응성 기도 과민증후군·과민성 폐장염 등 호흡기질환

라. 디이소시아네이트 특이항원(Specific IgE)이 발견되고, 작업에 따른 최고호기유속의 변화를 나타내며, 메타콜린 유발시험에 양성인 기관지천식

마. 원인물질에 의한 유발시험에 양성인 기관지천식

20. 이황화탄소(CS2)로 인한 중독 또는 그 속발증

가. 10ppm 내외의 CS_2증기에 노출되는 업무에 2년이상 종사한 근로자에게 다음의 1에 해당되는 증상 또는 소견 이 나타나는 경우에는 이를 업무상 질병으로 본다(2003.7.1. 개정).

   (1) 망막의 미세혈관류 · 다발성뇌경색증 · 신장조직검사상모세관간사구체경화증 중 하나가 있는 경우. 다만, 당뇨병 · 고혈압 · 혈관장해 등 CS_2외의 원인에 의한 질병을 제외한다.

   (2) 미세혈관류를 제외한 망막병변 · 다발성말초신경병변 · 시신경염 · 관상동맥성 심장질환 · 중추신경기능장해 또는 정신장해 중 2가지이상이 있는 경우.

  다만, 당뇨병 · 고혈압 · 혈관장해 등 CS_2외의 원인에 의한 질병을 제외한다.

   (3) (2)의 장해 중 1가지가 있고, 신장장해 · 간장장해 · 조혈계장해 · 생식계장해 · 감각신경성난청 · 고혈압증 중 1가지 이상이 있는 경우

나. 20ppm 이상의 CS_2증기에 2주 이상 노출되고 있는 근로자에게 의식혼탁 · 섬망 · 정신분열증 및 조울증과 같 은 정신이상증세가 갑작스럽게 나타나는 경우에는 이를 업무상 질병으로 본다(2003.7.1. 개정).

다. 대량 또는 고농도의 CS_2증기에 노출되어 의식장해등의 급성중독증상이 나타나는 경우에는 이를 업무상 질병 으로 본다(2003.7.1. 개정).

21. 석면으로 인한 질병

석면에 노출되는 업무에 종사한 경력이 있는 근로자에게 다음 각목의 1에 해당되는 증상 또는 소견이 나타나는 경우에는 이를 업무상 질병으로 본다.

가. 석면폐증

나. 원발성 폐암 또는 악성 중피종중 다음의 1에 해당되는 경우

   (1) 석면폐증과 동반한 경우

   (2) 늑막비후 · 초자성비후 · 판상석회화 · 담액증 · 석면소체 또는 석면섬유를 동반하거나 발견되는 경우

   (3) (1) 또는 (2)의 소견은 없지만 석면에 10년 이상 노출된 경우. 다만, 노출기간이 10년 미만인 경우에도 흡연력 · 석면노출력 · 노출후 발병까지의 기간 등을 참작하여 석면으로 인한 질병으로 인정되는 경우를 포함한다.

22. 세균 · 바이러스 등의 병원체로 인한 질병 (2003.7.1. 개정)

병원체에 의한 감염이 확인되고 감염균 또는 감염원에 대하여 의학적으로 의미있는 접촉이 있으며 접촉 후 감염 발생에 필요한 충분한 잠복기가 있는 경우 이러한 감염의 발생이 업무와 관련이 있다고 판단되는 경우 이를 업무 상 질병으로 본다.

가. 보건의료 및 집단수용시설 종사자의 감염

   (1) B형간염 · C형간염 · 매독 · 후천성면역결핍증 등의 혈액전파성 감염질환에 이환된 경우

   (2) 결핵 · 풍진 · 홍역 · 인플루엔자 등의 공기전파성 질환에 이환된 경우

   (3) A형간염 등 그 밖의 전염성 질환에 이환된 경우

나. 비보건의료 종사자의 감염

    (1) 습윤지에서 업무로 인한 렙토스피라증

    (2) 옥외노동에 기인하는 쯔쯔가무시병

    (3) 동물 또는 그 사체·짐승의 털·피혁 그 밖의 동물성의 물체 및 넝마, 고물의 취급으로 인한 탄저병·단독·브루셀라증

    (4) 유행지역에서 야외활동이 많은 직업종사자, 유행지역에서 업무수행을 위한 출장 근로자 및 실험실 근무자 등에게 발병된 유행성 출혈열·말라리아

    (5) 오염된 냉각수 등으로 인한 레지오넬라 감염

23. 직업성 피부질환 (2003.7.1. 신설)

근로자가 업무와 관련하여 다음 각목의 1에 해당되는 증상 또는 소견이 나타나는 경우에는 이를 업무상 질병으로 본다.

가. 고온작업 및 고열물체 취급으로 인한 화상

나. 고온 및 고열작업으로 인한 한진

다. 한랭작업 및 저온물체 취급으로 인한 동창·동상 및 레이노병

라. 햇빛에 노출되는 옥외작업에 의한 일광화상·만성광선피부염·광선각화증

마. 전리방사선을 취급하는 업무로 인한 급·만성 방사선피부염

바. 유리섬유·대마 등 피부에 기계적 자극을 주는 물질을 취급하는 업무로 인한 피부염

사. 자극성 성분·알레르겐 성분·광독성 성분·광알레르겐 성분을 포함하는 물질에 노출되어 발생하는 접촉피부염

아. 세균·바이러스·곰팡이·기생충 등을 직접 취급하거나 이들 생물학적 인자에 감염된 물질을 취급하는 업무로 인하여 발생한 감염성 피부질환

자. 페놀류 및 하이드로퀴논류를 포함하는 물질에 의한 백반증

차. 산·염기를 비롯한 화학물질에 의한 화학적 화상

카. 그 밖에 위에서 언급되지 아니한 물리적·기계적 인자에 노출되는 업무로 인한 피부질환

24. 간질환 (2003.7.1. 신설)

가. 근로자가 업무와 관련하여 다음의 1에 해당되는 원인으로 독성간염·급성간염·전격성간염·간농양·만성간염·간경변증·원발성간암이 발생 또는 악화되었거나 이로 인하여 사망한 경우에는 이를 업무상 질병으로 본다.

    (1) 작업환경에서 유해물질에 노출 또는 중독된 경우

    (2) 작업환경에서 병원체(세균·바이러스 등)에 감염된 경우. 다만, 다음의 요건을 모두 충족하여야 한다.

        (가) 업무활동범위와 해당 병원체의 전염경로가 일치할 것

        (나) 재해전에 해당 병원체의 전염근거가 없을 것

        (다) 업무수행중 해당 병원체에 전염될 만한 명백한 행위가 있을 것

        (라) 해당 병원체에 의한 간질환의 임상경과와 근로자의 검사소견이 일치할 것

(3) 업무상 사고나 유해물질로 인한 질병의 후유증 또는 치료과정에서 기존 간질환이 자연경과 속도 이상으로 악화된 것이 의학적으로 인정되는 경우

(4) 바이러스성 간질환을 지닌 근로자가 업무와 관련하여 다른 간염바이러스에 중복감염된 경우

나. 다음 각호의 1에 해당하는 경우에는 업무상 질환으로 인정되지 아니한다.

(1) 업무외적인 사유에 의한 상습적 과음으로 발생된 알코올성 간질환

(2) 양약·한약·그 밖의 검증되지 아니한 물질(민간약·건강보조식품·녹즙 등)의 사용으로 발생된 간질환

(3) 과체중·당뇨병 등의 합병증으로 발생된 지방간·지방간염·간경변증

(4) 자가면역성 간염·유전성 간질환·혈관질환 등으로 발생된 간질환

(5) 간내결석·담도결석·담도암·췌장암 등으로 발생된 간질환

(6) 심장질환·폐질환·위장관질환·혈액질환에 의한 간질환

(7) 다른 장기의 악성종양이 간에 전이된 간질환

4. 업무상 사고에 의한 산업재해

1) 작업시간 중의 사고

근로자가 사업장내에서 작업시간 중에 작업, 용변 등 생리적 필요행위, 작업준비, 마무리행위 등 작업에 수반되는 필요적 부수행위를 하고 있던 중 발생한 사고로 인하여 사상한 경우에는 원칙적으로 업무상 재해로 인정된다. 또한 이러한 재해가 업무 외적인 원인에 기인하여 발생한 경우에도 그 재해원인과 사업상의 원인(예를 들어 사업장의 시설의 하자 등)이 병합하는 경우에는 업무상 재해로 인정될 수 있다.

- 중식을 위하여 구내식당까지 가는 행위는 업무에 수반한 필요적 행위이므로 가는 도중의 재해는 업무상 재해로 인정된다(1983.12, 보상 1458.7-31104).

- 아파트 기계원이 지하배관 공사중 우측 눈이 피재된 경우 업무상 재해에 해당된다(1992.04.27, 산심위 92-187).

- 작업 주임이 현장 작업중 전교통동맥의 동맥류 파열에 의한 뇌지주막하출혈이 발병한 경우 업무상 재해로 볼 수 없다(1992.02.25, 산심위 92-32).

- 피재자의 공장 사출기를 수리받는 조건으로 다른 공장 분쇄기를 청소하다 재해를 당한 경우 업무상 재해에 해당된다(1986.03.24, 산심위 86-17).

- 청소원이 휴무일에 작업준비하던중 발생한 재해는 업무상 재해에 해당된다(1985.04.02, 보상 01254-61416).

2) 작업시간 외의 사고

(1) 작업시간 외의 사고

근로자가 사업장내에서 작업시간 외의 시간을 이용하여 작업, 생리적 필요행위, 작업에 수반되는 필요적 부수행위 등을 하고 있을 때 발생한 사고로 인하여 사상한 경우에는 업무상 재해로 본다. 또한 사업주가 관리하고 있는 시설(차량, 장비 등을 포함)의 결함 또는 사업주의 시설관리 소홀로 인하여 재해가 발생한 경우에는 그 재해가 작업시간외의 시간 중에 발생한 때에도 이를 업무상 재해로 본다.

- 회사 소유의 차량을 운전하여 인부들과 목욕을 한 후 개인 숙소로 가던중 발생한 재해는 업무상 재해로 볼 수 없다(1994.10.25, 대법 94누 9498).

- 일과시간이후 여가선용 중 발생한 재해는 업무상 재해로 볼 수 없다(1987.05.22, 보상 01254-8291).

- 사업장 내에서 임의로 오토바이 운행 중 재해를 입은 경우 업무상 재해로 보기 어렵다 (1985.09.10, 보상 01254-16604).

- 여가시간을 이용한 서클활동 중 발생한 재해는 업무상 재해로 볼 수 없다(1985.01.08, 보상 1458.7-212).

- 작업완료 후 몸을 씻기 위해 목욕탕에 들어가 화상을 입은 경우 업무상 재해에 해당된다 (1973.08.23, 근기 1455-8799).

(2) 통근재해

출·퇴근하는 도중 발생한 사고로 인하여 사상한 경우에는 원칙적으로 산업재해로 보지 않는다. 그러나 근로자가 출·퇴근하는 도중에 발생한 사고로 인하여 사상한 경우라도 ① 사업주가 소속근로자들의 출·퇴근용으로 제공한 교통수단의 이용 중에 발생한 사고이고 ② 사업주가 제공한 교통수단에 대한 관리·이용권이 근로자 측에 전담되어 있지 않은 경우에는 업무상 재해로 본다.

- 회사차량으로 출퇴근하다가 발생한 재해는 업무상 재해로 본다(1988.04.13, 근기 01254-5621).

- 사용자의 지시에 따라 개인 승용차로 출·퇴근하던중 발생한 재해는 업무상 재해로 볼 수 없다(1995.08.29, 대법 95누 5961).

- 출장업무 중 귀가하여 다음날 출근하던 중 발생한 재해는 업무상 재해로 볼 수 없다 (1995.05.26, 대법 94누 2275).

- 회사가 발행한 출입허가증을 부착하였으며 업무수행으로 임시 오토바이를 이용한 적이 있다 하여 위 오토바이로 출근 중 발생한 재해가 업무상 재해에 해당한다고 볼 수 없다 (1994.06.14, 대법 93누 24155).

- 회사에서 제공한 통근버스를 놓쳐 택시를 타러가던 중 교통사고를 당한 경우 업무상 재해로 볼 수 없다(1994.04.12, 대법 93누 24186).

- 출장중 업무와 관련된 사람과 식사 및 음주를 하고 귀가 중 길에 쓰러져 동사한 경우 업무상 재해에 해당된다(1994.01.13, 서울고법 93구 19933).

- 퇴근시간에 통근버스가 대기하고 있는 곳으로 가던 중 하수구에 빠져 부상을 입은 경우 업무상 재해에 해당된다(1993.11.12, 서울고법 93구 12802).

- 사장의 교통사고 처리를 위해 회사소유차량으로 경찰서에 가던 중 입은 재해는 업무상 재해에 해당된다(1993.11.09, 대법 93다 25851).

- 업무상 필요에 의해 일찍 출근도중에 발생한 재해는 업무상 재해로 볼 수 없다(1993.05.11, 대법 92누 16805).

- 회사가 회식비를 지원했다고 하더라도 동료 몇몇과 입사 1개월을 기념하는 의미로 회식을 갖고 귀가 후에 교통사고로 사망한 것은 업무상 재해로 볼 수 없다(2015.03.05, 서울행법 2014 구합7190).

3) 휴게시간 중의 사고

사업주가 근로자에게 제공한 휴게시간 중에 사업장 내에서 사회통념상 휴게시간 중에 할 수 있다고 인정되는 행위로 인하여 발생한 사고로 사상한 경우에는 이를 업무상 재해로 본다.

- 휴게시간 중의 근로자 행위가 근로자 본래 업무와 관련된 것이라면 업무상 재해로 볼 수 있다 (2000.04.25, 대법 2000다2023).

- 중식시간에 자의적인 축구시합중 발생한 재해는 업무상 재해로 볼 수 없다(1994.04.08, 재보 68607-377).

- 휴식시간에 창고에서 휴식중 재해를 당한 경우 업무상 재해에 해당된다(1992.05.25, 산심위 92-345).

- 간식시간중 근로자끼리 업무에 관련한 다툼으로 인한 재해는 업무상 재해에 해당된다 (1991.05.30, 재보 01254-7717).

- 점심식사로 먹은 복어독에 의해 사망한 경우 업무상 재해로 볼 수 없다(1991.03.19, 재보 01254-3781).

- 질의회시 사업장내에서 휴식시간 중 동료와 다투다 발생한 재해는 업무상 재해로 볼 수 없다 (1988.07.12, 재보 01254-10436).

- 질의회시 점심시간에 동료들과 자의로 배구를 하다가 부상을 당한 경우 업무상 재해로 볼 수 없다(1987.07.16, 보상 01254-11481).

- 질의회시 구내식당에서 식사 후 근무장소로 가던중 발생한 재해는 업무상 재해에 해당된다 (1987.07.01, 보상 32546-11156).

4) 출장 중의 사고

근로자가 사업주의 출장지시를 받아 사업장 밖에서 업무를 수행하고 있을 때 발생한 사고로 인하여 사상한 경우에는 이를 업무상 재해로 본다. 또한 사업주의 지시를 받아 사업장 외의 장소로 출, 퇴근하여 직무를 수행하고 있는 근로자(외근근로자)가 최초로 직무수행 장소에 도착하여 직무를 시작한 때부터 최후로 직무를 완수한 후 퇴근하기 전까지의 사이에 발생한 사고로 인하여 사상한 경우에는 업무상 재해로 본다. 다만, 다음에 해당하는 사상의 경우에는 그렇지 않다.

- 출장도중 정상적 경로(순로)를 벗어났을 때 발생한 사고
- 근로자의 사적 행위, 자해행위나 범죄행위 또는 그것이 원인이 되어 발생
- 사업주의 구체적인 지시를 위반한 행위로 인한 근로자의 사상

- 사업주 지시로 주말에 업무를 한 뒤 오토바이를 타고오다 다친 것도 업무상 사고이다 (2002.09.11, 서울행법 2002구단1314).

- 출장 중의 재해는 특별한 사정이 없는 한 그 업무수행성을 인정할 수 있으므로 업무상 재해에 해당된다(1993.11.09, 대법 93다 23107).

- 출장 중 입은 재해라도 업무와 관계없이 한 사적인 행위로 야기된 재해는 업무상 재해라 할 수 없다(1992.11.24, 대법 92누 11046).

- 출장근무 후 평소와 다른 우회도로를 이용하여 복귀중 입은 재해는 업무상 재해에 해당된다 (1992.10.06, 산심위 92-2207).

- 회사 업무용 차량으로 거래처에 갔다가 귀가 중에 발생한 재해는 업무상 재해에 해당된다 (1992.04.27, 산심위 92-252).

- 출장 중 업무를 마치고 숙소를 구하기 위하여 개인소유차량을 이용하던 중 입은 재해는 업무상 재해에 해당된다(1992.01.27, 산심위 91-676).

- 국외 출장 중 투숙 호텔 화재사고로 사망한 경우 업무상 재해에 해당된다(1982.03.10, 보상 1458.7-7930).

- 상사의 지시에 의한 외출 중 발생한 재해는 통상적인 순로, 방법을 취하였다면 업무상 재해에 해당된다(1975.08.02, 보상 1455).

- 해외파견 연수기간 중 재해는 업무상 재해이다(1971.03.02, 징수 2175).

5) 행사 중 사고

근로자가 운동경기, 야유회, 등산대회 등 각종행사에 참가 중 사고(행사의 기획, 참가, 준비연습도 마찬가지임)로 인하여 사상한 때에는 사회통념상 당해 행사에 근로자의 참여가 노무관리 또는 사업운영상 필요하다고 인정되는 경우로서 다음에 해당되는 경우에는 이를 업무상 재해로 본다.

- 사업주가 행사참여 근로자에게 행사 당일 날 출근한 것으로 처리하는 경우
- 사업주가 근로자에 대하여 행사에 참여하도록 지시하는 경우 등

- 노무관리의 일환으로 실시한 야유회 중 발생한 재해는 업무상 재해이다(2001.03.14, 서울행법 2000구34484).

- 야유회가 회사의 지배나 관리를 받는 상태가 아니라면 야유회 참가 중 입은 재해는 업무상 재해라 할 수 없다(1992.10.09, 대법 92누11107).

- 총무과장이 시청테니스협회에서 주관하는 대회에 참가하여 부상을 입은 경우 업무상 재해에 해당된다(1992.04.27, 산심위 92-265).

- 생산직 근로자가 회사 야유회에 참석하여 물놀이를 하던 중 익사한 경우 업무상 재해에 해당된다(1990.03.19, 산심위 90-35).

- 노조주관의 배구대회 참석을 위한 연습 중 부상을 당한 경우 업무상 재해로 볼 수 없다(1988.07.28, 재보 32540-11417).

- 지점 주최 야유회 참석 후 하산 중 발생한 재해는 업무상 재해에 해당된다(1986.10.17, 보상 32540-16759).

- 노동조합 주관의 운동경기 중 발생한 재해는 업무상 재해라 볼 수 없다(1985.05.10, 보상 01254-8702).

☀ 향토예비군훈련에 응소키 위해 사업주가 제공한 차량으로 훈련장에 가는도중 발생한 재해는 업무상 재해로 볼 수 있다(1977.06.01, 보상 1455.8-10412).

6) 기타 사고

(1) 타인의 폭력행위로 근로자가 사상한 경우

타인의 폭력행위에 의하여 근로자가 사상한 경우로서 다음의 요건에 해당되는 경우에는 이를 제3자의 행위에 의한 업무상 재해로 본다.

- 재해발생경위, 담당업무의 성질이 가해행위를 유발할 수 있다고 인정될 것
- 타인의 가해행위와 사상한 근로자의 사상 간에 상당인과관계가 있을 것

🔦 타인의 폭력에 의하여 재해를 입은 경우 그것이 직장내의 인간관계 또는 직무에 내재하거나 통상 수반하는 위험의 현실화로써 발생하였다면 업무상 재해이다(1995.01.24, 대법 94누 8587).

🎈 전직 동료 운전사의 폭행으로 인한 사망이라도 업무와 관계없는 사적감정으로 유발된 경우라 면 업무상 재해로 인정하기 어렵다(1973.07.22, 보상 688).

🎿 수위가 근무 중 강도에게 살해당한 경우 일반적으로 업무상 재해에 해당된다(1972.06.30, 보 상 1455-6983).

☀ 도제식 교육장서 상사 폭언 못견디고 자살… 행정법칙 "산재 인정해야"(서울 행법 2016.09.02, 선고 2015구함74302 판결).

(2) 제3자의 행위에 의한 사고

제3자의 행위에 의하여 발생한 사고로 인하여 사업장 내에서 작업시간 중 작업, 작업에 수 반되는 필요적 부수행위를 하고 있던 근로자가 사상한 경우에는 제3자의 행위에 의한 업무상 재해로 본다. 다만, 업무와 사상 간에 상당인과관계가 없음이 명백한 경우에는 업무상 재해로 보지 않는다.

🎵 회사와 관계없는 제3자에게 차량을 대리운전케 하여 발생한 재해는 제3자 행위에 의한 업무 상 재해이다(1982.02.16, 보상 1458.7-4463).

🔦 택시 운전기사가 뺑소니 차량 추적 중 재해가 발생한 경우 업무상 재해로 봄이 타당하다 (1991.07.11, 재보 01254-10037).

- 근로자 임의로 야간경비 중 실화로 사망한 경우 업무상 재해로 볼 수 없다(1985.02.13, 보상 01254-2919).

- 제3자의 가해행위로 재해가 발생된 경우도 업무상 재해로 인정된다(1984.08.17, 보상 1458.7-17523).

- 운전사가 환전을 위해 차내에서 내리다가 동사 주주로부터 부정행위로 오해받아 폭행을 당한 경우는 업무상 재해에 해당된다(1983.04.18, 산심위 83-33).

- 야간 경비근무 중 청산가리를 탄 술을 마시고 사망한 것은 업무상 재해가 아니다(1981.01.19, 산심위 81-3).

- 운전기사가 승객으로부터 구타를 당한 경우 업무상 재해로 봄이 타당하다(1977.06.02, 보상 1455.6-10536).

(3) 요양 중인 근로자의 사고

업무상 재해를 당하여 요양 중에 있는 근로자가 요양과 관련된 행위 중에 발생한 사고로 인하여 사상한 경우로서 요양중인 행위와 사고 간에, 사고와 새로운 사상 간에 각각 상당인 과관계가 있다고 인정되는 경우에는 이를 업무상 재해로 본다.

- 산업재해보상보험법상 업무상재해를 당하여 요양중에 있는 근로자가 요양과 관련된 행위중에 발생한 사고로 인하여 사상한 경우, 요양중인 행위와 사고간에, 사고와 새로운 사상간에 각각 상당인과관계가 있다고 인정되는 경우에는 이를 업무상재해로 본다(1996.08.30, 요양 0509-489).

- 업무상재해로 요양중, 수술을 위하여 의료기관을 변경하기 위한 이송중 발생한 교통사고로 인한 사상은 근로자의 요양과 관련된 행위중의 사고로서 사고와 새로운 사상간에 상당인과관계가 성립하는 것으로 본다(1996.06.10, 요양 0509-319).

- 경비원이 동료근로자에게 구타당하여 뇌를 다쳐 요양 후 영양실조 및 위암으로 사망한 경우는 업무상 재해라 할 수 없다(1985.05.20, 산심위 85-66).

- 전에 근무 중 외상을 당한 자가 후에 정신질환이 발병된 경우 업무상 재해에 해당되지 않는다(1982.08.23, 산심위 82-80).

- 업무상 부상후 치료를 위한 조영제 주입중 사망한 것은 최초 상병부위와 사인과의 직접적인 관련은 없다(1973.07.13, 보상 7199).

- 장기간 화상 가료 중 발병된 만성골수염의 업무상 재해 인정여부는 의학적 판단에 달려있다(1970.12.09, 관리 11628).

- 흉부타박상후의 외상성 담양염은 업무상 질병으로 인정할 수 없다(1965.06.15, 노직산 2455).

5) 산업안전 · 보건

(1) 안전 · 보건관리체계

사업장에서 실질적으로 총괄 · 관리하는 자로서 원칙적으로 상시 300인 이상의 사업장(업종별 차이)은 안전보건관리책임자를 두어야한다. 또한 생산공정단위에서 안전 · 보건관리가 이루어질 수 있도록 안전 · 보건관리자를 두어야한다. 또한 상시근로자 100인 이상을 사용하거나 유해 · 위험업종의 사업장은 산업안전보건위원회를 두어야 한다.

(2) 안전관리 의무

사업주는 근로자에 대하여 정기적으로 안전 · 보건교육을 실시하여야 한다. 유해 또는 위험한 작업을 필요로하거나 동력에 의하여 작동하는 기계 · 기구등은 유해 · 위험방지를 위한 방호조치를 하고, 자체검사를 실시하여야 한다. 사업주는 화학물질 또는 화학물질을 함유한 제제를 제조 · 수입 · 사용 · 운반 또는 저장하고자 할때에는 미리 이에 관한 자료를 작성하여 게시 또는 비치하여야한다.

(3) 보건관리 의무

사업주는 유해한 작업장은 작업환경측정을 정기적으로 실시해야한다. 근로자에 대해서는 정기적으로 건강진단을 실시해야하며, 전염병, 정신병 또는 근로로 인하여 병세가 현저히 악화될 우려가 있는 질병의 경우 근로를 금지하거나 제한하여야 한다. 또한 유해위험한 작업에는 1일 6시간, 1주 34시간 이상 근로를 시킬 수 없다.

5. 과로사 문제

1) 과로사의 정의

'과로사'(Karoshi, work to death)란 용어는 일본에서부터 사용되기 시작하였으나 우리나라에서도 점차 보편적인 용어가 되어가고 있다. '과로사'는 의학적인 용어는 아니지만 일과 관련하여 과로(fatigue)나 스트레스(stress) 등이 원인이 되어 사망(death)에 이르게 되는 경우를 말한다. 과로사가 의학적으로 표현되는 자주 사용되는 진단명으로는 청장년급사증후군, 돌연사, 사인미상, 급사, 심장마비, 심근경색, 뇌출혈, 뇌경색, 지주막하출혈 등으로 나타난다.

- 업무상 과로 내지 스트레스로 인하여 급성심장사나 청장년급사증후군으로 사망한 것으로 추단할 수 있으므로 업무상 재해에 해당한다(2004.05.19, 서울행법 2002구합 36003).

- 과로 이외에 내인성급사를 일으킬 만한 다른 유인이 없다면 업무상 과로와 사망 사이에 상당인과관계를 인정할 수 있다(2000.10.06, 대법 2000두4224).

- 평소 건강한 사람이 잠을 자다 돌연사한 경우 누적된 과로 등으로 급성심장마비가 일어난 것으로 사망과 업무사이에 상당인과관계가 인정되면 업무상재해에 해당된다(1997.04.03, 서울고법 96구 27218).

- 청장년급사증후군을 유발시킬 만한 다른 특별한 원인이 밝혀지지 않은 이상, 업무상의 과로나 스트레스로 인하여 청장년급사증후군이 유발되었다고 추단해 볼 수도 있으니 업무와 그의 사망 사이에는 상당인과관계가 있다(1997.09.30, 서울고법 97구 43).

- 자동차회사의 34세 영업주임으로서 평소 근무시간은 08:00시부터 18:00시까지이고, 사망 전 보고서 및 결산을 위해 연장근무를 하였으며, 고객접대와 직원과 회식으로 1주일에 3~4회 음주하여 오다가 취침 중에 발병하여 사망한 것은 정신적 피로가 누적된 상태에서 과로가 원인이 되어 청장년급사증후군으로 사망하게 되어 업무상 재해로 인정된다(서울고법1997.11.14.선고, 96구16478판결).

- 택시회사의 42세인 운전기사로서 기존에 고혈압의 지병이 있으며, 담배는 반갑 정도이고, 근무는 1주일에 2교대 근무로서 오전반에는 06:00시부터 15:00시까지이고, 오후반은 16:00시부터 01:00시까지로서 급여는 업적금제도를 시행하는 관계로 업무상 육체적 피로와 정신적 스트레스로 택시 운행 중에 혼수상태가 되어 병원에 이송하였으나 사망한 재해로서, 육체적 피로와 스트레스로 인해 심폐마비로 돌연사한 것으로 업무상 재해로 인정되어야 한다(광주고법 1997.1.24.선고, 96구 483판결).

- 건설회사 공무과장으로 매일 07:00부터 20:00까지 근무하면서, 3개의 공사현장의 감독과 공무과장직을 겸직하였고, 1주일에 3일은 23:00까지 근무하여오다가 업무 중에 현장에서 휴식 후 두통, 구토증상 등을 일으켜 발병 사망하게 된 것은 비록 사인미상이더라도 업무수행 중 정신적·육체적 과로가 누적되어 발병하여 사망한 것으로 추정할 수 있어 업무상 재해로 인정된다(산심위 96-282결정).

- 회사의 경리부장으로 재직 중 평소 고혈압의 기존질병이 있는 상태에서 회사에 출근 후 업무 중 경련 및 발병이전의 과로로 보아 사망의 사인이 밝혀지지 않았으나 업무상 재해로 인정함이 타당하다(산심위 96-1559결정).

- 지방자치단체의 행정서기 공무원으로서 하절기에는 09:00부터 18:00까지, 동절기에는 09:00부터 17:00까지 통상적인 시간의 근무를 하여왔으며, 평소 병사 및 민방위 업무수행을 위해 잦은 출장을 나가고 있었으며, 출장 중 뒤로 넘어져 사망하였는바, 과중한 업무수행으로 과로한 상태에 있어 돌연사한 것으로 업무상 재해로 인정(대법원1993.5.11.선고, 91누 2243판결).

2) 과로사의 원인

업무와 재해 사이에 상당한 '인과관계'가 있는 경우 이를 업무상재해라고 할 수 있다. 현대인은 과거에 비하여 노동 강도가 높아져 '일중독'(work addiction)에 이를 정도로 업무로 인한 과로나 스트레스의 위험에 훨씬 더 노출되어 있다. 현대 산업구조의 고도화에 따른 업무상 긴장과 스트레스의 증가, 경쟁적인 사회구조, 목표달성을 위한 업무의 과중, 긴장과 스트레스의 연속, 장시간 근로 등에 의한 피로의 누적 등이 모두 과로사에 상당한 기여를 하게 된다.

그런데 과로사의 원인되는 업무로 인한 피로나 스트레스는 그 자체를 질병으로 볼 수 없으나, 다른 질병의 발병원인이 되거나 기존 질병을 악화시키게 된다. 과로나 스트레스는 신체의 면역체계를 깨뜨리고, 심장이나 뇌혈관, 간장 등에 악영향을 미치게 되는 것이다. 따라서 대부분의 과로사는 업무에 따른 육체적 과로나 정신적 스트레스가 기존질병을 악화시켜 발생되는 것이다. 결국 과로는 질병 발생의 원인의 일부이거나 원인과는 무관하게 기존 질병의 진행 또는 악화를 촉진한 것으로서 질병발생의 원인의 전부가 될 수 없으며 일부로서 관여했을 뿐인 것이다.

- 잦은 지방출장으로 인한 과로와 스트레스가 간경변을 악화시켰다면 업무상 재해이다 (2004.12.10, 서울행법 2002구단 3211).

- 근무 환경, 업무상 과로, 정신적 스트레스가 복합적으로 작용하여 발병하였거나 그로 말미암아 악화된 것으로 추단되는 만성피로증후군도 업무상 재해에 해당된다(2004.09.17, 서울행법 2003구단4563).

- 과로 및 스트레스로 인한 만성신부전증은 업무상 재해에 해당한다(2003.08.28, 서울고법 2003누 1808).

- 은행원이 과로와 스트레스가 원인으로 수면 중 사망한 경우 업무상 재해에 해당한다 (1995.09.15, 서울지법 95가합 36287).

- 간질환을 가진 자가 과로나 스트레스로 인해 인체 면역체계 등이 약화되면 간경변, 간암 등을 앓을 수 있다는 의학적 소견에 비추어 K씨의 과도한 업무와 스트레스가 질병을 급격히 악화시킨 것으로 본다(2007.1.24, 서울행정법원).

3) 업무상재해와 과로사의 관계

가. 뇌 · 심혈관 질환의 경우

부상이나 질병이 업무상으로 인정받기 위해서는 업무와 부상이나 질병 사이에 상당한 인과관계가 밝혀져야 한다. 그러나 과로사는 육체적 과로나 정신적 스트레스가 과연 어느 정도 사망에 관여하였는지의 엄격한 판단은 사실상 불가능하다. 대부분의 질병은 과로나 스트레스에 의하여 악화될 수 있기 때문에 업무상재해로 인정되기 위해서는 객관적인 기준이 절실히 필요하다. 산업재해보상보험법에서는 뇌실질내출혈, 지주막하출혈, 뇌경색, 고혈압성뇌증, 협심증, 심근경색증뇌혈관의 일부 뇌심혈관계 질환에 대해서 과로나 스트레스에 대한 기준을 일부 마련하고 있다.

나. 기초질환이나 기존질병이 있는 경우

근로자가 업무상 특정요소 또는 과로에 기인하여 질병이 자연경과를 넘어서 증악, 발현 또는 사망한 때에는 1) 업무량, 시간, 강도, 성질, 환경 등이 질병을 유발 또는 증악시킨 원인과 업무사이에 상당 인과관계가 있는 때, 2) 질병이 과로 등 업무상 사유에 의하여 유발 또는 증악한 것이 의학적으로 상당 인과관계가 인정되는 때 업무상 질병으로 인정한다.

- 시간외근무 등으로 과로와 스트레스가 가중되어 면역기능이 저하된 상태에서 질병이 발병하였다면 업무상 재해에 해당한다(2005.03.15, 서울행법 2004구합 21104).

- 폐결핵의 진단을 받은 이후에도 회사사정으로 쉬지 못하여 과로와 스트레스로 병세가 악화되었다면 업무상 재해에 해당한다(2004.12.10, 서울행법 2002구단 6005).

- 과로 및 스트레스가 기존질환인 고혈압을 급격히 악화시켰다면 공무상 질병에 해당한다(2003.06.04, 서울행법 2002구단 5118).

- 과도한 육체적 과로와 정신적 스트레스에 시달려온 나머지 기존의 고혈압이 급격히 악화되어 유발된 상병과 업무 사이에는 상당인과관계가 있다(2001.05.16, 서울행법 2000구 20485).

- 기자활동을 하면서 과로와 정신적 스트레스로 기존 질병인 간염이 악화되었다면 산업재해에 해당한다(2000.10.17, 서울행법 99다35504).

- 먼지가 많은 교사의 직업적 환경 등에 기인하여 폐결핵이 발병하였고, 폐결핵 증세가 있음에도 계속된 과로로 사망하게 되었다면, 업무와 상당인과관계가 있다(2000.07.11, 서울행법 99구36286).

- 사망원인이 된 위암이 업무로 인한 과로와 스트레스 그리고 불규칙한 식사 등이 반복되는 과정에서 자연적인 경과 이상으로 급격히 진행됨으로써 악화된 것이라면 업무상재해에 해당된다(1999.04.22, 서울행법 98구 2125).

- 택시 기사로서 또는 노조조합장으로서 사용자의 사업과 관련이 있는 활동만으로도 과로를 거듭하여 간염, 간암을 자연적인 진행속도 이상으로 악화시킨 것으로 추인함이 상당하므로 업무상 재해에 해당한다(1997.03.27, 서울고법 96구 17501).

※ 피로와 정신적 스트레스의 누적으로 기존질병인 기관지천식이 급속히 악화되어 사망한 경우 업무상 재해에 해당한다(1996.09.06, 대법 96누 6103).

● 초등학교의 교장으로 근무하여 오던 중 퇴근 후 자택에서 목욕 중 사망하였으나, 평소 과로가 누적되어 기존의 질병을 급속히 악화시켜 사망에 이른 경우, 보여져 업무상 재해로 인정된다 (서울고법 1991.7.11.선고, 91구113682 판결).

반면에, 질병이 자연발생적으로 발현되거나, 업무적으로 과로한 사실이 없는 때, 자연발생적으로 기초질환이 악화되었다는 의학적 소견이 있는 때, 싸움, 폭행, 말다툼, 가족문제 등 발병전에 업무와 관계없는 사건으로 발생 한 때, 원인이 불명한 때에는 업무상 질병으로 인정하지 아니한다.

※ 임신여성 근로자의 과로여부 판단시 일반과 다른 기준 적용. 2012년 6월 MB대통령의 중남미 순방준비 중 격무로 쓰러진 외교부 공무원(2011.08부터 콜롬비아 한국대사관 근무. 2012.06, 뇌출혈로 쓰러짐. 임신 13주 상태 주당 O/T 20~30H)은 임신상태 있음. 고려한 기준 적용, 과로, 스트레스 뇌출혈간 인과관계 인정, 산재 승인(2014.07.30, 서울행정법원 판결).

● 회사에서 일하다 뇌경색 진단 받았어도 입사전 4년 이상 같은 업무 경력 있고, 발령 전에 근무시간이나 근무방식에 큰 변화 없었다면 업무상 재해 아니다(2014.03.13, 울산지법 판결).

4) 과로사의 유형

과로사와 관련된 질병으로서 ① 뇌출혈, 지주막하출혈, 뇌실질뇌출혈 ② 뇌경색 ③ 뇌졸중, 고혈압성뇌증 ④ 심근경색 ⑤ 관상동맥경화증 ⑥ 협심증, 급성심부전 ⑦ 해리성 대동맥류, 대동맥류 ⑧ 원인미상의 심장마비, 돌연사, 청장년급사증후군 ⑨ 간염, 간경화, 간암 등이 있다. 그런데 가장 대표적인 과로사의 형태는 뇌혈관질환과 심혈관질환 그리고 간질환이다.

가. 뇌혈관 질환

뇌에 정상적으로 혈액공급이 되지 않는 장애에 의한 모든 신경질환을 의미하며 , 통상 뇌졸중 또는 일반인들에 의해 중풍 이라고 불리어지기도 한다.

출혈성은 뇌 질환뇌혈관이 터져서 생기는 뇌의 질환으로 출혈이 고인 부위에 따라 뇌안으로 피가 터져 번지는 뇌실질내 출혈과 뇌 밖의 지주막하강으로 터지는 지주막하출혈로 나뉘어 지며, 그 원인에 따라 고혈압성, 뇌동맥류, 뇌동정맥 기형 등으로 구분하기도 한다.

허혈성 뇌질환은 뇌혈관이 막혀서 생기는 뇌의 질환으로 발생원인에 따라 뇌색전, 뇌혈전,

뇌혈색전 등으로 구분하기도 하며, 증상의 양상에 따라 일과성 허혈, 가역성 허혈성 신경학적 결손, 고정성 뇌졸중으로 구분된다

> ♪ 시내버스의 운전기사로서 2일 근무하고 1일 휴무의 원칙 아래 매달 19일씩 근무하여 왔는 바 사망사건 당시 격일제 근무로 버스운행 중에 뇌졸중으로 쓰러져 사망하였는바, 과중한 업무로 피로가 겹쳐 혈압이 상승됨에 따라 뇌졸증으로 사망하여 업무상 재해임(대법원 1977.2.22.선고, 76자2533 판결).

나. 심장질환

심장질환의 종류는 여러가지가 있지만 업무상 스트레스와 관련이 있는 것은 허혈성 심질환(협심증, 심근경색증) 이다.

허혈성 심질환은 기본적으로 심장근육이 필요로 하는 산소의 양과 공급의 양에 불균형이 일어남으로써 생기는 병으로 다음 세가지 형태의 이상에 의해 초래된다.

- 심장근육에 산소를 공급하기 위해 심장을 둘러싸고 있는 관상동맥혈관이 막혀 관상동맥의 동맥경화증과 혈관경련 또는 혈전증의 합동작용으로 혈류가 감소 되었을 때,
- 심장이 비대해져 심근의 산소 수요가 혈액공급을 초과 할 때,
- 심한 빈혈, 폐질환, 선천성 심질환, 일산화탄소중독, 흡연 등 산소이동이 감소 되었을 때 발병한다.

(1) 협심증

협심증이란 혈관이 좁아지는 현상으로, 대부분의 경우 뚜렷한 심근경색증이 발생되지 않은 상태에서 관상동맥의 죽상경화증으로 혈류가 줄어들어 초래되나 때로 심실비대, 심근증 등에 의해서도 생길 수도 있다.

(2) 심근경색증

심근경색증은 직경 2.5cm 이상의 심실 근육 전층을 통하여 일어나는 전층경색과 심실벽의 1/3에서 1/2까지 경색이 일어나는 심내막하 경색으로 나눌 수 있으며, 모든 경색의 주요한 병적장애는 동맥경화증이다.

※ **심부전** : 심박출량의 장애 또는 정맥압의 상승으로 발생하는 특유한 자각적 및 타각적 증상을 특징으로 하는 임상적 증후군을 말함

(3) 해리성 대동맥류

해리성 대동맥류 또는 대동맥류 박리란 혈액이 혈관벽의 찢어진 틈으로 새어 들어가는 것으로 동맥에서 발생하는 질병 중 가장 무서운 병이라고 할 수 있다.

- 과로와 스트레스로 고혈압이 악화되어 대동맥 박리 증세를 일으켰고 그 후유증으로 사망했다면 공무상 재해에 해당한다(2005.04.19, 서울행법 2004구합 19453).

- 평소 과중한 업무를 수행하던 미술교사가 교직원 체육대회 후 가진 회식 도중 부정맥으로 인한 급성 심장사로 숨진 것은 공무와 상당한 인과관계가 있다(2005.02.02, 서울행법 2004구합 16058).

- 교번근무제에 따른 불규칙한 업무와 1인 승무로 인한 육체적 과로 및 스트레스로 급성심근경색이 유발되어 사망했다면 공무상 재해에 해당한다(2004.10.14, 서울행법 2004구합 4581).

- 업무상 과로 및 스트레스가 기존의 다른 유발인자와 함께 심혈관계 질환을 유발하여 사망했다면 업무상 재해에 해당한다(2004.10.01, 서울행법 2003구합 25918).

- 사망 전 평소보다 늘어난 업무 때문에 과로에 시달리던 중 통근버스를 따라잡기 위해 질주하다가 급성심부전증으로 사망한 경우 업무상 재해에 해당한다(2003.11.14, 대법 2003두 5501).

Ⅳ 집단적 노사관계와 노동법

1. 노동조합의 결성과 활동

자본주의 경제체제에서 주체인 자본과 노동의 관계는 시민법 질서 하에서는 힘의 불균형이 필연적이다. 노동은 자본에 대한 종속성을 전제로 출발하기 때문에 대등한 관계를 위해서는 노동조합이라는 단체를 통한 단결권의 보호가 필수적이다.

따라서 근로조건의 유지 및 개선을 목적으로 하는 단체교섭권을 실현하기 위하여는 단체행동권의 보장과 동시에 노동조합의 단결권도 보장되어야 한다. 단결권을 실현하기 위해서는 노동조합은 실질적 요건으로서 대외적인 자주성과 형식적 요건으로서 대내적인 민주성을 가지는 것이 매우 중요하다.

1) 노동조합의 자주성

근로자는 자유로이 노동조합을 조직하거나 이에 가입할 수 있다. 단지 공무원과 교원에 대하여는 따로 법률로 정하고 있다(노조법 5조). 노동조합의 조합원은 어떠한 경우에도 인종ㆍ종교ㆍ성별ㆍ정당 또는 신분에 의하여 차별대우를 받지 아니한다(노조법 9조).

노동조합의 실질적 요건으로서 기업에 대하여 대등한 관계 하에 근로조건의 유지 및 향상을 위하여 자주적으로 단체협약을 추진할 수 있어야 한다. 이러한 자주성을 확보하여 노동조합의 목적을 실현하기 위한 취지의 하나로 노동조합의 결격사유를 정하고 있다.

노동조합으로 인정하지 않은 결격사유로 1) 사용자 또는 항상 그의 이익을 대표하여 행동하는 자의 참가를 허용하는 경우, 2)경비의 주된 부분을 사용자로부터 원조 받는 경우, 3) 공제ㆍ수양 기타 복리사업만을 목적으로 하는 경우, 4) 근로자가 아닌 자의 가입을 허용하는 경우. 다만, 해고된 자가 노동위원회에 부당노동행위의 구제신청을 한 경우에는 중앙노동위원회의 재심판정이 있을 때까지는 근로자가 아닌자로 해석하지 않는다. 5) 주로 정치운동을 목적으로 하는 경우 등으로 정하고 있다(노조법 2조 4호).

- 사용자로 하여금 노동조합 조직과 운영에 개입하도록 하는 등의 지문을 한 공인노무사에 대한 공인노무사 등록취소의 경계처분을 적법하다(2015.03.26, 서울행법 2014구해도16286).

- 노동조합이 사용자의 이익대표자의 참가를 허용함으로써 조합원 중에 일부가 조합원으로서의 자격이 없는 경우 노동조합의 자주성이 현실적으로 침해되었거나 침해될 우려가 있는 경우에만 노동조합의 지위를 상실한다(1997.10.28, 서울고법 97라 94).

- 사용자 또는 항상 그의 이익을 대표하여 행동하는 자인지 여부는 형식적인 직급명칭이나 지위보다는 구체적인 업무특성, 근로자에 관한 사항에의 관여정도 등을 감안하여 판단하여야 한다(1995.04.10, 노조 01254-397).

- 사용자에 전속되어 있는 비서, 전용운전수, 경리부서직원은 노조를 조직하거나 가입할 수 없는 근로자이다(1992.11. , 노조 01254-16320).

- 소속직원에 대한 근무평정자로서 직원에 대한 근태관리 등의 업무를 수행하는 관리·감독자는 노조에의 참가가 허용되지 않는다(1991.11. , 노조 01254-17344).

- 취업자격 없는 외국인 근로자로 노동조합법상 근로자에 해당하고 근로자의 개념에 포함되는 이상, 노동조합을 설립하거나 노동조합에 가입할 수 있다(2015.06.25, 대법 2007두4995).

2) 노동조합의 민주성

노동조합이 조직 목적을 달성하기 위한 형식적 요건으로서 운영상 대내적인 민주성이 확보되어야 한다. 이를 위해서 행정기관에 설립 신고주의를 택하고 있으며, 신고 시에 조직의 자주적·민주적 운영을 보장하기 위한 규약에 필수적인 기재사항을 정하여 필수적으로 함께 제출하여야 한다. 또한 총회나 대의원대회에서는 1) 규약의 제정과 변경, 2) 임원의 선거와 해임, 3) 단체협약, 4) 예산·결산, 5) 기금의 설치·관리 또는 처분, 6) 연합단체의 설립·가입 또는 탈퇴, 7) 합병·분할 또는 해산, 8) 조직형태의 변경 등에 관한 사항이나 기타 중요한 사항을 정하여야 한다(노조법 16조). 총회나 대의원대회는 재적조합원 과반수의 출석과 출석조합원의 과반수의 찬성으로 의결하되, 규약의 제정과 변경, 임원의 해임, 합병·분할·해산 및 조직형태의 변경에 관한 사상은 재적 조합원 과반수의 출석과 출석조합원 3분의 2이상의 찬성이 있어야 한다. 특히 규약의 제정·변경과 임원의 선거·해임에 관한 사항은 조합원의 직접·비밀·무기명투표에 의해야 한다. 행정관청은 노동조합의 민주성을 보호하기 위하여 노동조합이 정한 규약이나 총회 또는 대의원대회 등 결의사항에 대하여 시정명령의 권한을 가지고 있다.

- 노동조합은 단체협약에 비조합원의 범위를 정한 것을 이유로 규약상 조직범위에 포함되는 근로자의 가입을 거부할 수 없다(2000.05.31, 노조 01254-455).
- 교친 아닌 자의 가입을 허용하는 전교조에 대한 고용노동부의 법치노조 통보 처분은 적법하다(2016.10.21, 서울고법 2014누54228).
- 외국국적을 가진 자도 노동조합 활동을 할 수 있다(1985.05.21, 노조 01254-9408).
- 재적인원 과반수 미만이 참석한 경우 총회는 자동 유회되었다고 보아야 한다(1997.06.30, 노조 01254-589).
- '교친의 노동조합 설립 및 운영에 관한 법률' 제2조에서 교원의 노동조합은 설립하거나 그 활동의 주된 주체가 되는 조합원 자격을 초·중등학교의 재직중 교원으로 제한하는 것은 합리적 이유가 있다(2015.05.28, 헌재 2017헌마671, 2014헌가21).

3) 노동조합의 활동

노동조합은 경제적·사회적 약자인 근로자가 집단적 힘으로 사용자와 대등한 위치에서 "근로조건의 향상을 위하여" 협상할 수 있도록 노동3권인 근로자의 단결권, 단체교섭권, 단체행동권을 헌법의 정신으로 보장하고 있다. 그러나 사용자의 경영권 역시 헌법의 사유재산권에 근거하여 보호되고 있다. 노동조합 권한과 사용자의 권한이 상충되는 경우 그 정당성의 판단이 중요하다. 형법 제20조에 의거 정당행위에 대하여 형사면책을 하듯이, 노동조합의 단체교섭·쟁의행위, 기타의 행위로 노동조합의 목적을 달성하기 위하여 한 정당한 행위에 대하여도 형사면책을 적용한다(노조법 4조). 동시에 적법한 단체교섭 또는 쟁의행위로 인한 사업주의 손해에 대해서도 노동조합이나 근로자에게 민사면책으로 보호하고 있다(노조법 3조). 그러나 정당성을 상실한 노동조합 활동은 민·형사면책을 받을 수 없으며 회사의 규정에 의한 징계도 받을 수 있다.

노동조합 활동을 좁게 정의하면 노동조합의 조직, 가입, 단체교섭, 쟁의행위를 제외한 노동조합의 일상적인 활동만을 말한다. 일반적으로 노동조합 활동이라고 하면 좁은 의미로 사용하고 있다. 노동조합원으로서 근로자의 행위가 법적으로 보호를 받으려면 일상적인 노동조합 활동에 해당되고 그 활동이 정당해야 한다.

그런데 일상적인 노동조합 활동은 사용자의 노무지휘권, 시설관리권과 충돌되는 경우가 많기 때문에 정당한가 하는 측면을 판단하는 일은 무척 어렵고 복잡한 문제이다. 대표적으로 취업시간 중의 노동조합 활동은 정당한가, 사업장 내에서의 노동조합 활동은 정당한가 하는 문제가 제기된다.

💡 산업별 노동조합의 하부조직이 독자적인 조직형태 변경 결의를 통해 기업별 노동조합으로 전환할 수 있다(2016.02.19, 대법 2012다96120).

(1) 취업시간 중의 노동조합 활동

근로자는 사용자의 지휘아래 성실하게 계약된 노동을 제공할 의무가 있다. 출근시간 이후와 퇴근시간 이전까지는 취업시간으로서 노동조합활동은 취업시간외 행하는 것을 원칙으로 한다. 따라서 취업시간중의 노동조합 활동은 이를 허용하는 단체협약이나 사용자의 승낙이 있어야만 정당성이 인정된다. 그러나 휴게시간은 노동력의 제공이 중지되는 시간이기 때문에 취업시간으로 보지 않는다.

또한 관행적으로 취업시간의 조합활동을 인정하여 온 경우도 사용자의 묵시적인 승낙으로 인정하고 있어, 관행에 대하여 사용자가 거절하려고 하는 경우에는 노동조합이 충분히 수용할 수 있도록 사전에 명확히 통지하여야 한다. 또한 필수불가결한 조합활동에 대해서는 취업시간일지라도 사용자에게 수인의무가 있다. 수인의무의 정도는 조합활동의 필요성 정도와 기업에 미치는 불이익간의 형평성에 의하여 판단된다.

💠 단체협약에 별도의 허용규정이 없고 노사간의 관행이나 회사의 승낙도 없이 근무시간 중에 오랜 시간 동안 개최한 조합원 총회는 그 방법 면에 있어 위법하다(2001.11.27, 대법 99도4779).

💡 회사의 승인 없이 근무시간 중에 집단으로 집회를 개최하거나 노조가 주관하는 집회에 참석하는 등의 사유는 징계사유에 해당하고, 이를 이유로 한 정직 1개월의 징계처분은 정당하다(2004.06.10, 대법 2004두2882).

🎵 근무시간 중 대의원대회 등 상급단체 행사참석을 불허한 것은 부당노동행위에 해당한다(2001.06.07, 서울고법 2000누14575).

💡 부득이한 사유로 근무시간 중 총회 등을 개최하고자 할 때에는 사업주와 합의해야 한다(1990.05.16, 노조 01254-7025).

(2) 사업장 내에서의 노동조합 활동

사업장 내의 노동조합 활동에 대하여는 원칙적으로 사용자의 시설관리권과 관련된 합리적인 규율이나 제약에 따를 때에만 정당성이 인정된다. 사업장 내에서의 조합활동이 시설관리권과 충돌되는 경우 정당성은 1) 조합활동 장소가 적당한지 여부, 2) 조합운영상 불가결한지 여부, 3) 업무운영에 지장을 주는 정도, 4) 시설사용의 거부상 정당한 이유 유무 등을 종합하여 판단되어야 한다. 또한 벽보 및 게시물의 경우에도 1) 부착장소의 적정성, 2) 부착내용의 적정성, 3) 부착수량의 적정성, 4) 부착방법의 적정성 등을 참작하여 시설관리권에 미치는 영향을 고려하여 정당성을 판단한다.

- 💡 지역단위 노동조합이 사용자측의 승인없이 특정 기업의 사무실을 사용하는 것을 당해 회사는 거부할 수 있을 것이며, 민법 등 관련 법령에 따른 조치를 취할 수 있을 것임(2001.7.19, 노조 68107-812).

- 💡 노동조합이 지부의 현판을 단체협약이나 사용자의 승인없이 임의로 회사 시설물에 부착하였다면 사정에 따라서는 그 철거도 가능하다(1996.07.09, 노조 01254-724).

- 💡 근로조건의 유지·개선 등에 관련한 내용을 담고 있는 유인물 배포와 게시행위를 이유로 조합원을 해고한 것은 부당하다(1998.10.15, 서울행법 98구 6288).

- 🚩 근로자가 회사의 허가없이 유인물을 배포하고 집회를 개최했어도 그 집회가 일과전이나 점심시간에 휴게실 등에서 이루어지고 유인물의 내용도 회사를 비방하거나 허위사실 유포가 아니었다면 이를 이유로 징계해고한 것은 잘못이다(1996.05.23, 서울고법 94구 24741).

2. 단체교섭의 성실 의무

노조법은 "노동조합의 대표자 또는 노동조합으로부터 위임을 받은 자와의 단체협약체결 및 기타의 단체교섭을 정당한 이유 없이 거부하거나 해태 하는 행위"를 부당노동행위의 유형 가운데 하나로 규정하고 있다(노조법 81조). 따라서 단체교섭의 거부, 해태가 부당노동행위에 해당되는가 하는 점은 사용자의 거부, 해태가 정당한가 하는 점에 달려 있다.

단체교섭을 거부하여도 정당한 경우로서는 교섭당사자가 부적격하거나, 교섭대상이 부적격하거나, 교섭방식이 부적격한 경우이다. 먼저 교섭당사자의 자격은 교섭의 체결권을 보유한 노동조합의 대표자나 대표자로부터 정당하게 위임을 받은 자이다. 그리고 교섭대상은 원칙적으로 근로조건에 관한 사항과 노동조합활동에 관한 사항을 대상으로 하여야 한다. 기업의 경영권이나 인사권 그리고 시설관리권 등 근로조건과 관계없는 사항은 교섭대상으로 인정하기 곤란하다. 또한 법률개정 등 기업이 결정권한을 가질 수 없는 사항도 교섭대상으로 인정할 수 없다. 그리고 교섭방식에 있어 교섭시간이나 교섭주기 및 교섭장소 및 교섭인원 등 사회통념을 벗어난 무리한 요구도 인정될 수 없을 것이다.

- 노조측의 조기 교섭요구에 불응할 정당한 사유가 있다면 이를 단체 교섭의 거부 해태라 보기는 어렵다(1995.04.28, 노조 01254－488).

- 임금체계 변경과 관련한 단체교섭 요구를 정당한 이유없이 거부했다면 부당노동행위에 해당한다(2005.04.29, 서울고법 2004누 8462).

- 학교법인들이 특별한 사유 없이 단체교섭을 거부하는 것은 부당노동행위이다(2004.07.27, 서울행법 2004구합 4833).

- 사용자가 단체협약 체결을 거부할 이유가 있었다 하더라도 객관적으로 정당한 이유가 입증이 되지 않는 경우 부당노동행위이다(2003.12.29, 중노위 2003부노 109).

- 정무교섭대표는 해당기관 소속 공무원으로 구성되는 노동경향이 아니더라도 스스로를 관리하거나 결정할 수 있는 권한을 가진 사항에 대하여 교섭의무를 낙담한다(2014.12.11, 대법 2010두5097).

- 조합활동 보장, 조합 전임자의 처우, 시설 편의제공, 자료열람 및 정모 제공 협조, 노사협의회 구성 등의 사항은 단체교섭 대상에 해당한다(2014.12.11, 대법 2010두5097).

- 노조가 단체교섭 요구를 팩스로 해도 유효하다(서울고법 2016.06.29, 선고2015누5047 판결).

※ 복수노조 및 전임자 임금 관련 노사정 잠정 합의(2009. 12. 4)
- 복수노조 허용
  - 단위 사업장 수준에서 둘 이상 노조 허용
  - 적용 시기는 2년 반 이후(2012년 7월)부터
  - 교섭 단위는 사업 또는 사업장 수준
  - 교섭 창구는 단일화

- 전임자 임금 지급 금지
  - 노조 전임자에게 임금 지급 금지
  - 적용 시기는 2010년 7월부터
  - 통상적 노조 활동에 대해선 근로시간 면제(time-off 제도)

※ 복수노조 및 전임자 임금 관련 법률안 통과(2010. 1. 1)

2009년 연말, 국회의 환경노동위원회에서 민주당 추미애 위원장 주도의 중재안이 나온 뒤 이런저런 사회적 논의가 많았으나, 마침내 2010년 1월 1일 새벽에 사실상의 날치기 통과로 그 중재안 내용을 핵심으로 하는 새 노동법이 통과되었다. 그 핵심 내용은
1) 복수노조는 2011년 7월부터 시행.
2) 노조 전임자 임금 지급 금지는 2010년 7월부터 시행.
3) 전임자 근로시간 면제(타임오프) 제도를 실시하는 것이다.

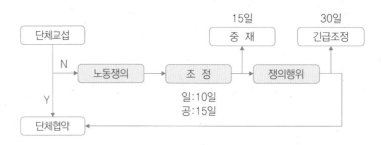

〈 노사 간 단체교섭 및 단체협약 체결 과정 〉

3. 쟁의행위 이전의 노동쟁의 조정

　노사 당사자가 단체협약의 체결을 위해서 단체교섭을 계속 했음에도 불구하고 합의에 이르지 못하면 노동쟁의가 발생하게 된다. 노동쟁의란 당사자가 노력을 계속하여도 더 이상 자주적 교섭에 의하여 합의의 여지가 없는 상태인데 이 상태가 파업 등 쟁의행위로 발전하게 되면 노사 당사자의 손실은 물론 국가경제에 손실이 발생하게 된다.

　그래서 쟁의행위가 발생하기 전에 당사자가 선정한 제3자(사적 조정, 중재인)나, 국가기관(노동위원회)의 개입, 조정을 통해 문제를 해결하는 것이 바람직한데 이를 노동쟁의 조정제도라고 한다. 즉 노동쟁의 조정제도란 노사의 자주적 단체교섭이 결렬된 경우에 제3자가 개입하여 객관적 지위에서 쌍방의 주장 내용을 듣고 타협안을 제시하는 방식으로 분쟁의 자주적 해결을 촉진하고자 마련된 제도를 말한다. 쟁의행위를 하기 위해서는 의무적으로 노동쟁의의 조정을 거치는 '조정전치주의'를 채택하고 있다. 조정결정일로부터 일반사업은 10일, 공익사업은 15일간 조정기간으로 쟁의행위를 금지한다(노조법 54조).

　노동쟁의를 해결하기 위한 제도의 하나로 조정제도와 달리 강제력을 부여하는 중재제도가 있다. 국가기관인 노동위원회의 중재가 결정되면 노동쟁의는 해소되고 중재안이 곧 타결안으로 인정되어 단체협약의 효력이 강제로 부여된다. 중재제도는 노동조합의 단체교섭권과 단체행동권에 심각한 제약이 될 수 있어 최소한의 필수 공익사업인 1) 철도 및 시내버스(특별시·광역시에 한한다) 운송사업, 2) 수도 · 전기 · 가스 · 석유정제 및 석유공급사업, 3) 병원사업, 4) 은행사업, 5) 통신사업에 국한하고 있다(노조법 71조).

- 정당한 노조대표권을 가지지 않은 대표자의 단체협약요구를 둘러싼 노사다툼은 노동쟁의가 아니다(1992.01.28, 노사 32281-23).

- 호봉제도 변경요구는 근로조건에 관한 사항으로 노동쟁의사항이다(1990.06.04, 노사 32281-7058).

- 노사 쌍방이 합의하여 단체협약의 대상이 될 수 있는 사항에 대하여 중재를 해 줄 것을 신청한 경우 등에는 근로조건 이외의 사항에 대하여도 중재재정을 할 수 있다(2003.07.25, 대법 2001두4818).

- 중재회부결정이 필수공익사업장의 파업 개시 전에 행해진 것은 재량권 남용으로 볼 수 없다(2003.07.18, 행법 2001구23542).

- 중재 재정이 단순히 어느 일방에 불리하거나 불합리한 내용이라는 사유만으로는 불복이 허용되지 않는다(2013.06.13, 서울행법 2012구합42861).

4. 노동조합의 쟁의행위 정당성 요건

1) 쟁의행위의 의미

근로자의 쟁의행위란 파업, 태업 등 노동조합이 그 주장을 관철할 목적으로 행하는 행위로서 업무의 정상적인 운영을 저해하는 행위를 말한다(노조법 제2조). 간혹 단체행동, 노동쟁의와 쟁의행위를 구분하지 못하는 경우가 있는데 이들은 다음과 같은 차이가 있다.

즉 단체행동은 업무의 정상적인 운영을 저해하는 쟁의행위는 물론 완장착용, 전단 살포, 평화적인 피케팅 등과 같이 반드시 업무의 정상적 운용을 저해하지 아니하는 단체과시도 포함하는 넓은 개념이라는데 차이가 있다. 또한 노동쟁의는 노동조합과 사용자 사이에 근로조건 결정 등에 관한 주장의 불일치로 인해 발생되는 분쟁상태를 의미한다. 노동쟁의는 아직 물리적인 행동 단계에 이른 것은 아니기 때문에 쟁의행위와 관련된 규율을 적용받지 않는다.

- 근로자들을 선동하여 통상적인 연장근로를 집단적으로 거부함으로써 회사업무의 정상운영을 방해한 것은 쟁의행위에 해당된다(1996.02.27, 대법 95도2970).

- 쟁의행위라 함은 파업·태업·직장폐쇄 등 노동관계 당사자가 그 주장을 관철할 목적으로 업무의 정상적인 운영을 저해하는 행위를 의미한다(1997.08.06, 협력 68140-315).

- 근로자들이 주장을 관철할 목적으로 종래 통상적으로 실시해 오던 휴일근무를 집단적으로 거부하였다면 노동쟁의조정법 제3조의 쟁의행위에 해당된다(1994.02.22, 대법 92누11176).

🍎 단체교섭과 관계없이 해당 법을 지키기 위한 지도·홍보활동을 노동조합이 하였다면 쟁의행위에 해당되지 않는다(1992.06.11, 노사 01254-281).

2) 쟁의행위가 정당하려면 어떤 요건을 구비해야 하는가?

정당한 쟁의행위는 정상적인 업무를 저해하여 발생하는 기업의 손해에 대한 민사적인 면책 뿐 만아니라, 기업의 업무방해에 대한 형사적인 면책으로 보호하고 있으며, 쟁의행위 기간에는 현행범 이외에는 구속까지 제한하고 있다. 따라서 기업의 정상적인 업무를 저해함에도 민·형사면책의 요건을 갖추기 위해서는 쟁의행위가 정당성의 요건을 구비하여야 한다. 정당성의 요건을 갖추지 못한 경우에는 부당한 쟁의행위에 대하여 노동조합과 조합원은 그 위법이나 과실의 정도에 따라 형사적 책임과 민사적 책임 그리고 당연히 징계 책임도 함께 발생된다. 쟁의행위의 정당성의 요건은 다음과 같다.

(1) 주체의 정당성

① 노동조합 주도 외는 쟁의행위 불가

② 단체교섭·쟁의행위 관여·조종·선동금지(가능자 - 소속상급단체, 행정관청신고자, 법상 권한자)

※ 행정관청신고 - 지원 3일전까지 인적사항, 지원사항, 방법신고, 일방통지

(2) 목적의 정당성

① 근로조건의 결정에 관한 사항의 불일치를 해소하기 위한 목적에 한정

② 사유재산권 인정 범위 내 사업주처분 가능

③ 집단적 성격으로 단체협약 취지에 합치

(3) 방법의 정당성

① 법령, 사회질서 위반 금지

② 폭력, 파괴행위 금지

③ 생산, 기타 주요업무에 관련되는 시설 점거행위 금지

④ 전기, 전산, 통신시설, 철도, 건조, 수리, 정박선박, 항공시설, 폭발위험물질, 유독물 보관 저장장소 점거행위 금지

⑤ 안전보호시설의 정상적 유지 운영을 정지, 폐지 또는 방해 행위 금지

⑥ 방위산업체 및 주로 방산물자 생산 업무 종사자 금지

⑦ 쟁의행위 무관자, 근로를 제공하려는 자의 출입, 기타 정상적 업무방해 금지

⑧ 폭행, 협박금지

⑨ 작업시설 손상 금지

⑩ 원료, 제품의 변질, 부패 방지작업의 쟁의행위 금지

(4) 절차의 정당성

① 조합원의 직접, 비밀, 무기명투표로 과반수의 찬성

② 서면신고 : 노동부와 노동위원회 (일시, 장소, 참가인원, 방법)

③ 조정신청 및 조정기간 준수

④ 긴급조정 및 중재에 대한 준수

⑤ 단체협약의 유효기간 경과시(유효기간내 평화의무 준수)

따라서 근로자의 쟁의행위가 형법상 정당행위가 되기 위해서는 ① 그 주체가 단체교섭의 주체로 될 수 있는 자이어야 하고, ② 그 목적이 근로조건의 향상을 조성하는 데에 있어야 하며, ③ 사용자가 근로자의 근로조건 개선에 관한 구체적인 요구에 대하여 단체교섭을 거부하였을 때 개시하되 조합원의 찬성결정, 노동쟁의 발생 신고 등 절차를 거쳐야 하는 한편, ④ 그 수단과 방법이 사용자의 재산권과 조화를 이루어야 함은 물론 폭력의 행사에 해당되지 아니하여야 한다는 여러 조건을 모두 구비해야 한다(대판 1996.1.26. 95도1959).

> 💡 비록 쟁의행위가 노사의 자치적 교섭을 조성하기 위하여 하는 등 쟁의행위의 목적이 정당하고 쟁의행위에 돌입한 데 있어 조정전치절차를 거치는 등 절차적 적법성을 띠고 있더라도, 쟁의행위에 돌입한 이후 쟁의행위의 방법에 있어서 폭력을 행사하는 등 그 방법이나 태양이 상당성을 갖추지 못하였다면 그 쟁의행위는 위법하다고 할 것이다(2004.01.15, 서울고법 2002누 11976).

> ♪ 업무방해, 상해, 재물손괴, 절취행위 등은 노동조합 업무를 위한 정당한 행위 내지 정당한 단체행동으로 볼 수 없다(2005.06.23, 서울고법 2003누 22010).

5. 사용자의 직장폐쇄

1) 직장폐쇄의 의미

직장폐쇄란 사용자가 그의 주장을 관철하기 위하여 일정한 산업 또는 사업장 내의 다수

근로자를 취업상태로부터 조직적으로 봉쇄하는 것을 말한다. 그러나 사용자는 직장폐쇄 중이라도 조업의 자유를 가지므로 쟁의행위에 불참한 근로자를 사용하여 조업을 계속할 수는 있다.

- 조직대상을 달리하는 2개의 노동조합이 있는 사업장에서 특정 노조가 쟁의행위에 들어간 경우 그 쟁의행위에 대응하는 범위내에서 직장폐쇄가 가능하다(1998.12.02, 협력 68140-452).

- 직장폐쇄는 노동조합이 적법한 쟁의행위를 단행한 경우에만 가능한 것이다. 만약 불법쟁의행위를 하였다면 휴업 등의 방법을 고려해 볼 수 있다(1990.05.24, 노사 32281-7428).

- 발레오전장 직장폐쇄, 도중에 위법해졌다면 임금 지급의무 있어(대법 2016.05.24, 선고 2012나85335 판결).

- 정당하게 개시된 직장폐쇄라 하더라도 대항적·방어적 성격을 상실하고 근로자에게 심대한 타격을 주며 근로자의 단결권까지 위태롭게 하는 데에는 그로부터 정당성을 상실한다 (2013.06.28, 서울고법 2012누29310).

2) 직장폐쇄는 어떤 경우에 정당한가?

사용자의 직장폐쇄도 쟁의행위의 한 종류이므로 그 당사자, 목적, 절차, 수단에 있어서 쟁의행위의 일반적 정당성 기준을 충족해야 한다. 또한 사용자의 직장폐쇄는 대항적, 방어적이어야 한다(노조법 제46조). 즉 사용자의 직장폐쇄가 노동조합의 쟁의행위보다 먼저 이루어지거나, 공격적인 경우에는 정당성을 상실하게 된다. 사용자는 노동조합이 쟁의행위를 개시한 이후에만 직장폐쇄를 할 수 있고 노동조합이 쟁의종료를 선언한 이후에는 원칙적으로 직장폐쇄를 계속해서는 안 된다.

- 직장폐쇄는 노동조합의 파업·태업과 같은 쟁의행위에 대항하여 행할 수 있는 사용자의 쟁의행위 수단이므로 노조측의 태업이 있는 경우 전면 또는 부분적인 직장폐쇄가 가능하다고 할 것이나, 이 때에도 동 태업으로 인해 사용자가 이를 감당하여야 하는 범위를 벗어나 직장폐쇄를 하지 않을 수 없는 필요성이나 긴급성이 있는 경우에만 그 정당성을 인정될 수 있을 것임 (1988.07.19, 노사 32281-107007).

- 직장폐쇄는 근로자의 교섭태도와 교섭과정, 쟁위행위의 목적과 방법 및 그로 인하여 사용자가 받는 타격의 정도 등에 비추어 쟁의행위에 대한 방어수단으로서 상당성이 있어야만 정당성이 인정될 수 있다(2003.06.13, 대법 2003두 1097).

- 조합원들이 쟁의행위를 중단하고 근무에 복귀하고자 하는 경우 직장폐쇄를 중단하여야 한다 (2001.03.23, 중노위 2000부노152).

- 선제적·공격적 직장폐쇄는 정당성을 상실한다(1988.07.19, 노사 32281-107007).

6. 쟁의행위 중 임금 지급 문제

1) 파업기간 중에도 임금을 지급해야 하는가?

사용자는 파업에 참가하여 근로를 제공하지 않은 근로자에 대해 임금을 지급할 의무가 없다. 참고로 노조법 제44조는 ① 사용자는 쟁의행위에 참가하여 근로를 제공하지 아니한 근로자에 대하여는 그 기간 중의 임금을 지급할 의무가 없다는 점 ② 노동조합은 쟁의행위 기간에 대한 임금의 지급을 요구하여 이를 관철할 목적으로 쟁의행위를 하여서는 아니 된다는 점을 규정하고 있다. 그러나 파업에 참가하지 않은 근로자들은 원칙적으로 취업을 요구할 수 있고 사용자는 근로자를 취업시킬 의무가 있으므로 사용자는 파업에 참가하지 않고 근로한 자에게는 임금을 지급해야 한다.

> ☀ 쟁의행위기간에 약정유급휴일이 포함되어 있더라도 쟁의행위에 참가하여 근로를 제공하지 않은 근로자에 대하여는 그 기간 중의 임금을 지급할 의무가 없다(2000.03.15, 협력 68140-96).

2) 파업 중에는 모든 업무를 정지시켜도 무방한가?

사업장의 안전보호시설에 대하여 정상적인 운영을 정지, 폐지, 방해하는 행위는 쟁의행위라 할 수 없다. 그리고 작업시설의 손상이나 원료, 제품의 변질, 부패를 방지하기 위한 작업은 쟁의 행위 기간 중에도 정상적으로 수행되어야 한다.

> 💡 부패·변질되기 쉬운 제품의 취급업무는 쟁의행위기간 중이라도 계속 수행되어야 한다 (1997.12.04, 협력 68140-469).

> 🎵 기구 통·폐합에 따른 조직변경 및 업무분장 등에 관한 결정권은 사용자의 경영권에 속하는 사항으로 단체교섭사항이 될 수 없다(2002.01.11, 대법 2001도1687).

> 💡 특수경비원은 파업·태업 그 밖에 경비업무의 정상적인 운영을 저해하는 일체의 쟁의행위를 할 수 없다(2001.08.30, 협력 68107-437).

7. 단체협약의 종료와 근로조건 관계

1) 단체협약의 종료와 여후효(Nachwirkung)

단체협약은 2년을 초과하는 유효기간을 정할 수 없다(노조법 32조 1항). 단체협약에 유효기간을 정하지 아니한 경우 또는 위의 기준을 초과하는 유효기간을 정한 경우에는 그 유효기간은 2년으로 한다(노조법 32조 2항). 유효기간을 한정하는 이유는 사회적 경제적 여건의 변화에 따라 당사자를 부당하게 장기간 제약할 수 있기 때문이다. 단체협약의 유효기간이 종료되는 경우 '자동연장협정'이 체결된 경우에는 갱신·체결될 때까지 계속적으로 효력을 인정하고 있다. 또한 '자동갱신협정'이 체결된 경우에는 계약기간의 종료로 이의제기가 없는 경우 자동으로 단체협약이 동일한 내용으로 재계약된 것으로 인정하기도 한다.

단체협약의 유효기간 만료시를 전후하여 쌍방이 단체교섭을 계속 하였음에도 불구하고 새로운 단체협약이 체결되지 않은 경우에는 그 만료일로부터 3개월 동안 계속 효력을 가지게 된다(노조법 32조 3항). 이 경우 근로자들은 기존 단체협약을 통해서 보장받고 있던 모든 권리를 상실하는가 하는 문제가 발생하는데 이를 단체협약의 '여후효' 문제라고 한다.

그러나 3개월이 경과한 후에도 새로운 단체협약이 체결되지 않은 경우에는 단체협약은 소멸되고 무협약 상태에 놓이게 된다.

노동부는 이 경우 단체협약의 근로조건 및 기타 근로자의 대우에 관한 부분은 근로계약 내용이 되어서 존속하므로 계속 그 효력이 유지된다고 본다(1990.7.10, 노조 01254-9703). 따라서 협약의 효력이 만료되었다고 해서 사용자가 근로자 개개인의 동의를 받지 않고 기존 근로조건을 일방적으로 저하한다면 이는 위법무효가 된다.

- 🌿 단체협약이 실효되는 경우에도 협약의 내용 중 근로조건 기타 근로자의 대우에 관한 규범적 부분은 개별근로자의 근로계약 내용으로 변하여 계속 효력을 유지한다고 보아야 한다 (1997.06.10, 노조 01254-511).

- 🍄 단체협약의 유효기간 만료후 여후효 기간도 초과하여 실효된 경우라면 동 협약의 내용중 일방 중재조항과 같은 채무적 부분은 그 효력을 상실하였다고 보아야 한다(1997.08.19, 노조 01254-713).

- ☀️ 자동연장협정의 해지통고를 할 수 있는 시점은 종전 단체협약의 유효기간 종료 이후 자동연장되는 기간 중이다(2001.01.04, 노조 68107-17).

2) 단체협약의 해지

단체협약은 효력기간을 정하여 체결되는 것이 원칙이며, 유효기간을 정하지 않더라도 2년을 초과하지 못하도록 정하고 있다(노조법 제32조). 그러나 단체협약의 유효기간이 경과하더라도 여휴효나 자동연장협정 등으로 새로운 단체협약이 체결될 때까지 대부분의 단체협약은 지속적으로 효력이 남게 되는 것이 일반적이다.

그러나 이러한 단체협약 효력의 지속으로 인하여 단체협상의 기간이 장기화되고 노사갈등이 증폭되는 원인이 되기도 한다. 따라서 이에 대한 문제점을 해소하기 위하여 여후효 기간인 3개월이 지난 후에도 단체협약이 체결되지 않고 노동쟁의 상태가 지속되는 경우에는 단체협약상의 자동연장협정 조항에도 불구하고 노동조합이나 사용자 일방이 단체협약을 해지하고자 하는 날의 6개월 전까지 상대방에게 통고함으로써 종전의 단체협약은 해지할 수 있다(노조법 32조).

단체협약의 효력에 대한 해지통보가 유효하게 성립되는 경우에는, 근로조건에 관한 사항인 규범적효력 부분은 근로자 개인의 권리로 계속 유효하나, 나머지 권리인 채무적부분이나 조직적부분의 효력은 상실된다. 따라서 해지통보 후 노동조합의 전임자는 원직에 복직하여야 하고 노동조합에 대한 각종 편의제공 협약의 효력 역시 모두 중단된다.

8. 단체협약의 구성부분과 효력

1) 단체협약의 구성과 효력

단체협약에는 많은 내용들이 담겨져 있다. 그런데 이를 크게 2대분하면 근로조건 기타 근로자의 대우에 관한 기준을 정한 부분(규범적 부분)과 단체협약 당사자인 사용자와 노동조합 간의 권리, 의무에 관한 부분(채무적 부분)으로 나눌 수 있다. 규범적 부분은 단체협약의 당사자가 아닌 개별 조합원의 근로관계에 직접 효력이 미치는데 반해, 채무적 부분은 협약 당사자인 노동조합과 사용자 간에만 효력이 미친다는 점에 차이가 있다.

- 규범적 부분에는 임금 · 제수당 · 근로시간 · 휴일 · 휴가 · 재해보상의 종류와 산정방법 · 퇴직금 · 복무규율 · 승진 · 상벌 및 해고 등에 관한 사항 등이 포함된다(1997.08.04, 노조 01254-688).

- 노동조합의 전임자에 관한 사항은 채무적 부분에 해당한다(1994.07.01, 노조 01254-894).

- 새로 나온 차량에 대한 승무조건은 일반적 구속력이 적용되는 규범적 부분에 해당한다(2001.06.28, 노조 68107-735).

- 단체협약의 유효기간을 제한한 노조법 제32조 제1항, 제2항과 단체협약의 해지권을 정한 동법 3항 단서는 모두 강행규정이다. 따라서 당사자 사이 합의에 의해 그 적용을 배제하는 것은 허용되지 않는다(2016.03.10, 대법 2013두3160).

2) 단체협약의 효력확장 : 일반적 구속력

(1) 단체협약의 일반적 구속력

단체협약은 원칙적으로 협약당사자의 구성원에게만 효력을 미친다. 그러나 일정한 요건 하에서는 협약당사자와 그 구성원 뿐 아니라, 사업 또는 사업장의 모든 근로자나, 일정 지역 다른 사업장의 근로자에게까지 그 효력이 확장된다. 이를 단체협약의 효력확장 또는 일반적 구속력이라고 한다. 일반적효력이 확장되는 단체협약은 규범적 부분을 대상으로 한다.

(2) 사업장 단위의 일반적 구속력

하나의 사업 또는 사업장 단위의 일반적 구속력이란 한 회사에서 상시적으로 근무하는 동종 근로자 1/2 이상이 하나의 단체협약의 적용을 받게 된 때에는 그 회사에 근무하는 다른 동종의 근로자에 대하여도 단체협약이 적용되는 제도를 말한다(노조법 제35조).

> 🔼 노동조합및노동관계조정법 제35조의 하나의 사업 또는 사업장이라 함은 단체협약의 적용을 받는 반수이상의 근로자를 산출하는 단위를 의미하며, 하나의 사업에 조직된 노조가 수개의 사업장을 포괄하고 있는 경우에는 수 개 사업장 전체 근로자의 반수 이상이 하나의 단체협약을 적용받는지 여부에 따라 판단하여야 할 것임(2001.5.28, 노조 68107-612).

> 🔘 '하나의 단체협약의 적용을 받는 근로자'란 단체협약의 본래적 적용대상자로서 단체협약상의 적용범위에 드는 자만을 일컫는 것이다(2005.05.12, 대법 2003다 52456).

> 🎵 회사와 노동조합 사이에 단체협약의 적용범위를 기능직 근로자에 한정하기로 하는 묵시적 합의가 있었다면 관리직 근로자들은 '동종의 근로자'로 볼 수 없다(2004.08.13, 광주지법 2002가합 4964).

(3) 지역 단위의 일반적 구속력

하나의 지역에서 일하는 동종의 근로자 2/3 이상이 하나의 단체협약의 적용을 받게 된 때에는 행정관청은 당해 단체협약 당사자의 신청, 또는 직권으로 노동위원회의 의결을 얻어서 당해 지역에서 종업하는 다른 동종의 근로자와 사용자에게도 그 단체협약을 적용하게 할 수 있다. 이를 지역단위의 일반적 구속력이라고 한다(노조법 제36조).

> ☀️ 단체협약의 지역적 구속력 결정의 효력은 일정한 지역에 종사하는 근로자와 사용자에게 미치는 것이므로 노동조합의 조직범위와 관계없이 당해 노동조합의 조합원 중 지역적 구속력 결정의 단위가 된 지역에 종사하는 근로자에게는 지역적 구속력 결정의 효력이 미친다고 할 것임(2000.7.20, 노조 01254-616).

9. 단체협약에 대한 해석 및 이견

단체협약의 해석은 법률행위 해석의 기준에 대한 민법의 일반론이 준용되어야한다. 법률행위의 해석기준으로서 ① 당사자의 목적, ② 사실인 관습, ③ 임의규정, ④ 신의성실의 원칙·조리 등이다. 단체협약의 해석상 가장 중요한 기준은 당사자의 목적으로서 체결취지이다.

단체협약이 체결된 후 단체협약의 해석이나 이행방법에 대해 노사의 의견이 불일치하는 경우가 있다. 이 경우에는 당사자 쌍방 또는 단체협약에서 정한 일방이 노동위원회에 그 해석 또는 이행방법에 관한 견해의 제시를 요청할 수 있다. 노동위원회는 요청 받은 날부터 30일 이내에 명확한 견해를 제시하여야 하며 당사자는 이에 따라야 한다(노조법 제34조).

> 💡 동법 제34조 제1항에서는 단체협약의 해석 또는 이행방법에 관하여 관계 당사자간에 의견의 불일치가 있는 때에는 당사자 쌍방 또는 단체협약에 정하는 바에 의하여 어느 일방이 노동위원회에 그 해석 또는 이행방법에 관한 견해의 제시를 요청할 수 있다고 규정하고 있으므로 단체협약에 노동조합과 사용자 중 어느 일방이 노동위원회에 단체협약의 해석을 요청할 수 있다는 취지의 명문의 규정이 없다면 단체협약의 당사자 일방이 노동위원회에 단체협약의 해석을 요청할 수 없고, 당사자 쌍방이 해석을 요청하여야 할 것임(노조 68107-1131, 2000.12.8.).

> 🎈 단체협약의 해석 및 적용을 둘러싸고 노사간 이견이 있는 경우에는 협약의 체결경위 및 그 취지에 따라 노사가 협의·결정함이 타당하다(1997.06.14, 노조 01254-529).

> 🌿 단체협약은 근로자의 근로조건을 유지 개선하고 복지를 증진하여 그 경제적·사회적 지위를 향상시킬 목적으로 단체교섭을 통하여 이루어지는 것이므로 그 명문의 규정을 근로자에게 불리하게 해석할 수는 없다(1996.09.20, 대법 95다 20454).

10. 단체협약 체결사항의 성실 이행

1) 단체협약은 어떻게 체결하는가?

단체협약은 반드시 서면으로 작성하여 당사자 쌍방이 서명, 날인해야 하며 단체협약의 당사자는 단체협약의 체결일부터 15일 이내에 이를 행정관청에게 신고해야 한다. 행정관청은 신고된 단체협약 중 위법한 내용이 있는 경우에는 노동위원회의 의결을 얻어 그 시정을 명할 수 있다(노조법 제31조).

🎵 비록 회의록의 형식일지라도 합의한 사항에 대하여 즉시 시행하기로 합의하여 쌍방이 서명날 인 하였다면, 노사의 단체협약으로 인정하는 것이 타당하다(1995.06.03, 노조 01254-580).

🔹 정식의 단체교섭절차가 아닌 노사협의회의 협의를 거쳐 성립된 합의사항을 서면으로 작성하 여 노사 쌍방의 대표자가 서명날인한 경우, 단체협약으로 볼 수 있다(2005.03.11, 대법 2003 다 27429).

2) 단체협약을 체결하면 체결된 사항에 대해 쟁의행위를 할 수 없는가?

단체협약을 체결하면 단체협약의 당사자는 평화의무를 지게 된다. 즉 단체협약 당사자는 단체협약의 유효기간 중에는 합의된 협약사항에 한하여 쟁의행위를 하지 않을 의무를 부담 하게 된다(상대적 평화의무).

그렇다면 평화의무를 위반하고 쟁의행위를 한다면 어떻게 될까? 유효하게 체결된 단체협 약은 그 유효기간 동안 노사 모두 이를 성실히 이행하여야 하며 그 유효기간 중 변경, 폐지를 위해 단체교섭이나 쟁의행위를 해서는 안 된다. 만일 노동조합이 단체교섭을 요구하는 경우 사용자가 이를 거부하더라도 부당노동행위에 해당하지 않으며 이를 이유로 한 쟁의행위는 정당성이 없으므로 민형사상 책임을 져야 한다.

💡 단체협약에서 이미 정한 근로조건이나 기타 사항의 변경·개폐를 요구하는 쟁의행위를 단체 협약의 유효기간 중에 하여서는 아니된다는 이른바 평화의무를 위반하여 이루어진 쟁의행위 는 노사관계를 평화적·자주적으로 규율하기 위한 단체협약의 본질적 기능을 해치는 것일 뿐 아니라 노사관계에서 요구되는 신의성실의 원칙에도 반하는 것이므로 정당성이 없다 (1994.09.30, 대법 94다 4042).

3) 단체협약을 체결된 이후 사정 변경시 재교섭을 요구할 수 없는가?

단체협약이 체결되어 유효기간 중에는 이의 개폐를 요구하거나, 이를 목적으로 쟁의행위 나 교섭요구를 할 수 없다. 그러나 단체협약 체결 당시에는 전혀 예측할 수 없었던 새로운 사 정이 발생하는 경우에는 보충협약이나 재교섭이 불가피할 수 있다.

🐞 단체협약의 유효기간중이라 하더라도 노동조합의 조직변경 등의 사정변경으로 협약을 갱신하 여야 할 필요성이 있어 노사당사자가 합의한 경우에는 새로운 단체협약을 체결할 수 있다 (1997.08.19, 노조 01254-717).

💡 단체협약 유효기간 중 단체협약부분이 부족하다 판단되면 노사합의로 재교섭을 할 수 있으나 별도의 정함이 없는 한 노조의 재교섭요구에 대해 사용자가 거부해도 부당노동행위가 아니다 (1994.10.10, 노조 01254-1329).

11. 부당노동행위 금지

1) 부당노동행위는 무엇인가?

부당노동행위란 사용자에 의한 노동3권 침해행위를 말한다. 이러한 부당노동행위의 종류(노조법 81조)에는 ① 노조 가입 불이익 취급 ② 황견계약 ③ 단체협약 체결, 단체교섭의 정당한 이유 없는 거부, 해태 ④ 노조의 조직, 운영에 지배, 개입 및 경비 원조 ⑤단체 행동 참여 불이익 취급이 있다.

사용자가 이와 같은 부당노동행위를 행한 경우 부당노동행위로 인해 불이익한 취급을 받은 노동조합, 근로자는 노동위원회에 부당노동행위 구제신청(보통 부당해고, 부당징계, 부당전보 구제신청 등과 같이 이루어지는 예가 많음), 노동부나 검찰에 진정·고소, 법원에 민사소송 등을 통해서 권리를 구제받게 된다. 노동위원회에 구제신청은 부당노동행위가 있는 날(계속되는 행위는 그 종료일)부터 3개월 이내에 하여야 한다. 노동위원회의 구제명령이 확정되면 이행을 강제하고 있다.

🌿 노동조합법 제39조 제1호 소정의 부당노동행위의 성립요건은 근로자가 노동조합의 업무를 위한 정당한 행위를 하고 이를 이유로 해고된 경우이며, 위 사실의 주장 및 입증책임은 부당노동행위임을 주장하는 근로자에게 있다(1991.07.26, 대법 91누2557).

💡 부당노동행위 구제절차가 진행중에 자신이 별도로 제기한 해고등무효확인 청구소송에서 기각 판결이 선고됐다면 노동위원회는 구제명령을 발할 수 없다(2004.04.22, 서울고법 2003누256).

2) 부당노동행위로서의 황견계약이란?

(1) 황견계약

노조법은 "근로자가 어느 노동조합에 가입하지 아니할 것 또는 탈퇴할 것을 고용조건으로 하거나 특정한 노동조합의 조합원이 될 것을 고용조건"으로 하는 것을 부당노동행위로 규정하고 있다. 이러한 고용계약을 황견계약(yellow dog contract)이라고 한다.

- 🎺 입사시 노동조합 활동을 하지 않는다는 각서는 효력이 없다(2001.01.18, 노조 68107-73).
- 💡 기존 비조합원에 대하여 가입을 강제하는 단체협약의 조합가입조항은 그 효력을 인정할 수 없다(1997.08.29, 노조 01254-748).

(2) 유니언 숍(union shop) 협정도 황견계약에 해당되는가?

원래 근로자의 노동조합 가입, 탈퇴는 근로자의 자유의사에 따라 결정되어야 하는 것이 원칙이지만, 노조법 제81조 제2호는 일정한 요건 하에서 유니언 숍(union shop)을 인정하고 부당노동행위가 아니라고 인정한다. 즉 노동조합의 단결강화를 위해 특정 노동조합이 근로자의 2/3 이상을 대표하고 있을 때에는 근로자가 그 노동조합의 조합원이 될 것을 고용조건으로 하고 만일 조합원이 가입하지 않거나, 스스로 탈퇴한 경우에는 사용자가 불이익을 주도록 하는 단체협약의 체결을 허용하고 있다.

- 💡 단체협약에 유니온숍협정에 따라 근로자는 노동조합의 조합원이어야만 된다는 규정이 있는 경우에는 다른 명문의 규정이 없더라도 사용자는 노동조합에서 탈퇴한 근로자를 해고할 의무가 있다(1998.03.24, 대법 96누 16070).
- 💡 유니온숍 협정이 체결되어 있다는 이유로 노동조합에서 제명된 근로자를 해고하는 등의 신분상 불이익 처분을 할 수 없다(2005.03.09, 근로기준과-1377).
- 👁 조합원 다수가 탈퇴하여 근로자의 3분의 2미만이 된 경우 유니온숍 협정의 효력은 상실된다(2001.09.03, 노조 68107-1019).
- 🌱 노동조합에서 사무보조비 명목으로 매월 상당한 금액의 돈을 지급하도록 정한 단체협약 조항은 낙당노동행위에 해당한다(2016.01.28, 2012두12457).

3) 부당노동행위로서의 불이익취급이란?

(1) 불이익취급

근로자가 ① 노동조합에 가입 또는 가입하려고 하였거나, ② 노동조합을 조직하려고 하였거나, ③ 노동조합의 업무를 위한 정당한 행위를 하거나, ④ 근로자가 정당한 단체행위에 참가하거나, ⑤ 노동위원회에 대하여 사용자의 부당노동행위사실을 신고했다는 이유 등으로 그 근로자를 해고하거나 그 근로자에게 불이익을 주는 행위를 불이익취급이라고 한다.

불이익의 형태로서는 1) 해고, 퇴직강요, 정년제실시, 채용거부, 전근, 배치전환, 징계 등의 신분상 불이익, 2) 임금지불, 보조금지불, 제수당 지급, 휴업명령, 연장근로 등의 경제상 불이익, 3) 출근정지, 취업거부, 시말서요구, 복리후생, 각종행사참가 등의 정신상·사회상 불이익, 4) 조합활동 방해, 임원선출 기회 박탈 전보나 승진(비조합원으로)등의 조합활동상 불이익 등이 있다. 이러한 불이익처분이 부당노동행위에 해당되는 지 여부는 1) 사용자의 평소 조합에 대한 태도, 2) 처분의 시기적 배경, 3) 처분의 형평성 및 타당성 등 불균형 여부, 4) 처분사유의 불명확·불합리 여부 등을 종합적으로 참작하여 판단되어야 한다.

- 성과 상여금은 특정 노동원에 비해 소수 노조원에게 낮게 지급한 것은 불이익 취급의 부당노동행위에 해당한다(2015.05.04, 중앙 2015부노5.6병합).

- 해고 사유가 인정되지 않음에도 정당한 노동조합 활동을 이유로 한 해고는 낙당 노동행위에 해당한다(2014.10.23, 서울행법 2013구합18650).

(2) 노동조합의 업무를 위한 정당한 행위를 한 경우

노동조합의 업무를 위한 행위란 근로조건의 유지, 개선 기타 근로자의 경제적, 사회적 지위 향상을 도모하는 행위를 말한다. 또한 공제, 수양 기타 복리사업 또는 정치활동이라 할지라도 위의 목적을 달성하기 위한 것인 때에는 노동조합의 업무라고 보아야 할 것이다.

이와 같은 노동조합의 업무는 어떤 경우에 정당할까? 노조법은 정당한 노동조합의 활동에 대해 명시적인 규정을 두고 있지 않지만, 노동조합 활동이 정당하기 위해서는 그 목적이 근로조건의 유지, 개선 및 근로자의 경제적, 사회적 향상을 도모하기 위해 필요한 행위이어야 하고, 단체협약, 취업규칙 등에 별도의 허용규정이 있거나 사용자의 승인이 있는 경우 외에는 근무시간 이외에 행해져야 하며, 사업장내에서는 사용자의 시설관리권에 바탕을 둔 합리적인 규율이나 제약에 따라야 할 것이다(대법원 1992.4.10. 91도3044 판결참조).

- 단체협약 사항 불이행과, 노동조합 홍보 및 가입권유를 위한 유인물 배포를 이유로 징계해고 한 것은 부당해고 및 부당노동행위에 해당한다(2004.07.23, 서울고법 2003누 23112).

- 사용자에게 반노조 의사가 추정된다 해도 해고사유가 단순히 표면상의 구실에 불과하다고 볼 수 없는 한 부당노동행위에 해당하지 않는다(2001.10.24, 서울고법 2000누 7423).

- 단체협약 사항 불이행과, 노동조합 홍보 및 가입권유를 위한 유인물 배포를 이유로 징계해고 한 것은 부당해고 및 부당노동행위에 해당한다(2004.07.23, 서울고법 2003누 23112).

4) 부당노동행위로서의 부당한 단체교섭 등의 거부, 해태란?

　　노조법은 "노동조합의 대표자 또는 노동조합으로부터 위임을 받은 자와의 단체협약체결 기타의 단체교섭을 정당한 이유 없이 거부하거나 해태 하는 행위"를 부당노동행위의 유형 가운데 하나로 규정하고 있다. 따라서 단체교섭의 거부, 해태가 부당노동행위에 해당되는가 하는 점은 사용자의 거부, 해태가 정당한가 하는 점에 달려 있다.

　　단체교섭을 거부하거나 해태하는 유형으로서 1) 처음부터 단체교섭을 거부하거나, 2) 사용자가 일방적으로 근로조건을 설정하거나 변경하거나, 3) 직접 근로자 개인과 교섭하거나, 4) 정당한 이유없이 단체교섭을 중단하거나, 5) 불성실한 교섭태도와 언동 및 고의 지연하거나, 6) 협정 성립되었는데도 협정서 작성 거부나 서명거부 행위 등이다.

> 💡 임금체계 변경과 관련한 단체교섭 요구를 정당한 이유없이 거부했다면 부당노동행위에 해당한다(2005.04.29, 서울고법 2004누 8462).

> 💡 학교법인들이 특별한 사유 없이 단체교섭을 거부하는 것은 부당노동행위이다(2004.07.27, 서울행법 2004구합 4833).

> 💡 사용자가 단체협약 체결을 거부할 이유가 있었다 하더라도 객관적으로 정당한 이유가 입증이 되지 않는 경우 부당노동행위이다(2003.12.29, 중노위 2003부노 109).

5) 부당노동행위로서의 지배 · 개입이란?

　　노동조합의 조직운영을 지배하거나 개입행위 및 노동조합 원조행위를 말한다. 사용자의 지위에 있는 자가 노동조합의 조직이나 운영에 대해 간섭을 하여 의사결정에 영향을 미치는 등의 행위이다. 사용자의 부당노동행위의 의사가 불분명하더라도 사실상 노동조합에 대하여 지배하거나 개입하는 행위의 존재로 부당노동행위는 성립된다. 이러한 지배 · 개입의 유형으로서는 1) 조합결성 지배개입으로 결성방해, 어용조합 설립, 2) 조합조직 지배개입으로 조합원범위, 임원인사 · 선거간섭, 상부단체가입, 3) 조합운영 지배개입으로 활동자의 간섭, 활동의 방해, 잔업규제, 기업해산 · 폐지, 조합탈퇴 · 분열공작, 4) 사용자의 언론자유와 지배개입으로 조합활동 비방문서배포, 사용자의 발언상 강제, 위협내포, 지나친 비방 · 중상, 5) 경비 원조로써 조합결성비용, 조합운영자금, 금전대여, 지불보증, 6) 조합의 전임자에게 급여지원 행위 등이다. 그러나 전임자에 대한 기득권 인정, 근무시간 중 사용자와 교섭 · 협의 허용이나, 후생자금이나 경제상 불행 · 재액방지와 구제기금, 최소규모의 사무실 제공은 예외적으로 인정된다.

- 파업의 종료 후 경영진 등에 대한 명예를 훼손하는 내용의 글이 계속 홈페이지에 게시되는 등의 사정이 있었다고 하더라도 조합 홈페이지 접속 자체를 차단한 것은 부당노동행위에 해당한다(2004.07.09, 서울행법 2003구합 32947).

- 사용자가 조합의 활동이나 경향에 대해 비판적 견해를 발표하는 것은 명예훼손과 별개로 하더라도 조합에 대한 지배개입이라 볼 수 없다(2003.12.09, 서울행법 2003구합 27020).

- 매월 정기적으로 노조운영비의 50%를 사용자가 지원하는 행위는 부당노동행위에 해당될 수 있다(2000.10.24, 노조 68107-967).

- 근로자들에게 특정노동조합을 탈퇴하고 신설노조에 가입하도록 종용하는 사용자의 행위는 부당노동행위로 불법행위에 해당한다(2015.10.15, 서울서부지법 2014가합38234).

V. 직원의 징계, 이동, 이직, 해고, 퇴직과 노동법

1. 징계의 정당한 절차

1) 징계처분

근로자의 기업질서 위반에 대하여 부과된 견책·감급·해고 등 일정한 불이익조치를 징계라고 한다. 징계는 기업질서의 유지를 위하여 불가피하지만, 근로자 보호를 위하여 부당한 징계를 규제할 필요가 있다. 근로기준법 23조는 이러한 취지에서 정당한 이유가 없이는 징계할 수 없도록 규율한다. 여기서 징계의 정당성은 징계사유의 정당성, 징계절차의 정당성, 징계양형의 정당성 그리고 형평성이 모두 구비되어야 한다는 점을 기억해야 한다.

> 💡 해고는 사회통념상 고용관계를 계속할 수 없을 정도로 근로자에게 책임 있는 사유가 있는 경우에 행하여져야 그의 정당성이 인정되는 것이고, 사회통념상 당해 근로자와의 고용관계를 계속할 수 없을 정도인지의 여부는 당해 사용자의 사업의 목적과 성격, 사업장의 여건, 당해 근로자의 지위 및 담당직무의 내용, 비위행위의 동기와 경위, 이로 인하여 기업의 위계질서가 문란하게 될 위험성 등 기업질서에 미칠 영향, 과거의 근무태도 등 여러 가지 사정을 종합적으로 검토하여 판단하여야 한다(2004.01.15, 대법 2003두11247).

2) 징계의 정당한 사유

징계사유는 보통 단체협약, 취업규칙에 규정되지만 이러한 징계사유가 정당한 징계사유인지는 사안에 따라 구체적으로 검토해야 한다. 정당한 징계 사유에는 보통 다음과 같은 경우가 있다.

(1) 근태불량에 따른 근무성적불량, 업무명령 위반 등의 경우
(2) 잦은 지각, 무단결근 등 근로자 의무를 제대로 이행하지 않은 경우
(3) 기업재산, 물적 시설의 보존, 안전규칙에 위반한 경우
(4) 사업장 내에서 도박, 폭행 등 비행을 행한 경우
(5) 직무상 알게 된 비밀을 누설한 경우

(6) 기타 범법행위 등으로 직장의 품위·신뢰를 상실시킨 경우

(7) 경력사칭의 경우 등

- 본인에게 상당부분 책임이 있는 다툼을 이유로 아무런 조치 없이 78일간이나 무단결근을 하여 당연퇴직처분한 것은 정당하다(2004.12.23, 서울행법 2004구합 24912).

- 감리자가 시공사로부터 두 차례에 걸친 술접대와 휴가비를 수령한 것은 회사의 명예와 신용을 훼손한 행위이므로 징계해고는 정당하다(2004.11.24, 서울고법 2004누 3450).

- 형식적으로는 원직복귀 명령을 했지만 그에 상응하는 업무를 주지 아니하여 출근하지 않은 것은 무단결근이라 할 수 없다(2005.07.14, 서울행법 2004구합 35745).

- 음주·무면허운전을 하여 집행유예를 선고받은 근로자에 대해 면직처분을 내린 것은 위법하다(2005.04.07, 서울고법 2004누 11826).

- 사적인 자리에서 회사의 대표자 및 노조를 비난하는 내용의 발언을 한 것은 징계사유가 되지 않는다(2005.04.07, 서울행법 2004구합 32289).

- 평화적인 방법으로 시위를 한 것에 대해 해고한 것은 재량권을 일탈·남용한 것이다 (2005.03.24, 서울행법 2004구합 26529).

- 수습기간 중인 근로자를 업무실적 저조, 근무태도 불성실, 직원들과의 융화 결여 등을 이유로 채용거절한 것은 정당하다(2005.03.22, 서울행법 2004구합 30122).

3) 징계의 절차는 반드시 준수해야 하는가?

징계가 정당하려면 그 사유가 정당하고, 절차가 정당하고, 양형이 정당해야 하므로 사용자는 회사규정에 명시한 징계절차를 성실하게 준수해야 한다. 다만, 판례는 단체협약이나, 취업규칙에 징계절차 규정이 없는 경우에는 징계절차를 밟지 않더라도 당해 징계가 무효로 되지는 않는다고 본다.

- 징계대상자에게 취업규칙 등에 규정된 변명기회를 주지 않은 경우에는 징계내용이 비록 정당하더라도 명백히 징계의 절차적 정의를 결한 것으로서 무효이다(2004.06.25, 대법 2003두 15317).

- 자격이 없는 징계위원이 포함된 인사위원회에서의 결의에 의한 징계해고는 인사위원회의 구성상 중대한 하자로 인하여 무효이다(2005.03.08, 서울행법 2004구합 28778).

- 징계절차를 거치지 아니한 채 막연한 사유만을 들어 징계의결을 한 후 해고통지 한 것은 부당하다(2005.01.06, 서울행법 2004구합 17808).

4) 징계에는 어떤 종류가 있는가?

(1) 징계의 종류

징계의 종류에는 **경고**(말로 상대방을 훈계하는 징계), **견책**(시말서 작성 등을 요구하는 징계), **감급**(임금을 공제하는 징계), **출근정지**(일정 기간 동안 출근을 금지하는 징계), **징계해고**(일방적으로 근로관계를 단절하는 징계) 등이 있다.

(2) 징계처분을 내릴 때 주의해야 할 점

각 징계는 근로자에게 미치는 불이익의 강도가 다르기 때문에 징계가 정당하려면 근로기준법 23조 1항의 정당한 이유의 판단과 관계하여 징계사유와 처분 간 적정성이 유지되어야 한다. 또한 징계처분은 근로자 간에 형평성이 유지되어야 한다. 이와 같은 적정성, 형평성에 반한 징계는 부당하다고 판단된다.

- 일부 무단결근 등의 징계사유가 인정되더라도 다른 근로자들과의 형평성에 반한 징계해고는 부당하다(2000.10.26, 서울행법 2000구2913).
- 전출을 요구하는 상급자와의 폭행을 이유로 정직처분한 것은 부당한 징계이다(2000.12.18, 중노위 2000부노 129).

5) 부당한 징계에 대한 근로자의 구제방안은?

징계처분이 정당하지 않은 경우 부당한 징계를 받은 근로자는 지방노동위원회에 구제신청·지방노동사무소에 진정·고소함으로서 구제 받을 수 있다. 이 경우 징계가 부당하다면 근로자의 신청을 인용한 판정, 즉 부당한 징계를 취소하고 그 기간 동안 받을 수 있었던 정상적인 급여를 지급하라는 명령을 받게 된다.

- 구제신청에 의하여 구제절차가 진행 중에 해고등무효확인청구의 소가 확정된 경우 구제이익은 소멸한다고 보아야 하므로 재심신청을 기각하는 내용의 재심판정에 관한 취소를 구하는 소송은 그 소의 이익이 없다(2004.09.13, 대법 2004두 5126).
- 부당노동행위 구제절차가 진행중에 자신이 별도로 제기한 해고등무효확인 청구소송에서 기각 판결이 선고됐다면 노동위원회는 구제명령을 발할 수 없다(2004.04.22, 서울고법 2003누 256).

- ☀ 해고당한 날로부터 3월 이상 경과한 후에는 부당해고구제를 신청할 권리가 소멸된다 (2002.05.09, 서울행법 2002구합1137).

- 💡 노동위원회 구제절차가 진행 중이라도 이는 정당한 업무지시를 거부할 사유가 될 수 없다 (2002.04.12, 서울행법 2002구합4892).

- 🔦 4인 이하를 고용하는 사업장은 노동위원회 부당해고 구제 심사 대상 사업장이 아니다 (2000.06.05, 중노위 2000부해202).

2. 인사이동 절차

1) 전근이나 전직을 할 때 주의할 점

동일한 기업 내에서의 인사이동은 근로자가 담당하는 직종이 변경되는 전직과 근무하는 장소가 변경되는 전근이 있다. 전근, 전직이 적법하려면 근로기준법 23조의 정당한 이유가 있어야 한다. 판례는 전근에 있어 사용자의 재량을 넓게 인정하는 가운데 다음과 같은 사항을 강조한다(대판 1995.10.13, 94다52928).

- 업무상 필요한 경우 사용자에게 광범위한 재량권을 인정함
- 별도의 규정, 특약이 없는 한 근로자의 동의를 받을 필요까지는 없다고 봄
- 전보명령의 업무상의 필요성과 그로 인해 근로자가 입게 될 생활상의 불이익을 비교하여 보더라도 근로자가 입게 되는 생활상의 불이익이 현저하지 않는 한 권리남용이 되지 않는다고 봄

- 🌱 경영상, 인사상의 필요에 의해서가 아니라 단순히 퇴직시키려는 목적에서 이루어진 전근조치는 부당하다(2003.09.02, 서울행법 2003구합 5341).

- 💡 무보직 전보라도 업무상 필요한 범위 내에서는 사용자 측에 상당한 재량을 인정해야 한다 (2005.06.21, 서울고법 2004누 16494).

- 💡 징계의 의미가 내포되어 있더라도 당사자와 협의 없이 불이익한 전보조치를 한 것은 부당하다 (2005.05.17, 서울행법 2005구합 760).

- 🎵 전보발령에 따른 교육 및 전보발령에 대한 협의도 없이 인사발령의 필요성도 인정하기 어려운 전문성과 무관한 업무로의 전보발령은 부당하다(2005.04.12, 서울행법 2003구합 27877).

2) 전출, 전적을 할 때 주의할 점

전출이란 본래의 기업에 소속된 상태에서 다른 기업에서 장기간 동안 근로를 제공하는 것을 말한다. 또한 전적이란 본래의 소속기업과의 근로계약관계를 종료하고, 다른 기업과 근로계약관계를 새로이 체결하는 것을 말한다. 전적은 소속기업과의 근로계약관계가 종료된다는 점에서 전출과 차이가 있다.

(1) 전출은 어떤 경우에 정당한가?

전출은 노무제공에 있어서 상대방의 변경에 해당되므로 사용자가 전출명령을 하려면 근로자의 동의를 얻어야 한다(민법 657조). 그러나 판례의 견해는 이 경우 근로자의 동의는 개별적, 구체적인 동의를 요하지 않고 다음과 같은 경우에는 정당하다고 인정한다.

- 근로계약, 취업규칙, 단체협약에 사전, 포괄적인 동의를 한 경우
- 경영관행에 따라 근로자의 포괄적인 동의가 있다고 인정되는 경우 등

근로자에 대한 전출명령이 무효가 아니라면 근로자로서는 이에 따라야 할 의무가 있다 할 것이므로 그 전출명령에 따른 부임을 거부하는 근로자는 이를 이유로 회사의 취업규칙이나 인사규정에 따라 해고한 것이 무효라고 할 수 없다(대판 1991.9.24, 90다12366). 그러나 전출명령이 정당하지 않은 경우라면 이에 근거한 해고 등 징계는 또한 위법무효가 된다.

> 👁 사규에 따른 정당한 전보조치를 하였음에도 응하지 않고 전출명령에 항의하기 위한 전단지 배포, 시위 등은 정당한 행위로 볼 수 없고, 또한 전출회사의 무단결근 등의 사유로 징계해고 한 것은 정당한 조치이다(1995.11.14, 서울고법 95나 12387).

> 💡 기업체의 일방적 결정에 따른 근로자의 계열사간 전출·입의 경우, 근로관계는 단절되지 않는다(1997.03.28, 대법 95다 51397).

> 💡 그룹의 경영방침에 따라 퇴직·입사의 형식으로 계열기업군 내의 다른 기업으로 전출근무 했을 경우 퇴직금산정의 기초가 되는 근로기간은 최초입사시부터 최종퇴직일까지 통산하여야 한다(1996.08.16, 서울지법 96나 15199).

(2) 전적은 어떤 경우에 정당한가?

사용자가 근로자에 대하여 전적처분을 하는 경우 근로자의 동의를 얻어야 한다. 전적은 이적하게 될 회사와 새로운 근로계약을 체결하는 것이므로 원칙적으로 근로자의 개별적인 동

의를 얻어야 한다. 문제는 사전 포괄적인 동의를 근거로 전적을 명할 수 있는가 하는 점이지만, 판례는 기업그룹내의 전적에 관하여 근로자의 포괄적인 사전 동의를 얻은 경우에도 전적할 기업을 특정하고 이적기업에서 종사해야 할 업무에 관한 사항과 기타 근본적인 근로조건을 명시하여 근로자의 동의를 얻어야 유효하다고 본다(대판 1993.1.26, 92다11695). 사용자가 이와 같은 근로자의 동의를 받지 않고 일방적으로 전적을 시킨 경우 이는 부당하다. 또한 이러한 전적명령에 불복하였다는 이유로 근로자에게 해고 등 징계를 행한다면 이 또한 부당하다.

> 전적 조치 과정에서 근로자의 동의를 얻지도 아니하고 업무상 필요성도 없는 전적은 부당하다 (2004.06.15, 서울행법 2003구합 38310).

> 기업그룹 내부의 전적에 관하여 미리 근로자의 포괄적인 동의를 얻어두면 그때마다 근로자의 동의를 얻지 않더라도 다른 계열기업으로 유효하게 전직시킬 수 있다(1993.01.26, 대법 92다 11695).

> 당사자의 동의하에 전적된 경우 근로관계는 유효하게 해지된 것으로 종전 회사로의 복귀는 특별한 사정이 없는 한, 신규입사 형태로 이루어져야 한다(2005.02.25., 근로기준과-1154).

3. 근로관계의 종료와 사용자 의무

1) 미지급한 금품을 청산해야 한다.

근로관계가 종료하면 근로관계는 소멸하지만, 근로관계로부터 파생된 개별적인 권리, 의무는 그 자체가 이행되지 않는 한 소멸하지 않는다. 예를 들어 사용자는 근로자에게 미지급한 임금을 청산해야 한다. 즉 근로자가 퇴직한 경우 사용자는 14일 이내에 임금, 보상금, 기타 일체의 금품을 지급해야 한다.

> 근로기준법 제36조는 근로자가 사망 또는 퇴직한 경우에 사용자는 그 지급사유가 발생한 날로부터 14일 이내에 임금·보상금 기타 일체의 금품을 지급하기로 규정함으로써 퇴직 근로자 등의 생활안정을 도모하기 위하여 법률관계를 조기에 청산하도록 강제하는 한편 특별한 사정이 있을 경우에는 당사자간의 합의에 의하여 기일을 연장할 수 있도록 하고 있는바, 위 임금 등 체불로 인한 근로기준법 위반죄는 그 지급사유 발생일로부터 14일 이내에 근로자와 기일연장을 합의하여야 하고 그 기간이 지나 근로기준법 위반죄가 성립한 후에는 비록 합의가 이루어졌다 하더라도 이는 정상참작 사유에 지나지 아니한다고 할 수는 없다(1997.08.29, 대법 97도 1091).

- 정리회사가 퇴직금 청산을 위하여 최선을 다하지 않은 채 근로기준법 소정의 기일을 도과하였다면 동법 위반에 해당된다(1984.04.10, 대법 83도 1850).

2) 근로자가 청구하는 경우 사용증명서를 교부해야 한다.

근로자가 퇴직한 경우라도 사용자는 근로자의 청구가 있는 경우에 사용기간, 업무의 종류, 지위, 임금, 기타 필요한 사항을 사실대로 기입하여 증명서를 즉시 교부하여야 한다. 사용자는 근로자가 요구하지 않은 사항을 기재해서는 안 된다. 사용증명서를 청구할 수 있는 근로자는 적어도 계속 30일 이상 근무했어야 하며, 청구 시기는 퇴직 후 3년 이내이어야 한다.

- 사용증명서는 근로자가 재직 중 또는 퇴직 후 3년 이내에 청구할 수 있고 기재사항을 근로자가 선택 가능하다(2002.09.06, 근기 68207-2879).
- 병가기간을 사용자가 근속기간 및 경력기간에 포함하여 경력증명서를 발급한다 하더라도 위법으로 보기는 어렵다(2004.06.15, 근로기준과-2927).

3) 블랙리스트를 작성해서는 안 된다.

사용자는 퇴직한 근로자에게 감정적인 앙금이 있다고 해서 근로자의 취업을 방해할 목적으로 비밀기호, 명부를 작성, 사용하거나 통신을 해서는 안 된다.

- 근로기준법 제40조는 '누구든지' 근로자의 취업을 방해할 목적으로 비밀기호 또는 명부를 작성ㆍ사용하거나 통신을 하여서는 아니된다고 규정하고 있으므로 이는 사용자 뿐만 아니라 근로자나 제3자에 대하여도 적용되며, 만일 이를 위반할 경우에는 동법 제110조에 의한 처벌의 대상이 될 것임(2003.07.04, 근기 68207-828).
- 직원채용시 경력조회실시 의무화가 근로자의 취업방해목적으로 사용되거나 취업방해목적이 객관적으로 인정되는 경우 근로기준법 제31조의 2 위반이다(1994.10.11, 근기 68207-1621).

4. 경영상 이유에 의한 해고

1) 정리해고

경영상 이유에 의한 해고를 정리해고라고 한다. 정리해고는 근로자 측에 해고의 원인이나 귀책사유가 없다는 점에서 정당성 요건을 엄격하게 해석해야 한다. 근로기준법 제24조는 정리해고의 요건으로 긴박한 경영상의 필요성, 해고회피노력, 합리적이고 공정한 기준 마련, 근로자 대표와의 성실한 협의 등을 규정하고 있다. 정리해고도 해고의 한 유형이므로 앞서 설명한 "해고를 할 때 특히 주의할 사항"과 "부당해고의 효과"는 동일하다. 이하에서는 정리해고의 법적 요건을 설명하기로 한다.

2) 정리해고의 요건

(1) 긴박한 경영상 필요성이 있어야 한다.

(2) 근로자대표에게 50일전 통보하고 성실하게 협의해야 한다.

(3) 해고를 회피하기 위해서 최대한 노력해야 한다.

(4) 합리적이고 공정한 선발기준을 마련해서 적용해야 한다.

💡 일진전기 부당해고 1심, "긴박한 경영위기 있어도 해고되어 노력없으면 위법"(서울행법 2016.06.02, 선고 2015구합70874 판결).

🎵 정리해고의 요건이 되는 긴박한 경영상의 필요라 함은 반드시 기업의 도산을 회피하기 위한 경우에 한정되지 아니하고, 장래에 올 수도 있는 위기에 미리 대처하기 위하여 인원삭감이 객관적으로 보아 합리성이 있다고 인정되는 경우도 포함되는 것으로 보아야 할 것이다 (2003.09.26, 대법 2001두10776, 2001두10783).

💡 경영상 필요에 의한 정리해고라 하더라도 노조와의 협의 등 절차를 거치지 않고 일방적으로 정리해고 절차를 진행했다면 부당해고이다(2002.08.20, 서울행법 2002구합5191).

👁 1년 가까이 정리해고에 따른 인원감축에 관하여 협의하여 오면서 명예퇴직 실시, 순환휴직제, 상여금 삭감 등의 조치를 취하였으나 여의치 않자 부득이 정리해고를 단행한 것은 해고회피의 노력을 다한 것이다(2004.11.12, 대법 2004두 9616, 2004두 9623).

💡 단체협약상 정리해고대상 근로자의 순위가 규정되어 있음에도 근로자 전체를 정리해고 대상자로 선정한 것은 합리적이고 공정한 기준에 따른 것이라고 할 수 없다(2003.12.12, 서울고법 2003구합 4838).

💡 분사무소 폐지와 사무자동화 기기 도입으로 인원감축이 불가피하고 정리해고 대상자 선정기준에 합리성과 사회적 상당성을 지녔다면 해고는 정당하다(2005.07.01, 서울행법 2004구합 17938).

💡 환경미화업무 중 가로 청소업무만을 민간위탁 대상에서 제외한 것은 객관적이고 합리적인 기준에 의하여 해고대상자를 선정한 것이 아니다(2005.03.10, 서울행법 2004구합 13325).

🎵 단순히 희망퇴직을 권유하거나 사업비의 지출규모를 줄였다는 것만으로는 해고를 회피하기 위한 노력을 다한 것으로 볼 수 없다(2004.12.23, 서울행법 2004구합 26062).

- 전 근로자에 대하여 경영쇄신을 위한 제안과 해결방안을 요청한 사실 등만으로는 해고를 피하기 위한 노력을 다한 것으로 볼 수 없다(2004.11.11, 서울행법 2004구합 10142).

- 계약직원에 대하여 다른 부서에 근무하도록 하는 것이 가능한지 여부를 타진하는 등의 노력을 전혀 기울이지 아니한 것은 해고회피 노력을 다하였다고 보기 어렵다(2004.11.02, 서울행법 2004구합 23117).

- 60일의 사전통보기간을 위배하였다고 하더라도 그 밖의 정리해고의 요건이 충족되었다면 그 정리해고는 유효하다(2004.10.15, 대법 2001두 1154, 2001두 1161, 2001두 1178).

- 상당 기간 신규설비 및 기술개발에 투자하지 못한 데서 비롯된 계속적·구조적인 경영위기로 인한 정리해고는 긴박한 경영상의 필요에 의한 것으로 봄이 타당하다(2014011.13, 대법 2012다14517).

- 2009년 쌍용차 정리해고 시 긴박한 경영상의 필요나 해고 회피 노력이 충분치 않아 해고무효에 해당한다(2014.02.07, 서울고등법원).

◎ **경영상해고 관련 업무처리 요령** (1998.03.28, 근기 68201-586)

1. **경영상해고 관련 사실 조사**

※ 근로자대표와의 협의 여부·해고 대상자 선정기준의 공정성·해고 회피노력 유무 등을 중심으로 우선 객관적 판단을 먼저 하고, 긴박한 경영상의 필요성을 규명하는 것이 효과적일 것임.

(1) 해고 사실의 확인

권고사직의 경우 사직서를 제출하고 명예퇴직수당 등을 받았다면 근로기준법 제24조의 규정에 의한 경영상 해고로 보지 아니함.

근로자에 대하여 일괄적으로 사표를 제출토록 하고 그 중 일부만 선별적으로 수리하여 면직처리 하였다면, 사용자가 근로자의 사표제출이 진정한 사직 의사가 아님을 알았거나 알 수 있었을 경우로서 이른바 비진의에 의한 의사표시에 해당하므로 사표제출의 법률행위는 무효이고, 면직조치는 부당 해고에 해당함.

(2) 해고 30일전에 해고예고를 하였는지

해고 당사자에 대한 해고예고는 근로자대표에 대한 해고 50일전 통보의무와 별도로 준수해야 함.

해고의 정당성 여부에 관계없이 해고예고를 하지 아니하였으면 근로감독관집무규정 제30조 제1항 및 별표 4 조치기준에 따라 25일내 해고예고수당을 지급토록 시정지시하고, 미이행시 근로기준법 제26조 위반으로 입건 조치

※ 해고예고는 근로기준법 제24조 제3항의 규정에 의한 노사간 협의기간 중에도 할 수 있음.

(3) 경영상해고에 관하여 사용자가 근로자대표와 성실하게 사전에 협의하였는지

〈해고일 50일전에 사용자가 해고회피 방법 및 해고기준을 근로자 대표에게 통보하였는지 여부〉

※ 협의할 내용의 통보방법은 제한이 없으나 가급적 서면으로 하는 것이 바람직함.

〈근로자의 과반수로 조직된 노동조합 또는 근로자의 과반수를 대표하는 근로자대표가 있는지 여부〉

※ 근로자대표를 선정하는 방법은 특별한 제한이 없으며, 노사협의회가 설치되어 있고 그 근로자위원들이 근로자의 과반수를 대표한다면 그들이 근로자 대표가 될 수 있음(다만, 다수 근로자가 노사협의회 근로자위원 대신 다른 대표의 선출을 원할 경우 별도의 선출 절차를 거쳐야 함)

※ 근로자 대표가 없을 경우 사용자는 근로자 대표를 선임하도록 하고, 근로자들이 대표 선임을 기피할 경우에는 전 근로자를 대상으로 공고문 등을 통하여 협의하는 것도 가능〈근로자 대표와 성실히 협의하였는지 여부〉

※ 성실한 협의로 볼 수 있는 경우 : 사용자는 근로자 대표에게 50일 전 해고 회피방법 및 해고기준 등을 통보하고, 근로자대표는 전체근로자의 의견을 모아 사용자의 해고계획에 대한 의견 또는 대안 등을 제시, 사용자는 근로자의 의견 또는 대안 등에 대해 받아들일 수 있는 것은 수용하고 그렇지 못한 것은 그 이유를 밝히는 등 근로자의 이해를 구함.

※ 성실한 협의로 볼 수 없는 경우 : 근로자 대표와 협의 없이 해고하는 경우, 근로자대표에게 일방적으로 해고계획을 통보만 하고 해고하는 경우, 노동조합이 없다는 이유로 협의하지 아니한 경우, 근로자대표가 아닌 자와 협의하고 해고하는 경우, 사용자가 해고회피 방법 및 해고기준을 제시하지 않고 협의를 하는 경우, 근로자 대표에게 해고회피 방법 및 해고기준을 통보한 후 50일이 경과하지 않은 상태에서 일방적으로 해고하는 경우 등

※ 근로자 대표가 협의를 기피한 경우에는 근로자 스스로 권리를 포기한 것이므로 해고계획 통지후 50일이 경과하면 사용자에 대해 협의 불이행에 대한 책임을 물을 수 없음.

(4) 합리적이고 공정한 기준에 의하여 해고자를 선정하였는지

사용자가 근로자 대표와 협의과정에서 해고자 선정기준에 대하여 충분히 논의하여 정하였는지(단체협약 또는 취업규칙에 이미 정해져 있는 경우는 그 준수여부)

사업체의 여건에 따라 근로자와 사용자의 입장을 충분히 고려하여 정했는지

– 근로자측면 : 근속년수가 짧은 자, 부양가족이 적은 자 등

– 사용자측면 : 근무성적 · 능력이 낮은 자 등

※ 불공정하고 불합리한 해고기준의 예 : 사용자가 임의로 해고자를 선정하여 해고, 단체협약 · 취업규칙에서 정한 기준을 따르지 않은 경우, 노동조합 활동을 활발히 하거나 사업주의 법령 위반 사실에 대하여 고소 · 고발한 것을 이유로 선정, 여성 또는 임신중인 여성을 우선하여 해고, 조직개편 또는 사업폐지와 전혀 관계 없는 직종의 근로자를 해고, 직무와 관계없이 임금수준이 높은 근로자 순으로 해고, 근속기간이 긴 근로자 순으로 대상자 선정 등

(5) 해고를 피하기 위한 노력을 다하였는지

근로자 대표 등이 제시한 해고 회피노력을 할 수 있었음에도 전혀 하지 않은 경우에는 해고의 정당성을 인정할 수 없음.

해고 회피 방법 예시 : 경영합리화를 통한 비용 절감, 연장근로 등의 축소, 근로시간 또는 임금의 감축, 해고예정 직종에 대한 신규채용의 중지, 단시간근로자 · 임시직 등의 재계약 정지, 배치전환, 사외파견, 재교육 · 훈련의 실시, 조업단축 또는 일시 휴업(휴직), 퇴직희망자의 모집 등

사용자는 위에서 예시한 해고 회피노력을 반드시 모두 다 이행해야 하는 것은 아니나, 각 사업체의 사정에 따라 가능한 한 다양한 방안을 모색하고 최선을 다하여 시행해야 할 것임.

※ 해고 회피 방법에 있어서 남녀차별을 하여서는 아니 됨.

(6) 해고계획 신고 대상사업장의 경우 신고를 하였는지 조사

신고의무 미이행시에는 근로기준법 제13조의 보고요구 규정에 의하여 신고토록 조치

(7) 해고에 있어 긴박한 경영상의 필요성이 있었는지

감원을 하지 않으면 사업체가 도산할 위기에 있거나 경영악화로 사업을 계속 할 수 없는 경우에 해당하는지, 업종의 전환, 사업의 일부 또는 전부의 폐지 등으로 인원삭감이 객관적으로 보아 불가피하다고 할 만한 사유가 있는지, 경영악화를 방지하기 위한 사업의 양도ㆍ인수ㆍ합병이 있었는지, 생산성 향상, 경쟁력의 회복 내지 증강에 대처하기 위한 작업형태의 변경, 신기술의 도입과 그러한 기술혁신에 따라 생기는 산업의 구조적 변화 등을 이유로 인원삭감이 객관적으로 보아 합리성이 있다고 인정되는 경우에 해당하는지

※ 판례상 긴박한 경영상의 필요성에 대해서는 감원이 객관적으로 보아 합리성이 있는 경우까지 넓게 인정하고 있음을 유의

2. 부당해고의 판단

근로기준법 제24조 제1항 내지 제3항의 규정에 의한 해고의 요건과 절차를 준수한 경우에는 동법 제23조 규정의 적용에 있어서 정당한 해고로 인정됨.

이를 반대 해석하면 해고의 법적 요건과 절차(동법 제24조 제1항 내지 제3항)를 위반한 경우에는 부당한 해고가 됨. 즉, 긴박한 경영상의 필요성, 해고 회피노력, 합리적이고 공정한 해고기준, 근로자 대표와의 성실한 협의 요건(50일전 통보 포함) 중 어느 하나라도 위반한 경우 부당한 해고가 되어 당해 해고는 무효가 되고, 사용자에 대해 벌칙을 부과 할 수 있음.

※ 해고계획의 신고의무를 위반한 경우에는 해고의 효력에는 영향이 없음.

3. 경영상해고와 관련한 쟁점들

· 법 개정으로 기업의 인수ㆍ합병시 근로자의 고용승계를 하지 않아도 되는가?

그렇지 아니함. 기업의 인수ㆍ합병의 경우 다른 법률관계와 마찬가지로 근로자와의 근로관계도 포괄 승계 됨.

경영악화를 방지하기 위하여 인수ㆍ합병을 하여 잉여인력이 발생한 경우 법적 요건과 절차에 따라 경영상 해고를 할 수 있음.

이 경우에도 해고를 하려면 근로자대표와 협의를 거쳐 해고회피 노력을 다해야 하며, 합리적이고 공정한 기준에 의해 해고자를 선정해야 함.

· 사용자가 경영상해고를 함에 있어 해고회피노력 및 해고기준 등에 관하여 노동조합과 협의하였으나 합의가 되지 않는 경우 노동조합이 이를 이유로 파업 등 쟁의행위를 할 수 있는가?

기본적으로 근로자의 채용 및 해고는 사용자의 인사권에 속하는 것이며, 해고를 피하기 위한 노력 및 해고의 기준을 결정하는 주체도 사용자임.

근로기준법에서 경영상해고시 사용자가 근로자대표와 협의토록 하는 취지는 근로자의 의견을 듣고 이를 최대한 반영할 수 있도록 하는 것이나, 반드시 근로자대표와 합의해야 하는 것은 아님.

따라서 경영상해고 실시를 이유로 한 쟁의행위는 정당성을 인정받을 수 없음.

· 사용자는 해고 회피방법 및 해고기준 등을 해고 50일전에 통보하도록 하고 있는데 이 통보를 하면 해고예고를 하지 않아도 되는가?

근로자대표에게 해고 50일전 해고계획을 통보하도록 한 취지는 노사간 해고에 관하여 충분한 협의를 할 수 있도록 하기 위한 것임.

이 규정은 노사간 집단적인 협의를 위한 규정이며, 해고예고는 개별근로자에 대한 해고의 사전통지이므로 별도로 준수해야 함.

다만, 해고 50일전 해고계획 통보 후 노사간 협의를 거쳐 해고자가 선정되었다면 50일이 만료되지 않았더라도 그 중간에 해고예고는 할 수 있음.

· 해고 50일전에 근로자대표에게 해고 회피방법 및 해고기준 등을 통보하도록 하고 있는데 이 통보 후 곧바로 해고 수당으로 50일분 임금을 주고 즉시 해고할 수 있는가?

50일전 해고계획을 통보하도록 한 취지는 노사간 해고에 관하여 충분한 협의를 하도록 하기 위한 것이며, 개별근로자에 대한 해고예고가 아님.

따라서 해고수당 등을 지급하고 그 기간을 단축할 수는 없음.

· 사용자가 전 근로자에게 사표를 제출토록 하고, 제출된 사표 중 일부만을 선별하여 수리한 경우 해고로 볼 수 있는가?

원칙적으로 사용자가 근로자의 사직 의사표시가 진정한 의사가 아님을 알지 못했고, 알 수도 없었다면 근로자의 사표제출은 유효함.

예를 들어 근로자들이 스스로 사직 의사를 표명하는 경우, 희망퇴직(명예퇴직)자 모집시 퇴직위로금을 기대하고 사직서를 제출한 경우 등

사용자가 근로자의 사직의 의사표시가 진정한 의사에 의한 것이 아님을 알았거나 알 수 있었을 경우에는 그 의사표시는 무효이며(민법 제107조 제1항 단서), 이에 기한 면직처분은 부당해고에 해당함(1996.7.30, 대법 95누 7765 ; 1993.5.25, 대법 92다 26260)

따라서 일괄사표 · 선별수리를 통한 면직의 경우 근로자가 사직의 의사표시를 하게 된 과정 및 동기 등의 정황증거에 따라 판단하여야 할 것이며, 사용자가 먼저 사직서를 쓰도록 종용하고, 사표를 제출한 경우라면, 사용자는 근로자들의 사표 제출이 진의가 아님을 알고 있거나, 알 수 있었을 것이므로 동 사직의 의사표시는 무효이며, 이를 기초로 사용자가 행한 면직처분은 부당해고에 해당될 것임.

부당해고에 해당하는지 여부는 경영상 해고의 경우에는 위와 같은 사표 수리전에 근로기준법 제24조의 규정에 의한 요건과 절차를 갖추었는지 여부에 따라 판단해야 할 것임.

5. 정당한 징계해고

1) 징계해고

징계해고는 행태상 사유로 인하여 해고를 당하는 경우를 말한다. 여기서 행태상 사유로는 반복적인 결근, 조퇴, 지각, 근로의 거부, 하자있는 근로의 제공 등 업무와 관련된 행태가 있고, 범법행위, 비윤리적인 행위 등 업무이외의 행태가 있다. 사용자는 이러한 사유가 사회통념상 고용계약을 계속 유지할 수 없을 만큼 심각한 경우에 한하여 해고할 수 있다.

♪ 자신을 위해 사용한 적이 없다 해도 업무상 배임행위를 계속해 회사에 손실을 끼쳤다면 근로 관계를 계속할 수 없는 중대한 사유에 해당한다(2004.07.27, 서울행법 2003구합 2311).

💡 부하직원에게 성희롱, 금품요구 등을 한 항공사 사무장에 대한 파면처분은 정당하다 (2015.01.30, 서울남부지법 2013기합18562).

👁 징계 해고사유가 통상해고 사유에도 해당하여 통상해고의 방법을 취하더라도 징계해고에 따른 소정의 절차는 부가적으로 요구된다(2014.10.16, 서울행법 2013구합22338).

🌱 천막농성과 불법집회를 기획, 주도하지 않았음에도 해고의 징계처분을 하는 것은 재량권을 일탈·남용한 것으로서 위법하다(2013.07014, 서울고법 2012누29983).

2) 징계해고의 절차

판례는 단체협약, 취업규칙 상에 징계절차를 두고 있는 경우 이러한 규정을 거치지 아니하거나, 불성실하게 절차를 거친 경우에는 사용자의 징계처분은 무효라고 본다. 예를 들어 징계위원회 구성에 있어서 하자가 있는 경우, 근로자가 출석하여 해명을 하였다 하더라도 절차상 중대한 하자가 있다고 본다(대판2001.4.10. 2000두7605). 그러나 징계절차를 두지 않은 경우에는 징계절차를 밟지 않더라도 당해 징계가 무효로 되지는 않는다고 본다. 사용자가 징계절차를 거치는 경우 특히 주의할 점은 다음과 같다.

- 징계위원회를 규정에 따라 타당하게 구성해야 한다.
- 근로자가 변명, 소명할 수 있을 정도로 시간적 여유를 부여해야 한다.
- 징계절차로서 노동조합과 협의, 합의를 규정한 경우 이를 이행해야 한다.

💡 징계대상자에게 취업규칙 등에 규정된 변명기회를 주지 않은 경우에는 징계내용이 비록 정당하더라도 명백히 징계의 절차적 정의를 결한 것으로서 무효이다(2004.06.25, 대법 2003두15317).

3) 해고를 할 때 특히 주의할 사항은?

(1) 현행법상 특별히 해고를 제한하는 사유

- 부당노동행위로서의 해고
- 성별, 국적, 사회적 신분 등을 이유로 한 해고
- 위법행위의 신고를 이유로 한 해고

💡 대법원 홈페이지에 진정을 제기한 것이 근로조건과 관련된 사항에 관하여 노조대표로서 사실
　조사를 촉구한 것이라면 해고처분은 위법하다(2004.06.11, 서울행법 2003구합 24632).

(2) 특별히 해고가 허용되지 않는 시기

- 업무상 부상, 질병의 요양을 위한 휴업기간과 그 후 30일
- 산전산후의 휴업기간과 그 후 30일간

해고금지 기간 중에는 정당한 이유가 있더라도 근로자를 해고할 수 없다. 그러나 해고금지
기간 중이라도 사용자가 일시보상을 하거나 사업을 계속할 수 없게 된 경우에는 해고할 수
있다.

🔍 근로자가 업무상 부상 또는 질병의 요양을 위하여 요양중에 있는 때에는 사용자는 당해 근로
　자를 해고하지 못함. 다만 사용자가 근로기준법 제87조에 규정된 일시보상을 행하였거나, 근
　로자가 산업재해보상보험법에 의한 상병보상연금을 지급받고 있는 경우에는 해고할 수 있음(
　근기 68207-1778, 2000. 6.12).

(3) 해고예고의무

사용자는 근로자를 해고하고자 할 때에는 적어도 30일 전에 예고를 하거나 또는 30일분 이
상의 통상임금을 지급해야 한다. 이와 같은 해고의 예고는 정당한 이유가 있는 경우에만 적
용된다. 즉 해고가 부당한 경우에는 해고예고의 여하에 상관없이 무효이다. 단, 해고예고 없
이 즉시해고를 할 수 있는 경우도 있다. 즉 천재, 사변 기타 부득이한 사유로 사업계속이 불가
능한 경우나, 근로자가 고의로 사업에 막대한 지장을 초래하거나 재산상 손해를 끼친 경우(노
동부령이 정한 사유)에 해당되는 경우에는 즉시해고를 할 수 있다.

📝 참고　**해고예고 규정이 적용되지 않는 경우 (근기법 35조)**

- 일용근로자로서 3월을 계속 근무하지 아니한 자
- 2월 이내의 기간을 정하여 사용된 자
- 월급근로자로서 6월이 되지 못한 자
- 계절적 업무에 6월 이내의 기간을 정하여 사용된 자
- 수습사용 중의 근로자

🏆 해고예고는 정당한 해고이유가 있을 때 가능하다(1992.03.31, 대법 91누 6184).

- 정당한 이유가 있어 근로자를 해고하는 경우 해고예고나 해고수당을 지급하여야 하나, 근로자의 중대한 귀책사유가 있어 이를 노동위원회의 인정을 받는 경우 그러하지 아니한다 (1987.03.02, 근기 01254-3278).

- 해고 당한 자가 그 정당성에 불복하여 회사앞 피켓시위를 한 것은, 임직원들의 공공의 이익을 위한 것인데다 전혀 근거없거나 비상식적 모욕이 아니므로 회사에 대한 명예훼손이 아니다 (2016.03.16, 서울남부지법 제51민사부).

- 비건의 의사표시를 제출한 사직서를 수리하고 의원면직 처리한 것은 부당해고다 (2016.02.04, 서울고법 2015누해1100).

- ① 사용자의 원청회사가 도급계약으로 정년을 규정했다 하더라도 근로자에게 효력이 미친다고 보기 어려운 점 ② 근로계약이 종료됐음을 통보했으나 그후 근로계약서 작성없이 계속 권했으므로 묵시적으로 종전 근로계약기간(1년)과 동일하게 근로계약이 갱신됐다고 볼 수 있는 점을 종합해 보면, 묵시적으로 갱신된 계약기간 중 정년을 이유로 근로관계를 종료한 것은 정당한 이유가 없는 부당해고이다 (20014.12.05, 중앙2014누해952).

4) 해고가 부당하다고 판정되면?

해고가 부당하다면 당해 해고는 위법, 무효가 되므로 사용자는 벌을 받을 수 있으며, 근로자를 복직시켜야 한다. 부당해고 기간동안 근로자가 근로를 제공하지 못한 것은 사용자의 귀책사유로 인한 것이므로 근로자는 계속 근로하였다면 받을 수 있었던 임금 상당액(back-pay)의 지급해야 한다. 다만, 근로자가 해고기간 중에 다른 직장에 취업하여 얻은 중간이득이 있는 경우에는 평균임금의 30/100 범위 내에서 임금 상당액을 공제할 수 있다.

- 휴대폰 문자로 해고를 통보한 것은 서면 통지(근기법 제7조1항) 규범이므로 무효이고 부당해고이다 (2013.09.12, 서울행법 2012구합3694).

- 사용자의 귀책사유인 경우 직권면직으로 인하여 근무하지 못했더라도 실제 근무했을시 받을 수 있었던 임금상당의 금원을 지급받을 수 있다 (1996.12.03, 서울지법 96나23152).

- 해고통보서에 해고의 근거가 되는 취업규칙의 조문만을 기제하고, 해고의 실질적 사유를 기재하지 아니한 것은 해고사유 등의 서면통지 의무 위반이다 (2014.10.23, 서울행법 2013구합18650).

- 사직의 의사가 없는 근로자로 하여금 어쩔 수 없이 사직서를 제출하게 한 것은 사실상 해고에 해당하고, 정리해고의 요건을 갖추지 못한 해고로 무효이다 (2014.12.10, 대구고법 2013나6064).

※ **부당징계의 법률적 구제 방법**

　　1) 진정: 노동부 지방노동사무소

　　2) 고소, 고발: 지방노동사무소, 검찰

　　3) 부당해고 구제신청(근기법 28조): 지방노동위원회(3개월 이내)

　　4) 부당노동행위 구제신청(노조법 82조): 지방노동위원회(3개월 이내), 중앙노동위(재심), 행정소송

　　5) 해고처분효력정지및임금지급 가처분신청: 본안과 함께 신청 가능, 최근엔 거의 실효성 없음.

　　6) 출입방해금지가처분 신청: 해고된 후에도 조합원 자격을 유지할 경우, 노조 사무실 출입 등 위해 신청

　　7) 해고무효확인청구 민사소송: 해고 문제에 대한 현실적으로 마지막 해결 방안

　　8) 조합원지위인정확인청구 민사소송: 노조가 조합원 자격을 인정하지 않을 경우 노조를 상대로 제기함.

6. 직원의 퇴사 처리

1) 근로관계가 종료되는 경우

근로관계는 근로자와 사용자간의 합의해지, 근로계약 기간의 만료, 근로자의 사직, 사용자의 해고, 정년퇴직, 당사자의 소멸 등의 경우에 종료된다.

> 🍡 근로계약기간을 정한 경우에 있어서 근로계약 당사자 사이의 근로관계는 특별한 사정이 없는 한 그 기간이 만료함에 따라 사용자의 해고 등 별도의 조치를 기다릴 것 없이 근로자로서의 신분관계는 당연히 종료되는 것이다(2004.12.09, 대법 2004두 9470).

> 🍡 사직서에 "강요의 사유"라고 기재되어 있다는 사정만으로는 사직의 의사가 없음에도 사용자 측의 강요에 따라 사직서를 제출하게 되었다고 볼 수 없다(2014.09.25, 서울행법 2014구합 4627).

2) 합의해지

보통 실무적으로 명예퇴직이라고도 하는데, 합의해지는 근로자와 사용자가 그 합의에 의해서 근로계약을 장래에 대해서 소멸시키는 계약을 말한다.

> 🍡 회사의 권유에 따라 사직의 의사표시를 하여 회사가 이를 받아들였다면 근로관계가 유효하게 합의해지된 것으로 볼 수 있다(2003.04.22, 대법 2002다65066).

☀ 폐암에 걸린 사람이 명예퇴직을 신청, 명예퇴직 예정일로 승인을 받은 날보다 2일 먼저 사망한 경우에도 회사는 명예퇴직금을 지급할 의무가 있으나, 피고 공사에서 운용되는 명예퇴직제도에 따른 명예퇴직금은 그 직위에서 퇴직하는 근로자의 재직 중의 근로에 대한 대가로써 지급되는 후불적 임금으로서의 성질을 갖고 있고, 이는 구 근로기준법 제18조 소정의 임금에 포함된다 할 것이므로, 이 사건 명예퇴직금 채권은 같은 법 제41조 소정의 3년간의 단기소멸시효에 관한 규정이 당연히 적용되는 임금채권이라 할 것이다. 따라서 사망 후 약 8년이 지나 청구한 명예퇴직금채권은 위 소멸시효의 완성으로 이미 전부 소멸되었다 할 것이다 (2002.04.12, 서울고법 2001나 57961).

3) 계약기간의 만료

계약직 근로자의 경우 그 기간이 만료하면 근로관계는 종료된다. 다만, 계약직 근로자의 근로관계 종료와 관련해서 특히 주의할 사항이 "연쇄적 근로관계"이다. 즉 기간의 정함이 있는 근로계약(유기계약)이 반복되는 연쇄적 근로관계 하에서 단순히 기간만료를 이유로 사용자가 근로관계를 종료한다면 계약직 근로자는 불합리한 피해를 입게 될 수 있다. 따라서 이 경우 정당한 이유가 없음에도 불구하고 사용자가 계약기간 만료만을 이유로 재계약의 체결을 거부한다면 위법하다고 본다(관련 노동부 유권해석 근기 68207-471).

🎵 근로계약이 상당기간 반복갱신 되어 계속적 고용이 기대되는 근로자에게 합리적 이유 없이 계약갱신을 거절한 것은 신의칙상 허용될 수 없다(2004.04.08, 서울행법 2003구합 32275).

🍎 기간의 정함이 있는 근로계약의 경우, 당사자 사이의 근로관계는 그 기간이 만료되면 사용자의 해고 등 별도조치 없이 당연 종료되는 것이 원칙이나 기간의 정함이 있는 근로계약이라도 수 차례에 걸친 기간을 정한 근로계약이 계속 반복되어 그 정한 기간이 단지 형식에 불과한 경우에는 사실상 기간의 정함이 없는 근로계약으로 전환될 수 있으며, 이 경우 사용자가 근로자를 해고하려면 정당한 이유가 있어야 하는 등 통상근로자와 같은 보호를 받는 것이 타당함. 이 경우 몇 차례 반복될 때 기간의 정함이 없는 근로계약으로 전환되는지에 대하여는 일률적으로 규정하기 어려우며, 이에 관하여서는 계약이 수차 반복됨에 따라 근로자가 갖게 되는 기대심리, 당해 사업장의 계약관행, 여타 기간의 정함이 있는 근로자의 고용관계 등을 종합적으로 고려하여 판단하여야 할 것임(1999.10.29, 근기 68207-471).

🎈 근로계약기간을 정한 경우에 있어서 근로계약 당사자 사이의 근로관계는 특별한 사정이 없는 한 그 기간이 만료함에 따라 사용자의 해고 등 별도의 조치를 기다릴 것 없이 근로자로서의 신분관계는 당연히 종료되는 것이다(2004.12.09, 대법 2004두 9470).

🎈 근로계약기간이 단지 형식에 불과하다고 볼 수 없다면 근로계약관계는 그 기간의 만료로 당연히 종료되는 것이다(2004.10.29, 대법 2004두 10012).

◉ 기간의 정함이 없는 근로자로 전환됐음에도 계약완료를 이유로 근로관계를 종료한 것은 부당
하다(2015.06.10, 중앙2015낙해310병합).

4) 근로자의 사직

(1) 권고사직은 사직인가, 해고인가?

사직은 근로자가 일방적으로 근로관계를 종료하는 의사표시를 하는 경우이다. 사직과 관
련해서 특히 문제가 되는 사항은 "권고사직"을 사직으로 볼 것인가, 아니면 해고로 볼 것인가
하는 점이다. 판례는 근로자가 일단 사직원을 제출하면 자발적인 퇴직의사가 있다는 점을 인
정하고, 근로자가 사직원을 제출한 이후에는 사용자의 동의 없이는 그 철회를 인정하지 않는
경향이다. 그러나 근로자가 제출한 사직원에 사직의 종용에 대한 강한 불만의 의사표시를 했
고, 여러 차례 사직원 철회의사를 밝혔다면 어쩔 수 없이 사직원을 제출한 것으로 판단해야
한다고 본다. 즉 근로자가 사직할 의사 없이 사용자의 일방적인 압력에 의하여 퇴직했다면
그 형식(사직)을 불문하고 그 실질에 있어서는 해고이므로 근로기준법 23조의 정당한 이유가
없다면 부당해고가 된다고 본다(대판1992.3.13. 91누10046).

♬ 사직서 제출이 강박에 의하여 이루어지지 않은 이상 사직서 제출과 그에 따른 수리로 근로관
계는 종료되었다(2004.01.09, 서울고법 2003누 6698).

♨ 퇴직 권유에 불응시 불이익을 입거나 해고의 대상이 될 수 있다는 취지의 설명을 하였다는 사
정만으로는 어쩔 수 없이 사직서를 제출하였다고 볼 수 없다(2004.02.06, 서울행법 2003구합
14819).

(2) 근로자가 "저 내일부터 안 나옵니다."라고 말한 후 정말로 안 나온다면?

근로자는 언제든지 사직을 통고할 수 있으나 사직을 통고한 시점에 바로 사직의 효력이 발
생하는 것은 아니다. 사직의 효력은 원칙적으로 사용자와 퇴사일로 합의한 시점에서 발생한
다. 그러나 간혹 사용자가 결재를 지체하거나, 퇴사일을 지나치게 장기로 정해서 근로자가 피
해를 당하는 경우가 있다. 이러한 문제점을 해결하기 위하여 민법 제660조는 근로자(월급)가
사직의 의사를 통보한 당기의 다음기가 경과되면 직장에서 퇴사할 수 있다고 규정(취업규칙에
서는 보통 1달 정도로 정한 경우가 많음)한다. 만일 근로자가 사직의 효력이 발생하기 전에 직장에
출근하지 않는다면 사용자는 그로 인한 손해배상을 청구(법원)할 수 있다.

💡 근로계약기간의 정함이 없는 경우 근로자는 자유로이 근로계약을 해지할 수 있는 것이나 그 해지의 효력일은 근로자의 해지의사 표시와 함께 사용자의 승낙이 있는 날이 퇴직일이 될 것임. 그러나 동 승낙이 없는 경우에는

1. 민법 제660조 제2항에 의하여 근로자로부터 근로계약해지통보를 받은 날로부터 1월이 경과함으로써 해지의 효력이 발생하고,
2. 임금을 일정한 기간급으로 정하여 정기일에 지급하고 있는 경우에는 민법 제660조 제3항에 의거 근로자가 퇴직의 의사통고를 한 당기후의 1임금 지급기를 경과함으로써 해지의 효력이 발생하는 것임(1987.01.13, 근기 01254-446).

5) 정년퇴직

정년제란 취업규칙, 근로계약에서 정한 일정한 연령에 도달하면 근로자가 계속해서 근로를 할 의사와 능력이 있더라도 근로관계를 종료시키는 제도를 말한다.

☀ 노사가 임금피크제 시행에 합의했더라도 이사회 의결을 받지 않았다면 무효이다(2016.01.14, 임금피크).

🎵 정년을 '65세'로만 정하고 적용시점을 명확히 하지 않았다면 만 65세가 도달하는 날을 정년으로 보는 것이 판례와 행정해석의 입장이다(2004.12.29., 근로기준과-6968).

💡 근로자 과반수의 동의 없이 정년을 단축 변경한 취업규칙은 그 부분에 한하여 효력이 없고, 단축된 정년조항의 강제 시행은 정년퇴직이 아닌 해고이다(2004.03.16, 근로기준과-1296).

💡 정년이 지나서도 기간의 정함이 없이 근로관계를 유지하고 있는 근로자에 대하여 사용자가 고령이라는 이유만으로 근로관계를 해지할 수 없다(2003.12.12, 대법 2002두 12809).

6) 당사자의 소멸

사용자, 근로자의 사망에 의하여 근로관계는 종료된다. 그러나 그 기업이 상속되거나 포괄승계되어 운영되는 경우에는 사용자와 근로자의 인적관계가 문제되지 않는 한 근로관계는 종료되지 않는다. 그리고 법인의 경우 해산시가 아니라 청산종료 시에 근로관계가 종료된다.

💡 3개의 법인이 청산되고 새로운 1개의 회사가 설립된 경우 특별한 사정이 없는 한 청산된 법인과 근로자와의 근로관계는 종료된다(2004.12.13., 근로기준과-6682).

☀ 파산과 다름없는 청산의 상태에서 한 해고는 정당하다(2001.04.11, 부산고법 2000나14729).

7. 퇴직금 제도

1) 퇴직금

사용자는 계속해서 1년 이상 근로한 근로자에게 계속근로연수 1년에 대해 30일분 이상의 평균임금을 퇴직금으로 지급해야 한다. 퇴직금은 보통 사용자가 일시금으로 지급하거나, 근로자의 신청을 거쳐 중간 정산하는 것이 일반적이지만, 퇴직연금제도나 퇴직일시금신탁제도를 도입하더라도 그 액수의 측면에서 근로자에게 불리하지 않다면 법정퇴직금제도를 설정한 것으로 인정받을 수 있다. 사용자는 이와 같은 퇴직금제도를 설계함에 있어서 하나의 사업 내에서 직종별, 직위별로 퇴직금의 지급률(퇴직금 액수가 아님)을 차등해서는 안 된다.

> **참 고 퇴직금을 산출하는 방법은?**
>
> (1) 법정 퇴직금 : 30일분의 평균임금 × 계속근로연수
> (2) 약정 누진퇴직금 : 30일분의 평균임금 × 계속근로연수 × (1+누진율)

- 근로기준법은 퇴직금제도를 설정함에 있어서 하나의 사업 내에 차등제도를 두어서는 아니된다고 규정하고 있는바, 이는 하나의 사업 내에서 직종, 직위, 업종별로 서로 다른 퇴직금제도를 두어 차별하는 것을 금지하고 하나의 퇴직금제도를 적용하게 하고자 함에 그 입법 취지가 있으므로, 근로자의 입사일자에 따라 지급률에 차등이 있는 퇴직금제도를 설정하는 것도 금지된다(2002.06.28, 대법 2001다77970).

- 퇴직금산정의 기초인 평균임금에 연장근로수당도 포함된다(2005.05.26, 서울중앙지법 2005나175).

- 경영성과급, 특별상여금 및 생산장려금 등의 지급여부·지급률·지급시기 등이 대표이사에 의해 임의적으로 결정되어 왔다면 평균임금에 해당되지 않는다(2005.03.25, 근로기준과-1758).

2) 퇴직금 중간정산제도

(1) 퇴직금 중간정산제도

근로자는 퇴직하기 전이라도 자신의 요청에 의하여 기왕에 계속 근로한 기간에 대한 퇴직

금을 미리 정산하여 지급 받을 수 있다(그러나 근로자가 신청한다고 해서 반드시 사용자가 지급해야 한다는 의미는 아님). 이를 퇴직금 중간정산제도라고 한다. 이 제도는 2012. 7. 26.부터 원칙적으로 금지되었다. 다만, 예외적으로, ① 무주택자의 본인 주택 구입, ② 가입자나 부양가족이 6개월 이상 요양시, ③ 무주택자 전세자금, ④ 임금피크제 적용 시, ⑤ 최근 5년 내 파산 선고 시는 가능케 했다(근로자 퇴직금의 보장법 시행령 제3조1항).

> 🏮 근로계약관계가 승계된 이후 회사의 일방적 회사경영방침에 따라 이루어진 퇴직금 중간정산은 인정되지 않는다(1998.04.02, 서울고법 97나 36646).

(2) 연봉제와 퇴직금 중간정산제도의 관계

연봉제를 설계하면 퇴직금을 지급할 필요가 없다고 보는 사람들이 간혹 있으나, 이는 법적으로 올바른 생각이 아니다. 즉 연봉제 하에서도 퇴직금은 반드시 지급하여야 한다. 다만, 연봉제의 경우 매년 임금이 등락하게 되므로 근로자가 퇴직할 때 연봉이 높다는 법이 없다. 따라서 연봉제를 실시하는 경우 매년 퇴직금을 중간 정산하는 제도를 같이 설계하는 경우가 많다. 이러한 연봉제 하 중간정산제도가 적법하기 위해서는 다음과 같은 요건을 구비해야 한다(노동부 임금 68207-287).

> ☀ 사용자와 근로자가 매월 지급하는 월급이나 매일 지급하는 일당과 함께 퇴직금으로 일정한 금원을 미리 지급하기로 약정하였다면, 그 약정은 근로자퇴직급여보장법 제8조제2항 전문 소정의 퇴직금 중간정산으로 인정되는 경우가 아닌 한 최종 퇴직 시 발생하는 퇴직금청구권을 근로자가 사전에 포기하는 것으로서, 강행법규인 같은 법 제8조에 위배되어 무효이다.
> 한편 사용자가 근로자에게 퇴직금 명목의 금원을 실질적으로 지급하였음에도 불구하고 정작 퇴직금 지급의 효력이 인정되지 아니할 뿐만 아니라 임금 지급의 효력도 인정되지 않는다면, 근로자는 수령한 퇴직금 명목의 금원을 부당이득으로 사용자에게 반환하여야 한다고 보는 것이 공평의 견지에서 합당하다. 다만 퇴직금 제도를 강행법규로 규정한 입법 취지를 고려할 때, 위와 같은 법리는 사용자와 근로자 사이에 실질적인 퇴직금 분할 약정이 존재함을 전제로 하여 비로소 적용할 수 있다. 따라서 사용자와 근로자가 체결한 해당 약정이 그 실질은 임금을 정한 것에 불과함에도 사용자가 퇴직금 지급을 면탈하기 위하여 퇴직금 분할 약정의 형식만을 취한 것인 경우에는 위와 같은 법리를 적용할 수 없다. 즉, 사용자와 근로자 사이에 월급이나 일당 등에 퇴직금을 포함하고 퇴직 시 별도의 퇴직금을 지급하지 않는다는 취지의 합의가 존재할 뿐만 아니라, 임금과 구별되는 퇴직금 명목 금원의 액수가 특정되고, 위 퇴직금 명목 금원을 제외한 임금 액수 등을 고려할 때 퇴직금 분할 약정을 포함하는 근로계약 내용이 종전 근로계약이나 근로기준법 등에 비추어 근로자에게 불이익하지 아니하여야 하는 등, 사용자와 근로자가 임금과 구별하여 추가로 퇴직금 명목으로 일정한 금원을 실질적으로 지급할 것을 약정한 경우에 한하여 위와 같은 법리가 적용된다(2012.10.11, 대법 2010다95147).

- 연봉액에 포함된 퇴직금의 액수가 명확하게 정해져 있어야 함.
- 퇴직금을 중간 정산 받고자 하는 근로자의 별도의 서면 요구가 있어야 함.
- 근로자가 미리 지급 받은 퇴직금의 액수가 법정 퇴직금액수에 미달하지 않아야 함.

3) 퇴직연금제도

(1) 의 의

퇴직연금제란 현재 퇴직시 일시금으로 받는 퇴직금을 퇴직후 일정연령(55세)에 달한 때부터 연금으로 받을 수 있도록 하는 제도를 말한다. 퇴직연금제로 전환(신설 사업장이 경우 선택)하고자 하는 경우에는 근로자대표(과반수로 조직된 노동조합이 있는 경우에는 그 노동조합, 없는 경우에는 근로자의 과반수)의 동의를 얻어야 하며, 퇴직연금제의 형태는 사업장별로 노사가 협의하여 확정급여형 또는 확정기여형을 선택할 수 있다.

※ 퇴직급여제도 : 현행 근로기준법상에 퇴직금관련 규정은 근로자퇴직급여보장법으로 전체가 이관되어 현행 퇴직금제, 퇴직연금제(확정급여형·확정기여형)를 총칭함
※ 확정급여형(Defined Benefit) : 근로자의 연금급여가 사전에 확정되며, 사용자의 적립부담은 적립금 운용결과에 따라 변동
※ 확정기여형(Defined Contribution) : 사용자의 부담금이 사전에 확정되고, 근로자의 연금급여는 적립금 운용결과에 따라 변동

(2) 배경 및 추진경과

퇴직금제도는 사회보장제도가 미흡했던 시절에 실직자의 생계안정과 퇴직자 노후소득원으로 기능이었으나, 실직시의 생계비 보장문제는 고용보험의 도입 및 확대적용으로 어느 정도 해소되었고, 국민연금제도가 시행되고 있으나, 노후소득 보장을 다양화·다층화할 필요가 있다.

현행 퇴직금제도는 사회보장제도가 갖추어지지 못하였던 '61년 근로자 30인 이상 사업장에 도입하였으며, 1989년부터 5인 이상 사업장에 적용확대하였고, 노사정위원회의 논의내용을 토대로 관계부처의 협의를 거쳐 입법예고 등 입법 절차 진행, 정부안을 확정 국회 제출하여 2004.12.29. 국회 본회의를 통과하여 2005.1.27.공포하고, 2005년 12월 1일부터 시행되었다[근로자퇴직급여보장법].

(3) 기본방향

퇴직금과 동일한 가치를 갖는 퇴직연금을 도입하고, 모든 사업장은 퇴직금, 확정급여형 또

는 확정기여형 퇴직연금 중 1개 이상의 퇴직급여제도를 설정하도록 하였다. 기존 사업장의 퇴직연급제로 전환 여부는 노사합의에 맡기되, 세제 등 연금제도 활성화 방안 마련하고, 퇴직연금 형태는 사업장 및 근로자 속성 별로 선호가 다르므로 확정급여형 및 확정기여형 모두 도입하였다.

그리고 근로자퇴직급여 보장법 전부개정법률 시행일(2011.07.25.) 이후 새로 성립된 사업의 사용자는 근로자대표의 의견을 들어 사업의 성립 후 1년 이내에 확정급여형퇴직연금제도나 확정기여형퇴직연금제도를 설정하여야 한다.

직장 이동시에도 은퇴 후 연금으로 수령할 수 있도록 퇴직일시금을 누적·통산하는 장치인 개인퇴직계좌를 도입하고, 5인 미만 사업장 근로자 등 적용 확대를 추진하여 사업장규모에 따른 차별을 해소하였다.

(4) 퇴직일시금의 연금 대체 조건

사용자가 근로자를 피보험자로 하여 퇴직연금보험제도를 도입하여 법 제34조의 법정퇴직금제도를 대체할 수 있게 하고 있다. 즉, "사용자가 근로자를 피보험자로 하여 대통령령이 정하는 퇴직보험 기타 이에 준하는 보험에 가입하여 근로자의 퇴직 시에 일시금 또는 연금으로 수령하게 하는 경우에는 퇴직금제도를 설정한 것으로 본다"고 규정하고 있다.

① 퇴직하는 근로자가 퇴직보험등을 취급하는 금융기관(이하 "보험사업자 등"이라 한다)에 대하여 직접 일시금 또는 연금(퇴직일시금신탁에 가입한 경우를 제외한다. 이하 같다)을 선택하여 청구할 수 있을 것. 다만, 근로연수가 1년 미만인 근로자는 일시금 또는 연금을 청구할 수 없으며 그 일시금 또는 연금은 사용자에게 귀속되는 것이어야 한다.

② 퇴직보험 등의 계약이 해지되는 경우에 환급금은 피보험자 또는 수익자(이하 "피보험자등"이라 한다)인 근로자에게 지급되는 것일 것. 다만, 근로연수가 1년 미만인 피보험자등인 근로자에 대한 해지환급금은 사용자에게 귀속되는 것이어야 한다.

③ 퇴직보험 등에 의한 일시금·연금 또는 해지환급금을 받을 피보험자등인 근로자의 권리는 양도하거나 담보로 제공할 수 없는 것일 것

④ 보험사업자등이 퇴직보험 등의 계약체결 전에 계약의 내용을 피보험자등에게 주지시키고 계약 체결 후에는 그 사실을 통지하는 것일 것

⑤ 보험사업자등이 매년 보험료 또는 신탁부금 납부상황과 일시금 또는 연금의 수급예상액을 피보험자등에게 통지하는 것일 것

상기 조건을 충족하면서 퇴직연금보험에 가입하고 근로자의 퇴직 시에 일시금 또는 연금으로 수령하게 하는 경우에는 근로기준법 제34조의 법정퇴직금제도를 설정한 것으로 본다.

(5) 퇴직연금법 주요 내용

① 퇴직급여제도 전환

퇴직금제 존치 시키면서 퇴직연금제 도입하며, 퇴직연금제로 전환여부는 노사합의로 결정하여 사업장 여건 및 근로자선호를 고려하여 노사자율로 선택하게 한다. 또한 근로자가 확정급여형과 확정기여형 모두 도입하여 선택 기회 제공하고, 퇴직연금제도 전환 시 근로자 과반수의 동의를 얻어 연금규약을 작성하여야 한다.

② 퇴직연금제도의 설계

노동자에 대한 급여수준은 확정급여형의 경우 일시금 수령기준으로 현행 퇴직금 이상으로 하고, 확정기여형은 적립금 운용결과에 따라 근로자별로 다르다. 사용자의 부담수준은 확정급여형의 경우 사용자의 운용실적에 따라 변동되나 현행 퇴직금과 동일하며, 확정기여형은 연간 임금총액의 1/12이상을 매년 1회이상 납부하면 된다.

급여의 지급방법은 연금은 55세 이상 가입기간 10년 이상인 자에게 지급하고 이외는 탈퇴일시금지급하고 지급기간은 규약이 정하는 바에 따라 분할 지급한다.

퇴직연금제도의 운영은 사용자가 기여한 재원(자산)은 일정요건을 갖춘 금융기관(퇴직연금사업자)에 위탁되어 관리, 운용한다. 금융기관의 선정은 금융재무건전성 · 인적 · 물적 요건 등 대통령령이 전하는 요건을 갖춘 금융기관을 노사합의로 퇴직연금 사업자로 선정한다.

위탁계약의 형태는 근로자 수급권 보호를 위하여 근로자 명의로 적립, 관리 되는 신탁계약과 보험계약 방식으로 제한한다. 신탁계약은 사용자가 근로자를 수익자로 하여 신탁을 설정하고, 보험계약은 사용자가 근로자를 피보험자로 하여 계약을 체결한다.

적립금의 운용은 다양한 금융기관의 참여 허용하여 선택의 기회 보장하되, 일정요건을 갖춘 기관만 허용, 수익성과 안정성의 조화 도모한다. 확정급여형은 사용자와 금융기관의 계약에 따라 사용자 운용지시로 운용한다. 확정기여형은 금융기관이 운용방법 선정, 제시하여 근로자가 운용방법 선정, 운용한다.

③ 적용대상확대

5인 미만 사업장 근로자에 대해서도 확대 적용하여, 소기업근로자의 법정복지격차 해소하고, 종합적인 노후소득보장체계 조정 기반 확충한다. 현재 5인미만 사업장의 46% 임의 퇴직금 지급하고 있어, 실제 적용 확대 대상은 960천명이다.

그러나 영세사업주의 부담이 증가하지 않도록 보완장치로 유예기간을 설정(2010.12~2012.12.31까지는 퇴직금의 50%, 2013.01부터는 100% 적용)한다.

④ 통산장치(개인퇴직계좌)

개인퇴직계좌란 직장이동시 퇴직일시금을 계속 적립, 은퇴 후 연금으로 받을 수 있도록 하는 장치이다. 가입자격은 퇴직금 및 퇴직연금의 일시금을 수령한 자로서 가입 계약방법은 취급 금융기관, 적립금 운용방법 등 확정기여형과 동일하다.

8. 휴직 절차

1) 휴 직

휴직이란 근로자가 일신상 사유, 신체·정신상 사유, 법령상 사유 등으로 인하여 근로제공을 할 수 없는 경우에 근로자의 신분은 그대로 유지하면서 일정한 기간동안 직무에 종사하지 못하도록 금지하는 사용자의 처분을 말한다. 사용자는 근로자의 휴직사유가 소멸한 경우 즉시 복직시켜야 한다. 이러한 휴직제도는 보통 사용자의 취업규칙이나 단체협약 등에 의하여 규정된다. 휴직은 그 사유에 따라 유형이 다양하지만, 일반적으로 의병휴직, 가사휴직, 인사상 처우에 따른 휴직, 기소휴직, 대기휴직 등이 있다.

2) 어떠한 휴직처분이 정당한가?

사용자의 휴직처분은 근로기준법 제23조에 규정된 정당한 사유가 있어야 한다. 여기서 휴직처분의 정당성이란 근로자가 상당한 기간에 걸쳐 근로의 제공을 할 수 없다거나, 근로를 제공하는 것이 매우 부적당하다고 인정되는 경우를 의미한다(대판 1992.11.13, 92다16690). 따라서 취업규칙, 단체협약에 휴직에 관한 규정이 있다고 해서 그에 따른 휴직처리가 당연히 정당한 것은 아니다. 휴직처분의 정당성은 실질적으로 검토해야 하는 사항이기 때문이다.

- 인사규정에 의한 명령휴직은 근로자가 상당한 기간에 걸쳐 근로의 제공을 할 수 없다거나, 근로제공을 함이 매우 부적당하다고 인정되는 경우에만 정당하다(2005.02.18, 대법 2003다63029).

- 근로제공이 어려운 상병 근로자에 대한 휴직발령은 정당한 인사권의 행사이다(2001.05.04, 중노위 2000부해649).

- 근로자들의 동의 하에 경영 장애를 극복하기 위하여 평균임금의 70%를 지급하면서 행한 유급 휴직 명령은 정당한 휴직에 해당한다(2000.01.20., 중노위99부해568).

Part 3

헌법 및 주요 노동 관계법

헌법 및 주요 노동관계법

1. 대한민국헌법

시   행 1988. 02. 25
전부개정 1987. 10. 29 (헌법 제10호)

전 문

유구한 역사와 전통에 빛나는 우리 대한국민은 3·1운동으로 건립된 대한민국임시정부의 법통과 불의에 항거한 4·19민주이념을 계승하고, 조국의 민주개혁과 평화적 통일의 사명에 입각하여 정의·인도와 동포애로써 민족의 단결을 공고히 하고, 모든 사회적 폐습과 불의를 타파하며, 자율과 조화를 바탕으로 자유민주적 기본질서를 더욱 확고히 하여 정치·경제·사회·문화의 모든 영역에 있어서 각인의 기회를 균등히 하고, 능력을 최고도로 발휘하게 하며, 자유와 권리에 따르는 책임과 의무를 완수하게 하여, 안으로는 국민생활의 균등한 향상을 기하고 밖으로는 항구적인 세계평화와 인류공영에 이바지함으로써 우리들과 우리들의 자손의 안전과 자유와 행복을 영원히 확보할 것을 다짐하면서 1948년 7월 12일에 제정되고 8차에 걸쳐 개정된 헌법을 이제 국회의 의결을 거쳐 국민투표에 의하여 개정한다.

제1장 총강

제1조
① 대한민국은 민주공화국이다.
② 대한민국의 주권은 국민에게 있고, 모든 권력은 국민으로부터 나온다.

제2조
① 대한민국의 국민이 되는 요건은 법률로 정한다.
② 국가는 법률이 정하는 바에 의하여 재외국민을 보호할 의무를 진다.

제3조
대한민국의 영토는 한반도와 그 부속도서로 한다.

제4조
대한민국은 통일을 지향하며, 자유민주적 기본질서에 입각한 평화적 통일 정책을 수립하고 이를 추진한다.

제5조
① 대한민국은 국제평화의 유지에 노력하고 침략적 전쟁을 부인한다.
② 국군은 국가의 안전보장과 국토방위의 신성한 의무를 수행함을 사명으로 하며, 그 정치적 중립성은 준수된다.

제6조
① 헌법에 의하여 체결·공포된 조약과 일반적으로 승인된 국제법규는 국내법과 같은 효력을 가진다.
② 외국인은 국제법과 조약이 정하는 바에 의하여 그 지위가 보장된다.

제7조
① 공무원은 국민전체에 대한 봉사자이며, 국민에 대하여 책임을 진다.
② 공무원의 신분과 정치적 중립성은 법률이 정하는 바에 의하여 보장된다.

제8조
① 정당의 설립은 자유이며, 복수정당제는 보장된다.
② 정당은 그 목적·조직과 활동이 민주적이어야 하며, 국민의 정치적 의사형성에 참여하는데 필요한 조직을 가져야 한다.
③ 정당은 법률이 정하는 바에 의하여 국가의 보호를 받으며, 국가는 법률이 정하는 바에 의하여 정당운영에 필요한 자금을 보조할 수 있다.
④ 정당의 목적이나 활동이 민주적 기본질서에 위배될 때에는 정부는 헌법재판소에 그 해산을 제소할 수 있고, 정당은 헌법재판소의 심판에 의하여 해산된다.

제9조
국가는 전통문화의 계승·발전과 민족문화의 창달에 노력하여야 한다.

제2장 국민의 권리와 의무

제10조

모든 국민은 인간으로서의 존엄과 가치를 가지며, 행복을 추구할 권리를 가진다. 국가는 개인이 가지는 불가침의 기본적 인권을 확인하고 이를 보장할 의무를 진다.

제11조

① 모든 국민은 법 앞에 평등하다. 누구든지 성별·종교 또는 사회적 신분에 의하여 정치적·경제적·사회적·문화적 생활의 모든 영역에 있어서 차별을 받지 아니한다.

② 사회적 특수계급의 제도는 인정되지 아니하며, 어떠한 형태로도 이를 창설할 수 없다.

③ 훈장등의 영전은 이를 받은 자에게만 효력이 있고, 어떠한 특권도 이에 따르지 아니한다.

제12조

① 모든 국민은 신체의 자유를 가진다. 누구든지 법률에 의하지 아니하고는 체포·구속·압수·수색 또는 심문을 받지 아니하며, 법률과 적법한 절차에 의하지 아니하고는 처벌·보안처분 또는 강제노역을 받지 아니한다.

② 모든 국민은 고문을 받지 아니하며, 형사상 자기에게 불리한 진술을 강요당하지 아니한다.

③ 체포·구속·압수 또는 수색을 할 때에는 적법한 절차에 따라 검사의 신청에 의하여 법관이 발부한 영장을 제시하여야 한다. 다만, 현행범인인 경우와 장기 3년 이상의 형에 해당하는 죄를 범하고 도피 또는 증거인멸의 염려가 있을 때에는 사후에 영장을 청구할 수 있다.

④ 누구든지 체포 또는 구속을 당한 때에는 즉시 변호인의 조력을 받을 권리를 가진다. 다만, 형사피고인이 스스로 변호인을 구할 수 없을 때에는 법률이 정하는 바에 의하여 국가가 변호인을 붙인다.

⑤ 누구든지 체포 또는 구속의 이유와 변호인의 조력을 받을 권리가 있음을 고지받지 아니하고는 체포 또는 구속을 당하지 아니한다. 체포 또는 구속을 당한 자의 가족등 법률이 정하는 자에게는 그 이유와 일시·장소가 지체없이 통지되어야 한다.

⑥ 누구든지 체포 또는 구속을 당한 때에는 적부의 심사를 법원에 청구할 권리를 가진다.

⑦ 피고인의 자백이 고문·폭행·협박·구속의 부당한 장기화 또는 기망 기타의 방법에 의하여 자의로 진술된 것이 아니라고 인정될 때 또는 정식재판에 있어서 피고인의 자백이 그에게 불리한 유일한 증거일 때에는 이를 유죄의 증거로 삼거나 이를 이유로 처벌할 수 없다.

제13조

① 모든 국민은 행위시의 법률에 의하여 범죄를 구성하지 아니하는 행위로 소추되지 아니하며, 동일한 범죄에 대하여 거듭 처벌받지 아니한다.

② 모든 국민은 소급입법에 의하여 참정권의 제한을 받거나 재산권을 박탈당하지 아니한다.

③ 모든 국민은 자기의 행위가 아닌 친족의 행위로 인하여 불이익한 처우를 받지 아니한다.

제14조

모든 국민은 거주·이전의 자유를 가진다.

제15조

모든 국민은 직업선택의 자유를 가진다.

제16조

모든 국민은 주거의 자유를 침해받지 아니한다. 주거에 대한 압수나 수색을 할 때에는 검사의 신청에 의하여 법관이 발부한 영장을 제시하여야 한다.

제17조

모든 국민은 사생활의 비밀과 자유를 침해받지 아니한다.

제18조

모든 국민은 통신의 비밀을 침해받지 아니한다.

제19조

모든 국민은 양심의 자유를 가진다.

제20조

① 모든 국민은 종교의 자유를 가진다.

② 국교는 인정되지 아니하며, 종교와 정치는 분리된다.

제21조

① 모든 국민은 언론·출판의 자유와 집회·결사의 자유를 가진다.

② 언론·출판에 대한 허가나 검열과 집회·결사에 대한 허가는 인정되지 아니한다.

③ 통신·방송의 시설기준과 신문의 기능을 보장하기 위하여 필요한 사항은 법률로 정한다.

④ 언론·출판은 타인의 명예나 권리 또는 공중도덕이나 사회윤리를 침해하여서는 아니된다. 언론·출판이 타인의 명예나 권리를 침해한 때에는 피해자는 이에 대한 피해의 배상을 청구할 수 있다.

제22조

① 모든 국민은 학문과 예술의 자유를 가진다.

② 저작자·발명가·과학기술자와 예술가의 권리는 법률로써 보호한다.

제23조

① 모든 국민의 재산권은 보장된다. 그 내용과 한계는 법률로 정한다.

② 재산권의 행사는 공공복리에 적합하도록 하여야 한다.

③ 공공필요에 의한 재산권의 수용·사용 또는 제한 및 그에 대한 보상은 법률로써 하되, 정당한 보상을 지급하여야 한다.

제24조

모든 국민은 법률이 정하는 바에 의하여 선거권을 가진다.

제25조

모든 국민은 법률이 정하는 바에 의하여 공무담임권을 가진다.

제26조

① 모든 국민은 법률이 정하는 바에 의하여 국가기관에 문서로 청원할 권리를 가진다.

② 국가는 청원에 대하여 심사할 의무를 진다.

제27조

① 모든 국민은 헌법과 법률이 정한 법관에 의하여 법률에 의한 재판을 받을 권리를 가진다.

② 군인 또는 군무원이 아닌 국민은 대한민국의 영역안에서는 중대한 군사상 기밀·초병·초소·유독음식물공급·포로·군용물에 관한 죄중 법률이 정한 경우와 비상계엄이 선포된 경우를 제외하고는 군사법원의 재판을 받지 아니한다.

③ 모든 국민은 신속한 재판을 받을 권리를 가진다. 형사피고인은 상당한 이유가 없는 한 지체없이 공개재판을 받을 권리를 가진다.

④ 형사피고인은 유죄의 판결이 확정될 때까지는 무죄로 추정된다.

⑤ 형사피해자는 법률이 정하는 바에 의하여 당해 사건의 재판절차에서 진술할 수 있다.

제28조

형사피의자 또는 형사피고인으로서 구금되었던 자가 법률이 정하는 불기소처분을 받거나 무죄판결을 받은 때에는 법률이 정하는 바에 의하여 국가에 정당한 보상을 청구할 수 있다.

제29조

① 공무원의 직무상 불법행위로 손해를 받은 국민은 법률이 정하는 바에 의하여 국가 또는 공공단체에 정당한 배상을 청구할 수 있다. 이 경우 공무원 자신의 책임은 면제되지 아니한다.

② 군인·군무원·경찰공무원 기타 법률이 정하는 자가 전투·훈련등 직무집행과 관련하여 받은 손해에 대하여는 법률이 정하는 보상외에 국가 또는 공공단체에 공무원의 직무상 불법행위로 인한 배상은 청구할 수 없다.

제30조

타인의 범죄행위로 인하여 생명·신체에 대한 피해를 받은 국민은 법률이 정하는 바에 의하여 국가로부터 구조를 받을 수 있다.

제31조

① 모든 국민은 능력에 따라 균등하게 교육을 받을 권리를 가진다.

② 모든 국민은 그 보호하는 자녀에게 적어도 초등교육과 법률이 정하는 교육을 받게 할 의무를 진다.

③ 의무교육은 무상으로 한다.

④ 교육의 자주성·전문성·정치적 중립성 및 대학의 자율성은 법률이 정하는 바에 의하여 보장된다.

⑤ 국가는 평생교육을 진흥하여야 한다.

⑥ 학교교육 및 평생교육을 포함한 교육제도와 그 운영, 교육재정 및 교원의 지위에 관한 기본적인 사항은 법률로 정한다.

제32조

① 모든 국민은 근로의 권리를 가진다. 국가는 사회적 · 경제적 방법으로 근로자의 고용의 증진과 적정임금의 보장에 노력하여야 하며, 법률이 정하는 바에 의하여 최저임금제를 시행하여야 한다.

② 모든 국민은 근로의 의무를 진다. 국가는 근로의 의무의 내용과 조건을 민주주의원칙에 따라 법률로 정한다.

③ 근로조건의 기준은 인간의 존엄성을 보장하도록 법률로 정한다.

④ 여자의 근로는 특별한 보호를 받으며, 고용 · 임금 및 근로조건에 있어서 부당한 차별을 받지 아니한다.

⑤ 연소자의 근로는 특별한 보호를 받는다.

⑥ 국가유공자 · 상이군경 및 전몰군경의 유가족은 법률이 정하는 바에 의하여 우선적으로 근로의 기회를 부여받는다.

제33조

① 근로자는 근로조건의 향상을 위하여 자주적인 단결권 · 단체교섭권 및 단체행동권을 가진다.

② 공무원인 근로자는 법률이 정하는 자에 한하여 단결권 · 단체교섭권 및 단체행동권을 가진다.

③ 법률이 정하는 주요방위산업체에 종사하는 근로자의 단체행동권은 법률이 정하는 바에 의하여 이를 제한하거나 인정하지 아니할 수 있다.

제34조

① 모든 국민은 인간다운 생활을 할 권리를 가진다.

② 국가는 사회보장 · 사회복지의 증진에 노력할 의무를 진다.

③ 국가는 여자의 복지와 권익의 향상을 위하여 노력하여야 한다.

④ 국가는 노인과 청소년의 복지향상을 위한 정책을 실시할 의무를 진다.

⑤ 신체장애자 및 질병 · 노령 기타의 사유로 생활능력이 없는 국민은 법률이 정하는 바에 의하여 국가의 보호를 받는다.

⑥ 국가는 재해를 예방하고 그 위험으로부터 국민을 보호하기 위하여 노력하여야 한다.

제35조

① 모든 국민은 건강하고 쾌적한 환경에서 생활할 권리를 가지며, 국가와 국민은 환경보전을 위하여 노력하여야 한다.

② 환경권의 내용과 행사에 관하여는 법률로 정한다.

③ 국가는 주택개발정책등을 통하여 모든 국민이 쾌적한 주거생활을 할 수 있도록 노력하여야 한다.

제36조

① 혼인과 가족생활은 개인의 존엄과 양성의 평등을 기초로 성립되고 유지되어야 하며, 국가는 이를 보장한다.

② 국가는 모성의 보호를 위하여 노력하여야 한다.

③ 모든 국민은 보건에 관하여 국가의 보호를 받는다.

제37조

① 국민의 자유와 권리는 헌법에 열거되지 아니한 이유로 경시되지 아니한다.

② 국민의 모든 자유와 권리는 국가안전보장 · 질서유지 또는 공공복리를 위하여 필요한 경우에 한하여 법률로써 제한할 수 있으며, 제한하는 경우에도 자유와 권리의 본질적인 내용을 침해할 수 없다.

제38조

모든 국민은 법률이 정하는 바에 의하여 납세의 의무를 진다.

제39조

①모든 국민은 법률이 정하는 바에 의하여 국방의 의무를 진다.

②누구든지 병역의무의 이행으로 인하여 불이익한 처우를 받지 아니한다.

제3장 국 회

제40조

입법권은 국회에 속한다.

제41조

① 국회는 국민의 보통 · 평등 · 직접 · 비밀선거에 의하여 선출된 국회의원으로 구성한다.

② 국회의원의 수는 법률로 정하되, 200인 이상으로 한다.

③ 국회의원의 선거구와 비례대표제 기타 선거에 관한 사항은 법률로 정한다.

제42조

국회의원의 임기는 4년으로 한다.

제43조

국회의원은 법률이 정하는 직을 겸할 수 없다.

제44조

① 국회의원은 현행범인인 경우를 제외하고는 회기중 국회의 동의없이 체포 또는 구금되지 아니한다.

② 국회의원이 회기전에 체포 또는 구금된 때에는 현행범인이 아닌 한 국회의 요구가 있으면 회기중 석방된다.

제45조

국회의원은 국회에서 직무상 행한 발언과 표결에 관하여 국회외에서 책임을 지지 아니한다.

제46조

① 국회의원은 청렴의 의무가 있다.

② 국회의원은 국가이익을 우선하여 양심에 따라 직무를 행한다.

③ 국회의원은 그 지위를 남용하여 국가 · 공공단체 또는 기업체와의 계약이나 그 처분에 의하여 재산상의 권리 · 이익 또는 직위를 취득하거나 타인을 위하여 그 취득을 알선할 수 없다.

제47조
① 국회의 정기회는 법률이 정하는 바에 의하여 매년 1회 집회되며, 국회의 임시회는 대통령 또는 국회재적의원 4분의 1 이상의 요구에 의하여 집회된다.
② 정기회의 회기는 100일을, 임시회의 회기는 30일을 초과할 수 없다.
③ 대통령이 임시회의 집회를 요구할 때에는 기간과 집회요구의 이유를 명시하여야 한다.

제48조
국회는 의장 1인과 부의장 2인을 선출한다.

제49조
국회는 헌법 또는 법률에 특별한 규정이 없는 한 재적의원 과반수의 출석과 출석의원 과반수의 찬성으로 의결한다. 가부동수인 때에는 부결된 것으로 본다.

제50조
① 국회의 회의는 공개한다. 다만, 출석의원 과반수의 찬성이 있거나 의장이 국가의 안전보장을 위하여 필요하다고 인정할 때에는 공개하지 아니할 수 있다.
② 공개하지 아니한 회의내용의 공표에 관하여는 법률이 정하는 바에 의한다.

제51조
국회에 제출된 법률안 기타의 의안은 회기중에 의결되지 못한 이유로 폐기되지 아니한다. 다만, 국회의원의 임기가 만료된 때에는 그러하지 아니하다.

제52조
국회의원과 정부는 법률안을 제출할 수 있다.

제53조
① 국회에서 의결된 법률안은 정부에 이송되어 15일 이내에 대통령이 공포한다.
② 법률안에 이의가 있을 때에는 대통령은 제1항의 기간내에 이의서를 붙여 국회로 환부하고, 그 재의를 요구할 수 있다. 국회의 폐회중에도 또한 같다.
③ 대통령은 법률안의 일부에 대하여 또는 법률안을 수정하여 재의를 요구할 수 없다.
④ 재의의 요구가 있을 때에는 국회는 재의에 붙이고, 재적의원과반수의 출석과 출석의원 3분의 2 이상의 찬성으로 전과 같은 의결을 하면 그 법률안은 법률로서 확정된다.
⑤ 대통령이 제1항의 기간내에 공포나 재의의 요구를 하지 아니한 때에도 그 법률안은 법률로서 확정된다.
⑥ 대통령은 제4항과 제5항의 규정에 의하여 확정된 법률을 지체없이 공포하여야 한다. 제5항에 의하여 법률이 확정된 후 또는 제4항에 의한 확정법률이 정부에 이송된 후 5일 이내에 대통령이 공포하지 아니할 때에는 국회의장이 이를 공포한다.

⑦ 법률은 특별한 규정이 없는 한 공포한 날로부터 20일을 경과함으로써 효력을 발생한다.

제54조

① 국회는 국가의 예산안을 심의 · 확정한다.

② 정부는 회계연도마다 예산안을 편성하여 회계연도 개시 90일전까지 국회에 제출하고, 국회는 회계연도 개시 30일전까지 이를 의결하여야 한다.

③ 새로운 회계연도가 개시될 때까지 예산안이 의결되지 못한 때에는 정부는 국회에서 예산안이 의결될 때까지 다음의 목적을 위한 경비는 전년도 예산에 준하여 집행할 수 있다.

1. 헌법이나 법률에 의하여 설치된 기관 또는 시설의 유지 · 운영

2. 법률상 지출의무의 이행

3. 이미 예산으로 승인된 사업의 계속

제55조

① 한 회계연도를 넘어 계속하여 지출할 필요가 있을 때에는 정부는 연한을 정하여 계속비로서 국회의 의결을 얻어야 한다.

② 예비비는 총액으로 국회의 의결을 얻어야 한다. 예비비의 지출은 차기국회의 승인을 얻어야 한다.

제56조

정부는 예산에 변경을 가할 필요가 있을 때에는 추가경정예산안을 편성하여 국회에 제출할 수 있다.

제57조

국회는 정부의 동의없이 정부가 제출한 지출예산 각항의 금액을 증가하거나 새 비목을 설치할 수 없다.

제58조

국채를 모집하거나 예산외에 국가의 부담이 될 계약을 체결하려 할 때에는 정부는 미리 국회의 의결을 얻어야 한다.

제59조

조세의 종목과 세율은 법률로 정한다.

제60조

① 국회는 상호원조 또는 안전보장에 관한 조약, 중요한 국제조직에 관한 조약, 우호통상항해조약, 주권의 제약에 관한 조약, 강화조약, 국가나 국민에게 중대한 재정적 부담을 지우는 조약 또는 입법사항에 관한 조약의 체결 · 비준에 대한 동의권을 가진다.

② 국회는 선전포고, 국군의 외국에의 파견 또는 외국군대의 대한민국 영역안에서의 주류에 대한 동의권을 가진다.

제61조

① 국회는 국정을 감사하거나 특정한 국정사안에 대하여 조사할 수 있으며, 이에 필요한 서류의 제출 또는 증인의 출석과 증언이나 의견의 진술을 요구할 수 있다.

② 국정감사 및 조사에 관한 절차 기타 필요한 사항은 법률로 정한다.

제62조

① 국무총리 · 국무위원 또는 정부위원은 국회나 그 위원회에 출석하여 국정처리상황을 보고하거나 의견을 진술하고 질문에 응답할 수 있다.

② 국회나 그 위원회의 요구가 있을 때에는 국무총리 · 국무위원 또는 정부위원은 출석 · 답변하여야 하며, 국무총리 또는 국무위원이 출석요구를 받은 때에는 국무위원 또는 정부위원으로 하여금 출석 · 답변하게 할 수 있다.

제63조

① 국회는 국무총리 또는 국무위원의 해임을 대통령에게 건의할 수 있다.

② 제1항의 해임건의는 국회재적의원 3분의 1 이상의 발의에 의하여 국회재적의원 과반수의 찬성이 있어야 한다.

제64조

① 국회는 법률에 저촉되지 아니하는 범위안에서 의사와 내부규율에 관한 규칙을 제정할 수 있다.

② 국회는 의원의 자격을 심사하며, 의원을 징계할 수 있다.

③ 의원을 제명하려면 국회재적의원 3분의 2 이상의 찬성이 있어야 한다.

④제2항과 제3항의 처분에 대하여는 법원에 제소할 수 없다.

제65조

① 대통령 · 국무총리 · 국무위원 · 행정각부의 장 · 헌법재판소 재판관 · 법관 · 중앙선거관리위원회 위원 · 감사원장 · 감사위원 기타 법률이 정한 공무원이 그 직무집행에 있어서 헌법이나 법률을 위배한 때에는 국회는 탄핵의 소추를 의결할 수 있다.

② 제1항의 탄핵소추는 국회재적의원 3분의 1 이상의 발의가 있어야 하며, 그 의결은 국회재적의원 과반수의 찬성이 있어야 한다. 다만, 대통령에 대한 탄핵소추는 국회재적의원 과반수의 발의와 국회재적의원 3분의 2 이상의 찬성이 있어야 한다.

③ 탄핵소추의 의결을 받은 자는 탄핵심판이 있을 때까지 그 권한행사가 정지된다.

④ 탄핵결정은 공직으로부터 파면함에 그친다. 그러나, 이에 의하여 민사상이나 형사상의 책임이 면제되지는 아니한다.

제4장 정부

제1절 대통령

제66조

① 대통령은 국가의 원수이며, 외국에 대하여 국가를 대표한다.

② 대통령은 국가의 독립 · 영토의 보전 · 국가의 계속성과 헌법을 수호할 책무를 진다.

③ 대통령은 조국의 평화적 통일을 위한 성실한 의무를 진다.

④ 행정권은 대통령을 수반으로 하는 정부에 속한다.

제67조

① 대통령은 국민의 보통 · 평등 · 직접 · 비밀선거에 의하여 선출한다.

② 제1항의 선거에 있어서 최고득표자가 2인 이상인 때에는 국회의 재적의원 과반수가 출석한 공개회의에서 다수표를 얻은 자를 당선자로 한다.

③ 대통령후보자가 1인일 때에는 그 득표수가 선거권자 총수의 3분의 1 이상이 아니면 대통령으로 당선될 수 없다.

④ 대통령으로 선거될 수 있는 자는 국회의원의 피선거권이 있고 선거일 현재 40세에 달하여야 한다.

⑤ 대통령의 선거에 관한 사항은 법률로 정한다.

제68조

① 대통령의 임기가 만료되는 때에는 임기만료 70일 내지 40일전에 후임자를 선거한다.

② 대통령이 궐위된 때 또는 대통령 당선자가 사망하거나 판결 기타의 사유로 그 자격을 상실한 때에는 60일 이내에 후임자를 선거한다.

제69조

대통령은 취임에 즈음하여 다음의 선서를 한다.

"나는 헌법을 준수하고 국가를 보위하며 조국의 평화적 통일과 국민의 자유와 복리의 증진 및 민족문화의 창달에 노력하여 대통령으로서의 직책을 성실히 수행할 것을 국민 앞에 엄숙히 선서합니다."

제70조

대통령의 임기는 5년으로 하며, 중임할 수 없다.

제71조

대통령이 궐위되거나 사고로 인하여 직무를 수행할 수 없을 때에는 국무총리, 법률이 정한 국무위원의 순서로 그 권한을 대행한다.

제72조

대통령은 필요하다고 인정할 때에는 외교 · 국방 · 통일 기타 국가안위에 관한 중요정책을 국민투표에 붙일 수 있다.

제73조

대통령은 조약을 체결 · 비준하고, 외교사절을 신임 · 접수 또는 파견하며, 선전포고와 강화를 한다.

제74조

① 대통령은 헌법과 법률이 정하는 바에 의하여 국군을 통수한다.

② 국군의 조직과 편성은 법률로 정한다.

제75조

대통령은 법률에서 구체적으로 범위를 정하여 위임받은 사항과 법률을 집행하기 위하여 필요한 사항에 관하여 대통령령을 발할 수 있다.

제76조

① 대통령은 내우·외환·천재·지변 또는 중대한 재정·경제상의 위기에 있어서 국가의 안전보장 또는 공공의 안녕질서를 유지하기 위하여 긴급한 조치가 필요하고 국회의 집회를 기다릴 여유가 없을 때에 한하여 최소한으로 필요한 재정·경제상의 처분을 하거나 이에 관하여 법률의 효력을 가지는 명령을 발할 수 있다.

② 대통령은 국가의 안위에 관계되는 중대한 교전상태에 있어서 국가를 보위하기 위하여 긴급한 조치가 필요하고 국회의 집회가 불가능한 때에 한하여 법률의 효력을 가지는 명령을 발할 수 있다.

③ 대통령은 제1항과 제2항의 처분 또는 명령을 한 때에는 지체없이 국회에 보고하여 그 승인을 얻어야 한다.

④ 제3항의 승인을 얻지 못한 때에는 그 처분 또는 명령은 그때부터 효력을 상실한다. 이 경우 그 명령에 의하여 개정 또는 폐지되었던 법률은 그 명령이 승인을 얻지 못한 때부터 당연히 효력을 회복한다.

⑤ 대통령은 제3항과 제4항의 사유를 지체없이 공포하여야 한다.

제77조

① 대통령은 전시·사변 또는 이에 준하는 국가비상사태에 있어서 병력으로써 군사상의 필요에 응하거나 공공의 안녕질서를 유지할 필요가 있을 때에는 법률이 정하는 바에 의하여 계엄을 선포할 수 있다.

② 계엄은 비상계엄과 경비계엄으로 한다.

③ 비상계엄이 선포된 때에는 법률이 정하는 바에 의하여 영장제도, 언론·출판·집회·결사의 자유, 정부나 법원의 권한에 관하여 특별한 조치를 할 수 있다.

④ 계엄을 선포한 때에는 대통령은 지체없이 국회에 통고하여야 한다.

⑤ 국회가 재적의원 과반수의 찬성으로 계엄의 해제를 요구한 때에는 대통령은 이를 해제하여야 한다.

제78조

대통령은 헌법과 법률이 정하는 바에 의하여 공무원을 임면한다.

제79조

① 대통령은 법률이 정하는 바에 의하여 사면·감형 또는 복권을 명할 수 있다.

② 일반사면을 명하려면 국회의 동의를 얻어야 한다.

③ 사면·감형 및 복권에 관한 사항은 법률로 정한다.

제80조

대통령은 법률이 정하는 바에 의하여 훈장 기타의 영전을 수여한다.

제81조

대통령은 국회에 출석하여 발언하거나 서한으로 의견을 표시할 수 있다.

제82조

대통령의 국법상 행위는 문서로써 하며, 이 문서에는 국무총리와 관계 국무위원이 부서한다. 군사에 관한 것도 또한 같다.

제83조

대통령은 국무총리 · 국무위원 · 행정각부의 장 기타 법률이 정하는 공사의 직을 겸할 수 없다.

제84조

대통령은 내란 또는 외환의 죄를 범한 경우를 제외하고는 재직중 형사상의 소추를 받지 아니한다.

제85조

전직대통령의 신분과 예우에 관하여는 법률로 정한다.

제2절 행정부

제1관 국무총리와 국무위원

제86조

① 국무총리는 국회의 동의를 얻어 대통령이 임명한다.
② 국무총리는 대통령을 보좌하며, 행정에 관하여 대통령의 명을 받아 행정각부를 통할한다.
③ 군인은 현역을 면한 후가 아니면 국무총리로 임명될 수 없다.

제87조

① 국무위원은 국무총리의 제청으로 대통령이 임명한다.
② 국무위원은 국정에 관하여 대통령을 보좌하며, 국무회의 구성원으로서 국정을 심의한다.
③ 국무총리는 국무위원의 해임을 대통령에게 건의할 수 있다.
④ 군인은 현역을 면한 후가 아니면 국무위원으로 임명될 수 없다.

제2관 국무회의

제88조

① 국무회의는 정부의 권한에 속하는 중요한 정책을 심의한다.
② 국무회의는 대통령 · 국무총리와 15인 이상 30인 이하의 국무위원으로 구성한다.
③ 대통령은 국무회의의 의장이 되고, 국무총리는 부의장이 된다.

제89조

다음 사항은 국무회의의 심의를 거쳐야 한다.
1. 국정의 기본계획과 정부의 일반정책
2. 선전 · 강화 기타 중요한 대외정책

3. 헌법개정안 · 국민투표안 · 조약안 · 법률안 및 대통령령안

4. 예산안 · 결산 · 국유재산처분의 기본계획 · 국가의 부담이 될 계약 기타 재정에 관한 중요사항

5. 대통령의 긴급명령 · 긴급재정경제처분 및 명령 또는 계엄과 그 해제

6. 군사에 관한 중요사항

7. 국회의 임시회 집회의 요구

8. 영전수여

9. 사면 · 감형과 복권

10. 행정각부간의 권한의 획정

11. 정부안의 권한의 위임 또는 배정에 관한 기본계획

12. 국정처리상황의 평가 · 분석

13. 행정각부의 중요한 정책의 수립과 조정

14. 정당해산의 제소

15. 정부에 제출 또는 회부된 정부의 정책에 관계되는 청원의 심사

16. 검찰총장 · 합동참모의장 · 각군참모총장 · 국립대학교총장 · 대사 기타 법률이 정한 공무원과 국영기업체관리자의 임명

17. 기타 대통령 · 국무총리 또는 국무위원이 제출한 사항

제90조

① 국정의 중요한 사항에 관한 대통령의 자문에 응하기 위하여 국가원로로 구성되는 국가원로자문회의를 둘 수 있다.

② 국가원로자문회의의 의장은 직전대통령이 된다. 다만, 직전대통령이 없을 때에는 대통령이 지명한다.

③ 국가원로자문회의의 조직 · 직무범위 기타 필요한 사항은 법률로 정한다.

제91조

① 국가안전보장에 관련되는 대외정책 · 군사정책과 국내정책의 수립에 관하여 국무회의의 심의에 앞서 대통령의 자문에 응하기 위하여 국가안전보장회의를 둔다.

② 국가안전보장회의는 대통령이 주재한다.

③ 국가안전보장회의의 조직 · 직무범위 기타 필요한 사항은 법률로 정한다.

제92조

① 평화통일정책의 수립에 관한 대통령의 자문에 응하기 위하여 민주평화통일자문회의를 둘 수 있다.

② 민주평화통일자문회의의 조직 · 직무범위 기타 필요한 사항은 법률로 정한다.

제93조

① 국민경제의 발전을 위한 중요정책의 수립에 관하여 대통령의 자문에 응하기 위하여 국민경제자문회의를 둘 수 있다.

② 국민경제자문회의의 조직 · 직무범위 기타 필요한 사항은 법률로 정한다.

제3관 행정각부

제94조

행정각부의 장은 국무위원 중에서 국무총리의 제청으로 대통령이 임명한다.

제95조

국무총리 또는 행정각부의 장은 소관사무에 관하여 법률이나 대통령령의 위임 또는 직권으로 총리령 또는 부령을 발할 수 있다.

제96조

행정각부의 설치 · 조직과 직무범위는 법률로 정한다.

제4관 감사원

제97조

국가의 세입 · 세출의 결산, 국가 및 법률이 정한 단체의 회계검사와 행정기관 및 공무원의 직무에 관한 감찰을 하기 위하여 대통령 소속하에 감사원을 둔다.

제98조

①감사원은 원장을 포함한 5인 이상 11인 이하의 감사위원으로 구성한다.
②원장은 국회의 동의를 얻어 대통령이 임명하고, 그 임기는 4년으로 하며, 1차에 한하여 중임할 수 있다.
③감사위원은 원장의 제청으로 대통령이 임명하고, 그 임기는 4년으로 하며, 1차에 한하여 중임할 수 있다.

제99조

감사원은 세입 · 세출의 결산을 매년 검사하여 대통령과 차년도국회에 그 결과를 보고하여야 한다.

제100조

감사원의 조직 · 직무범위 · 감사위원의 자격 · 감사대상공무원의 범위 기타 필요한 사항은 법률로 정한다.

제5장 법 원

제101조

① 사법권은 법관으로 구성된 법원에 속한다.
② 법원은 최고법원인 대법원과 각급법원으로 조직된다.
③ 법관의 자격은 법률로 정한다.

제102조

① 대법원에 부를 둘 수 있다.

② 대법원에 대법관을 둔다. 다만, 법률이 정하는 바에 의하여 대법관이 아닌 법관을 둘 수 있다.

③ 대법원과 각급법원의 조직은 법률로 정한다.

제103조

법관은 헌법과 법률에 의하여 그 양심에 따라 독립하여 심판한다.

제104조

① 대법원장은 국회의 동의를 얻어 대통령이 임명한다.

② 대법관은 대법원장의 제청으로 국회의 동의를 얻어 대통령이 임명한다.

③ 대법원장과 대법관이 아닌 법관은 대법관회의의 동의를 얻어 대법원장이 임명한다.

제105조

① 대법원장의 임기는 6년으로 하며, 중임할 수 없다.

② 대법관의 임기는 6년으로 하며, 법률이 정하는 바에 의하여 연임할 수 있다.

③ 대법원장과 대법관이 아닌 법관의 임기는 10년으로 하며, 법률이 정하는 바에 의하여 연임할 수 있다.

④ 법관의 정년은 법률로 정한다.

제106조

① 법관은 탄핵 또는 금고 이상의 형의 선고에 의하지 아니하고는 파면되지 아니하며, 징계처분에 의하지 아니하고는 정직·감봉 기타 불리한 처분을 받지 아니한다.

② 법관이 중대한 심신상의 장해로 직무를 수행할 수 없을 때에는 법률이 정하는 바에 의하여 퇴직하게 할 수 있다.

제107조

① 법률이 헌법에 위반되는 여부가 재판의 전제가 된 경우에는 법원은 헌법재판소에 제청하여 그 심판에 의하여 재판한다.

② 명령·규칙 또는 처분이 헌법이나 법률에 위반되는 여부가 재판의 전제가 된 경우에는 대법원은 이를 최종적으로 심사할 권한을 가진다.

③ 재판의 전심절차로서 행정심판을 할 수 있다. 행정심판의 절차는 법률로 정하되, 사법절차가 준용되어야 한다.

제108조

대법원은 법률에 저촉되지 아니하는 범위안에서 소송에 관한 절차, 법원의 내부규율과 사무처리에 관한 규칙을 제정할 수 있다.

제109조

재판의 심리와 판결은 공개한다. 다만, 심리는 국가의 안전보장 또는 안녕질서를 방해하거나 선량한 풍속을 해할 염려가 있을 때에는 법원의 결정으로 공개하지 아니할 수 있다.

제110조

① 군사재판을 관할하기 위하여 특별법원으로서 군사법원을 둘 수 있다.

② 군사법원의 상고심은 대법원에서 관할한다.

③ 군사법원의 조직·권한 및 재판관의 자격은 법률로 정한다.

④ 비상계엄하의 군사재판은 군인·군무원의 범죄나 군사에 관한 간첩죄의 경우와 초병·초소·유독음식물공급·포로에 관한 죄중 법률이 정한 경우에 한하여 단심으로 할 수 있다. 다만, 사형을 선고한 경우에는 그러하지 아니하다.

제6장 헌법재판소

제111조

① 헌법재판소는 다음 사항을 관장한다.

1. 법원의 제청에 의한 법률의 위헌여부 심판

2. 탄핵의 심판

3. 정당의 해산 심판

4. 국가기관 상호간, 국가기관과 지방자치단체간 및 지방자치단체 상호간의 권한쟁의에 관한 심판

5. 법률이 정하는 헌법소원에 관한 심판

② 헌법재판소는 법관의 자격을 가진 9인의 재판관으로 구성하며, 재판관은 대통령이 임명한다.

③ 제2항의 재판관중 3인은 국회에서 선출하는 자를, 3인은 대법원장이 지명하는 자를 임명한다.

④ 헌법재판소의 장은 국회의 동의를 얻어 재판관중에서 대통령이 임명한다.

제112조

① 헌법재판소 재판관의 임기는 6년으로 하며, 법률이 정하는 바에 의하여 연임할 수 있다.

② 헌법재판소 재판관은 정당에 가입하거나 정치에 관여할 수 없다.

③ 헌법재판소 재판관은 탄핵 또는 금고 이상의 형의 선고에 의하지 아니하고는 파면되지 아니한다.

제113조

① 헌법재판소에서 법률의 위헌결정, 탄핵의 결정, 정당해산의 결정 또는 헌법소원에 관한 인용결정을 할 때에는 재판관 6인 이상의 찬성이 있어야 한다.

② 헌법재판소는 법률에 저촉되지 아니하는 범위안에서 심판에 관한 절차, 내부규율과 사무처리에 관한 규칙을 제정할 수 있다.

③ 헌법재판소의 조직과 운영 기타 필요한 사항은 법률로 정한다.

제7장 선거관리

제114조

① 선거와 국민투표의 공정한 관리 및 정당에 관한 사무를 처리하기 위하여 선거관리위원회를 둔다.

② 중앙선거관리위원회는 대통령이 임명하는 3인, 국회에서 선출하는 3인과 대법원장이 지명하는 3인의 위원으로 구성한다. 위원장은 위원중에서 호선한다.

③ 위원의 임기는 6년으로 한다.

④ 위원은 정당에 가입하거나 정치에 관여할 수 없다.

⑤ 위원은 탄핵 또는 금고 이상의 형의 선고에 의하지 아니하고는 파면되지 아니한다.

⑥ 중앙선거관리위원회는 법령의 범위안에서 선거관리·국민투표관리 또는 정당사무에 관한 규칙을 제정할 수 있으며, 법률에 저촉되지 아니하는 범위안에서 내부규율에 관한 규칙을 제정할 수 있다.

⑦ 각급 선거관리위원회의 조직·직무범위 기타 필요한 사항은 법률로 정한다.

제115조

① 각급 선거관리위원회는 선거인명부의 작성등 선거사무와 국민투표사무에 관하여 관계 행정기관에 필요한 지시를 할 수 있다.

② 제1항의 지시를 받은 당해 행정기관은 이에 응하여야 한다.

제116조

① 선거운동은 각급 선거관리위원회의 관리하에 법률이 정하는 범위안에서 하되, 균등한 기회가 보장되어야 한다.

② 선거에 관한 경비는 법률이 정하는 경우를 제외하고는 정당 또는 후보자에게 부담시킬 수 없다.

제8장 지방자치

제117조

① 지방자치단체는 주민의 복리에 관한 사무를 처리하고 재산을 관리하며, 법령의 범위안에서 자치에 관한 규정을 제정할 수 있다.

② 지방자치단체의 종류는 법률로 정한다.

제118조

① 지방자치단체에 의회를 둔다.

② 지방의회의 조직·권한·의원선거와 지방자치단체의 장의 선임방법 기타 지방자치단체의 조직과 운영에 관한 사항은 법률로 정한다.

제9장 경 제

제119조

① 대한민국의 경제질서는 개인과 기업의 경제상의 자유와 창의를 존중함을 기본으로 한다.

② 국가는 균형있는 국민경제의 성장 및 안정과 적정한 소득의 분배를 유지하고, 시장의 지배와 경제력의 남용을 방지하며, 경제주체간의 조화를 통한 경제의 민주화를 위하여 경제에 관한 규제와 조정을 할 수 있다.

제120조

① 광물 기타 중요한 지하자원·수산자원·수력과 경제상 이용할 수 있는 자연력은 법률이 정하는 바에 의하여 일정한 기간 그 채취·개발 또는 이용을 특허할 수 있다.

② 국토와 자원은 국가의 보호를 받으며, 국가는 그 균형있는 개발과 이용을 위하여 필요한 계획을 수립한다.

제121조

① 국가는 농지에 관하여 경자유전의 원칙이 달성될 수 있도록 노력하여야 하며, 농지의 소작제도는 금지된다.

② 농업생산성의 제고와 농지의 합리적인 이용을 위하거나 불가피한 사정으로 발생하는 농지의 임대차와 위탁경영은 법률이 정하는 바에 의하여 인정된다.

제122조

국가는 국민 모두의 생산 및 생활의 기반이 되는 국토의 효율적이고 균형있는 이용·개발과 보전을 위하여 법률이 정하는 바에 의하여 그에 관한 필요한 제한과 의무를 과할 수 있다.

제123조

① 국가는 농업 및 어업을 보호·육성하기 위하여 농·어촌종합개발과 그 지원등 필요한 계획을 수립·시행하여야 한다.

② 국가는 지역간의 균형있는 발전을 위하여 지역경제를 육성할 의무를 진다.

③ 국가는 중소기업을 보호·육성하여야 한다.

④ 국가는 농수산물의 수급균형과 유통구조의 개선에 노력하여 가격안정을 도모함으로써 농·어민의 이익을 보호한다.

⑤ 국가는 농·어민과 중소기업의 자조조직을 육성하여야 하며, 그 자율적 활동과 발전을 보장한다.

제124조

국가는 건전한 소비행위를 계도하고 생산품의 품질향상을 촉구하기 위한 소비자보호운동을 법률이 정하는 바에 의하여 보장한다.

제125조

국가는 대외무역을 육성하며, 이를 규제·조정할 수 있다.

제126조

국방상 또는 국민경제상 긴절한 필요로 인하여 법률이 정하는 경우를 제외하고는, 사영기업을 국유 또는 공유로 이전하거나 그 경영을 통제 또는 관리할 수 없다.

제127조

① 국가는 과학기술의 혁신과 정보 및 인력의 개발을 통하여 국민경제의 발전에 노력하여야 한다.

② 국가는 국가표준제도를 확립한다.

③ 대통령은 제1항의 목적을 달성하기 위하여 필요한 자문기구를 둘 수 있다.

제10장 헌법개정

제128조

① 헌법개정은 국회재적의원 과반수 또는 대통령의 발의로 제안된다.

② 대통령의 임기연장 또는 중임변경을 위한 헌법개정은 그 헌법개정 제안 당시의 대통령에 대하여는 효력이 없다.

제129조

제안된 헌법개정안은 대통령이 20일 이상의 기간 이를 공고하여야 한다.

제130조

① 국회는 헌법개정안이 공고된 날로부터 60일 이내에 의결하여야 하며, 국회의 의결은 재적의원 3분의 2 이상의 찬성을 얻어야 한다.

② 헌법개정안은 국회가 의결한 후 30일 이내에 국민투표에 붙여 국회의원선거권자 과반수의 투표와 투표자 과반수의 찬성을 얻어야 한다.

③ 헌법개정안이 제2항의 찬성을 얻은 때에는 헌법개정은 확정되며, 대통령은 즉시 이를 공포하여야 한다.

부 칙 〈제10호, 1987.10.29〉

제1조

이 헌법은 1988년 2월 25일부터 시행한다. 다만, 이 헌법을 시행하기 위하여 필요한 법률의 제정·개정과 이 헌법에 의한 대통령 및 국회의원의 선거 기타 이 헌법시행에 관한 준비는 이 헌법시행 전에 할 수 있다.

제2조

① 이 헌법에 의한 최초의 대통령선거는 이 헌법시행일 40일 전까지 실시한다.

② 이 헌법에 의한 최초의 대통령의 임기는 이 헌법시행일로부터 개시한다.

제3조

① 이 헌법에 의한 최초의 국회의원선거는 이 헌법공포일로부터 6월 이내에 실시하며, 이 헌법에 의하여 선출된 최초의 국회의원의 임기는 국회의원선거후 이 헌법에 의한 국회의 최초의 집회일로부터 개시한다.

② 이 헌법공포 당시의 국회의원의 임기는 제1항에 의한 국회의 최초의 집회일 전일까지로 한다.

제4조

① 이 헌법시행 당시의 공무원과 정부가 임명한 기업체의 임원은 이 헌법에 의하여 임명된 것으로 본다. 다만, 이 헌법에 의하여 선임방법이나 임명권자가 변경된 공무원과 대법원장 및 감사원장은 이 헌법에 의하여 후임자가 선임될 때까지 그 직무를 행하며, 이 경우 전임자인 공무원의 임기는 후임자가 선임되는 전일까지로 한다.

② 이 헌법시행 당시의 대법원장과 대법원판사가 아닌 법관은 제1항 단서의 규정에 불구하고 이 헌법

에 의하여 임명된 것으로 본다.

③ 이 헌법중 공무원의 임기 또는 중임제한에 관한 규정은 이 헌법에 의하여 그 공무원이 최초로 선출 또는 임명된 때로부터 적용한다.

제5조

이 헌법시행 당시의 법령과 조약은 이 헌법에 위배되지 아니하는 한 그 효력을 지속한다.

제6조

이 헌법시행 당시에 이 헌법에 의하여 새로 설치될 기관의 권한에 속하는 직무를 행하고 있는 기관은 이 헌법에 의하여 새로운 기관이 설치될 때까지 존속하며 그 직무를 행한다.

2. 근로기준법

시   행 2014. 07. 01

최초제정 1953. 05. 10.
제   정 1997. 03. 13 (법률 제5309호)
일부개정 1997. 12. 24 (법률 제5473호)
일부개정 1998. 02. 20 (법률 제5510호)
일부개정 1999. 02. 08 (법률 제5885호)
일부개정 2001. 08. 14 (법률 제6507호)
일부개정 2003. 09. 15 (법률 제6974호)
일부개정 2005. 01. 27 (법률 제7379호)
일부개정 2005. 03. 31 (법률 제7465호)
일부개정 2005. 05. 31 (법률 제7566호)
일부개정 2008. 03. 28. (법률제9038호)
일부개정 2010. 06. 10 (법률 제10366호)
일부개정 2012. 02. 01, (법률 제11270호)
일부개정 2014. 1. 21. (법률 제12325호)

제1장   총 칙

제1조(목적) 이 법은 헌법에 따라 근로조건의 기준을 정함으로써 근로자의 기본적 생활을 보장, 향상시키며 균형 있는 국민경제의 발전을 꾀하는 것을 목적으로 한다.

제2조(정의) ① 이 법에서 사용하는 용어의 뜻은 다음과 같다.

1. "근로자"란 직업의 종류와 관계없이 임금을 목적으로 사업이나 사업장에 근로를 제공하는 자를 말한다.
2. "사용자"란 사업주 또는 사업 경영 담당자, 그 밖에 근로자에 관한 사항에 대하여 사업주를 위하여 행위하는 자를 말한다.
3. "근로"란 정신노동과 육체노동을 말한다.
4. "근로계약"이란 근로자가 사용자에게 근로를 제공하고 사용자는 이에 대하여 임금을 지급하는 것을 목적으로 체결된 계약을 말한다.
5. "임금"이란 사용자가 근로의 대가로 근로자에게 임금, 봉급, 그 밖에 어떠한 명칭으로든지 지급하는 일체의 금품을 말한다.
6. "평균임금"이란 이를 산정하여야 할 사유가 발생한 날 이전 3개월 동안에 그 근로자에게 지급된 임금의 총액을 그 기간의 총일수로 나눈 금액을 말한다. 근로자가 취업한 후 3개월 미만인 경우도 이에 준한다.
7. "소정(所定)근로시간"이란 제50조, 제69조 본문 또는 「산업안전보건법」 제46조에 따른 근로시간의 범위에서 근로자와 사용자 사이에 정한 근로시간을 말한다.
8. "단시간근로자"란 1주 동안의 소정근로시간이 그 사업장에서 같은 종류의 업무에 종사하는 통상 근로자의 1주 동안의 소정근로시간에 비하여 짧은 근로자를 말한다.

② 제1항제6호에 따라 산출된 금액이 그 근로자의 통상임금보다 적으면 그 통상임금액을 평균임금으로 한다.

제3조(근로조건의 기준) 이 법에서 정하는 근로조건은 최저기준이므로 근로 관계 당사자는 이 기준을 이유로 근로조건을 낮출 수 없다.

제4조(근로조건의 결정) 근로조건은 근로자와 사용자가 동등한 지위에서 자유의사에 따라 결정하여야 한다.

제5조(근로조건의 준수) 근로자와 사용자는 각자가 단체협약, 취업규칙과 근로계약을 지키고 성실하게 이행할 의무가 있다.

제6조(균등한 처우) 사용자는 근로자에 대하여 남녀의 성(性)을 이유로 차별적 대우를 하지 못하고, 국적·신앙 또는 사회적 신분을 이유로 근로조건에 대한 차별적 처우를 하지 못한다.

제7조(강제 근로의 금지) 사용자는 폭행, 협박, 감금, 그 밖에 정신상 또는 신체상의 자유를 부당하게 구속하는 수단으로써 근로자의 자유의사에 어긋나는 근로를 강요하지 못한다.

제8조(폭행의 금지) 사용자는 사고의 발생이나 그 밖의 어떠한 이유로도 근로자에게 폭행을 하지 못한다.

제9조(중간착취의 배제) 누구든지 법률에 따르지 아니하고는 영리로 다른 사람의 취업에 개입하거나 중간인으로서 이익을 취득하지 못한다.

제10조(공민권 행사의 보장) 사용자는 근로자가 근로시간 중에 선거권, 그 밖의 공민권(公民權) 행사 또는 공(公)의 직무를 집행하기 위하여 필요한 시간을 청구하면 거부하지 못한다. 다만, 그 권리 행사나 공(公)의 직무를 수행하는 데에 지장이 없으면 청구한 시간을 변경할 수 있다.

제11조(적용 범위) ① 이 법은 상시 5명 이상의 근로자를 사용하는 모든 사업 또는 사업장에 적용한다. 다만, 동거하는 친족만을 사용하는 사업 또는 사업장과 가사(家事) 사용인에 대하여는 적용하지 아니한다.
② 상시 4명 이하의 근로자를 사용하는 사업 또는 사업장에 대하여는 대통령령으로 정하는 바에 따라 이 법의 일부 규정을 적용할 수 있다.
③ 이 법을 적용하는 경우에 상시 사용하는 근로자 수를 산정하는 방법은 대통령령으로 정한다.〈신설 2008.3.21.〉

제12조(적용 범위) 이 법과 이 법에 따른 대통령령은 국가, 특별시·광역시·도, 시·군·구, 읍·면·동, 그 밖에 이에 준하는 것에 대하여도 적용된다.

제13조(보고, 출석의 의무) 사용자 또는 근로자는 이 법의 시행에 관하여 고용노동부장관·「노동위원회법」에 따른 노동위원회(이하 "노동위원회"라 한다) 또는 근로감독관의 요구가 있으면 지체 없이 필요한 사항에 대하여 보고하거나 출석하여야 한다. 〈개정 2010.6.4.〉

제14조(법령 요지 등의 게시) ① 사용자는 이 법과 이 법에 따른 대통령령의 요지(要旨)와 취업규칙을 근로자가 자유롭게 열람할 수 있는 장소에 항상 게시하거나 갖추어 두어 근로자에게 널리 알려야 한다.

② 사용자는 제1항에 따른 대통령령 중 기숙사에 관한 규정과 제99조제1항에 따른 기숙사규칙을 기숙사에 게시하거나 갖추어 두어 기숙(寄宿)하는 근로자에게 널리 알려야 한다.

제2장 근로계약

제15조(이 법을 위반한 근로계약) ① 이 법에서 정하는 기준에 미치지 못하는 근로조건을 정한 근로계약은 그 부분에 한하여 무효로 한다.

② 제1항에 따라 무효로 된 부분은 이 법에서 정한 기준에 따른다.

제16조(계약기간) 근로계약은 기간을 정하지 아니한 것과 일정한 사업의 완료에 필요한 기간을 정한 것 외에는 그 기간은 1년을 초과하지 못한다.

[법률 제8372호(2007.4.11.) 부칙 제3조의 규정에 의하여 이 조는 2007년 6월 30일까지 유효함]

제17조(근로조건의 명시) ① 사용자는 근로계약을 체결할 때에 근로자에게 다음 각 호의 사항을 명시하여야 한다. 근로계약 체결 후 다음 각 호의 사항을 변경하는 경우에도 또한 같다. 〈개정 2010.5.25.〉

1. 임금
2. 소정근로시간
3. 제55조에 따른 휴일
4. 제60조에 따른 연차 유급휴가
5. 그 밖에 대통령령으로 정하는 근로조건

② 사용자는 제1항제1호와 관련한 임금의 구성항목·계산방법·지급방법 및 제2호부터 제4호까지의 사항이 명시된 서면을 근로자에게 교부하여야 한다. 다만, 본문에 따른 사항이 단체협약 또는 취업규칙의 변경 등 대통령령으로 정하는 사유로 인하여 변경되는 경우에는 근로자의 요구가 있으면 그 근로자에게 교부하여야 한다.〈신설 2010.5.25.〉

제18조(단시간근로자의 근로조건) ① 단시간근로자의 근로조건은 그 사업장의 같은 종류의 업무에 종사하는 통상 근로자의 근로시간을 기준으로 산정한 비율에 따라 결정되어야 한다.

② 제1항에 따라 근로조건을 결정할 때에 기준이 되는 사항이나 그 밖에 필요한 사항은 대통령령으로 정한다.

③ 4주 동안(4주 미만으로 근로하는 경우에는 그 기간)을 평균하여 1주 동안의 소정근로시간이 15시간 미만인 근로자에 대하여는 제55조와 제60조를 적용하지 아니한다.〈개정 2008.3.21.〉

제19조(근로조건의 위반) ① 제17조에 따라 명시된 근로조건이 사실과 다를 경우에 근로자는 근로조건 위반을 이유로 손해의 배상을 청구할 수 있으며 즉시 근로계약을 해제할 수 있다.

② 제1항에 따라 근로자가 손해배상을 청구할 경우에는 노동위원회에 신청할 수 있으며, 근로계약이 해제되었을 경우에는 사용자는 취업을 목적으로 거주를 변경하는 근로자에게 귀향 여비를 지급하여야 한다.

제20조(위약 예정의 금지) 사용자는 근로계약 불이행에 대한 위약금 또는 손해배상액을 예정하는 계약을 체결하지 못한다.

제21조(전차금 상계의 금지) 사용자는 전차금(前借金)이나 그 밖에 근로할 것을 조건으로 하는 전대(前貸)채권과 임금을 상계하지 못한다.

제22조(강제 저금의 금지) ① 사용자는 근로계약에 덧붙여 강제 저축 또는 저축금의 관리를 규정하는 계약을 체결하지 못한다.

② 사용자가 근로자의 위탁으로 저축을 관리하는 경우에는 다음 각 호의 사항을 지켜야 한다.

1. 저축의 종류·기간 및 금융기관을 근로자가 결정하고, 근로자 본인의 이름으로 저축할 것

2. 근로자가 저축증서 등 관련 자료의 열람 또는 반환을 요구할 때에는 즉시 이에 따를 것

제23조(해고 등의 제한) ① 사용자는 근로자에게 정당한 이유 없이 해고, 휴직, 정직, 전직, 감봉, 그 밖의 징벌(懲罰)(이하 "부당해고등"이라 한다)을 하지 못한다.

② 사용자는 근로자가 업무상 부상 또는 질병의 요양을 위하여 휴업한 기간과 그 후 30일 동안 또는 산전(産前)·산후(産後)의 여성이 이 법에 따라 휴업한 기간과 그 후 30일 동안은 해고하지 못한다. 다만, 사용자가 제84조에 따라 일시보상을 하였을 경우 또는 사업을 계속할 수 없게 된 경우에는 그러하지 아니하다.

제24조(경영상 이유에 의한 해고의 제한) ① 사용자가 경영상 이유에 의하여 근로자를 해고하려면 긴박한 경영상의 필요가 있어야 한다. 이 경우 경영 악화를 방지하기 위한 사업의 양도·인수·합병은 긴박한 경영상의 필요가 있는 것으로 본다.

② 제1항의 경우에 사용자는 해고를 피하기 위한 노력을 다하여야 하며, 합리적이고 공정한 해고의 기준을 정하고 이에 따라 그 대상자를 선정하여야 한다. 이 경우 남녀의 성을 이유로 차별하여서는 아니 된다.

③ 사용자는 제2항에 따른 해고를 피하기 위한 방법과 해고의 기준 등에 관하여 그 사업 또는 사업장에 근로자의 과반수로 조직된 노동조합이 있는 경우에는 그 노동조합(근로자의 과반수로 조직된 노동조합이 없는 경우에는 근로자의 과반수를 대표하는 자를 말한다. 이하 "근로자대표"라 한다)에 해고를 하려는 날의 50일 전까지 통보하고 성실하게 협의하여야 한다.

④ 사용자는 제1항에 따라 대통령령으로 정하는 일정한 규모 이상의 인원을 해고하려면 대통령령으로 정하는 바에 따라 고용노동부장관에게 신고하여야 한다.〈개정 2010.6.4.〉

⑤ 사용자가 제1항부터 제3항까지의 규정에 따른 요건을 갖추어 근로자를 해고한 경우에는 제23조제1항에 따른 정당한 이유가 있는 해고를 한 것으로 본다.

제25조(우선 재고용 등) ① 제24조에 따라 근로자를 해고한 사용자는 근로자를 해고한 날부터 3년 이내에 해고된 근로자가 해고 당시 담당하였던 업무와 같은 업무를 할 근로자를 채용하려고 할 경우 제24조에 따라 해고된 근로자가 원하면 그 근로자를 우선적으로 고용하여야 한다.

② 정부는 제24조에 따라 해고된 근로자에 대하여 생계안정, 재취업, 직업훈련 등 필요한 조치를 우선적으로 취하여야 한다.

제26조(해고의 예고) 사용자는 근로자를 해고(경영상 이유에 의한 해고를 포함한다)하려면 적어도 30일 전에 예고를 하여야 하고, 30일 전에 예고를 하지 아니하였을 때에는 30일분 이상의 통상임금을 지급하여야 한다. 다만, 천재·사변, 그 밖의 부득이한 사유로 사업을 계속하는 것이 불가능한 경우 또는 근로자가 고의로 사업에 막대한 지장을 초래하거나 재산상 손해를 끼친 경우로서 고용노동부령으로 정하는 사유에 해당하는 경우에는 그러하지 아니하다. 〈개정 2010.6.4.〉

제27조(해고사유 등의 서면통지) ① 사용자는 근로자를 해고하려면 해고사유와 해고시기를 서면으로 통지하여야 한다.

② 근로자에 대한 해고는 제1항에 따라 서면으로 통지하여야 효력이 있다.

③ 사용자가 제26조에 따른 해고의 예고를 해고사유와 해고시기를 명시하여 서면으로 한 경우에는 제1항에 따른 통지를 한 것으로 본다.〈신설 2014.3.24.〉

제28조(부당해고등의 구제신청) ① 사용자가 근로자에게 부당해고등을 하면 근로자는 노동위원회에 구제를 신청할 수 있다.

② 제1항에 따른 구제신청은 부당해고등이 있었던 날부터 3개월 이내에 하여야 한다.

제29조(조사 등) ① 노동위원회는 제28조에 따른 구제신청을 받으면 지체 없이 필요한 조사를 하여야 하며 관계 당사자를 심문하여야 한다.

② 노동위원회는 제1항에 따라 심문을 할 때에는 관계 당사자의 신청이나 직권으로 증인을 출석하게 하여 필요한 사항을 질문할 수 있다.

③ 노동위원회는 제1항에 따라 심문을 할 때에는 관계 당사자에게 증거 제출과 증인에 대한 반대심문을 할 수 있는 충분한 기회를 주어야 한다.

④ 제1항에 따른 노동위원회의 조사와 심문에 관한 세부절차는 「노동위원회법」에 따른 중앙노동위원회(이하 "중앙노동위원회"라 한다)가 정하는 바에 따른다.

제30조(구제명령 등) ① 노동위원회는 제29조에 따른 심문을 끝내고 부당해고등이 성립한다고 판정하면 사용자에게 구제명령을 하여야 하며, 부당해고등이 성립하지 아니한다고 판정하면 구제신청을 기각하는 결정을 하여야 한다.

② 제1항에 따른 판정, 구제명령 및 기각결정은 사용자와 근로자에게 각각 서면으로 통지하여야 한다.

③ 노동위원회는 제1항에 따른 구제명령(해고에 대한 구제명령만을 말한다)을 할 때에 근로자가 원직복직(原職復職)을 원하지 아니하면 원직복직을 명하는 대신 근로자가 해고기간 동안 근로를 제공하였더라면 받을 수 있었던 임금 상당액 이상의 금품을 근로자에게 지급하도록 명할 수 있다.

제31조(구제명령 등의 확정) ① 「노동위원회법」에 따른 지방노동위원회의 구제명령이나 기각결정에 불복하는 사용자나 근로자는 구제명령서나 기각결정서를 통지받은 날부터 10일 이내에 중앙노동위원회에 재심을 신청할 수 있다.

② 제1항에 따른 중앙노동위원회의 재심판정에 대하여 사용자나 근로자는 재심판정서를 송달받은 날부터 15일 이내에 「행정소송법」의 규정에 따라 소(訴)를 제기할 수 있다.

③ 제1항과 제2항에 따른 기간 이내에 재심을 신청하지 아니하거나 행정소송을 제기하지 아니하면 그 구제명령, 기각결정 또는 재심판정은 확정된다.

제32조(구제명령 등의 효력) 노동위원회의 구제명령, 기각결정 또는 재심판정은 제31조에 따른 중앙노동위원회에 대한 재심 신청이나 행정소송 제기에 의하여 그 효력이 정지되지 아니한다.

제33조(이행강제금) ① 노동위원회는 구제명령(구제명령을 내용으로 하는 재심판정을 포함한다. 이하 이 조에서 같다)을 받은 후 이행기한까지 구제명령을 이행하지 아니한 사용자에게 2천만원 이하의 이행강제금을 부과한다.
② 노동위원회는 제1항에 따른 이행강제금을 부과하기 30일 전까지 이행강제금을 부과·징수한다는 뜻을 사용자에게 미리 문서로써 알려 주어야 한다.
③ 제1항에 따른 이행강제금을 부과할 때에는 이행강제금의 액수, 부과 사유, 납부기한, 수납기관, 이의제기방법 및 이의제기기관 등을 명시한 문서로써 하여야 한다.
④ 제1항에 따라 이행강제금을 부과하는 위반행위의 종류와 위반 정도에 따른 금액, 부과·징수된 이행강제금의 반환절차, 그 밖에 필요한 사항은 대통령령으로 정한다.
⑤ 노동위원회는 최초의 구제명령을 한 날을 기준으로 매년 2회의 범위에서 구제명령이 이행될 때까지 반복하여 제1항에 따른 이행강제금을 부과·징수할 수 있다. 이 경우 이행강제금은 2년을 초과하여 부과·징수하지 못한다.
⑥ 노동위원회는 구제명령을 받은 자가 구제명령을 이행하면 새로운 이행강제금을 부과하지 아니하되, 구제명령을 이행하기 전에 이미 부과된 이행강제금은 징수하여야 한다.
⑦ 노동위원회는 이행강제금 납부의무자가 납부기한까지 이행강제금을 내지 아니하면 기간을 정하여 독촉을 하고 지정된 기간에 제1항에 따른 이행강제금을 내지 아니하면 국세 체납처분의 예에 따라 징수할 수 있다.
⑧ 근로자는 구제명령을 받은 사용자가 이행기한까지 구제명령을 이행하지 아니하면 이행기한이 지난 때부터 15일 이내에 그 사실을 노동위원회에 알려줄 수 있다.

제34조(퇴직급여 제도) 사용자가 퇴직하는 근로자에게 지급하는 퇴직급여 제도에 관하여는 「근로자퇴직급여 보장법」이 정하는 대로 따른다.

제35조(예고해고의 적용 예외) 제26조는 다음 각 호의 어느 하나에 해당하는 근로자에게는 적용하지 아니한다.
1. 일용근로자로서 3개월을 계속 근무하지 아니한 자
2. 2개월 이내의 기간을 정하여 사용된 자
3. 월급근로자로서 6개월이 되지 못한 자
4. 계절적 업무에 6개월 이내의 기간을 정하여 사용된 자
5. 수습 사용 중인 근로자
[단순위헌, 2014헌바3, 2015.12.23., 근로기준법(2007. 4. 11. 법률 제8372호로 전부개정된 것) 제35조 제3호는 헌법에 위반된다.]

제36조(금품 청산) 사용자는 근로자가 사망 또는 퇴직한 경우에는 그 지급 사유가 발생한 때부터 14일 이내에 임금, 보상금, 그 밖에 일체의 금품을 지급하여야 한다. 다만, 특별한 사정이 있을 경우에는 당사자 사이의 합의에 의하여 기일을 연장할 수 있다.

제37조(미지급 임금에 대한 지연이자) ① 사용자는 제36조에 따라 지급하여야 하는 임금 및 「근로자퇴직급여 보장법」 제2조제5호에 따른 급여(일시금만 해당된다)의 전부 또는 일부를 그 지급 사유가 발생한 날부터 14일 이내에 지급하지 아니한 경우 그 다음 날부터 지급하는 날까지의 지연 일수에 대하여 연 100분의 40 이내의 범위에서 「은행법」에 따른 은행이 적용하는 연체금리 등 경제 여건을 고려하여 대통령령으로 정하는 이율에 따른 지연이자를 지급하여야 한다. 〈개정 2010.5.17.〉
② 제1항은 사용자가 천재·사변, 그 밖에 대통령령으로 정하는 사유에 따라 임금 지급을 지연하는 경우 그 사유가 존속하는 기간에 대하여는 적용하지 아니한다.

제38조(임금채권의 우선변제) ① 임금, 재해보상금, 그 밖에 근로 관계로 인한 채권은 사용자의 총재산에 대하여 질권(質權)·저당권 또는 「동산·채권 등의 담보에 관한 법률」에 따른 담보권에 따라 담보된 채권 외에는 조세·공과금 및 다른 채권에 우선하여 변제되어야 한다. 다만, 질권·저당권 또는 「동산·채권 등의 담보에 관한 법률」에 따른 담보권에 우선하는 조세·공과금에 대하여는 그러하지 아니하다. 〈개정 2010.6.10.〉
② 제1항에도 불구하고 다음 각 호의 어느 하나에 해당하는 채권은 사용자의 총재산에 대하여 질권·저당권 또는 「동산·채권 등의 담보에 관한 법률」에 따른 담보권에 따라 담보된 채권, 조세·공과금 및 다른 채권에 우선하여 변제되어야 한다. 〈개정 2010.6.10.〉
1. 최종 3개월분의 임금
2. 재해보상금

제39조(사용증명서) ① 사용자는 근로자가 퇴직한 후라도 사용 기간, 업무 종류, 지위와 임금, 그 밖에 필요한 사항에 관한 증명서를 청구하면 사실대로 적은 증명서를 즉시 내주어야 한다.
② 제1항의 증명서에는 근로자가 요구한 사항만을 적어야 한다.

제40조(취업 방해의 금지) 누구든지 근로자의 취업을 방해할 목적으로 비밀 기호 또는 명부를 작성·사용하거나 통신을 하여서는 아니 된다.

제41조(근로자의 명부) ① 사용자는 각 사업장별로 근로자 명부를 작성하고 근로자의 성명, 생년월일, 이력, 그 밖에 대통령령으로 정하는 사항을 적어야 한다.
② 제1항에 따라 근로자 명부에 적을 사항이 변경된 경우에는 지체 없이 정정하여야 한다.

제42조(계약 서류의 보존) 사용자는 근로자 명부와 대통령령으로 정하는 근로계약에 관한 중요한 서류를 3년간 보존하여야 한다.

제3장 임금

제43조(임금 지급) ① 임금은 통화(通貨)로 직접 근로자에게 그 전액을 지급하여야 한다. 다만, 법령 또는 단체협약에 특별한 규정이 있는 경우에는 임금의 일부를 공제하거나 통화 이외의 것으로 지급할 수 있다.

② 임금은 매월 1회 이상 일정한 날짜를 정하여 지급하여야 한다. 다만, 임시로 지급하는 임금, 수당, 그 밖에 이에 준하는 것 또는 대통령령으로 정하는 임금에 대하여는 그러하지 아니하다.

제43조의2(체불사업주 명단 공개) ① 고용노동부장관은 제36조, 제43조, 제56조에 따른 임금, 보상금, 수당, 그 밖에 일체의 금품(이하 "임금등"이라 한다)을 지급하지 아니한 사업주(법인인 경우에는 그 대표자를 포함한다. 이하 "체불사업주"라 한다)가 명단 공개 기준일 이전 3년 이내 임금등을 체불하여 2회 이상 유죄가 확정된 자로서 명단 공개 기준일 이전 1년 이내 임금등의 체불총액이 3천만원 이상인 경우에는 그 인적사항 등을 공개할 수 있다. 다만, 체불사업주의 사망·폐업으로 명단 공개의 실효성이 없는 경우 등 대통령령으로 정하는 사유가 있는 경우에는 그러하지 아니하다.

② 고용노동부장관은 제1항에 따라 명단 공개를 할 경우에 체불사업주에게 3개월 이상의 기간을 정하여 소명 기회를 주어야 한다.

③ 제1항에 따른 체불사업주의 인적사항 등에 대한 공개 여부를 심의하기 위하여 고용노동부에 임금체불정보심의위원회(이하 이 조에서 "위원회"라 한다)를 둔다. 이 경우 위원회의 구성·운영 등 필요한 사항은 고용노동부령으로 정한다.

④ 제1항에 따른 명단 공개의 구체적인 내용, 기간 및 방법 등 명단 공개에 필요한 사항은 대통령령으로 정한다.
[본조신설 2012.2.1.]

제43조의3(임금등 체불자료의 제공) ① 고용노동부장관은「신용정보의 이용 및 보호에 관한 법률」제25조제2항제1호에 따른 종합신용정보집중기관이 임금등 체불자료 제공일 이전 3년 이내 임금등을 체불하여 2회 이상 유죄가 확정된 자로서 임금등 체불자료 제공일 이전 1년 이내 임금등의 체불총액이 2천만원 이상인 체불사업주의 인적사항과 체불액 등에 관한 자료(이하 "임금등 체불자료"라 한다)를 요구할 때에는 임금등의 체불을 예방하기 위하여 필요하다고 인정하는 경우에 그 자료를 제공할 수 있다. 다만, 체불사업주의 사망·폐업으로 임금등 체불자료 제공의 실효성이 없는 경우 등 대통령령으로 정하는 사유가 있는 경우에는 그러하지 아니하다.

② 제1항에 따라 임금등 체불자료를 받은 자는 이를 체불사업주의 신용도·신용거래능력 판단과 관련한 업무 외의 목적으로 이용하거나 누설하여서는 아니 된다.

③ 제1항에 따른 임금등 체불자료의 제공 절차 및 방법 등 임금등 체불자료의 제공에 필요한 사항은 대통령령으로 정한다.
[본조신설 2012.2.1.]

제44조(도급 사업에 대한 임금 지급) ① 사업이 여러 차례의 도급에 따라 행하여지는 경우에 하수급인(下受給人)이 직상(直上) 수급인의 귀책사유로 근로자에게 임금을 지급하지 못한 경우에는 그 직상 수

급인은 그 하수급인과 연대하여 책임을 진다. 다만, 직상 수급인의 귀책사유가 그 상위 수급인의 귀책사유에 의하여 발생한 경우에는 그 상위 수급인도 연대하여 책임을 진다. 〈개정 2012.2.1.〉

② 제1항의 귀책사유 범위는 대통령령으로 정한다.〈개정 2012.2.1.〉

제44조의2(건설업에서의 임금 지급 연대책임) ① 건설업에서 사업이 2차례 이상 「건설산업기본법」 제2조제11호에 따른 도급(이하 "공사도급"이라 한다)이 이루어진 경우에 같은 법 제2조제7호에 따른 건설업자가 아닌 하수급인이 그가 사용한 근로자에게 임금(해당 건설공사에서 발생한 임금으로 한정한다)을 지급하지 못한 경우에는 그 직상 수급인은 하수급인과 연대하여 하수급인이 사용한 근로자의 임금을 지급할 책임을 진다. 〈개정 2011.5.24.〉

② 제1항의 직상 수급인이 「건설산업기본법」 제2조제7호에 따른 건설업자가 아닌 때에는 그 상위 수급인 중에서 최하위의 같은 호에 따른 건설업자를 직상 수급인으로 본다.〈개정 2011.5.24.〉
[본조신설 2007.7.27.]

② 제1항의 직상 수급인이 「건설산업기본법」 제2조제7호에 따른 건설업자가 아닌 때에는 그 상위 수급인 중에서 최하위의 같은 호에 따른 건설업자를 직상 수급인으로 본다. 〈개정 2011.5.24〉
[본조신설 2007.7.27]

제44조의3(건설업의 공사도급에 있어서의 임금에 관한 특례) ① 공사도급이 이루어진 경우로서 다음 각 호의 어느 하나에 해당하는 때에는 직상 수급인은 하수급인에게 지급하여야 하는 하도급 대금 채무의 부담 범위에서 그 하수급인이 사용한 근로자가 청구하면 하수급인이 지급하여야 하는 임금(해당 건설공사에서 발생한 임금으로 한정한다)에 해당하는 금액을 근로자에게 직접 지급하여야 한다.

1. 직상 수급인이 하수급인을 대신하여 하수급인이 사용한 근로자에게 지급하여야 하는 임금을 직접 지급할 수 있다는 뜻과 그 지급방법 및 절차에 관하여 직상 수급인과 하수급인이 합의한 경우

2. 「민사집행법」 제56조제3호에 따른 확정된 지급명령, 하수급인의 근로자에게 하수급인에 대하여 임금채권이 있음을 증명하는 같은 법 제56조제4호에 따른 집행증서, 「소액사건심판법」 제5조의7에 따라 확정된 이행권고결정, 그 밖에 이에 준하는 집행권원이 있는 경우

3. 하수급인이 그가 사용한 근로자에 대하여 지급하여야 할 임금채무가 있음을 직상 수급인에게 알려주고, 직상 수급인이 파산 등의 사유로 하수급인이 임금을 지급할 수 없는 명백한 사유가 있다고 인정하는 경우

② 「건설산업기본법」 제2조제10호에 따른 발주자의 수급인(이하 "원수급인"이라 한다)으로부터 공사도급이 2차례 이상 이루어진 경우로서 하수급인(도급받은 하수급인으로부터 재하도급 받은 하수급인을 포함한다. 이하 이 항에서 같다)이 사용한 근로자에게 그 하수급인에 대한 제1항제2호에 따른 집행권원이 있는 경우에는 근로자는 하수급인이 지급하여야 하는 임금(해당 건설공사에서 발생한 임금으로 한정한다)에 해당하는 금액을 원수급인에게 직접 지급할 것을 요구할 수 있다. 원수급인은 근로자가 자신에 대하여 「민법」 제404조에 따른 채권자대위권을 행사할 수 있는 금액의 범위에서 이에 따라야 한다.〈개정 2011.5.24.〉

③ 직상 수급인 또는 원수급인이 제1항 및 제2항에 따라 하수급인이 사용한 근로자에게 임금에 해당하는 금액을 지급한 경우에는 하수급인에 대한 하도급 대금 채무는 그 범위에서 소멸한 것으로 본다.
[본조신설 2007.7.27.]

제45조(비상시 지급) 사용자는 근로자가 출산, 질병, 재해, 그 밖에 대통령령으로 정하는 비상(非常)한 경우의 비용에 충당하기 위하여 임금 지급을 청구하면 지급기일 전이라도 이미 제공한 근로에 대한 임금을 지급하여야 한다.

제46조(휴업수당) ① 사용자의 귀책사유로 휴업하는 경우에 사용자는 휴업기간 동안 그 근로자에게 평균임금의 100분의 70 이상의 수당을 지급하여야 한다. 다만, 평균임금의 100분의 70에 해당하는 금액이 통상임금을 초과하는 경우에는 통상임금을 휴업수당으로 지급할 수 있다.
② 제1항에도 불구하고 부득이한 사유로 사업을 계속하는 것이 불가능하여 노동위원회의 승인을 받은 경우에는 제1항의 기준에 못 미치는 휴업수당을 지급할 수 있다.

제47조(도급 근로자) 사용자는 도급이나 그 밖에 이에 준하는 제도로 사용하는 근로자에게 근로시간에 따라 일정액의 임금을 보장하여야 한다.

제48조(임금대장) 사용자는 각 사업장별로 임금대장을 작성하고 임금과 가족수당 계산의 기초가 되는 사항, 임금액, 그 밖에 대통령령으로 정하는 사항을 임금을 지급할 때마다 적어야 한다.

제49조(임금의 시효) 이 법에 따른 임금채권은 3년간 행사하지 아니하면 시효로 소멸한다.

제4장 근로시간과 휴식

제50조(근로시간) ① 1주 간의 근로시간은 휴게시간을 제외하고 40시간을 초과할 수 없다.
② 1일의 근로시간은 휴게시간을 제외하고 8시간을 초과할 수 없다.
③ 제1항 및 제2항에 따른 근로시간을 산정함에 있어 작업을 위하여 근로자가 사용자의 지휘·감독 아래에 있는 대기시간 등은 근로시간으로 본다.〈신설 2012.2.1.〉

제51조(탄력적 근로시간제) ① 사용자는 취업규칙(취업규칙에 준하는 것을 포함한다)에서 정하는 바에 따라 2주 이내의 일정한 단위기간을 평균하여 1주 간의 근로시간이 제50조제1항의 근로시간을 초과하지 아니하는 범위에서 특정한 주에 제50조제1항의 근로시간을, 특정한 날에 제50조제2항의 근로시간을 초과하여 근로하게 할 수 있다. 다만, 특정한 주의 근로시간은 48시간을 초과할 수 없다.
② 사용자는 근로자대표와의 서면 합의에 따라 다음 각 호의 사항을 정하면 3개월 이내의 단위기간을 평균하여 1주 간의 근로시간이 제50조제1항의 근로시간을 초과하지 아니하는 범위에서 특정한 주에 제50조제1항의 근로시간을, 특정한 날에 제50조제2항의 근로시간을 초과하여 근로하게 할 수 있다. 다만, 특정한 주의 근로시간은 52시간을, 특정한 날의 근로시간은 12시간을 초과할 수 없다.
1. 대상 근로자의 범위
2. 단위기간(3개월 이내의 일정한 기간으로 정하여야 한다)
3. 단위기간의 근로일과 그 근로일별 근로시간
4. 그 밖에 대통령령으로 정하는 사항
③ 제1항과 제2항은 15세 이상 18세 미만의 근로자와 임신 중인 여성 근로자에 대하여는 적용하지 아니한다.

④ 사용자는 제1항 및 제2항에 따라 근로자를 근로시킬 경우에는 기존의 임금 수준이 낮아지지 아니하도록 임금보전방안(賃金補塡方案)을 강구하여야 한다.

제52조(선택적 근로시간제) 사용자는 취업규칙(취업규칙에 준하는 것을 포함한다)에 따라 업무의 시작 및 종료 시각을 근로자의 결정에 맡기기로 한 근로자에 대하여 근로자대표와의 서면 합의에 따라 다음 각 호의 사항을 정하면 1개월 이내의 정산기간을 평균하여 1주간의 근로시간이 제50조제1항의 근로시간을 초과하지 아니하는 범위에서 1주 간에 제50조제1항의 근로시간을, 1일에 제50조제2항의 근로시간을 초과하여 근로하게 할 수 있다.

1. 대상 근로자의 범위(15세 이상 18세 미만의 근로자는 제외한다)
2. 정산기간(1개월 이내의 일정한 기간으로 정하여야 한다)
3. 정산기간의 총 근로시간
4. 반드시 근로하여야 할 시간대를 정하는 경우에는 그 시작 및 종료 시각
5. 근로자가 그의 결정에 따라 근로할 수 있는 시간대를 정하는 경우에는 그 시작 및 종료 시각
6. 그 밖에 대통령령으로 정하는 사항

제53조(연장 근로의 제한) ① 당사자 간에 합의하면 1주 간에 12시간을 한도로 제50조의 근로시간을 연장할 수 있다.

② 당사자 간에 합의하면 1주 간에 12시간을 한도로 제51조의 근로시간을 연장할 수 있고, 제52조제2호의 정산기간을 평균하여 1주 간에 12시간을 초과하지 아니하는 범위에서 제52조의 근로시간을 연장할 수 있다.

③ 사용자는 특별한 사정이 있으면 고용노동부장관의 인가와 근로자의 동의를 받아 제1항과 제2항의 근로시간을 연장할 수 있다. 다만, 사태가 급박하여 고용노동부장관의 인가를 받을 시간이 없는 경우에는 사후에 지체 없이 승인을 받아야 한다.〈개정 2010.6.4.〉

④ 고용노동부장관은 제3항에 따른 근로시간의 연장이 부적당하다고 인정하면 그 후 연장시간에 상당하는 휴게시간이나 휴일을 줄 것을 명할 수 있다.〈개정 2010.6.4.〉

제54조(휴게) ① 사용자는 근로시간이 4시간인 경우에는 30분 이상, 8시간인 경우에는 1시간 이상의 휴게시간을 근로시간 도중에 주어야 한다.

② 휴게시간은 근로자가 자유롭게 이용할 수 있다.

제55조(휴일) 사용자는 근로자에게 1주일에 평균 1회 이상의 유급휴일을 주어야 한다.

제56조(연장·야간 및 휴일 근로) 사용자는 연장근로(제53조·제59조 및 제69조 단서에 따라 연장된 시간의 근로)와 야간근로(오후 10시부터 오전 6시까지 사이의 근로) 또는 휴일근로에 대하여는 통상임금의 100분의 50 이상을 가산하여 지급하여야 한다.

제57조(보상 휴가제) 사용자는 근로자대표와의 서면 합의에 따라 제56조에 따른 연장근로 · 야간근로 및 휴일근로에 대하여 임금을 지급하는 것을 갈음하여 휴가를 줄 수 있다.

제58조(근로시간 계산의 특례) ① 근로자가 출장이나 그 밖의 사유로 근로시간의 전부 또는 일부를 사

업장 밖에서 근로하여 근로시간을 산정하기 어려운 경우에는 소정근로시간을 근로한 것으로 본다. 다만, 그 업무를 수행하기 위하여 통상적으로 소정근로시간을 초과하여 근로할 필요가 있는 경우에는 그 업무의 수행에 통상 필요한 시간을 근로한 것으로 본다.

② 제1항 단서에도 불구하고 그 업무에 관하여 근로자대표와의 서면 합의를 한 경우에는 그 합의에서 정하는 시간을 그 업무의 수행에 통상 필요한 시간으로 본다.

③ 업무의 성질에 비추어 업무 수행 방법을 근로자의 재량에 위임할 필요가 있는 업무로서 대통령령으로 정하는 업무는 사용자가 근로자대표와 서면 합의로 정한 시간을 근로한 것으로 본다. 이 경우 그 서면 합의에는 다음 각 호의 사항을 명시하여야 한다.

1. 대상 업무
2. 사용자가 업무의 수행 수단 및 시간 배분 등에 관하여 근로자에게 구체적인 지시를 하지 아니한다는 내용
3. 근로시간의 산정은 그 서면 합의로 정하는 바에 따른다는 내용

④ 제1항과 제3항의 시행에 필요한 사항은 대통령령으로 정한다.

제59조(근로시간 및 휴게시간의 특례) 다음 각 호의 어느 하나에 해당하는 사업에 대하여 사용자가 근로자대표와 서면 합의를 한 경우에는 제53조제1항에 따른 주(週) 12시간을 초과하여 연장근로를 하게 하거나 제54조에 따른 휴게시간을 변경할 수 있다.

1. 운수업, 물품 판매 및 보관업, 금융보험업
2. 영화 제작 및 흥행업, 통신업, 교육연구 및 조사 사업, 광고업
3. 의료 및 위생 사업, 접객업, 소각 및 청소업, 이용업
4. 그 밖에 공중의 편의 또는 업무의 특성상 필요한 경우로서 대통령령으로 정하는 사업

제60조(연차 유급휴가) ① 사용자는 1년간 80퍼센트 이상 출근한 근로자에게 15일의 유급휴가를 주어야 한다. 〈개정 2012.2.1.〉

② 사용자는 계속하여 근로한 기간이 1년 미만인 근로자 또는 1년간 80퍼센트 미만 출근한 근로자에게 1개월 개근 시 1일의 유급휴가를 주어야 한다. 〈개정 2012.2.1.〉

③ 사용자는 근로자의 최초 1년 간의 근로에 대하여 유급휴가를 주는 경우에는 제2항에 따른 휴가를 포함하여 15일로 하고, 근로자가 제2항에 따른 휴가를 이미 사용한 경우에는 그 사용한 휴가 일수를 15일에서 뺀다.

④ 사용자는 3년 이상 계속하여 근로한 근로자에게는 제1항에 따른 휴가에 최초 1년을 초과하는 계속 근로 연수 매 2년에 대하여 1일을 가산한 유급휴가를 주어야 한다. 이 경우 가산휴가를 포함한 총 휴가 일수는 25일을 한도로 한다.

⑤ 사용자는 제1항부터 제4항까지의 규정에 따른 휴가를 근로자가 청구한 시기에 주어야 하고, 그 기간에 대하여는 취업규칙 등에서 정하는 통상임금 또는 평균임금을 지급하여야 한다. 다만, 근로자가 청구한 시기에 휴가를 주는 것이 사업 운영에 막대한 지장이 있는 경우에는 그 시기를 변경할 수 있다.

⑥ 제1항부터 제3항까지의 규정을 적용하는 경우 다음 각 호의 어느 하나에 해당하는 기간은 출근한 것으로 본다. 〈개정 2012.2.1.〉

1. 근로자가 업무상의 부상 또는 질병으로 휴업한 기간

2. 임신 중의 여성이 제74조제1항부터 제3항까지의 규정에 따른 휴가로 휴업한 기간

⑦ 제1항부터 제4항까지의 규정에 따른 휴가는 1년간 행사하지 아니하면 소멸된다. 다만, 사용자의 귀책사유로 사용하지 못한 경우에는 그러하지 아니하다.

제61조(연차 유급휴가의 사용 촉진) 사용자가 제60조제1항·제3항 및 제4항에 따른 유급휴가의 사용을 촉진하기 위하여 다음 각 호의 조치를 하였음에도 불구하고 근로자가 휴가를 사용하지 아니하여 제60조제7항 본문에 따라 소멸된 경우에는 사용자는 그 사용하지 아니한 휴가에 대하여 보상할 의무가 없고, 제60조제7항 단서에 따른 사용자의 귀책사유에 해당하지 아니하는 것으로 본다. 〈개정 2012.2.1.〉

1. 제60조제7항 본문에 따른 기간이 끝나기 6개월 전을 기준으로 10일 이내에 사용자가 근로자별로 사용하지 아니한 휴가 일수를 알려주고, 근로자가 그 사용 시기를 정하여 사용자에게 통보하도록 서면으로 촉구할 것

2. 제1호에 따른 촉구에도 불구하고 근로자가 촉구를 받은 때부터 10일 이내에 사용하지 아니한 휴가의 전부 또는 일부의 사용 시기를 정하여 사용자에게 통보하지 아니하면 제60조제7항 본문에 따른 기간이 끝나기 2개월 전까지 사용자가 사용하지 아니한 휴가의 사용 시기를 정하여 근로자에게 서면으로 통보할 것

제62조(유급휴가의 대체) 사용자는 근로자대표와의 서면 합의에 따라 제60조에 따른 연차 유급휴가일을 갈음하여 특정한 근로일에 근로자를 휴무시킬 수 있다.

제63조(적용의 제외) 이 장과 제5장에서 정한 근로시간, 휴게와 휴일에 관한 규정은 다음 각 호의 어느 하나에 해당하는 근로자에 대하여는 적용하지 아니한다. 〈개정 2010.6.4.〉

1. 토지의 경작·개간, 식물의 재식(栽植)·재배·채취 사업, 그 밖의 농림 사업
2. 동물의 사육, 수산 동식물의 채포(採捕)·양식 사업, 그 밖의 축산, 양잠, 수산 사업
3. 감시(監視) 또는 단속적(斷續的)으로 근로에 종사하는 자로서 사용자가 고용노동부장관의 승인을 받은 자
4. 대통령령으로 정하는 업무에 종사하는 근로자

제5장 여성과 소년

제64조(최저 연령과 취직인허증) ① 15세 미만인 자(「초·중등교육법」에 따른 중학교에 재학 중인 18세 미만인 자를 포함한다)는 근로자로 사용하지 못한다. 다만, 대통령령으로 정하는 기준에 따라 고용노동부장관이 발급한 취직인허증(就職認許證)을 지닌 자는 근로자로 사용할 수 있다. 〈개정 2010.6.4.〉

② 제1항의 취직인허증은 본인의 신청에 따라 의무교육에 지장이 없는 경우에는 직종(職種)을 지정하여서만 발행할 수 있다.

③ 고용노동부장관은 거짓이나 그 밖의 부정한 방법으로 제1항 단서의 취직인허증을 발급받은 자에게는 그 인허를 취소하여야 한다.〈개정 2010.6.4.〉

제65조(사용 금지) ① 사용자는 임신 중이거나 산후 1년이 지나지 아니한 여성(이하 "임산부"라 한다)과 18세 미만자를 도덕상 또는 보건상 유해ㆍ위험한 사업에 사용하지 못한다.

② 사용자는 임산부가 아닌 18세 이상의 여성을 제1항에 따른 보건상 유해ㆍ위험한 사업 중 임신 또는 출산에 관한 기능에 유해ㆍ위험한 사업에 사용하지 못한다.

③ 제1항 및 제2항에 따른 금지 직종은 대통령령으로 정한다.

제66조(연소자 증명서) 사용자는 18세 미만인 자에 대하여는 그 연령을 증명하는 가족관계기록사항에 관한 증명서와 친권자 또는 후견인의 동의서를 사업장에 갖추어 두어야 한다.〈개정 2007.5.17.〉

제67조(근로계약) ① 친권자나 후견인은 미성년자의 근로계약을 대리할 수 없다.

② 친권자, 후견인 또는 고용노동부장관은 근로계약이 미성년자에게 불리하다고 인정하는 경우에는 이를 해지할 수 있다.〈개정 2010.6.4.〉

③ 사용자는 18세 미만인 자와 근로계약을 체결하는 경우에는 제17조에 따른 근로조건을 서면으로 명시하여 교부하여야 한다.〈신설 2007.7.27.〉

제68조(임금의 청구) 미성년자는 독자적으로 임금을 청구할 수 있다.

제69조(근로시간) 15세 이상 18세 미만인 자의 근로시간은 1일에 7시간, 1주일에 40시간을 초과하지 못한다. 다만, 당사자 사이의 합의에 따라 1일에 1시간, 1주일에 6시간을 한도로 연장할 수 있다.

제70조(야간근로와 휴일근로의 제한) ① 사용자는 18세 이상의 여성을 오후 10시부터 오전 6시까지의 시간 및 휴일에 근로시키려면 그 근로자의 동의를 받아야 한다.

② 사용자는 임산부와 18세 미만자를 오후 10시부터 오전 6시까지의 시간 및 휴일에 근로시키지 못한다. 다만, 다음 각 호의 어느 하나에 해당하는 경우로서 고용노동부장관의 인가를 받으면 그러하지 아니하다.〈개정 2010.6.4.〉

1. 18세 미만자의 동의가 있는 경우

2. 산후 1년이 지나지 아니한 여성의 동의가 있는 경우

3. 임신 중의 여성이 명시적으로 청구하는 경우

③ 사용자는 제2항의 경우 고용노동부장관의 인가를 받기 전에 근로자의 건강 및 모성 보호를 위하여 그 시행 여부와 방법 등에 관하여 그 사업 또는 사업장의 근로자대표와 성실하게 협의하여야 한다.〈개정 2010.6.4.〉

제71조(시간외근로) 사용자는 산후 1년이 지나지 아니한 여성에 대하여는 단체협약이 있는 경우라도 1일에 2시간, 1주일에 6시간, 1년에 150시간을 초과하는 시간외근로를 시키지 못한다.

제72조(갱내근로의 금지) 사용자는 여성과 18세 미만인 자를 갱내(坑內)에서 근로시키지 못한다. 다만, 보건ㆍ의료, 보도ㆍ취재 등 대통령령으로 정하는 업무를 수행하기 위하여 일시적으로 필요한 경우에는 그러하지 아니하다.

제73조(생리휴가) 사용자는 여성 근로자가 청구하면 월 1일의 생리휴가를 주어야 한다.

제74조(임산부의 보호) ① 사용자는 임신 중의 여성에게 출산 전과 출산 후를 통하여 90일(한 번에 둘 이상 자녀를 임신한 경우에는 120일)의 출산전후휴가를 주어야 한다. 이 경우 휴가 기간의 배정은 출산 후에 45일(한 번에 둘 이상 자녀를 임신한 경우에는 60일) 이상이 되어야 한다.〈개정 2012.2.1., 2014.1.21.〉

② 사용자는 임신 중인 여성 근로자가 유산의 경험 등 대통령령으로 정하는 사유로 제1항의 휴가를 청구하는 경우 출산 전 어느 때 라도 휴가를 나누어 사용할 수 있도록 하여야 한다. 이 경우 출산 후의 휴가 기간은 연속하여 45일(한 번에 둘 이상 자녀를 임신한 경우에는 60일) 이상이 되어야 한다.〈신설 2012.2.1., 2014.1.21.〉

③ 사용자는 임신 중인 여성이 유산 또는 사산한 경우로서 그 근로자가 청구하면 대통령령으로 정하는 바에 따라 유산 · 사산 휴가를 주어야 한다. 다만, 인공 임신중절 수술(「모자보건법」 제14조제1항에 따른 경우는 제외한다)에 따른 유산의 경우는 그러하지 아니하다.〈개정 2012.2.1.〉

④ 제1항부터 제3항까지의 규정에 따른 휴가 중 최초 60일(한 번에 둘 이상 자녀를 임신한 경우에는 75일)은 유급으로 한다. 다만, 「남녀고용평등과 일 · 가정 양립 지원에 관한 법률」 제18조에 따라 출산전후휴가급여 등이 지급된 경우에는 그 금액의 한도에서 지급의 책임을 면한다.〈개정 2007.12.21., 2012.2.1., 2014.1.21.〉

⑤ 사용자는 임신 중의 여성 근로자에게 시간외근로를 하게 하여서는 아니 되며, 그 근로자의 요구가 있는 경우에는 쉬운 종류의 근로로 전환하여야 한다.〈개정 2012.2.1.〉

⑥ 사업주는 제1항에 따른 출산전후휴가 종료 후에는 휴가 전과 동일한 업무 또는 동등한 수준의 임금을 지급하는 직무에 복귀시켜야 한다.〈신설 2008.3.28., 2012.2.1.〉

⑦ 사용자는 임신 후 12주 이내 또는 36주 이후에 있는 여성 근로자가 1일 2시간의 근로시간 단축을 신청하는 경우 이를 허용하여야 한다. 다만, 1일 근로시간이 8시간 미만인 근로자에 대하여는 1일 근로시간이 6시간이 되도록 근로시간 단축을 허용할 수 있다.〈신설 2014.3.24.〉

⑧ 사용자는 제7항에 따른 근로시간 단축을 이유로 해당 근로자의 임금을 삭감하여서는 아니 된다.〈신설 2014.3.24.〉

⑨ 제7항에 따른 근로시간 단축의 신청방법 및 절차 등에 필요한 사항은 대통령령으로 정한다.〈신설 2014.3.24.〉

[시행일] 제74조제7항, 제74조제8항, 제74조제9항의 개정규정은 다음 각 호의 구분에 따른 날
1. 상시 300명 이상의 근로자를 사용하는 사업 또는 사업장: 공포 후 6개월이 경과한 날
2. 상시 300명 미만의 근로자를 사용하는 사업 또는 사업장: 공포 후 2년이 경과한 날

제74조의2(태아검진 시간의 허용 등) ① 사용자는 임신한 여성근로자가 「모자보건법」 제10조에 따른 임산부 정기건강진단을 받는데 필요한 시간을 청구하는 경우 이를 허용하여 주어야 한다.

② 사용자는 제1항에 따른 건강진단 시간을 이유로 그 근로자의 임금을 삭감하여서는 아니 된다.
[본조신설 2008.3.21.]

제75조(육아 시간) 생후 1년 미만의 유아(乳兒)를 가진 여성 근로자가 청구하면 1일 2회 각각 30분 이상의 유급 수유 시간을 주어야 한다.

제6장 안전과 보건

제76조(안전과 보건) 근로자의 안전과 보건에 관하여는 「산업안전보건법」에서 정하는 바에 따른다.

제7장 기능 습득

제77조(기능 습득자의 보호) 사용자는 양성공, 수습, 그 밖의 명칭을 불문하고 기능의 습득을 목적으로 하는 근로자를 혹사하거나 가사, 그 밖의 기능 습득에 관계없는 업무에 종사시키지 못한다.

제8장 재해보상

제78조(요양보상) ① 근로자가 업무상 부상 또는 질병에 걸리면 사용자는 그 비용으로 필요한 요양을 행하거나 필요한 요양비를 부담하여야 한다.

② 제1항에 따른 업무상 질병과 요양의 범위 및 요양보상의 시기는 대통령령으로 정한다.〈개정 2008.3.21.〉

제79조(휴업보상) ① 사용자는 제78조에 따라 요양 중에 있는 근로자에게 그 근로자의 요양 중 평균임금의 100분의 60의 휴업보상을 하여야 한다. 〈개정 2008.3.21.〉

② 제1항에 따른 휴업보상을 받을 기간에 그 보상을 받을 자가 임금의 일부를 지급받은 경우에는 사용자는 평균임금에서 그 지급받은 금액을 뺀 금액의 100분의 60의 휴업보상을 하여야 한다.〈신설 2008.3.21.〉

③ 휴업보상의 시기는 대통령령으로 정한다.〈신설 2008.3.21.〉

제80조(장해보상) ① 근로자가 업무상 부상 또는 질병에 걸리고, 완치된 후 신체에 장해가 있으면 사용자는 그 장해 정도에 따라 평균임금에 별표에서 정한 일수를 곱한 금액의 장해보상을 하여야 한다. 〈개정 2008.3.21.〉

② 이미 신체에 장해가 있는 자가 부상 또는 질병으로 인하여 같은 부위에 장해가 더 심해진 경우에 그 장해에 대한 장해보상 금액은 장해 정도가 더 심해진 장해등급에 해당하는 장해보상의 일수에서 기존의 장해등급에 해당하는 장해보상의 일수를 뺀 일수에 보상청구사유 발생 당시의 평균임금을 곱하여 산정한 금액으로 한다.〈신설 2008.3.21.〉

③ 장해보상을 하여야 하는 신체장해 등급의 결정 기준과 장해보상의 시기는 대통령령으로 정한다.〈신설 2008.3.21.〉

제81조(휴업보상과 장해보상의 예외) 근로자가 중대한 과실로 업무상 부상 또는 질병에 걸리고 또한 사용자가 그 과실에 대하여 노동위원회의 인정을 받으면 휴업보상이나 장해보상을 하지 아니하여도 된다.

제82조(유족보상) ① 근로자가 업무상 사망한 경우에는 사용자는 근로자가 사망한 후 지체 없이 그 유족에게 평균임금 1,000일분의 유족보상을 하여야 한다. 〈개정 2008.3.21.〉

② 제1항에서의 유족의 범위, 유족보상의 순위 및 보상을 받기로 확정된 자가 사망한 경우의 유족보상의 순위는 대통령령으로 정한다.〈신설 2008.3.21.〉

제83조(장의비) 근로자가 업무상 사망한 경우에는 사용자는 근로자가 사망한 후 지체 없이 평균임금 90일분의 장의비를 지급하여야 한다. 〈개정 2008.3.21.〉

제84조(일시보상) 제78조에 따라 보상을 받는 근로자가 요양을 시작한 지 2년이 지나도 부상 또는 질병이 완치되지 아니하는 경우에는 사용자는 그 근로자에게 평균임금 1,340일분의 일시보상을 하여 그 후의 이 법에 따른 모든 보상책임을 면할 수 있다.

제85조(분할보상) 사용자는 지급 능력이 있는 것을 증명하고 보상을 받는 자의 동의를 받으면 제80조, 제82조 또는 제84조에 따른 보상금을 1년에 걸쳐 분할보상을 할 수 있다.

제86조(보상 청구권) 보상을 받을 권리는 퇴직으로 인하여 변경되지 아니하고, 양도나 압류하지 못한다.

제87조(다른 손해배상과의 관계) 보상을 받게 될 자가 동일한 사유에 대하여 「민법」이나 그 밖의 법령에 따라 이 법의 재해보상에 상당한 금품을 받으면 그 가액(價額)의 한도에서 사용자는 보상의 책임을 면한다.

제88조(고용노동부장관의 심사와 중재) ① 업무상의 부상, 질병 또는 사망의 인정, 요양의 방법, 보상금액의 결정, 그 밖에 보상의 실시에 관하여 이의가 있는 자는 고용노동부장관에게 심사나 사건의 중재를 청구할 수 있다.〈개정 2010.6.4.〉
② 제1항의 청구가 있으면 고용노동부장관은 1개월 이내에 심사나 중재를 하여야 한다.〈개정 2010.6.4.〉
③ 고용노동부장관은 필요에 따라 직권으로 심사나 사건의 중재를 할 수 있다.〈개정 2010.6.4.〉
④ 고용노동부장관은 심사나 중재를 위하여 필요하다고 인정하면 의사에게 진단이나 검안을 시킬 수 있다.〈개정 2010.6.4.〉
⑤ 제1항에 따른 심사나 중재의 청구와 제2항에 따른 심사나 중재의 시작은 시효의 중단에 관하여는 재판상의 청구로 본다.
[제목개정 2010.6.4.]

제89조(노동위원회의 심사와 중재) ① 고용노동부장관이 제88조제2항의 기간에 심사 또는 중재를 하지 아니하거나 심사와 중재의 결과에 불복하는 자는 노동위원회에 심사나 중재를 청구할 수 있다. 〈개정 2010.6.4.〉
② 제1항의 청구가 있으면 노동위원회는 1개월 이내에 심사나 중재를 하여야 한다.

제90조(도급 사업에 대한 예외) ① 사업이 여러 차례의 도급에 따라 행하여지는 경우의 재해보상에 대하여는 원수급인(元受給人)을 사용자로 본다.
② 제1항의 경우에 원수급인이 서면상 계약으로 하수급인에게 보상을 담당하게 하는 경우에는 그 수급인도 사용자로 본다. 다만, 2명 이상의 하수급인에게 똑같은 사업에 대하여 중복하여 보상을 담당

하게 하지 못한다.

③ 제2항의 경우에 원수급인이 보상의 청구를 받으면 보상을 담당한 하수급인에게 우선 최고(催告)할 것을 청구할 수 있다. 다만, 그 하수급인이 파산의 선고를 받거나 행방이 알려지지 아니하는 경우에는 그러하지 아니하다.

제91조(서류의 보존) 사용자는 재해보상에 관한 중요한 서류를 재해보상이 끝나지 아니하거나 제92조에 따라 재해보상 청구권이 시효로 소멸되기 전에 폐기하여서는 아니 된다. 〈개정 2008.3.21.〉

제92조(시효) 이 법의 규정에 따른 재해보상 청구권은 3년간 행사하지 아니하면 시효로 소멸한다.

제9장 취업규칙

제93조(취업규칙의 작성·신고) 상시 10명 이상의 근로자를 사용하는 사용자는 다음 각 호의 사항에 관한 취업규칙을 작성하여 고용노동부장관에게 신고하여야 한다. 이를 변경하는 경우에도 또한 같다. 〈개정 2008.3.28., 2010.6.4., 2012.2.1.〉

1. 업무의 시작과 종료 시각, 휴게시간, 휴일, 휴가 및 교대 근로에 관한 사항
2. 임금의 결정 · 계산 · 지급 방법, 임금의 산정기간 · 지급시기 및 승급(昇給)에 관한 사항
3. 가족수당의 계산 · 지급 방법에 관한 사항
4. 퇴직에 관한 사항
5. 「근로자퇴직급여 보장법」 제4조에 따라 설정된 퇴직급여, 상여 및 최저임금에 관한 사항
6. 근로자의 식비, 작업 용품 등의 부담에 관한 사항
7. 근로자를 위한 교육시설에 관한 사항
8. 출산전후휴가 · 육아휴직 등 근로자의 모성 보호 및 일 · 가정 양립 지원에 관한 사항
9. 안전과 보건에 관한 사항
9의2. 근로자의 성별 · 연령 또는 신체적 조건 등의 특성에 따른 사업장 환경의 개선에 관한 사항
10. 업무상과 업무 외의 재해부조(災害扶助)에 관한 사항
11. 표창과 제재에 관한 사항
12. 그 밖에 해당 사업 또는 사업장의 근로자 전체에 적용될 사항

제94조(규칙의 작성, 변경 절차) ① 사용자는 취업규칙의 작성 또는 변경에 관하여 해당 사업 또는 사업장에 근로자의 과반수로 조직된 노동조합이 있는 경우에는 그 노동조합, 근로자의 과반수로 조직된 노동조합이 없는 경우에는 근로자의 과반수의 의견을 들어야 한다. 다만, 취업규칙을 근로자에게 불리하게 변경하는 경우에는 그 동의를 받아야 한다.

② 사용자는 제93조에 따라 취업규칙을 신고할 때에는 제1항의 의견을 적은 서면을 첨부하여야 한다.

제95조(제재 규정의 제한) 취업규칙에서 근로자에 대하여 감급(減給)의 제재를 정할 경우에 그 감액은 1회의 금액이 평균임금의 1일분의 2분의 1을, 총액이 1임금지급기의 임금 총액의 10분의 1을 초과하지 못한다.

제96조(단체협약의 준수) ① 취업규칙은 법령이나 해당 사업 또는 사업장에 대하여 적용되는 단체협약과 어긋나서는 아니 된다.

② 고용노동부장관은 법령이나 단체협약에 어긋나는 취업규칙의 변경을 명할 수 있다.〈개정 2010.6.4.〉

제97조(위반의 효력) 취업규칙에서 정한 기준에 미달하는 근로조건을 정한 근로계약은 그 부분에 관하여는 무효로 한다. 이 경우 무효로 된 부분은 취업규칙에 정한 기준에 따른다.

제10장 기숙사

제98조(기숙사 생활의 보장) ① 사용자는 사업 또는 사업장의 부속 기숙사에 기숙하는 근로자의 사생활의 자유를 침해하지 못한다.

② 사용자는 기숙사 생활의 자치에 필요한 임원 선거에 간섭하지 못한다.

제99조(규칙의 작성과 변경) ① 부속 기숙사에 근로자를 기숙시키는 사용자는 다음 각 호의 사항에 관하여 기숙사규칙을 작성하여야 한다.
1. 기상(起床), 취침, 외출과 외박에 관한 사항
2. 행사에 관한 사항
3. 식사에 관한 사항
4. 안전과 보건에 관한 사항
5. 건설물과 설비의 관리에 관한 사항
6. 그 밖에 기숙사에 기숙하는 근로자 전체에 적용될 사항

② 사용자는 제1항에 따른 규칙의 작성 또는 변경에 관하여 기숙사에 기숙하는 근로자의 과반수를 대표하는 자의 동의를 받아야 한다.

③ 사용자와 기숙사에 기숙하는 근로자는 기숙사규칙을 지켜야 한다.

제100조(설비와 안전 위생) ① 사용자는 부속 기숙사에 대하여 근로자의 건강, 풍기(風紀)와 생명의 유지에 필요한 조치를 강구하여야 한다.

② 제1항에 따라 강구하여야 할 조치의 기준은 대통령령으로 정한다.

제11장 근로감독관 등

제101조(감독 기관) ① 근로조건의 기준을 확보하기 위하여 고용노동부와 그 소속 기관에 근로감독관을 둔다. 〈개정 2010.6.4.〉

② 근로감독관의 자격, 임면(任免), 직무 배치에 관한 사항은 대통령령으로 정한다.

제102조(근로감독관의 권한) ① 근로감독관은 사업장, 기숙사, 그 밖의 부속 건물에 임검(臨檢)하고 장부와 서류의 제출을 요구할 수 있으며 사용자와 근로자에 대하여 심문(尋問)할 수 있다.

② 의사인 근로감독관이나 근로감독관의 위촉을 받은 의사는 취업을 금지하여야 할 질병에 걸릴 의심이 있는 근로자에 대하여 검진할 수 있다.

③ 제1항 및 제2항의 경우에 근로감독관이나 그 위촉을 받은 의사는 그 신분증명서와 고용노동부장관의 임검 또는 검진지령서(檢診指令書)를 제시하여야 한다.〈개정 2010.6.4.〉

④ 제3항의 임검 또는 검진지령서에는 그 일시, 장소 및 범위를 분명하게 적어야 한다.

⑤ 근로감독관은 이 법이나 그 밖의 노동 관계 법령 위반의 죄에 관하여 「사법경찰관리의 직무를 행할 자와 그 직무범위에 관한 법률」에서 정하는 바에 따라 사법경찰관의 직무를 수행한다.

제103조(근로감독관의 의무) 근로감독관은 직무상 알게 된 비밀을 엄수하여야 한다. 근로감독관을 그만둔 경우에도 또한 같다.

제104조(감독 기관에 대한 신고) ① 사업 또는 사업장에서 이 법 또는 이 법에 따른 대통령령을 위반한 사실이 있으면 근로자는 그 사실을 고용노동부장관이나 근로감독관에게 통보할 수 있다.〈개정 2010.6.4.〉

② 사용자는 제1항의 통보를 이유로 근로자에게 해고나 그 밖에 불리한 처우를 하지 못한다.

제105조(사법경찰권 행사자의 제한) 이 법이나 그 밖의 노동 관계 법령에 따른 임검, 서류의 제출, 심문 등의 수사는 검사와 근로감독관이 전담하여 수행한다. 다만, 근로감독관의 직무에 관한 범죄의 수사는 그러하지 아니하다.

제106조(권한의 위임) 이 법에 따른 고용노동부장관의 권한은 대통령령으로 정하는 바에 따라 그 일부를 지방고용노동관서의 장에게 위임할 수 있다.〈개정 2010.6.4.〉

제12장 벌 칙

제107조(벌칙) 제7조, 제8조, 제9조, 제23조제2항 또는 제40조를 위반한 자는 5년 이하의 징역 또는 3천만원 이하의 벌금에 처한다.

제108조(벌칙) 근로감독관이 이 법을 위반한 사실을 고의로 묵과하면 3년 이하의 징역 또는 5년 이하의 자격정지에 처한다.

제109조(벌칙) ① 제36조, 제43조, 제44조, 제44조의2, 제46조, 제56조, 제65조 또는 제72조를 위반한 자는 3년 이하의 징역 또는 2천만원 이하의 벌금에 처한다.〈개정 2007.7.27.〉

② 제36조, 제43조, 제44조, 제44조의2, 제46조 또는 제56조를 위반한 자에 대하여는 피해자의 명시적인 의사와 다르게 공소를 제기할 수 없다.〈개정 2007.7.27.〉

제110조(벌칙) 다음 각 호의 어느 하나에 해당하는 자는 2년 이하의 징역 또는 1천만원 이하의 벌금에 처한다.〈개정 2009.5.21., 2012.2.1.〉

1. 제10조, 제22조제1항, 제26조, 제50조, 제53조제1항·제2항·제3항 본문, 제54조, 제55조, 제60조제1항·제2항·제4항 및 제5항, 제64조제1항, 제69조, 제70조제1항·제2항, 제71조, 제74조제1항

부터 제5항까지, 제75조, 제78조부터 제80조까지, 제82조, 제83조 및 제104조제2항을 위반한 자

2. 제53조제4항에 따른 명령을 위반한 자

제111조(벌칙) 제31조제3항에 따라 확정되거나 행정소송을 제기하여 확정된 구제명령 또는 구제명령을 내용으로 하는 재심판정을 이행하지 아니한 자는 1년 이하의 징역 또는 1천만원 이하의 벌금에 처한다.

제112조(고발) ① 제111조의 죄는 노동위원회의 고발이 있어야 공소를 제기할 수 있다.

② 검사는 제1항에 따른 죄에 해당하는 위반행위가 있음을 노동위원회에 통보하여 고발을 요청할 수 있다.

제113조(벌칙) 제45조를 위반한 자는 1천만원 이하의 벌금에 처한다.

제114조(벌칙) 다음 각 호의 어느 하나에 해당하는 자는 500만원 이하의 벌금에 처한다. 〈개정 2007.7.27., 2008.3.28., 2009.5.21., 2012.2.1.〉

1. 제6조, 제16조, 제17조, 제20조, 제21조, 제22조제2항, 제47조, 제53조제3항 단서, 제67조제1항·제3항, 제70조제3항, 제73조, 제74조제6항, 제77조, 제94조, 제95조, 제100조 및 제103조를 위반한 자

2. 제96조제2항에 따른 명령을 위반한 자

제115조(양벌규정) 사업주의 대리인, 사용인, 그 밖의 종업원이 해당 사업의 근로자에 관한 사항에 대하여 제107조, 제109조부터 제111조까지, 제113조 또는 제114조의 위반행위를 하면 그 행위자를 벌하는 외에 그 사업주에게도 해당 조문의 벌금형을 과(科)한다. 다만, 사업주가 그 위반행위를 방지하기 위하여 해당 업무에 관하여 상당한 주의와 감독을 게을리하지 아니한 경우에는 그러하지 아니하다.

[전문개정 2009.5.21.]

제116조(과태료) ① 다음 각 호의 어느 하나에 해당하는 자에게는 500만원 이하의 과태료를 부과한다. 〈개정 2009.5.21., 2010.6.4., 2014.3.24.〉

1. 제13조에 따른 고용노동부장관, 노동위원회 또는 근로감독관의 요구가 있는 경우에 보고 또는 출석을 하지 아니하거나 거짓된 보고를 한 자

2. 제14조, 제39조, 제41조, 제42조, 제48조, 제66조, 제74조제7항, 제91조, 제93조, 제98조제2항 및 제99조를 위반한 자

3. 제102조에 따른 근로감독관 또는 그 위촉을 받은 의사의 임검(臨檢)이나 검진을 거절, 방해 또는 기피하고 그 심문에 대하여 진술을 하지 아니하거나 거짓된 진술을 하며 장부·서류를 제출하지 아니하거나 거짓 장부·서류를 제출한 자

② 제1항에 따른 과태료는 대통령령으로 정하는 바에 따라 고용노동부장관이 부과·징수한다.〈개정 2010.6.4.〉

③ 삭제〈2009.5.21.〉

④ 삭제〈2009.5.21.〉

⑤ 삭제〈2009.5.21.〉

제1조(시행일) 이 법은 공포한 날부터 시행한다. 다만, 제74조제7항부터 제9항까지의 개정규정은 다음 각 호의 구분에 따른 날부터 시행한다.

  1. 상시 300명 이상의 근로자를 사용하는 사업 또는 사업장: 공포 후 6개월이 경과한 날

  2. 상시 300명 미만의 근로자를 사용하는 사업 또는 사업장: 공포 후 2년이 경과한 날

제2조(해고 예고의 해고사유 등 서면통지 의제에 관한 적용례) 제27조제3항의 개정규정은 이 법 시행 후 최초로 해고를 예고하는 경우부터 적용한다.

제3조(근로시간 단축에 관한 적용례) 제74조제7항의 개정규정은 같은 개정규정 시행 후 최초로 근로시간 단축을 신청한 근로자부터 적용한다.

● 장해 보상의 종류
  ○ 장해보상 일시금: 장해등급 4급–14급은 일시금 받을 수. 8급–14급은 일시금만 받음.
  ○ 장해보상 연금: 장해등급 1급부터 7급까지 연금대상. 수급권자의 선택에 의해 일시금 또는 연금을 지급 받을 수. 1급부터 3급까지는 연금으로만 지급.

  아래의 경우에는 일시금을 지급하거나 연금을 지급받고 있는 자와 일시금과 차액 일수가 있을 경우 장해 보상연금 수급권 소멸 당시의 평균임금으로 곱한 금액을 당해근로자 또는 그 유족에게 차액을 지급함.
  – 장해보상 연금수급권자가 사망하였을 경우
  – 장해등급이 변동되어 일시금 대상이 된 경우
  – 내국인 수급권자가 국외로 이주하는 경우
  – 외국인 수급권자가 국내를 떠나게 되는 경우

● 지급 방법
  일시금은 요양 종결 후 수급권자의 신청에 따라 해당 등급에 요양종결 당시의 평균임금을 곱하여 계산한 금액을 지급함.

  연금은 아래 등급별 연금에 해당하는 일수에 평균임금을 곱하여 산정한 금액을 12로 나누어 매월 1회 지급함.
  * 1급 : 329일분, 2급 : 291일분, 3급 : 257일분, 4급 : 224일분, 5급 : 193일분, 6급 : 164일분, 7급 : 138일분
  * 장해등급 1급 내지 3급[원칙상 연금만 가능]은 청구에 의거 연금의 4년분까지, 4급 내지 7급은 연금의 2년분까지 선급금 지급 가능.

● 처리 절차
  장해보상청구서를 작성하여 의료기관, 사업주, 본인의 날인 후 근로자가 요양 종결한 의료기관 관할 근로복지공단지사 또는 사업장관할 근로복지공단지사에 제출하여야 함. 장해보상 청구서가 접수되면 공단지사는 장해심사 일정을 지정하여 재해자에게 통보하고 지정 일시에 자문의사의 심사를 받음. 자문의 소견과 주치의 소견과 일치 할 경우 장해등급을 결정하고 청구인에게 지급.
  자문의 소견과 주치의 소견이 상이한 경우 제 3의 의료기관에 특진을 의뢰하여 장해 상태 재확인 후 처리.

● 장해 등급의 조정 (계열이 다른 신체장해가 2 이상인 경우)
  – 제13급 이상의 신체장해가 2 이상인 경우 1개 등급 인상
  – 제 8급 이상의 신체장해가 2 이상인 경우 2개 등급 인상
  – 제 5급 이상의 신체장해가 2 이상인 경우 3개 등급 인상
    * 조정 등급이 1급을 초과하는 경우에는 제1급으로 함

● 장해 등급의 준용
  신체장해 등급기준에 규정되지 아니한 신체장해는 그 장해의 정도에 따라 장해등급 기준에 준용하여 장해등급을 결정함.

● 장해등급의 가중

이미 신체 장해(업무상 재해여부 불문)가 있던 자가 동일 부위에 장해의 정도를 가중한 경우를 말합니다.

일시금으로 지급할 때 가중된 장해에 해당하는 장해보상 연금의 일수에서 기존의 장해에 해당하는 장해보상일시금의 일수를 공제한 일수에 해당하는 금액. 연금으로 지급할 때 가중된 장해에 해당하는 장해보상연금의 일수에서 기존의 장해에 해당하는 장해보상연금의 일수(기존의 장해가 제8급 내지 제14급에 해당하는 경우에는 그 장해에 해당하는 장해보상일시금의 일수에 25분의 1을 곱한 일수)를 공제한 일수에 연금지급 당시의 평균 임금을 곱하여 산정한 금액 지급.

다만 기존의 장해에 대하여 장해보상연금을 지급받고 있던 자의 경우에는 가중된 장해에 대한 장해보상 연금의 전액

● 관련 규정

산업재해보상보험법 제42조
산업재해보상보험법시행령 제31조, 제32조의2
산업재해보상보험법시행규칙 제40조

📎 **별표 1** **신체장해등급과 재해보상표**(근기법 제80조 관련, 2008.3.21 개정)

사용자가 보상함 : 건설업 2천만 원 미만 공사, 가사 서비스업, 농·임·어·수렵업 중 5인 미만 사업장(산재보상보험법시행령 3조 명시)

등급	재해보상	등급	재해보상
제1급	1,340일분	제8급	450일분
제2급	1,190일분	제9급	350일분
제3급	1,050일분	제10급	270일분
제4급	920일분	제11급	200일분
제5급	790일분	제12급	140일분
제6급	670일분	제13급	90일분
제7급	560일분	제14급	50일분

📎 **별표 2** **신체장해등급과 재해보상표**(산업재해보상보험법시행령)

장해등급	장해보상연금	장해보상일시금
제1급	329일분	1,474일분
제2급	291일분	1,309일분
제3급	257일분	1,155일분
제4급	224일분	1,012일분
제5급	193일분	869일분
제6급	164일분	737일분
제7급	138일분	616일분
제8급		495일분
제9급		385일분
제10급		297일분
제11급		220일분
제12급		154일분
제13급		99일분
제14급		55일분

별표 3 신체장해등급표 : 산업재해보상보험법시행령 〈개정 2008.6.25〉

제1급

1. 두 눈이 실명된 사람
2. 말하는 기능과 씹는 기능을 모두 완전히 잃은 사람
3. 신경계통의 기능 또는 정신기능에 뚜렷한 장해가 남아 항상 간병을 받아야 하는 사람
4. 흉복부 장기의 기능에 뚜렷한 장해가 남아 항상 간병을 받아야 하는 사람
5. 두 팔을 팔꿈치관절 이상의 부위에서 잃은 사람
6. 두 팔을 완전히 사용하지 못하게 된 사람
7. 두 다리를 무릎관절 이상의 부위에서 잃은 사람
8. 두 다리를 완전히 사용하지 못하게 된 사람

제2급

1. 한쪽 눈이 실명되고 다른 쪽 눈의 시력이 0.02 이하로 된 사람
2. 두 눈의 시력이 각각 0.02 이하로 된 사람
3. 두 팔을 손목관절 이상의 부위에서 잃은 사람
4. 두 다리를 발목관절 이상의 부위에서 잃은 사람
5. 신경계통의 기능 또는 정신기능에 뚜렷한 장해가 남아 수시로 간병을 받아야 하는 사람
6. 흉복부 장기의 기능에 뚜렷한 장해가 남아 수시로 간병을 받아야 하는 사람

제3급

1. 한쪽 눈이 실명되고 다른 쪽 눈의 시력이 0.06 이하로 된 사람
2. 말하는 기능 또는 씹는 기능을 완전히 잃은 사람
3. 신경계통의 기능 또는 정신기능에 뚜렷한 장해가 남아 평생 동안 노무에 종사할 수 없는 사람
4. 흉복부 장기의 기능에 뚜렷한 장해가 남아 평생 동안 노무에 종사할 수 없는 사람
5. 두 손의 손가락을 모두 잃은 사람
6. 진폐증의 병형이 제1형 이상이면서 동시에 심폐기능에 중등도 장해가 남은 사람

제4급

1. 두 눈의 시력이 각각 0.06 이하로 된 사람
2. 말하는 기능과 씹는 기능에 뚜렷한 장해가 남은 사람
3. 고막 전부의 결손이나 그 외의 원인으로 두 귀의 청력을 완전히 잃은 사람
4. 한쪽 팔을 팔꿈치관절 이상의 부위에서 잃은 사람
5. 한쪽 다리를 무릎관절 이상의 부위에서 잃은 사람
6. 두 손의 손가락을 모두 제대로 못 쓰게 된 사람
7. 두 발을 리스프랑관절 이상의 부위에서 잃은 사람

제5급

1. 한쪽 눈이 실명되고 다른 쪽 눈의 시력이 0.1 이하로 된 사람
2. 한쪽 팔을 손목관절 이상의 부위에서 잃은 사람

3. 한쪽 다리를 발목관절 이상의 부위에서 잃은 사람

4. 한쪽 팔을 완전히 사용하지 못하게 된 사람

5. 한쪽 다리를 완전히 사용하지 못하게 된 사람

6. 두 발의 발가락을 모두 잃은 사람

7. 흉복부 장기의 기능에 뚜렷한 장해가 남아 특별히 쉬운 일 외에는 할 수 없는 사람

8. 신경계통의 기능 또는 정신기능에 뚜렷한 장해가 남아 특별히 쉬운 일 외에는 할 수 없는 사람

9. 진폐증의 병형이 제4형이면서 동시에 심폐기능에 경도장해가 남은 사람

제6급

1. 두 눈의 시력이 각각 0.1 이하로 된 사람

2. 말하는 기능 또는 씹는 기능에 뚜렷한 장해가 남은 사람

3. 고막 대부분의 결손이나 그 외의 원인으로 두 귀의 청력이 모두 귀에 대고 말하지 아니하면 큰 말소리를 알아듣지 못하게 된 사람

4. 한쪽 귀가 전혀 들리지 않게 되고 다른 쪽 귀의 청력이 40센티미터 이상의 거리에서는 보통의 말소리를 알아듣지 못하게 된 사람

5. 척추에 극도의 기능장해나 고도의 기능장해가 남고 동시에 극도의 척추 신경근장해가 남은 사람

6. 한쪽 팔의 3대 관절 중 2개 관절을 제대로 못 쓰게 된 사람

7. 한쪽 다리의 3대 관절 중 2개 관절을 제대로 못 쓰게 된 사람

8. 한쪽 손의 5개의 손가락 또는 엄지손가락과 둘째 손가락을 포함하여 4개의 손가락을 잃은 사람

제7급

1. 한쪽 눈이 실명되고 다른 쪽 눈의 시력이 0.6 이하로 된 사람

2. 두 귀의 청력이 모두 40센티미터 이상의 거리에서는 보통의 말소리를 알아듣지 못하게 된 사람

3. 한쪽 귀가 전혀 들리지 않게 되고 다른 쪽 귀의 청력이 1미터 이상의 거리에서는 보통의 말소리를 알아듣지 못하게 된 사람

4. 신경계통의 기능 또는 정신기능에 장해가 남아 쉬운 일 외에는 하지 못하는 사람

5. 흉복부 장기의 기능에 장해가 남아 쉬운 일 외에는 하지 못하는 사람

6. 한쪽 손의 엄지손가락과 둘째 손가락을 잃은 사람 또는 엄지 손가락이나 둘째 손가락을 포함하여 3개 이상의 손가락을 잃은 사람

7. 한쪽 손의 5개의 손가락 또는 엄지손가락과 둘째 손가락을 포함하여 4개의 손가락을 제대로 못 쓰게 된 사람

8. 한쪽 발을 리스프랑관절 이상의 부위에서 잃은 사람

9. 한쪽 팔에 가관절이 남아 뚜렷한 운동기능장해가 남은 사람

10. 한쪽 다리에 가관절이 남아 뚜렷한 운동기능장해가 남은 사람

11. 두 발의 발가락을 모두 제대로 못 쓰게 된 사람

12. 외모에 극도의 흉터가 남은 사람

13. 양쪽의 고환을 잃은 사람

14. 척추에 극도의 기능장해나 고도의 기능장해가 남고 동시에 고도의 척추신경근장해가 남은 사람 또는 척추에 중등도의 기능장해나 극도의 변형장해가 남고 동시에 극도의 척추 신경근장해가 남은 사람

15. 진폐증의 병형이 제1형 · 제2형 또는 제3형이면서 동시에 심폐기능에 경도 장해가 남은 사람

제8급

1. 한쪽 눈이 실명되거나 한쪽 눈의 시력이 0.02 이하로 된 사람
2. 척추에 극도의 기능장해가 남은 사람, 척추에 고도의 기능장해가 남고 동시에 중등도의 척추신경근 장해가 남은 사람, 척추에중등도의 기능장해나 극도의 변형장해가 남고 동시에 고도의 척추 신경근장해가 남은 사람 또는 척추에 경미한 기능장해나 중등도의 변형장해가 남고 동시에 극도의 척추 신경근장해가 남은 사람
3. 한쪽 손의 엄지손가락을 포함하여 2개의 손가락을 잃은 사람
4. 한쪽 손의 엄지손가락과 둘째 손가락을 제대로 못 쓰게 된 사람 또는 엄지손가락이나 둘째 손가락을 포함하여 3개 이상의 손가락을 제대로 못 쓰게 된 사람
5. 한쪽 다리가 5센티미터 이상 짧아진 사람
6. 한쪽 팔의 3대 관절 중 1개 관절을 제대로 못 쓰게 된 사람
7. 한쪽 다리의 3대 관절 중 1개 관절을 제대로 못 쓰게 된 사람
8. 한쪽 팔에 가관절이 남은 사람
9. 한쪽 다리에 가관절이 남은 사람
10. 한쪽 발의 5개의 발가락을 모두 잃은 사람
11. 비장 또는 한쪽의 신장을 잃은 사람

제9급

1. 두 눈의 시력이 0.6 이하로 된 사람
2. 한쪽 눈의 시력이 0.06 이하로 된 사람
3. 두 눈에 모두 반맹증 또는 시야협착이 남은 사람
4. 두 눈의 눈꺼풀에 뚜렷한 결손이 남은 사람
5. 코에 고도의 결손이 남은 사람
6. 말하는 기능과 씹는 기능에 장해가 남은 사람
7. 두 귀의 청력이 모두 1미터 이상의 거리에서는 큰 말소리를 알아듣지 못하게 된 사람
8. 한쪽 귀의 청력이 귀에 대고 말하지 아니하면 큰 말소리를 알아듣지 못하고 다른 귀의 청력이 1미터 이상의 거리에서는 보통의 말소리를 알아듣지 못하게 된 사람
9. 한쪽 귀의 청력을 완전히 잃은 사람
10. 한쪽 손의 엄지손가락을 잃은 사람 또는 둘째 손가락을 포함하여 2개의 손가락을 잃은 사람 또는 엄지손가락과 둘째 손가락 외의 3개의 손가락을 잃은 사람
11. 한쪽 손의 엄지손가락을 포함하여 2개의 손가락을 제대로 못쓰게 된 사람
12. 한쪽 발의 엄지발가락을 포함하여 2개 이상의 발가락을 잃은 사람
13. 한쪽 발의 발가락을 모두 제대로 못 쓰게 된 사람
14. 생식기에 뚜렷한 장해가 남은 사람
15. 신경계통의 기능 또는 정신기능에 장해가 남아 노무가 상당한 정도로 제한된 사람
16. 흉복부 장기의 기능에 장해가 남아 노무가 상당한 정도로 제한된 사람
17. 척추에 고도의 기능장해가 남은 사람, 척추에 중등도의 기능장해나 극도의 변형장해가 남고 동시에 중등도의 척추 신경근장해가 남은 사람, 척추에 경미한 기능장해나 중등도의 변형장해가 남고 동시에 고도의 척추 신경근장해가 남은 사람 또는 척추에 극도의 척추 신경근장해가 남은 사람

18. 외모에 고도의 흉터가 남은 사람
19. 진폐증의 병형이 제3형 또는 제4형이면서 동시에 심폐기능에 경미한 장해가 남은 사람

제10급
1. 한쪽 눈의 시력이 0.1 이하로 된 사람
2. 한쪽 눈의 눈꺼풀에 뚜렷한 결손이 남은 사람
3. 코에 중등도의 결손이 남은 사람
4. 말하는 기능 또는 씹는 기능에 장해가 남은 사람
5. 14개 이상의 치아에 치과 보철을 한 사람
6. 한 귀의 청력이 귀에 대고 말하지 않으면 큰 말소리를 알아듣지 못 하게 된 사람
7. 두 귀의 청력이 모두 1미터 이상의 거리에서는 보통의 말소리를 알아듣지 못하게 된 사람
8. 척추에 중등도의 기능장해가 남은 사람, 척추에 극도의 변형장해가 남은 사람, 척추에 경미한 기능장해나 중등도의 변형장해가 남고 동시에 중등도의 척추 신경근장해가 남은 사람 또는 척추에 고도의 척추 신경근장해가 남은 사람
9. 한쪽 손의 둘째 손가락을 잃은 사람 또는 엄지손가락과 둘째 손가락 외의 2개의 손가락을 잃은 사람
10. 한쪽 손의 엄지손가락을 제대로 못 쓰게 된 사람 또는 둘째 손가락을 포함하여 2개의 손가락을 제대로 못 쓰게 된 사람 또는 엄지손가락과 둘째 손가락외의 3개의 손가락을 제대로 못 쓰게 된 사람
11. 한쪽 다리가 3센티미터 이상 짧아진 사람
12. 한쪽 발의 엄지발가락 또는 그 외의 4개의 발가락을 잃은 사람
13. 한쪽 팔의 3대 관절 중 1개 관절의 기능에 뚜렷한 장해가 남은 사람
14. 한쪽 다리의 3대 관절 중 1개 관절의 기능에 뚜렷한 장해가 남은 사람

제11급
1. 두 눈이 모두 안구의 조절기능에 뚜렷한 장해가 남거나 또는 뚜렷한 운동기능 장해가 남은 사람
2. 두 눈의 눈꺼풀에 뚜렷한 운동기능장해가 남은 사람
3. 두 눈의 눈꺼풀의 일부가 결손된 사람
4. 한쪽 귀의 청력이 40센티미터 이상의 거리에서는 보통의 말소리를 알아듣지 못하게 된 사람
5. 두 귀의 청력이 모두 1미터 이상의 거리에서는 작은 말소리를 알아듣지 못하게 된 사람
6. 두 귀의 귓바퀴에 고도의 결손이 남은 사람
7. 척추에 경도의 기능장해가 남은 사람, 척추에 고도의 변형장해가 남은 사람, 척추에 경미한 기능장해나 중등도의 변형장해가 남고 동시에 경도의 척추 신경근장해가 남은 사람 또는 척추에 중등도의 척추 신경근장해가 남은 사람
8. 한쪽 손의 가운데손가락 또는 넷째 손가락을 잃은 사람
9. 한쪽 손의 둘째 손가락을 제대로 못 쓰게 된 사람 또는 엄지손가락과 둘째 손가락 외의 2개의 손가락을 제대로 못 쓰게 된 사람
10. 한쪽 발의 엄지발가락을 포함하여 2개 이상의 발가락을 제대로 못 쓰게 된 사람
11. 흉복부 장기의 기능에 장해가 남은 사람
12. 10개 이상의 치아에 치과 보철을 한 사람
13. 외모에 중등도의 흉터가 남은 사람
14. 두 팔의 노출된 면에 극도의 흉터가 남은 사람

15. 두 다리의 노출된 면에 극도의 흉터가 남은 사람

16. 진폐증의 병형이 제1형 또는 제2형이면서 동시에 심폐기능에 경미한 장해가 남은 사람. 진폐증의 병형이 제2형·제3형 또는 제4형인 사람

제12급

1. 한쪽 눈의 안구의 조절기능에 뚜렷한 장해가 남거나 뚜렷한 운동기능장해가 남은 사람

2. 한쪽 눈의 눈꺼풀에 뚜렷한 운동기능장해가 남은 사람

3. 한쪽 눈의 눈꺼풀의 일부가 결손된 사람

4. 7개 이상의 치아에 치과 보철을 한 사람

5. 한쪽 귀의 귓바퀴에 고도의 결손이 남은 사람 또는 두 귀의 귓바퀴에 중등도의 결손이 남은 사람

6. 코에 경도의 결손이 남은 사람

7. 코로 숨쉬기가 곤란하게 된 사람 또는 냄새를 맡지 못하게 된 사람

8. 쇄골, 흉골, 늑골, 견갑골 또는 골반골에 뚜렷한 변형이 남은 사람

9. 한쪽 팔의 3대 관절 중 1개 관절의 기능에 장해가 남은 사람

10. 한쪽 다리의 3대 관절 중 1개 관절의 기능에 장해가 남은 사람

11. 장관골에 변형이 남은 사람

12. 한쪽 손의 가운데손가락 또는 넷째 손가락을 제대로 못 쓰게 된 사람

13. 한쪽 발의 둘째 발가락을 잃은 사람 또는 둘째 발가락을 포함하여 2개의 발가락을 잃은 사람 또는 가운데발가락 이하의 3개의 발가락을 잃은 사람

14. 한쪽 발의 엄지발가락 또는 그 외에 4개의 발가락을 제대로 못 쓰게 된 사람

15. 국부에 심한 신경증상이 남은 사람

16. 척추에 경미한 기능장해가 남은 사람. 척추에 중등도의 변형장해가 남은 사람 또는 척추에 경도의 척추 신경근장해가 남은사람

17. 두 팔의 노출된 면에 고도의 흉터가 남은 사람

18. 두 다리의 노출된 면에 고도의 흉터가 남은 사람

제13급

1. 한쪽 눈의 시력이 0.6 이하로 된 사람

2. 한쪽 눈에 반맹증 또는 시야협착이 남은 사람

3. 한쪽 귀의 귓바퀴에 중등도의 결손이 남은 사람 또는 두 귀의 귓바퀴에 경도의 결손이 남은 사람

4. 5개 이상의 치아에 치과 보철을 한 사람

5. 한쪽 손의 새끼손가락을 잃은 사람

6. 한쪽 손의 엄지손가락 뼈의 일부를 잃은 사람

7. 한쪽 손의 둘째 손가락 뼈의 일부를 잃은 사람

8. 한쪽 손의 둘째 손가락 끝관절을 굽혔다 폈다 할 수 없게 된 사람

9. 한쪽 다리가 다른 쪽 다리보다 1센티미터 이상 짧아진 사람

10. 한쪽 발의 가운데발가락 이하의 1개 또는 2개의 발가락을 잃은 사람

11. 한쪽 발의 둘째 발가락을 제대로 못 쓰게 된 사람 또는 둘째 발가락을 포함하 2개의 발가락을 제대로 못 쓰게 된 사람 또는 가운데발가락 이하의 3개의 발가락을 제대로 못 쓰게 된 사람
12. 척추에 경도의 변형장해가 남은 사람 또는 척추의 수상 부위에 기질적 변화가 남은 사람
13. 외모에 경도의 흉터가 남은 사람
14. 두 팔의 노출된 면에 중등도의 흉터가 남은 사람
15. 두 다리의 노출된 면에 중등도의 흉터가 남은 사람
16. 진폐증의 병형이 제1형인 사람

제14급
1. 한쪽 귀의 청력이 1미터 이상의 거리에서는 작은 말소리를 알아듣지 못하게 된 사람
2. 한쪽 귀의 귓바퀴에 경도의 결손이 남은 사람
3. 3개 이상의 치아에 치과 보철을 한 사람
4. 두 팔의 노출된 면에 경도의 흉터가 남은 사람
5. 두 다리의 노출된 면에 경도의 흉터가 남은 사람
6. 한쪽 손의 새끼손가락을 제대로 못 쓰게 된 사람
7. 한쪽 손의 엄지손가락과 둘째 손가락 외의 손가락 뼈의 일부를 잃은 사람
8. 한쪽 손의 엄지손가락과 둘째 손가락 외의 손가락 끝 관절을 굽폈다 폈다 할 수 없게 된 사람
9. 한쪽 발의 가운데발가락 이하의 1개 또는 2개의 발가락을 제대로 못 쓰게 된 사람
10. 국부에 신경증상이 남은 사람
11. 척추에 경미한 변형장해가 남은 사람 또는 척추의 수상 부위에 비기질적 변화가 남은 사람

3. 노동조합 및 노동관계조정법

시   행 2014. 05. 20

최초제정 1953. 03. 08.
제   정   97. 03. 13. (법률 제5310호)
일부개정 98. 02. 20. (법률 제5511호)
일부개정 2008. 03. 28. (법률 제9041호)
일부개정 2010. 01. 01. (법률 제9930호)
일부개정 2014. 05. 20. (법률 제12630호)

제1장 총 칙

제1조(목적) 이 법은 헌법에 의한 근로자의 단결권·단체교섭권 및 단체행동권을 보장하여 근로조건의 유지·개선과 근로자의 경제적·사회적 지위의 향상을 도모하고, 노동관계를 공정하게 조정하여 노동쟁의를 예방·해결함으로써 산업평화의 유지와 국민경제의 발전에 이바지함을 목적으로 한다.

제2조(정의) 이 법에서 사용하는 용어의 정의는 다음과 같다.

1. "근로자"라 함은 직업의 종류를 불문하고 임금·급료 기타 이에 준하는 수입에 의하여 생활하는 자를 말한다.

2. "사용자"라 함은 사업주, 사업의 경영담당자 또는 그 사업의 근로자에 관한 사항에 대하여 사업주를 위하여 행동하는 자를 말한다.

3. "사용자단체"라 함은 노동관계에 관하여 그 구성원인 사용자에 대하여 조정 또는 규제할 수 있는 권한을 가진 사용자의 단체를 말한다.

4. "노동조합"이라 함은 근로자가 주체가 되어 자주적으로 단결하여 근로조건의 유지·개선 기타 근로자의 경제적·사회적 지위의 향상을 도모함을 목적으로 조직하는 단체 또는 그 연합단체를 말한다. 다만, 다음 각목의 1에 해당하는 경우에는 노동조합으로 보지 아니한다.

가. 사용자 또는 항상 그의 이익을 대표하여 행동하는 자의 참가를 허용하는 경우

나. 경비의 주된 부분을 사용자로부터 원조받는 경우

다. 공제·수양 기타 복리사업만을 목적으로 하는 경우

라. 근로자가 아닌 자의 가입을 허용하는 경우. 다만, 해고된 자가 노동위원회에 부당노동행위의 구제신청을 한 경우에는 중앙노동위원회의 재심판정이 있을 때까지는 근로자가 아닌 자로 해석하여서는 아니된다.

마. 주로 정치운동을 목적으로 하는 경우

5. "노동쟁의"라 함은 노동조합과 사용자 또는 사용자단체(이하 "노동관계 당사자"라 한다)간에 임금·근로시간·복지·해고 기타 대우등 근로조건의 결정에 관한 주장의 불일치로 인하여 발생한 분쟁상태를 말한다. 이 경우 주장의 불일치라 함은 당사자간에 합의를 위한 노력을 계속하여도 더이상 자주적 교섭에 의한 합의의 여지가 없는 경우를 말한다.

6. "쟁의행위"라 함은 파업·태업·직장폐쇄 기타 노동관계 당사자가 그 주장을 관철할 목적으로 행

하는 행위와 이에 대항하는 행위로서 업무의 정상적인 운영을 저해하는 행위를 말한다.

제3조(손해배상 청구의 제한) 사용자는 이 법에 의한 단체교섭 또는 쟁의행위로 인하여 손해를 입은 경우에 노동조합 또는 근로자에 대하여 그 배상을 청구할 수 없다.

제4조(정당행위) 형법 제20조의 규정은 노동조합이 단체교섭·쟁의행위 기타의 행위로서 제1조의 목적을 달성하기 위하여 한 정당한 행위에 대하여 적용된다. 다만, 어떠한 경우에도 폭력이나 파괴행위는 정당한 행위로 해석되어서는 아니된다.

제2장 노동조합

제1절 통 칙

제5조(노동조합의 조직·가입) 근로자는 자유로이 노동조합을 조직하거나 이에 가입할 수 있다. 다만, 공무원과 교원에 대하여는 따로 법률로 정한다.

제6조(법인격의 취득) ① 노동조합은 그 규약이 정하는 바에 의하여 법인으로 할 수 있다.

② 노동조합은 당해 노동조합을 법인으로 하고자 할 경우에는 대통령령이 정하는 바에 의하여 등기를 하여야 한다.

③ 법인인 노동조합에 대하여는 이 법에 규정된 것을 제외하고는 민법중 사단법인에 관한 규정을 적용한다.

제7조(노동조합의 보호요건) ① 이 법에 의하여 설립된 노동조합이 아니면 노동위원회에 노동쟁의의 조정 및 부당노동행위의 구제를 신청할 수 없다.

② 제1항의 규정은 제81조제1호·제2호 및 제5호의 규정에 의한 근로자의 보호를 부인하는 취지로 해석되어서는 아니된다.

③ 이 법에 의하여 설립된 노동조합이 아니면 노동조합이라는 명칭을 사용할 수 없다.

제8조(조세의 면제) 노동조합에 대하여는 그 사업체를 제외하고는 세법이 정하는 바에 따라 조세를 부과하지 아니한다.

제9조(차별대우의 금지) 노동조합의 조합원은 어떠한 경우에도 인종, 종교, 성별, 연령, 신체적 조건, 고용형태, 정당 또는 신분에 의하여 차별대우를 받지 아니한다. 〈개정 2008.3.28.〉
[제목개정 2008.3.28.]

제2절 노동조합의 설립

제10조(설립의 신고) ① 노동조합을 설립하고자 하는 자는 다음 각호의 사항을 기재한 신고서에 제11조의 규정에 의한 규약을 첨부하여 연합단체인 노동조합과 2 이상의 특별시·광역시·특별자치시·도·특별자치도에 걸치는 단위노동조합은 고용노동부장관에게, 2 이상의 시·군·구(자치구를 말한다)에 걸치는 단위노동조합은 특별시장·광역시장·도지사에게, 그 외의 노동조합은 특별자치시

장·특별자치도지사·시장·군수·구청장(자치구의 구청장을 말한다. 이하 제12조제1항에서 같다)에게 제출하여야 한다. 〈개정 1998.2.20., 2006.12.30., 2010.6.4., 2014.5.20.〉

1. 명칭
2. 주된 사무소의 소재지
3. 조합원수
4. 임원의 성명과 주소
5. 소속된 연합단체가 있는 경우에는 그 명칭
6. 연합단체인 노동조합에 있어서는 그 구성노동단체의 명칭, 조합원수, 주된 사무소의 소재지 및 임원의 성명·주소

② 제1항의 규정에 의한 연합단체인 노동조합은 동종산업의 단위노동조합을 구성원으로 하는 산업별 연합단체와 산업별 연합단체 또는 전국규모의 산업별 단위노동조합을 구성원으로 하는 총연합단체를 말한다.

제11조(규약) 노동조합은 그 조직의 자주적·민주적 운영을 보장하기 위하여 당해 노동조합의 규약에 다음 각 호의 사항을 기재하여야 한다. 〈개정 2006.12.30.〉

1. 명칭
2. 목적과 사업
3. 주된 사무소의 소재지
4. 조합원에 관한 사항(연합단체인 노동조합에 있어서는 그 구성단체에 관한 사항)
5. 소속된 연합단체가 있는 경우에는 그 명칭
6. 대의원회를 두는 경우에는 대의원회에 관한 사항
7. 회의에 관한 사항
8. 대표자와 임원에 관한 사항
9. 조합비 기타 회계에 관한 사항
10. 규약변경에 관한 사항
11. 해산에 관한 사항
12. 쟁의행위와 관련된 찬반투표 결과의 공개, 투표자 명부 및 투표용지 등의 보존·열람에 관한 사항
13. 대표자와 임원의 규약위반에 대한 탄핵에 관한 사항
14. 임원 및 대의원의 선거절차에 관한 사항
15. 규율과 통제에 관한 사항

제12조(신고증의 교부) ① 고용노동부장관, 특별시장·광역시장·특별자치시장·도지사·특별자치도지사 또는 시장·군수·구청장(이하 "행정관청"이라 한다)은 제10조제1항의 규정에 의한 설립신고서를 접수한 때에는 제2항 전단 및 제3항의 경우를 제외하고는 3일 이내에 신고증을 교부하여야 한다. 〈개정 1998.2.20., 2006.12.30., 2010.6.4., 2014.5.20.〉

② 행정관청은 설립신고서 또는 규약이 기재사항의 누락등으로 보완이 필요한 경우에는 대통령령이 정하는 바에 따라 20일 이내의 기간을 정하여 보완을 요구하여야 한다. 이 경우 보완된 설립신고서 또는 규약을 접수한 때에는 3일 이내에 신고증을 교부하여야 한다. 〈개정 1998.2.20.〉

③ 행정관청은 설립하고자 하는 노동조합이 다음 각호의 1에 해당하는 경우에는 설립신고서를 반려하여야 한다.〈개정 1998.2.20.〉

1. 제2조제4호 각목의 1에 해당하는 경우
2. 제2항의 규정에 의하여 보완을 요구하였음에도 불구하고 그 기간내에 보완을 하지 아니하는 경우
④ 노동조합이 신고증을 교부받은 경우에는 설립신고서가 접수된 때에 설립된 것으로 본다.

제13조(변경사항의 신고등) ① 노동조합은 제10조제1항의 규정에 의하여 설립신고된 사항중 다음 각호의 1에 해당하는 사항에 변경이 있는 때에는 그 날부터 30일 이내에 행정관청에게 변경신고를 하여야 한다. 〈개정 1998.2.20., 2001.3.28.〉

1. 명칭
2. 주된 사무소의 소재지
3. 대표자의 성명
4. 소속된 연합단체의 명칭
② 노동조합은 매년 1월 31일까지 다음 각호의 사항을 행정관청에게 통보하여야 한다. 다만, 제1항의 규정에 의하여 전년도에 변경신고된 사항은 그러하지 아니하다.〈개정 1998.2.20., 2001.3.28.〉

1. 전년도에 규약의 변경이 있는 경우에는 변경된 규약내용
2. 전년도에 임원의 변경이 있는 경우에는 변경된 임원의 성명
3. 전년도 12월 31일 현재의 조합원수(연합단체인 노동조합에 있어서는 구성단체별 조합원수)

제3절 노동조합의 관리

제14조(서류비치등) ① 노동조합은 조합설립일부터 30일 이내에 다음 각호의 서류를 작성하여 그 주된 사무소에 비치하여야 한다.

1. 조합원 명부(연합단체인 노동조합에 있어서는 그 구성단체의 명칭)
2. 규약
3. 임원의 성명 · 주소록
4. 회의록
5. 재정에 관한 장부와 서류
② 제1항제4호 및 제5호의 서류는 3연간 보존하여야 한다.

제15조(총회의 개최) ① 노동조합은 매년 1회 이상 총회를 개최하여야 한다.
② 노동조합의 대표자는 총회의 의장이 된다.

제16조(총회의 의결사항) ① 다음 각호의 사항은 총회의 의결을 거쳐야 한다.

1. 규약의 제정과 변경에 관한 사항
2. 임원의 선거와 해임에 관한 사항
3. 단체협약에 관한 사항
4. 예산 · 결산에 관한 사항
5. 기금의 설치 · 관리 또는 처분에 관한 사항

6. 연합단체의 설립 · 가입 또는 탈퇴에 관한 사항

7. 합병 · 분할 또는 해산에 관한 사항

8. 조직형태의 변경에 관한 사항

9. 기타 중요한 사항

② 총회는 재적조합원 과반수의 출석과 출석조합원 과반수의 찬성으로 의결한다. 다만, 규약의 제정 · 변경, 임원의 해임, 합병 · 분할 · 해산 및 조직형태의 변경에 관한 사항은 재적조합원 과반수의 출석과 출석조합원 3분의 2 이상의 찬성이 있어야 한다.

③ 임원의 선거에 있어서 출석조합원 과반수의 찬성을 얻은 자가 없는 경우에는 제2항 본문의 규정에 불구하고 규약이 정하는 바에 따라 결선투표를 실시하여 다수의 찬성을 얻은 자를 임원으로 선출할 수 있다.

④ 규약의 제정 · 변경과 임원의 선거 · 해임에 관한 사항은 조합원의 직접 · 비밀 · 무기명투표에 의하여야 한다.

제17조(대의원회) ① 노동조합은 규약으로 총회에 갈음할 대의원회를 둘 수 있다.

② 대의원은 조합원의 직접 · 비밀 · 무기명투표에 의하여 선출되어야 한다.

③ 대의원의 임기는 규약으로 정하되 3년을 초과할 수 없다.

④ 대의원회를 둔 때에는 총회에 관한 규정은 대의원회에 이를 준용한다.

제18조(임시총회등의 소집) ① 노동조합의 대표자는 필요하다고 인정할 때에는 임시총회 또는 임시대의원회를 소집할 수 있다.

② 노동조합의 대표자는 조합원 또는 대의원의 3분의 1 이상(연합단체인 노동조합에 있어서는 그 구성단체의 3분의 1 이상)이 회의에 부의할 사항을 제시하고 회의의 소집을 요구한 때에는 지체없이 임시총회 또는 임시대의원회를 소집하여야 한다.

③ 행정관청은 노동조합의 대표자가 제2항의 규정에 의한 회의의 소집을 고의로 기피하거나 이를 해태하여 조합원 또는 대의원의 3분의 1 이상이 소집권자의 지명을 요구한 때에는 15일 이내에 노동위원회의 의결을 요청하고 노동위원회의 의결이 있는 때에는 지체없이 회의의 소집권자를 지명하여야 한다.〈개정 1998.2.20.〉

④ 행정관청은 노동조합에 총회 또는 대의원회의 소집권자가 없는 경우에 조합원 또는 대의원의 3분의 1 이상이 회의에 부의할 사항을 제시하고 소집권자의 지명을 요구한 때에는 15일 이내에 회의의 소집권자를 지명하여야 한다.〈개정 1998.2.20.〉

제19조(소집의 절차) 총회 또는 대의원회는 회의개최일 7일전까지 그 회의에 부의할 사항을 공고하고 규약에 정한 방법에 의하여 소집하여야 한다. 다만, 노동조합이 동일한 사업장내의 근로자로 구성된 경우에는 그 규약으로 공고기간을 단축할 수 있다.

제20조(표결권의 특례) 노동조합이 특정 조합원에 관한 사항을 의결할 경우에는 그 조합원은 표결권이 없다.

제21조(규약 및 결의처분의 시정) ① 행정관청은 노동조합의 규약이 노동관계법령에 위반한 경우에는

노동위원회의 의결을 얻어 그 시정을 명할 수 있다. 〈개정 1998.2.20.〉

② 행정관청은 노동조합의 결의 또는 처분이 노동관계법령 또는 규약에 위반된다고 인정할 경우에는 노동위원회의 의결을 얻어 그 시정을 명할 수 있다. 다만, 규약위반시의 시정명령은 이해관계인의 신청이 있는 경우에 한한다.〈개정 1998.2.20.〉

③ 제1항 또는 제2항의 규정에 의하여 시정명령을 받은 노동조합은 30일 이내에 이를 이행하여야 한다. 다만, 정당한 사유가 있는 경우에는 그 기간을 연장할 수 있다.

제22조(조합원의 권리와 의무) 노동조합의 조합원은 균등하게 그 노동조합의 모든 문제에 참여할 권리와 의무를 가진다. 다만, 노동조합은 그 규약으로 조합비를 납부하지 아니하는 조합원의 권리를 제한할 수 있다.

제23조(임원의 선거등) ① 노동조합의 임원은 그 조합원중에서 선출되어야 한다.

② 임원의 임기는 규약으로 정하되 3년을 초과할 수 없다.

제24조(노동조합의 전임자) ① 근로자는 단체협약으로 정하거나 사용자의 동의가 있는 경우에는 근로계약 소정의 근로를 제공하지 아니하고 노동조합의 업무에만 종사할 수 있다.

② 제1항의 규정에 의하여 노동조합의 업무에만 종사하는 자(이하 "전임자"라 한다)는 그 전임기간동안 사용자로부터 어떠한 급여도 지급받아서는 아니된다.

③ 사용자는 전임자의 정당한 노동조합 활동을 제한하여서는 아니 된다.〈신설 2010.1.1.〉

④ 제2항에도 불구하고 단체협약으로 정하거나 사용자가 동의하는 경우에는 사업 또는 사업장별로 조합원 수 등을 고려하여 제24조의2에 따라 결정된 근로시간 면제 한도(이하 "근로시간 면제 한도"라 한다)를 초과하지 아니하는 범위에서 근로자는 임금의 손실 없이 사용자와의 협의·교섭, 고충처리, 산업안전 활동 등 이 법 또는 다른 법률에서 정하는 업무와 건전한 노사관계 발전을 위한 노동조합의 유지·관리업무를 할 수 있다.〈신설 2010.1.1.〉

⑤ 노동조합은 제2항과 제4항을 위반하는 급여 지급을 요구하고 이를 관철할 목적으로 쟁의행위를 하여서는 아니 된다.〈신설 2010.1.1.〉

제24조의2(근로시간면제심의위원회) ① 근로시간 면제 한도를 정하기 위하여 근로시간면제심의위원회(이하 이 조에서 "위원회"라 한다)를 고용노동부에 둔다. 〈개정 2010.6.4.〉

② 근로시간 면제 한도는 위원회가 심의·의결한 바에 따라 고용노동부장관이 고시하되, 3년마다 그 적정성 여부를 재심의하여 결정할 수 있다.〈개정 2010.6.4.〉

③ 위원회는 노동계와 경영계가 추천하는 위원 각 5명, 정부가 추천하는 공익위원 5명으로 구성된다.

④ 위원장은 공익위원 중에서 위원회가 선출한다.

⑤ 위원회는 재적위원 과반수의 출석과 출석위원 과반수의 찬성으로 의결한다.

⑥ 위원의 자격, 위촉과 위원회의 운영 등에 필요한 사항은 대통령령으로 정한다.

[본조신설 2010.1.1.]

제25조(회계감사) ①노동조합의 대표자는 그 회계감사원으로 하여금 6월에 1회 이상 당해 노동조합의 모든 재원 및 용도, 주요한 기부자의 성명, 현재의 경리 상황등에 대한 회계감사를 실시하게 하고 그

내용과 감사결과를 전체 조합원에게 공개하여야 한다.

② 노동조합의 회계감사원은 필요하다고 인정할 경우에는 당해 노동조합의 회계감사를 실시하고 그 결과를 공개할 수 있다.

제26조(운영상황의 공개) 노동조합의 대표자는 회계연도마다 결산결과와 운영상황을 공표하여야 하며 조합원의 요구가 있을 때에는 이를 열람하게 하여야 한다.

제27조(자료의 제출) 노동조합은 행정관청이 요구하는 경우에는 결산결과와 운영상황을 보고하여야 한다.〈개정 1998.2.20.〉

제4절 노동조합의 해산

제28조(해산사유) ① 노동조합은 다음 각호의 1에 해당하는 경우에는 해산한다.〈개정 1998.2.20.〉

1. 규약에서 정한 해산사유가 발생한 경우
2. 합병 또는 분할로 소멸한 경우
3. 총회 또는 대의원회의 해산결의가 있는 경우
4. 노동조합의 임원이 없고 노동조합으로서의 활동을 1년 이상 하지 아니한 것으로 인정되는 경우로서 행정관청이 노동위원회의 의결을 얻은 경우

② 제1항제1호 내지 제3호의 사유로 노동조합이 해산한 때에는 그 대표자는 해산한 날부터 15일 이내에 행정관청에게 이를 신고하여야 한다.〈개정 1998.2.20.〉

제3장 단체교섭 및 단체협약

제29조(교섭 및 체결권한) ① 노동조합의 대표자는 그 노동조합 또는 조합원을 위하여 사용자나 사용자단체와 교섭하고 단체협약을 체결할 권한을 가진다.

② 제29조의2에 따라 결정된 교섭대표노동조합(이하 "교섭대표노동조합"이라 한다)의 대표자는 교섭을 요구한 모든 노동조합 또는 조합원을 위하여 사용자와 교섭하고 단체협약을 체결할 권한을 가진다.〈신설 2010.1.1.〉

③ 노동조합과 사용자 또는 사용자단체로부터 교섭 또는 단체협약의 체결에 관한 권한을 위임받은 자는 그 노동조합과 사용자 또는 사용자단체를 위하여 위임받은 범위안에서 그 권한을 행사할 수 있다.〈개정 2010.1.1.〉

④ 노동조합과 사용자 또는 사용자단체는 제3항에 따라 교섭 또는 단체협약의 체결에 관한 권한을 위임한 때에는 그 사실을 상대방에게 통보하여야 한다.〈개정 2010.1.1.〉

제29조의2(교섭창구 단일화 절차) ① 하나의 사업 또는 사업장에서 조직형태에 관계없이 근로자가 설립하거나 가입한 노동조합이 2개 이상인 경우 노동조합은 교섭대표노동조합(2개 이상의 노동조합 조합원을 구성원으로 하는 교섭대표기구를 포함한다. 이하 같다)을 정하여 교섭을 요구하여야 한다. 다만, 제2항에 따라 교섭대표노동조합을 자율적으로 결정하는 기한 내에 사용자가 이 조에서 정하는 교섭창구

단일화 절차를 거치지 아니하기로 동의한 경우에는 그러하지 아니하다.

② 교섭대표노동조합 결정 절차(이하 "교섭창구 단일화 절차"라 한다)에 참여한 모든 노동조합은 대통령령으로 정하는 기한 내에 자율적으로 교섭대표노동조합을 정한다.

③ 제2항에 따른 기한내에 교섭대표노동조합을 정하지 못하고 제1항 단서에 따른 사용자의 동의를 얻지 못한 경우에는 교섭창구 단일화 절차에 참여한 노동조합의 전체 조합원 과반수로 조직된 노동조합(2개 이상의 노동조합이 위임 또는 연합 등의 방법으로 교섭창구 단일화 절차에 참여한 노동조합 전체 조합원의 과반수가 되는 경우를 포함한다)이 교섭대표노동조합이 된다.

④ 제2항과 제3항에 따라 교섭대표노동조합을 결정하지 못한 경우에는 교섭창구 단일화 절차에 참여한 모든 노동조합은 공동으로 교섭대표단(이하 이 조에서 "공동교섭대표단"이라 한다)을 구성하여 사용자와 교섭하여야 한다. 이 때 공동교섭대표단에 참여할 수 있는 노동조합은 그 조합원 수가 교섭창구 단일화 절차에 참여한 노동조합의 전체 조합원 100분의 10 이상인 노동조합으로 한다.

⑤ 제4항에 따른 공동교섭대표단의 구성에 합의하지 못할 경우에 노동위원회는 해당 노동조합의 신청에 따라 조합원 비율을 고려하여 이를 결정할 수 있다.

⑥ 제1항부터 제4항까지의 규정에 따른 교섭대표노동조합을 결정함에 있어 교섭요구 사실, 조합원 수 등에 대한 이의가 있는 때에는 노동위원회는 대통령령으로 정하는 바에 따라 노동조합의 신청을 받아 그 이의에 대한 결정을 할 수 있다.

⑦ 제5항 및 제6항에 따른 노동위원회의 결정에 대한 불복절차 및 효력은 제69조와 제70조제2항을 준용한다.

⑧ 노동조합의 교섭요구·참여 방법, 교섭대표노동조합 결정을 위한 조합원 수 산정 기준 등 교섭창구 단일화 절차와 교섭비용 증가 방지 등에 관하여 필요한 사항은 대통령령으로 정한다.

[본조신설 2010.1.1.]

제29조의3(교섭단위 결정) ① 제29조의2에 따라 교섭대표노동조합을 결정하여야 하는 단위(이하 "교섭단위"라 한다)는 하나의 사업 또는 사업장으로 한다.

② 제1항에도 불구하고 하나의 사업 또는 사업장에서 현격한 근로조건의 차이, 고용형태, 교섭 관행 등을 고려하여 교섭단위를 분리할 필요가 있다고 인정되는 경우에 노동위원회는 노동관계 당사자의 양쪽 또는 어느 한 쪽의 신청을 받아 교섭단위를 분리하는 결정을 할 수 있다.

③ 제2항에 따른 노동위원회의 결정에 대한 불복절차 및 효력은 제69조와 제70조제2항을 준용한다.

④ 교섭단위 분리 신청 및 노동위원회의 결정 기준·절차 등에 관하여 필요한 사항은 대통령령으로 정한다.

[본조신설 2010.1.1.]

제29조의4(공정대표의무 등) ① 교섭대표노동조합과 사용자는 교섭창구 단일화 절차에 참여한 노동조합 또는 그 조합원 간에 합리적 이유 없이 차별을 하여서는 아니 된다.

② 노동조합은 교섭대표노동조합과 사용자가 제1항을 위반하여 차별한 경우에는 그 행위가 있은 날(단체협약의 내용의 일부 또는 전부가 제1항에 위반되는 경우에는 단체협약 체결일을 말한다)부터 3개월 이내에 대통령령으로 정하는 방법과 절차에 따라 노동위원회에 그 시정을 요청할 수 있다.

③ 노동위원회는 제2항에 따른 신청에 대하여 합리적 이유 없이 차별하였다고 인정한 때에는 그 시정

에 필요한 명령을 하여야 한다.

④ 제3항에 따른 노동위원회의 명령 또는 결정에 대한 불복절차 등에 관하여는 제85조 및 제86조를 준용한다.

[본조신설 2010.1.1.]

제29조의5(그 밖의 교섭창구 단일화 관련 사항) 교섭대표노동조합이 있는 경우에 제2조제5호, 제29조제3항·제4항, 제30조, 제37조제2항, 제38조제3항, 제42조의6제1항, 제44조제2항, 제46조제1항, 제55조제3항, 제72조제3항 및 제81조제3호 중 "노동조합"은 "교섭대표노동조합"으로 본다.

[본조신설 2010.1.1.]

제30조(교섭등의 원칙) ① 노동조합과 사용자 또는 사용자단체는 신의에 따라 성실히 교섭하고 단체협약을 체결하여야 하며 그 권한을 남용하여서는 아니된다.

② 노동조합과 사용자 또는 사용자단체는 정당한 이유없이 교섭 또는 단체협약의 체결을 거부하거나 해태하여서는 아니된다.

제31조(단체협약의 작성) ① 단체협약은 서면으로 작성하여 당사자 쌍방이 서명 또는 날인하여야 한다.〈개정 2006.12.30.〉

② 단체협약의 당사자는 단체협약의 체결일부터 15일 이내에 이를 행정관청에게 신고하여야 한다.〈개정 1998.2.20.〉

③ 행정관청은 단체협약중 위법한 내용이 있는 경우에는 노동위원회의 의결을 얻어 그 시정을 명할 수 있다.〈개정 1998.2.20.〉

제32조(단체협약의 유효기간) ① 단체협약에는 2년을 초과하는 유효기간을 정할 수 없다.

② 단체협약에 그 유효기간을 정하지 아니한 경우 또는 제1항의 기간을 초과하는 유효기간을 정한 경우에 그 유효기간은 2년으로 한다.

③ 단체협약의 유효기간이 만료되는 때를 전후하여 당사자 쌍방이 새로운 단체협약을 체결하고자 단체교섭을 계속하였음에도 불구하고 새로운 단체협약이 체결되지 아니한 경우에는 별도의 약정이 있는 경우를 제외하고는 종전의 단체협약은 그 효력만료일부터 3월까지 계속 효력을 갖는다. 다만, 단체협약에 그 유효기간이 경과한 후에도 새로운 단체협약이 체결되지 아니한 때에는 새로운 단체협약이 체결될 때까지 종전 단체협약의 효력을 존속시킨다는 취지의 별도의 약정이 있는 경우에는 그에 따르되, 당사자 일방은 해지하고자 하는 날의 6월전까지 상대방에게 통고함으로써 종전의 단체협약을 해지할 수 있다.〈개정 1998.2.20.〉

제33조(기준의 효력) ① 단체협약에 정한 근로조건 기타 근로자의 대우에 관한 기준에 위반하는 취업규칙 또는 근로계약의 부분은 무효로 한다.

② 근로계약에 규정되지 아니한 사항 또는 제1항의 규정에 의하여 무효로 된 부분은 단체협약에 정한 기준에 의한다.

제34조(단체협약의 해석) ① 단체협약의 해석 또는 이행방법에 관하여 관계 당사자간에 의견의 불일치가 있는 때에는 당사자 쌍방 또는 단체협약에 정하는 바에 의하여 어느 일방이 노동위원회에 그 해석

또는 이행방법에 관한 견해의 제시를 요청할 수 있다.

② 노동위원회는 제1항의 규정에 의한 요청을 받은 때에는 그 날부터 30일 이내에 명확한 견해를 제시하여야 한다.

③ 제2항의 규정에 의하여 노동위원회가 제시한 해석 또는 이행방법에 관한 견해는 중재재정과 동일한 효력을 가진다.

제35조(일반적 구속력) 하나의 사업 또는 사업장에 상시 사용되는 동종의 근로자 반수 이상이 하나의 단체협약의 적용을 받게 된 때에는 당해 사업 또는 사업장에 사용되는 다른 동종의 근로자에 대하여도 당해 단체협약이 적용된다.

제36조(지역적 구속력) ① 하나의 지역에 있어서 종업하는 동종의 근로자 3분의 2 이상이 하나의 단체협약의 적용을 받게 된 때에는 행정관청은 당해 단체협약의 당사자의 쌍방 또는 일방의 신청에 의하거나 그 직권으로 노동위원회의 의결을 얻어 당해 지역에서 종업하는 다른 동종의 근로자와 그 사용자에 대하여도 당해 단체협약을 적용한다는 결정을 할 수 있다. 〈개정 1998.2.20.〉

② 행정관청이 제1항의 규정에 의한 결정을 한 때에는 지체없이 이를 공고하여야 한다.〈개정 1998.2.20.〉

제4장 쟁의행위

제37조(쟁의행위의 기본원칙) ① 쟁의행위는 그 목적·방법 및 절차에 있어서 법령 기타 사회질서에 위반되어서는 아니된다.

② 조합원은 노동조합에 의하여 주도되지 아니한 쟁의행위를 하여서는 아니된다.

제38조(노동조합의 지도와 책임) ① 쟁의행위는 그 쟁의행위와 관계없는 자 또는 근로를 제공하고자 하는 자의 출입·조업 기타 정상적인 업무를 방해하는 방법으로 행하여져서는 아니되며 쟁의행위의 참가를 호소하거나 설득하는 행위로서 폭행·협박을 사용하여서는 아니된다.

② 작업시설의 손상이나 원료·제품의 변질 또는 부패를 방지하기 위한 작업은 쟁의행위 기간중에도 정상적으로 수행되어야 한다.

③ 노동조합은 쟁의행위가 적법하게 수행될 수 있도록 지도·관리·통제할 책임이 있다.

제39조(근로자의 구속제한) 근로자는 쟁의행위 기간중에는 현행범외에는 이 법 위반을 이유로 구속되지 아니한다.

제40조 삭제 〈2006.12.30.〉

제41조(쟁의행위의 제한과 금지) ① 노동조합의 쟁의행위는 그 조합원의 직접·비밀·무기명투표에 의한 조합원 과반수의 찬성으로 결정하지 아니하면 이를 행할 수 없다. 제29조의2에 따라 교섭대표노동조합이 결정된 경우에는 그 절차에 참여한 노동조합의 전체 조합원(해당 사업 또는 사업장 소속 조합원으로 한정한다)의 직접·비밀·무기명투표에 의한 과반수의 찬성으로 결정하지 아니하면 쟁의행위를

할 수 없다.〈개정 2010.1.1.〉

② 「방위사업법」에 의하여 지정된 주요방위산업체에 종사하는 근로자중 전력, 용수 및 주로 방산물자를 생산하는 업무에 종사하는 자는 쟁의행위를 할 수 없으며 주로 방산물자를 생산하는 업무에 종사하는 자의 범위는 대통령령으로 정한다.〈개정 2006.1.2.〉

제42조(폭력행위등의 금지) ① 쟁의행위는 폭력이나 파괴행위 또는 생산 기타 주요업무에 관련되는 시설과 이에 준하는 시설로서 대통령령이 정하는 시설을 점거하는 형태로 이를 행할 수 없다.

② 사업장의 안전보호시설에 대하여 정상적인 유지·운영을 정지·폐지 또는 방해하는 행위는 쟁의행위로서 이를 행할 수 없다.

③ 행정관청은 쟁의행위가 제2항의 행위에 해당한다고 인정하는 경우에는 노동위원회의 의결을 얻어 그 행위를 중지할 것을 통보하여야 한다. 다만, 사태가 급박하여 노동위원회의 의결을 얻을 시간적 여유가 없을 때에는 그 의결을 얻지 아니하고 즉시 그 행위를 중지할 것을 통보할 수 있다.〈개정 1998.2.20., 2006.12.30.〉

④ 제3항 단서의 경우에 행정관청은 지체없이 노동위원회의 사후승인을 얻어야 하며 그 승인을 얻지 못한 때에는 그 통보는 그때부터 효력을 상실한다.〈개정 1998.2.20., 2006.12.30.〉

제42조의2(필수유지업무에 대한 쟁의행위의 제한) ① 이 법에서 "필수유지업무"라 함은 제71조제2항의 규정에 따른 필수공익사업의 업무 중 그 업무가 정지되거나 폐지되는 경우 공중의 생명·건강 또는 신체의 안전이나 공중의 일상생활을 현저히 위태롭게 하는 업무로서 대통령령이 정하는 업무를 말한다.

② 필수유지업무의 정당한 유지·운영을 정지·폐지 또는 방해하는 행위는 쟁의행위로서 이를 행할 수 없다.

[본조신설 2006.12.30.]

제42조의3(필수유지업무협정) 노동관계 당사자는 쟁의행위기간 동안 필수유지업무의 정당한 유지·운영을 위하여 필수유지업무의 필요 최소한의 유지·운영 수준, 대상직무 및 필요인원 등을 정한 협정(이하"필수유지업무협정"이라 한다)을 서면으로 체결하여야 한다. 이 경우 필수유지업무협정에는 노동관계 당사자 쌍방이 서명 또는 날인하여야 한다.

[본조신설 2006.12.30.]

제42조의4(필수유지업무 유지·운영 수준 등의 결정) ① 노동관계 당사자 쌍방 또는 일방은 필수유지업무협정이 체결되지 아니하는 때에는 노동위원회에 필수유지업무의 필요 최소한의 유지·운영 수준, 대상직무 및 필요인원 등의 결정을 신청하여야 한다.

② 제1항의 규정에 따른 신청을 받은 노동위원회는 사업 또는 사업장별 필수유지업무의 특성 및 내용 등을 고려하여 필수유지업무의 필요 최소한의 유지·운영 수준, 대상직무 및 필요인원 등을 결정할 수 있다.

③ 제2항의 규정에 따른 노동위원회의 결정은 제72조의 규정에 따른 특별조정위원회가 담당한다.

④ 제2항의 규정에 따른 노동위원회의 결정에 대한 해석 또는 이행방법에 관하여 관계당사자간에 의견이 일치하지 아니하는 경우에는 특별조정위원회의 해석에 따른다. 이 경우 특별조정위원회의 해석

은 제2항의 규정에 따른 노동위원회의 결정과 동일한 효력이 있다.

⑤ 제2항의 규정에 따른 노동위원회의 결정에 대한 불복절차 및 효력에 관하여는 제69조와 제70조제2항의 규정을 준용한다.

[본조신설 2006.12.30.]

제42조의5(노동위원회의 결정에 따른 쟁의행위) 제42조의4제2항의 규정에 따라 노동위원회의 결정이 있는 경우 그 결정에 따라 쟁의행위를 한 때에는 필수유지업무를 정당하게 유지·운영하면서 쟁의행위를 한 것으로 본다.

[본조신설 2006.12.30.]

제42조의6(필수유지업무 근무 근로자의 지명) ① 노동조합은 필수유지업무협정이 체결되거나 제42조의4제2항의 규정에 따른 노동위원회의 결정이 있는 경우 사용자에게 필수유지업무에 근무하는 조합원 중 쟁의행위기간 동안 근무하여야 할 조합원을 통보하여야 하며, 사용자는 이에 따라 근로자를 지명하고 이를 노동조합과 그 근로자에게 통보하여야 한다. 다만, 노동조합이 쟁의행위 개시 전까지 이를 통보하지 아니한 경우에는 사용자가 필수유지업무에 근무하여야 할 근로자를 지명하고 이를 노동조합과 그 근로자에게 통보하여야 한다. 〈개정 2010.1.1.〉

② 제1항에 따른 통보·지명시 노동조합과 사용자는 필수유지업무에 종사하는 근로자가 소속된 노동조합이 2개 이상인 경우에는 각 노동조합의 해당 필수유지업무에 종사하는 조합원 비율을 고려하여야 한다. 〈신설 2010.1.1.〉

[본조신설 2006.12.30.]

제43조(사용자의 채용제한) ① 사용자는 쟁의행위 기간중 그 쟁의행위로 중단된 업무의 수행을 위하여 당해 사업과 관계없는 자를 채용 또는 대체할 수 없다.

② 사용자는 쟁의행위기간중 그 쟁의행위로 중단된 업무를 도급 또는 하도급 줄 수 없다.

③ 제1항 및 제2항의 규정은 필수공익사업의 사용자가 쟁의행위 기간 중에 한하여 당해 사업과 관계없는 자를 채용 또는 대체하거나 그 업무를 도급 또는 하도급 주는 경우에는 적용하지 아니한다. 〈신설 2006.12.30.〉

④ 제3항의 경우 사용자는 당해 사업 또는 사업장 파업참가자의 100분의 50을 초과하지 않는 범위 안에서 채용 또는 대체하거나 도급 또는 하도급 줄 수 있다. 이 경우 파업참가자 수의 산정 방법 등은 대통령령으로 정한다. 〈신설 2006.12.30.〉

제44조(쟁의행위 기간중의 임금지급 요구의 금지) ① 사용자는 쟁의행위에 참가하여 근로를 제공하지 아니한 근로자에 대하여는 그 기간중의 임금을 지급할 의무가 없다.

② 노동조합은 쟁의행위 기간에 대한 임금의 지급을 요구하여 이를 관철할 목적으로 쟁의행위를 하여서는 아니된다.

제45조(조정의 전치) ① 노동관계 당사자는 노동쟁의가 발생한 때에는 어느 일방이 이를 상대방에게 서면으로 통보하여야 한다.

② 쟁의행위는 제5장제2절 내지 제4절의 규정에 의한 조정절차(제61조의2의 규정에 따른 조정종료 결

정 후의 조정절차를 제외한다)를 거치지 아니하면 이를 행할 수 없다. 다만, 제54조의 규정에 의한 기간
내에 조정이 종료되지 아니하거나 제63조의 규정에 의한 기간내에 중재재정이 이루어지지 아니한 경
우에는 그러하지 아니하다.〈개정 2006.12.30.〉

제46조(직장폐쇄의 요건) ①사용자는 노동조합이 쟁의행위를 개시한 이후에만 직장폐쇄를 할 수 있다.
  ②사용자는 제1항의 규정에 의한 직장폐쇄를 할 경우에는 미리 행정관청 및 노동위원회에 각각 신고
  하여야 한다.〈개정 1998.2.20.〉

제5장 노동쟁의의 조정

제1절 통칙

제47조(자주적 조정의 노력) 이 장의 규정은 노동관계 당사자가 직접 노사협의 또는 단체교섭에 의하여
  근로조건 기타 노동관계에 관한 사항을 정하거나 노동관계에 관한 주장의 불일치를 조정하고 이에
  필요한 노력을 하는 것을 방해하지 아니한다.

제48조(당사자의 책무) 노동관계 당사자는 단체협약에 노동관계의 적정화를 위한 노사협의 기타 단체
  교섭의 절차와 방식을 규정하고 노동쟁의가 발생한 때에는 이를 자주적으로 해결하도록 노력하여야
  한다.

제49조(국가등의 책무) 국가 및 지방자치단체는 노동관계 당사자간에 노동관계에 관한 주장이 일치하
  지 아니할 경우에 노동관계 당사자가 이를 자주적으로 조정할 수 있도록 조력함으로써 쟁의행위를
  가능한 한 예방하고 노동쟁의의 신속·공정한 해결에 노력하여야 한다.

제50조(신속한 처리) 이 법에 의하여 노동관계의 조정을 할 경우에는 노동관계 당사자와 노동위원회
  기타 관계기관은 사건을 신속히 처리하도록 노력하여야 한다.

제51조(공익사업등의 우선적 취급) 국가·지방자치단체·국공영기업체·방위산업체 및 공익사업에 있
  어서의 노동쟁의의 조정은 우선적으로 취급하고 신속히 처리하여야 한다.

제52조(사적 조정·중재) ① 제2절 및 제3절의 규정은 노동관계 당사자가 쌍방의 합의 또는 단체협약이
  정하는 바에 따라 각각 다른 조정 또는 중재방법(이하 이 조에서 "사적조정등"이라 한다)에 의하여 노동
  쟁의를 해결하는 것을 방해하지 아니한다.〈개정 2006.12.30.〉
  ② 노동관계 당사자는 제1항의 규정에 의하여 노동쟁의를 해결하기로 한 때에는 이를 노동위원회에
  신고하여야 한다.
  ③ 제1항의 규정에 의하여 노동쟁의를 해결하기로 한 때에는 다음 각호의 규정이 적용된다.
  1. 조정에 의하여 해결하기로 한 때에는 제45조제2항 및 제54조의 규정. 이 경우 조정기간은 조정을
     개시한 날부터 기산한다.
  2. 중재에 의하여 해결하기로 한 때에는 제63조의 규정. 이 경우 쟁의행위의 금지기간은 중재를 개시

한 날부터 기산한다.

④ 제1항의 규정에 의하여 조정 또는 중재가 이루어진 경우에 그 내용은 단체협약과 동일한 효력을 가진다.

⑤ 사적조정등을 수행하는 자는 「노동위원회법」 제8조제2항제2호 각 목의 자격을 가진 자로 한다. 이 경우 사적조정 등을 수행하는 자는 노동관계 당사자로부터 수수료, 수당 및 여비 등을 받을 수 있다.〈신설 2006.12.30.〉

제2절 조정

제53조(조정의 개시) ① 노동위원회는 관계 당사자의 일방이 노동쟁의의 조정을 신청한 때에는 지체없이 조정을 개시하여야 하며 관계 당사자 쌍방은 이에 성실히 임하여야 한다.

② 노동위원회는 제1항의 규정에 따른 조정신청 전이라도 원활한 조정을 위하여 교섭을 주선하는 등 관계 당사자의 자주적인 분쟁 해결을 지원할 수 있다.〈신설 2006.12.30.〉

제54조(조정기간) ① 조정은 제53조의 규정에 의한 조정의 신청이 있은 날부터 일반사업에 있어서는 10일, 공익사업에 있어서는 15일 이내에 종료하여야 한다.

② 제1항의 규정에 의한 조정기간은 관계 당사자간의 합의로 일반사업에 있어서는 10일, 공익사업에 있어서는 15일 이내에서 연장할 수 있다.

제55조(조정위원회의 구성) ① 노동쟁의의 조정을 위하여 노동위원회에 조정위원회를 둔다.

② 제1항의 규정에 의한 조정위원회는 조정위원 3인으로 구성한다.

③ 제2항의 규정에 의한 조정위원은 당해 노동위원회의 위원중에서 사용자를 대표하는 자, 근로자를 대표하는 자 및 공익을 대표하는 자 각 1인을 그 노동위원회의 위원장이 지명하되, 근로자를 대표하는 조정위원은 사용자가, 사용자를 대표하는 조정위원은 노동조합이 각각 추천하는 노동위원회의 위원중에서 지명하여야 한다. 다만, 조정위원회의 회의 3일전까지 관계 당사자가 추천하는 위원의 명단 제출이 없을 때에는 당해 위원을 위원장이 따로 지명할 수 있다.

④ 노동위원회의 위원장은 근로자를 대표하는 위원 또는 사용자를 대표하는 위원의 불참 등으로 인하여 제3항의 규정에 따른 조정위원회의 구성이 어려운 경우 노동위원회의 공익을 대표하는 위원 중에서 3인을 조정위원으로 지명할 수 있다. 다만, 관계 당사자 쌍방의 합의로 선정한 노동위원회의 위원이 있는 경우에는 그 위원을 조정위원으로 지명한다.〈신설 2006.12.30.〉

제56조(조정위원회의 위원장) ① 조정위원회에 위원장을 둔다.

② 위원장은 공익을 대표하는 조정위원이 된다. 다만, 제55조제4항의 규정에 따른 조정위원회의 위원장은 조정위원 중에서 호선한다.〈개정 2006.12.30.〉

제57조(단독조정) ① 노동위원회는 관계 당사자 쌍방의 신청이 있거나 관계 당사자 쌍방의 동의를 얻은 경우에는 조정위원회에 갈음하여 단독조정인에게 조정을 행하게 할 수 있다.

② 제1항의 규정에 의한 단독조정인은 당해 노동위원회의 위원중에서 관계 당사자의 쌍방의 합의로 선정된 자를 그 노동위원회의 위원장이 지명한다.

제58조(주장의 확인등) 조정위원회 또는 단독조정인은 기일을 정하여 관계 당사자 쌍방을 출석하게 하여 주장의 요점을 확인하여야 한다.

제59조(출석금지) 조정위원회의 위원장 또는 단독조정인은 관계 당사자와 참고인외의 자의 출석을 금할 수 있다.

제60조(조정안의 작성) ① 조정위원회 또는 단독조정인은 조정안을 작성하여 이를 관계 당사자에게 제시하고 그 수락을 권고하는 동시에 그 조정안에 이유를 붙여 공표할 수 있으며, 필요한 때에는 신문 또는 방송에 보도등 협조를 요청할 수 있다.

② 조정위원회 또는 단독조정인은 관계 당사자가 수락을 거부하여 더 이상 조정이 이루어질 여지가 없다고 판단되는 경우에는 조정의 종료를 결정하고 이를 관계 당사자 쌍방에 통보하여야 한다.

③ 제1항의 규정에 의한 조정안이 관계 당사자의 쌍방에 의하여 수락된 후 그 해석 또는 이행방법에 관하여 관계 당사자간에 의견의 불일치가 있는 때에는 관계 당사자는 당해 조정위원회 또는 단독조정인에게 그 해석 또는 이행방법에 관한 명확한 견해의 제시를 요청하여야 한다.

④ 조정위원회 또는 단독조정인은 제3항의 규정에 의한 요청을 받은 때에는 그 요청을 받은 날부터 7일 이내에 명확한 견해를 제시하여야 한다.

⑤ 제3항 및 제4항의 해석 또는 이행방법에 관한 견해가 제시될 때까지는 관계 당사자는 당해 조정안의 해석 또는 이행에 관하여 쟁의행위를 할 수 없다.

제61조(조정의 효력) ① 제60조제1항의 규정에 의한 조정안이 관계 당사자에 의하여 수락된 때에는 조정위원 전원 또는 단독조정인은 조정서를 작성하고 관계 당사자와 함께 서명 또는 날인하여야 한다. 〈개정 2006.12.30.〉

② 조정서의 내용은 단체협약과 동일한 효력을 가진다.

③ 제60조제4항의 규정에 의하여 조정위원회 또는 단독조정인이 제시한 해석 또는 이행방법에 관한 견해는 중재재정과 동일한 효력을 가진다.

제61조의2(조정종료 결정 후의 조정) ① 노동위원회는 제60조제2항의 규정에 따른 조정의 종료가 결정된 후에도 노동쟁의의 해결을 위하여 조정을 할 수 있다.

② 제1항의 규정에 따른 조정에 관하여는 제55조 내지 제61조의 규정을 준용한다.

[본조신설 2006.12.30.]

제3절 중재

제62조(중재의 개시) 노동위원회는 다음 각 호의 어느 하나에 해당하는 때에는 중재를 행한다. 〈개정 2006.12.30.〉

1. 관계 당사자의 쌍방이 함께 중재를 신청한 때
2. 관계 당사자의 일방이 단체협약에 의하여 중재를 신청한 때
3. 삭제〈2006.12.30.〉

제63조(중재시의 쟁의행위의 금지) 노동쟁의가 중재에 회부된 때에는 그 날부터 15일간은 쟁의행위를 할 수 없다.

제64조(중재위원회의 구성) ① 노동쟁의의 중재 또는 재심을 위하여 노동위원회에 중재위원회를 둔다.

② 제1항의 규정에 의한 중재위원회는 중재위원 3인으로 구성한다.

③ 제2항의 중재위원은 당해 노동위원회의 공익을 대표하는 위원중에서 관계 당사자의 합의로 선정한 자에 대하여 그 노동위원회의 위원장이 지명한다. 다만, 관계 당사자간에 합의가 성립되지 아니한 경우에는 노동위원회의 공익을 대표하는 위원중에서 지명한다.

제65조(중재위원회의 위원장) ① 중재위원회에 위원장을 둔다.

② 위원장은 중재위원중에서 호선한다.

제66조(주장의 확인등) ① 중재위원회는 기일을 정하여 관계 당사자 쌍방 또는 일방을 중재위원회에 출석하게 하여 주장의 요점을 확인하여야 한다.

② 관계 당사자가 지명한 노동위원회의 사용자를 대표하는 위원 또는 근로자를 대표하는 위원은 중재위원회의 동의를 얻어 그 회의에 출석하여 의견을 진술할 수 있다.

제67조(출석금지) 중재위원회의 위원장은 관계 당사자와 참고인외의 자의 회의출석을 금할 수 있다.

제68조(중재재정) ① 중재재정은 서면으로 작성하여 이를 행하며 그 서면에는 효력발생 기일을 명시하여야 한다.

② 제1항의 규정에 의한 중재재정의 해석 또는 이행방법에 관하여 관계 당사자간에 의견의 불일치가 있는 때에는 당해 중재위원회의 해석에 따르며 그 해석은 중재재정과 동일한 효력을 가진다.

제69조(중재재정등의 확정) ① 관계 당사자는 지방노동위원회 또는 특별노동위원회의 중재재정이 위법이거나 월권에 의한 것이라고 인정하는 경우에는 그 중재재정서의 송달을 받은 날부터 10일 이내에 중앙노동위원회에 그 재심을 신청할 수 있다.

② 관계 당사자는 중앙노동위원회의 중재재정이나 제1항의 규정에 의한 재심결정이 위법이거나 월권에 의한 것이라고 인정하는 경우에는 행정소송법 제20조의 규정에 불구하고 그 중재재정서 또는 재심결정서의 송달을 받은 날부터 15일 이내에 행정소송을 제기할 수 있다.

③ 제1항 및 제2항에 규정된 기간내에 재심을 신청하지 아니하거나 행정소송을 제기하지 아니한 때에는 그 중재재정 또는 재심결정은 확정된다.

④ 제3항의 규정에 의하여 중재재정이나 재심결정이 확정된 때에는 관계 당사자는 이에 따라야 한다.

제70조(중재재정 등의 효력) ① 제68조제1항의 규정에 따른 중재재정의 내용은 단체협약과 동일한 효력을 가진다.

② 노동위원회의 중재재정 또는 재심결정은 제69조제1항 및 제2항의 규정에 따른 중앙노동위원회에의 재심신청 또는 행정소송의 제기에 의하여 그 효력이 정지되지 아니한다.

[전문개정 2006.12.30.]

제4절 공익사업등의 조정에 관한 특칙

제71조(공익사업의 범위등) ① 이 법에서 "공익사업"이라 함은 공중의 일상생활과 밀접한 관련이 있거

나 국민경제에 미치는 영향이 큰 사업으로서 다음 각호의 사업을 말한다. 〈개정 2006.12.30.〉

1. 정기노선 여객운수사업 및 항공운수사업
2. 수도사업, 전기사업, 가스사업, 석유정제사업 및 석유공급사업
3. 공중위생사업, 의료사업 및 혈액공급사업
4. 은행 및 조폐사업
5. 방송 및 통신사업

② 이 법에서 "필수공익사업"이라 함은 제1항의 공익사업으로서 그 업무의 정지 또는 폐지가 공중의 일상생활을 현저히 위태롭게 하거나 국민경제를 현저히 저해하고 그 업무의 대체가 용이하지 아니한 다음 각호의 사업을 말한다.〈개정 2006.12.30.〉

1. 철도사업, 도시철도사업 및 항공운수사업
2. 수도사업, 전기사업, 가스사업, 석유정제사업 및 석유공급사업
3. 병원사업 및 혈액공급사업
4. 한국은행사업
5. 통신사업

제72조(특별조정위원회의 구성) ① 공익사업의 노동쟁의의 조정을 위하여 노동위원회에 특별조정위원회를 둔다.

② 제1항의 규정에 의한 특별조정위원회는 특별조정위원 3인으로 구성한다.

③ 제2항의 규정에 의한 특별조정위원은 그 노동위원회의 공익을 대표하는 위원중에서 노동조합과 사용자가 순차적으로 배제하고 남은 4인 내지 6인중에서 노동위원회의 위원장이 지명한다. 다만, 관계 당사자가 합의로 당해 노동위원회의 위원이 아닌 자를 추천하는 경우에는 그 추천된 자를 지명한다.〈개정 2006.12.30.〉

제73조(특별조정위원회의 위원장) ①특별조정위원회에 위원장을 둔다.

②위원장은 공익을 대표하는 노동위원회의 위원인 특별조정위원중에서 호선하고, 당해 노동위원회의 위원이 아닌 자만으로 구성된 경우에는 그중에서 호선한다. 다만, 공익을 대표하는 위원인 특별조정위원이 1인인 경우에는 당해 위원이 위원장이 된다.

제74조 삭제〈2006.12.30.〉

제75조 삭제〈2006.12.30.〉

제5절 긴급조정

제76조(긴급조정의 결정) ① 고용노동부장관은 쟁의행위가 공익사업에 관한 것이거나 그 규모가 크거나 그 성질이 특별한 것으로서 현저히 국민경제를 해하거나 국민의 일상생활을 위태롭게 할 위험이 현존하는 때에는 긴급조정의 결정을 할 수 있다. 〈개정 2010.6.4.〉

② 고용노동부장관은 긴급조정의 결정을 하고자 할 때에는 미리 중앙노동위원회 위원장의 의견을 들어야 한다.〈개정 2010.6.4.〉

③ 고용노동부장관은 제1항 및 제2항의 규정에 의하여 긴급조정을 결정한 때에는 지체없이 그 이유를 붙여 이를 공표함과 동시에 중앙노동위원회와 관계 당사자에게 각각 통고하여야 한다.〈개정 2010.6.4.〉

제77조(긴급조정시의 쟁의행위 중지) 관계 당사자는 제76조제3항의 규정에 의한 긴급조정의 결정이 공표된 때에는 즉시 쟁의행위를 중지하여야 하며, 공표일부터 30일이 경과하지 아니하면 쟁의행위를 재개할 수 없다.

제78조(중앙노동위원회의 조정) 중앙노동위원회는 제76조제3항의 규정에 의한 통고를 받은 때에는 지체없이 조정을 개시하여야 한다.

제79조(중앙노동위원회의 중재회부 결정권) ① 중앙노동위원회의 위원장은 제78조의 규정에 의한 조정이 성립될 가망이 없다고 인정한 경우에는 공익위원의 의견을 들어 그 사건을 중재에 회부할 것인가의 여부를 결정하여야 한다.
② 제1항의 규정에 의한 결정은 제76조제3항의 규정에 의한 통고를 받은 날부터 15일 이내에 하여야 한다.

제80조(중앙노동위원회의 중재) 중앙노동위원회는 당해 관계 당사자의 일방 또는 쌍방으로부터 중재신청이 있거나 제79조의 규정에 의한 중재회부의 결정을 한 때에는 지체없이 중재를 행하여야 한다.

제6장 부당노동행위

제81조(부당노동행위) 사용자는 다음 각 호의 어느 하나에 해당하는 행위(이하 "부당노동행위"라 한다)를 할 수 없다. 〈개정 2006.12.30., 2010.1.1.〉
1. 근로자가 노동조합에 가입 또는 가입하려고 하였거나 노동조합을 조직하려고 하였거나 기타 노동조합의 업무를 위한 정당한 행위를 한 것을 이유로 그 근로자를 해고하거나 그 근로자에게 불이익을 주는 행위
2. 근로자가 어느 노동조합에 가입하지 아니할 것 또는 탈퇴할 것을 고용조건으로 하거나 특정한 노동조합의 조합원이 될 것을 고용조건으로 하는 행위. 다만, 노동조합이 당해 사업장에 종사하는 근로자의 3분의 2 이상을 대표하고 있을 때에는 근로자가 그 노동조합의 조합원이 될 것을 고용조건으로 하는 단체협약의 체결은 예외로 하며, 이 경우 사용자는 근로자가 그 노동조합에서 제명된 것 또는 그 노동조합을 탈퇴하여 새로 노동조합을 조직하거나 다른 노동조합에 가입한 것을 이유로 근로자에게 신분상 불이익한 행위를 할 수 없다.
3. 노동조합의 대표자 또는 노동조합으로부터 위임을 받은 자와의 단체협약체결 기타의 단체교섭을 정당한 이유없이 거부하거나 해태하는 행위
4. 근로자가 노동조합을 조직 또는 운영하는 것을 지배하거나 이에 개입하는 행위와 노동조합의 전임자에게 급여를 지원하거나 노동조합의 운영비를 원조하는 행위. 다만, 근로자가 근로시간중에 제24조제4항에 따른 활동을 하는 것을 사용자가 허용함은 무방하며, 또한 근로자의 후생자금 또는

경제상의 불행 기타 재액의 방지와 구제등을 위한 기금의 기부와 최소한의 규모의 노동조합사무소의 제공은 예외로 한다.

5. 근로자가 정당한 단체행위에 참가한 것을 이유로 하거나 또는 노동위원회에 대하여 사용자가 이 조의 규정에 위반한 것을 신고하거나 그에 관한 증언을 하거나 기타 행정관청에 증거를 제출한 것을 이유로 그 근로자를 해고하거나 그 근로자에게 불이익을 주는 행위

제82조(구제신청) ① 사용자의 부당노동행위로 인하여 그 권리를 침해당한 근로자 또는 노동조합은 노동위원회에 그 구제를 신청할 수 있다.

② 제1항의 규정에 의한 구제의 신청은 부당노동행위가 있은 날(계속하는 행위는 그 종료일)부터 3월 이내에 이를 행하여야 한다.

제83조(조사등) ① 노동위원회는 제82조의 규정에 의한 구제신청을 받은 때에는 지체없이 필요한 조사와 관계 당사자의 심문을 하여야 한다.

② 노동위원회는 제1항의 규정에 의한 심문을 할 때에는 관계 당사자의 신청에 의하거나 그 직권으로 증인을 출석하게 하여 필요한 사항을 질문할 수 있다.

③ 노동위원회는 제1항의 규정에 의한 심문을 함에 있어서는 관계 당사자에 대하여 증거의 제출과 증인에 대한 반대심문을 할 수 있는 충분한 기회를 주어야 한다.

④ 제1항의 규정에 의한 노동위원회의 조사와 심문에 관한 절차는 중앙노동위원회가 따로 정하는 바에 의한다.

제84조(구제명령) ① 노동위원회는 제83조의 규정에 의한 심문을 종료하고 부당노동행위가 성립한다고 판정한 때에는 사용자에게 구제명령을 발하여야 하며, 부당노동행위가 성립되지 아니한다고 판정한 때에는 그 구제신청을 기각하는 결정을 하여야 한다.

② 제1항의 규정에 의한 판정·명령 및 결정은 서면으로 하되, 이를 당해 사용자와 신청인에게 각각 교부하여야 한다.

③ 관계 당사자는 제1항의 규정에 의한 명령이 있을 때에는 이에 따라야 한다.

제85조(구제명령의 확정) ① 지방노동위원회 또는 특별노동위원회의 구제명령 또는 기각결정에 불복이 있는 관계 당사자는 그 명령서 또는 결정서의 송달을 받은 날부터 10일 이내에 중앙노동위원회에 그 재심을 신청할 수 있다.

② 제1항의 규정에 의한 중앙노동위원회의 재심판정에 대하여 관계 당사자는 그 재심판정서의 송달을 받은 날부터 15일 이내에 행정소송법이 정하는 바에 의하여 소를 제기할 수 있다.

③ 제1항 및 제2항에 규정된 기간내에 재심을 신청하지 아니하거나 행정소송을 제기하지 아니한 때에는 그 구제명령·기각결정 또는 재심판정은 확정된다.

④ 제3항의 규정에 의하여 기각결정 또는 재심판정이 확정된 때에는 관계 당사자는 이에 따라야 한다.

⑤ 사용자가 제2항의 규정에 의하여 행정소송을 제기한 경우에 관할법원은 중앙노동위원회의 신청에 의하여 결정으로써, 판결이 확정될 때까지 중앙노동위원회의 구제명령의 전부 또는 일부를 이행하도록 명할 수 있으며, 당사자의 신청에 의하여 또는 직권으로 그 결정을 취소할 수 있다.

제86조(구제명령등의 효력) 노동위원회의 구제명령·기각결정 또는 재심판정은 제85조의 규정에 의한 중앙노동위원회에의 재심신청이나 행정소송의 제기에 의하여 그 효력이 정지되지 아니한다.

제7장 보칙

제87조(권한의 위임) 이 법에 의한 고용노동부장관의 권한은 대통령령이 정하는 바에 따라 그 일부를 지방고용노동관서의 장에게 위임할 수 있다. 〈개정 2010.6.4.〉

제8장 벌칙

제88조(벌칙) 제41조제2항의 규정에 위반한 자는 5년 이하의 징역 또는 5천만원 이하의 벌금에 처한다.
제89조(벌칙) 다음 각 호의 어느 하나에 해당하는 자는 3년 이하의 징역 또는 3천만원 이하의 벌금에 처한다. 〈개정 2006.12.30., 2010.1.1.〉
 1. 제37조제2항, 제38조제1항, 제42조제1항 또는 제42조의2제2항의 규정에 위반한 자
 2. 제85조제3항(제29조의4제4항에서 준용하는 경우를 포함한다)에 따라 확정되거나 행정소송을 제기하여 확정된 구제명령에 위반한 자

제90조(벌칙) 제44조제2항, 제69조제4항, 제77조 또는 제81조의 규정에 위반한 자는 2년 이하의 징역 또는 2천만원 이하의 벌금에 처한다.

제91조(벌칙) 제38조제2항, 제41조제1항, 제42조제2항, 제43조제1항·제2항·제4항, 제45조제2항 본문, 제46조제1항 또는 제63조의 규정을 위반한 자는 1년 이하의 징역 또는 1천만원 이하의 벌금에 처한다.
[전문개정 2006.12.30.]

제92조(벌칙) 다음 각호의 1에 해당하는 자는 1천만원 이하의 벌금에 처한다. 〈개정 2001.3.28., 2010.1.1.〉
 1. 제24조제5항을 위반한 자
 2. 제31조제1항의 규정에 의하여 체결된 단체협약의 내용중 다음 각목의 1에 해당하는 사항을 위반한 자
    가. 임금·복리후생비, 퇴직금에 관한 사항
    나. 근로 및 휴게시간, 휴일, 휴가에 관한 사항
    다. 징계 및 해고의 사유와 중요한 절차에 관한 사항
    라. 안전보건 및 재해부조에 관한 사항
    마. 시설·편의제공 및 근무시간중 회의참석에 관한 사항
    바. 쟁의행위에 관한 사항
 3. 제61조제1항의 규정에 의한 조정서의 내용 또는 제68조제1항의 규정에 의한 중재재정서의 내용을 준수하지 아니한 자

제93조(벌칙) 다음 각호의 1에 해당하는 자는 500만원 이하의 벌금에 처한다.

1. 제7조제3항의 규정에 위반한 자
2. 제21조제1항·제2항 또는 제31조제3항의 규정에 의한 명령에 위반한 자

제94조(양벌규정) 법인 또는 단체의 대표자, 법인·단체 또는 개인의 대리인·사용인 기타의 종업원이 그 법인·단체 또는 개인의 업무에 관하여 제88조 내지 제93조의 위반행위를 한 때에는 행위자를 벌하는 외에 그 법인·단체 또는 개인에 대하여도 각 해당 조의 벌금형을 과한다.

제95조(과태료) 제85조제5항의 규정에 의한 법원의 명령에 위반한 자는 500만원 이하의 금액(당해 명령이 작위를 명하는 것일 때에는 그 명령의 불이행 일수 1일에 50만원 이하의 비율로 산정한 금액)의 과태료에 처한다.

제96조(과태료) ① 다음 각호의 1에 해당하는 자는 500만원 이하의 과태료에 처한다.

1. 제14조의 규정에 의한 서류를 비치 또는 보존하지 아니한 자
2. 제27조의 규정에 의한 보고를 하지 아니하거나 허위의 보고를 한 자
3. 제46조제2항의 규정에 의한 신고를 하지 아니한 자

② 제13조, 제28조제2항 또는 제31조제2항의 규정에 의한 신고 또는 통보를 하지 아니한 자는 300만원 이하의 과태료에 처한다.

③ 제1항 및 제2항의 규정에 의한 과태료는 대통령령이 정하는 바에 의하여 행정관청이 부과·징수한다.〈개정 1998.2.20.〉

④ 제3항의 규정에 의한 과태료의 처분에 불복이 있는 자는 그 처분의 고지를 받은 날부터 30일 이내에 행정관청에게 이의를 제기할 수 있다.〈개정 1998.2.20.〉

⑤ 제3항의 규정에 의한 과태료의 처분을 받은 자가 제4항의 규정에 의하여 이의를 제기한 때에는 행정관청은 지체없이 관할법원에 그 사실을 통보하여야 하며, 그 통보를 받은 관할법원은 비송사건절차법에 의한 과태료의 재판을 한다.〈개정 1998.2.20.〉

⑥ 제4항의 규정에 의한 기간내에 이의를 제기하지 아니하고 과태료를 납부하지 아니한 때에는 국세체납처분의 예에 의하여 이를 징수한다.

부 칙 〈제12630호,2014.5.20.〉

이 법은 공포한 날부터 시행한다.

4. 근로자참여 및 협력증진에 관한 법률

시　행 2016. 01. 27

최초제정 1980. 12.　(노사협의회법)
제　정 1997. 03. 13 (법률 제5312호)
일부개정 2007. 12. 27 (법률 제8815호)
일부개정 2016. 01. 27 (법률 제13903호)
타법개정 2010. 06. 04 (법률 제10339호)

제1장　총 칙 〈개정 2007.12.27〉

제1조(목적) 이 법은 근로자와 사용자 쌍방이 참여와 협력을 통하여 노사 공동의 이익을 증진함으로써 산업 평화를 도모하고 국민경제 발전에 이바지함을 목적으로 한다.

[전문개정 2007.12.27.]

제2조(신의성실의 의무) 근로자와 사용자는 서로 신의를 바탕으로 성실하게 협의에 임하여야 한다.

[전문개정 2007.12.27.]

제3조(정의) 이 법에서 사용하는 용어의 뜻은 다음과 같다.
  1. "노사협의회"란 근로자와 사용자가 참여와 협력을 통하여 근로자의 복지증진과 기업의 건전한 발전을 도모하기 위하여 구성하는 협의기구를 말한다.
  2. "근로자"란 「근로기준법」 제2조에 따른 근로자를 말한다.
  3. "사용자"란 「근로기준법」 제2조에 따른 사용자를 말한다.
  [전문개정 2007.12.27.]

제4조(노사협의회의 설치) ① 노사협의회(이하 "협의회"라 한다)는 근로조건에 대한 결정권이 있는 사업이나 사업장 단위로 설치하여야 한다. 다만, 상시(常時) 30명 미만의 근로자를 사용하는 사업이나 사업장은 그러하지 아니하다.
  ② 하나의 사업에 지역을 달리하는 사업장이 있을 경우에는 그 사업장에도 설치할 수 있다.
  [전문개정 2007.12.27.]

제5조(노동조합과의 관계) 노동조합의 단체교섭이나 그 밖의 모든 활동은 이 법에 의하여 영향을 받지 아니한다.
  [전문개정 2007.12.27.]

제2장 협의회의 구성 〈개정 2007.12.27.〉

제6조(협의회의 구성) ① 협의회는 근로자와 사용자를 대표하는 같은 수의 위원으로 구성하되, 각 3명 이상 10명 이하로 한다.

② 근로자를 대표하는 위원(이하 "근로자위원"이라 한다)은 근로자가 선출하되, 근로자의 과반수로 조직된 노동조합이 있는 경우에는 노동조합의 대표자와 그 노동조합이 위촉하는 자로 한다.

③ 사용자를 대표하는 위원(이하 "사용자위원"이라 한다)은 해당 사업이나 사업장의 대표자와 그 대표자가 위촉하는 자로 한다.

④ 근로자위원이나 사용자위원의 선출과 위촉에 필요한 사항은 대통령령으로 정한다.

[전문개정 2007.12.27.]

제7조(의장과 간사) ① 협의회에 의장을 두며, 의장은 위원 중에서 호선(互選)한다. 이 경우 근로자위원과 사용자위원 중 각 1명을 공동의장으로 할 수 있다.

② 의장은 협의회를 대표하며 회의 업무를 총괄한다.

③ 노사 쌍방은 회의 결과의 기록 등 사무를 담당하는 간사 1명을 각각 둔다.

[전문개정 2007.12.27.]

제8조(위원의 임기) ① 위원의 임기는 3년으로 하되, 연임할 수 있다.

② 보궐위원의 임기는 전임자 임기의 남은 기간으로 한다.

③ 위원은 임기가 끝난 경우라도 후임자가 선출될 때까지 계속 그 직무를 담당한다.

[전문개정 2007.12.27.]

제9조(위원의 신분) ① 위원은 비상임·무보수로 한다.

② 사용자는 협의회 위원으로서의 직무 수행과 관련하여 근로자위원에게 불이익을 주는 처분을 하여서는 아니 된다.

③ 위원의 협의회 출석 시간과 이와 직접 관련된 시간으로서 제18조에 따른 협의회규정으로 정한 시간은 근로한 시간으로 본다.

[전문개정 2007.12.27.]

제10조(사용자의 의무) ① 사용자는 근로자위원의 선출에 개입하거나 방해하여서는 아니 된다.

② 사용자는 근로자위원의 업무를 위하여 장소의 사용 등 기본적인 편의를 제공하여야 한다.

[전문개정 2007.12.27.]

제11조(시정명령) 고용노동부장관은 사용자가 제9조제2항을 위반하여 근로자위원에게 불이익을 주는 처분을 하거나 제10조제1항을 위반하여 근로자위원의 선출에 개입하거나 방해하는 경우에는 그 시정(是正)을 명할 수 있다. 〈개정 2010.6.4.〉

[전문개정 2007.12.27.]

제3장 협의회의 운영 〈개정 2007.12.27.〉

제12조(회의) ① 협의회는 3개월마다 정기적으로 회의를 개최하여야 한다.

② 협의회는 필요에 따라 임시회의를 개최할 수 있다.

[전문개정 2007.12.27.]

제13조(회의 소집) ① 의장은 협의회의 회의를 소집하며 그 의장이 된다.

② 의장은 노사 일방의 대표자가 회의의 목적을 문서로 밝혀 회의의 소집을 요구하면 그 요구에 따라야 한다.

③ 의장은 회의 개최 7일 전에 회의 일시, 장소, 의제 등을 각 위원에게 통보하여야 한다.

[전문개정 2007.12.27.]

제13조의2

[제14조로 이동 〈2007.12.27.〉]

제14조(자료의 사전 제공) 근로자위원은 제13조제3항에 따라 통보된 의제 중 제20조제1항의 협의 사항 및 제21조의 의결 사항과 관련된 자료를 협의회 회의 개최 전에 사용자에게 요구할 수 있으며 사용자는 이에 성실히 따라야 한다. 다만, 그 요구 자료가 기업의 경영·영업상의 비밀이나 개인정보에 해당하는 경우에는 그러하지 아니하다.

[전문개정 2007.12.27.]

[제13조의2에서 이동, 종전 제14조는 제15조로 이동 〈2007.12.27.〉]

제15조(정족수) 회의는 근로자위원과 사용자위원 각 과반수의 출석으로 개최하고 출석위원 3분의 2 이상의 찬성으로 의결한다.

[전문개정 2007.12.27.]

[제14조에서 이동, 종전 제15조는 제16조로 이동 〈2007.12.27.〉]

제16조(회의의 공개) 협의회의 회의는 공개한다. 다만, 협의회의 의결로 공개하지 아니할 수 있다.

[전문개정 2007.12.27.]

[제15조에서 이동, 종전 제16조는 제17조로 이동 〈2007.12.27.〉]

제17조(비밀 유지) 협의회의 위원은 협의회에서 알게 된 비밀을 누설하여서는 아니 된다.

[전문개정 2007.12.27.]

[제16조에서 이동, 종전 제17조는 제18조로 이동 〈2007.12.27.〉]

제18조(협의회규정) ① 협의회는 그 조직과 운영에 관한 규정(이하 "협의회규정"이라 한다)을 제정하고 협의회를 설치한 날부터 15일 이내에 고용노동부장관에게 제출하여야 한다. 이를 변경한 경우에도 또한 같다. 〈개정 2010.6.4.〉

② 협의회규정의 규정 사항과 그 제정·변경 절차 등에 관하여 필요한 사항은 대통령령으로 정한다.

[전문개정 2007.12.27.]

[제17조에서 이동, 종전 제18조는 제19조로 이동 〈2007.12.27.〉]

제19조(회의록 비치) ① 협의회는 다음 각 호의 사항을 기록한 회의록을 작성하여 갖추어 두어야 한다.
 1. 개최 일시 및 장소
 2. 출석 위원
 3. 협의 내용 및 의결된 사항
 4. 그 밖의 토의사항
 ② 제1항에 따른 회의록은 작성한 날부터 3년간 보존하여야 한다.
 [전문개정 2007.12.27.]
 [제18조에서 이동, 종전 제19조는 제20조로 이동 〈2007.12.21.〉]

제4장 협의회의 임무 〈개정 2007.12.27.〉

제20조(협의 사항) ① 협의회가 협의하여야 할 사항은 다음 각 호와 같다.
 1. 생산성 향상과 성과 배분
 2. 근로자의 채용 · 배치 및 교육훈련
 3. 근로자의 고충처리
 4. 안전, 보건, 그 밖의 작업환경 개선과 근로자의 건강증진
 5. 인사 · 노무관리의 제도 개선
 6. 경영상 또는 기술상의 사정으로 인한 인력의 배치전환 · 재훈련 · 해고 등 고용조정의 일반원칙
 7. 작업과 휴게 시간의 운용
 8. 임금의 지불방법 · 체계 · 구조 등의 제도 개선
 9. 신기계 · 기술의 도입 또는 작업 공정의 개선
 10. 작업 수칙의 제정 또는 개정
 11. 종업원지주제(從業員持株制)와 그 밖에 근로자의 재산형성에 관한 지원
 12. 직무 발명 등과 관련하여 해당 근로자에 대한 보상에 관한 사항
 13. 근로자의 복지증진
 14. 사업장 내 근로자 감시 설비의 설치
 15. 여성근로자의 모성보호 및 일과 가정생활의 양립을 지원하기 위한 사항
 16. 그 밖의 노사협조에 관한 사항
 ② 협의회는 제1항 각 호의 사항에 대하여 제15조의 정족수에 따라 의결할 수 있다.
 [전문개정 2007.12.27.]
 [제19조에서 이동, 종전 제20조는 제21조로 이동 〈2007.12.27.〉]

제21조(의결 사항) 사용자는 다음 각 호의 어느 하나에 해당하는 사항에 대하여는 협의회의 의결을 거쳐야 한다.
 1. 근로자의 교육훈련 및 능력개발 기본계획의 수립
 2. 복지시설의 설치와 관리

3. 사내근로복지기금의 설치

4. 고충처리위원회에서 의결되지 아니한 사항

5. 각종 노사공동위원회의 설치

[전문개정 2007.12.27.]

[제20조에서 이동, 종전 제21조는 제22조로 이동 〈2007.12.27.〉]

제22조(보고 사항 등) ① 사용자는 정기회의에 다음 각 호의 어느 하나에 해당하는 사항에 관하여 성실하게 보고하거나 설명하여야 한다.

1. 경영계획 전반 및 실적에 관한 사항

2. 분기별 생산계획과 실적에 관한 사항

3. 인력계획에 관한 사항

4. 기업의 경제적 · 재정적 상황

② 근로자위원은 근로자의 요구사항을 보고하거나 설명할 수 있다.

③ 근로자위원은 사용자가 제1항에 따른 보고와 설명을 이행하지 아니하는 경우에는 제1항 각 호에 관한 자료를 제출하도록 요구할 수 있으며 사용자는 그 요구에 성실히 따라야 한다.

[전문개정 2007.12.27.]

[제21조에서 이동, 종전 제22조는 제23조로 이동 〈2007.12.27.〉]

제23조(의결 사항의 공지) 협의회는 의결된 사항을 신속히 근로자에게 널리 알려야 한다.

[전문개정 2007.12.27.]

[제22조에서 이동, 종전 제23조는 제24조로 이동 〈2007.12.27.〉]

제24조(의결 사항의 이행) 근로자와 사용자는 협의회에서 의결된 사항을 성실하게 이행하여야 한다.

[전문개정 2007.12.27.]

[제23조에서 이동, 종전 제24조는 제25조로 이동 〈2007.12.27.〉]

제25조(임의 중재) ① 협의회는 다음 각 호의 어느 하나에 해당하는 경우에는 근로자위원과 사용자위원의 합의로 협의회에 중재기구(仲裁機構)를 두어 해결하거나 노동위원회나 그 밖의 제삼자에 의한 중재를 받을 수 있다.

1. 제21조에 따른 의결 사항에 관하여 협의회가 의결하지 못한 경우

2. 협의회에서 의결된 사항의 해석이나 이행 방법 등에 관하여 의견이 일치하지 아니하는 경우

② 제1항에 따른 중재 결정이 있으면 협의회의 의결을 거친 것으로 보며 근로자와 사용자는 그 결정에 따라야 한다.

[전문개정 2007.12.27.]

[제24조에서 이동, 종전 제25조는 제26조로 이동 〈2007.12.27.〉]

제5장 고충처리 〈개정 2007.12.27.〉

제26조(고충처리위원) 모든 사업 또는 사업장에는 근로자의 고충을 청취하고 이를 처리하기 위하여 고

충처리위원을 두어야 한다. 다만, 상시 30명 미만의 근로자를 사용하는 사업이나 사업장은 그러하지 아니하다.

[전문개정 2007.12.27.]

[제25조에서 이동, 종전 제26조는 제27조로 이동 〈2007.12.27.〉]

제27조(고충처리위원의 구성 및 임기) ① 고충처리위원은 노사를 대표하는 3명 이내의 위원으로 구성하되, 협의회가 설치되어 있는 사업이나 사업장의 경우에는 협의회가 그 위원 중에서 선임하고, 협의회가 설치되어 있지 아니한 사업이나 사업장의 경우에는 사용자가 위촉한다.

② 위원의 임기에 관하여는 협의회 위원의 임기에 관한 제8조를 준용한다.

[전문개정 2007.12.27.]

[제26조에서 이동, 종전 제27조는 제28조로 이동 〈2007.12.27.〉]

제28조(고충의 처리) ① 고충처리위원은 근로자로부터 고충사항을 청취한 경우에는 10일 이내에 조치 사항과 그 밖의 처리결과를 해당 근로자에게 통보하여야 한다.

② 고충처리위원이 처리하기 곤란한 사항은 협의회의 회의에 부쳐 협의 처리한다.

[전문개정 2007.12.27.]

[제27조에서 이동 〈2007.12.27.〉]

제6장 보칙 〈개정 2007.12.21.〉

제29조(권한의 위임) 이 법에 따른 고용노동부장관의 권한은 대통령령으로 정하는 바에 따라 그 일부를 지방고용노동관서의 장에게 위임할 수 있다. 〈개정 2010.6.4.〉

[전문개정 2007.12.27.]

제7장 벌칙 〈개정 2007.12.21.〉

제30조(벌칙) 다음 각 호의 어느 하나에 해당하는 자는 1천만원 이하의 벌금에 처한다.

1. 제4조제1항에 따른 협의회의 설치를 정당한 사유 없이 거부하거나 방해한 자
2. 제24조를 위반하여 협의회에서 의결된 사항을 정당한 사유 없이 이행하지 아니한 자
3. 제25조제2항을 위반하여 중재 결정의 내용을 정당한 사유 없이 이행하지 아니한 자

[전문개정 2007.12.27.]

제31조(벌칙) 사용자가 정당한 사유 없이 제11조에 따른 시정명령을 이행하지 아니하거나 제22조제3항에 따른 자료제출 의무를 이행하지 아니하면 500만원 이하의 벌금에 처한다.

[전문개정 2007.12.27.]

제32조(벌칙) 사용자가 제12조제1항을 위반하여 협의회를 정기적으로 개최하지 아니하거나 제26조에 따른 고충처리위원을 두지 아니한 경우에는 200만원 이하의 벌금에 처한다.

[전문개정 2007.12.27.]

제33조(과태료) ① 사용자가 제18조를 위반하여 협의회규정을 제출하지 아니한 때에는 200만원 이하의 과태료를 부과한다.

② 제1항에 따른 과태료는 대통령령으로 정하는 바에 따라 고용노동부장관이 부과·징수한다.〈개정 2010.6.4.〉

③ 삭제〈2016.1.27.〉

④ 삭제〈2016.1.27.〉

⑤ 삭제〈2016.1.27.〉

[전문개정 2007.12.27.]

부 칙 〈제13903호,2016.1.27.〉

이 법은 공포한 날부터 시행한다.

5. 남녀고용평등과 일·가정 양립 지원에 관한 법률

시   행 2016. 01. 28

최초제정 1987. 12. 04 (법률 제3989호)
일부개정 1989. 04. 01 (법률 제4126호)
일부개정 1995. 08. 04 (법률 제4976호)
일부개정 1999. 02. 08 (법률 제5933호)
일부개정 2001. 08. 14 (법률 제6508호)
일부개정 2005. 05. 31 (법률 제7564호)
일부개정 2007. 12. 21 (법률 제8781호)
일부개정 2016. 01. 28 (법률 제13932호)
타법개정 2012. 06. 01 (법률 제11461호)

제1장 총 칙 〈개정 2007.12.21〉

제1조(목적) 이 법은 「대한민국헌법」의 평등이념에 따라 고용에서 남녀의 평등한 기회와 대우를 보장하고 모성 보호와 여성 고용을 촉진하여 남녀고용평등을 실현함과 아울러 근로자의 일과 가정의 양립을 지원함으로써 모든 국민의 삶의 질 향상에 이바지하는 것을 목적으로 한다.
[전문개정 2007.12.21.]

제2조(정의) 이 법에서 사용하는 용어의 뜻은 다음과 같다.
1. "차별"이란 사업주가 근로자에게 성별, 혼인, 가족 안에서의 지위, 임신 또는 출산 등의 사유로 합리적인 이유 없이 채용 또는 근로의 조건을 다르게 하거나 그 밖의 불리한 조치를 하는 경우[사업주가 채용조건이나 근로조건은 동일하게 적용하더라도 그 조건을 충족할 수 있는 남성 또는 여성이 다른 한 성(性)에 비하여 현저히 적고 그에 따라 특정 성에게 불리한 결과를 초래하며 그 조건이 정당한 것임을 증명할 수 없는 경우를 포함한다]를 말한다. 다만, 다음 각 목의 어느 하나에 해당하는 경우는 제외한다.
   가. 직무의 성격에 비추어 특정 성이 불가피하게 요구되는 경우
   나. 여성 근로자의 임신·출산·수유 등 모성보호를 위한 조치를 하는 경우
   다. 그 밖에 이 법 또는 다른 법률에 따라 적극적 고용개선조치를 하는 경우
2. "직장 내 성희롱"이란 사업주·상급자 또는 근로자가 직장 내의 지위를 이용하거나 업무와 관련하여 다른 근로자에게 성적 언동 등으로 성적 굴욕감 또는 혐오감을 느끼게 하거나 성적 언동 또는 그 밖의 요구 등에 따르지 아니하였다는 이유로 고용에서 불이익을 주는 것을 말한다.
3. "적극적 고용개선조치"란 현존하는 남녀 간의 고용차별을 없애거나 고용평등을 촉진하기 위하여 잠정적으로 특정 성을 우대하는 조치를 말한다.
4. "근로자"란 사업주에게 고용된 자와 취업할 의사를 가진 자를 말한다.
[전문개정 2007.12.21.]

제3조(적용 범위) ① 이 법은 근로자를 사용하는 모든 사업 또는 사업장(이하 "사업"이라 한다)에 적용한

다. 다만, 대통령령으로 정하는 사업에 대하여는 이 법의 전부 또는 일부를 적용하지 아니할 수 있다.

② 남녀고용평등의 실현과 일·가정의 양립에 관하여 다른 법률에 특별한 규정이 있는 경우 외에는 이 법에 따른다.

[전문개정 2007.12.21.]

제4조(국가와 지방자치단체의 책무) ① 국가와 지방자치단체는 이 법의 목적을 실현하기 위하여 국민의 관심과 이해를 증진시키고 여성의 직업능력 개발 및 고용 촉진을 지원하여야 하며, 남녀고용평등의 실현에 방해가 되는 모든 요인을 없애기 위하여 필요한 노력을 하여야 한다.

② 국가와 지방자치단체는 일·가정의 양립을 위한 근로자와 사업주의 노력을 지원하여야 하며 일·가정의 양립 지원에 필요한 재원을 조성하고 여건을 마련하기 위하여 노력하여야 한다.

[전문개정 2007.12.21.]

제5조(근로자 및 사업주의 책무) ① 근로자는 상호 이해를 바탕으로 남녀가 동등하게 존중받는 직장문화를 조성하기 위하여 노력하여야 한다.

② 사업주는 해당 사업장의 남녀고용평등의 실현에 방해가 되는 관행과 제도를 개선하여 남녀근로자가 동등한 여건에서 자신의 능력을 발휘할 수 있는 근로환경을 조성하기 위하여 노력하여야 한다.

③ 사업주는 일·가정의 양립을 방해하는 사업장 내의 관행과 제도를 개선하고 일·가정의 양립을 지원할 수 있는 근무환경을 조성하기 위하여 노력하여야 한다.

[전문개정 2007.12.21.]

제6조(정책의 수립 등) ① 고용노동부장관은 남녀고용평등과 일·가정의 양립을 실현하기 위하여 다음 각 호의 정책을 수립·시행하여야 한다. 〈개정 2010.6.4.〉

1. 남녀고용평등 의식 확산을 위한 홍보

2. 남녀고용평등 우수기업(제17조의4에 따른 적극적 고용개선조치 우수기업을 포함한다)의 선정 및 행정적·재정적 지원

3. 남녀고용평등 강조 기간의 설정·추진

4. 남녀차별 개선과 여성취업 확대를 위한 조사·연구

5. 모성보호와 일·가정 양립을 위한 제도개선 및 행정적·재정적 지원

6. 그 밖에 남녀고용평등의 실현과 일·가정의 양립을 지원하기 위하여 필요한 사항

② 고용노동부장관은 제1항에 따른 정책의 수립·시행을 위하여 관계자의 의견을 반영하도록 노력하여야 하며 필요하다고 인정되는 경우 관계 행정기관 및 지방자치단체, 그 밖의 공공단체의 장에게 협조를 요청할 수 있다.〈개정 2010.6.4.〉

[전문개정 2007.12.21.]

제6조의2(기본계획 수립) ① 고용노동부장관은 남녀고용평등 실현과 일·가정의 양립에 관한 기본계획(이하 "기본계획"이라 한다)을 5년마다 수립하여야 한다. 〈개정 2010.6.4., 2016.1.28.〉

② 기본계획에는 다음 각 호의 사항이 포함되어야 한다.〈개정 2010.6.4., 2016.1.28.〉

1. 여성취업의 촉진에 관한 사항

2. 남녀의 평등한 기회보장 및 대우에 관한 사항

3. 동일 가치 노동에 대한 동일 임금 지급의 정착에 관한 사항

4. 여성의 직업능력 개발에 관한 사항

5. 여성 근로자의 모성 보호에 관한 사항

6. 일 · 가정의 양립 지원에 관한 사항

7. 여성 근로자를 위한 복지시설의 설치 및 운영에 관한 사항

8. 직전 기본계획에 대한 평가

9. 그 밖에 남녀고용평등의 실현과 일 · 가정의 양립 지원을 위하여 고용노동부장관이 필요하다고 인 정하는 사항

③ 고용노동부장관은 필요하다고 인정하면 관계 행정기관 또는 공공기관의 장에게 기본계획 수립에 필요한 자료의 제출을 요청할 수 있다.〈신설 2016.1.28.〉

④ 고용노동부장관이 기본계획을 수립한 때에는 지체 없이 소관 상임위원회에 보고하여야 한다.〈신 설 2016.1.28.〉

[본조신설 2007.12.21.]

제6조의3(실태조사 실시) ① 고용노동부장관은 사업 또는 사업장의 남녀차별개선, 모성보호, 일 · 가정 의 양립 실태를 파악하기 위하여 정기적으로 조사를 실시하여야 한다. 〈개정 2010.6.4.〉

② 제1항에 따른 실태조사의 대상, 시기, 내용 등 필요한 사항은 고용노동부령으로 정한다.〈개정 2010.6.4.〉

[본조신설 2007.12.21.]

제2장   고용에 있어서 남녀의 평등한 기회보장 및 대우등

제1절   남녀의 평등한 기회보장 및 대우

제7조(모집과 채용) ① 사업주는 근로자를 모집하거나 채용할 때 남녀를 차별하여서는 아니 된다.

② 사업주는 여성 근로자를 모집 · 채용할 때 그 직무의 수행에 필요하지 아니한 용모 · 키 · 체중 등 의 신체적 조건, 미혼 조건, 그 밖에 고용노동부령으로 정하는 조건을 제시하거나 요구하여서는 아니 된다.〈개정 2010.6.4.〉

[전문개정 2007.12.21.]

제8조(임금) ① 사업주는 동일한 사업 내의 동일 가치 노동에 대하여는 동일한 임금을 지급하여야 한다.

② 동일 가치 노동의 기준은 직무 수행에서 요구되는 기술, 노력, 책임 및 작업 조건 등으로 하고, 사 업주가 그 기준을 정할 때에는 제25조에 따른 노사협의회의 근로자를 대표하는 위원의 의견을 들어 야 한다.

③ 사업주가 임금차별을 목적으로 설립한 별개의 사업은 동일한 사업으로 본다.

[전문개정 2007.12.21.]

제9조(임금 외의 금품 등) 사업주는 임금 외에 근로자의 생활을 보조하기 위한 금품의 지급 또는 자금의

융자 등 복리후생에서 남녀를 차별하여서는 아니 된다.
[전문개정 2007.12.21.]

제10조(교육ㆍ배치 및 승진) 사업주는 근로자의 교육ㆍ배치 및 승진에서 남녀를 차별하여서는 아니 된다.
[전문개정 2007.12.21.]

제11조(정년ㆍ퇴직 및 해고) ① 사업주는 근로자의 정년ㆍ퇴직 및 해고에서 남녀를 차별하여서는 아니 된다.
② 사업주는 여성 근로자의 혼인, 임신 또는 출산을 퇴직 사유로 예정하는 근로계약을 체결하여서는 아니 된다.
[전문개정 2007.12.21.]

제2절 직장 내 성희롱의 금지 및 예방 〈개정 2007.12.21.〉

제12조(직장 내 성희롱의 금지) 사업주, 상급자 또는 근로자는 직장 내 성희롱을 하여서는 아니 된다.
[전문개정 2007.12.21.]

제13조(직장 내 성희롱 예방 교육) ① 사업주는 직장 내 성희롱을 예방하고 근로자가 안전한 근로환경에서 일할 수 있는 여건을 조성하기 위하여 직장 내 성희롱의 예방을 위한 교육(이하 "성희롱 예방 교육"이라 한다)을 실시하여야 한다.
② 사업주 및 근로자는 제1항에 따른 성희롱 예방 교육을 받아야 한다.〈신설 2014.1.14.〉
③ 제1항 및 제2항에 따른 성희롱 예방 교육의 내용ㆍ방법 및 횟수 등에 관하여 필요한 사항은 대통령령으로 정한다.〈개정 2014.1.14.〉
[전문개정 2007.12.21.]

제13조의2(성희롱 예방 교육의 위탁) ① 사업주는 성희롱 예방 교육을 고용노동부장관이 지정하는 기관(이하 "성희롱 예방 교육기관"이라 한다)에 위탁하여 실시할 수 있다. 〈개정 2010.6.4.〉
② 성희롱 예방 교육기관은 고용노동부령으로 정하는 기관 중에서 지정하되, 고용노동부령으로 정하는 강사를 1명 이상 두어야 한다.〈개정 2010.6.4.〉
③ 성희롱 예방 교육기관은 고용노동부령으로 정하는 바에 따라 교육을 실시하고 교육이수증이나 이수자 명단 등 교육 실시 관련 자료를 보관하며 사업주나 피교육자에게 그 자료를 내주어야 한다.〈개정 2010.6.4.〉
④ 고용노동부장관은 성희롱 예방 교육기관이 다음 각 호의 어느 하나에 해당하면 그 지정을 취소할 수 있다.〈개정 2010.6.4.〉
1. 거짓이나 그 밖의 부정한 방법으로 지정을 받은 경우
2. 정당한 사유 없이 제2항에 따른 강사를 6개월 이상 계속하여 두지 아니한 경우
⑤ 고용노동부장관은 제4항에 따라 성희롱 예방 교육기관의 지정을 취소하려면 청문을 하여야 한다.〈신설 2014.5.20.〉
[전문개정 2007.12.21.]

제14조(직장 내 성희롱 발생 시 조치) ① 사업주는 직장 내 성희롱 발생이 확인된 경우 지체 없이 행위자에 대하여 징계나 그 밖에 이에 준하는 조치를 하여야 한다.

② 사업주는 직장 내 성희롱과 관련하여 피해를 입은 근로자 또는 성희롱 피해 발생을 주장하는 근로자에게 해고나 그 밖의 불리한 조치를 하여서는 아니 된다.

[전문개정 2007.12.21.]

제14조의2(고객 등에 의한 성희롱 방지) ① 사업주는 고객 등 업무와 밀접한 관련이 있는 자가 업무수행 과정에서 성적인 언동 등을 통하여 근로자에게 성적 굴욕감 또는 혐오감 등을 느끼게 하여 해당 근로자가 그로 인한 고충 해소를 요청할 경우 근무 장소 변경, 배치전환 등 가능한 조치를 취하도록 노력하여야 한다.

② 사업주는 근로자가 제1항에 따른 피해를 주장하거나 고객 등으로부터의 성적 요구 등에 불응한 것을 이유로 해고나 그 밖의 불이익한 조치를 하여서는 아니 된다.

[본조신설 2007.12.21.]

제3절 여성의 직업능력 개발 및 고용 촉진 〈개정 2007.12.21.〉

제15조(직업 지도) 「직업안정법」 제2조의2제1호에 따른 직업안정기관은 여성이 적성, 능력, 경력 및 기능의 정도에 따라 직업을 선택하고, 직업에 적응하는 것을 쉽게 하기 위하여 고용정보와 직업에 관한 조사·연구 자료를 제공하는 등 직업 지도에 필요한 조치를 하여야 한다. 〈개정 2009.10.9.〉

[전문개정 2007.12.21.]

제16조(직업능력 개발) 국가, 지방자치단체 및 사업주는 여성의 직업능력 개발 및 향상을 위하여 모든 직업능력 개발 훈련에서 남녀에게 평등한 기회를 보장하여야 한다.

[전문개정 2007.12.21.]

제17조(여성 고용 촉진) ① 고용노동부장관은 여성의 고용 촉진을 위한 시설을 설치·운영하는 비영리법인과 단체에 대하여 필요한 비용의 전부 또는 일부를 지원할 수 있다. 〈개정 2010.6.4.〉

② 고용노동부장관은 여성의 고용 촉진을 위한 사업을 실시하는 사업주 또는 여성휴게실과 수유시설을 설치하는 등 사업장 내의 고용환경을 개선하고자 하는 사업주에게 필요한 비용의 전부 또는 일부를 지원할 수 있다.〈개정 2010.6.4.〉

[전문개정 2007.12.21.]

제17조의2(경력단절여성의 능력개발과 고용촉진지원) ① 고용노동부장관은 임신·출산·육아 등의 이유로 직장을 그만두었으나 재취업할 의사가 있는 경력단절여성(이하 "경력단절여성"이라 한다)을 위하여 취업유망 직종을 선정하고, 특화된 훈련과 고용촉진프로그램을 개발하여야 한다. 〈개정 2010.6.4.〉

② 고용노동부장관은 「직업안정법」 제2조의2제1호에 따른 직업안정기관을 통하여 경력단절여성에게 직업정보, 직업훈련정보 등을 제공하고 전문화된 직업지도, 직업상담 등의 서비스를 제공하여야 한다.〈개정 2009.10.9., 2010.6.4.〉

[본조신설 2007.12.21.]

[종전 제17조의2는 제17조의3으로 이동 〈2007.12.21.〉]

제4절 적극적 고용개선조치 〈개정 2007.12.21.〉

제17조의3(적극적 고용개선조치 시행계획의 수립·제출 등) ① 고용노동부장관은 다음 각 호의 어느 하나에 해당하는 사업주로서 고용하고 있는 직종별 여성 근로자의 비율이 산업별·규모별로 고용노동부령으로 정하는 고용 기준에 미달하는 사업주에 대하여는 차별적 고용관행 및 제도 개선을 위한 적극적 고용개선조치 시행계획(이하 "시행계획"이라 한다)을 수립하여 제출할 것을 요구할 수 있다. 이 경우 해당 사업주는 시행계획을 제출하여야 한다. 〈개정 2010.6.4.〉

1. 대통령령으로 정하는 공공기관·단체의 장

2. 대통령령으로 정하는 규모 이상의 근로자를 고용하는 사업의 사업주

② 제1항 각 호의 어느 하나에 해당하는 사업주는 직종별·직급별 남녀 근로자 현황을 고용노동부장관에게 제출하여야 한다.〈개정 2010.6.4.〉

③ 제1항 각 호의 어느 하나에 해당하지 아니하는 사업주로서 적극적 고용개선조치를 하려는 사업주는 직종별 남녀 근로자 현황과 시행계획을 작성하여 고용노동부장관에게 제출할 수 있다.〈개정 2010.6.4.〉

④ 고용노동부장관은 제1항과 제3항에 따라 제출된 시행계획을 심사하여 그 내용이 명확하지 아니하거나 차별적 고용관행을 개선하려는 노력이 부족하여 시행계획으로서 적절하지 아니하다고 인정되면 해당 사업주에게 시행계획의 보완을 요구할 수 있다.〈개정 2010.6.4.〉

⑤ 제1항과 제2항에 따른 시행계획과 남녀 근로자 현황의 기재 사항, 제출 시기, 제출 절차 등에 관하여 필요한 사항은 고용노동부령으로 정한다.〈개정 2010.6.4.〉

[전문개정 2007.12.21.]

[제17조의2에서 이동, 종전 제17조의3은 제17조의4로 이동 〈2007.12.21.〉]

제17조의4(이행실적의 평가 및 지원 등) ① 제17조의3제1항 및 제3항에 따라 시행계획을 제출한 자는 그 이행실적을 고용노동부장관에게 제출하여야 한다. 〈개정 2010.6.4.〉

② 고용노동부장관은 제1항에 따라 제출된 이행실적을 평가하고, 그 결과를 사업주에게 통보하여야 한다.〈개정 2010.6.4.〉

③ 고용노동부장관은 제2항에 따른 평가 결과 이행실적이 우수한 기업(이하 "적극적 고용개선조치 우수기업"이라 한다)에 표창을 할 수 있다.〈개정 2010.6.4.〉

④ 국가와 지방자치단체는 적극적 고용개선조치 우수기업에 행정적·재정적 지원을 할 수 있다.

⑤ 고용노동부장관은 제2항에 따른 평가 결과 이행실적이 부진한 사업주에게 시행계획의 이행을 촉구할 수 있다.〈개정 2010.6.4.〉

⑥ 고용노동부장관은 제2항에 따른 평가 업무를 대통령령으로 정하는 기관이나 단체에 위탁할 수 있다.〈개정 2010.6.4.〉

⑦ 제1항에 따른 이행실적의 기재 사항, 제출 시기 및 제출 절차와 제2항에 따른 평가 결과의 통보 절차 등에 관하여 필요한 사항은 고용노동부령으로 정한다.〈개정 2010.6.4.〉

[전문개정 2007.12.21.]

[제17조의3에서 이동, 종전 제17조의4는 제17조의5로 이동 〈2007.12.21.〉]

제17조의5(적극적 고용개선조치 미이행 사업주 명단 공표) ① 고용노동부장관은 명단 공개 기준일 이전에 3회 연속하여 제17조의3제1항의 기준에 미달한 사업주로서 제17조의4제5항의 이행촉구를 받고 이에 따르지 아니한 경우 그 명단을 공표할 수 있다. 다만, 사업주의 사망·기업의 소멸 등 대통령령으로 정하는 사유가 있는 경우에는 그러하지 아니하다.

② 제1항에 따른 공표의 구체적인 기준·내용 및 방법 등 공표에 필요한 사항은 대통령령으로 정한다.

[본조신설 2014.1.14.]

[종전 제17조의5는 제17조의6으로 이동 〈2014.1.14.〉]

제17조의6(시행계획 등의 게시) 제17조의3제1항에 따라 시행계획을 제출한 사업주는 시행계획 및 제17조의4제1항에 따른 이행실적을 근로자가 열람할 수 있도록 게시하는 등 필요한 조치를 하여야 한다.

[전문개정 2007.12.21.]

[제17조의5에서 이동, 종전 제17조의6은 제17조의7로 이동 〈2014.1.14.〉]

제17조의7(적극적 고용개선조치에 관한 협조) 고용노동부장관은 적극적 고용개선조치의 효율적 시행을 위하여 필요하다고 인정하면 관계 행정기관의 장에게 차별의 시정 또는 예방을 위하여 필요한 조치를 하여 줄 것을 요청할 수 있다. 이 경우 관계 행정기관의 장은 특별한 사유가 없으면 요청에 따라야 한다. 〈개정 2010.6.4.〉

[전문개정 2007.12.21.]

[제17조의6에서 이동, 종전 제17조의7은 제17조의8로 이동 〈2014.1.14.〉]

제17조의8(적극적 고용개선조치에 관한 중요 사항 심의) 적극적 고용개선조치에 관한 다음 각 호의 사항은 「고용정책 기본법」 제10조에 따른 고용정책심의회의 심의를 거쳐야 한다. 〈개정 2014.1.14.〉

1. 제17조의3제1항에 따른 여성 근로자 고용기준에 관한 사항
2. 제17조의3제4항에 따른 시행계획의 심사에 관한 사항
3. 제17조의4제2항에 따른 적극적 고용개선조치 이행실적의 평가에 관한 사항
4. 제17조의4제3항 및 제4항에 따른 적극적 고용개선조치 우수기업의 표창 및 지원에 관한 사항
5. 제17조의5제1항에 따른 공표 여부에 관한 사항
6. 그 밖에 적극적 고용개선조치에 관하여 고용정책심의회의 위원장이 회의에 부치는 사항

[전문개정 2009.10.9.]

[제17조의7에서 이동, 종전 제17조의8은 제17조의9로 이동 〈2014.1.14.〉]

제17조의9(적극적 고용개선조치의 조사·연구 등) ① 고용노동부장관은 적극적 고용개선조치에 관한 업무를 효율적으로 수행하기 위하여 조사·연구·교육·홍보 등의 사업을 할 수 있다. 〈개정 2010.6.4.〉

② 고용노동부장관은 필요하다고 인정하면 제1항에 따른 업무의 일부를 대통령령으로 정하는 자에게 위탁할 수 있다. 〈개정 2010.6.4.〉

[전문개정 2007.12.21.]

[제17조의8에서 이동 〈2014.1.14.〉]

제3장 모성 보호 〈개정 2007.12.21.〉

제18조(출산전후휴가에 대한 지원) ① 국가는 「근로기준법」 제74조에 따른 출산전후휴가 또는 유산·사산 휴가를 사용한 근로자 중 일정한 요건에 해당하는 자에게 그 휴가기간에 대하여 통상임금에 상당하는 금액(이하 "출산전후휴가급여등"이라 한다)을 지급할 수 있다. 〈개정 2012.2.1.〉

② 제1항에 따라 지급된 출산전후휴가급여등은 그 금액의 한도에서 「근로기준법」 제74조제4항에 따라 사업주가 지급한 것으로 본다.〈개정 2012.2.1.〉

③ 출산전후휴가급여등을 지급하기 위하여 필요한 비용은 국가재정이나 「사회보장기본법」에 따른 사회보험에서 분담할 수 있다.〈개정 2012.2.1.〉

④ 여성 근로자가 출산전후휴가급여등을 받으려는 경우 사업주는 관계 서류의 작성·확인 등 모든 절차에 적극 협력하여야 한다.〈개정 2012.2.1.〉

⑤ 출산전후휴가급여등의 지급요건, 지급기간 및 절차 등에 관하여 필요한 사항은 따로 법률로 정한다.〈개정 2012.2.1.〉

[전문개정 2007.12.21.]
[제목개정 2012.2.1.]

제18조의2(배우자 출산휴가) ① 사업주는 근로자가 배우자의 출산을 이유로 휴가를 청구하는 경우에 5일의 범위에서 3일 이상의 휴가를 주어야 한다. 이 경우 사용한 휴가기간 중 최초 3일은 유급으로 한다. 〈개정 2012.2.1.〉

② 제1항에 따른 휴가는 근로자의 배우자가 출산한 날부터 30일이 지나면 청구할 수 없다.

[본조신설 2007.12.21.]
[시행일: 2013.2.2.] 제18조의2의 개정규정중 상시 300명 미만의 근로자를 사용하는 사업 또는 사업장

제3장의2 일·가정의 양립 지원 〈신설 2007.12.21.〉

제19조(육아휴직) ① 사업주는 근로자가 만 8세 이하 또는 초등학교 2학년 이하의 자녀(입양한 자녀를 포함한다)를 양육하기 위하여 휴직(이하 "육아휴직"이라 한다)을 신청하는 경우에 이를 허용하여야 한다. 다만, 대통령령으로 정하는 경우에는 그러하지 아니하다. 〈개정 2010.2.4., 2014.1.14.〉

② 육아휴직의 기간은 1년 이내로 한다.

③ 사업주는 육아휴직을 이유로 해고나 그 밖의 불리한 처우를 하여서는 아니 되며, 육아휴직 기간에는 그 근로자를 해고하지 못한다. 다만, 사업을 계속할 수 없는 경우에는 그러하지 아니하다.

④ 사업주는 육아휴직을 마친 후에는 휴직 전과 같은 업무 또는 같은 수준의 임금을 지급하는 직무에 복귀시켜야 한다. 또한 제2항의 육아휴직 기간은 근속기간에 포함한다.

⑤ 기간제근로자 또는 파견근로자의 육아휴직 기간은 「기간제 및 단시간근로자 보호 등에 관한 법률」 제4조에 따른 사용기간 또는 「파견근로자보호 등에 관한 법률」 제6조에 따른 근로자파견기간에 산입하지 아니한다.〈신설 2012.2.1.〉

⑥ 육아휴직의 신청방법 및 절차 등에 관하여 필요한 사항은 대통령령으로 정한다.〈개정 2012.2.1.〉

[전문개정 2007.12.21.]

제19조의2(육아기 근로시간 단축) ① 사업주는 제19조제1항에 따라 육아휴직을 신청할 수 있는 근로자가 육아휴직 대신 근로시간의 단축(이하 "육아기 근로시간 단축"이라 한다)을 신청하는 경우에 이를 허용하여야 한다. 다만, 대체인력 채용이 불가능한 경우, 정상적인 사업 운영에 중대한 지장을 초래하는 경우 등 대통령령으로 정하는 경우에는 그러하지 아니하다. 〈개정 2012.2.1.〉

② 제1항 단서에 따라 사업주가 육아기 근로시간 단축을 허용하지 아니하는 경우에는 해당 근로자에게 그 사유를 서면으로 통보하고 육아휴직을 사용하게 하거나 그 밖의 조치를 통하여 지원할 수 있는지를 해당 근로자와 협의하여야 한다. 〈개정 2012.2.1.〉

③ 사업주가 제1항에 따라 해당 근로자에게 육아기 근로시간 단축을 허용하는 경우 단축 후 근로시간은 주당 15시간 이상이어야 하고 30시간을 넘어서는 아니 된다.

④ 육아기 근로시간 단축의 기간은 1년 이내로 한다.

⑤ 사업주는 육아기 근로시간 단축을 이유로 해당 근로자에게 해고나 그 밖의 불리한 처우를 하여서는 아니 된다.

⑥ 사업주는 근로자의 육아기 근로시간 단축기간이 끝난 후에 그 근로자를 육아기 근로시간 단축 전과 같은 업무 또는 같은 수준의 임금을 지급하는 직무에 복귀시켜야 한다.

⑦ 육아기 근로시간 단축의 신청방법 및 절차 등에 관하여 필요한 사항은 대통령령으로 정한다.

[본조신설 2007.12.21.]

제19조의3(육아기 근로시간 단축 중 근로조건 등) ① 사업주는 제19조의2에 따라 육아기 근로시간 단축을 하고 있는 근로자에 대하여 근로시간에 비례하여 적용하는 경우 외에는 육아기 근로시간 단축을 이유로 그 근로조건을 불리하게 하여서는 아니 된다.

② 제19조의2에 따라 육아기 근로시간 단축을 한 근로자의 근로조건(육아기 근로시간 단축 후 근로시간을 포함한다)은 사업주와 그 근로자 간에 서면으로 정한다.

③ 사업주는 제19조의2에 따라 육아기 근로시간 단축을 하고 있는 근로자에게 단축된 근로시간 외에 연장근로를 요구할 수 없다. 다만, 그 근로자가 명시적으로 청구하는 경우에는 사업주는 주 12시간 이내에서 연장근로를 시킬 수 있다.

④ 육아기 근로시간 단축을 한 근로자에 대하여 「근로기준법」 제2조제6호에 따른 평균임금을 산정하는 경우에는 그 근로자의 육아기 근로시간 단축 기간을 평균임금 산정기간에서 제외한다.

[본조신설 2007.12.21.]

제19조의4(육아휴직과 육아기 근로시간 단축의 사용형태) 근로자는 제19조와 제19조의2에 따라 육아휴직이나 육아기 근로시간 단축을 하려는 경우에는 다음 각 호의 방법 중 하나를 선택하여 사용할 수 있다. 이 경우 어느 방법을 사용하든지 그 총 기간은 1년을 넘을 수 없다.

1. 육아휴직의 1회 사용
2. 육아기 근로시간 단축의 1회 사용
3. 육아휴직의 분할 사용(1회만 할 수 있다)
4. 육아기 근로시간 단축의 분할 사용(1회만 할 수 있다)
5. 육아휴직의 1회 사용과 육아기 근로시간 단축의 1회 사용

[본조신설 2007.12.21.]

제19조의5(육아지원을 위한 그 밖의 조치) ① 사업주는 만 8세 이하 또는 초등학교 2학년 이하의 자녀(입양한 자녀를 포함한다)를 양육하는 근로자의 육아를 지원하기 위하여 다음 각 호의 어느 하나에 해당하는 조치를 하도록 노력하여야 한다. 〈개정 2015.1.20.〉
1.업무를 시작하고 마치는 시간 조정
2. 연장근로의 제한
3. 근로시간의 단축, 탄력적 운영 등 근로시간 조정
4. 그 밖에 소속 근로자의 육아를 지원하기 위하여 필요한 조치
② 고용노동부장관은 사업주가 제1항에 따른 조치를 할 경우 고용 효과 등을 고려하여 필요한 지원을 할 수 있다.〈개정 2010.6.4.〉
[본조신설 2007.12.21.]

제19조의6(직장복귀를 위한 사업주의 지원) 사업주는 이 법에 따라 육아휴직 중인 근로자에 대한 직업능력 개발 및 향상을 위하여 노력하여야 하고 출산전후휴가, 육아휴직 또는 육아기 근로시간 단축을 마치고 복귀하는 근로자가 쉽게 직장생활에 적응할 수 있도록 지원하여야 한다. 〈개정 2012.2.1.〉
[본조신설 2007.12.21.]

제20조(일 · 가정의 양립을 위한 지원) ① 국가는 사업주가 근로자에게 육아휴직이나 육아기 근로시간 단축을 허용한 경우 그 근로자의 생계비용과 사업주의 고용유지비용의 일부를 지원할 수 있다.
② 국가는 소속 근로자의 일 · 가정의 양립을 지원하기 위한 조치를 도입하는 사업주에게 세제 및 재정을 통한 지원을 할 수 있다.
[전문개정 2007.12.21.]

제21조(직장어린이집 설치 및 지원 등) ① 사업주는 근로자의 취업을 지원하기 위하여 수유 · 탁아 등 육아에 필요한 어린이집(이하 "직장어린이집"이라 한다)을 설치하여야 한다. 〈개정 2011.6.7.〉
② 직장어린이집을 설치하여야 할 사업주의 범위 등 직장어린이집의 설치 및 운영에 관한 사항은 「영유아보육법」에 따른다.〈개정 2011.6.7.〉
③ 고용노동부장관은 근로자의 고용을 촉진하기 위하여 직장어린이집의 설치 · 운영에 필요한 지원 및 지도를 하여야 한다.〈개정 2010.6.4., 2011.6.7.〉
[전문개정 2007.12.21.]
[제목개정 2011.6.7.]

제21조의2(그 밖의 보육 관련 지원) 고용노동부장관은 제21조에 따라 직장어린이집을 설치하여야 하는 사업주 외의 사업주가 직장어린이집을 설치하려는 경우에는 직장어린이집의 설치 · 운영에 필요한 정보 제공, 상담 및 비용의 일부 지원 등 필요한 지원을 할 수 있다. 〈개정 2010.6.4., 2011.6.7.〉
[본조신설 2007.12.21.]

제22조(공공복지시설의 설치) ① 국가 또는 지방자치단체는 여성 근로자를 위한 교육 · 육아 · 주택 등 공공복지시설을 설치할 수 있다.
② 제1항에 따른 공공복지시설의 기준과 운영에 필요한 사항은 고용노동부장관이 정한다.〈개정 2010.6.4.〉

제22조의2(근로자의 가족 돌봄 등을 위한 지원) ① 사업주는 근로자가 부모, 배우자, 자녀 또는 배우자의 부모(이하 "가족"이라 한다)의 질병, 사고, 노령으로 인하여 그 가족을 돌보기 위한 휴직(이하 "가족돌봄휴직"이라 한다)을 신청하는 경우 이를 허용하여야 한다. 다만, 대체인력 채용이 불가능한 경우, 정상적인 사업 운영에 중대한 지장을 초래하는 경우 등 대통령령으로 정하는 경우에는 그러하지 아니하다. 〈개정 2012.2.1.〉

② 제1항 단서에 따라 사업주가 가족돌봄휴직을 허용하지 아니하는 경우에는 해당 근로자에게 그 사유를 서면으로 통보하고, 다음 각 호의 어느 하나에 해당하는 조치를 하도록 노력하여야 한다.〈신설 2012.2.1.〉

1. 업무를 시작하고 마치는 시간 조정

2. 연장근로의 제한

3. 근로시간의 단축, 탄력적 운영 등 근로시간의 조정

4. 그 밖에 사업장 사정에 맞는 지원조치

③ 가족돌봄휴직 기간은 연간 최장 90일로 하며, 이를 나누어 사용할 수 있다. 이 경우 나누어 사용하는 1회의 기간은 30일 이상이 되어야 한다.〈신설 2012.2.1.〉

④ 사업주는 가족돌봄휴직을 이유로 해당 근로자를 해고하거나 근로조건을 악화시키는 등 불리한 처우를 하여서는 아니 된다.〈신설 2012.2.1.〉

⑤ 가족돌봄휴직 기간은 근속기간에 포함한다. 다만, 「근로기준법」 제2조제1항제6호에 따른 평균임금 산정기간에서는 제외한다.〈신설 2012.2.1.〉

⑥ 사업주는 소속 근로자가 건전하게 직장과 가정을 유지하는 데에 도움이 될 수 있도록 필요한 심리상담 서비스를 제공하도록 노력하여야 한다.〈개정 2012.2.1.〉

⑦ 고용노동부장관은 사업주가 제1항에 따른 조치를 하는 경우에는 고용 효과 등을 고려하여 필요한 지원을 할 수 있다.〈개정 2010.6.4., 2012.2.1.〉

⑧ 가족돌봄휴직의 신청방법 및 절차 등에 관하여 필요한 사항은 대통령령으로 정한다.〈신설 2012.2.1.〉

[본조신설 2007.12.21.]

[시행일: 2013.2.2.] 제22조의2의 개정규정중 상시 300명 미만의 근로자를 사용하는 사업 또는 사업장

제22조의3(일·가정 양립 지원 기반 조성) ① 고용노동부장관은 일·가정 양립프로그램의 도입·확산, 모성보호 조치의 원활한 운영 등을 지원하기 위하여 조사·연구 및 홍보 등의 사업을 하고, 전문적인 상담 서비스와 관련 정보 등을 사업주와 근로자에게 제공하여야 한다. 〈개정 2010.6.4.〉

② 고용노동부장관은 제1항에 따른 업무와 제21조와 제21조의2에 따른 직장보육시설 설치·운영의 지원에 관한 업무를 대통령령으로 정하는 바에 따라 공공기관 또는 민간에 위탁하여 수행할 수 있다.〈개정 2010.6.4.〉

③ 고용노동부장관은 제2항에 따라 업무를 위탁받은 기관에 업무수행에 사용되는 경비를 지원할 수 있다.〈개정 2010.6.4.〉

[본조신설 2007.12.21.]

제4장 분쟁의 예방과 해결 〈개정 2007.12.21.〉

제23조(상담지원) ① 고용노동부장관은 차별, 직장 내 성희롱, 모성보호 및 일·가정 양립 등에 관한 상담을 실시하는 민간단체에 필요한 비용의 일부를 예산의 범위에서 지원할 수 있다. 〈개정 2010.6.4.〉

② 제1항에 따른 단체의 선정요건, 비용의 지원기준과 지원절차 및 지원의 중단 등에 필요한 사항은 고용노동부령으로 정한다.〈개정 2010.6.4.〉

[전문개정 2007.12.21.]

제24조(명예고용평등감독관) ① 고용노동부장관은 사업장의 남녀고용평등 이행을 촉진하기 위하여 그 사업장 소속 근로자 중 노사가 추천하는 자를 명예고용평등감독관(이하 "명예감독관"이라 한다)으로 위촉할 수 있다. 〈개정 2010.6.4.〉

② 명예감독관은 다음 각 호의 업무를 수행한다.〈개정 2010.6.4.〉

1. 해당 사업장의 차별 및 직장 내 성희롱 발생 시 피해 근로자에 대한 상담·조언

2. 해당 사업장의 고용평등 이행상태 자율점검 및 지도 시 참여

3. 법령위반 사실이 있는 사항에 대하여 사업주에 대한 개선 건의 및 감독기관에 대한 신고

4. 남녀고용평등 제도에 대한 홍보·계몽

5. 그 밖에 남녀고용평등의 실현을 위하여 고용노동부장관이 정하는 업무

③ 사업주는 명예감독관으로서 정당한 임무 수행을 한 것을 이유로 해당 근로자에게 인사상 불이익 등의 불리한 조치를 하여서는 아니 된다.

④ 명예감독관의 위촉과 해촉 등에 필요한 사항은 고용노동부령으로 정한다.〈개정 2010.6.4.〉

[전문개정 2007.12.21.]

제25조(분쟁의 자율적 해결) 사업주는 제7조부터 제13조까지, 제13조의2, 제14조, 제14조의2, 제18조제4항, 제18조의2, 제19조, 제19조의2부터 제19조의6까지, 제21조 및 제22조의2에 따른 사항에 관하여 근로자가 고충을 신고하였을 때에는 「근로자참여 및 협력증진에 관한 법률」에 따라 해당 사업장에 설치된 노사협의회에 고충의 처리를 위임하는 등 자율적인 해결을 위하여 노력하여야 한다.

[전문개정 2007.12.21.]

제26조 삭제 〈2005.12.30.〉

제27조 삭제 〈2005.12.30.〉

제28조 삭제 〈2005.12.30.〉

제29조 삭제 〈2005.12.30.〉

제30조(입증책임) 이 법과 관련한 분쟁해결에서 입증책임은 사업주가 부담한다.

[전문개정 2007.12.21.]

제5장 보칙 〈개정 2007.12.21.〉

제31조(보고 및 검사 등) ① 고용노동부장관은 이 법 시행을 위하여 필요한 경우에는 사업주에게 보고와 관계 서류의 제출을 명령하거나 관계 공무원이 사업장에 출입하여 관계인에게 질문하거나 관계 서류를 검사하도록 할 수 있다. 〈개정 2010.6.4.〉

② 제1항의 경우에 관계 공무원은 그 권한을 표시하는 증표를 지니고 이를 관계인에게 내보여야 한다.

[전문개정 2007.12.21.]

제31조의2(자료 제공의 요청) ① 고용노동부장관은 다음 각 호의 업무를 수행하기 위하여 보건복지부장관 또는 「국민건강보험법」에 따른 국민건강보험공단에 같은 법 제50조에 따른 임신 · 출산 진료비의 신청과 관련된 자료의 제공을 요청할 수 있다. 이 경우 해당 자료의 제공을 요청받은 기관의 장은 정당한 사유가 없으면 그 요청에 따라야 한다.

1. 제3장에 따른 모성 보호에 관한 업무

2. 제3장의2에 따른 일 · 가정의 양립 지원에 관한 업무

3. 제3장에 따른 모성 보호, 제3장의2에 따른 일 · 가정의 양립 지원에 관한 안내

4. 제31조에 따른 보고 및 검사 등

② 고용노동부장관은 제1항에 따라 제공 받은 자료를 「고용정책 기본법」 제15조제3항에 따른 고용보험전산망을 통하여 처리할 수 있다.

[본조신설 2016.1.28.]

제32조(고용평등 이행실태 등의 공표) 고용노동부장관은 이 법 시행의 실효성을 확보하기 위하여 필요하다고 인정하면 고용평등 이행실태나 그 밖의 조사결과 등을 공표할 수 있다. 다만, 다른 법률에 따라 공표가 제한되어 있는 경우에는 그러하지 아니하다. 〈개정 2010.6.4.〉

[전문개정 2007.12.21.]

제33조(관계 서류의 보존) 사업주는 이 법의 규정에 따른 사항에 관하여 대통령령으로 정하는 서류를 3년간 보존하여야 한다. 이 경우 대통령령으로 정하는 서류는 「전자문서 및 전자거래 기본법」 제2조제1호에 따른 전자문서로 작성 · 보존할 수 있다. 〈개정 2010.2.4., 2012.6.1.〉

[전문개정 2007.12.21.]

제34조(파견근로에 대한 적용) 「파견근로자보호 등에 관한 법률」에 따라 파견근로가 이루어지는 사업장에 제13조제1항을 적용할 때에는 「파견근로자보호 등에 관한 법률」 제2조제4호에 따른 사용사업주를 이 법에 따른 사업주로 본다.

[전문개정 2007.12.21.]

제35조(경비보조) ① 국가, 지방자치단체 및 공공단체는 여성의 취업촉진과 복지증진에 관련되는 사업에 대하여 예산의 범위에서 그 경비의 전부 또는 일부를 보조할 수 있다.

② 국가, 지방자치단체 및 공공단체는 제1항에 따라 보조를 받은 자가 다음 각 호의 어느 하나에 해당하면 보조금 지급결정의 전부 또는 일부를 취소하고, 지급된 보조금의 전부 또는 일부를 반환하도록

명령할 수 있다.

1. 사업의 목적 외에 보조금을 사용한 경우
2. 보조금의 지급결정의 내용(그에 조건을 붙인 경우에는 그 조건을 포함한다)을 위반한 경우
3. 거짓이나 그 밖의 부정한 방법으로 보조금을 받은 경우

[전문개정 2007.12.21.]

제36조(권한의 위임 및 위탁) 고용노동부장관은 대통령령으로 정하는 바에 따라 이 법에 따른 권한의 일부를 지방고용노동행정기관의 장 또는 지방자치단체의 장에게 위임하거나 공공단체에 위탁할 수 있다. 〈개정 2010.6.4.〉

[전문개정 2007.12.21.]

제36조의2(규제의 재검토) 고용노동부장관은 제31조의2에 따른 임신·출산 진료비의 신청과 관련된 자료 제공의 요청에 대하여 2016년 1월 1일을 기준으로 5년마다(매 5년이 되는 해의 1월 1일 전까지를 말한다) 그 타당성을 검토하여 개선 등의 조치를 하여야 한다.

[본조신설 2016.1.28.]

제6장 벌 칙 〈개정 2007.12.21.〉

제37조(벌칙) ① 사업주가 제11조를 위반하여 근로자의 정년·퇴직 및 해고에서 남녀를 차별하거나 여성 근로자의 혼인, 임신 또는 출산을 퇴직사유로 예정하는 근로계약을 체결하는 경우에는 5년 이하의 징역 또는 3천만원 이하의 벌금에 처한다.

② 사업주가 다음 각 호의 어느 하나에 해당하는 위반행위를 한 경우에는 3년 이하의 징역 또는 2천만원 이하의 벌금에 처한다.〈개정 2012.2.1.〉

1. 제8조제1항을 위반하여 동일한 사업 내의 동일 가치의 노동에 대하여 동일한 임금을 지급하지 아니한 경우
2. 제14조제2항을 위반하여 직장 내 성희롱과 관련하여 피해를 입은 근로자 또는 성희롱 발생을 주장하는 근로자에게 해고나 그 밖의 불리한 조치를 하는 경우
3. 제19조제3항을 위반하여 육아휴직을 이유로 해고나 그 밖의 불리한 처우를 하거나, 같은 항 단서의 사유가 없는데도 육아휴직 기간동안 해당 근로자를 해고한 경우
4. 제19조의2제5항을 위반하여 육아기 근로시간 단축을 이유로 해당 근로자에 대하여 해고나 그 밖의 불리한 처우를 한 경우
5. 제19조의3제1항을 위반하여 육아기 근로시간 단축을 하고 있는 근로자에 대하여 근로시간에 비례하여 적용하는 경우 외에 육아기 근로시간 단축을 이유로 그 근로조건을 불리하게 한 경우
6. 제22조의2제4항을 위반하여 가족돌봄휴직을 이유로 해당 근로자를 해고하거나 근로조건을 악화시키는 등 불리한 처우를 한 경우

③ 사업주가 제19조의3제3항을 위반하여 해당 근로자가 명시적으로 청구하지 아니하였는데도 육아기 근로시간 단축을 하고 있는 근로자에게 단축된 근로시간 외에 연장근로를 요구한 경우에는 1천만원 이하의 벌금에 처한다.

④ 사업주가 다음 각 호의 어느 하나에 해당하는 위반행위를 한 경우에는 500만원 이하의 벌금에 처한다.

1. 제7조를 위반하여 근로자의 모집 및 채용에서 남녀를 차별하거나, 여성 근로자를 모집·채용할 때 그 직무의 수행에 필요하지 아니한 용모·키·체중 등의 신체적 조건, 미혼 조건 등을 제시하거나 요구한 경우

2. 제9조를 위반하여 임금 외에 근로자의 생활을 보조하기 위한 금품의 지급 또는 자금의 융자 등 복리후생에서 남녀를 차별한 경우

3. 제10조를 위반하여 근로자의 교육·배치 및 승진에서 남녀를 차별한 경우

4. 제19조제1항·제4항을 위반하여 근로자의 육아휴직 신청을 받고 육아휴직을 허용하지 아니하거나, 육아휴직을 마친 후 휴직 전과 같은 업무 또는 같은 수준의 임금을 지급하는 직무에 복귀시키지 아니한 경우

5. 제19조의2제6항을 위반하여 육아기 근로시간 단축기간이 끝난 후에 육아기 근로시간 단축 전과 같은 업무 또는 같은 수준의 임금을 지급하는 직무에 복귀시키지 아니한 경우

6. 제24조제3항을 위반하여 명예감독관으로서 정당한 임무 수행을 한 것을 이유로 해당 근로자에게 인사상 불이익 등의 불리한 조치를 한 경우

[전문개정 2007.12.21.]

[시행일: 2013.2.2.] 제37조제2항제6호의 개정규정중 상시 300명 미만의 근로자를 사용하는 사업 또는 사업장

제38조(양벌규정) 법인의 대표자나 법인 또는 개인의 대리인, 사용인, 그 밖의 종업원이 그 법인 또는 개인의 업무에 관하여 제37조의 위반행위를 하면 그 행위자를 벌하는 외에 그 법인 또는 개인에게도 해당 조문의 벌금형을 과(科)한다. 다만, 법인 또는 개인이 그 위반행위를 방지하기 위하여 해당 업무에 관하여 상당한 주의와 감독을 게을리하지 아니한 경우에는 그러하지 아니하다.

[전문개정 2010.2.4.]

제39조(과태료) ① 사업주가 제12조를 위반하여 직장 내 성희롱을 한 경우에는 1천만원 이하의 과태료를 부과한다.

② 사업주가 다음 각 호의 어느 하나에 해당하는 위반행위를 한 경우에는 500만원 이하의 과태료를 부과한다.〈개정 2012.2.1.〉

1. 제14조제1항을 위반하여 직장 내 성희롱 발생이 확인되었는데도 지체 없이 행위자에게 징계나 그 밖에 이에 준하는 조치를 하지 아니한 경우

2. 제14조의2제2항을 위반하여 근로자가 고객 등에 의한 성희롱 피해를 주장하거나 고객 등으로부터의 성적 요구 등에 불응한 것을 이유로 해고나 그 밖의 불이익한 조치를 한 경우

3. 제18조의2제1항을 위반하여 근로자가 배우자의 출산을 이유로 휴가를 청구하였는데도 5일의 범위에서 3일 이상의 휴가를 주지 아니하거나 근로자가 사용한 휴가 중 3일을 유급으로 하지 아니한 경우

4. 제19조의2제2항을 위반하여 육아기 근로시간 단축을 허용하지 아니하였으면서도 해당 근로자에게 그 사유를 서면으로 통보하지 아니하거나, 육아휴직의 사용 또는 그 밖의 조치를 통한 지원 여

부에 관하여 해당 근로자와 협의하지 아니한 경우

5. 제19조의3제2항을 위반하여 육아기 근로시간 단축을 한 근로자의 근로조건을 서면으로 정하지 아니한 경우

6. 제19조의2제1항을 위반하여 육아기 근로시간 단축 신청을 받고 육아기 근로시간 단축을 허용하지 아니한 경우

7. 제22조의2제1항을 위반하여 가족돌봄휴직의 신청을 받고 가족돌봄휴직을 허용하지 아니한 경우

③ 다음 각 호의 어느 하나에 해당하는 자에게는 300만원 이하의 과태료를 부과한다.

1. 제13조제1항을 위반하여 직장 내 성희롱 예방 교육을 하지 아니한 자

2. 제17조의3제1항을 위반하여 시행계획을 제출하지 아니한 자

3. 제17조의3제2항을 위반하여 남녀 근로자 현황을 제출하지 아니하거나 거짓으로 제출한 자

4. 제17조의4제1항을 위반하여 이행실적을 제출하지 아니하거나 거짓으로 제출한 자(제17조의3제3항에 따라 시행계획을 제출한 자가 이행실적을 제출하지 아니하는 경우는 제외한다)

5. 제18조제4항을 위반하여 관계 서류의 작성·확인 등 모든 절차에 적극 협력하지 아니한 자

6. 제31조제1항에 따른 보고 또는 관계 서류의 제출을 거부하거나 거짓으로 보고 또는 제출한 자

7. 제31조제1항에 따른 검사를 거부, 방해 또는 기피한 자

8. 제33조를 위반하여 관계 서류를 3년간 보존하지 아니한 자

④ 제1항부터 제3항까지의 규정에 따른 과태료는 대통령령으로 정하는 바에 따라 고용노동부장관이 부과·징수한다.〈개정 2010.6.4.〉

⑤ 삭제〈2016.1.28.〉

⑥ 삭제〈2016.1.28.〉

⑦ 삭제〈2016.1.28.〉

[전문개정 2007.12.21.]

[시행일: 2013.2.2.] 제39조제2항제3호 및 제7호의 개정규정중 상시 300명 미만의 근로자를 사용하는 사업 또는 사업장

부 칙 〈제13932호,2016.1.28.〉

이 법은 공포한 날부터 시행한다.

6. 최저임금법

시　행　2012. 07. 01

최초제정 1986. 12. 31 (법률 제3927호)
일부개정 1993. 08. 05 (법률 제4575호)
일부개정 1997. 12. 24 (법률 제5474호)
일부개정 1999. 02. 08 (법률 제5888호)
일부개정 2000. 10. 23 (법률 제6278호)
일부개정 2005. 05. 31 (법률 제7563호)
일부개정 2005. 12. 30 (법률 제7827호)
일부개정 2008. 03. 21 (법률 제8964호)
일부개정 2012. 02. 01. (법률 제11278호)

제1장　총 칙 〈개정 2008.3.21〉

제1조(목적) 이 법은 근로자에 대하여 임금의 최저수준을 보장하여 근로자의 생활안정과 노동력의 질적 향상을 꾀함으로써 국민경제의 건전한 발전에 이바지하는 것을 목적으로 한다.
[전문개정 2008.3.21.]

제2조(정의) 이 법에서 "근로자", "사용자" 및 "임금"이란 「근로기준법」 제2조에 따른 근로자, 사용자 및 임금을 말한다.
[전문개정 2008.3.21.]

제3조(적용 범위) ① 이 법은 근로자를 사용하는 모든 사업 또는 사업장(이하 "사업"이라 한다)에 적용한다. 다만, 동거하는 친족만을 사용하는 사업과 가사(家事) 사용인에게는 적용하지 아니한다.
② 이 법은 「선원법」의 적용을 받는 선원과 선원을 사용하는 선박의 소유자에게는 적용하지 아니한다.
[전문개정 2008.3.21.]

제2장　최저임금 〈개정 2008.3.21.〉

제4조(최저임금의 결정기준과 구분) ① 최저임금은 근로자의 생계비, 유사 근로자의 임금, 노동생산성 및 소득분배율 등을 고려하여 정한다. 이 경우 사업의 종류별로 구분하여 정할 수 있다.
② 제1항에 따른 사업의 종류별 구분은 제12조에 따른 최저임금위원회의 심의를 거쳐 고용노동부장관이 정한다.〈개정 2010.6.4.〉
[전문개정 2008.3.21.]

제5조(최저임금액) ① 최저임금액(최저임금으로 정한 금액을 말한다. 이하 같다)은 시간 · 일(日) · 주(週) 또는 월(月)을 단위로 하여 정한다. 이 경우 일 · 주 또는 월을 단위로 하여 최저임금액을 정할 때에는 시간급(時間給)으로도 표시하여야 한다.

② 다음 각 호의 어느 하나에 해당하는 자에 대하여는 대통령령으로 정하는 바에 따라 제1항에 따른 최저임금액과 다른 금액으로 최저임금액을 정할 수 있다.〈개정 2010.6.4., 2012.2.1.〉

1. 수습 사용 중에 있는 자로서 수습 사용한 날부터 3개월 이내인 자. 다만, 1년 미만의 기간을 정하여 근로계약을 체결한 근로자는 제외한다.

2. 「근로기준법」 제63조제3호에 따라 감시(監視) 또는 단속적(斷續的)으로 근로에 종사하는 자로서 사용자가 고용노동부장관의 승인을 받은 자

③ 임금이 통상적으로 도급제나 그 밖에 이와 비슷한 형태로 정하여져 있는 경우로서 제1항에 따라 최저임금액을 정하는 것이 적당하지 아니하다고 인정되면 대통령령으로 정하는 바에 따라 최저임금액을 따로 정할 수 있다.

[전문개정 2008.3.21.]

제5조의2(최저임금의 적용을 위한 임금의 환산) 최저임금의 적용 대상이 되는 근로자의 임금을 정하는 단위기간이 제5조제1항에 따른 최저임금의 단위기간과 다른 경우에 해당 근로자의 임금을 최저임금의 단위기간에 맞추어 환산하는 방법은 대통령령으로 정한다.

[전문개정 2008.3.21.]

제6조(최저임금의 효력) ① 사용자는 최저임금의 적용을 받는 근로자에게 최저임금액 이상의 임금을 지급하여야 한다.

② 사용자는 이 법에 따른 최저임금을 이유로 종전의 임금수준을 낮추어서는 아니 된다.

③ 최저임금의 적용을 받는 근로자와 사용자 사이의 근로계약 중 최저임금액에 미치지 못하는 금액을 임금으로 정한 부분은 무효로 하며, 이 경우 무효로 된 부분은 이 법으로 정한 최저임금액과 동일한 임금을 지급하기로 한 것으로 본다.

④ 다음 각 호의 어느 하나에 해당하는 임금은 제1항과 제3항에 따른 임금에 산입(算入)하지 아니한다.〈개정 2010.6.4.〉

1. 매월 1회 이상 정기적으로 지급하는 임금 외의 임금으로서 고용노동부장관이 정하는 것

2. 「근로기준법」 제2조제1항제7호에 따른 소정(所定)근로시간(이하 "소정근로시간"이라 한다) 또는 소정의 근로일에 대하여 지급하는 임금 외의 임금으로서 고용노동부장관이 정하는 것

3. 그 밖에 최저임금액에 산입하는 것이 적당하지 아니하다고 인정하여 고용노동부장관이 따로 정하는 것

⑤ 제4항에도 불구하고 「여객자동차 운수사업법」 제3조 및 같은 법 시행령 제3조제2호다목에 따른 일반택시운송사업에서 운전업무에 종사하는 근로자의 최저임금에 산입되는 임금의 범위는 생산고에 따른 임금을 제외한 대통령령으로 정하는 임금으로 한다.

⑥ 제1항과 제3항은 다음 각 호의 어느 하나에 해당하는 사유로 근로하지 아니한 시간 또는 일에 대하여 사용자가 임금을 지급할 것을 강제하는 것은 아니다.

1. 근로자가 자기의 사정으로 소정근로시간 또는 소정의 근로일의 근로를 하지 아니한 경우

2. 사용자가 정당한 이유로 근로자에게 소정근로시간 또는 소정의 근로일의 근로를 시키지 아니한 경우

⑦ 도급으로 사업을 행하는 경우 도급인이 책임져야 할 사유로 수급인이 근로자에게 최저임금액에 미치지 못하는 임금을 지급한 경우 도급인은 해당 수급인과 연대(連帶)하여 책임을 진다.

⑧ 제7항에 따른 도급인이 책임져야 할 사유의 범위는 다음 각 호와 같다.

1. 도급인이 도급계약 체결 당시 인건비 단가를 최저임금액에 미치지 못하는 금액으로 결정하는 행위

2. 도급인이 도급계약 기간 중 인건비 단가를 최저임금액에 미치지 못하는 금액으로 낮춘 행위

⑨ 두 차례 이상의 도급으로 사업을 행하는 경우에는 제7항의 "수급인"은 "하수급인(下受給人)"으로 보고, 제7항과 제8항의 "도급인"은 "직상(直上) 수급인(하수급인에게 직접 하도급을 준 수급인)"으로 본다.

[전문개정 2008.3.21.]

[시행일:2012.7.1.] 제6조제5항 중「지방자치법」제2조제1항제1호의 특별시 및 광역시와 제주특별자치도 및「지방자치법」제2조제1항제2호의 시지역를 제외한 지역

제7조(최저임금의 적용 제외) 다음 각 호의 어느 하나에 해당하는 자로서 사용자가 대통령령으로 정하는 바에 따라 고용노동부장관의 인가를 받은 자에 대하여는 제6조를 적용하지 아니한다. 〈개정 2010.6.4.〉

1. 정신장애나 신체장애로 근로능력이 현저히 낮은 자

2. 그 밖에 최저임금을 적용하는 것이 적당하지 아니하다고 인정되는 자

[전문개정 2008.3.21.]

제3장 최저임금의 결정 〈개정 2008.3.21.〉

제8조(최저임금의 결정) ① 고용노동부장관은 매년 8월 5일까지 최저임금을 결정하여야 한다. 이 경우 고용노동부장관은 대통령령으로 정하는 바에 따라 제12조에 따른 최저임금위원회(이하 "위원회"라 한다)에 심의를 요청하고, 위원회가 심의하여 의결한 최저임금안에 따라 최저임금을 결정하여야 한다. 〈개정 2010.6.4.〉

② 위원회는 제1항 후단에 따라 고용노동부장관으로부터 최저임금에 관한 심의 요청을 받은 경우 이를 심의하여 최저임금안을 의결하고 심의 요청을 받은 날부터 90일 이내에 고용노동부장관에게 제출하여야 한다.〈개정 2010.6.4.〉

③ 고용노동부장관은 제2항에 따라 위원회가 심의하여 제출한 최저임금안에 따라 최저임금을 결정하기가 어렵다고 인정되면 20일 이내에 그 이유를 밝혀 위원회에 10일 이상의 기간을 정하여 재심의를 요청할 수 있다.〈개정 2010.6.4.〉

④ 위원회는 제3항에 따라 재심의 요청을 받은 때에는 그 기간 내에 재심의하여 그 결과를 고용노동부장관에게 제출하여야 한다.〈개정 2010.6.4.〉

⑤ 고용노동부장관은 위원회가 제4항에 따른 재심의에서 재적위원 과반수의 출석과 출석위원 3분의 2 이상의 찬성으로 제2항에 따른 당초의 최저임금안을 재의결한 경우에는 그에 따라 최저임금을 결정하여야 한다.〈개정 2010.6.4.〉

[전문개정 2008.3.21.]

제9조(최저임금안에 대한 이의 제기) ① 고용노동부장관은 제8조제2항에 따라 위원회로부터 최저임금안을 제출받은 때에는 대통령령으로 정하는 바에 따라 최저임금안을 고시하여야 한다. 〈개정 2010.6.4.〉

② 근로자를 대표하는 자나 사용자를 대표하는 자는 제1항에 따라 고시된 최저임금안에 대하여 이의가 있으면 고시된 날부터 10일 이내에 대통령령으로 정하는 바에 따라 고용노동부장관에게 이의를 제기할 수 있다. 이 경우 근로자를 대표하는 자나 사용자를 대표하는 자의 범위는 대통령령으로 정한다.〈개정 2010.6.4.〉

③ 고용노동부장관은 제2항에 따른 이의가 이유 있다고 인정되면 그 내용을 밝혀 제8조제3항에 따라 위원회에 최저임금안의 재심의를 요청하여야 한다.〈개정 2010.6.4.〉

④ 고용노동부장관은 제3항에 따라 재심의를 요청한 최저임금안에 대하여 제8조제4항에 따라 위원회가 재심의하여 의결한 최저임금안이 제출될 때까지는 최저임금을 결정하여서는 아니 된다.〈개정 2010.6.4.〉

[전문개정 2008.3.21.]

제10조(최저임금의 고시와 효력발생) ① 고용노동부장관은 최저임금을 결정한 때에는 지체 없이 그 내용을 고시하여야 한다.〈개정 2010.6.4.〉

② 제1항에 따라 고시된 최저임금은 다음 연도 1월 1일부터 효력이 발생한다. 다만, 고용노동부장관은 사업의 종류별로 임금교섭시기 등을 고려하여 필요하다고 인정하면 효력발생 시기를 따로 정할 수 있다.〈개정 2010.6.4.〉

[전문개정 2008.3.21.]

제11조(주지 의무) 최저임금의 적용을 받는 사용자는 대통령령으로 정하는 바에 따라 해당 최저임금을 그 사업의 근로자가 쉽게 볼 수 있는 장소에 게시하거나 그 외의 적당한 방법으로 근로자에게 널리 알려야 한다.

[전문개정 2008.3.21.]

제4장　최저임금위원회 〈개정 2008.3.21.〉

제12조(최저임금위원회의 설치) 최저임금에 관한 심의와 그 밖에 최저임금에 관한 중요 사항을 심의하기 위하여 고용노동부에 최저임금위원회를 둔다. 〈개정 2010.6.4.〉

[전문개정 2008.3.21.]

제13조(위원회의 기능) 위원회는 다음 각 호의 기능을 수행한다. 〈개정 2010.6.4.〉

1. 최저임금에 관한 심의 및 재심의
2. 최저임금 적용 사업의 종류별 구분에 관한 심의
3. 최저임금제도의 발전을 위한 연구 및 건의
4. 그 밖에 최저임금에 관한 중요 사항으로서 고용노동부장관이 회의에 부치는 사항의 심의

[전문개정 2008.3.21.]

제14조(위원회의 구성 등) ① 위원회는 다음 각 호의 위원으로 구성한다.

1. 근로자를 대표하는 위원(이하 "근로자위원"이라 한다) 9명

2. 사용자를 대표하는 위원(이하 "사용자위원"이라 한다) 9명

3. 공익을 대표하는 위원(이하 "공익위원"이라 한다) 9명

② 위원회에 2명의 상임위원을 두며, 상임위원은 공익위원이 된다.

③ 위원의 임기는 3년으로 하되, 연임할 수 있다.

④ 위원이 궐위(闕位)되면 그 보궐위원의 임기는 전임자(前任者) 임기의 남은 기간으로 한다.

⑤ 위원은 임기가 끝났더라도 후임자가 임명되거나 위촉될 때까지 계속하여 직무를 수행한다.

⑥ 위원의 자격과 임명·위촉 등에 관하여 필요한 사항은 대통령령으로 정한다.

[전문개정 2008.3.21.]

제15조(위원장과 부위원장) ① 위원회에 위원장과 부위원장 각 1명을 둔다.

② 위원장과 부위원장은 공익위원 중에서 위원회가 선출한다.

③ 위원장은 위원회의 사무를 총괄하며 위원회를 대표한다.

④ 위원장이 불가피한 사유로 직무를 수행할 수 없을 때에는 부위원장이 직무를 대행한다.

[전문개정 2008.3.21.]

제16조(특별위원) ① 위원회에는 관계 행정기관의 공무원 중에서 3명 이내의 특별위원을 둘 수 있다.

② 특별위원은 위원회의 회의에 출석하여 발언할 수 있다.

③ 특별위원의 자격 및 위촉 등에 관하여 필요한 사항은 대통령령으로 정한다.

[전문개정 2008.3.21.]

제17조(회의) ① 위원회의 회의는 다음 각 호의 경우에 위원장이 소집한다. 〈개정 2010.6.4.〉

1. 고용노동부장관이 소집을 요구하는 경우

2. 재적위원 3분의 1 이상이 소집을 요구하는 경우

3. 위원장이 필요하다고 인정하는 경우

② 위원장은 위원회 회의의 의장이 된다.

③ 위원회의 회의는 이 법으로 따로 정하는 경우 외에는 재적위원 과반수의 출석과 출석위원 과반수의 찬성으로 의결한다.

④ 위원회가 제3항에 따른 의결을 할 때에는 근로자위원과 사용자위원 각 3분의 1 이상의 출석이 있어야 한다. 다만, 근로자위원이나 사용자위원이 2회 이상 출석요구를 받고도 정당한 이유 없이 출석하지 아니하는 경우에는 그러하지 아니하다.

[전문개정 2008.3.21.]

제18조(의견 청취) 위원회는 그 업무를 수행할 때에 필요하다고 인정하면 관계 근로자와 사용자, 그 밖의 관계인의 의견을 들을 수 있다.

[전문개정 2008.3.21.]

제19조(전문위원회) ① 위원회는 필요하다고 인정하면 사업의 종류별 또는 특정 사항별로 전문위원회를 둘 수 있다.

② 전문위원회는 위원회 권한의 일부를 위임받아 제13조 각 호의 위원회 기능을 수행한다.

③ 전문위원회는 근로자위원, 사용자위원 및 공익위원 각 5명 이내의 같은 수로 구성한다.

④ 전문위원회에 관하여는 위원회의 운영 등에 관한 제14조제3항부터 제6항까지, 제15조, 제17조 및 제18조를 준용한다. 이 경우 "위원회"를 "전문위원회"로 본다.

[전문개정 2008.3.21.]

제20조(사무국) ① 위원회에 그 사무를 처리하게 하기 위하여 사무국을 둔다.

② 사무국에는 최저임금의 심의 등에 필요한 전문적인 사항을 조사·연구하게 하기 위하여 3명 이내의 연구위원을 둘 수 있다.

③ 연구위원의 자격·위촉 및 수당과 사무국의 조직·운영 등에 필요한 사항은 대통령령으로 정한다.

[전문개정 2008.3.21.]

제21조(위원의 수당 등) 위원회 및 전문위원회의 위원에게는 대통령령으로 정하는 바에 따라 수당과 여비를 지급할 수 있다.

[전문개정 2008.3.21.]

제22조(운영규칙) 위원회는 이 법에 어긋나지 아니하는 범위에서 위원회 및 전문위원회의 운영에 관한 규칙을 제정할 수 있다.

[전문개정 2008.3.21.]

제5장 보칙 〈개정 2008.3.21.〉

제23조(생계비 및 임금실태 등의 조사) 고용노동부장관은 근로자의 생계비와 임금실태 등을 매년 조사하여야 한다. 〈개정 2010.6.4.〉

[전문개정 2008.3.21.]

제24조(정부의 지원) 정부는 근로자와 사용자에게 최저임금제도를 원활하게 실시하는 데에 필요한 자료를 제공하거나 그 밖에 필요한 지원을 하도록 최대한 노력하여야 한다.

[전문개정 2008.3.21.]

제25조(보고) 고용노동부장관은 이 법의 시행에 필요한 범위에서 근로자나 사용자에게 임금에 관한 사항을 보고하게 할 수 있다. 〈개정 2010.6.4.〉

[전문개정 2008.3.21.]

제26조(근로감독관의 권한) ① 고용노동부장관은 「근로기준법」 제101조에 따른 근로감독관에게 대통령령으로 정하는 바에 따라 이 법의 시행에 관한 사무를 관장하도록 한다. 〈개정 2010.6.4.〉

② 근로감독관은 제1항에 따른 권한을 행사하기 위하여 사업장에 출입하여 장부와 서류의 제출을 요구할 수 있으며 그 밖의 물건을 검사하거나 관계인에게 질문할 수 있다.

③ 제2항에 따라 출입·검사를 하는 근로감독관은 그 신분을 표시하는 증표를 지니고 이를 관계인에게 내보여야 한다.

④ 근로감독관은 이 법 위반의 죄에 관하여 「사법경찰관리의 직무를 행할 자와 그 직무범위에 관한 법률」로 정하는 바에 따라 사법경찰관의 직무를 행한다.
[전문개정 2008.3.21.]

제26조의2(권한의 위임) 이 법에 따른 고용노동부장관의 권한은 대통령령으로 정하는 바에 따라 그 일부를 지방고용노동관서의 장에게 위임할 수 있다. 〈개정 2010.6.4.〉
[전문개정 2008.3.21.]

제27조 삭제 〈2008.3.21.〉

제6장   벌칙 〈개정 2008.3.21.〉

제28조(벌칙) ①제6조제1항 또는 제2항을 위반하여 최저임금액보다 적은 임금을 지급하거나 최저임금을 이유로 종전의 임금을 낮춘 자는 3년 이하의 징역 또는 2천만원 이하의 벌금에 처한다. 이 경우 징역과 벌금은 병과(倂科)할 수 있다. 〈개정 2012.2.1.〉
② 도급인에게 제6조제7항에 따라 연대책임이 발생하여 근로감독관이 그 연대책임을 이행하도록 시정지시하였음에도 불구하고 도급인이 시정기한 내에 이를 이행하지 아니한 경우 2년 이하의 징역 또는 1천만원 이하의 벌금에 처한다.〈신설 2012.2.1.〉
[전문개정 2008.3.21.]

제29조 삭제 〈1999.2.8.〉

제30조(양벌규정) ① 법인의 대표자, 대리인, 사용인, 그 밖의 종업원이 그 법인의 업무에 관하여 제28조의 위반행위를 하면 그 행위자를 벌할 뿐만 아니라 그 법인에도 해당 조문의 벌금형을 과(科)한다.
② 개인의 대리인, 사용인, 그 밖의 종업원이 그 개인의 업무에 관하여 제28조의 위반행위를 하면 그 행위자를 벌할 뿐만 아니라 그 개인에게도 해당 조문의 벌금형을 과한다.
[전문개정 2008.3.21.]

제31조(과태료) ① 다음 각 호의 어느 하나에 해당하는 자에게는 100만원 이하의 과태료를 부과한다.
 1. 제11조를 위반하여 근로자에게 해당 최저임금을 같은 조에서 규정한 방법으로 널리 알리지 아니한 자
 2. 제25조에 따른 임금에 관한 사항의 보고를 하지 아니하거나 거짓 보고를 한 자
 3. 제26조제2항에 따른 근로감독관의 요구 또는 검사를 거부·방해 또는 기피하거나 질문에 대하여 거짓 진술을 한 자
② 제1항에 따른 과태료는 대통령령으로 정하는 바에 따라 고용노동부장관이 부과·징수한다.〈개정 2010.6.4.〉
③ 제2항에 따른 과태료 처분에 불복하는 자는 그 처분을 고지받은 날부터 30일 이내에 고용노동부장관에게 이의를 제기할 수 있다.〈개정 2010.6.4.〉
④ 제2항에 따른 과태료 처분을 받은 자가 제3항에 따라 이의를 제기하면 고용노동부장관은 지체 없

이 관할 법원에 그 사실을 통보하여야 하며, 그 통보를 받은 관할 법원은 「비송사건절차법」에 따른 과태료 재판을 한다.〈개정 2010.6.4.〉

⑤ 제3항에 따른 기간에 이의를 제기하지 아니하고 과태료를 내지 아니하면 국세 체납처분의 예에 따라 징수한다.

[전문개정 2008.3.21.]

부 칙 〈제11278호,2012.2.1.〉

이 법은 2012년 7월 1일부터 시행한다.

7. 고용보험법

시   행 2016. 08. 12

최초제정 1993. 12. 27 (법률 제4644호)
일부개정 1994. 12. 22 (법률 제4826호)
일부개정 1996. 12. 30 (법률 제5226호)
일부개정 1997. 08. 28 (법률 제5399호)
일부개정 1997. 12. 13 (법률 제5453호)
일부개정 1997. 12. 13 (법률 제5454호)
일부개정 1998. 02. 20 (법률 제5514호)
일부개정 1998. 09. 17 (법률 제5566호)
일부개정 1999. 12. 31 (법률 제6099호)
일부개정 2000. 01. 12 (법률 제6124호)
일부개정 2001. 08. 14 (법률 제6509호)
일부개정 2002. 12. 30 (법률 제6850호)
일부개정 2003. 12. 31 (법률 제7048호)
일부개정 2005. 05. 31 (법률 제7565호)
일부개정 2008. 12. 31 (법률 제9315호)
일부개정 2013. 06. 04 (법률 제11864호)
타법개정 2016. 01. 19 (법률 제13805호)

제1장   총 칙

제1조(목적) 이 법은 고용보험의 시행을 통하여 실업의 예방, 고용의 촉진 및 근로자의 직업능력의 개발과 향상을 꾀하고, 국가의 직업지도와 직업소개 기능을 강화하며, 근로자가 실업한 경우에 생활에 필요한 급여를 실시하여 근로자의 생활안정과 구직 활동을 촉진함으로써 경제·사회 발전에 이바지하는 것을 목적으로 한다.

제2조(정의) 이 법에서 사용하는 용어의 뜻은 다음과 같다. 〈개정 2008.12.31., 2010.1.27., 2010.6.4., 2011.7.21.〉

1. "피보험자"란 다음 각 목에 해당하는 자를 말한다.
    가. 「고용보험 및 산업재해보상보험의 보험료징수 등에 관한 법률」(이하 "보험료징수법"이라 한다) 제5조제1항·제2항, 제6조제1항, 제8조제1항·제2항에 따라 보험에 가입되거나 가입된 것으로 보는 근로자
    나. 보험료징수법 제49조의2제1항·제2항에 따라 고용보험에 가입하거나 가입된 것으로 보는 자영업자(이하 "자영업자인 피보험자"라 한다)
2. "이직(離職)"이란 피보험자와 사업주 사이의 고용관계가 끝나게 되는 것을 말한다.
3. "실업"이란 근로의 의사와 능력이 있음에도 불구하고 취업하지 못한 상태에 있는 것을 말한다.
4. "실업의 인정"이란 직업안정기관의 장이 제43조에 따른 수급자격자가 실업한 상태에서 적극적으로 직업을 구하기 위하여 노력하고 있다고 인정하는 것을 말한다.

5. "보수"란 「소득세법」 제20조에 따른 근로소득에서 대통령령으로 정하는 금품을 뺀 금액을 말한다. 다만, 휴직이나 그 밖에 이와 비슷한 상태에 있는 기간 중에 사업주 외의 자로부터 지급받는 금품 중 고용노동부장관이 정하여 고시하는 금품은 보수로 본다.

6. "일용근로자"란 1개월 미만 동안 고용되는 자를 말한다.

제3조(보험의 관장) 고용보험(이하 "보험"이라 한다)은 고용노동부장관이 관장한다. 〈개정 2010.6.4.〉

제4조(고용보험사업) ①보험은 제1조의 목적을 이루기 위하여 고용보험사업(이하 "보험사업"이라 한다)으로 고용안정·직업능력개발 사업, 실업급여, 육아휴직 급여 및 출산전후휴가 급여 등을 실시한다. 〈개정 2012.2.1.〉
②보험사업의 보험연도는 정부의 회계연도에 따른다.

제5조(국고의 부담) ①국가는 매년 보험사업에 드는 비용의 일부를 일반회계에서 부담하여야 한다. 〈개정 2015.1.20.〉
②국가는 매년 예산의 범위에서 보험사업의 관리·운영에 드는 비용을 부담할 수 있다.

제6조(보험료) ①이 법에 따른 보험사업에 드는 비용을 충당하기 위하여 징수하는 보험료와 그 밖의 징수금에 대하여는 보험료징수법으로 정하는 바에 따른다.
②보험료징수법 제13조제1항제1호에 따라 징수된 고용안정·직업능력개발 사업의 보험료 및 실업급여의 보험료는 각각 그 사업에 드는 비용에 충당한다. 다만, 실업급여의 보험료는 육아휴직 급여 및 출산전후휴가 급여 등에 드는 비용에 충당할 수 있다.〈개정 2012.2.1.〉
③ 제2항에도 불구하고 자영업자인 피보험자로부터 보험료징수법 제49조의2에 따라 징수된 고용안정·직업능력개발 사업의 보험료 및 실업급여의 보험료는 각각 자영업자인 피보험자를 위한 그 사업에 드는 비용에 충당한다.〈신설 2011.7.21.〉

제7조(고용보험위원회) ① 이 법 및 보험료징수법(보험에 관한 사항만 해당한다)의 시행에 관한 주요 사항을 심의하기 위하여 고용노동부에 고용보험위원회(이하 이 조에서 "위원회"라 한다)를 둔다. 〈개정 2010.6.4.〉
② 위원회는 다음 각 호의 사항을 심의한다.
1. 보험제도 및 보험사업의 개선에 관한 사항
2. 보험료징수법에 따른 보험료율의 결정에 관한 사항
3. 제11조의2에 따른 보험사업의 평가에 관한 사항
4. 제81조에 따른 기금운용 계획의 수립 및 기금의 운용 결과에 관한 사항
5. 그 밖에 위원장이 보험제도 및 보험사업과 관련하여 위원회의 심의가 필요하다고 인정하는 사항
③ 위원회는 위원장 1명을 포함한 20명 이내의 위원으로 구성한다.
④ 위원회의 위원장은 고용노동부차관이 되고, 위원은 다음 각 호의 사람 중에서 각각 같은 수(數)로 고용노동부장관이 임명하거나 위촉하는 사람이 된다.〈개정 2010.6.4.〉
1. 근로자를 대표하는 사람
2. 사용자를 대표하는 사람

3. 공익을 대표하는 사람

4. 정부를 대표하는 사람

⑤ 위원회는 심의 사항을 사전에 검토·조정하기 위하여 위원회에 전문위원회를 둘 수 있다.

⑥ 위원회 및 전문위원회의 구성·운영과 그 밖에 필요한 사항은 대통령령으로 정한다.

[전문개정 2008.12.31.]

제8조(적용 범위) 이 법은 근로자를 사용하는 모든 사업 또는 사업장(이하 "사업"이라 한다)에 적용한다. 다만, 산업별 특성 및 규모 등을 고려하여 대통령령으로 정하는 사업에 대하여는 적용하지 아니한다.

제9조(보험관계의 성립·소멸) 이 법에 따른 보험관계의 성립 및 소멸에 대하여는 보험료징수법으로 정하는 바에 따른다.

제10조(적용 제외) 다음 각 호의 어느 하나에 해당하는 자에게는 이 법을 적용하지 아니한다. 다만, 제1호의 근로자 또는 자영업자에 대한 고용안정·직업능력개발 사업에 관하여는 그러하지 아니하다.〈개정 2008.3.21., 2012.12.11., 2013.6.4.〉

1. 65세 이후에 고용되거나 자영업을 개시한 자

2. 소정(所定)근로시간이 대통령령으로 정하는 시간 미만인 자

3. 「국가공무원법」과 「지방공무원법」에 따른 공무원. 다만, 대통령령으로 정하는 바에 따라 별정직공무원, 「국가공무원법」 제26조의5 및 「지방공무원법」 제25조의5에 따른 임기제공무원의 경우는 본인의 의사에 따라 고용보험(제4장에 한한다)에 가입할 수 있다.

4. 「사립학교교직원 연금법」의 적용을 받는 자

5. 그 밖에 대통령령으로 정하는 자

[제목개정 2013.6.4.]

제11조(보험 관련 조사·연구) ①고용노동부장관은 노동시장·직업 및 직업능력개발에 관한 연구와 보험 관련 업무를 지원하기 위한 조사·연구 사업 등을 할 수 있다.〈개정 2010.6.4.〉

②고용노동부장관은 필요하다고 인정하면 제1항에 따른 업무의 일부를 대통령령으로 정하는 자에게 대행하게 할 수 있다.〈개정 2010.6.4.〉

제11조의2(보험사업의 평가) ① 고용노동부장관은 보험사업에 대하여 상시적이고 체계적인 평가를 하여야 한다.〈개정 2010.6.4.〉

② 고용노동부장관은 제1항에 따른 평가의 전문성을 확보하기 위하여 대통령령으로 정하는 기관에 제1항에 따른 평가를 의뢰할 수 있다.〈개정 2010.6.4.〉

③ 고용노동부장관은 제1항 및 제2항에 따른 평가 결과를 반영하여 보험사업을 조정하거나 제81조에 따른 기금운용 계획을 수립하여야 한다.〈개정 2010.6.4.〉

[본조신설 2008.12.31.]

제12조(국제교류·협력) 고용노동부장관은 보험사업에 관하여 국제기구 및 외국 정부 또는 기관과의 교류·협력 사업을 할 수 있다.〈개정 2010.6.4.〉

제2장   피보험자의 관리

제13조(피보험자격의 취득일) ①피보험자는 이 법이 적용되는 사업에 고용된 날에 피보험자격을 취득한다. 다만, 다음 각 호의 경우에는 각각 그 해당되는 날에 피보험자격을 취득한 것으로 본다. 〈개정 2011.7.21.〉

1. 제10조에 따른 적용 제외 근로자였던 자가 이 법의 적용을 받게 된 경우에는 그 적용을 받게 된 날
2. 보험료징수법 제7조에 따른 보험관계 성립일 전에 고용된 근로자의 경우에는 그 보험관계가 성립한 날

② 제1항에도 불구하고 자영업자인 피보험자는 보험료징수법 제49조의2제1항 및 같은 조 제12항에서 준용하는 같은 법 제7조제3호에 따라 보험관계가 성립한 날에 피보험자격을 취득한다.〈신설 2011.7.21.〉

제14조(피보험자격의 상실일) ①피보험자는 다음 각 호의 어느 하나에 해당하는 날에 각각 그 피보험자격을 상실한다. 〈개정 2011.7.21.〉

1. 피보험자가 제10조에 따른 적용 제외 근로자에 해당하게 된 경우에는 그 적용 제외 대상자가 된 날
2. 보험료징수법 제10조에 따라 보험관계가 소멸한 경우에는 그 보험관계가 소멸한 날
3. 피보험자가 이직한 경우에는 이직한 날의 다음 날
4. 피보험자가 사망한 경우에는 사망한 날의 다음 날

② 제1항에도 불구하고 자영업자인 피보험자는 보험료징수법 제49조의2제10항 및 같은 조 제12항에서 준용하는 같은 법 제10조제1호부터 제3호까지의 규정에 따라 보험관계가 소멸한 날에 피보험자격을 상실한다.〈신설 2011.7.21.〉

제15조(피보험자격에 관한 신고 등) ① 사업주는 그 사업에 고용된 근로자의 피보험자격의 취득 및 상실 등에 관한 사항을 대통령령으로 정하는 바에 따라 고용노동부장관에게 신고하여야 한다. 〈개정 2010.6.4.〉

② 보험료징수법 제9조에 따라 원수급인(元受給人)이 사업주로 된 경우에 그 사업에 종사하는 근로자 중 원수급인이 고용하는 근로자 외의 근로자에 대하여는 그 근로자를 고용하는 다음 각 호의 하수급인(下受給人)이 제1항에 따른 신고를 하여야 한다. 이 경우 원수급인은 고용노동부령으로 정하는 바에 따라 하수급인에 관한 자료를 고용노동부장관에게 제출하여야 한다.〈개정 2010.2.4., 2010.6.4., 2011.5.24., 2016.1.19.〉

1. 「건설산업기본법」 제2조제7호에 따른 건설업자
2. 「주택법」 제4조에 따른 주택건설사업자
3. 「전기공사업법」 제2조제3호에 따른 공사업자
4. 「정보통신공사업법」 제2조제4호에 따른 정보통신공사업자
5. 「소방시설공사업법」 제2조제1항제2호에 따른 소방시설업자
6. 「문화재수리 등에 관한 법률」 제14조에 따른 문화재수리업자

③ 사업주가 제1항에 따른 피보험자격에 관한 사항을 신고하지 아니하면 대통령령으로 정하는 바에 따라 근로자가 신고할 수 있다.

④ 고용노동부장관은 제1항부터 제3항까지의 규정에 따라 신고된 피보험자격의 취득 및 상실 등에 관한 사항을 고용노동부령으로 정하는 바에 따라 피보험자 및 원수급인 등 관계인에게 알려야 한다.〈개정 2010.6.4.〉

⑤ 제1항이나 제2항에 따른 사업주, 원수급인 또는 하수급인은 같은 항의 신고를 고용노동부령으로 정하는 전자적 방법으로 할 수 있다.〈개정 2010.6.4.〉

⑥ 고용노동부장관은 제5항에 따라 전자적 방법으로 신고를 하려는 사업주, 원수급인 또는 하수급인에게 고용노동부령으로 정하는 바에 따라 필요한 장비 등을 지원할 수 있다.〈개정 2010.6.4.〉

⑦ 제1항에도 불구하고 자영업자인 피보험자는 피보험자격의 취득 및 상실에 관한 신고를 하지 아니한다.〈신설 2011.7.21.〉

제16조(이직의 확인) ① 사업주는 제15조제1항에 따라 피보험자격의 상실을 신고할 때 근로자가 이직으로 피보험자격을 상실한 경우에는 피보험 단위기간·이직 사유 및 이직 전에 지급한 임금(「근로기준법」에 따른 임금을 말한다. 이하 같다)·퇴직금 등의 명세를 증명하는 서류(이하 "이직확인서"라 한다)를 작성하여 고용노동부장관에게 제출하여야 한다. 다만, 제43조제1항에 따른 수급자격의 인정신청을 원하지 아니하는 피보험자격 상실자(일용근로자는 제외한다)에 대하여는 그러하지 아니하다.〈개정 2010.1.27., 2010.6.4.〉

② 이직으로 피보험자격을 상실한 자는 실업급여의 수급자격의 인정신청을 위하여 종전의 사업주에게 이직확인서의 교부를 청구할 수 있다. 이 경우 청구를 받은 사업주는 이직확인서를 내주어야 한다.

제17조(피보험자격의 확인) ① 피보험자 또는 피보험자였던 자는 언제든지 고용노동부장관에게 피보험자격의 취득 또는 상실에 관한 확인을 청구할 수 있다.〈개정 2010.6.4.〉

② 고용노동부장관은 제1항에 따른 청구에 따르거나 직권으로 피보험자격의 취득 또는 상실에 관하여 확인을 한다.〈개정 2010.6.4.〉

③ 고용노동부장관은 제2항에 따른 확인 결과를 대통령령으로 정하는 바에 따라 그 확인을 청구한 피보험자 및 사업주 등 관계인에게 알려야 한다.〈개정 2010.6.4.〉

제18조(피보험자격 이중 취득의 제한) 근로자가 보험관계가 성립되어 있는 둘 이상의 사업에 동시에 고용되어 있는 경우에는 고용노동부령으로 정하는 바에 따라 그 중 한 사업의 근로자로서의 피보험자격을 취득한다.〈개정 2010.6.4.〉

제3장   고용안정·직업능력개발 사업

제19조(고용안정·직업능력개발 사업의 실시) ① 고용노동부장관은 피보험자 및 피보험자였던 자, 그 밖에 취업할 의사를 가진 자(이하 "피보험자등"이라 한다)에 대한 실업의 예방, 취업의 촉진, 고용기회의 확대, 직업능력개발·향상의 기회 제공 및 지원, 그 밖에 고용안정과 사업주에 대한 인력 확보를 지원하기 위하여 고용안정·직업능력개발 사업을 실시한다.〈개정 2010.6.4.〉

② 고용노동부장관은 제1항에 따른 고용안정·직업능력개발 사업을 실시할 때에는 근로자의 수, 고

용안정·직업능력개발을 위하여 취한 조치 및 실적 등 대통령령으로 정하는 기준에 해당하는 기업을 우선적으로 고려하여야 한다.〈개정 2010.6.4.〉

제20조(고용창출의 지원) 고용노동부장관은 고용환경 개선, 근무형태 변경 등으로 고용의 기회를 확대한 사업주에게 대통령령으로 정하는 바에 따라 필요한 지원을 할 수 있다. 〈개정 2010.6.4.〉

제21조(고용조정의 지원) ① 고용노동부장관은 경기의 변동, 산업구조의 변화 등에 따른 사업 규모의 축소, 사업의 폐업 또는 전환으로 고용조정이 불가피하게 된 사업주가 근로자에 대한 휴업, 휴직, 직업전환에 필요한 직업능력개발 훈련, 인력의 재배치 등을 실시하거나 그 밖에 근로자의 고용안정을 위한 조치를 하면 대통령령으로 정하는 바에 따라 그 사업주에게 필요한 지원을 할 수 있다. 이 경우 휴업이나 휴직 등 고용안정을 위한 조치로 근로자의 임금이 대통령령으로 정하는 수준으로 감소할 때에는 대통령령으로 정하는 바에 따라 그 근로자에게도 필요한 지원을 할 수 있다. 〈개정 2010.6.4., 2013.1.23.〉

② 고용노동부장관은 제1항의 고용조정으로 이직된 근로자를 고용하는 등 고용이 불안정하게 된 근로자의 고용안정을 위한 조치를 하는 사업주에게 대통령령으로 정하는 바에 따라 필요한 지원을 할 수 있다.〈개정 2010.6.4.〉

③ 고용노동부장관은 제1항에 따른 지원을 할 때에는 「고용정책 기본법」 제32조에 따른 업종에 해당하거나 지역에 있는 사업주 또는 근로자에게 우선적으로 지원할 수 있다.〈개정 2009.10.9., 2010.6.4., 2013.1.23.〉

제22조(지역 고용의 촉진) 고용노동부장관은 고용기회가 뚜렷이 부족하거나 산업구조의 변화 등으로 고용사정이 급속하게 악화되고 있는 지역으로 사업을 이전하거나 그러한 지역에서 사업을 신설 또는 증설하여 그 지역의 실업 예방과 재취업 촉진에 기여한 사업주, 그 밖에 그 지역의 고용기회 확대에 필요한 조치를 한 사업주에게 대통령령으로 정하는 바에 따라 필요한 지원을 할 수 있다. 〈개정 2010.6.4.〉

제23조(고령자등 고용촉진의 지원) 고용노동부장관은 고령자 등 노동시장의 통상적인 조건에서는 취업이 특히 곤란한 자(이하 "고령자등"이라 한다)의 고용을 촉진하기 위하여 고령자등을 새로 고용하거나 이들의 고용안정에 필요한 조치를 하는 사업주 또는 사업주가 실시하는 고용안정 조치에 해당된 근로자에게 대통령령으로 정하는 바에 따라 필요한 지원을 할 수 있다. 〈개정 2010.6.4.〉

제24조(건설근로자 등의 고용안정 지원) ① 고용노동부장관은 건설근로자 등 고용상태가 불안정한 근로자를 위하여 다음 각 호의 사업을 실시하는 사업주에게 대통령령으로 정하는 바에 따라 필요한 지원을 할 수 있다. 〈개정 2010.6.4.〉

1. 고용상태의 개선을 위한 사업
2. 계속적인 고용기회의 부여 등 고용안정을 위한 사업
3. 그 밖에 대통령령으로 정하는 고용안정 사업

② 고용노동부장관은 제1항 각 호의 사업과 관련하여 사업주가 단독으로 고용안정 사업을 실시하기 어려운 경우로서 대통령령으로 정하는 경우에는 사업주 단체에 대하여도 지원을 할 수 있다.〈개정 2010.6.4.〉

제25조(고용안정 및 취업 촉진) ① 고용노동부장관은 피보험자등의 고용안정 및 취업을 촉진하기 위하여 다음 각 호의 사업을 직접 실시하거나 이를 실시하는 자에게 필요한 비용을 지원 또는 대부할 수 있다. 〈개정 2010.6.4.〉

1. 고용관리 진단 등 고용개선 지원 사업
2. 피보험자등의 창업을 촉진하기 위한 지원 사업
3. 그 밖에 피보험자등의 고용안정 및 취업을 촉진하기 위한 사업으로서 대통령령으로 정하는 사업
② 제1항에 따른 사업의 실시와 비용의 지원·대부에 필요한 사항은 대통령령으로 정한다.

제26조(고용촉진 시설에 대한 지원) 고용노동부장관은 피보험자등의 고용안정·고용촉진 및 사업주의 인력 확보를 지원하기 위하여 대통령령으로 정하는 바에 따라 상담 시설, 어린이집, 그 밖에 대통령령으로 정하는 고용촉진 시설을 설치·운영하는 자에게 필요한 지원을 할 수 있다. 〈개정 2010.6.4., 2011.6.7.〉

제26조의2(지원의 제한) 고용노동부장관은 제20조부터 제26조까지의 규정에 따른 지원을 할 때 사업주가 다른 법령에 따른 지원금 또는 장려금 등의 금전을 지급받은 경우 등 대통령령으로 정하는 경우에는 그 금액을 빼고 지원할 수 있다.
[본조신설 2011.7.21.]

제27조(사업주에 대한 직업능력개발 훈련의 지원) 고용노동부장관은 피보험자등의 직업능력을 개발·향상시키기 위하여 대통령령으로 정하는 직업능력개발 훈련을 실시하는 사업주에게 대통령령으로 정하는 바에 따라 그 훈련에 필요한 비용을 지원할 수 있다. 〈개정 2010.6.4.〉

제28조(비용 지원의 기준 등) 고용노동부장관이 제27조에 따라 사업주에게 비용을 지원하는 경우 지원 금액은 보험료징수법 제16조의3에 따른 해당 연도 고용보험료 또는 같은 법 제17조에 따른 해당 연도 고용보험 개산보험료 중 고용안정·직업능력개발 사업의 보험료에 대통령령으로 정하는 비율을 곱한 금액으로 하되, 그 한도는 대통령령으로 정한다. 〈개정 2010.1.27., 2010.6.4.〉

제29조(피보험자등에 대한 직업능력개발 지원) ①고용노동부장관은 피보험자등이 직업능력개발 훈련을 받거나 그 밖에 직업능력 개발·향상을 위하여 노력하는 경우에는 대통령령으로 정하는 바에 따라 필요한 비용을 지원할 수 있다. 〈개정 2010.6.4.〉
②고용노동부장관은 필요하다고 인정하면 대통령령으로 정하는 바에 따라 피보험자등의 취업을 촉진하기 위한 직업능력개발 훈련을 실시할 수 있다.〈개정 2010.6.4.〉
③ 고용노동부장관은 대통령령으로 정하는 저소득 피보험자등이 직업능력개발 훈련을 받는 경우 대통령령으로 정하는 바에 따라 생계비를 대부할 수 있다.〈신설 2008.12.31., 2010.6.4.〉

제30조(직업능력개발 훈련 시설에 대한 지원 등) 고용노동부장관은 피보험자등의 직업능력 개발·향상을 위하여 필요하다고 인정하면 대통령령으로 정하는 바에 따라 직업능력개발 훈련 시설의 설치 및 장비 구입에 필요한 비용의 대부, 그 밖에 고용노동부장관이 정하는 직업능력개발 훈련 시설의 설치 및 장비 구입·운영에 필요한 비용을 지원할 수 있다. 〈개정 2010.6.4.〉

제31조(직업능력개발의 촉진) ① 고용노동부장관은 피보험자등의 직업능력 개발·향상을 촉진하기 위하여 다음 각 호의 사업을 실시하거나 이를 실시하는 자에게 그 사업의 실시에 필요한 비용을 지원할 수 있다. 〈개정 2010.5.31., 2010.6.4.〉

1. 직업능력개발 사업에 대한 기술지원 및 평가 사업
2. 자격검정 사업 및 「숙련기술장려법」에 따른 숙련기술 장려 사업
3. 그 밖에 대통령령으로 정하는 사업

② 고용노동부장관은 직업능력 개발·향상과 인력의 원활한 수급(需給)을 위하여 필요하다고 인정하면 대통령령으로 정하는 바에 따라 고용노동부장관이 정하는 직종에 대한 직업능력개발 훈련 사업을 위탁하여 실시할 수 있다.〈개정 2010.6.4.〉

제32조(건설근로자 등의 직업능력개발 지원) ① 고용노동부장관은 건설근로자 등 고용상태가 불안정한 근로자를 위하여 직업능력 개발·향상을 위한 사업으로 대통령령으로 정하는 사업을 실시하는 사업주에게 그 사업의 실시에 필요한 비용을 지원할 수 있다. 〈개정 2010.6.4.〉

② 고용노동부장관은 제1항의 사업과 관련하여 사업주가 단독으로 직업능력개발 사업을 실시하기 어려운 경우로서 대통령령으로 정하는 경우에는 사업주 단체에 대하여도 지원할 수 있다.〈개정 2010.6.4.〉

제33조(고용정보의 제공 및 고용 지원 기반의 구축 등) ① 고용노동부장관은 사업주 및 피보험자등에 대한 구인·구직·훈련 등 고용정보의 제공, 직업·훈련 상담 등 직업지도, 직업소개, 고용안정·직업능력개발에 관한 기반의 구축 및 그에 필요한 전문 인력의 배치 등의 사업을 할 수 있다. 〈개정 2010.6.4.〉

② 고용노동부장관은 필요하다고 인정하면 제1항에 따른 업무의 일부를 「직업안정법」 제4조의4에 따른 민간직업상담원에게 수행하도록 할 수 있다.〈개정 2010.6.4.〉

제34조(지방자치단체 등에 대한 지원) 고용노동부장관은 지방자치단체 또는 대통령령으로 정하는 비영리법인·단체가 그 지역에서 피보험자등의 고용안정·고용촉진 및 직업능력개발을 위한 사업을 실시하는 경우에는 대통령령으로 정하는 바에 따라 필요한 지원을 할 수 있다. 〈개정 2010.6.4.〉

제35조(부정행위에 따른 지원의 제한 등) ① 고용노동부장관은 거짓이나 그 밖의 부정한 방법으로 이 장의 규정에 따른 고용안정·직업능력개발 사업의 지원을 받은 자 또는 받으려는 자에게는 해당 지원금 중 지급되지 아니한 금액 또는 지급받으려는 지원금을 지급하지 아니하고, 1년의 범위에서 대통령령으로 정하는 바에 따라 지원금의 지급을 제한하며, 거짓이나 그 밖의 부정한 방법으로 지원받은 금액을 반환하도록 명하여야 한다. 〈개정 2008.12.31., 2010.6.4., 2015.1.20.〉

② 고용노동부장관은 제1항에 따라 반환을 명하는 경우에는 이에 추가하여 고용노동부령으로 정하는 기준에 따라 그 거짓이나 그 밖의 부정한 방법으로 지급받은 금액의 5배 이하의 금액을 징수할 수 있다.〈개정 2008.12.31., 2010.6.4.〉

③ 제1항 및 제2항에도 불구하고 거짓이나 그 밖의 부정한 방법으로 직업능력개발 사업의 지원을 받은 자 또는 받으려는 자에 대한 지원의 제한, 반환 및 추가징수에 관하여는 「근로자직업능력 개발법」 제55조제1항·제2항, 제56조제1항부터 제3항까지의 규정을 준용한다.〈신설 2008.12.31., 2010.5.31.〉

④ 고용노동부장관은 보험료를 체납한 자에게는 고용노동부령으로 정하는 바에 따라 이 장의 규정에 따른 고용안정·직업능력개발 사업의 지원을 하지 아니할 수 있다.〈개정 2008.12.31., 2010.6.4., 2011.7.21.〉

[2015.1.20. 법률 제13041호에 의하여 2013.8.29. 위헌 결정된 제35조제1항을 개정함]

제36조(업무의 대행) 고용노동부장관은 필요하다고 인정하면 제19조 및 제27조부터 제31조까지의 규정에 따른 업무의 일부를 대통령령으로 정하는 자에게 대행하게 할 수 있다.〈개정 2010.6.4.〉

제4장 실업급여

제1절 통칙

제37조(실업급여의 종류) ① 실업급여는 구직급여와 취업촉진 수당으로 구분한다.

② 취업촉진 수당의 종류는 다음 각 호와 같다.

1. 조기(早期)재취업 수당
2. 직업능력개발 수당
3. 광역 구직활동비
4. 이주비

제37조의2(실업급여수급계좌) ① 직업안정기관의 장은 제43조에 따른 수급자격자의 신청이 있는 경우에는 실업급여를 수급자격자 명의의 지정된 계좌(이하 "실업급여수급계좌"라 한다)로 입금하여야 한다. 다만, 정보통신장애나 그 밖에 대통령령으로 정하는 불가피한 사유로 실업급여를 실업급여수급계좌로 이체할 수 없을 때에는 현금 지급 등 대통령령으로 정하는 바에 따라 실업급여를 지급할 수 있다.

② 실업급여수급계좌의 해당 금융기관은 이 법에 따른 실업급여만이 실업급여수급계좌에 입금되도록 관리하여야 한다.

③ 제1항에 따른 신청 방법·절차와 제2항에 따른 실업급여수급계좌의 관리에 필요한 사항은 대통령령으로 정한다.

[본조신설 2015.1.20.]

제38조(수급권의 보호) ① 실업급여를 받을 권리는 양도 또는 압류하거나 담보로 제공할 수 없다.〈개정 2015.1.20.〉

② 제37조의2제1항에 따라 지정된 실업급여수급계좌의 예금 중 대통령령으로 정하는 액수 이하의 금액에 관한 채권은 압류할 수 없다.〈신설 2015.1.20.〉

제38조의2(공과금의 면제) 실업급여로서 지급된 금품에 대하여는 국가나 지방자치단체의 공과금(「국세기본법」 제2조제8호 또는 「지방세기본법」 제2조제1항제26호에 따른 공과금을 말한다)을 부과하지 아니한다.

[본조신설 2013.3.22.]

제39조 삭제〈2013.6.4.〉

제2절 구직급여

제40조(구직급여의 수급 요건) ① 구직급여는 이직한 피보험자가 다음 각 호의 요건을 모두 갖춘 경우에 지급한다. 다만, 제5호와 제6호는 최종 이직 당시 일용근로자였던 자만 해당한다.

1. 이직일 이전 18개월간(이하 "기준기간"이라 한다) 제41조에 따른 피보험 단위기간이 통산(通算)하여 180일 이상일 것

2. 근로의 의사와 능력이 있음에도 불구하고 취업(영리를 목적으로 사업을 영위하는 경우를 포함한다. 이하 이 장에서 같다)하지 못한 상태에 있을 것

3. 이직사유가 제58조에 따른 수급자격의 제한 사유에 해당하지 아니할 것

4. 재취업을 위한 노력을 적극적으로 할 것

5. 제43조에 따른 수급자격 인정신청일 이전 1개월 동안의 근로일수가 10일 미만일 것

6. 최종 이직일 이전 기준기간의 피보험 단위기간 180일 중 다른 사업에서 제58조에 따른 수급자격의 제한 사유에 해당하는 사유로 이직한 사실이 있는 경우에는 그 피보험 단위기간 중 90일 이상을 일용근로자로 근로하였을 것

② 피보험자가 이직일 이전 18개월 동안에 질병·부상, 그 밖에 대통령령으로 정하는 사유로 계속하여 30일 이상 보수의 지급을 받을 수 없었던 경우에는 18개월에 그 사유로 보수를 지급 받을 수 없었던 일수를 가산한 기간을 기준기간(3년을 초과할 때에는 3년)으로 한다.〈개정 2010.1.27.〉

제41조(피보험 단위기간) ①피보험 단위기간은 피보험기간 중 보수 지급의 기초가 된 날을 합하여 계산한다. 다만, 자영업자인 피보험자의 피보험 단위기간은 제50조제3항 단서 및 제4항에 따른 피보험기간으로 한다. 〈개정 2010.1.27., 2011.7.21.〉

② 제1항에 따라 피보험 단위기간을 계산할 때에는 최후로 피보험자격을 취득한 날 이전에 구직급여를 받은 사실이 있는 경우에는 그 구직급여와 관련된 피보험자격 상실일 이전의 피보험 단위기간은 넣지 아니한다.〈개정 2008.12.31., 2010.1.27., 2011.7.21.〉

제42조(실업의 신고) ① 구직급여를 지급받으려는 자는 이직 후 지체없이 직업안정기관에 출석하여 실업을 신고하여야 한다.

② 제1항에 따른 실업의 신고에는 구직 신청과 제43조에 따른 수급자격의 인정신청을 포함하여야 한다.

제43조(수급자격의 인정) ① 구직급여를 지급받으려는 자는 직업안정기관의 장으로부터 제40조제1항제1호부터 제3호까지·제5호 및 제6호에 따른 구직급여의 수급 요건을 갖추었다는 사실(이하 "수급자격"이라 한다)의 인정을 받아야 한다.

② 직업안정기관의 장은 제1항에 따른 수급자격의 인정신청을 받으면 그 신청인에 대한 수급자격의 인정 여부를 결정하고, 대통령령으로 정하는 바에 따라 신청인에게 그 결과를 알려야 한다.

③ 제2항에 따른 신청인이 다음 각 호의 요건을 모두 갖춘 경우에는 마지막에 이직한 사업을 기준으로 수급자격의 인정 여부를 결정한다. 다만, 마지막 이직 당시 일용근로자로서 피보험 단위기간이 1개월 미만인 자가 수급자격을 갖추지 못한 경우에는 일용근로자가 아닌 근로자로서 마지막으로 이직한 사업을 기준으로 결정한다.〈개정 2008.12.31.〉

1. 피보험자로서 마지막에 이직한 사업에 고용되기 전에 피보험자로서 이직한 사실이 있을 것

2. 마지막 이직 이전의 이직과 관련하여 구직급여를 받은 사실이 없을 것

④ 제2항에 따라 수급자격의 인정을 받은 자(이하 "수급자격자"라 한다)가 제48조 및 제54조제1항에 따른 기간에 새로 수급자격의 인정을 받은 경우에는 새로 인정받은 수급자격을 기준으로 구직급여를 지급한다.

제44조(실업의 인정) ① 구직급여는 수급자격자가 실업한 상태에 있는 날 중에서 직업안정기관의 장으로부터 실업의 인정을 받은 날에 대하여 지급한다.

② 실업의 인정을 받으려는 수급자격자는 제42조에 따라 실업의 신고를 한 날부터 계산하기 시작하여 1주부터 4주의 범위에서 직업안정기관의 장이 지정한 날(이하 "실업인정일"이라 한다)에 출석하여 재취업을 위한 노력을 하였음을 신고하여야 하고, 직업안정기관의 장은 직전 실업인정일의 다음 날부터 그 실업인정일까지의 각각의 날에 대하여 실업의 인정을 한다. 다만, 다음 각 호에 해당하는 자에 대한 실업의 인정 방법은 고용노동부령으로 정하는 기준에 따른다.〈개정 2010.6.4.〉

1. 직업능력개발 훈련 등을 받는 수급자격자
2. 천재지변, 대량 실업의 발생 등 대통령령으로 정하는 사유가 발생한 경우의 수급자격자
3. 그 밖에 대통령령으로 정하는 수급자격자

③ 제2항에도 불구하고 수급자격자가 다음 각 호의 어느 하나에 해당하면 직업안정기관에 출석할 수 없었던 사유를 적은 증명서를 제출하여 실업의 인정을 받을 수 있다.

1. 질병이나 부상으로 직업안정기관에 출석할 수 없었던 경우로서 그 기간이 계속하여 7일 미만인 경우
2. 직업안정기관의 직업소개에 따른 구인자와의 면접 등으로 직업안정기관에 출석할 수 없었던 경우
3. 직업안정기관의 장이 지시한 직업능력개발 훈련 등을 받기 위하여 직업안정기관에 출석할 수 없었던 경우
4. 천재지변이나 그 밖의 부득이한 사유로 직업안정기관에 출석할 수 없었던 경우

④ 직업안정기관의 장은 제1항에 따른 실업을 인정할 때에는 수급자격자의 취업을 촉진하기 위하여 재취업 활동에 관한 계획의 수립 지원, 직업소개 등 대통령령으로 정하는 조치를 하여야 한다. 이 경우 수급자격자는 정당한 사유가 없으면 직업안정기관의 장의 조치에 따라야 한다.

제45조(급여의 기초가 되는 임금일액) ① 구직급여의 산정 기초가 되는 임금일액[이하 "기초일액(基礎日額)"이라 한다]은 제43조제1항에 따른 수급자격의 인정과 관련된 마지막 이직 당시 「근로기준법」 제2조제1항제6호에 따라 산정된 평균임금으로 한다. 다만, 마지막 이직일 이전 3개월 이내에 피보험자격을 취득한 사실이 2회 이상인 경우에는 마지막 이직일 이전 3개월간(일용근로자의 경우에는 마지막 이직일 이전 4개월 중 최종 1개월을 제외한 기간)에 그 근로자에게 지급된 임금 총액을 그 산정의 기준이 되는 3개월의 총 일수로 나눈 금액을 기초일액으로 한다.

② 제1항에 따라 산정된 금액이 「근로기준법」에 따른 그 근로자의 통상임금보다 적을 경우에는 그 통상임금액을 기초일액으로 한다. 다만, 마지막 사업에서 이직 당시 일용근로자였던 자의 경우에는 그러하지 아니하다.

③ 제1항과 제2항에 따라 기초일액을 산정하는 것이 곤란한 경우와 보험료를 보험료징수법 제3조에 따른 기준보수(이하 "기준보수"라 한다)를 기준으로 낸 경우에는 기준보수를 기초일액으로 한다. 다만,

보험료를 기준보수로 낸 경우에도 제1항과 제2항에 따라 산정한 기초일액이 기준보수보다 많은 경우에는 그러하지 아니하다.〈개정 2010.1.27.〉

④ 제1항부터 제3항까지의 규정에도 불구하고 이들 규정에 따라 산정된 기초일액이 그 수급자격자의 이직 전 1일 소정근로시간에 이직일 당시 적용되던 「최저임금법」에 따른 시간 단위에 해당하는 최저임금액을 곱한 금액(이하 "최저기초일액"이라 한다)보다 낮은 경우에는 최저기초일액을 기초일액으로 한다. 이 경우 이직 전 1일 소정근로시간은 고용노동부령으로 정하는 방법에 따라 산정한다.〈개정 2015.1.20.〉

⑤ 제1항부터 제3항까지의 규정에도 불구하고 이들 규정에 따라 산정된 기초일액이 보험의 취지 및 일반 근로자의 임금 수준 등을 고려하여 대통령령으로 정하는 금액을 초과하는 경우에는 대통령령으로 정하는 금액을 기초일액으로 한다.

제46조(구직급여일액) ① 구직급여일액은 다음 각 호의 구분에 따른 금액으로 한다.

1. 제45조제1항부터 제3항까지 및 제5항의 경우에는 그 수급자격자의 기초일액에 100분의 50을 곱한 금액

2. 제45조제4항의 경우에는 그 수급자격자의 기초일액에 100분의 90을 곱한 금액(이하 "최저구직급여일액"이라 한다)

② 제1항제1호에 따라 산정된 구직급여일액이 최저구직급여일액보다 낮은 경우에는 최저구직급여일액을 그 수급자격자의 구직급여일액으로 한다.

제47조(실업인정대상기간 중의 근로 등의 신고) ① 수급자격자는 실업의 인정을 받으려 하는 기간(이하 "실업인정대상기간"이라 한다) 중에 근로를 제공하거나 창업한 경우에는 그 사실을 직업안정기관의 장에게 신고하여야 한다.〈개정 2011.7.21.〉

② 직업안정기관의 장은 필요하다고 인정하면 수급자격자의 실업인정대상기간 중의 근로 제공 또는 창업 사실에 대하여 조사할 수 있다.〈개정 2011.7.21.〉

[제목개정 2011.7.21.]

제48조(수급기간 및 수급일수) ① 구직급여는 이 법에 따로 규정이 있는 경우 외에는 그 구직급여의 수급자격과 관련된 이직일의 다음 날부터 계산하기 시작하여 12개월 내에 제50조제1항에 따른 소정급여일수를 한도로 하여 지급한다.

② 제1항에 따른 12개월의 기간 중 임신·출산·육아, 그 밖에 대통령령으로 정하는 사유로 취업할 수 없는 자가 그 사실을 수급기간에 직업안정기관에 신고한 경우에는 12개월의 기간에 그 취업할 수 없는 기간을 가산한 기간(4년을 넘을 때에는 4년)에 제50조제1항에 따른 소정급여일수를 한도로 하여 구직급여를 지급한다.

③ 다음 각 호의 어느 하나에 해당하는 경우에는 해당 최초 요양일에 제2항에 따른 신고를 한 것으로 본다.〈신설 2008.12.31.〉

1. 「산업재해보상보험법」 제40조에 따른 요양급여를 받는 경우

2. 질병 또는 부상으로 3개월 이상의 요양이 필요하여 이직하였고, 이직 기간 동안 취업활동이 곤란하였던 사실이 요양기간과 상병상태를 구체적으로 밝힌 주치의사의 소견과 요양을 위하여 이직하였다는 사업주의 의견을 통하여 확인된 경우

제49조(대기기간) 제44조에도 불구하고 제42조에 따른 실업의 신고일부터 계산하기 시작하여 7일간은 대기기간으로 보아 구직급여를 지급하지 아니한다.

제50조(소정급여일수 및 피보험기간) ① 하나의 수급자격에 따라 구직급여를 지급받을 수 있는 날(이하 "소정급여일수"라 한다)은 대기기간이 끝난 다음날부터 계산하기 시작하여 피보험기간과 연령에 따라 별표 1에서 정한 일수가 되는 날까지로 한다.〈개정 2011.7.21.〉

② 수급자격자가 소정급여일수 내에 제48조제2항에 따른 임신·출산·육아, 그 밖에 대통령령으로 정하는 사유로 수급기간을 연장한 경우에는 그 기간만큼 구직급여를 유예하여 지급한다.

③ 피보험기간은 그 수급자격과 관련된 이직 당시의 적용 사업에서 고용된 기간(제10조 각 호의 어느 하나에 해당하는 근로자로 고용된 기간은 제외한다. 이하 이 조에서 같다)으로 한다. 다만, 자영업자인 피보험자의 경우에는 그 수급자격과 관련된 폐업 당시의 적용 사업에의 보험가입기간 중에서 실제로 납부한 고용보험료에 해당하는 기간으로 한다.〈개정 2011.7.21.〉

④ 제3항에도 불구하고 피보험기간을 계산할 때에 다음 각 호의 경우에는 해당 호에 따라 각각 피보험기간을 계산한다.〈개정 2011.7.21.〉

1. 종전의 적용 사업에서 피보험자격을 상실한 사실이 있고 그 상실한 날부터 3년 이내에 현재 적용 사업에서 피보험자격을 취득한 경우: 종전의 적용 사업에서의 피보험기간을 합산한다. 다만, 종전의 적용 사업의 피보험자격 상실로 인하여 구직급여를 지급받은 사실이 있는 경우에는 그 종전의 적용 사업에서의 피보험기간은 제외한다.

2. 자영업자인 피보험자가 종전에 근로자로서 고용되었다가 피보험자격을 상실한 사실이 있고 그 상실한 날부터 3년 이내에 자영업자로서 피보험자격을 다시 취득한 경우: 종전의 적용 사업에서의 피보험기간을 합산하지 아니하되, 본인이 종전의 피보험기간을 합산하여 줄 것을 원하는 때에 한정하여 합산한다. 다만, 종전의 적용 사업의 피보험자격 상실로 인하여 구직급여를 지급받은 사실이 있는 경우에는 그 종전의 적용 사업에서의 피보험기간은 제외한다.

⑤ 피보험자격 취득에 관하여 신고가 되어 있지 아니하였던 피보험자의 경우에는 하나의 피보험기간에 피보험자가 된 날이 다음 각 호의 어느 하나에 해당하는 날부터 소급하여 3년이 되는 해의 1월 1일 전이면 제3항에도 불구하고 그 해당하는 날부터 소급하여 3년이 되는 날이 속하는 보험연도의 첫 날에 그 피보험자격을 취득한 것으로 보아 피보험기간을 계산한다. 다만, 사업주가 다음 각 호의 어느 하나에 해당하는 날부터 소급하여 3년이 되는 해의 1월 1일 전부터 해당 피보험자에 대한 고용보험료를 계속 납부한 사실이 증명된 경우에는 고용보험료를 납부한 기간으로 피보험기간을 계산한다.〈개정 2015.1.20.〉

1. 제15조에 따른 피보험자격 취득신고를 한 날
2. 제17조에 따른 피보험자격 취득이 확인된 날
[제목개정 2011.7.21.]

제51조(훈련연장급여) ① 직업안정기관의 장은 수급자격자의 연령·경력 등을 고려할 때 재취업을 위하여 직업능력개발 훈련 등이 필요하면 그 수급자격자에게 직업능력개발 훈련 등을 받도록 지시할 수 있다.

② 직업안정기관의 장은 제1항에 따라 직업능력개발 훈련 등을 받도록 지시한 경우에는 수급자격자

가 그 직업능력개발 훈련 등을 받는 기간 중 실업의 인정을 받은 날에 대하여는 소정급여일수를 초과
하여 구직급여를 연장하여 지급할 수 있다. 이 경우 연장하여 지급하는 구직급여(이하 "훈련연장급여"
라 한다)의 지급 기간은 대통령령으로 정하는 기간을 한도로 한다.

③ 제1항에 따른 훈련대상자 · 훈련 과정, 그 밖의 필요한 사항은 고용노동부령으로 정한다.〈개정 2010.6.4.〉

제52조(개별연장급여) ① 직업안정기관의 장은 취업이 특히 곤란하고 생활이 어려운 수급자격자로서
대통령령으로 정하는 자에게는 그가 실업의 인정을 받은 날에 대하여 소정급여일수를 초과하여 구직
급여를 연장하여 지급할 수 있다.

② 제1항에 따라 연장하여 지급하는 구직급여(이하 "개별연장급여"라 한다)는 60일의 범위에서 대통령
령으로 정하는 기간 동안 지급한다.

제53조(특별연장급여) ① 고용노동부장관은 실업의 급증 등 대통령령으로 정하는 사유가 발생한 경우
에는 60일의 범위에서 수급자격자가 실업의 인정을 받은 날에 대하여 소정급여일수를 초과하여 구직
급여를 연장하여 지급할 수 있다. 다만, 이직 후의 생활안정을 위한 일정 기준 이상의 소득이 있는 수
급자격자 등 고용노동부령으로 정하는 수급자격자에 대하여는 그러하지 아니하다.〈개정 2010.6.4.〉

② 고용노동부장관은 제1항 본문에 따라 연장하여 지급하는 구직급여(이하 "특별연장급여"라 한다)를
지급하려면 기간을 정하여 실시하여야 한다.〈개정 2010.6.4.〉

제54조(연장급여의 수급기간 및 구직급여일액) ① 제51조부터 제53조까지의 규정에 따른 연장급여를 지
급하는 경우에 그 수급자격자의 수급기간은 제48조에 따른 그 수급자격자의 수급기간에 연장되는 구
직급여일수를 더하여 산정한 기간으로 한다.

② 제51조에 따라 훈련연장급여를 지급하는 경우에 그 일액은 해당 수급자격자의 구직급여일액
의 100분의 100으로 하고, 제52조 또는 제53조에 따라 개별연장급여 또는 특별연장급여를 지급하
는 경우에 그 일액은 해당 수급자격자의 구직급여일액의 100분의 70을 곱한 금액으로 한다.〈개정
2008.3.21.〉

③ 제2항에 따라 산정된 구직급여일액이 제46조제2항에 따른 최저구직급여일액보다 낮은 경우에는
최저구직급여일액을 그 수급자격자의 구직급여일액으로 한다.

제55조(연장급여의 상호 조정 등) ① 제51조부터 제53조까지의 규정에 따른 연장급여는 제48조에 따라
그 수급자격자가 지급받을 수 있는 구직급여의 지급이 끝난 후에 지급한다.

② 훈련연장급여를 지급받고 있는 수급자격자에게는 그 훈련연장급여의 지급이 끝난 후가 아니면 개
별연장급여 및 특별연장급여를 지급하지 아니한다.

③ 개별연장급여 또는 특별연장급여를 지급받고 있는 수급자격자가 훈련연장급여를 지급받게 되면
개별연장급여나 특별연장급여를 지급하지 아니한다.

④ 특별연장급여를 지급받고 있는 수급자격자에게는 특별연장급여의 지급이 끝난 후가 아니면 개별
연장급여를 지급하지 아니하고, 개별연장급여를 지급받고 있는 수급자격자에게는 개별연장급여의
지급이 끝난 후가 아니면 특별연장급여를 지급하지 아니한다.

⑤ 그 밖에 연장급여의 조정에 관하여 필요한 사항은 고용노동부령으로 정한다.〈개정 2010.6.4.〉

제55조의2(국민연금 보험료의 지원) ① 고용노동부장관은 「국민연금법」 제19조의2제1항에 따라 구직급여를 받는 기간을 국민연금 가입기간으로 추가 산입하려는 수급자격자에게 국민연금 보험료의 일부를 지원할 수 있다.

② 제1항에 따른 지원금액은 「국민연금법」 제19조의2제3항에 따른 연금보험료의 100분의 25의 범위로 한다.

③ 제1항에 따른 지원 절차·방법, 제2항에 따른 지원금액 등에 필요한 사항은 대통령령으로 정한다. [본조신설 2016.5.29.]

제56조(지급일 및 지급 방법) ① 구직급여는 대통령령으로 정하는 바에 따라 실업의 인정을 받은 일수분(日數分)을 지급한다.

② 직업안정기관의 장은 각 수급자격자에 대한 구직급여를 지급할 날짜를 정하여 당사자에게 알려야 한다.

제57조(지급되지 아니한 구직급여) ① 수급자격자가 사망한 경우 그 수급자격자에게 지급되어야 할 구직급여로서 아직 지급되지 아니한 것이 있는 경우에는 그 수급자격자의 배우자(사실상의 혼인 관계에 있는 자를 포함한다)·자녀·부모·손자녀·조부모 또는 형제자매로서 수급자격자와 생계를 같이하고 있던 자의 청구에 따라 그 미지급분을 지급한다.

② 수급자격자가 사망하여 실업의 인정을 받을 수 없었던 기간에 대하여는 대통령령으로 정하는 바에 따라 제1항에 따라 지급되지 아니한 구직급여의 지급을 청구하는 자가 그 수급자격자에 대한 실업의 인정을 받아야 한다. 이 경우 수급자격자가 제47조제1항에 해당하면 지급되지 아니한 구직급여를 청구하는 자가 같은 조 제1항에 따라 직업안정기관의 장에게 신고하여야 한다.

③ 제1항에 따라 지급되지 아니한 구직급여를 지급받을 수 있는 자의 순위는 같은 항에 열거된 순서로 한다. 이 경우 같은 순위자가 2명 이상이면 그 중 1명이 한 청구를 전원(全員)을 위하여 한 것으로 보며, 그 1명에게 한 지급은 전원에 대한 지급으로 본다.

제58조(이직 사유에 따른 수급자격의 제한) 제40조에도 불구하고 피보험자가 다음 각 호의 어느 하나에 해당한다고 직업안정기관의 장이 인정하는 경우에는 수급자격이 없는 것으로 본다.〈개정 2010.6.4.〉
1. 중대한 귀책사유(歸責事由)로 해고된 피보험자로서 다음 각 목의 어느 하나에 해당하는 경우
   가. 「형법」 또는 직무와 관련된 법률을 위반하여 금고 이상의 형을 선고받은 경우
   나. 사업에 막대한 지장을 초래하거나 재산상 손해를 끼친 경우로서 고용노동부령으로 정하는 기준에 해당하는 경우
   다. 정당한 사유 없이 근로계약 또는 취업규칙 등을 위반하여 장기간 무단 결근한 경우
2. 자기 사정으로 이직한 피보험자로서 다음 각 목의 어느 하나에 해당하는 경우
가. 전직 또는 자영업을 하기 위하여 이직한 경우
   나. 제1호의 중대한 귀책사유가 있는 자가 해고되지 아니하고 사업주의 권고로 이직한 경우
   다. 그 밖에 고용노동부령으로 정하는 정당한 사유에 해당하지 아니하는 사유로 이직한 경우

제59조 삭제 〈2015.1.20.〉

제60조(훈련 거부 등에 따른 급여의 지급 제한) ① 수급자격자가 직업안정기관의 장이 소개하는 직업에 취직하는 것을 거부하거나 직업안정기관의 장이 지시한 직업능력개발 훈련 등을 거부하면 대통령령으로 정하는 바에 따라 구직급여의 지급을 정지한다. 다만, 다음 각 호의 어느 하나에 해당하는 정당한 사유가 있는 경우에는 그러하지 아니하다. 〈개정 2010.6.4.〉

1. 소개된 직업 또는 직업능력개발 훈련 등을 받도록 지시된 직종이 수급자격자의 능력에 맞지 아니하는 경우
2. 취직하거나 직업능력개발 훈련 등을 받기 위하여 주거의 이전이 필요하나 그 이전이 곤란한 경우
3. 소개된 직업의 임금 수준이 같은 지역의 같은 종류의 업무 또는 같은 정도의 기능에 대한 통상의 임금 수준에 비하여 100분의 20 이상 낮은 경우 등 고용노동부장관이 정하는 기준에 해당하는 경우
4. 그 밖에 정당한 사유가 있는 경우

② 수급자격자가 정당한 사유 없이 고용노동부장관이 정하는 기준에 따라 직업안정기관의 장이 실시하는 재취업 촉진을 위한 직업 지도를 거부하면 대통령령으로 정하는 바에 따라 구직급여의 지급을 정지한다.〈개정 2010.6.4.〉

③ 제1항 단서 및 제2항에서의 정당한 사유의 유무(有無)에 대한 인정은 고용노동부장관이 정하는 기준에 따라 직업안정기관의 장이 행한다.〈개정 2010.6.4.〉

④ 제1항과 제2항에 따라 구직급여의 지급을 정지하는 기간은 1개월의 범위에서 고용노동부장관이 정하여 고시한다.〈개정 2010.6.4.〉

제61조(부정행위에 따른 급여의 지급 제한) ① 거짓이나 그 밖의 부정한 방법으로 실업급여를 받았거나 받으려 한 자에게는 그 급여를 받은 날 또는 받으려 한 날부터의 구직급여를 지급하지 아니한다. 다만, 그 급여와 관련된 이직 이후에 새로 수급자격을 취득한 경우 그 새로운 수급자격에 따른 구직급여에 대하여는 그러하지 아니하다.

② 제1항 본문에도 불구하고 거짓이나 그 밖의 부정한 방법이 제47조제1항에 따른 신고의무의 불이행 또는 거짓의 신고 등 대통령령으로 정하는 사유에 해당하면 그 실업인정대상기간에 한하여 구직급여를 지급하지 아니한다. 다만, 2회 이상의 위반행위를 한 경우에는 제1항 본문에 따른다.

③ 거짓이나 그 밖의 부정한 방법으로 실업급여를 지급받았거나 받으려 한 자가 제1항 또는 제2항에 따라 구직급여를 지급받을 수 없게 된 경우에도 제50조제3항 및 같은 조 제4항을 적용할 때는 그 구직급여를 지급받은 것으로 본다.

④ 거짓이나 그 밖의 부정한 방법으로 실업급여를 지급받았거나 받으려 한 자가 제1항 또는 제2항에 따라 구직급여를 지급받을 수 없게 된 경우에도 제63조제2항을 적용할 때는 그 지급받을 수 없게 된 일수분의 구직급여를 지급받은 것으로 본다.

제62조(반환명령 등) ① 직업안정기관의 장은 거짓이나 그 밖의 부정한 방법으로 구직급여를 지급받은 자에게 지급받은 전체 구직급여의 전부 또는 일부의 반환을 명할 수 있고, 이에 추가하여 고용노동부령으로 정하는 기준에 따라 그 거짓이나 그 밖의 부정한 방법으로 지급받은 구직급여액에 상당하는 액수 이하의 금액을 징수할 수 있다. 〈개정 2010.6.4.〉

② 제1항의 경우에 거짓이나 그 밖의 부정한 방법이 사업주(사업주의 대리인 · 사용인, 그 밖의 종업원을 포함한다)의 거짓된 신고 · 보고 또는 증명으로 인한 것이면 그 사업주도 그 구직급여를 지급받은 자와 연대(連帶)하여 책임을 진다.

③ 직업안정기관의 장은 수급자격자 또는 수급자격이 있었던 자에게 잘못 지급된 구직급여가 있으면 그 지급금액을 징수할 수 있다.

제63조(질병 등의 특례) ① 수급자격자가 제42조에 따라 실업의 신고를 한 이후에 질병 · 부상 또는 출산으로 취업이 불가능하여 실업의 인정을 받지 못한 날에 대하여는 제44조제1항에도 불구하고 그 수급자격자의 청구에 의하여 제46조의 구직급여일액에 해당하는 금액(이하 "상병급여"라 한다)을 구직급여에 갈음하여 지급할 수 있다. 다만, 제60조제1항 및 제2항에 따라 구직급여의 지급이 정지된 기간에 대하여는 상병급여(傷病給與)를 지급하지 아니한다.

② 상병급여를 지급할 수 있는 일수는 그 수급자격자에 대한 구직급여 소정급여일수에서 그 수급자격에 의하여 구직급여가 지급된 일수를 뺀 일수를 한도로 한다. 이 경우 상병급여를 지급받은 자에 대하여 이 법의 규정(제61조 및 제62조는 제외한다)을 적용할 때에는 상병급여의 지급 일수에 상당하는 일수분의 구직급여가 지급된 것으로 본다.

③ 제1항에 따른 상병급여는 그 취업할 수 없는 사유가 없어진 이후에 최초로 구직급여를 지급하는 날(구직급여를 지급하는 날이 없는 경우에는 직업안정기관의 장이 정하는 날)에 지급한다. 다만, 필요하다고 인정하면 고용노동부장관이 따로 정하는 바에 따라 지급할 수 있다.〈개정 2010.6.4.〉

④ 제1항에도 불구하고 수급자격자가 「근로기준법」 제79조에 따른 휴업보상, 「산업재해보상보험법」 제39조에 따른 휴업급여, 그 밖에 이에 해당하는 급여 또는 보상으로서 대통령령으로 정하는 보상 또는 급여를 지급받을 수 있는 경우에는 상병급여를 지급하지 아니한다.

⑤ 상병급여의 지급에 관하여는 제47조, 제49조, 제57조, 제61조제1항부터 제3항까지 및 제62조를 준용한다. 이 경우 제47조 중 "실업인정대상기간"은 "실업의 인정을 받지 못한 날"로 본다.

제3절 취업촉진 수당

제64조(조기재취업 수당) ① 조기재취업 수당은 수급자격자(「외국인근로자의 고용 등에 관한 법률」 제2조에 따른 외국인 근로자는 제외한다)가 안정된 직업에 재취직하거나 스스로 영리를 목적으로 하는 사업을 영위하는 경우로서 대통령령으로 정하는 기준에 해당하면 지급한다.

② 제1항에도 불구하고 수급자격자가 안정된 직업에 재취업한 날 또는 스스로 영리를 목적으로 하는 사업을 시작한 날 이전의 대통령령으로 정하는 기간에 조기재취업 수당을 지급받은 사실이 있는 경우에는 조기재취업 수당을 지급하지 아니한다.

③ 조기재취업 수당의 금액은 구직급여의 소정급여일수 중 미지급일수의 비율에 따라 대통령령으로 정하는 기준에 따라 산정한 금액으로 한다.

④ 조기재취업 수당을 지급받은 자에 대하여 이 법의 규정(제61조 및 제62조는 제외한다)을 적용할 때에는 그 조기재취업 수당의 금액을 제46조에 따른 구직급여일액으로 나눈 일수분에 해당하는 구직급여를 지급한 것으로 본다.

⑤ 수급자격자를 조기에 재취업시켜 구직급여의 지급 기간이 단축되도록 한 자에게는 대통령령으로 정하는 바에 따라 장려금을 지급할 수 있다.

제65조(직업능력개발 수당) ① 직업능력개발 수당은 수급자격자가 직업안정기관의 장이 지시한 직업능력개발 훈련 등을 받는 경우에 그 직업능력개발 훈련 등을 받는 기간에 대하여 지급한다.

② 제1항에도 불구하고 제60조제1항 및 제2항에 따라 구직급여의 지급이 정지된 기간에 대하여는 직업능력개발 수당을 지급하지 아니한다.

③ 직업능력개발 수당의 지급 요건 및 금액에 필요한 사항은 대통령령으로 정한다. 이 경우 인력의 수급 상황을 고려하여 고용노동부장관이 특히 필요하다고 인정하여 고시하는 직종에 관한 직업능력개발 훈련 등에 대하여는 직업능력개발 수당의 금액을 다르게 정할 수 있다.〈개정 2010.6.4.〉

제66조(광역 구직활동비) ① 광역 구직활동비는 수급자격자가 직업안정기관의 소개에 따라 광범위한 지역에 걸쳐 구직 활동을 하는 경우로서 대통령령으로 정하는 기준에 따라 직업안정기관의 장이 필요하다고 인정하면 지급할 수 있다.

② 광역 구직활동비의 금액은 제1항의 구직 활동에 통상 드는 비용으로 하되, 그 금액의 산정은 고용노동부령으로 정하는 바에 따른다.〈개정 2010.6.4.〉

제67조(이주비) ① 이주비는 수급자격자가 취업하거나 직업안정기관의 장이 지시한 직업능력개발 훈련 등을 받기 위하여 그 주거를 이전하는 경우로서 대통령령으로 정하는 기준에 따라 직업안정기관의 장이 필요하다고 인정하면 지급할 수 있다.

② 이주비의 금액은 수급자격자 및 그 수급자격자에 의존하여 생계를 유지하는 동거 친족의 이주에 일반적으로 드는 비용으로 하되, 그 금액의 산정은 고용노동부령으로 정하는 바에 따라 따른다.〈개정 2010.6.4.〉

제68조(취업촉진 수당의 지급 제한) ① 거짓이나 그 밖의 부정한 방법으로 실업급여를 받았거나 받으려 한 자에게는 그 급여를 받은 날 또는 받으려 한 날부터의 취업촉진 수당을 지급하지 아니한다. 다만, 그 급여와 관련된 이직 이후에 새로 수급자격을 취득하면 그 새로운 수급자격에 따른 취업촉진 수당은 그러하지 아니하다.

② 제1항 본문에도 불구하고 거짓이나 그 밖의 부정한 방법이 제47조제1항에 따른 신고의무의 불이행 또는 거짓의 신고 등 대통령령으로 정하는 사유에 해당하면 취업촉진 수당의 지급을 제한하지 아니한다. 다만, 2회 이상의 위반행위를 한 경우에는 제1항 본문에 따른다.

③ 거짓이나 그 밖의 부정한 방법으로 실업급여를 지급받았거나 받으려 한 자가 제1항 또는 제2항에 따라 취업촉진 수당을 지급받을 수 없게 되어 조기재취업 수당을 지급받지 못하게 된 경우에도 제64조제4항을 적용할 때는 그 지급받을 수 없게 된 조기재취업 수당을 지급받은 것으로 본다.

제69조(준용) 취업촉진 수당에 관하여는 제57조제1항·제3항 및 제62조를 준용한다. 이 경우 제57조제1항 중 "수급자격자"는 "취업촉진 수당을 지급받을 수 있는 자"로 본다.

제4절 자영업자인 피보험자에 대한 실업급여 적용의 특례 〈신설 2011.7.21.〉

제69조의2(자영업자인 피보험자의 실업급여의 종류) 자영업자인 피보험자의 실업급여의 종류는 제37조에 따른다. 다만, 제51조부터 제55조까지의 규정에 따른 연장급여와 제64조에 따른 조기재취업 수당은 제외한다.

[본조신설 2011.7.21.]

제69조의3(구직급여의 수급 요건) 구직급여는 폐업한 자영업자인 피보험자가 다음 각 호의 요건을 모두 갖춘 경우에 지급한다.

1. 폐업일 이전 24개월간 제41조제1항 단서에 따라 자영업자인 피보험자로서 갖춘 피보험 단위기간이 통산(通算)하여 1년 이상일 것
2. 근로의 의사와 능력이 있음에도 불구하고 취업을 하지 못한 상태에 있을 것
3. 폐업사유가 제69조의7에 따른 수급자격의 제한 사유에 해당하지 아니할 것
4. 재취업을 위한 노력을 적극적으로 할 것

[본조신설 2011.7.21.]

제69조의4(기초일액) ① 자영업자인 피보험자이었던 수급자격자에 대한 기초일액은 다음 각 호의 구분에 따른 기간 동안 본인이 납부한 보험료의 산정기초가 되는 보험료징수법 제49조의2제3항에 따라 고시된 보수액을 전부 합산한 후에 그 기간의 총일수로 나눈 금액으로 한다.

1. 수급자격과 관련된 피보험기간이 3년 이상인 경우: 마지막 폐업일 이전 3년의 피보험기간
2. 수급자격과 관련된 피보험기간이 3년 미만인 경우: 수급자격과 관련된 그 피보험기간

② 제1항에도 불구하고 자영업자인 피보험자이었던 수급자격자가 제50조제4항에 따라 피보험기간을 합산하게 됨에 따라 제69조의6에서 정한 소정급여일수가 추가로 늘어나는 경우에는 그 늘어난 일수분에 대한 기초일액은 제1항에 따라 산정된 기초일액으로 하되, 그 기초일액이 다음 각 호에 해당하는 경우에는 각각 해당 호에 따른 금액으로 한다.

1. 기초일액이 최저기초일액에 미치지 못하는 경우에는 최저기초일액
2. 기초일액이 제45조제5항에 따라 대통령령으로 정하는 금액을 초과하는 경우에는 그 대통령령으로 정하는 금액

[본조신설 2011.7.21.]

제69조의5(구직급여일액) 자영업자인 피보험자로서 폐업한 수급자격자에 대한 구직급여일액은 그 수급자격자의 기초일액에 100분의 50을 곱한 금액으로 한다.

[본조신설 2011.7.21.]

제69조의6(소정급여일수) 자영업자인 피보험자로서 폐업한 수급자격자에 대한 소정급여일수는 제49조에 따른 대기기간이 끝난 다음 날부터 계산하기 시작하여 피보험기간에 따라 별표 2에서 정한 일수가 되는 날까지로 한다.

[본조신설 2011.7.21.]

제69조의7(폐업사유에 따른 수급자격의 제한) 제69조의3에도 불구하고 폐업한 자영업자인 피보험자가 다음 각 호의 어느 하나에 해당한다고 직업안정기관의 장이 인정하는 경우에는 수급자격이 없는 것으로 본다.

1. 법령을 위반하여 허가 취소를 받거나 영업 정지를 받음에 따라 폐업한 경우
2. 방화(放火) 등 피보험자 본인의 중대한 귀책사유로서 고용노동부령으로 정하는 사유로 폐업한 경우
3. 매출액 등이 급격하게 감소하는 등 고용노동부령으로 정하는 사유가 아닌 경우로서 전직 또는 자영업을 다시 하기 위하여 폐업한 경우

4. 그 밖에 고용노동부령으로 정하는 정당한 사유에 해당하지 아니하는 사유로 폐업한 경우
[본조신설 2011.7.21.]

제69조의8(자영업자인 피보험자에 대한 실업급여의 지급 제한) 고용노동부장관은 보험료를 체납한 사람에게는 고용노동부령으로 정하는 바에 따라 이 장에 따른 실업급여를 지급하지 아니할 수 있다.
[본조신설 2011.7.21.]

제69조의9(준용) ① 자영업자인 피보험자의 실업급여에 관하여는 제38조, 제42조부터 제44조까지, 제47조부터 제49조까지, 제56조, 제57조, 제60조부터 제63조까지, 제65조부터 제68조까지를 준용한다. 이 경우 제42조제1항·제43조제3항 중 "이직"은 "폐업"으로 보고, 제43조제1항 중 "제40조제1항제1호부터 제3호까지·제5호 및 제6호"는 "제69조의3"으로 보며, 제63조제1항 중 "제46조"는 "제69조의5"로 보고, 제48조제1항 중 "제50조제1항"은 "제69조의6"으로 본다. 〈개정 2013.6.4.〉
② 자영업자인 피보험자의 취업촉진 수당(조기재취업 수당은 제외한다)에 관하여는 제57조제1항·제3항 및 제62조를 준용한다. 이 경우 제57조제1항 중 "수급자격자"는 "취업촉진 수당을 지급받을 수 있는 자"로 본다.
[본조신설 2011.7.21.]

제5장   육아휴직 급여 등

제1절   육아휴직 급여 및 육아기 근로시간 단축 급여 〈개정 2011.7.21.〉

제70조(육아휴직 급여) ①고용노동부장관은 「남녀고용평등과 일·가정 양립 지원에 관한 법률」 제19조에 따른 육아휴직을 30일(「근로기준법」 제74조에 따른 출산전후휴가기간과 중복되는 기간은 제외한다) 이상 부여받은 피보험자 중 다음 각 호의 요건을 모두 갖춘 피보험자에게 육아휴직 급여를 지급한다. 〈개정 2007.12.21., 2010.6.4., 2011.7.21., 2012.2.1., 2014.1.21.〉
1. 육아휴직을 시작한 날 이전에 제41조에 따른 피보험 단위기간이 통산하여 180일 이상일 것
2. 같은 자녀에 대하여 피보험자인 배우자가 30일 이상의 육아휴직을 부여받지 아니하거나 「남녀고용평등과 일·가정 양립지원에 관한 법률」 제19조의2에 따른 육아기 근로시간 단축(이하 "육아기 근로시간 단축"이라 한다)을 30일 이상 실시하지 아니하고 있을 것
3. 삭제〈2011.7.21.〉
② 제1항에 따른 육아휴직 급여를 지급받으려는 사람은 육아휴직을 시작한 날 이후 1개월부터 육아휴직이 끝난 날 이후 12개월 이내에 신청하여야 한다. 다만, 해당 기간에 대통령령으로 정하는 사유로 육아휴직 급여를 신청할 수 없었던 사람은 그 사유가 끝난 후 30일 이내에 신청하여야 한다.〈신설 2011.7.21.〉
③ 제1항에 따른 육아휴직 급여액은 대통령령으로 정한다.〈개정 2011.7.21.〉
④ 육아휴직 급여의 신청 및 지급에 관하여 필요한 사항은 고용노동부령으로 정한다.〈개정 2010.6.4., 2011.7.21.〉

제71조(육아휴직의 확인) 사업주는 피보험자가 제70조에 따른 육아휴직 급여를 받으려는 경우 고용노동부령으로 정하는 바에 따라 사실의 확인 등 모든 절차에 적극 협력하여야 한다. 〈개정 2010.6.4.〉

제72조(취업의 신고 등) ① 피보험자가 육아휴직 급여 기간 중에 이직 또는 새로 취업(취직한 경우 1주간의 소정근로시간이 15시간 미만인 경우는 제외한다. 이하 이 장에서 같다)하거나 사업주로부터 금품을 지급받은 경우에는 그 사실을 직업안정기관의 장에게 신고하여야 한다.

② 직업안정기관의 장은 필요하다고 인정하면 육아휴직 급여 기간 중의 이직, 취업 여부 등에 대하여 조사할 수 있다.

제73조(급여의 지급 제한 등) ① 피보험자가 육아휴직 급여 기간 중에 그 사업에서 이직하거나 새로 취업한 경우에는 그 이직 또는 취업하였을 때부터 육아휴직 급여를 지급하지 아니한다.

② 피보험자가 사업주로부터 육아휴직을 이유로 금품을 지급받은 경우 대통령령으로 정하는 바에 따라 급여를 감액하여 지급할 수 있다.

③ 거짓이나 그 밖의 부정한 방법으로 육아휴직 급여를 받았거나 받으려 한 자에게는 그 급여를 받은 날 또는 받으려 한 날부터의 육아휴직 급여를 지급하지 아니한다. 다만, 그 급여와 관련된 육아휴직 이후에 새로 육아휴직 급여 요건을 갖춘 경우 그 새로운 요건에 따른 육아휴직 급여는 그러하지 아니하다.

제73조의2(육아기 근로시간 단축 급여) ① 고용노동부장관은 육아기 근로시간 단축을 30일(「근로기준법」 제74조에 따른 출산전후휴가기간과 중복되는 기간은 제외한다) 이상 실시한 피보험자 중 다음 각 호의 요건을 모두 갖춘 피보험자에게 육아기 근로시간 단축 급여를 지급한다. 〈개정 2012.2.1., 2014.1.21.〉

1. 육아기 근로시간 단축을 시작한 날 이전에 제41조에 따른 피보험 단위기간이 통산하여 180일 이상일 것

2. 같은 자녀에 대하여 피보험자인 배우자가 30일 이상의 육아휴직을 부여받지 아니하거나 육아기 근로시간 단축을 30일 이상 실시하지 아니하고 있을 것

② 제1항에 따른 육아기 근로시간 단축 급여를 지급받으려는 사람은 육아기 근로시간 단축을 시작한 날 이후 1개월부터 끝난 날 이후 12개월 이내에 신청하여야 한다. 다만, 해당 기간에 대통령령으로 정하는 사유로 육아기 근로시간 단축 급여를 신청할 수 없었던 사람은 그 사유가 끝난 후 30일 이내에 신청하여야 한다.

③ 제1항에 따른 육아기 근로시간 단축 급여액은 대통령령으로 정한다.

④ 육아기 근로시간 단축 급여의 신청 및 지급에 필요한 사항은 고용노동부령으로 정한다.

[본조신설 2011.7.21.]

제74조(준용) ①육아휴직 급여에 관하여는 제62조를 준용한다. 이 경우 "구직급여"는 "육아휴직 급여"로 본다. 〈개정 2011.7.21.〉

② 육아기 근로시간 단축 급여에 관하여는 제62조, 제71조부터 제73조까지의 규정을 준용한다. 이 경우 제62조 중 "구직급여"는 "육아기 근로시간 단축 급여"로 보고, 제71조부터 제73조까지의 규정 중 "육아휴직"은 "육아기 근로시간 단축"으로 본다.〈신설 2011.7.21.〉

제2절 출산전후휴가 급여 등 〈개정 2012.2.1.〉

제75조(출산전후휴가 급여 등) 고용노동부장관은 「남녀고용평등과 일·가정 양립 지원에 관한 법률」 제18조에 따라 피보험자가 「근로기준법」 제74조에 따른 출산전후휴가 또는 유산·사산휴가를 받은 경우로서 다음 각 호의 요건을 모두 갖춘 경우에 출산전후휴가 급여 등(이하 "출산전후휴가 급여등"이라 한다)을 지급한다. 〈개정 2007.12.21., 2010.6.4., 2012.2.1., 2014.1.21.〉

1. 휴가가 끝난 날 이전에 제41조에 따른 피보험 단위기간이 통산하여 180일 이상일 것
2. 휴가를 시작한 날[제19조제2항에 따라 근로자의 수 등이 대통령령으로 정하는 기준에 해당하는 기업이 아닌 경우는 휴가 시작 후 60일(한 번에 둘 이상의 자녀를 임신한 경우에는 75일)이 지난 날로 본다] 이후 1개월부터 휴가가 끝난 날 이후 12개월 이내에 신청할 것. 다만, 그 기간에 대통령령으로 정하는 사유로 출산전후휴가 급여등을 신청할 수 없었던 자는 그 사유가 끝난 후 30일 이내에 신청하여야 한다.

[제목개정 2012.2.1.]

제75조의2(출산전후휴가 급여등의 수급권 대위) 사업주가 출산전후휴가 급여등의 지급사유와 같은 사유로 그에 상당하는 금품을 근로자에게 미리 지급한 경우로서 그 금품이 출산전후휴가 급여등을 대체하여 지급한 것으로 인정되면 그 사업주는 지급한 금액(제76조제2항에 따른 상한액을 초과할 수 없다)에 대하여 그 근로자의 출산전후휴가 급여등을 받을 권리를 대위한다. 〈개정 2012.2.1.〉

[본조신설 2008.12.31.]

[제목개정 2012.2.1.]

제76조(지급 기간 등) ① 제75조에 따른 출산전후휴가 급여등은 「근로기준법」 제74조에 따른 휴가 기간에 대하여 「근로기준법」의 통상임금(휴가를 시작한 날을 기준으로 산정한다)에 해당하는 금액을 지급한다. 다만, 제19조제2항에 따라 근로자의 수 등이 대통령령으로 정하는 기준에 해당하는 기업이 아닌 경우에는 휴가 기간 중 60일(한 번에 둘 이상의 자녀를 임신한 경우에는 75일)을 초과한 일수(30일을 한도로 하되, 한 번에 둘 이상의 자녀를 임신한 경우에는 45일을 한도로 한다)로 한정한다. 〈개정 2012.2.1., 2014.1.21.〉

② 제1항에 따른 출산전후휴가 급여등의 지급 금액은 대통령령으로 정하는 바에 따라 그 상한액과 하한액을 정할 수 있다.〈개정 2012.2.1.〉

③ 제1항과 제2항에 따른 출산전후휴가 급여등의 신청 및 지급에 필요한 사항은 고용노동부령으로 정한다.〈개정 2010.6.4., 2012.2.1.〉

제77조(준용) 출산전후휴가 급여등에 관하여는 제62조, 제71조부터 제73조까지의 규정을 준용한다. 이 경우 제62조 중 "구직급여"는 "출산전후휴가 급여등"으로, 제71조부터 제73조까지의 규정 중 "육아휴직"은 "출산전후휴가 또는 유산·사산휴가"로 각각 본다. 〈개정 2012.2.1.〉

제6장 고용보험기금

제78조(기금의 설치 및 조성) ① 고용노동부장관은 보험사업에 필요한 재원에 충당하기 위하여 고용보

험기금(이하 "기금"이라 한다)을 설치한다. 〈개정 2010.6.4.〉

② 기금은 보험료와 이 법에 따른 징수금·적립금·기금운용 수익금과 그 밖의 수입으로 조성한다.

제79조(기금의 관리·운용) ① 기금은 고용노동부장관이 관리·운용한다. 〈개정 2010.6.4.〉

② 기금의 관리·운용에 관한 세부 사항은 「국가재정법」의 규정에 따른다.

③ 고용노동부장관은 다음 각 호의 방법에 따라 기금을 관리·운용한다.〈개정 2010.6.4.〉

1. 금융기관에의 예탁

2. 재정자금에의 예탁

3. 국가·지방자치단체 또는 금융기관에서 직접 발행하거나 채무이행을 보증하는 유가증권의 매입

4. 보험사업의 수행 또는 기금 증식을 위한 부동산의 취득 및 처분

5. 그 밖에 대통령령으로 정하는 기금 증식 방법

④ 고용노동부장관은 제1항에 따라 기금을 관리·운용할 때에는 그 수익이 대통령령으로 정하는 수준 이상 되도록 하여야 한다.〈개정 2010.6.4.〉

제80조(기금의 용도) ① 기금은 다음 각 호의 용도에 사용하여야 한다. 〈개정 2008.3.21., 2012.2.1.〉

1. 고용안정·직업능력개발 사업에 필요한 경비

2. 실업급여의 지급

3. 육아휴직 급여 및 출산전후휴가 급여등의 지급

4. 보험료의 반환

5. 일시 차입금의 상환금과 이자

6. 이 법과 보험료징수법에 따른 업무를 대행하거나 위탁받은 자에 대한 출연금

7. 그 밖에 이 법의 시행을 위하여 필요한 경비로서 대통령령으로 정하는 경비와 제1호 및 제2호에 따른 사업의 수행에 딸린 경비

② 제1항제6호에 따른 출연금의 지급기준, 사용 및 관리에 관하여 필요한 사항은 대통령령으로 정한다.〈신설 2008.3.21.〉

제81조(기금운용 계획 등) ① 고용노동부장관은 매년 기금운용 계획을 세워 제7조에 따른 고용보험위원회 및 국무회의의 심의를 거쳐 대통령의 승인을 받아야 한다. 〈개정 2008.12.31., 2010.6.4.〉

② 고용노동부장관은 매년 기금의 운용 결과에 대하여 제7조에 따른 고용보험위원회의 심의를 거쳐 공표하여야 한다.〈개정 2008.12.31., 2010.6.4.〉

제82조(기금계정의 설치) ① 고용노동부장관은 한국은행에 고용보험기금계정을 설치하여야 한다. 〈개정 2010.6.4.〉

② 제1항의 고용보험기금계정은 고용안정·직업능력개발 사업 및 실업급여, 자영업자의 고용안정·직업능력개발 사업 및 자영업자의 실업급여로 구분하여 관리한다.〈개정 2011.7.21.〉

제83조(기금의 출납) 기금의 관리·운용을 하는 경우 출납에 필요한 사항은 대통령령으로 정한다.

제84조(기금의 적립) ① 고용노동부장관은 대량 실업의 발생이나 그 밖의 고용상태 불안에 대비한 준비금으로 여유자금을 적립하여야 한다. 〈개정 2010.6.4.〉

② 제1항에 따른 여유자금의 적정규모는 다음 각 호와 같다.

1. 고용안정·직업능력개발 사업 계정의 연말 적립금: 해당 연도 지출액의 1배 이상 1.5배 미만

2. 실업급여 계정의 연말 적립금: 해당 연도 지출액의 1.5배 이상 2배 미만

[전문개정 2008.12.31.]

제85조(잉여금과 손실금의 처리) ① 기금의 결산상 잉여금이 생기면 이를 적립금으로 적립하여야 한다.

② 기금의 결산상 손실금이 생기면 적립금을 사용하여 이를 보전(補塡)할 수 있다.

제86조(차입금) 기금을 지출할 때 자금 부족이 발생하거나 발생할 것으로 예상되는 경우에는 기금의 부담으로 금융기관·다른 기금과 그 밖의 재원 등으로부터 차입을 할 수 있다.

제7장 심사 및 재심사청구

제87조(심사와 재심사) ① 제17조에 따른 피보험자격의 취득·상실에 대한 확인, 제4장의 규정에 따른 실업급여 및 제5장에 따른 육아휴직 급여와 출산전후휴가 급여등에 관한 처분[이하 "원처분(原處分) 등"이라 한다]에 이의가 있는 자는 제89조에 따른 심사관에게 심사를 청구할 수 있고, 그 결정에 이의가 있는 자는 제99조에 따른 심사위원회에 재심사를 청구할 수 있다. 〈개정 2012.2.1.〉

② 제1항에 따른 심사의 청구는 같은 항의 확인 또는 처분이 있음을 안 날부터 90일 이내에, 재심사의 청구는 심사청구에 대한 결정이 있음을 안 날부터 90일 이내에 각각 제기하여야 한다.

③ 제1항에 따른 심사 및 재심사의 청구는 시효중단에 관하여 재판상의 청구로 본다.

제88조(대리인의 선임) 심사청구인 또는 재심사청구인은 법정대리인 외에 다음 각 호의 어느 하나에 해당하는 자를 대리인으로 선임할 수 있다.

1. 청구인의 배우자, 직계존속·비속 또는 형제자매

2. 청구인인 법인의 임원 또는 직원

3. 변호사나 공인노무사

4. 제99조에 따른 심사위원회의 허가를 받은 자

제89조(고용보험심사관) ① 제87조에 따른 심사를 행하게 하기 위하여 고용보험심사관(이하 "심사관"이라 한다)을 둔다.

② 심사관은 제87조제1항에 따라 심사청구를 받으면 30일 이내에 그 심사청구에 대한 결정을 하여야 한다. 다만, 부득이한 사정으로 그 기간에 결정할 수 없을 때에는 1차에 한하여 10일을 넘지 아니하는 범위에서 그 기간을 연장할 수 있다.

③ 심사관의 정원·자격·배치 및 직무에 필요한 사항은 대통령령으로 정한다.

④ 당사자는 심사관에게 심리·결정의 공정을 기대하기 어려운 사정이 있으면 그 심사관에 대한 기피신청을 고용노동부장관에게 할 수 있다.〈개정 2010.6.4.〉

⑤ 심사청구인이 사망한 경우 그 심사청구인이 실업급여의 수급권자이면 제57조에 따른 유족이, 그 외의 자인 때에는 상속인 또는 심사청구의 대상인 원처분등에 관계되는 권리 또는 이익을 승계한 자가 각각 심사청구인의 지위를 승계한다.

제90조(심사의 청구 등) ① 제87조제1항에 따른 심사의 청구는 원처분등을 한 직업안정기관을 거쳐 심사관에게 하여야 한다.

② 직업안정기관은 심사청구서를 받은 날부터 5일 이내에 의견서를 첨부하여 심사청구서를 심사관에게 보내야 한다.

제91조(청구의 방식) 심사의 청구는 대통령령으로 정하는 바에 따라 문서로 하여야 한다.

제92조(보정 및 각하) ① 심사의 청구가 제87조제2항에 따른 기간이 지났거나 법령으로 정한 방식을 위반하여 보정(補正)하지 못할 것인 경우에 심사관은 그 심사의 청구를 결정으로 각하(却下)하여야 한다.

② 심사의 청구가 법령으로 정한 방식을 어긴 것이라도 보정할 수 있는 것인 경우에 심사관은 상당한 기간을 정하여 심사청구인에게 심사의 청구를 보정하도록 명할 수 있다. 다만, 보정할 사항이 경미한 경우에는 심사관이 직권으로 보정할 수 있다.

③ 심사관은 심사청구인이 제2항의 기간에 그 보정을 하지 아니하면 결정으로써 그 심사청구를 각하하여야 한다.

제93조(원처분등의 집행 정지) ① 심사의 청구는 원처분등의 집행을 정지시키지 아니한다. 다만, 심사관은 원처분등의 집행에 의하여 발생하는 중대한 위해(危害)를 피하기 위하여 긴급한 필요가 있다고 인정하면 직권으로 그 집행을 정지시킬 수 있다.

② 심사관은 제1항 단서에 따라 집행을 정지시키려고 할 때에는 그 이유를 적은 문서로 그 사실을 직업안정기관의 장에게 알려야 한다.

③ 직업안정기관의 장은 제2항에 따른 통지를 받으면 지체 없이 그 집행을 정지하여야 한다.

④ 심사관은 제2항에 따라 집행을 정지시킨 경우에는 지체 없이 심사청구인에게 그 사실을 문서로 알려야 한다.

제94조(심사관의 권한) ① 심사관은 심사의 청구에 대한 심리를 위하여 필요하다고 인정하면 심사청구인의 신청 또는 직권으로 다음 각 호의 조사를 할 수 있다.

1. 심사청구인 또는 관계인을 지정 장소에 출석하게 하여 질문하거나 의견을 진술하게 하는 것
2. 심사청구인 또는 관계인에게 증거가 될 수 있는 문서와 그 밖의 물건을 제출하게 하는 것
3. 전문적인 지식이나 경험을 가진 제삼자로 하여금 감정(鑑定)하게 하는 것
4. 사건에 관계가 있는 사업장 또는 그 밖의 장소에 출입하여 사업주·종업원이나 그 밖의 관계인에게 질문하거나 문서와 그 밖의 물건을 검사하는 것

② 심사관은 제1항제4호에 따른 질문과 검사를 하는 경우에는 그 권한을 나타내는 증표를 지니고 이를 관계인에게 내보여야 한다.

제95조(실비변상) 제94조제1항제1호에 따라 지정한 장소에 출석한 자와 같은 항 제3호에 따라 감정을 한 감정인에게는 고용노동부장관이 정하는 실비를 변상한다. 〈개정 2010.6.4.〉

제96조(결정) 심사관은 심사의 청구에 대한 심리(審理)를 마쳤을 때에는 원처분등의 전부 또는 일부를 취소하거나 심사청구의 전부 또는 일부를 기각한다.

제97조(결정의 방법) ① 제89조에 따른 결정은 대통령령으로 정하는 바에 따라 문서로 하여야 한다.

② 심사관은 결정을 하면 심사청구인 및 원처분등을 한 직업안정기관의 장에게 각각 결정서의 정본(正本)을 보내야 한다.

제98조(결정의 효력) ① 결정은 심사청구인 및 직업안정기관의 장에게 결정서의 정본을 보낸 날부터 효력이 발생한다.

② 결정은 원처분등을 행한 직업안정기관의 장을 기속(羈束)한다.

제99조(고용보험심사위원회) ① 제87조에 따른 재심사를 하게 하기 위하여 고용노동부에 고용보험심사위원회(이하 "심사위원회"라 한다)를 둔다. 〈개정 2010.6.4.〉

② 심사위원회는 근로자를 대표하는 자 및 사용자를 대표하는 자 각 1명 이상을 포함한 15명 이내의 위원으로 구성한다.

③ 제2항의 위원 중 2명은 상임위원으로 한다.

④ 다음 각 호의 어느 하나에 해당하는 자는 위원에 임명될 수 없다.〈개정 2015.1.20.〉

1. 피성년후견인·피한정후견인 또는 파산의 선고를 받고 복권되지 아니한 자

2. 금고 이상의 형을 선고받고 그 형의 집행이 종료되거나 집행을 받지 아니하기로 확정된 후 3년이 지나지 아니한 자

⑤ 위원은 형의 선고를 받았거나 심신 쇠약 또는 현저한 능력 부족으로 직무를 수행하기 곤란한 때 외에는 그 의사와 다르게 면직되지 아니한다.

⑥ 상임위원은 정당에 가입하거나 정치에 관여하여서는 아니 된다.

⑦ 심사위원회는 제87조제1항에 따라 재심사의 청구를 받으면 50일 이내에 재결(裁決)을 하여야 한다. 이 경우 재결기간의 연장에 관하여는 제89조제2항을 준용한다.

⑧ 심사위원회에 사무국을 둔다.

⑨ 심사위원회 및 사무국의 조직·운영 등에 필요한 사항은 대통령령으로 정한다.

제100조(재심사의 상대방) 재심사의 청구는 원처분등을 행한 직업안정기관의 장을 상대방으로 한다.

제101조(심리) ① 심사위원회는 재심사의 청구를 받으면 그 청구에 대한 심리 기일(審理期日) 및 장소를 정하여 심리 기일 3일 전까지 당사자 및 그 사건을 심사한 심사관에게 알려야 한다.

② 당사자는 심사위원회에 문서나 구두로 그 의견을 진술할 수 있다.

③ 심사위원회의 재심사청구에 대한 심리는 공개한다. 다만, 당사자의 양쪽 또는 어느 한 쪽이 신청한 경우에는 공개하지 아니할 수 있다.

④ 심사위원회는 심리조서(審理調書)를 작성하여야 한다.

⑤ 당사자나 관계인은 제4항의 심리조서의 열람을 신청할 수 있다.

⑥ 위원회는 당사자나 관계인이 제5항에 따른 열람 신청을 하면 정당한 사유 없이 이를 거부하여서는 아니 된다.

⑦ 재심사청구의 심리에 관하여는 제94조 및 제95조를 준용한다. 이 경우 "심사관"은 "심사위원회"로, "심사의 청구"는 "재심사의 청구"로, "심사청구인"은 "재심사청구인"으로 본다.

제102조(준용 규정) 심사위원회와 재심사에 관하여는 제89조제4항·제5항, 제91조부터 제93조까지, 제96조부터 제98조까지의 규정을 준용한다. 이 경우 제89조제4항 중 "심사관"은 "심사위원회의 위원"으로, 제89조제4항·제97조·제98조 중 "결정"은 각각 "재결"로, 제91조·제93조·제96조 중 "심사의 청구"는 각각 "재심사의 청구"로, 제93조·제96조·제97조 중 "심사관"은 각각 "심사위원회"로, 제93조·제97조·제98조 중 "심사청구인"은 각각 "재심사청구인"으로 본다.

제103조(고지) 직업안정기관의 장이 원처분등을 하거나 심사관이 제97조제2항에 따라 결정서의 정본을 송부하는 경우에는 그 상대방 또는 심사청구인에게 원처분등 또는 결정에 관하여 심사 또는 재심사를 청구할 수 있는지의 여부, 청구하는 경우의 경유(經由) 절차 및 청구 기간을 알려야 한다.

제104조(다른 법률과의 관계) ① 재심사의 청구에 대한 재결은 「행정소송법」 제18조를 적용할 경우 행정심판에 대한 재결로 본다.
② 심사 및 재심사의 청구에 관하여 이 법에서 정하고 있지 아니한 사항은 「행정심판법」의 규정에 따른다.

제8장 보칙

제105조(불이익 처우의 금지) 사업주는 근로자가 제17조에 따른 확인의 청구를 한 것을 이유로 그 근로자에게 해고나 그 밖의 불이익한 처우를 하여서는 아니 된다.

제106조(준용) 이 법에 따른 다음 각 호의 징수금의 징수에 관하여는 보험료징수법 제27조부터 제30조까지·제32조·제39조·제41조 및 제42조를 준용한다. 〈개정 2011.7.21.〉
1. 고용안정·직업능력개발 사업의 지원금액의 반환금 또는 추가징수금
2. 실업급여의 반환금 또는 추가징수금
3. 육아휴직 급여 등의 반환금 또는 추가징수금

제107조(소멸시효) ① 제3장부터 제5장까지의 규정에 따른 지원금·실업급여·육아휴직 급여 또는 출산전후휴가 급여등을 지급받거나 그 반환을 받을 권리는 3년간 행사하지 아니하면 시효로 소멸한다. 다만, 보험료징수법 제22조의3에 따라 고용보험료를 면제받는 기간 중에 발생하는 사업주의 제3장에 따른 지원금을 지급받을 권리는 보험에 가입한 날이 속하는 그 보험연도의 직전 보험연도 첫날에 소멸한 것으로 본다. 〈개정 2012.2.1.〉
② 소멸시효의 중단에 관하여는 「산업재해보상보험법」 제113조를 준용한다.〈개정 2015.1.20.〉
[법률 제8429호(2007.5.11.) 부칙 제3조의 규정에 의하여 이 조 제1항 단서는 2009년 12월 31일까지 유효함]

제108조(보고 등) ① 고용노동부장관은 필요하다고 인정하면 피보험자 또는 수급자격자를 고용하고 있거나 고용하였던 사업주, 보험료징수법 제33조에 따른 보험사무대행기관(이하 "보험사무대행기관"이라 한다) 및 보험사무대행기관이었던 자에게 피보험자의 자격 확인, 부정수급(不正受給)의 조사 등 이

법의 시행에 필요한 보고, 관계 서류의 제출 또는 관계인의 출석을 요구할 수 있다. 〈개정 2010.6.4.〉

② 이직한 자는 종전의 사업주 또는 그 사업주로부터 보험 사무의 위임을 받아 보험 사무를 처리하는 보험사무대행기관에 실업급여를 지급받기 위하여 필요한 증명서의 교부를 청구할 수 있다. 이 경우 청구를 받은 사업주나 보험사무대행기관은 그 청구에 따른 증명서를 내주어야 한다.

③ 고용노동부장관은 피보험자, 수급자격자 또는 지급되지 아니한 실업급여의 지급을 청구하는 자에게 피보험자의 자격 확인, 부정수급의 조사 등 이 법의 시행에 필요한 보고를 하게 하거나 관계 서류의 제출 또는 출석을 요구할 수 있다.〈개정 2010.6.4.〉

제109조(조사 등) ① 고용노동부장관은 피보험자의 자격 확인, 부정수급의 조사 등 이 법의 시행을 위하여 필요하다고 인정하면 소속 직원에게 피보험자 또는 수급자격자를 고용하고 있거나 고용하였던 사업주의 사업장 또는 보험사무대행기관 및 보험사무대행기관이었던 자의 사무소에 출입하여 관계인에 대하여 질문하거나 장부 등 서류를 조사하게 할 수 있다. 〈개정 2010.6.4.〉

② 고용노동부장관이 제1항에 따라 조사를 하는 경우에는 그 사업주 등에게 미리 조사 일시·조사 내용 등 조사에 필요한 사항을 알려야 한다. 다만, 긴급하거나 미리 알릴 경우 그 목적을 달성할 수 없다고 인정되는 경우에는 그러하지 아니하다.〈개정 2010.6.4.〉

③ 제1항에 따라 조사를 하는 직원은 그 신분을 나타내는 증표를 지니고 이를 관계인에게 내보여야 한다.

④ 고용노동부장관은 제1항에 따른 조사 결과를 그 사업주 등에게 서면으로 알려야 한다.〈개정 2010.6.4.〉

제110조(자료의 요청) ① 고용노동부장관은 보험사업의 효율적인 운영을 위하여 필요하면 관계 중앙행정기관·지방자치단체, 그 밖의 공공단체 등에게 필요한 자료의 제출을 요청할 수 있다. 〈개정 2010.6.4.〉

② 제1항에 따라 자료의 제출을 요청받은 자는 정당한 사유가 없으면 요청에 따라야 한다.

제111조(진찰명령) 직업안정기관의 장은 실업급여의 지급을 위하여 필요하다고 인정하면 제44조제3항 제1호에 해당하는 자로서 같은 조 제2항에 따른 실업의 인정을 받았거나 받으려는 자 및 제63조에 따라 상병급여를 지급받았거나 지급받으려는 자에게 고용노동부장관이 지정하는 의료기관에서 진찰을 받도록 명할 수 있다. 〈개정 2010.6.4.〉

제112조(포상금의 지급) ① 고용노동부장관은 이 법에 따른 고용안정·직업능력개발 사업의 지원·위탁 및 실업급여·육아휴직 급여 또는 출산전후휴가 급여등의 지원과 관련한 부정행위를 신고한 자에게 예산의 범위에서 포상금을 지급할 수 있다. 〈개정 2010.6.4., 2012.2.1.〉

② 제1항에 따른 부정행위의 신고 및 포상금의 지급에 필요한 사항은 고용노동부령으로 정한다.〈개정 2010.6.4.〉

제113조 삭제 〈2011.7.21.〉

제113조의2(「국민기초생활 보장법」의 수급자에 대한 특례) ① 제8조에도 불구하고 「국민기초생활 보장법」 제15조제1항제4호에 따라 자활을 위한 근로기회를 제공하기 위한 사업은 이 법의 적용을 받는

사업으로 본다. 이 경우 해당 사업에 참가하여 유급으로 근로하는 「국민기초생활 보장법」 제2조제2호에 따른 수급자는 이 법의 적용을 받는 근로자로 보고, 같은 법 제2조제4호에 따른 보장기관(같은 법 제15조제2항에 따라 사업을 위탁하여 행하는 경우는 그 위탁기관을 말한다)은 이 법의 적용을 받는 사업주로 본다.

② 제1항 후단에 따른 수급자가 「국민기초생활 보장법」 제5조제1항에 따른 수급권자인 경우에는 해당 수급자에 대하여는 제3장의 규정만을 적용한다.

③ 제18조에도 불구하고 제2항에 따라 제3장의 규정만 적용되는 수급자는 보험관계가 성립되어 있는 다른 사업에 고용되어 있는 경우
에는 그 다른 사업의 근로자로서만 피보험자격을 취득한다.

④ 제1항에 따라 수급자가 사업에 참가하고 받은 자활급여는 제41조에 따른 피보험 단위기간 산정의 기초가 되는 보수 및 제45조에 따른 임금일액의 기초가 되는 임금으로 본다.
[본조신설 2011.7.21.]

제114조(시범사업의 실시) ① 고용노동부장관은 보험사업을 효과적으로 시행하기 위하여 전면적인 시행에 어려움이 예상되거나 수행 방식 등을 미리 검증할 필요가 있는 경우 대통령령으로 정하는 보험사업은 시범사업을 할 수 있다. 〈개정 2010.6.4.〉

② 고용노동부장관은 제1항에 따른 시범사업에 참여하는 사업주, 피보험자등 및 직업능력개발 훈련시설 등에 재정·행정·기술이나 그 밖에 필요한 지원을 할 수 있다. 〈개정 2010.6.4.〉

③ 제1항에 따른 시범사업의 대상자·실시지역·실시방법과 제2항에 따른 지원 내용 등에 관하여 필요한 사항은 고용노동부장관이 정하여 고시한다. 〈개정 2010.6.4.〉

제115조(권한의 위임·위탁) 이 법에 따른 고용노동부장관의 권한은 대통령령으로 정하는 바에 따라 그 일부를 직업안정기관의 장에게 위임하거나 대통령령으로 정하는 자에게 위탁할 수 있다. 〈개정 2010.6.4.〉

제115조의2(벌칙 적용 시의 공무원 의제) 제36조와 제115조에 따라 업무를 대행하거나 위탁하도록 하는 경우에 그 대행하거나 위탁받은 업무에 종사하는 자는 「형법」 제129조부터 제132조까지의 규정에 따른 벌칙을 적용할 때에는 공무원으로 본다.
[본조신설 2008.12.31.]

제9장 벌칙

제116조(벌칙) ① 제105조를 위반하여 근로자를 해고하거나 그 밖에 근로자에게 불이익한 처우를 한 사업주는 3년 이하의 징역 또는 3천만원 이하의 벌금에 처한다. 〈개정 2015.1.20.〉

② 거짓이나 그 밖의 부정한 방법으로 실업급여·육아휴직 급여 및 출산전후휴가 급여등을 받은 자는 1년 이하의 징역 또는 1천만원 이하의 벌금에 처한다. 〈개정 2012.2.1., 2015.1.20.〉

제117조(양벌규정) 법인의 대표자나 법인 또는 개인의 대리인, 사용인, 그 밖의 종업원이 그 법인 또는

개인의 업무에 관하여 제116조의 위반행위를 하면 그 행위자를 벌하는 외에 그 법인 또는 개인에게도 해당 조문의 벌금형을 과(科)한다. 다만, 법인 또는 개인이 그 위반행위를 방지하기 위하여 해당 업무에 관하여 상당한 주의와 감독을 게을리하지 아니한 경우에는 그러하지 아니하다.

[전문개정 2008.12.31.]

[제118조에서 이동, 종전의 117조는 제118조로 이동 〈2008.12.31.〉]

제118조(과태료) ① 다음 각 호의 어느 하나에 해당하는 사업주, 보험사무대행기관의 대표자 또는 대리인 · 사용인, 그 밖의 종업원에게는 300만원 이하의 과태료를 부과한다. 〈개정 2008.12.31.〉

1. 제15조를 위반하여 신고를 하지 아니하거나 거짓으로 신고한 자

2. 제16조제1항을 위반하여 이직확인서를 제출하지 아니하거나 거짓으로 작성하여 제출한 자

3. 제16조제2항 후단을 위반하여 이직확인서를 내주지 아니한 자

4. 제108조제1항에 따른 요구에 불응하여 보고를 하지 아니하거나 거짓으로 보고한 자, 같은 요구에 불응하여 문서를 제출하지 아니하거나 거짓으로 적은 문서를 제출한 자 또는 출석하지 아니한 자

5. 제108조제2항에 따른 요구에 불응하여 증명서를 내주지 아니한 자

6. 제109조제1항에 따른 질문에 답변하지 아니하거나 거짓으로 진술한 자 또는 조사를 거부 · 방해하거나 기피한 자

② 다음 각 호의 어느 하나에 해당하는 피보험자, 수급자격자 또는 지급되지 아니한 실업급여의 지급을 청구하는 자에게는 100만원 이하의 과태료를 부과한다.〈개정 2008.12.31.〉

1. 제108조제3항에 따라 요구된 보고를 하지 아니하거나 거짓으로 보고한 자, 문서를 제출하지 아니하거나 거짓으로 적은 문서를 제출한 자 또는 출석하지 아니한 자

2. 제109조제1항에 따른 질문에 답변하지 아니하거나 거짓으로 진술한 자 또는 검사를 거부 · 방해하거나 기피한 자

③ 제87조에 따른 심사 또는 재심사의 청구를 받아 하는 심사관 및 심사위원회의 질문에 답변하지 아니하거나 거짓으로 진술한 자 또는 검사를 거부 · 방해하거나 기피한 자에게는 100만원 이하의 과태료를 부과한다.〈개정 2008.12.31.〉

④ 제1항부터 제3항까지의 규정에 따른 과태료는 대통령령으로 정하는 바에 따라 고용노동부장관이 부과 · 징수한다.〈개정 2010.6.4.〉

⑤ 삭제〈2008.12.31.〉

⑥ 삭제〈2008.12.31.〉

⑦ 삭제〈2008.12.31.〉

[제117조에서 이동, 종전의 제118조는 제117조로 이동 〈2008.12.31.〉]

부 칙 〈제14233호,2016.5.29.〉

제1조(시행일) 이 법은 2016년 8월 1일부터 시행한다.

제2조(국민연금 보험료의 지원에 관한 적용례) 제55조의2의 개정규정은 이 법 시행 후 최초로 제43조제1항에 따라 수급자격의 인정을 받는 경우부터 적용한다.

8. 산업안전보건법

시　　행 2016. 10. 28

최초제정 1990. 01. 13 (법률 제4220호)
일부개정 1993. 12. 27 (법률 제4622호)
일부개정 2005. 03. 31 (법률 제7467호)
일부개정 2009. 02. 06 (법률 제9434호)
일부개정 2013. 06. 12 (법률 제11882호)
일부개정 2016. 01. 27 (법률 제13906호)

제1장　총 칙 〈개정 2009.2.6〉

제1조(목적) 이 법은 산업안전·보건에 관한 기준을 확립하고 그 책임의 소재를 명확하게 하여 산업재해를 예방하고 쾌적한 작업환경을 조성함으로써 근로자의 안전과 보건을 유지·증진함을 목적으로 한다.
[전문개정 2009.2.6.]

제2조(정의) 이 법에서 사용하는 용어의 뜻은 다음과 같다. 〈개정 2010.6.4.〉
 1. "산업재해"란 근로자가 업무에 관계되는 건설물·설비·원재료·가스·증기·분진 등에 의하거나 작업 또는 그 밖의 업무로 인하여 사망 또는 부상하거나 질병에 걸리는 것을 말한다.
 2. "근로자"란 「근로기준법」 제2조제1항제1호에 따른 근로자를 말한다.
 3. "사업주"란 근로자를 사용하여 사업을 하는 자를 말한다.
 4. "근로자대표"란 근로자의 과반수로 조직된 노동조합이 있는 경우에는 그 노동조합을, 근로자의 과반수로 조직된 노동조합이 없는 경우에는 근로자의 과반수를 대표하는 자를 말한다.
 5. "작업환경측정"이란 작업환경 실태를 파악하기 위하여 해당 근로자 또는 작업장에 대하여 사업주가 측정계획을 수립한 후 시료(試料)를 채취하고 분석·평가하는 것을 말한다.
 6. "안전·보건진단"이란 산업재해를 예방하기 위하여 잠재적 위험성을 발견하고 그 개선대책을 수립할 목적으로 고용노동부장관이 지정하는 자가 하는 조사·평가를 말한다.
 7. "중대재해"란 산업재해 중 사망 등 재해 정도가 심한 것으로서 고용노동부령으로 정하는 재해를 말한다.
[전문개정 2009.2.6.]

제3조(적용 범위) ① 이 법은 모든 사업 또는 사업장(이하 "사업"이라 한다)에 적용한다. 다만, 유해·위험의 정도, 사업의 종류·규모 및 사업의 소재지 등을 고려하여 대통령령으로 정하는 사업에는 이 법의 전부 또는 일부를 적용하지 아니할 수 있다.
② 이 법과 이 법에 따른 명령은 국가·지방자치단체 및 「공공기관의 운영에 관한 법률」 제5조에 따른 공기업에 적용한다.
[전문개정 2009.2.6.]

제4조(정부의 책무) ① 정부는 제1조의 목적을 달성하기 위하여 다음 각 호의 사항을 성실히 이행할 책무를 진다. 〈개정 2013.6.12.〉

1. 산업안전 · 보건정책의 수립 · 집행 · 조정 및 통제

2. 사업장에 대한 재해 예방 지원 및 지도

3. 유해하거나 위험한 기계 · 기구 · 설비 및 방호장치(防護裝置) · 보호구(保護具) 등의 안전성 평가 및 개선

4. 유해하거나 위험한 기계 · 기구 · 설비 및 물질 등에 대한 안전 · 보건상의 조치기준 작성 및 지도 · 감독

5. 사업의 자율적인 안전 · 보건 경영체제 확립을 위한 지원

6. 안전 · 보건의식을 북돋우기 위한 홍보 · 교육 및 무재해운동 등 안전문화 추진

7. 안전 · 보건을 위한 기술의 연구 · 개발 및 시설의 설치 · 운영

8. 산업재해에 관한 조사 및 통계의 유지 · 관리

9. 안전 · 보건 관련 단체 등에 대한 지원 및 지도 · 감독

10. 그 밖에 근로자의 안전 및 건강의 보호 · 증진

② 정부는 제1항 각 호의 사항을 효율적으로 수행하기 위한 시책을 마련하여야 하며, 이를 위하여 필요하다고 인정할 때에는 「한국산업안전보건공단법」에 따른 한국산업안전보건공단(이하 "공단"이라 한다), 그 밖의 관련 단체 및 연구기관에 행정적 · 재정적 지원을 할 수 있다.

[전문개정 2009.2.6.]

제5조(사업주 등의 의무) ① 사업주는 다음 각 호의 사항을 이행함으로써 근로자의 안전과 건강을 유지 · 증진시키는 한편, 국가의 산업재해 예방시책에 따라야 한다. 〈개정 2013.6.12.〉

1. 이 법과 이 법에 따른 명령으로 정하는 산업재해 예방을 위한 기준을 지킬 것

2. 근로자의 신체적 피로와 정신적 스트레스 등을 줄일 수 있는 쾌적한 작업환경을 조성하고 근로조건을 개선할 것

3. 해당 사업장의 안전 · 보건에 관한 정보를 근로자에게 제공할 것

② 다음 각 호의 어느 하나에 해당하는 자는 설계 · 제조 · 수입 또는 건설을 할 때 이 법과 이 법에 따른 명령으로 정하는 기준을 지켜야 하고, 그 물건을 사용함으로 인하여 발생하는 산업재해를 방지하기 위하여 필요한 조치를 하여야 한다. 〈개정 2013.6.12.〉

1. 기계 · 기구와 그 밖의 설비를 설계 · 제조 또는 수입하는 자

2. 원재료 등을 제조 · 수입하는 자

3. 건설물을 설계 · 건설하는 자

[전문개정 2009.2.6.]

[제목개정 2013.6.12.]

제6조(근로자의 의무) 근로자는 이 법과 이 법에 따른 명령으로 정하는 기준 등 산업재해 예방에 필요한 사항을 지켜야 하며, 사업주 또는 근로감독관, 공단 등 관계자가 실시하는 산업재해 방지에 관한 조치에 따라야 한다. 〈개정 2013.6.12.〉

[전문개정 2009.2.6.]

제7조 삭제 〈2009.10.9.〉

제8조(산업재해 예방계획의 수립·공표) ① 고용노동부장관은 산업재해 예방에 관한 중·장기 기본계획을 수립하여야 한다. 〈개정 2010.6.4.〉

② 고용노동부장관은 제1항에 따라 수립한 산업재해 예방계획을 「산업재해보상보험법」 제8조제1항에 따른 산업재해보상보험및예방심의위원회의 심의를 거쳐 공표하여야 한다. 이를 변경하려는 경우에도 또한 같다.〈개정 2009.10.9., 2010.6.4.〉

[전문개정 2009.2.6.]

제9조(협조의 요청 등) ① 고용노동부장관은 제8조에 따라 수립된 산업재해 예방계획을 효율적으로 시행하기 위하여 필요하다고 인정할 때에는 관계 행정기관의 장 또는 「공공기관의 운영에 관한 법률」 제4조에 따른 공공기관의 장에게 필요한 협조를 요청할 수 있다. 〈개정 2010.6.4.〉

② 행정기관(고용노동부는 제외한다. 이하 이 조에서 같다)의 장은 사업장의 안전 및 보건에 관하여 규제를 하려면 미리 고용노동부장관과 협의하여야 한다.〈개정 2010.6.4.〉

③ 고용노동부장관이 제2항에 따른 협의과정에서 해당 규제에 대한 변경을 요구하면 행정기관의 장은 이에 응하여야 하며, 고용노동부장관은 필요한 경우 국무총리에게 협의·조정 사항을 보고하여 확정할 수 있다.〈개정 2010.6.4.〉

④ 고용노동부장관은 산업재해 예방을 위하여 필요하다고 인정할 때에는 사업주, 사업주단체, 그 밖의 관계인에게 필요한 사항을 권고하거나 협조를 요청할 수 있다.〈개정 2010.6.4.〉

[전문개정 2009.2.6.]

제9조의2(사업장의 산업재해 발생건수 등 공표) ① 고용노동부장관은 산업재해를 예방하기 위하여 필요하다고 인정할 때에는 대통령령으로 정하는 사업장의 산업재해 발생건수, 재해율 또는 그 순위 등을 공표할 수 있다. 〈개정 2010.6.4.〉

② 제1항에 따른 공표의 절차 및 방법 등에 관하여 필요한 사항은 고용노동부령으로 정한다.〈개정 2010.6.4.〉

[전문개정 2009.2.6.]

제10조(산업재해 발생 기록 및 보고 등) ① 사업주는 산업재해가 발생하였을 때에는 고용노동부령으로 정하는 바에 따라 재해발생원인 등을 기록·보존하여야 한다. 〈개정 2010.6.4.〉

② 사업주는 제1항에 따라 기록한 산업재해 중 고용노동부령으로 정하는 산업재해에 대하여는 그 발생 개요·원인 및 보고 시기, 재발방지 계획 등을 고용노동부령으로 정하는 바에 따라 고용노동부장관에게 보고하여야 한다.〈개정 2010.5.20., 2010.6.4., 2013.6.12.〉

[전문개정 2009.2.6.]

제10조의2 삭제 〈2009.2.6.〉

제11조(법령 요지의 게시 등) ① 사업주는 이 법과 이 법에 따른 명령의 요지를 상시 각 작업장 내에 근로자가 쉽게 볼 수 있는 장소에 게시하거나 갖추어 두어 근로자로 하여금 알게 하여야 한다. 〈개정 2013.6.12.〉

② 근로자대표는 다음 각 호의 사항에 관한 내용 또는 결과를 통지할 것을 사업주에게 요청할 수 있고, 사업주는 이에 성실히 응하여야 한다.〈개정 2010.6.4., 2011.7.25.〉

1. 제19조제2항에 따라 산업안전보건위원회(제29조의2에 따라 노사협의체를 설치 · 운영하는 경우에는 노사협의체를 말한다)가 의결한 사항

2. 제20조제1항 각 호에 규정된 사항

3. 제29조제2항 각 호에 규정된 사항

4. 제41조에 규정된 사항

5. 제42조제1항에 따른 작업환경측정에 관한 사항

6. 그 밖에 고용노동부령으로 정하는 안전과 보건에 관한 사항

[전문개정 2009.2.6.]

제12조(안전 · 보건표지의 부착 등) 사업주는 사업장의 유해하거나 위험한 시설 및 장소에 대한 경고, 비상시 조치에 대한 안내, 그 밖에 안전의식의 고취를 위하여 고용노동부령으로 정하는 바에 따라 안전 · 보건표지를 설치하거나 부착하여야 한다. 이 경우 「외국인근로자의 고용 등에 관한 법률」 제2조에 따른 외국인근로자를 채용한 사업주는 고용노동부장관이 정하는 바에 따라 외국어로 된 안전 · 보건표지와 작업안전수칙을 부착하도록 노력하여야 한다. 〈개정 2010.6.4.〉

[전문개정 2009.2.6.]

제2장　안전 · 보건 관리체제 〈개정 2009.2.6.〉

제13조(안전보건관리책임자) ① 사업주는 사업장에 안전보건관리책임자(이하 "관리책임자"라 한다)를 두어 다음 각 호의 업무를 총괄관리하도록 하여야 한다. 〈개정 2010.6.4., 2013.6.12.〉

1. 산업재해 예방계획의 수립에 관한 사항

2. 제20조에 따른 안전보건관리규정의 작성 및 변경에 관한 사항

3. 제31조에 따른 근로자의 안전 · 보건교육에 관한 사항

4. 제42조에 따른 작업환경측정 등 작업환경의 점검 및 개선에 관한 사항

5. 제43조에 따른 근로자의 건강진단 등 건강관리에 관한 사항

6. 산업재해의 원인 조사 및 재발 방지대책 수립에 관한 사항

7. 산업재해에 관한 통계의 기록 및 유지에 관한 사항

8. 안전 · 보건과 관련된 안전장치 및 보호구 구입 시의 적격품 여부 확인에 관한 사항

9. 그 밖에 근로자의 유해 · 위험 예방조치에 관한 사항으로서 고용노동부령으로 정하는 사항

② 관리책임자는 제15조에 따른 안전관리자와 제16조에 따른 보건관리자를 지휘 · 감독한다.

③ 관리책임자를 두어야 할 사업의 종류 · 규모, 관리책임자의 자격, 그 밖에 필요한 사항은 대통령령으로 정한다.〈개정 2013.6.12.〉

[전문개정 2009.2.6.]

제14조(관리감독자) ① 사업주는 사업장의 관리감독자(경영조직에서 생산과 관련되는 업무와 그 소속 직원

을 직접 지휘 · 감독하는 부서의 장 또는 그 직위를 담당하는 자를 말한다. 이하 같다)로 하여금 직무와 관련된 안전 · 보건에 관한 업무로서 안전 · 보건점검 등 대통령령으로 정하는 업무를 수행하도록 하여야 한다. 다만, 위험 방지가 특히 필요한 작업으로서 대통령령으로 정하는 작업에 대하여는 소속 직원에 대한 특별교육 등 대통령령으로 정하는 안전 · 보건에 관한 업무를 추가로 수행하도록 하여야 한다.

② 제1항에 따른 관리감독자가 있는 경우에는 「건설기술 진흥법」 제64조제1항제2호에 따른 안전관리책임자 및 같은 항 제3호에 따른 안전관리담당자를 각각 둔 것으로 본다.〈개정 2013.5.22.〉

[전문개정 2009.2.6.]

제15조(안전관리자 등) ① 사업주는 사업장에 안전관리자를 두어 제13조제1항 각 호의 사항 중 안전에 관한 기술적인 사항에 관하여 사업주 또는 관리책임자를 보좌하고 관리감독자에게 조언 · 지도하는 업무를 수행하게 하여야 한다.〈개정 2013.6.12.〉

② 안전관리자를 두어야 할 사업의 종류 · 규모, 안전관리자의 수 · 자격 · 업무 · 권한 · 선임방법, 그 밖에 필요한 사항은 대통령령으로 정한다.〈개정 2013.6.12.〉

③ 고용노동부장관은 산업재해 예방을 위하여 필요하다고 인정할 때에는 안전관리자를 정수(定數) 이상으로 늘리거나 다시 임명할 것을 명할 수 있다.〈개정 2010.6.4.〉

④ 대통령령으로 정하는 종류 및 규모에 해당하는 사업의 사업주는 고용노동부장관이 지정하는 안전관리 업무를 전문적으로 수행하는 기관(이하 "안전관리전문기관"이라 한다)에 안전관리자의 업무를 위탁할 수 있다.〈개정 2010.6.4., 2013.6.12.〉

⑤ 안전관리전문기관의 지정 요건 및 절차에 관한 사항은 대통령령으로 정하고, 안전관리전문기관의 업무수행기준, 안전관리전문기관이 위탁업무를 수행할 수 있는 지역, 그 밖에 필요한 사항은 고용노동부령으로 정한다.〈개정 2010.6.4., 2013.6.12.〉

[전문개정 2009.2.6.]

제15조의2(지정의 취소 등) ① 고용노동부장관은 안전관리전문기관이 다음 각 호의 어느 하나에 해당할 때에는 그 지정을 취소하거나 6개월 이내의 기간을 정하여 그 업무의 정지를 명할 수 있다. 다만, 제1호 또는 제2호에 해당할 때에는 그 지정을 취소하여야 한다.〈개정 2010.6.4., 2011.7.25., 2013.6.12.〉

1. 거짓이나 그 밖의 부정한 방법으로 지정을 받은 경우
2. 업무정지 기간 중에 업무를 수행한 경우
3. 지정 요건을 충족하지 못한 경우
4. 지정받은 사항을 위반하여 업무를 수행한 경우
5. 그 밖에 대통령령으로 정하는 사유에 해당하는 경우

② 제1항에 따라 지정이 취소된 자는 지정이 취소된 날부터 2년 이내에는 안전관리전문기관으로 지정받을 수 없다.〈개정 2013.6.12.〉

[전문개정 2009.2.6.]

제15조의3(과징금) ① 고용노동부장관은 제15조의2에 따라 업무의 정지를 명하여야 하는 경우에 그 업무정지가 이용자에게 심한 불편을 주거나 공익을 해칠 우려가 있다고 인정하면 업무정지처분을 갈음하여 1억원 이하의 과징금을 부과할 수 있다.〈개정 2010.6.4., 2011.7.25.〉

② 제1항에 따른 과징금 부과처분을 받은 자가 과징금을 기한까지 내지 아니하면 국세 체납처분의 예에 따라 징수한다.

③ 제1항에 따른 과징금의 부과기준과 그 밖에 필요한 사항은 대통령령으로 정한다.

[전문개정 2009.2.6.]

제16조(보건관리자 등) ① 사업주는 사업장에 보건관리자를 두어 제13조제1항 각 호의 사항 중 보건에 관한 기술적인 사항에 관하여 사업주 또는 관리책임자를 보좌하고 관리감독자에게 조언·지도하는 업무를 수행하게 하여야 한다. 〈개정 2013.6.12.〉

② 보건관리자를 두어야 할 사업의 종류·규모, 보건관리자의 수·자격·업무·권한·선임방법, 그 밖에 필요한 사항은 대통령령으로 정한다.〈개정 2013.6.12.〉

③ 보건관리자에 관하여는 제15조제3항부터 제5항까지, 제15조의2 및 제15조의3을 준용한다. 이 경우 "안전관리자"는 "보건관리자"로, "안전관리"는 "보건관리"로, "안전관리전문기관"은 "보건관리전문기관"으로 본다.〈개정 2013.6.12.〉

[전문개정 2009.2.6.]

제16조의2(안전관리자 등의 지도·조언) 제15조에 따른 안전관리자 또는 제16조에 따른 보건관리자가 제13조제1항 각 호의 사항 중 안전 또는 보건에 관한 기술적인 사항에 관하여 사업주 또는 관리책임자에게 건의하거나 관리감독자에게 지도·조언하는 경우에 사업주·관리책임자 및 관리감독자는 이에 상응하는 적절한 조치를 하여야 한다.

[전문개정 2009.2.6.]

제16조의3(안전보건관리담당자) ① 사업주(제15조에 따른 안전관리자·제16조에 따른 보건관리자를 두어야 하는 사업주는 제외한다)는 사업장에 안전보건관리담당자를 두어 안전·보건에 관하여 사업주를 보좌하고 관리감독자에게 조언·지도하는 업무를 수행하게 하여야 한다.

② 안전보건관리담당자를 두어야 할 사업의 종류·규모, 안전보건관리담당자의 수·자격·업무·권한·선임방법, 그 밖에 필요한 사항은 대통령령으로 정한다.

③ 안전보건관리담당자의 증원·개임 및 업무위탁 등에 관하여는 제15조제3항부터 제5항까지, 제15조의2 및 제15조의3을 준용한다. 이 경우 "안전관리자"는 "안전보건관리담당자"로, "안전관리"는 "안전보건관리"로, "안전관리전문기관"은 "안전관리전문기관 또는 보건관리전문기관"으로 본다.

[본조신설 2016.1.27.]

[시행일 미지정] 제16조의3

제17조(산업보건의) ① 사업주는 근로자의 건강관리나 그 밖의 보건관리자의 업무를 지도하기 위하여 사업장에 산업보건의를 두어야 한다. 다만, 의사를 보건관리자로 둔 경우에는 그러하지 아니하다.

② 산업보건의를 두어야 할 사업의 종류·규모, 산업보건의의 자격·직무·권한·선임방법, 그 밖에 필요한 사항은 대통령령으로 정한다.

[전문개정 2009.2.6.]

제18조(안전보건총괄책임자) ① 같은 장소에서 행하여지는 사업으로서 다음 각 호의 어느 하나에 해당

하는 사업 중 대통령령으로 정하는 사업의 사업주는 그 사업의 관리책임자를 안전보건총괄책임자로 지정하여 자신이 사용하는 근로자와 수급인[하수급인(下受給人)을 포함한다. 이하 같다]이 사용하는 근로자가 같은 장소에서 작업을 할 때에 생기는 산업재해를 예방하기 위한 업무를 총괄관리하도록 하여야 한다. 이 경우 관리책임자를 두지 아니하여도 되는 사업에서는 그 사업장에서 사업을 총괄관리하는 자를 안전보건총괄책임자로 지정하여야 한다. 〈개정 2011.7.25., 2013.6.12.〉

1. 사업의 일부를 분리하여 도급을 주어 하는 사업
2. 사업이 전문분야의 공사로 이루어져 시행되는 경우 각 전문분야에 대한 공사의 전부를 도급을 주어 하는 사업

② 제1항에 따라 안전보건총괄책임자를 지정한 경우에는 「건설기술 진흥법」 제64조제1항제1호에 따른 안전총괄책임자를 둔 것으로 본다.〈개정 2013.5.22.〉

③ 안전보건총괄책임자의 직무·권한, 그 밖에 필요한 사항은 대통령령으로 정한다.

[전문개정 2009.2.6.]

제19조(산업안전보건위원회) ① 사업주는 산업안전·보건에 관한 중요 사항을 심의·의결하기 위하여 근로자와 사용자가 같은 수로 구성되는 산업안전보건위원회를 설치·운영하여야 한다.

② 사업주는 다음 각 호의 사항에 대하여는 산업안전보건위원회의 심의·의결을 거쳐야 한다.

1. 제13조제1항제1호부터 제5호까지 및 제7호에 관한 사항
2. 제13조제1항제6호의 규정 중 중대재해에 관한 사항
3. 유해하거나 위험한 기계·기구와 그 밖의 설비를 도입한 경우 안전·보건조치에 관한 사항

③ 산업안전보건위원회의 회의는 대통령령으로 정하는 바에 따라 개최하고 그 결과를 회의록으로 작성하여 보존하여야 한다.

④ 산업안전보건위원회는 해당 사업장 근로자의 안전과 보건을 유지·증진시키기 위하여 필요한 사항을 정할 수 있다.

⑤ 사업주와 근로자는 제2항과 제4항에 따라 산업안전보건위원회가 심의·의결 또는 결정한 사항을 성실하게 이행하여야 한다.

⑥ 제2항과 제4항에 따른 산업안전보건위원회의 심의·의결 또는 결정은 이 법과 이 법에 따른 명령, 단체협약, 취업규칙 및 제20조에 따른 안전보건관리규정에 반하여서는 아니 된다.

⑦ 사업주는 산업안전보건위원회의 위원으로서 정당한 활동을 한 것을 이유로 그 위원에게 불이익을 주어서는 아니 된다.

⑧ 산업안전보건위원회를 설치하여야 할 사업의 종류 및 규모, 산업안전보건위원회의 구성과 운영, 의결되지 아니한 경우의 처리방법 등에 관하여 필요한 사항은 대통령령으로 정한다.

[전문개정 2009.2.6.]

제3장 안전보건관리규정 〈개정 2009.2.6.〉

제20조(안전보건관리규정의 작성 등) ① 사업주는 사업장의 안전·보건을 유지하기 위하여 다음 각 호의 사항이 포함된 안전보건관리규정을 작성하여 각 사업장에 게시하거나 갖춰 두고, 이를 근로자에

게 알려야 한다.

1. 안전·보건 관리조직과 그 직무에 관한 사항

2. 안전·보건교육에 관한 사항

3. 작업장 안전관리에 관한 사항

4. 작업장 보건관리에 관한 사항

5. 사고 조사 및 대책 수립에 관한 사항

6. 그 밖에 안전·보건에 관한 사항

② 제1항의 안전보건관리규정은 해당 사업장에 적용되는 단체협약 및 취업규칙에 반할 수 없다. 이 경우 안전보건관리규정 중 단체협약 또는 취업규칙에 반하는 부분에 관하여는 그 단체협약 또는 취업규칙으로 정한 기준에 따른다.

③ 안전보건관리규정을 작성하여야 할 사업의 종류·규모와 안전보건관리규정에 포함되어야 할 세부적인 내용 등에 관하여 필요한 사항은 고용노동부령으로 정한다.〈개정 2010.6.4.〉

[전문개정 2009.2.6.]

제21조(안전보건관리규정의 작성·변경 절차) 사업주는 제20조에 따라 안전보건관리규정을 작성하거나 변경할 때에는 제19조에 따른 산업안전보건위원회의 심의·의결을 거쳐야 한다. 다만, 산업안전보건위원회가 설치되어 있지 아니한 사업장의 경우에는 근로자대표의 동의를 받아야 한다.

[전문개정 2009.2.6.]

제22조(안전보건관리규정의 준수 등) ① 사업주와 근로자는 안전보건관리규정을 지켜야 한다.

② 안전보건관리규정에 관하여는 이 법에서 규정한 것을 제외하고는 그 성질에 반하지 아니하는 범위에서 「근로기준법」의 취업규칙에 관한 규정을 준용한다.

[전문개정 2009.2.6.]

제4장　유해·위험 예방조치 〈개정 2009.2.6.〉

제23조(안전조치) ① 사업주는 사업을 할 때 다음 각 호의 위험을 예방하기 위하여 필요한 조치를 하여야 한다.

1. 기계·기구, 그 밖의 설비에 의한 위험

2. 폭발성, 발화성 및 인화성 물질 등에 의한 위험

3. 전기, 열, 그 밖의 에너지에 의한 위험

② 사업주는 굴착, 채석, 하역, 벌목, 운송, 조작, 운반, 해체, 중량물 취급, 그 밖의 작업을 할 때 불량한 작업방법 등으로 인하여 발생하는 위험을 방지하기 위하여 필요한 조치를 하여야 한다.

③ 사업주는 작업 중 근로자가 추락할 위험이 있는 장소, 토사·구축물 등이 붕괴할 우려가 있는 장소, 물체가 떨어지거나 날아올 위험이 있는 장소, 그 밖에 작업 시 천재지변으로 인한 위험이 발생할 우려가 있는 장소에는 그 위험을 방지하기 위하여 필요한 조치를 하여야 한다.

④ 제1항부터 제3항까지의 규정에 따라 사업주가 하여야 할 안전상의 조치 사항은 고용노동부령으로

정한다.〈개정 2010.6.4.〉
[전문개정 2009.2.6.]

제24조(보건조치) ① 사업주는 사업을 할 때 다음 각 호의 건강장해를 예방하기 위하여 필요한 조치를 하여야 한다.
 1. 원재료 · 가스 · 증기 · 분진 · 흄(fume) · 미스트(mist) · 산소결핍 · 병원체 등에 의한 건강장해
 2. 방사선 · 유해광선 · 고온 · 저온 · 초음파 · 소음 · 진동 · 이상기압 등에 의한 건강장해
 3. 사업장에서 배출되는 기체 · 액체 또는 찌꺼기 등에 의한 건강장해
 4. 계측감시(計測監視), 컴퓨터 단말기 조작, 정밀공작 등의 작업에 의한 건강장해
 5. 단순반복작업 또는 인체에 과도한 부담을 주는 작업에 의한 건강장해
 6. 환기 · 채광 · 조명 · 보온 · 방습 · 청결 등의 적정기준을 유지하지 아니하여 발생하는 건강장해
 ② 제1항에 따라 사업주가 하여야 할 보건상의 조치 사항은 고용노동부령으로 정한다.〈개정 2010.6.4.〉
[전문개정 2009.2.6.]

제25조(근로자의 준수 사항) 근로자는 제23조, 제24조 및 제38조의3에 따라 사업주가 한 조치로서 고용노동부령으로 정하는 조치 사항을 지켜야 한다.〈개정 2010.6.4., 2013.6.12.〉
[전문개정 2009.2.6.]

제26조(작업중지 등) ① 사업주는 산업재해가 발생할 급박한 위험이 있을 때 또는 중대재해가 발생하였을 때에는 즉시 작업을 중지시키고 근로자를 작업장소로부터 대피시키는 등 필요한 안전 · 보건상의 조치를 한 후 작업을 다시 시작하여야 한다.
 ② 근로자는 산업재해가 발생할 급박한 위험으로 인하여 작업을 중지하고 대피하였을 때에는 지체 없이 그 사실을 바로 위 상급자에게 보고하고, 바로 위 상급자는 이에 대한 적절한 조치를 하여야 한다.
 ③ 사업주는 산업재해가 발생할 급박한 위험이 있다고 믿을 만한 합리적인 근거가 있을 때에는 제2항에 따라 작업을 중지하고 대피한 근로자에 대하여 이를 이유로 해고나 그 밖의 불리한 처우를 하여서는 아니 된다.
 ④ 고용노동부장관은 중대재해가 발생하였을 때에는 그 원인 규명 또는 예방대책 수립을 위하여 중대재해 발생원인을 조사하고, 근로감독관과 관계 전문가로 하여금 고용노동부령으로 정하는 바에 따라 안전 · 보건진단이나 그 밖에 필요한 조치를 하도록 할 수 있다.〈개정 2010.6.4.〉
 ⑤ 누구든지 중대재해 발생현장을 훼손하여 제4항의 원인조사를 방해하여서는 아니 된다.
[전문개정 2009.2.6.]

제27조(기술상의 지침 및 작업환경의 표준) ① 고용노동부장관은 다음 각 호의 조치에 관한 기술상의 지침 또는 작업환경의 표준을 정하여 사업주에게 지도 · 권고할 수 있다. 〈개정 2010.6.4., 2011.7.25., 2013.6.12.〉
 1. 제23조, 제24조 및 제26조에 따라 사업주가 하여야 할 조치
 2. 제5조제2항 각 호의 어느 하나에 해당하는 자가 제5조제2항에 따라 산업재해를 방지하기 위하여 하여야 할 조치

② 고용노동부장관은 제1항에 따른 지침과 표준을 정할 때 필요하다고 인정하면 해당 분야별로 기준제정위원회를 구성·운영할 수 있다.〈개정 2010.6.4.〉

③ 기준제정위원회의 구성·운영과 그 밖에 필요한 사항은 고용노동부장관이 정한다.〈개정 2010.6.4.〉

[전문개정 2009.2.6.]

제28조(유해작업 도급 금지) ① 안전·보건상 유해하거나 위험한 작업 중 대통령령으로 정하는 작업은 고용노동부장관의 인가를 받지 아니하면 그 작업만을 분리하여 도급(하도급을 포함한다)을 줄 수 없다.〈개정 2010.6.4.〉

② 제1항에 따라 유해하거나 위험한 작업을 도급 줄 때 지켜야 할 안전·보건조치의 기준은 고용노동부령으로 정한다.〈개정 2010.6.4.〉

③ 고용노동부장관은 제1항에 따른 인가를 할 경우 제49조에 준하는 안전·보건평가를 하여야 한다.〈개정 2010.6.4.〉

④ 고용노동부장관은 제1항에 따라 인가를 받은 자가 제2항에 따른 기준에 미달하게 된 경우에는 인가를 취소하여야 한다.〈개정 2010.6.4.〉

[전문개정 2009.2.6.]

제29조(도급사업 시의 안전·보건조치) ① 같은 장소에서 행하여지는 사업으로서 다음 각 호의 어느 하나에 해당하는 사업 중 대통령령으로 정하는 사업의 사업주는 그가 사용하는 근로자와 그의 수급인이 사용하는 근로자가 같은 장소에서 작업을 할 때에 생기는 산업재해를 예방하기 위한 조치를 하여야 한다.〈개정 2010.6.4., 2011.7.25.〉

1. 사업의 일부를 분리하여 도급을 주어 하는 사업

2. 사업이 전문분야의 공사로 이루어져 시행되는 경우 각 전문분야에 대한 공사의 전부를 도급을 주어 하는 사업

② 제1항 각 호 외의 부분에 따른 산업재해를 예방하기 위한 조치는 다음 각 호의 조치로 한다.〈신설 2011.7.25.〉

1. 안전·보건에 관한 협의체의 구성 및 운영

2. 작업장의 순회점검 등 안전·보건관리

3. 수급인이 근로자에게 하는 안전·보건교육에 대한 지도와 지원

4. 제42조제1항에 따른 작업환경측정

5. 다음 각 목의 어느 하나의 경우에 대비한 경보의 운영과 수급인 및 수급인의 근로자에 대한 경보운영 사항의 통보

　　가. 작업 장소에서 발파작업을 하는 경우

　　나. 작업 장소에서 화재가 발생하거나 토석 붕괴 사고가 발생하는 경우

③ 제1항에 따른 사업주는 그의 수급인이 사용하는 근로자가 토사 등의 붕괴, 화재, 폭발, 추락 또는 낙하 위험이 있는 장소 등 고용노동부령으로 정하는 산업재해 발생위험이 있는 장소에서 작업을 할 때에는 안전·보건시설의 설치 등 고용노동부령으로 정하는 산업재해 예방을 위한 조치를 하여야 한다.〈개정 2010.6.4., 2011.7.25., 2013.6.12.〉

④ 제1항에 따른 사업주는 고용노동부령으로 정하는 바에 따라 그가 사용하는 근로자, 그의 수급인 및 그의 수급인이 사용하는 근로자와 함께 정기적으로 또는 수시로 작업장에 대한 안전·보건점검을 하여야 한다.〈개정 2010.6.4., 2011.7.25.〉

⑤ 화학물질 또는 화학물질을 함유한 제제(製劑)를 제조·사용·운반 또는 저장하는 설비를 개조하는 등 안전·보건상 유해하거나 위험한 작업을 도급하는 자는 해당 작업을 수행하는 수급인의 근로자의 산업재해를 예방하기 위하여 고용노동부령으로 정하는 바에 따라 안전·보건에 관한 정보를 제공하는 등 필요한 조치를 하여야 한다. 이 경우 화학물질 또는 화학물질을 함유한 제제를 제조·사용·운반 또는 저장하는 설비 및 안전·보건상 유해하거나 위험한 작업에 관하여 구체적인 사항은 대통령령으로 정한다.〈신설 2013.6.12.〉

⑥ 제1항에 따른 사업주 또는 제5항에 따라 도급하는 자는 수급인 또는 수급인의 근로자가 해당 작업과 관련하여 이 법 또는 이 법에 따른 명령을 위반한 경우에 그 위반행위를 시정하도록 필요한 조치를 하여야 한다.〈개정 2011.7.25., 2013.6.12.〉

⑦ 수급인과 수급인의 근로자는 정당한 사유가 없으면 제1항부터 제6항까지의 규정에 따른 조치에 따라야 한다.〈개정 2011.7.25., 2013.6.12.〉

⑧ 사업을 타인에게 도급하는 자는 안전하고 위생적인 작업 수행을 위하여 다음 각 호의 사항을 준수하여야 한다.〈개정 2011.7.25., 2013.6.12.〉

1. 설계도서 등에 따라 산정된 공사기간을 단축하지 아니할 것
2. 공사비를 줄이기 위하여 위험성이 있는 공법을 사용하거나 정당한 사유 없이 공법을 변경하지 아니할 것

⑨ 사업을 타인에게 도급하는 자는 근로자의 건강을 보호하기 위하여 수급인이 고용노동부령으로 정하는 위생시설에 관한 기준을 준수할 수 있도록 수급인에게 위생시설을 설치할 수 있는 장소를 제공하거나 자신의 위생시설을 수급인의 근로자가 이용할 수 있도록 하는 등 적절한 협조를 하여야 한다.〈신설 2011.7.25., 2013.6.12.〉

⑩ 제2항제1호부터 제3호까지의 규정에 따른 협의체의 구성·운영, 작업장의 안전·보건관리, 안전·보건교육에 대한 지도 및 지원에 필요한 사항은 고용노동부령으로 정한다.〈개정 2010.6.4., 2011.7.25., 2013.6.12.〉

[전문개정 2009.2.6.]

제29조의2(안전·보건에 관한 협의체의 구성·운영에 관한 특례) ① 제29조제1항에 따른 사업으로서 대통령령으로 정하는 종류 및 규모에 해당하는 사업의 사업주는 근로자와 사용자가 같은 수로 구성되는 안전·보건에 관한 노사협의체(이하 "노사협의체"라 한다)를 대통령령으로 정하는 바에 따라 구성·운영할 수 있다.

② 사업주가 제1항에 따라 노사협의체를 구성·운영하는 경우에는 제19조제1항에 따른 산업안전보건위원회 및 제29조제2항제1호에 따른 안전·보건에 관한 협의체를 각각 설치·운영하는 것으로 본다.〈개정 2011.7.25.〉

③ 제1항에 따라 노사협의체를 구성·운영하는 사업주는 제19조제2항 각 호의 사항에 대하여 노사협의체의 심의·의결을 거쳐야 한다. 이 경우 노사협의체에서 의결되지 아니한 사항의 처리방법은 대통령령으로 정한다.

④ 노사협의체의 회의는 대통령령으로 정하는 바에 따라 개최하고 그 결과를 회의록으로 작성하여 보존하여야 한다.

⑤ 노사협의체는 그 사업장 근로자의 안전과 보건을 유지 · 증진시키기 위하여 필요한 사항을 정할 수 있다.

⑥ 노사협의체는 산업재해 예방 및 산업재해가 발생한 경우의 대피방법 등 고용노동부령으로 정하는 사항에 대하여 협의하여야 한다.〈개정 2010.6.4.〉

⑦ 제1항에 따라 노사협의체를 구성 · 운영하는 사업주 및 근로자는 제3항 및 제5항에 따라 노사협의체가 심의 · 의결하거나 결정한 사항을 성실하게 이행하여야 한다.

⑧ 노사협의체에 관하여는 제19조제6항 및 제7항을 준용한다.

[전문개정 2009.2.6.]

제29조의3(설계변경의 요청) ① 건설공사의 수급인(해당 공사를 최초로 도급받은 자를 말한다. 이하 이 조에서 같다)은 건설공사 중에 가설구조물의 붕괴 등 재해발생 위험이 높다고 판단되는 경우에는 전문가의 의견을 들어 건설공사를 발주한 도급인(설계를 포함하여 도급하는 경우는 제외한다. 이하 이 조에서 같다)에게 설계변경을 요청할 수 있다. 이 경우 재해발생 위험이 높다고 판단되는 경우 및 수급인이 의견을 들어야 하는 전문가에 관하여 구체적인 사항은 대통령령으로 정한다.

② 제48조제4항에 따라 고용노동부장관으로부터 공사중지 또는 계획변경 명령을 받은 수급인은 설계변경이 필요한 경우에 건설공사를 발주한 도급인에게 설계변경을 요청할 수 있다.

③ 제1항 및 제2항에 따라 설계변경 요청을 받은 도급인은 고용노동부령으로 정하는 특별한 사유가 없으면 이를 반영하여 설계를 변경하여야 한다.

④ 제1항 및 제2항에 따른 설계변경 요청 내용, 절차, 그 밖에 필요한 사항은 고용노동부령으로 정한다. 이 경우 미리 국토교통부장관과 협의하여야 한다.

[본조신설 2013.6.12.]

제29조의4(공사기간 연장 요청 등) ① 건설공사를 타인에게 도급하는 자는 다음 각 호의 어느 하나에 해당하는 사유로 공사가 지연되어 그의 수급인이 산업재해 예방을 위하여 공사기간 연장을 요청하는 경우 특별한 사유가 없으면 공사기간 연장 조치를 하여야 한다.

1. 태풍 · 홍수 등 악천후, 전쟁 또는 사변, 지진, 화재, 전염병, 폭동, 그 밖에 계약 당사자의 통제범위를 초월하는 사태의 발생 등 불가항력의 사유에 의한 경우

2. 도급하는 자의 책임으로 착공이 지연되거나 시공이 중단된 경우

② 제1항에 따른 공사기간 연장 요청 요건, 절차 및 그 밖에 필요한 사항은 고용노동부령으로 정한다.

[본조신설 2016.1.27.]

제30조(산업안전보건관리비의 계상 등) ① 건설업, 선박건조 · 수리업, 그 밖에 대통령령으로 정하는 사업을 타인에게 도급하는 자와 이를 자체사업으로 하는 자는 도급계약을 체결하거나 자체사업계획을 수립하는 경우 고용노동부장관이 정하여 고시하는 바에 따라 산업재해 예방을 위한 산업안전보건관리비를 도급금액 또는 사업비에 계상(計上)하여야 한다.〈개정 2010.6.4.〉

② 고용노동부장관은 제1항에 따른 산업안전보건관리비의 효율적인 집행을 위하여 다음 각 호의 사

항에 관한 기준을 정할 수 있다.〈개정 2010.6.4.〉

1. 공사의 진척 정도에 따른 사용기준
2. 사업의 규모별·종류별 사용방법 및 구체적인 내용
3. 그 밖에 산업안전보건관리비 사용에 필요한 사항

③ 제1항에 따른 수급인 또는 자체사업을 하는 자는 그 산업안전보건관리비를 다른 목적으로 사용하여서는 아니 된다. 이 경우 제2항에 따른 기준이 정하여져 있는 산업안전보건관리비는 그 기준에 따라 사용하고 고용노동부령으로 정하는 바에 따라 그 사용명세서를 작성하여 보존하여야 한다.〈개정 2010.6.4.〉

④ 삭제〈2013.6.12.〉

⑤ 삭제〈2013.6.12.〉

⑥ 삭제〈2013.6.12.〉

[전문개정 2009.2.6.]

제30조의2(재해예방 전문지도기관) ① 제30조제1항에 따른 도급을 받은 수급인 또는 자체사업을 하는 자 중 고용노동부령으로 정하는 자가 산업안전보건관리비를 사용하려는 경우에는 미리 그 사용방법, 재해예방 조치 등에 관하여 고용노동부장관이 지정하는 전문기관(이하 "재해예방 전문지도기관"이라 한다)의 지도를 받아야 한다.

② 재해예방 전문지도기관의 지정 요건, 지정 절차, 지도업무의 내용, 그 밖에 필요한 사항은 대통령령으로 정한다.

③ 재해예방 전문지도기관에 관하여는 제15조의2 및 제15조의3을 준용한다. 이 경우 "안전관리전문기관"은 "재해예방 전문지도기관"으로 본다.

④ 고용노동부장관은 재해예방 전문지도기관에 대하여 평가하고 그 결과를 공개할 수 있다. 이 경우 평가의 기준, 방법 및 결과의 공개에 필요한 사항은 고용노동부령으로 정한다.

[본조신설 2013.6.12.]

제31조(안전·보건교육) ① 사업주는 해당 사업장의 근로자에 대하여 고용노동부령으로 정하는 바에 따라 정기적으로 안전·보건에 관한 교육을 하여야 한다.〈개정 2010.6.4.〉

② 사업주는 근로자를 채용(건설 일용근로자를 채용하는 경우는 제외한다)할 때와 작업내용을 변경할 때에는 그 근로자에 대하여 고용노동부령으로 정하는 바에 따라 해당 업무와 관계되는 안전·보건에 관한 교육을 하여야 한다.〈개정 2010.6.4., 2011.7.25.〉

③ 사업주는 유해하거나 위험한 작업에 근로자를 사용할 때에는 고용노동부령으로 정하는 바에 따라 그 업무와 관계되는 안전·보건에 관한 특별교육을 하여야 한다.〈개정 2010.6.4.〉

④ 제1항부터 제3항까지의 규정에도 불구하고 해당 업무에 경험이 있는 근로자에 대하여 교육을 실시하는 등 고용노동부령으로 정하는 경우에는 안전·보건에 관한 교육의 전부 또는 일부를 면제할 수 있다.〈신설 2013.6.12.〉

⑤ 사업주는 제1항부터 제3항까지의 규정에 따른 안전·보건에 관한 교육을 그에 필요한 인력·시설·장비 등의 요건을 갖추어 고용노동부장관에게 등록한 안전보건교육위탁기관(이하 "안전보건교육위탁기관"이라 한다)에 위탁할 수 있다.〈개정 2013.6.12., 2016.1.27.〉

⑥ 제5항에 따른 안전보건교육위탁기관의 등록 요건 및 절차 등에 필요한 사항은 대통령령으로 정한다.〈신설 2016.1.27.〉
[전문개정 2009.2.6.]

제31조의2(건설업 기초안전 · 보건교육) ① 건설업의 사업주는 건설 일용근로자를 채용할 때에는 그 근로자에 대하여 대통령령으로 정하는 인력 · 시설 · 장비 등의 요건을 갖추어 고용노동부장관에게 등록한 기관이 실시하는 기초안전 · 보건교육(이하 이 조에서 "건설업기초교육"이라 한다)을 이수하도록 하여야 한다. 다만, 건설 일용근로자가 그 사업주에게 채용되기 전에 건설업기초교육을 이수한 경우에는 그러하지 아니하다.
② 제1항에 따른 등록의 절차에 필요한 사항은 대통령령으로 정한다.
③ 건설업기초교육의 시간 · 내용 및 방법에 필요한 사항은 고용노동부령으로 정한다.
[본조신설 2011.7.25.]

제32조(관리책임자 등에 대한 교육) ① 사업주(제2호는 해당 기관의 사업주를 말한다)는 다음 각 호의 사람에 대하여 고용노동부장관이 실시하는 안전 · 보건에 관한 직무교육(이하 "직무교육"이라 한다)을 이수하도록 하여야 한다. 〈개정 2010.6.4., 2016.1.27.〉
1. 관리책임자, 제15조에 따른 안전관리자, 제16조에 따른 보건관리자 및 제16조의3에 따른 안전보건관리담당자
2. 안전관리전문기관 · 보건관리전문기관 · 재해예방 전문지도기관 · 석면조사기관의 종사자
② 제1항에도 불구하고 다른 법령에 따라 교육을 받는 등 고용노동부령으로 정하는 경우에는 직무교육의 전부 또는 일부를 면제할 수 있다.〈개정 2010.6.4.〉
③ 제1항에 따른 직무교육을 위탁받고자 하는 기관은 대통령령으로 정하는 자격 · 인력 · 시설 · 장비 등의 요건을 갖추어 고용노동부장관에게 등록하여야 한다.〈신설 2011.7.25.〉
④ 직무교육의 시간 · 내용 및 방법에 관하여 필요한 사항은 고용노동부령으로 정한다.〈개정 2010.6.4., 2011.7.25.〉
⑤ 제3항에 따른 등록의 절차에 필요한 사항은 대통령령으로 정한다.〈신설 2011.7.25.〉
[전문개정 2009.2.6.]

제32조의2(등록기관의 평가) ① 고용노동부장관은 제31조제5항, 제31조의2제1항 또는 제32조제3항에 따라 등록한 기관에 대하여 평가하고 그 결과를 공개할 수 있다. 〈개정 2016.1.27.〉
② 제1항에 따른 평가의 기준 · 방법 및 결과의 공개에 필요한 사항은 고용노동부령으로 정한다.
[본조신설 2011.7.25.]

제32조의3(준용) 제31조제5항, 제31조의2제1항 또는 제32조제3항에 따라 고용노동부장관에게 등록한 기관에 관하여는 제15조의2를 준용한다. 이 경우 "안전관리전문기관"은 "제31조제5항, 제31조의2제1항 또는 제32조제3항에 따라 고용노동부장관에게 등록한 기관"으로, "지정"은 "등록"으로 본다. 〈개정 2013.6.12., 2016.1.27.〉
[본조신설 2011.7.25.]

제33조(유해하거나 위험한 기계·기구 등의 방호조치 등) ① 누구든지 유해하거나 위험한 작업을 필요로 하거나 동력(動力)으로 작동하는 기계·기구로서 대통령령으로 정하는 것은 고용노동부령으로 정하는 유해·위험 방지를 위한 방호조치를 하지 아니하고는 양도, 대여, 설치 또는 사용에 제공하거나, 양도·대여의 목적으로 진열하여서는 아니 된다. 〈개정 2010.6.4., 2013.6.12.〉

② 누구든지 동력으로 작동하는 기계·기구로서 작동부분의 돌기부분, 동력전달부분이나 속도조절부분 또는 회전기계의 물림점을 가진 것은 고용노동부령으로 정하는 방호조치를 하지 아니하고는 양도, 대여, 설치 또는 사용에 제공하거나 양도·대여의 목적으로 진열하여서는 아니 된다.〈신설 2013.6.12.〉

③ 기계·기구·설비 및 건축물 등으로서 대통령령으로 정하는 것을 타인에게 대여하거나 대여받는 자는 고용노동부령으로 정하는 유해·위험 방지를 위하여 필요한 조치를 하여야 한다.〈개정 2010.6.4., 2013.6.12.〉

[전문개정 2009.2.6.]

제34조(안전인증) ① 고용노동부장관은 유해하거나 위험한 기계·기구·설비 및 방호장치·보호구(이하 "유해·위험한 기계·기구·설비등"이라 한다)의 안전성을 평가하기 위하여 그 안전에 관한 성능과 제조자의 기술 능력 및 생산 체계 등에 관한 안전인증기준(이하 "안전인증기준"이라 한다)을 정하여 고시할 수 있다. 이 경우 안전인증기준은 유해·위험한 기계·기구·설비등의 종류별, 규격 및 형식별로 정할 수 있다. 〈개정 2010.6.4., 2013.6.12.〉

② 유해·위험한 기계·기구·설비등으로서 근로자의 안전·보건에 필요하다고 인정되어 대통령령으로 정하는 것(이하 "안전인증대상 기계·기구등"이라 한다)을 제조(고용노동부령으로 정하는 기계·기구등을 설치·이전하거나 주요 구조 부분을 변경하는 경우를 포함한다. 이하 이 조 및 제34조의2부터 제34조의4까지의 규정에서 같다)하거나 수입하는 자는 안전인증대상 기계·기구등이 안전인증기준에 맞는지에 대하여 고용노동부장관이 실시하는 안전인증을 받아야 한다.〈개정 2013.6.12.〉

③ 다음 각 호의 어느 하나에 해당하면 고용노동부령으로 정하는 바에 따라 제2항에 따른 안전인증의 전부 또는 일부를 면제할 수 있다.〈개정 2010.6.4.〉

1. 연구·개발을 목적으로 제조·수입하거나 수출을 목적으로 제조하는 경우
2. 고용노동부장관이 정하여 고시하는 외국의 안전인증기관에서 인증을 받은 경우
3. 다른 법령에서 안전성에 관한 검사나 인증을 받은 경우

④ 안전인증대상 기계·기구등이 아닌 유해·위험한 기계·기구·설비등의 안전에 관한 성능 등을 평가받으려면 그 제조자 또는 수입자가 고용노동부장관에게 안전인증을 신청할 수 있다. 이 경우 고용노동부장관이 정하여 고시한 안전인증기준에 따라 안전인증을 할 수 있다.〈개정 2010.6.4., 2013.6.12.〉

⑤ 고용노동부장관은 제2항 및 제4항에 따른 안전인증(이하 "안전인증"이라 한다)을 받은 자가 안전인증기준을 지키고 있는지를 3년 이하의 범위에서 고용노동부령으로 정하는 주기마다 확인하여야 한다. 다만, 제3항에 따라 안전인증의 일부를 면제받은 경우에는 고용노동부령으로 정하는 바에 따라 확인의 전부 또는 일부를 생략할 수 있다.〈개정 2010.6.4., 2011.7.25., 2013.6.12.〉

⑥ 제2항에 따라 안전인증을 받은 자는 안전인증을 받은 제품에 대하여 고용노동부령으로 정하는 바

에 따라 제품명 · 모델 · 제조수량 · 판매수량 및 판매처 현황 등의 사항을 기록 · 보존하여야 한다.〈신설 2011.7.25.〉

⑦ 고용노동부장관은 근로자의 안전 · 보건에 필요하다고 인정하는 경우 안전인증대상 기계 · 기구등을 제조 · 수입 또는 판매하는 자에게 고용노동부령으로 정하는 바에 따라 해당 안전인증대상 기계 · 기구등의 제조 · 수입 · 판매에 관한 자료를 공단에 제출하게 할 수 있다.〈신설 2011.7.25., 2013.6.12.〉

⑧ 안전인증의 신청 · 방법 및 절차, 제5항에 따른 확인의 방법 및 절차에 관하여 필요한 사항은 고용노동부령으로 정한다.〈개정 2010.6.4., 2011.7.25.〉

[전문개정 2009.2.6.]

제34조의2(안전인증의 표시 등) ① 안전인증을 받은 자는 안전인증을 받은 유해 · 위험한 기계 · 기구 · 설비등이나 이를 담은 용기 또는 포장에 고용노동부령으로 정하는 바에 따라 안전인증의 표시(이하 "안전인증표시"라 한다)를 하여야 한다. 〈개정 2010.6.4., 2013.6.12.〉

② 안전인증을 받은 유해 · 위험한 기계 · 기구 · 설비등이 아닌 것은 안전인증표시 또는 이와 유사한 표시를 하거나 안전인증에 관한 광고를 할 수 없다.〈개정 2013.6.12.〉

③ 안전인증을 받은 유해 · 위험한 기계 · 기구 · 설비등을 제조 · 수입 · 양도 · 대여하는 자는 안전인증표시를 임의로 변경하거나 제거하여서는 아니 된다.〈개정 2013.6.12.〉

④ 고용노동부장관은 다음 각 호의 어느 하나에 해당하면 안전인증표시나 이와 유사한 표시를 제거할 것을 명하여야 한다.〈개정 2010.6.4.〉

1. 제2항을 위반하여 안전인증표시나 이와 유사한 표시를 한 경우
2. 제34조의3제1항에 따라 안전인증이 취소되거나 안전인증표시의 사용 금지 명령을 받은 경우

[전문개정 2009.2.6.]

제34조의3(안전인증의 취소 등) ① 고용노동부장관은 안전인증을 받은 자가 다음 각 호의 어느 하나에 해당하면 안전인증을 취소하거나 6개월 이내의 기간을 정하여 안전인증표시의 사용을 금지하거나 안전인증기준에 맞게 개선하도록 명할 수 있다. 다만, 제1호의 경우에는 안전인증을 취소하여야 한다. 〈개정 2010.6.4., 2013.6.12.〉

1. 거짓이나 그 밖의 부정한 방법으로 안전인증을 받은 경우
2. 안전인증을 받은 유해 · 위험한 기계 · 기구 · 설비등의 안전에 관한 성능 등이 안전인증기준에 맞지 아니하게 된 경우
3. 정당한 사유 없이 제34조제5항에 따른 확인을 거부, 기피 또는 방해하는 경우

② 고용노동부장관은 제1항에 따라 안전인증을 취소한 경우에는 고용노동부령으로 정하는 바에 따라 그 사실을 공고하여야 한다.〈개정 2010.6.4.〉

③ 제1항에 따라 안전인증이 취소된 자는 안전인증이 취소된 날부터 1년 이내에는 같은 규격과 형식의 유해 · 위험한 기계 · 기구 · 설비등에 대하여 안전인증을 신청할 수 없다.〈개정 2013.6.12.〉

[전문개정 2009.2.6.]

제34조의4(안전인증대상 기계 · 기구등의 제조 · 수입 · 사용 등의 금지 등) ① 다음 각 호의 어느 하나에 해당하는 안전인증대상 기계 · 기구등은 제조 · 수입 · 양도 · 대여 · 사용하거나 양도 · 대여의 목적으로

진열할 수 없다. 〈개정 2010.6.4., 2011.7.25., 2013.6.12.〉

1. 안전인증을 받지 아니한 경우(제34조제3항에 따라 안전인증이 전부 면제되는 경우는 제외한다)

2. 제34조제1항에 따라 고용노동부장관이 정하여 고시하는 안전인증기준에 맞지 아니하게 된 경우

3. 제34조의3제1항에 따라 안전인증이 취소되거나 안전인증표시의 사용 금지 명령을 받은 경우

② 고용노동부장관은 제1항을 위반하여 안전인증대상 기계·기구등을 제조·수입·양도·대여하는 자에게 고용노동부령으로 정하는 바에 따라 그 안전인증대상 기계·기구등을 수거하거나 파기할 것을 명할 수 있다.〈개정 2010.6.4., 2013.6.12.〉

[전문개정 2009.2.6.]

[제목개정 2013.6.12.]

제34조의5(안전인증기관의 지정) ① 고용노동부장관은 안전인증 업무 및 제34조제5항에 따른 확인 업무를 위탁받아 수행할 기관(이하 "안전인증기관"이라 한다)을 지정할 수 있다.

② 고용노동부장관은 안전인증 업무의 효율적인 수행을 위하여 안전인증기관의 업무수행 실태를 조사·평가하거나 업무처리를 지도·감독할 수 있다.

③ 안전인증기관의 인력·시설·장비 등의 지정 요건 및 지정 절차에 필요한 사항은 대통령령으로 정한다.

④ 안전인증기관에 관하여는 제15조의2를 준용한다. 이 경우 "안전관리전문기관"은 "안전인증기관"으로 본다.〈개정 2013.6.12.〉

[본조신설 2011.7.25.]

제34조의6 삭제 〈2007.7.27.〉

제35조(자율안전확인의 신고) ① 안전인증대상 기계·기구등이 아닌 유해·위험한 기계·기구·설비 등으로서 대통령령으로 정하는 것(이하 "자율안전확인대상 기계·기구등"이라 한다)을 제조하거나 수입하는 자는 자율안전확인대상 기계·기구등의 안전에 관한 성능이 고용노동부장관이 정하여 고시하는 안전기준(이하 "자율안전기준"이라 한다)에 맞는지 확인(이하 "자율안전확인"이라 한다)하여 고용노동부장관에게 신고(신고한 사항을 변경하는 경우를 포함한다)하여야 한다. 다만, 다음 각 호의 어느 하나에 해당하는 경우에는 신고를 면제할 수 있다. 〈개정 2010.6.4., 2013.6.12.〉

1. 연구·개발을 목적으로 제조·수입하거나 수출을 목적으로 제조하는 경우

2. 제34조제4항에 따른 안전인증을 받은 경우(제34조의3제1항에 따라 안전인증이 취소되거나 안전인증 표시의 사용 금지 명령을 받은 경우는 제외한다)

3. 고용노동부령으로 정하는 다른 법령에서 안전성에 관한 검사나 인증을 받은 경우

② 제1항에 따라 신고를 한 자는 자율안전확인대상 기계·기구등이 자율안전기준에 맞는 것임을 증명하는 서류를 보존하여야 한다.

③ 제1항에 따른 신고의 방법 등에 관하여 필요한 사항은 고용노동부령으로 정한다.〈개정 2010.6.4.〉

[전문개정 2009.2.6.]

제35조의2(자율안전확인의 표시 등) ① 제35조제1항에 따라 신고를 한 자는 자율안전확인대상 기계·기구등이나 이를 담은 용기 또는 포장에 고용노동부령으로 정하는 바에 따라 자율안전확인의 표시(

이하 "자율안전확인표시"라 한다)를 하여야 한다. 〈개정 2010.6.4.〉

② 제35조제1항에 따라 신고된 자율안전확인대상 기계·기구등이 아닌 것은 자율안전확인표시 또는 이와 유사한 표시를 하거나 자율안전확인에 관한 광고를 할 수 없다.

③ 제35조제1항에 따라 신고된 자율안전확인대상 기계·기구등을 제조·수입·양도·대여하는 자는 자율안전확인표시를 임의로 변경하거나 제거하여서는 아니 된다.

④ 고용노동부장관은 다음 각 호의 어느 하나에 해당하면 자율안전확인표시나 이와 유사한 표시를 제거할 것을 명하여야 한다.〈개정 2010.6.4., 2011.7.25.〉

1. 제2항을 위반하여 자율안전확인표시나 이와 유사한 표시를 한 경우
2. 거짓이나 그 밖의 부정한 방법으로 제35조제1항에 따른 신고를 한 경우
3. 제35조의3제1항에 따라 자율안전확인표시의 사용 금지 명령을 받은 경우

[전문개정 2009.2.6.]

제35조의3(자율안전확인표시의 사용 금지 등) ①고용노동부장관은 제35조제1항에 따라 신고된 자율안전확인대상 기계·기구등의 안전에 관한 성능이 자율안전기준에 맞지 아니하게 된 경우에는 제35조제1항에 따라 신고한 자에게 6개월 이내의 기간을 정하여 자율안전확인표시의 사용을 금지하거나 자율안전기준에 맞게 개선하도록 명할 수 있다. 〈개정 2010.6.4., 2011.7.25.〉

② 고용노동부장관은 제1항에 따라 자율안전확인표시의 사용을 금지한 때에는 그 사실을 공고하여야 한다.〈신설 2011.7.25.〉

③ 제2항에 따른 공고의 내용, 방법 및 절차, 그 밖에 공고에 필요한 사항은 고용노동부령으로 정한다.〈신설 2011.7.25.〉

[전문개정 2009.2.6.]

제35조의4(자율안전확인대상 기계·기구등의 제조·수입·사용 등의 금지 등) ① 다음 각 호의 어느 하나에 해당하는 자율안전확인대상 기계·기구등은 제조·수입·양도·대여·사용하거나 양도·대여의 목적으로 진열할 수 없다. 〈개정 2010.6.4., 2011.7.25.〉

1. 제35조제1항에 따른 신고를 하지 아니한 경우(제35조제1항 단서에 따라 신고가 면제되는 경우는 제외한다)
2. 거짓이나 그 밖의 부정한 방법으로 제35조제1항에 따른 신고를 한 경우
3. 제35조제1항에 따라 고용노동부장관이 정하여 고시하는 자율안전기준에 맞지 아니한 경우
4. 제35조의3제1항에 따라 자율안전확인표시의 사용 금지 명령을 받은 경우

② 고용노동부장관은 제1항을 위반하여 자율안전확인대상 기계·기구등을 제조·수입·양도·대여하는 자에게 고용노동부령으로 정하는 바에 따라 그 자율안전확인대상 기계·기구등을 수거하거나 파기할 것을 명할 수 있다.〈개정 2010.6.4.〉

[전문개정 2009.2.6.]

제36조(안전검사) ① 유해하거나 위험한 기계·기구·설비로서 대통령령으로 정하는 것(이하 "유해·위험기계등" 이라 한다)을 사용하는 사업주(근로자를 사용하지 아니하고 사업을 하는 자를 포함한다. 이하 이 조에서 같다)는 유해·위험기계등의 안전에 관한 성능이 고용노동부장관이 정하여 고시하는 검사

기준에 맞는지에 대하여 고용노동부장관이 실시하는 검사(이하 "안전검사"라 한다)를 받아야 한다. 이 경우 유해·위험기계등을 사용하는 사업주와 소유자가 다른 경우에는 유해·위험기계등의 소유자가 안전검사를 받아야 한다.〈개정 2010.6.4., 2011.7.25.〉

② 제1항에도 불구하고 유해·위험기계등이 고용노동부령으로 정하는 다른 법령에 따라 안전성에 관한 검사나 인증을 받은 경우에는 안전검사를 면제할 수 있다.〈신설 2011.7.25.〉

③ 안전검사에 합격한 유해·위험기계등을 사용하는 사업주는 그 유해·위험기계등이 안전검사에 합격한 것임을 나타내는 표시를 하여야 한다.〈개정 2011.7.25.〉

④ 다음 각 호의 어느 하나에 해당하는 유해·위험기계등은 사용하여서는 아니 된다.〈개정 2011.7.25.〉

1. 안전검사를 받지 아니한 유해·위험기계등(제2항에 따라 안전검사가 면제되는 경우는 제외한다)

2. 안전검사에 불합격한 유해·위험기계등

⑤ 고용노동부장관은 안전검사 업무를 위탁받아 수행할 기관(이하 "안전검사기관"이라 한다)을 지정할 수 있다.〈신설 2011.7.25.〉

⑥ 안전검사기관은 제4항 각 호에 해당하는 유해·위험기계등을 발견한 때에는 이를 관할 지방고용노동관서의 장에게 지체 없이 보고하여야 한다.〈신설 2011.7.25.〉

⑦ 고용노동부장관은 안전검사 업무의 효율적인 수행을 위하여 안전검사기관의 업무수행 실태를 조사·평가하거나 업무처리를 지도·감독할 수 있다.〈신설 2011.7.25.〉

⑧ 안전검사기관의 인력·시설·장비 등의 지정 요건 및 지정 절차에 필요한 사항은 대통령령으로 정한다.〈신설 2011.7.25.〉

⑨ 안전검사의 신청, 검사 주기 및 검사합격 표시 방법에 관하여 필요한 사항은 고용노동부령으로 정한다. 이 경우 검사 주기는 유해·위험기계등의 종류, 사용연한(使用年限) 및 위험성을 고려하여 정한다.〈개정 2010.6.4., 2011.7.25.〉

⑩ 안전검사기관에 관하여는 제15조의2를 준용한다. 이 경우 "안전관리전문기관"은 "안전검사기관"으로 본다.〈신설 2011.7.25., 2013.6.12.〉

[전문개정 2009.2.6.]

제36조의2(자율검사프로그램에 따른 안전검사) ① 제36조제1항에도 불구하고 안전검사를 받아야 하는 자가 근로자대표와 협의(근로자를 사용하지 아니하는 경우는 제외한다)하여 제36조제1항 본문에 따른 검사기준, 같은 조 제9항에 따른 검사 주기 및 검사합격 표시 방법 등을 충족하는 검사프로그램(이하 "자율검사프로그램"이라 한다)을 정하고 고용노동부장관의 인정을 받아 그에 따라 유해·위험기계등의 안전에 관한 성능검사를 하면 안전검사를 받은 것으로 본다. 이 경우 자율검사프로그램의 유효기간은 2년으로 한다.〈개정 2010.6.4., 2011.7.25.〉

② 제36조제1항에 따라 안전검사를 받아야 하는 자는 자율검사프로그램에 따라 검사를 하려면 다음 각 호의 어느 하나에 해당하는 사람에게 검사를 받고 그 결과를 기록·보존하여야 한다.〈개정 2010.6.4., 2011.7.25., 2013.6.12.〉

1. 고용노동부령으로 정하는 자격 및 경험을 가진 사람

2. 고용노동부령으로 정하는 바에 따라 검사원 양성교육을 이수하고 해당 분야의 실무경험이 있는 사람

③ 제36조제1항에 따라 안전검사를 받아야 하는 자는 제2항에 따른 검사를 고용노동부장관이 지정하는 검사기관(이하 "지정검사기관"이라 한다)에 위탁할 수 있다.〈개정 2010.6.4., 2011.7.25.〉

④ 고용노동부장관은 자율검사프로그램의 인정을 받은 자가 다음 각 호의 어느 하나에 해당하면 자율검사프로그램의 인정을 취소하거나 인정받은 자율검사프로그램의 내용에 따라 검사를 하도록 하는 등 개선을 명할 수 있다. 다만, 제1호의 경우에는 인정을 취소하여야 한다.〈개정 2010.6.4.〉

1. 거짓이나 그 밖의 부정한 방법으로 자율검사프로그램을 인정받은 경우

2. 자율검사프로그램을 인정받고도 검사를 하지 아니한 경우

3. 인정받은 자율검사프로그램의 내용에 따라 검사를 하지 아니한 경우

4. 제2항에 따른 자격을 가진 자 또는 지정검사기관이 검사를 하지 아니한 경우

⑤ 제4항에 따라 자율검사프로그램의 인정이 취소된 유해·위험기계등은 사용하여서는 아니 된다.

⑥ 자율검사프로그램에 포함되어야 할 내용, 자율검사프로그램의 인정 요건, 인정 방법 및 인정 절차, 지정검사기관의 지정 요건 및 지정 절차에 관하여 필요한 사항은 고용노동부령으로 정한다.〈개정 2010.6.4.〉

⑦ 지정검사기관에 관하여는 제15조의2를 준용한다. 이 경우 "안전관리전문기관"은 "지정검사기관"으로 본다.〈개정 2011.7.25., 2013.6.12.〉

[전문개정 2009.2.6.]

제36조의3(안전인증대상 기계·기구등 제조사업 등의 지원) ① 고용노동부장관은 안전인증대상 기계·기구등, 자율안전확인대상 기계·기구등 또는 산업재해가 많이 발생하는 기계·기구 및 설비로서 그 안전성의 향상을 위한 지원이 필요하다고 인정하는 것을 제조하는 자와 작업환경 개선시설을 설계·시공하는 자에게는 제조물의 품질·안전성 및 설계·시공 능력 등의 향상을 위하여 예산의 범위에서 필요한 지원을 할 수 있다.〈개정 2010.6.4., 2011.7.25., 2013.6.12.〉

② 제1항에 따른 지원을 받으려는 자는 고용노동부령으로 정하는 요건을 갖추어 고용노동부장관에게 등록하여야 한다.〈개정 2010.6.4.〉

③ 고용노동부장관은 제2항에 따라 등록한 자가 다음 각 호의 어느 하나에 해당할 때에는 그 등록을 취소하거나 제1항에 따른 지원을 제한할 수 있다. 다만, 제1호의 경우에는 등록을 취소하여야 한다.〈개정 2011.7.25.〉

1. 거짓이나 그 밖의 부정한 방법으로 등록한 경우

2. 제2항에 따른 등록 요건에 적합하지 아니하게 된 경우

3. 제34조의3제1항제1호에 따라 안전인증이 취소된 경우

④ 고용노동부장관은 제1항에 따라 지원받은 자가 다음 각 호의 어느 하나에 해당하는 경우에 해당 금액 또는 지원에 상응하는 금액을 환수하여야 한다. 이 경우 제1호의 경우에는 지급받은 금액에 상당하는 액수 이하의 금액을 추가로 환수할 수 있다.〈신설 2011.7.25.〉

1. 거짓이나 그 밖의 부정한 방법으로 지원받은 경우

2. 제3항제1호에 해당하여 등록이 취소된 경우

3. 제1항에 따른 지원 목적과 다른 용도로 지원금을 사용한 경우

⑤ 고용노동부장관은 제3항에 따라 등록이 취소된 자에 대하여 등록이 취소된 날부터 2년 이내의 기간을 정하여 제2항에 따른 등록을 제한할 수 있다.〈신설 2011.7.25.〉

⑥ 제1항부터 제5항까지의 규정에 따른 지원내용, 등록, 등록 취소 및 환수의 절차, 등록 제한 요건, 그 밖에 필요한 사항은 고용노동부령으로 정한다.〈개정 2010.6.4., 2011.7.25.〉
[전문개정 2009.2.6.]
[제목개정 2013.6.12.]

제36조의4(유해·위험기계등의 안전 관련 정보의 종합관리) ① 고용노동부장관은 사업장의 유해·위험기계등의 보유현황 및 안전검사 이력 등 안전에 관한 정보를 종합관리하고, 종합관리한 정보를 안전검사기관 등에 제공할 수 있다.
② 고용노동부장관은 제1항에 따른 정보의 종합관리를 위하여 안전검사기관에 사업장의 유해·위험기계등의 보유현황 및 안전검사 이력 등의 필요한 자료를 제출하도록 요청할 수 있다. 이 경우 요청을 받은 안전검사기관은 특별한 사유가 없으면 요청에 따라야 한다.
③ 고용노동부장관은 제1항에 따른 정보의 종합관리를 위하여 유해·위험기계등의 보유현황 및 안전검사 이력 등 안전에 관한 종합정보망을 구축·운영하여야 한다.
[본조신설 2011.7.25.]

제37조(제조 등의 금지) ① 누구든지 다음 각 호의 어느 하나에 해당하는 물질로서 대통령령으로 정하는 물질(이하 이 조에서 "제조등금지물질"이라 한다)을 제조·수입·양도·제공 또는 사용하여서는 아니 된다.〈개정 2013.6.12.〉
1. 직업성 암을 유발하는 것으로 확인되어 근로자의 건강에 특히 해롭다고 인정되는 물질
2. 제39조에 따라 유해성·위험성이 평가된 유해인자나 제40조에 따라 유해성·위험성이 조사된 화학물질 가운데 근로자에게 중대한 건강장해를 일으킬 우려가 있는 물질
② 제1항에도 불구하고 시험·연구를 위한 경우로서 고용노동부령으로 정하는 기준에 맞는 경우에는 고용노동부장관의 승인을 받아 제조등금지물질을 제조·수입 또는 사용할 수 있다.〈개정 2010.6.4., 2013.6.12.〉
③ 고용노동부장관은 제2항에 따라 승인을 받은 자가 같은 항에 따른 기준에 적합하지 아니하게 된 경우에는 승인을 취소하여야 한다.〈개정 2010.6.4.〉
[전문개정 2009.2.6.]

제38조(제조 등의 허가) ① 제37조제1항 각 호의 어느 하나의 기준에 해당하는 물질로서 대통령령으로 정하는 물질(이하 "허가대상물질"이라 한다)을 제조하거나 사용하려는 자는 고용노동부령으로 정하는 바에 따라 미리 고용노동부장관의 허가를 받아야 한다. 허가받은 사항을 변경할 때에도 또한 같다.〈개정 2010.6.4., 2013.6.12.〉
② 허가대상물질의 제조·사용설비, 작업방법, 그 밖의 허가기준은 고용노동부령으로 정한다.〈개정 2010.6.4., 2013.6.12.〉
③ 제1항에 따라 허가를 받은 자(이하 "허가대상물질 제조·사용자"라 한다)는 그 제조·사용설비를 제2항의 기준에 적합하도록 유지하여야 하며, 그 기준에 적합한 작업방법으로 허가대상물질을 제조·사용하여야 한다.〈개정 2013.6.12.〉
④ 고용노동부장관은 허가대상물질 제조·사용자의 제조·사용설비 또는 작업방법이 제2항의 기준

에 적합하지 아니하다고 인정할 때에는 그 기준에 적합하도록 제조·사용설비를 수리·개조 또는 이전하도록 하거나 그 기준에 적합한 작업방법으로 그 물질을 제조·사용하도록 명할 수 있다.〈개정 2010.6.4., 2013.6.12.〉

⑤ 고용노동부장관은 허가대상물질 제조·사용자가 다음 각 호의 어느 하나에 해당하면 그 허가를 취소하거나 6개월 이내의 기간을 정하여 영업을 정지하게 할 수 있다. 다만, 제1호에 해당할 때에는 그 허가를 취소하여야 한다.〈개정 2010.6.4., 2013.6.12.〉

1. 거짓이나 그 밖의 부정한 방법으로 허가를 받은 경우

2. 제2항에 따른 허가기준에 맞지 아니하게 된 경우

3. 제3항을 위반한 경우

4. 제4항에 따른 명령을 위반한 경우

5. 자체검사 결과 이상을 발견하고도 즉시 보수 및 필요한 조치를 하지 아니한 경우

⑥ 제1항에 따른 허가의 신청절차나 그 밖에 필요한 사항은 대통령령으로 정한다.

[전문개정 2009.2.6.]

제38조의2(석면조사) ① 건축물이나 설비를 철거하거나 해체하려는 경우에 해당 건축물이나 설비의 소유주 또는 임차인 등(이하 "건축물이나 설비의 소유주등"이라 한다)은 다음 각 호의 사항을 고용노동부령으로 정하는 바에 따라 조사(이하 "일반석면조사"라 한다)한 후 그 결과를 기록·보존하여야 한다.

1. 해당 건축물이나 설비에 석면이 함유되어 있는지 여부

2. 해당 건축물이나 설비 중 석면이 함유된 자재의 종류, 위치 및 면적

② 제1항에 따른 건축물이나 설비 중 대통령령으로 정하는 규모 이상의 건축물이나 설비의 소유주등은 고용노동부장관이 지정하는 기관(이하 "석면조사기관"이라 한다)으로 하여금 제1항 각 호의 사항과 해당 건축물이나 설비에 함유된 석면의 종류 및 함유량을 조사(이하 "기관석면조사"라 한다)하도록 한 후 그 결과를 기록·보존하여야 한다. 다만, 석면함유 여부가 명백한 경우 등 대통령령으로 정하는 사유에 해당하여 고용노동부령으로 정하는 절차에 따라 확인을 받은 경우에는 기관석면조사를 생략할 수 있다.

③ 「석면안전관리법」 등 다른 법률에 따라 건축물이나 설비에 대한 석면조사를 실시한 경우에는 고용노동부령으로 정하는 바에 따라 일반석면조사 또는 기관석면조사를 실시한 것으로 본다.

④ 고용노동부장관은 건축물이나 설비의 소유주등이 일반석면조사 또는 기관석면조사를 하지 아니하고 건축물이나 설비를 철거하거나 해체하는 경우에는 다음 각 호의 조치를 명할 수 있다.

1. 해당 건축물이나 설비의 소유주등에 대한 일반석면조사 또는 기관석면조사의 이행 명령

2. 해당 건축물이나 설비를 철거하거나 해체하는 자에 대하여 제1호에 따른 이행 명령의 결과를 보고 받을 때까지의 작업중지 명령

⑤ 고용노동부장관은 기관석면조사의 정확성 및 신뢰성을 확보하기 위하여 석면조사기관의 석면조사 능력을 평가하고, 평가결과에 따라 석면조사기관을 지도·교육할 수 있다. 이 경우 평가 및 지도·교육의 방법, 절차 등은 고용노동부장관이 정하여 고시한다.

⑥ 석면조사기관의 지정 요건 및 절차는 대통령령으로 정하고, 기관석면조사 방법과 그 밖에 필요한 사항은 고용노동부령으로 정한다.

⑦ 석면조사기관에 관하여는 제15조의2를 준용한다. 이 경우 "안전관리전문기관"은 "석면조사기관"으로 본다.〈개정 2013.6.12.〉

[전문개정 2011.7.25.]

제38조의3(석면 해체·제거 작업기준의 준수) 석면이 함유된 건축물이나 설비를 철거하거나 해체하는 자는 고용노동부령으로 정하는 석면해체·제거의 작업기준을 준수하여야 한다.〈개정 2010.6.4., 2011.7.25.〉

[본조신설 2009.2.6.]

제38조의4(석면해체·제거업자를 통한 석면의 해체·제거) ① 기관석면조사 대상으로서 대통령령으로 정하는 함유량과 면적 이상의 석면이 함유되어 있는 경우 건축물이나 설비의 소유주등은 고용노동부장관에게 등록한 자(이하 "석면해체·제거업자"라 한다)로 하여금 그 석면을 해체·제거하도록 하여야 한다. 다만, 건축물이나 설비의 소유주등이 인력·장비 등에서 석면해체·제거업자와 동등한 능력을 갖추고 있는 경우 등 대통령령으로 정하는 사유에 해당할 경우에는 스스로 석면을 해체·제거할 수 있다.〈개정 2010.6.4., 2011.7.25.〉

② 제1항에 따른 석면해체·제거는 해당 건축물이나 설비에 대하여 기관석면조사를 실시한 기관이 하여서는 아니 된다.〈개정 2011.7.25.〉

③ 석면해체·제거업자(제1항 단서의 경우에는 건축물이나 설비의 소유주등을 말한다. 이하 제38조의5에서 같다)는 제1항에 따른 석면해체·제거작업을 하기 전에 고용노동부장관에게 신고하고, 제1항에 따른 석면해체·제거작업에 관한 서류를 보존하여야 한다.〈개정 2010.6.4., 2011.7.25.〉

④ 고용노동부장관은 석면해체·제거업자의 신뢰성을 유지하기 위하여 석면해체·제거작업의 안전성을 평가한 후 그 결과를 공표할 수 있다.〈개정 2010.6.4.〉

⑤ 제1항에 따른 등록 요건 및 절차는 대통령령으로 정하고, 제3항에 따른 신고 절차, 제4항에 따른 평가 기준·방법 및 공표 방법 등은 고용노동부령으로 정한다.〈개정 2010.6.4.〉

⑥ 석면해체·제거업자에 관하여는 제15조의2를 준용한다.

[본조신설 2009.2.6.]

제38조의5(석면농도기준의 준수) ① 석면해체·제거업자는 제38조의4제1항에 따른 석면해체·제거작업이 완료된 후 해당 작업장의 공기 중 석면농도가 고용노동부령으로 정하는 기준(이하 "석면농도기준"이라 한다) 이하가 되도록 하고, 그 증명자료를 고용노동부장관에게 제출하여야 한다.〈개정 2010.6.4., 2011.7.25.〉

② 제1항에 따른 공기 중 석면농도를 측정할 수 있는 자의 자격 및 측정 방법에 관한 사항은 고용노동부령으로 정한다.〈개정 2010.6.4.〉

③ 석면해체·제거작업 완료 후 작업장의 공기 중 석면농도가 석면농도기준을 초과한 경우 건축물이나 설비의 소유주등은 해당 건축물이나 설비를 철거하거나 해체하여서는 아니 된다.〈개정 2011.7.25.〉

[본조신설 2009.2.6.]

제39조(유해인자의 관리 등) ① 고용노동부장관은 근로자의 건강장해를 유발하는 화학물질 및 물리적

인자 등(이하 "유해인자"라 한다)을 고용노동부령으로 정하는 분류기준에 따라 분류하고 관리하여야 한다.〈개정 2010.6.4.〉

② 고용노동부장관은 유해인자의 노출기준을 정하여 관보 등에 고시한다.〈개정 2010.6.4.〉

③ 고용노동부장관은 유해인자가 근로자의 건강에 미치는 유해성·위험성을 평가하고 그 결과를 관보 등에 공표할 수 있다.〈개정 2010.6.4.〉

④ 제3항에 따라 유해성·위험성을 평가할 대상 물질의 선정기준 및 평가방법 등에 관하여 필요한 사항은 고용노동부령으로 정한다.〈개정 2010.6.4.〉

[전문개정 2009.2.6.]

제39조의2(유해인자 허용기준의 준수) ① 사업주는 발암성 물질 등 근로자에게 중대한 건강장해를 유발할 우려가 있는 유해인자로서 대통령령으로 정하는 유해인자는 작업장 내의 그 노출 농도를 고용노동부령으로 정하는 허용기준 이하로 유지하여야 한다. 다만, 다음 각 호의 어느 하나에 해당하는 경우에는 그러하지 아니하다.〈개정 2010.6.4.〉

1. 시설 및 설비의 설치나 개선이 현존하는 기술로 가능하지 아니한 경우

2. 천재지변 등으로 시설과 설비에 중대한 결함이 발생한 경우

3. 고용노동부령으로 정하는 임시 작업과 단시간 작업의 경우

4. 그 밖에 대통령령으로 정하는 경우

② 제1항 단서에도 불구하고 사업주는 유해인자의 노출 농도를 제1항에 따른 허용기준 이하로 유지하도록 노력하여야 한다.

[전문개정 2009.2.6.]

제40조(화학물질의 유해성·위험성 조사) ①대통령령으로 정하는 화학물질 외의 화학물질(이하 "신규화학물질"이라 한다)을 제조하거나 수입하려는 자(이하 "신규화학물질제조자등"이라 한다)는 신규화학물질에 의한 근로자의 건강장해를 예방하기 위하여 고용노동부령으로 정하는 바에 따라 그 신규화학물질의 유해성·위험성을 조사하고 그 조사보고서를 고용노동부장관에게 제출하여야 한다. 다만, 다음 각 호의 어느 하나에 해당하는 경우에는 그러하지 아니하다.〈개정 2010.6.4., 2013.6.12.〉

1. 일반 소비자의 생활용으로 제공하기 위하여 신규화학물질을 수입하는 경우로서 고용노동부령으로 정하는 경우

2. 신규화학물질의 수입량이 소량이거나 그 밖에 위해(危害)의 정도가 적다고 인정되는 경우로서 고용노동부령으로 정하는 경우

② 신규화학물질제조자등은 제1항에 따른 유해성·위험성 조사의 결과에 따라 해당 신규화학물질에 의한 근로자의 건강장해를 방지하기 위하여 즉시 필요한 조치를 하여야 한다.〈개정 2013.6.12.〉

③ 고용노동부장관은 신규화학물질의 유해성·위험성 조사보고서가 제출되면 고용노동부령으로 정하는 바에 따라 그 신규화학물질의 명칭, 유해성·위험성, 조치 사항 등을 공표하고 관계 부처에 통보하여야 한다.

④ 고용노동부장관은 제1항에 따라 제출된 신규화학물질의 유해성·위험성 조사보고서를 검토한 결과 근로자의 건강장해 방지를 위하여 필요하다고 인정할 때에는 신규화학물질제조자등에게 시설·설비를 설치·정비하고 보호구를 갖춰 두는 등의 조치를 하도록 명할 수 있다.〈개정 2013.6.12.〉

⑤ 신규화학물질제조자등이 신규화학물질을 양도하거나 제공하는 경우에는 제4항에 따른 근로자의 건강장해 방지를 위하여 조치하여야 할 사항을 기록한 서류를 함께 제공하여야 한다.〈개정 2013.6.12.〉

⑥ 고용노동부장관은 근로자의 건강장해를 예방하기 위하여 필요하다고 인정할 때에는 고용노동부령으로 정하는 바에 따라 암 또는 그 밖에 중대한 건강장해를 일으킬 우려가 있는 화학물질을 제조·수입하는 자 또는 사용하는 사업주에게 해당 화학물질의 유해성·위험성을 조사하고 그 결과를 제출하도록 하거나 제39조제3항에 따른 유해성·위험성 평가에 필요한 자료의 제출을 명할 수 있다.〈신설 2013.6.12.〉

⑦ 제6항에 따라 화학물질의 유해성·위험성 조사 명령을 받은 자는 유해성·위험성 조사 결과 해당 화학물질로 인한 근로자의 건강장해가 우려되는 경우 근로자의 건강장해를 방지하기 위하여 시설·설비의 설치 또는 개선 등 필요한 조치를 하여야 한다.〈신설 2013.6.12.〉

⑧ 고용노동부장관은 제6항에 따라 제출된 조사결과 및 자료를 검토하여 근로자의 건강장해를 방지하기 위하여 필요하다고 인정하는 경우에는 해당 화학물질을 제39조제1항에 따라 분류하고 관리하거나 해당 화학물질을 제조·수입하는 자 또는 사용하는 사업주에게 근로자의 건강장해 방지를 위한 시설·설비의 설치 또는 개선 등 필요한 조치를 하도록 명할 수 있다.〈신설 2013.6.12.〉

[전문개정 2009.2.6.]
[제목개정 2013.6.12.]

제41조(물질안전보건자료의 작성·비치 등) ① 화학물질 및 화학물질을 함유한 제제(대통령령으로 정하는 제제는 제외한다) 중 제39조제1항에 따라 고용노동부령으로 정하는 분류기준에 해당하는 화학물질 및 화학물질을 함유한 제제(이하 "대상화학물질"이라 한다)를 양도하거나 제공하는 자는 이를 양도받거나 제공받는 자에게 다음 각 호의 사항을 모두 기재한 자료(이하 "물질안전보건자료"라 한다)를 고용노동부령으로 정하는 방법에 따라 작성하여 제공하여야 한다. 이 경우 고용노동부장관은 고용노동부령으로 물질안전보건자료의 기재 사항이나 작성 방법을 정할 때 「화학물질관리법」과 관련된 사항에 대하여는 환경부장관과 협의하여야 한다.〈개정 2010.6.4., 2011.7.25., 2013.6.4., 2013.6.12.〉

1. 대상화학물질의 명칭
1의2. 구성성분의 명칭 및 함유량
2. 안전·보건상의 취급주의 사항
3. 건강 유해성 및 물리적 위험성
4. 그 밖에 고용노동부령으로 정하는 사항

② 제1항에도 불구하고 대상화학물질을 양도하거나 제공하는 자는 물질안전보건자료를 작성할 때 다음 각 호의 어느 하나에 해당하는 사항을 구체적으로 식별할 수 있는 정보는 고용노동부령으로 정하는 바에 따라 적지 아니할 수 있다. 다만, 근로자에게 중대한 건강장해를 초래할 우려가 있는 대상화학물질로서 고용노동부장관이 정하는 것은 그러하지 아니하다.〈개정 2010.6.4., 2011.7.25.〉

1. 영업비밀로서 보호할 가치가 있다고 인정되는 화학물질
2. 제1호의 화학물질을 함유한 제제

③ 대상화학물질을 취급하려는 사업주는 제1항에 따라 제공받은 물질안전보건자료를 고용노동부령

으로 정하는 방법에 따라 대상화학물질을 취급하는 작업장 내에 취급근로자가 쉽게 볼 수 있는 장소에 게시하거나 갖추어 두어야 한다.〈개정 2011.7.25.〉

④ 대상화학물질을 양도하거나 제공하는 자는 고용노동부령으로 정하는 방법에 따라 이를 담은 용기 및 포장에 경고표시를 하여야 한다. 다만, 용기 및 포장에 담는 방법 외의 방법으로 대상화학물질을 양도하거나 제공하는 경우에는 고용노동부장관이 정하여 고시한 바에 따라 경고표시 기재 항목을 적은 자료를 제공하여야 한다.〈개정 2011.7.25.〉

⑤ 사업주는 작업장에서 사용하는 대상화학물질을 담은 용기에 고용노동부령으로 정하는 방법에 따라 경고표시를 하여야 한다. 다만, 용기에 이미 경고표시가 되어 있는 등 고용노동부령으로 정하는 경우에는 그러하지 아니하다.〈신설 2011.7.25.〉

⑥ 대상화학물질을 양도하거나 제공하는 자는 제1항에 따른 물질안전보건자료의 기재 내용을 변경할 필요가 생긴 때에는 이를 물질안전보건자료에 반영하여 대상화학물질을 양도받거나 제공받은 자에게 신속하게 제공하여야 한다. 이 경우 제공 방법 · 내용, 그 밖에 필요한 사항은 고용노동부장관이 정하여 고시한다.〈신설 2011.7.25.〉

⑦ 사업주는 대상화학물질을 취급하는 근로자의 안전 · 보건을 위하여 근로자를 교육하는 등 적절한 조치를 하여야 한다. 이 경우 교육의 시기, 내용 및 방법 등은 고용노동부령으로 정한다.〈신설 2011.7.25.〉

⑧ 고용노동부장관은 대상화학물질을 취급하는 근로자의 안전 · 보건을 유지하기 위하여 필요하다고 인정하는 경우에 고용노동부령으로 정하는 바에 따라 대상화학물질을 양도 · 제공하는 자 또는 대상화학물질을 취급하는 사업주에게 물질안전보건자료의 제출을 명하거나 제1항 각 호의 사항의 변경을 명할 수 있다.〈개정 2010.6.4., 2011.7.25.〉

⑨ 사업주는 대상화학물질을 취급하는 작업공정별로 관리 요령을 게시하여야 한다.〈개정 2011.7.25.〉

⑩ 고용노동부장관은 근로자의 안전 · 보건 유지를 위하여 필요하면 물질안전보건자료와 관련된 자료를 근로자 및 사업주에게 제공할 수 있다.〈개정 2010.6.4., 2011.7.25.〉

⑪ 근로자를 진료하는 의사, 제16조에 따른 보건관리자(같은 조 제3항에 따른 보건관리전문기관을 포함한다), 제17조에 따른 산업보건의 또는 근로자대표 등은 근로자의 안전 · 보건을 유지하기 위하여 근로자에게 중대한 건강장해가 발생하는 등 고용노동부령으로 정하는 경우에 대상화학물질을 양도 · 제공하는 자 또는 대상화학물질을 취급하는 사업주에게 제2항에 따라 물질안전보건자료에 적지 아니한 정보를 제공할 것을 요구할 수 있다. 이 경우 정보 제공을 요구받은 자는 고용노동부장관이 정하여 고시하는 바에 따라 정보를 제공하여야 한다.〈개정 2010.6.4., 2011.7.25., 2013.6.12.〉

[전문개정 2009.2.6.]

제41조의2(위험성평가) ① 사업주는 건설물, 기계 · 기구, 설비, 원재료, 가스, 증기, 분진 등에 의하거나 작업행동, 그 밖에 업무에 기인하는 유해 · 위험요인을 찾아내어 위험성을 결정하고, 그 결과에 따라 이 법과 이 법에 따른 명령에 의한 조치를 하여야 하며, 근로자의 위험 또는 건강장해를 방지하기 위하여 필요한 경우에는 추가적인 조치를 하여야 한다.

② 사업주는 제1항에 따른 위험성평가를 실시한 경우에는 고용노동부령으로 정하는 바에 따라 실시 내용 및 결과를 기록 · 보존하여야 한다.

③ 제1항에 따라 유해ㆍ위험요인을 찾아내어 위험성을 결정하고 조치하는 방법, 절차, 시기, 그 밖에 필요한 사항은 고용노동부장관이 정하여 고시한다.

[본조신설 2013.6.12.]

제5장 근로자의 보건관리 〈개정 2009.2.6.〉

제42조(작업환경측정 등) ① 사업주는 유해인자로부터 근로자의 건강을 보호하고 쾌적한 작업환경을 조성하기 위하여 인체에 해로운 작업을 하는 작업장으로서 고용노동부령으로 정하는 작업장에 대하여 고용노동부령으로 정하는 자격을 가진 자로 하여금 작업환경측정을 하도록 한 후 그 결과를 기록ㆍ보존하고 고용노동부령으로 정하는 바에 따라 고용노동부장관에게 보고하여야 한다. 이 경우 근로자대표가 요구하면 작업환경측정 시 근로자대표를 입회시켜야 한다. 〈개정 2010.6.4.〉

② 제1항에 따른 작업환경측정의 방법ㆍ횟수, 그 밖에 필요한 사항은 고용노동부령으로 정한다.〈개정 2010.6.4.〉

③ 사업주는 제1항에 따른 작업환경측정의 결과를 해당 작업장 근로자에게 알려야 하며 그 결과에 따라 근로자의 건강을 보호하기 위하여 해당 시설ㆍ설비의 설치ㆍ개선 또는 건강진단의 실시 등 적절한 조치를 하여야 한다.〈개정 2013.6.12.〉

④ 사업주는 제1항에 따른 작업환경측정 및 작업환경측정에 따른 시료의 분석을 고용노동부장관이 지정하는 측정기관(이하 "지정측정기관"이라 한다)에 위탁할 수 있다.〈개정 2010.6.4.〉

⑤ 제4항에 따라 사업주로부터 작업환경측정을 위탁받은 지정측정기관이 작업환경측정을 한 후 그 결과를 고용노동부령으로 정하는 바에 따라 고용노동부장관에게 전산자료로 제출한 경우에는 제1항에 따른 작업환경측정 결과보고를 한 것으로 본다.〈개정 2010.6.4., 2013.6.12.〉

⑥ 사업주는 제19조에 따른 산업안전보건위원회 또는 근로자대표가 요구하면 작업환경측정 결과에 대한 설명회를 직접 개최하거나 작업환경측정을 한 기관으로 하여금 개최하도록 하여야 한다.

⑦ 지정측정기관의 유형, 업무 범위, 지정 요건 및 절차, 그 밖에 필요한 사항은 대통령령으로 정한다.

⑧ 고용노동부장관은 작업환경측정의 정확성과 신뢰성을 확보하기 위하여 지정측정기관의 작업환경측정ㆍ분석 능력을 평가하고, 평가 결과에 따라 지도ㆍ교육을 하여야 한다. 이 경우 평가 및 지도ㆍ교육의 방법ㆍ절차 등은 고용노동부장관이 정하여 고시한다.〈개정 2010.6.4.〉

⑨ 고용노동부장관은 작업환경측정의 수준을 향상시키기 위하여 필요한 경우 지정측정기관을 평가(제8항에 따른 평가를 포함한다)한 후 그 결과를 공표할 수 있다. 이 경우 평가기준 등은 고용노동부령으로 정한다.〈개정 2010.6.4.〉

⑩ 지정측정기관에 관하여는 제15조의2를 준용한다.

[전문개정 2009.2.6.]

제42조의2(작업환경측정 신뢰성평가) ① 고용노동부장관은 제42조제1항에 따른 작업환경측정 결과의 정확성과 정밀성을 평가하기 위하여 필요하다고 인정하는 경우에는 신뢰성평가를 할 수 있다.〈개정 2010.6.4.〉

② 사업주와 근로자는 신뢰성평가를 받을 때에는 적극적으로 협조하여야 한다.

③ 신뢰성평가의 방법·대상 및 절차 등에 관하여 필요한 사항은 고용노동부령으로 정한다.〈개정 2010.6.4.〉

[전문개정 2009.2.6.]

제43조(건강진단) ① 사업주는 근로자의 건강을 보호·유지하기 위하여 고용노동부장관이 지정하는 기관 또는 「국민건강보험법」에 따른 건강검진을 하는 기관(이하 "건강진단기관"이라 한다)에서 근로자에 대한 건강진단을 하여야 한다. 이 경우 근로자대표가 요구할 때에는 건강진단 시 근로자대표를 입회시켜야 한다.〈개정 2010.6.4.〉

② 고용노동부장관은 근로자의 건강을 보호하기 위하여 필요하다고 인정할 때에는 사업주에게 특정 근로자에 대한 임시건강진단의 실시나 그 밖에 필요한 조치를 명할 수 있다.〈개정 2010.6.4.〉

③ 근로자는 제1항 및 제2항에 따라 사업주가 실시하는 건강진단을 받아야 한다. 다만, 사업주가 지정한 건강진단기관에서 진단 받기를 희망하지 아니하는 경우에는 다른 건강진단기관으로부터 이에 상응하는 건강진단을 받아 그 결과를 증명하는 서류를 사업주에게 제출할 수 있다.

④ 건강진단기관은 제1항 및 제2항에 따라 건강진단을 실시한 때에는 고용노동부령으로 정하는 바에 따라 그 결과를 근로자 및 사업주에게 통보하고 고용노동부장관에게 보고하여야 한다.〈개정 2010.6.4.〉

⑤ 사업주는 제1항·제2항 또는 다른 법령에 따른 건강진단 결과 근로자의 건강을 유지하기 위하여 필요하다고 인정할 때에는 작업장소 변경, 작업 전환, 근로시간 단축, 야간근로(오후 10시부터 오전 6시까지 사이의 근로를 말한다)의 제한, 작업환경측정 또는 시설·설비의 설치·개선 등 적절한 조치를 하여야 한다.〈개정 2013.6.12.〉

⑥ 사업주는 제19조에 따른 산업안전보건위원회 또는 근로자대표가 요구할 때에는 직접 또는 건강진단을 한 건강진단기관으로 하여금 건강진단 결과에 대한 설명을 하도록 하여야 한다. 다만, 본인의 동의 없이는 개별 근로자의 건강진단 결과를 공개하여서는 아니 된다.

⑦ 사업주는 제1항 및 제2항에 따른 건강진단 결과를 근로자의 건강 보호·유지 외의 목적으로 사용하여서는 아니 된다.

⑧ 제1항에 따른 건강진단의 종류·시기·주기·항목·비용 및 건강진단기관의 지정·관리, 제2항에 따른 임시건강진단, 제5항에 따른 적절한 조치, 그 밖에 건강진단에 필요한 사항은 고용노동부령으로 정한다.〈개정 2010.6.4.〉

⑨ 고용노동부장관은 건강진단의 정확성과 신뢰성을 확보하기 위하여 건강진단기관의 건강진단·분석 능력을 평가하고, 평가 결과에 따른 지도·교육을 하여야 한다. 이 경우 평가 및 지도·교육의 방법·절차 등은 고용노동부장관이 정하여 고시한다.〈개정 2010.6.4.〉

⑩ 고용노동부장관은 건강진단의 수준향상을 위하여 건강진단기관 중 제1항에 따라 고용노동부장관이 지정하는 기관을 평가(제9항에 따른 평가를 포함한다)한 후 그 결과를 공표할 수 있다. 이 경우 평가 기준, 평가 방법 및 공표 방법 등에 관하여 필요한 사항은 고용노동부령으로 정한다.〈개정 2010.6.4.〉

⑪ 건강진단기관 중 제1항에 따라 고용노동부장관이 지정하는 기관에 관하여는 제15조의2를 준용한다. 이 경우 "안전관리전문기관"은 "건강진단기관"으로 본다.〈개정 2010.6.4., 2013.6.12.〉

[전문개정 2009.2.6.]

제43조의2(역학조사) ① 고용노동부장관은 직업성 질환의 진단 및 예방, 발생 원인의 규명을 위하여 필요하다고 인정할 때에는 근로자의 질병과 작업장의 유해요인의 상관관계에 관한 직업성 질환 역학조사[이하 "역학조사(疫學調査)"라 한다]를 할 수 있다. 〈개정 2010.6.4.〉

② 역학조사를 실시하는 경우 사업주 및 근로자는 적극 협조하여야 하며, 정당한 사유 없이 이를 거부·방해하거나 기피하여서는 아니 된다.〈개정 2011.7.25.〉

③ 고용노동부장관은 역학조사를 위하여 필요하면 제43조에 따른 근로자의 건강진단 결과, 「국민건강보험법」에 따른 요양급여기록 및 건강검진 결과, 「고용보험법」에 따른 고용정보, 「암관리법」에 따른 질병정보 및 사망원인 정보 등을 관련 기관에 요청할 수 있다. 이 경우 자료의 제출을 요청받은 기관은 특별한 사유가 없으면 요청에 응하여야 한다.〈개정 2010.6.4.〉

④ 역학조사의 방법·대상·절차, 그 밖에 필요한 사항은 고용노동부령으로 정한다.〈개정 2010.6.4.〉
[전문개정 2009.2.6.]

제44조(건강관리수첩) ① 고용노동부장관은 건강장해가 발생할 우려가 있는 업무에 종사하는 사람의 직업성질환 조기발견 및 지속적인 건강관리를 위하여 일정 요건에 해당하는 사람에게 건강관리수첩을 발급하여야 한다. 이 경우 건강장해가 발생할 우려가 있는 업무 및 일정 요건에 관하여 구체적인 사항은 고용노동부령으로 정한다. 〈개정 2013.6.12.〉

② 건강관리수첩을 발급받은 사람이 「산업재해보상보험법」 제41조에 따른 요양급여를 신청하는 경우에는 건강관리수첩을 제출함으로써 해당 재해에 관한 의사의 초진소견서의 제출을 갈음할 수 있다.〈신설 2013.6.12.〉

③ 제1항에 따른 건강관리수첩을 받은 자는 그 건강관리수첩을 타인에게 양도하거나 대여하여서는 아니 된다.〈개정 2013.6.12.〉

④ 건강관리수첩의 내용·서식·용도, 그 밖에 건강관리수첩 발급에 필요한 사항은 고용노동부령으로 정한다.〈개정 2010.6.4., 2013.6.12.〉
[전문개정 2009.2.6.]

제45조(질병자의 근로 금지·제한) ① 사업주는 감염병, 정신병 또는 근로로 인하여 병세가 크게 악화될 우려가 있는 질병으로서 고용노동부령으로 정하는 질병에 걸린 자에게는 의사의 진단에 따라 근로를 금지하거나 제한하여야 한다. 〈개정 2009.12.29., 2010.6.4.〉

② 사업주는 제1항에 따라 근로가 금지되거나 제한된 근로자가 건강을 회복하였을 때에는 지체 없이 취업하게 하여야 한다.
[전문개정 2009.2.6.]

제46조(근로시간 연장의 제한) 사업주는 유해하거나 위험한 작업으로서 대통령령으로 정하는 작업에 종사하는 근로자에게는 1일 6시간, 1주 34시간을 초과하여 근로하게 하여서는 아니 된다.
[전문개정 2009.2.6.]

제47조(자격 등에 의한 취업 제한) ① 사업주는 유해하거나 위험한 작업으로서 고용노동부령으로 정하는 작업의 경우 그 작업에 필요한 자격·면허·경험 또는 기능을 가진 근로자가 아닌 자에게 그 작업을 하게 하여서는 아니 된다. 〈개정 2010.6.4.〉

② 고용노동부장관은 제1항에 따른 자격·면허 취득자의 양성 또는 근로자의 기능 습득을 위하여 교육기관을 지정할 수 있다.〈개정 2010.6.4.〉

③ 제1항에 따른 자격·면허·경험·기능, 제2항에 따른 교육기관의 지정 요건 및 지정 절차, 그 밖에 필요한 사항은 고용노동부령으로 정한다.〈개정 2010.6.4.〉

④ 제2항에 따른 교육기관에 관하여는 제15조의2를 준용한다.

[전문개정 2009.2.6.]

제6장 감독과 명령 〈개정 2009.2.6.〉

제48조(유해·위험 방지 계획서의 제출 등) ① 대통령령으로 정하는 업종 및 규모에 해당하는 사업의 사업주는 해당 제품생산 공정과 직접적으로 관련된 건설물·기계·기구 및 설비 등 일체를 설치·이전하거나 그 주요 구조부분을 변경할 때에는 이 법 또는 이 법에 따른 명령에서 정하는 유해·위험 방지 사항에 관한 계획서(이하 "유해·위험방지계획서"라 한다)를 작성하여 고용노동부령으로 정하는 바에 따라 고용노동부장관에게 제출하여야 한다. 〈개정 2010.6.4.〉

② 기계·기구 및 설비 등으로서 다음 각 호의 어느 하나에 해당하는 것으로서 고용노동부령으로 정하는 것을 설치·이전하거나 그 주요 구조부분을 변경하려는 사업주에 대하여는 제1항을 준용한다.〈개정 2010.6.4.〉

1. 유해하거나 위험한 작업을 필요로 하는 것

2. 유해하거나 위험한 장소에서 사용하는 것

3. 건강장해를 방지하기 위하여 사용하는 것

③ 건설업 중 고용노동부령으로 정하는 공사를 착공하려는 사업주는 고용노동부령으로 정하는 자격을 갖춘 자의 의견을 들은 후 유해·위험방지계획서를 작성하여 고용노동부령으로 정하는 바에 따라 고용노동부장관에게 제출하여야 한다. 다만, 산업재해발생률 등을 고려하여 고용노동부령으로 정하는 기준에 적합한 건설업체의 경우는 고용노동부령으로 정하는 자격을 갖춘 자의 의견을 생략하고 유해·위험방지계획서를 작성한 후 이를 스스로 심사하여야 하며, 그 심사결과서를 작성하여 고용노동부장관에게 제출하고 해당 사업장에 갖추어 두어야 한다.〈개정 2010.6.4., 2011.7.25.〉

④ 고용노동부장관은 제1항부터 제3항까지의 규정에 따른 유해·위험방지계획서를 심사한 후 근로자의 안전과 보건을 위하여 필요하다고 인정할 때에는 작업 또는 공사를 중지하거나 계획을 변경할 것을 명할 수 있다.〈개정 2010.6.4., 2013.6.12.〉

⑤ 제1항부터 제3항까지의 규정에 따라 유해·위험방지계획서를 제출한 사업주는 고용노동부령으로 정하는 바에 따라 고용노동부장관의 확인을 받아야 한다.〈개정 2010.6.4.〉

[전문개정 2009.2.6.]

제49조(안전·보건진단 등) ① 고용노동부장관은 고용노동부령으로 정하는 사업장에 대하여 고용노동부장관이 지정하는 기관(이하 "안전·보건진단기관"이라 한다)이 실시하는 안전·보건진단을 받을 것을 명할 수 있다. 〈개정 2010.6.4.〉

② 사업주는 제1항에 따른 안전·보건진단업무에 적극 협조하여야 하며, 정당한 사유 없이 이를 거부

하거나 방해 또는 기피하여서는 아니 된다. 이 경우 근로자대표가 요구할 때에는 안전 · 보건진단에 근로자대표를 입회시켜야 한다.

③ 제1항에 따른 안전 · 보건진단의 내용, 안전 · 보건진단기관의 지정 요건 및 절차, 그 밖에 필요한 사항은 대통령령으로 정한다.

④ 안전 · 보건진단기관에 관하여는 제15조의2를 준용한다.

[전문개정 2009.2.6.]

제49조의2(공정안전보고서의 제출 등) ① 대통령령으로 정하는 유해 · 위험설비를 보유한 사업장의 사업주는 그 설비로부터의 위험물질 누출, 화재, 폭발 등으로 인하여 사업장 내의 근로자에게 즉시 피해를 주거나 사업장 인근지역에 피해를 줄 수 있는 사고로서 대통령령으로 정하는 사고(이하 이 조에서 "중대산업사고"라 한다)를 예방하기 위하여 대통령령으로 정하는 바에 따라 공정안전보고서를 작성하여 고용노동부장관에게 제출하여 심사를 받아야 한다. 이 경우 공정안전보고서의 내용이 중대산업사고를 예방하기 위하여 적합하다고 통보받기 전에는 관련 설비를 가동하여서는 아니 된다. 〈개정 2010.6.4., 2011.7.25.〉

② 사업주는 제1항에 따라 공정안전보고서를 작성할 때에는 제19조에 따른 산업안전보건위원회의 심의를 거쳐야 한다. 다만, 산업안전보건위원회가 설치되어 있지 아니한 사업장의 경우에는 근로자대표의 의견을 들어야 한다.

③ 고용노동부장관은 제1항에 따라 제출받은 공정안전보고서를 고용노동부령으로 정하는 바에 따라 심사하여야 하며, 근로자의 안전 및 보건의 유지 · 증진을 위하여 필요하다고 인정하는 경우에는 그 공정안전보고서의 변경을 명할 수 있다. 〈개정 2011.7.25.〉

④ 고용노동부장관은 제1항에 따라 제출받은 공정안전보고서를 심사한 결과 그 내용이 중대산업사고를 예방하기 위하여 적합하다고 인정하는 경우 사업주에게 그 결과를 서면으로 통보하여야 한다. 〈신설 2011.7.25.〉

⑤ 사업주는 제4항에 따라 공정안전보고서의 심사 결과를 통보받으면 그 공정안전보고서를 사업장에 갖추어 두어야 한다. 〈신설 2011.7.25.〉

⑥ 제5항에 따른 사업주는 고용노동부령으로 정하는 바에 따라 공정안전보고서 내용의 실제 이행 여부에 대한 고용노동부장관의 확인을 받아야 한다. 〈개정 2010.6.4., 2011.7.25.〉

⑦ 사업주와 근로자는 공정안전보고서의 내용을 지켜야 한다. 〈개정 2011.7.25.〉

⑧ 사업주는 제5항에 따라 사업장에 갖춰 둔 공정안전보고서의 내용을 변경하여야 할 사유가 발생한 경우에는 지체 없이 이를 보완하여야 한다. 〈개정 2011.7.25.〉

⑨ 고용노동부장관은 고용노동부령으로 정하는 바에 따라 공정안전보고서의 이행 상태를 정기적으로 평가할 수 있다. 〈개정 2010.6.4., 2011.7.25.〉

⑩ 고용노동부장관은 제9항에 따라 공정안전보고서의 이행 상태를 평가한 결과 제8항에 따른 보완 상태가 불량한 사업장의 사업주에게는 공정안전보고서를 다시 제출하도록 명할 수 있다. 〈개정 2010.6.4., 2011.7.25.〉

[전문개정 2009.2.6.]

제50조(안전보건개선계획) ① 고용노동부장관은 다음 각 호의 어느 하나에 해당하는 사업장으로서 산

업재해 예방을 위하여 종합적인 개선조치를 할 필요가 있다고 인정할 때에는 고용노동부령으로 정하는 바에 따라 사업주에게 그 사업장, 시설, 그 밖의 사항에 관한 안전보건개선계획의 수립·시행을 명할 수 있다.〈개정 2013.6.12.〉

1. 산업재해율이 같은 업종의 규모별 평균 산업재해율보다 높은 사업장
2. 사업주가 안전보건조치의무를 이행하지 아니하여 중대재해가 발생한 사업장
3. 제39조제2항에 따른 유해인자의 노출기준을 초과한 사업장

② 고용노동부장관은 제1항에 따른 명령을 하는 경우 필요하다고 인정할 때에는 해당 사업주에게 고용노동부령으로 정하는 바에 따라 제49조제1항의 안전·보건진단을 받아 안전보건개선계획을 수립·제출할 것을 명할 수 있다.〈개정 2010.6.4.〉

③ 사업주는 제1항에 따른 안전보건개선계획을 수립할 때에는 제19조에 따른 산업안전보건위원회의 심의를 거쳐야 한다. 다만, 산업안전보건위원회가 설치되어 있지 아니한 사업장의 경우에는 근로자대표의 의견을 들어야 한다.

④ 사업주와 근로자는 안전보건개선계획을 준수하여야 한다.

[전문개정 2009.2.6.]

제51조(감독상의 조치) ①「근로기준법」제101조에 따른 근로감독관은 이 법 또는 이 법에 따른 명령을 시행하기 위하여 필요한 경우로서 고용노동부령으로 정하는 경우에는 다음 각 호의 장소에 출입하여 관계자에게 질문을 하고, 장부, 서류, 그 밖의 물건의 검사 및 안전·보건점검을 하며, 검사에 필요한 한도에서 무상으로 제품·원재료 또는 기구를 수거할 수 있다. 이 경우 근로감독관은 해당 사업주 등에게 그 결과를 서면으로 알려야 한다.〈개정 2010.6.4., 2011.7.25., 2013.6.12.〉

1. 사업장
2. 제15조제4항, 제16조제3항, 제30조의2제1항, 제31조제5항, 제31조의2제1항, 제32조제3항, 제36조의2제3항, 제38조의2제2항, 제42조제4항, 제43조제1항 및 제49조제1항에 따른 기관의 사무소
3. 석면해체·제거업자의 사무소
4. 제52조의4에 따라 등록한 지도사(指導士)의 사무소

② 고용노동부장관은 이 법 또는 이 법에 따른 명령의 시행을 위하여 필요하다고 인정하는 경우에는 사업주·근로자 또는 제52조의4에 따라 등록한 지도사에게 보고 또는 출석을 명할 수 있다.〈개정 2010.6.4.〉

③ 고용노동부장관은 제65조에 따라 공단에 위탁된 권한을 행사하기 위하여 필요하다고 인정할 때에는 공단 소속 직원으로 하여금 사업장에 출입하여 산업재해 예방에 필요한 검사 및 지도 등을 하게 하거나, 역학조사를 위하여 필요한 경우 관계자에게 질문하거나 필요한 서류의 제출을 요구하게 할 수 있다.〈개정 2010.6.4.〉

④ 제3항에 따라 공단 소속 직원이 검사 또는 지도업무 등을 하였을 때에는 그 결과를 고용노동부장관에게 보고하여야 한다.〈개정 2010.6.4.〉

⑤ 제1항과 제3항에 따라 사업장 또는 지도사의 사무소를 출입할 경우 출입자는 그 신분을 나타내는 증표를 지니고 이를 관계인에게 내보여야 한다.

⑥ 고용노동부장관은 제1항 및 제4항에 따른 검사 등의 결과 필요하다고 인정할 때에는 사업주에게 건설물 또는 그 부속건설물·기계·기구·설비·원재료의 대체·사용중지·제거 또는 시설의 개선,

그 밖에 안전 · 보건상 필요한 조치를 하도록 명할 수 있다. 이 경우 고용노동부장관의 명령을 받은 사업주는 그 명령받은 사항을 고용노동부령으로 정하는 바에 따라 근로자가 쉽게 볼 수 있는 장소에 게시하여야 한다.〈개정 2010.6.4.〉

⑦ 고용노동부장관은 산업재해가 발생할 급박한 위험이 있을 때 또는 제6항에 따른 명령이 지켜지지 아니하거나 위험 상태가 해제 또는 개선되지 아니하였다고 판단될 때에는 해당 기계 · 설비와 관련된 작업의 전부 또는 일부를 중지할 것을 명할 수 있다.〈개정 2010.6.4.〉

⑧ 고용노동부장관은 제1항과 제4항의 경우에 산업재해 예방을 위하여 필요하다고 인정할 때에는 근로자에게 제20조에 따른 안전보건관리규정의 준수 등 적절한 조치를 할 것을 명할 수 있다.〈개정 2010.6.4.〉

[전문개정 2009.2.6.]

제51조의2(영업정지의 요청 등) ① 고용노동부장관은 사업주가 다음 각 호의 어느 하나에 해당하는 산업재해를 발생시킨 경우에는 관계 행정기관의 장에게 관계 법령에 따라 해당 사업의 영업정지나 그 밖의 제재를 가할 것을 요청하거나 「공공기관의 운영에 관한 법률」 제4조에 따른 공공기관의 장에게 그 기관이 시행하는 사업의 발주 시 필요한 제한을 해당 사업자에게 가할 것을 요청할 수 있다.〈개정 2010.6.4.〉

1. 제23조 · 제24조 또는 제29조를 위반하여 많은 근로자가 사망하거나 사업장 인근지역에 중대한 피해를 주는 등 대통령령으로 정하는 사고가 발생한 경우

2. 제51조제6항 또는 제7항에 따른 명령을 위반함에 따라 근로자가 업무로 인하여 사망한 경우

② 제1항에 따라 요청을 받은 관계 행정기관의 장 또는 공공기관의 장은 정당한 사유가 없으면 이에 따라야 하며, 그 조치 결과를 고용노동부장관에게 통보하여야 한다.〈개정 2010.6.4.〉

③ 제1항에 따른 영업정지 등의 요청 절차나 그 밖에 필요한 사항은 고용노동부령으로 정한다.〈개정 2010.6.4.〉

[전문개정 2009.2.6.]

제52조(감독기관에 대한 신고) ① 사업장에서 이 법 또는 이 법에 따른 명령을 위반한 사실이 있으면 근로자는 그 사실을 고용노동부장관 또는 근로감독관에게 신고할 수 있다. 〈개정 2010.6.4.〉

② 사업주는 제1항의 신고를 이유로 해당 근로자에 대하여 해고나 그 밖의 불리한 처우를 하지 못한다.

[전문개정 2009.2.6.]

제6장의2   산업안전지도사 및 산업보건지도사 〈개정 2013.6.12.〉

제52조의2(지도사의 직무) ① 산업안전지도사는 다음 각 호의 직무를 수행한다. 〈개정 2013.6.12.〉

1. 공정상의 안전에 관한 평가 · 지도
2. 유해 · 위험의 방지대책에 관한 평가 · 지도
3. 제1호 및 제2호의 사항과 관련된 계획서 및 보고서의 작성
4. 그 밖에 산업안전에 관한 사항으로서 대통령령으로 정하는 사항

② 산업보건지도사는 다음 각 호의 직무를 수행한다.〈개정 2013.6.12.〉

1. 작업환경의 평가 및 개선 지도
2. 작업환경 개선과 관련된 계획서 및 보고서의 작성
3. 근로자 건강진단에 따른 사후관리 지도
4. 직업성 질병 진단(「의료법」에 따른 의사인 산업보건지도사만 해당한다) 및 예방 지도
5. 산업보건에 관한 조사 · 연구
6. 그 밖에 산업보건에 관한 사항으로서 대통령령으로 정하는 사항

③ 산업안전지도사 및 산업보건지도사(이하 "지도사"라 한다)의 업무 영역별 종류 및 업무 범위 등에 관하여 필요한 사항은 대통령령으로 정한다.〈개정 2013.6.12.〉
[전문개정 2009.2.6.]

제52조의3(지도사의 자격 및 시험) ① 고용노동부장관이 시행하는 지도사시험에 합격한 사람은 지도사의 자격을 가진다. 〈개정 2013.6.12.〉
② 대통령령으로 정하는 자격의 보유자에 대하여는 제1항에 따른 지도사시험의 일부를 면제할 수 있다.〈개정 2010.6.4., 2013.6.12.〉
③ 고용노동부장관은 제1항에 따른 지도사시험 실시를 대통령령으로 정하는 전문기관으로 하여금 대행하게 할 수 있다. 이 경우 그에 소요되는 비용을 예산의 범위에서 보조할 수 있다.〈개정 2010.6.4., 2013.6.12.〉
④ 제3항에 따라 지도사시험 실시를 대행하는 전문기관의 임직원은 「형법」 제129조부터 제132조까지의 규정을 적용할 때에는 공무원으로 본다.
⑤ 지도사시험의 과목, 다른 자격 보유자에 대한 시험 면제의 범위, 그 밖에 필요한 사항은 대통령령으로 정한다.
[전문개정 2009.2.6.]

제52조의4(지도사의 등록) ① 지도사가 그 직무를 시작할 때에는 고용노동부령으로 정하는 바에 따라 고용노동부장관에게 등록하여야 한다. 〈개정 2010.6.4., 2013.6.12.〉
② 제1항에 따라 등록한 지도사는 그 직무를 조직적 · 전문적으로 하기 위하여 법인을 설립할 수 있다.
③ 다음 각 호의 어느 하나에 해당하는 자는 제1항에 따른 등록을 할 수 없다.〈개정 2013.6.12., 2016.1.27.〉
1. 피성년후견인 또는 피한정후견인
2. 파산선고를 받은 자로서 복권되지 아니한 자
3. 금고 이상의 실형을 선고받고 그 집행이 끝나거나(집행이 끝난 것으로 보는 경우를 포함한다) 집행이 면제된 날부터 2년이 지나지 아니한 자
4. 금고 이상의 형의 집행유예를 선고받고 그 유예기간 중에 있는 자
5. 이 법을 위반하여 벌금형을 선고받고 1년이 지나지 아니한 자
6. 제52조의15에 따라 등록이 취소된 후 2년이 지나지 아니한 자
④ 제1항에 따라 등록을 한 지도사는 고용노동부령으로 정하는 바에 따라 5년마다 등록을 갱신하여야 한다.〈개정 2013.6.12.〉
⑤ 제4항에 따른 갱신등록은 고용노동부령으로 정하는 지도실적이 있는 지도사만이 할 수 있다. 이

경우 지도실적이 고용노동부령으로 정하는 기준에 못 미치는 지도사는 고용노동부령으로 정하는 보수교육을 받아야 한다.〈신설 2013.6.12.〉

⑥ 제2항에 따른 법인에 관하여는 「상법」 중 합명회사에 관한 규정을 적용한다.〈개정 2013.6.12.〉

[전문개정 2009.2.6.]

제52조의5(지도사에 대한 지도 등) 고용노동부장관은 공단으로 하여금 다음 각 호의 업무를 하게 할 수 있다.〈개정 2010.6.4.〉

1. 지도사에 대한 지도·연락 및 정보의 공동이용체제의 구축·유지
2. 지도사의 업무 수행과 관련된 사업주의 불만·고충의 처리 및 피해에 관한 분쟁의 조정
3. 그 밖에 지도사 업무의 발전을 위하여 필요한 사항으로서 고용노동부령으로 정하는 사항

[전문개정 2009.2.6.]

제52조의6(비밀 유지) 지도사는 그 직무상 알게 된 비밀을 누설하거나 도용하여서는 아니 된다.

[전문개정 2009.2.6.]

제52조의7(손해배상의 책임) ① 지도사는 업무 수행과 관련하여 고의 또는 과실로 의뢰인에게 손해를 입힌 경우에는 그 손해를 배상할 책임이 있다.

② 제52조의4제1항에 따라 등록한 지도사는 제1항에 따른 손해배상책임을 보장하기 위하여 대통령령으로 정하는 바에 따라 보증보험에 가입하거나 그 밖에 필요한 조치를 하여야 한다.

[전문개정 2009.2.6.]

제52조의8(유사명칭의 사용 금지) 제52조의4제1항에 따라 등록한 지도사가 아닌 자는 산업안전지도사, 산업보건지도사 또는 이와 유사한 명칭을 사용하여서는 아니 된다.〈개정 2013.6.12.〉

[전문개정 2009.2.6.]

제52조의9(부정행위자에 대한 제재) 고용노동부장관은 지도사시험에서 부정한 행위를 한 응시자에 대하여는 그 시험을 무효로 하고, 그 처분이 있는 날부터 5년간 시험응시자격을 정지한다.

[본조신설 2011.7.25.]

제52조의10(지도사의 교육) 지도사 자격이 있는 사람(제52조의3제2항에 해당하는 사람 중 대통령령으로 정하는 사람은 제외한다)이 직무를 개시하려면 제52조의4에 따른 등록을 하기 전 1년의 범위에서 고용노동부령으로 정하는 연수교육을 받아야 한다.

[본조신설 2013.6.12.]

제52조의11(품위유지와 성실의무 등) ① 지도사는 항상 품위를 유지하고 신의와 성실로써 공정하게 직무를 수행하여야 한다.

② 지도사는 제52조의2제1항 또는 제2항에 따라 작성하거나 확인한 서류에 기명하거나 날인하여야 한다.

[본조신설 2013.6.12.]

제52조의12(금지 행위) 지도사는 다음 각 호의 행위를 하여서는 아니 된다.

1. 거짓이나 그 밖의 부정한 방법으로 의뢰인에게 법령에 따른 의무를 이행하지 아니하게 하는 행위
2. 의뢰인으로 하여금 법령에 따른 신고·보고, 그 밖의 의무를 이행하지 아니하게 하는 행위
3. 법령에 위반되는 행위에 관한 지도·상담

[본조신설 2013.6.12.]

제52조의13(관계 장부 등의 열람 신청) 지도사가 제52조의2의 직무를 수행하는 데에 필요하면 사업주에게 관계 장부 및 서류의 열람을 신청할 수 있다. 이 경우 그 신청이 제52조의2제1항 또는 제2항에 따른 직무의 수행을 위한 것이면 열람을 신청받은 사업주는 정당한 사유 없이 이를 거부하여서는 아니된다.

[본조신설 2013.6.12.]

제52조의14(자격대여행위 등의 금지) 지도사는 다른 사람에게 자기의 성명이나 사무소의 명칭을 사용하여 지도사의 직무를 수행하게 하거나 그 자격증이나 등록증을 대여(貸與)하여서는 아니 된다.

[본조신설 2013.6.12.]

제52조의15(등록의 취소 등) 고용노동부장관은 지도사가 다음 각 호의 어느 하나에 해당하는 경우에는 그 등록을 취소하거나 2년 이내의 기간을 정하여 그 업무의 정지를 명할 수 있다. 다만, 제1호부터 제3호까지의 규정에 해당할 때에는 그 등록을 취소하여야 한다.
1. 거짓이나 그 밖의 부정한 방법으로 등록 또는 갱신등록을 한 경우
2. 업무정지 기간 중에 업무를 수행한 경우
3. 제52조의4제3항제1호부터 제5호까지의 규정 중 어느 하나에 해당하게 된 경우
4. 제52조의6, 제52조의12 또는 제52조의14를 위반한 경우
5. 그 밖에 제1호부터 제4호까지의 규정에 준하는 합리적인 사유가 있는 경우로서 대통령령으로 정하는 경우

[본조신설 2013.6.12.]

제7장 삭제 〈2001.12.31.〉

제53조 삭제 〈2001.12.31.〉

제54조 삭제 〈2001.12.31.〉

제55조 삭제 〈2001.12.31.〉

제56조 삭제 〈2001.12.31.〉

제57조 삭제 〈2001.12.31.〉

제58조 삭제 〈2001.12.31.〉

제59조 삭제 〈2001.12.31.〉

제60조 삭제 〈2001.12.31.〉

제8장 보칙 〈개정 2009.2.6.〉

제61조(산업재해 예방시설) 고용노동부장관은 다음의 산업재해 예방시설을 설치 · 운영할 수 있다. 〈개정 2010.6.4., 2013.6.12.〉

1. 산업안전 · 보건에 관한 지도시설 · 연구시설 및 교육시설
2. 작업환경의 측정 및 안전 · 보건진단을 위한 시설
3. 근로자의 건강을 유지 · 증진하기 위한 시설
4. 그 밖에 고용노동부령으로 정하는 산업재해 예방을 위한 시설
[전문개정 2009.2.6.]

제61조의2(명예산업안전감독관) ① 고용노동부장관은 산업재해 예방활동에 대한 참여와 지원을 촉진하기 위하여 근로자, 근로자단체, 사업주단체 및 산업재해 예방 관련 전문단체에 소속된 자 중에서 명예산업안전감독관을 위촉할 수 있다. 〈개정 2010.6.4.〉

② 사업주는 명예산업안전감독관으로서 정당한 활동을 한 것을 이유로 그 명예산업안전감독관에 대하여 불리한 처우를 하여서는 아니 된다.

③ 제1항에 따른 명예산업안전감독관의 위촉 방법, 업무 범위, 그 밖에 필요한 사항은 대통령령으로 정한다.
[전문개정 2009.2.6.]

제61조의3(재해 예방의 재원) 다음 각 호의 용도에 사용하기 위한 재원(財源)은 「산업재해보상보험법」 제95조제1항에 따른 산업재해보상보험및예방기금에서 지원한다. 〈개정 2010.6.4.〉

1. 재해 예방 관련 시설과 그 운영에 필요한 비용
2. 재해 예방 관련 사업, 비영리법인에 위탁하는 업무 및 기금 운용 · 관리에 필요한 비용
3. 그 밖에 재해 예방에 필요한 사업으로서 고용노동부장관이 인정하는 사업의 사업비
[전문개정 2009.2.6.]

제62조(산업재해 예방활동의 촉진) ① 정부는 사업주, 사업주단체, 근로자단체, 산업재해 예방 관련 전문단체, 연구기관 등이 하는 산업재해 예방사업 중 대통령령으로 정하는 사업에 드는 경비의 전부 또는 일부를 예산의 범위에서 보조하거나 그 밖에 필요한 지원(이하 "보조 · 지원"이라 한다)을 할 수 있다. 이 경우 고용노동부장관은 보조 · 지원이 산업재해 예방사업의 목적에 맞게 효율적으로 사용되도록 관리 · 감독을 하여야 한다. 〈개정 2010.6.4.〉

② 고용노동부장관은 보조 · 지원을 받은 자가 다음 각 호의 어느 하나에 해당하는 경우 보조 · 지원의 전부 또는 일부를 취소하여야 한다. 다만, 제1호 및 제2호의 경우에는 보조 · 지원의 전부를 취소하여야 한다. 〈신설 2011.7.25.〉

1. 거짓이나 그 밖의 부정한 방법으로 보조 · 지원을 받은 경우
2. 보조 · 지원 대상자가 폐업하거나 파산한 경우
3. 보조 · 지원 대상을 임의매각 · 훼손 · 분실하는 등 지원 목적에 적합하게 유지 · 관리 · 사용하지 아니한 경우

Part 3 연방 및 주요 노동관계법

Management & labor law **351**

4. 제1항에 따른 산업재해 예방사업의 목적에 맞게 사용되지 아니한 경우

5. 보조·지원 대상 기간이 끝나기 전에 보조·지원 대상 시설 및 장비를 국외로 이전 설치한 경우

6. 보조·지원을 받은 사업주가 제23조제1항부터 제3항까지 또는 제24조제1항에 따른 안전·보건 조치 의무를 위반하여 산업재해를 발생시킨 경우로서 고용노동부령으로 정하는 경우

③ 고용노동부장관은 제2항에 따라 보조·지원의 전부 또는 일부를 취소한 경우에는 해당 금액 또는 지원에 상응하는 금액을 환수하되, 제2항제1호의 경우에는 지급받은 금액에 상당하는 액수 이하의 금액을 추가로 환수할 수 있다. 다만, 제2항제2호 중 보조·지원 대상자가 파산한 경우에 해당하여 취소한 경우는 그러하지 아니하다.〈개정 2011.7.25.〉

④ 제2항에 따라 보조·지원의 전부 또는 일부가 취소된 자에 대하여는 고용노동부령으로 정하는 바에 따라 취소된 날부터 3년 이내의 기간을 정하여 보조·지원을 하지 아니할 수 있다.〈개정 2011.7.25.〉

⑤ 보조·지원의 대상·방법·절차, 관리 및 감독, 제2항 및 제3항에 따른 취소 및 환수 방법, 그 밖에 필요한 사항은 고용노동부장관이 정하여 고시한다.〈개정 2010.6.4., 2011.7.25.〉

[전문개정 2009.2.6.]

제63조(비밀 유지) 제34조에 따른 안전인증을 하는 자, 제35조에 따른 신고 수리에 관한 업무를 하는 자, 제36조에 따른 안전검사를 하는 자, 제36조의2에 따른 자율검사프로그램의 인정업무를 하는 자, 제40조제1항·제6항에 따라 제출된 유해성·위험성 조사보고서 또는 조사결과를 검토하는 자, 제41조제8항에 따라 제출된 물질안전보건자료를 검토하는 자, 제41조제11항에 따라 물질안전보건자료에 적지 아니한 정보를 제공받은 자, 제43조에 따른 건강진단을 하는 자, 제43조의2에 따른 역학조사를 하는 자, 제48조에 따라 제출된 유해·위험방지계획서를 검토하는 자, 제49조에 따른 안전·보건진단을 하는 자 및 제49조의2에 따른 공정안전보고서를 검토하는 자는 업무상 알게 된 비밀을 누설하여서는 아니 된다. 다만, 근로자의 건강장해를 예방하기 위하여 고용노동부장관이 필요하다고 인정하는 경우에는 그러하지 아니하다.〈개정 2010.6.4., 2011.7.25., 2013.6.12.〉

[전문개정 2009.2.6.]

제63조의2(청문 및 처분기준) ① 고용노동부장관은 다음 각 호의 어느 하나에 해당하는 처분을 하려면 청문을 하여야 한다.〈개정 2010.6.4., 2011.7.25., 2013.6.12., 2016.1.27.〉

1. 제15조의2제1항(제16조제3항, 제16조의3제3항, 제30조의2제3항, 제34조의5제4항, 제36조제10항, 제36조의2제7항, 제38조의2제7항, 제42조제10항, 제43조제11항, 제47조제4항 및 제49조제4항에 따라 준용되는 경우를 포함한다)에 따른 지정의 취소

2. 제28조제4항에 따른 인가의 취소

3. 제34조의3제1항에 따른 안전인증의 취소

4. 제36조의2제4항에 따른 자율검사프로그램 인정의 취소

5. 제37조제3항에 따른 승인의 취소

6. 제38조제5항에 따른 허가의 취소

7. 제32조의3, 제36조의3제3항, 제38조의4제6항, 제52조의15에 따른 등록의 취소

8. 제62조제2항에 따른 보조·지원의 취소

② 제15조의2제1항(제16조제3항, 제16조의3제3항, 제30조의2제3항, 제32조의3, 제34조의5제4항, 제36조제10항, 제36조의2제7항, 제38조의2제7항, 제38조의4제6항, 제42조제10항, 제43조제11항, 제47조제4항 및 제49조제4항에 따라 준용되는 경우를 포함한다), 제28조제4항, 제34조의3제1항, 제35조의3제1항, 제36조의2제4항, 제36조의3제3항, 제37조제3항, 제38조제5항 및 제52조의15에 따른 취소, 정지, 사용 금지 또는 개선명령의 기준은 고용노동부령으로 정한다.〈개정 2010.6.4., 2011.7.25., 2013.6.12., 2016.1.27.〉

[전문개정 2009.2.6.]

제64조(서류의 보존) ① 사업주는 다음 각 호의 서류를 3년(제3호의 경우 2년)간 보존하여야 한다. 다만, 고용노동부령으로 정하는 바에 따라 보존기간을 연장할 수 있다. 〈개정 2013.6.12., 2016.1.27.〉

1. 제10조제1항에 따른 산업재해 발생기록
2. 제13조·제15조·제16조·제16조의3 및 제17조에 따른 관리책임자·안전관리자·보건관리자·안전보건관리담당자 및 산업보건의의 선임에 관한 서류
3. 제19조제3항 및 제29조의2제4항에 따른 회의록
4. 제23조 및 제24조에 따른 안전·보건상의 조치 사항으로서 고용노동부령으로 정하는 사항을 적은 서류
5. 제40조제1항·제6항에 따른 화학물질의 유해성·위험성 조사에 관한 서류
6. 제42조에 따른 작업환경측정에 관한 서류
7. 제43조에 따른 건강진단에 관한 서류

② 안전인증 또는 안전검사의 업무를 위탁받은 안전인증기관 또는 안전검사기관은 안전인증·안전검사에 관한 사항으로서 고용노동부령으로 정하는 서류를 3년간 보존하여야 하며, 안전인증을 받은 자는 제34조제6항에 따라 안전인증을 받은 제품에 대하여 기록한 서류를 3년간 보존하여야 하고, 자율안전확인대상 기계·기구등을 제조하거나 수입하는 자는 제35조제2항에 따른 자율안전기준에 맞는 것임을 증명하는 서류를 2년간 보존하여야 하며, 제36조제1항에 따라 안전검사를 받아야 하는 자는 제36조의2제2항에 따른 자율검사프로그램에 따라 실시한 검사 결과에 대한 서류를 2년간 보존하여야 한다.〈신설 2011.7.25., 2013.6.12.〉

③ 일반석면조사를 한 건축물이나 설비의 소유주등은 그 결과에 관한 서류를 그 건축물이나 설비에 대한 해체·제거작업이 종료될 때까지 보존하여야 하고, 기관석면조사를 한 건축물이나 설비의 소유주등과 석면조사기관은 그 결과에 관한 서류를 3년간 보존하여야 한다.〈신설 2011.7.25.〉

④ 지정측정기관은 작업환경측정에 관한 사항으로서 고용노동부령으로 정하는 사항을 기재한 서류를 3년간 보존하여야 한다.〈개정 2010.6.4., 2011.7.25.〉

⑤ 지도사는 그 업무에 관한 사항으로서 고용노동부령으로 정하는 사항을 기재한 서류를 5년간 보존하여야 한다.〈개정 2010.6.4., 2011.7.25.〉

⑥ 석면해체·제거업자는 제38조의4제3항에 따른 석면해체·제거업무에 관하여 고용노동부령으로 정하는 서류를 30년간 보존하여야 한다.〈개정 2010.6.4., 2011.7.25.〉

⑦ 제1항부터 제6항까지의 경우 전산입력자료가 있을 때에는 그 서류를 대신하여 전산입력자료를 보존할 수 있다.〈개정 2011.7.25.〉

[전문개정 2009.2.6.]

제65조(권한 등의 위임·위탁) ① 이 법에 따른 고용노동부장관의 권한은 대통령령으로 정하는 바에 따라 그 일부를 지방고용노동관서의 장에게 위임할 수 있다. 〈개정 2010.6.4.〉

② 고용노동부장관은 이 법에 따른 업무 중 다음 각 호의 업무를 대통령령으로 정하는 바에 따라 공단·비영리법인 또는 관계 전문기관에 위탁할 수 있다.〈개정 2010.6.4., 2011.7.25., 2013.6.12.〉

1. 제4조제1항제2호, 제5호부터 제8호까지 및 제10호의 사항에 관한 업무
2. 제27조제2항에 따른 기준제정위원회의 구성·운영
3. 제28조제3항에 따른 안전·보건평가
3의2. 제31조의2제1항에 따른 건설업기초교육을 실시하는 기관의 등록 업무
4. 제32조제1항에 따른 안전·보건에 관한 직무교육
4의2. 제32조의2제1항에 따른 평가에 관한 업무
5. 제34조제2항 및 제4항에 따른 안전인증
6. 제34조제5항에 따른 안전인증의 확인
7. 제35조제1항에 따른 신고에 관한 업무
8. 제36조제1항에 따른 안전검사
9. 제36조의2제1항에 따른 자율검사프로그램의 인정
9의2. 제36조의2제2항제2호에 따른 검사원의 양성교육
10. 제36조의3제1항에 따른 지원과 같은 조 제2항에 따른 등록
10의2. 제36조의4제1항에 따른 유해·위험기계등의 안전에 관한 정보의 종합관리
11. 제38조의2제5항에 따른 기관석면조사 능력의 평가 및 지도·교육에 관한 업무
11의2. 제38조의4제4항에 따른 석면해체·제거작업의 안전성평가에 관한 업무
11의3. 제39조제3항에 따른 유해성·위험성 평가에 관한 업무
12. 제41조제10항에 따른 물질안전·보건자료와 관련된 자료의 제공
13. 제42조제8항에 따른 작업환경측정·분석 능력의 평가 및 지도·교육에 관한 업무
13의2. 제42조제9항에 따른 지정측정기관의 평가에 관한 업무
13의3. 제42조의2제1항에 따른 작업환경측정 결과의 신뢰성평가에 관한 업무
14. 제43조제9항에 따른 건강진단능력의 평가 및 지도·교육에 관한 업무
14의2. 제43조제10항에 따른 지정건강진단기관의 평가에 관한 업무
15. 제43조의2제1항에 따른 역학조사
16. 제44조제1항에 따른 건강관리수첩의 발급
17. 제48조에 따른 유해·위험방지계획서의 접수, 심사 및 확인
18. 제49조의2제1항 및 제3항에 따른 공정안전보고서의 접수·심사 및 같은 조 제6항에 따른 확인
18의2. 제52조의4제5항에 따른 지도사 보수교육
18의3. 제52조의10에 따른 지도사 연수교육
18의4. 제61조제3호에 따른 시설의 설치·운영 업무
19. 제62조제1항부터 제3항까지의 규정에 따른 보조·지원 및 보조·지원의 취소·환수에 관한 업무

③ 제2항에 따라 업무를 위탁받은 비영리법인 또는 관계 전문기관의 임직원은 형법 제129조부터 제132조까지의 규정을 적용할 때에는 공무원으로 본다.

[전문개정 2009.2.6.]
[제목개정 2011.7.25.]

제66조(수수료 등) ① 다음 각 호의 어느 하나에 해당하는 자는 고용노동부령으로 정하는 바에 따라 수수료를 내야 한다. 〈개정 2010.6.4., 2016.1.27.〉

1. 제28조제3항에 따른 안전 · 보건평가를 받으려는 자
2. 제32조제1항 각 호의 사람에게 직무교육을 이수하게 하려는 사업주
3. 제34조제2항 및 제4항에 따른 안전인증을 받으려는 자
4. 제34조제5항에 따른 확인을 받으려는 자
5. 제36조제1항에 따른 안전검사를 받으려는 자
6. 제36조의2제1항에 따른 자율검사프로그램의 인정을 받으려는 자
7. 제38조제1항에 따른 허가를 받으려는 자
8. 제47조에 따른 자격 · 면허의 취득을 위한 교육을 받으려는 자
9. 제48조제1항부터 제3항까지의 규정에 따른 유해 · 위험방지계획서를 심사받으려는 자
10. 제49조의2에 따른 공정안전보고서를 심사받으려는 자
11. 제52조의3에 따른 지도사시험에 응시하려는 자
12. 제52조의4에 따른 등록을 하려는 자
13. 그 밖에 산업안전 · 보건과 관련된 자로서 대통령령으로 정하는 자

② 공단은 고용노동부장관의 승인을 받아 공단의 업무 수행으로 인한 수익자로 하여금 그 업무 수행에 필요한 비용의 전부 또는 일부를 부담하게 할 수 있다.〈개정 2010.6.4.〉
[전문개정 2009.2.6.]

제9장 벌칙 〈개정 2009.2.6.〉

제66조의2(벌칙) 제23조제1항부터 제3항까지 또는 제24조제1항을 위반하여 근로자를 사망에 이르게 한 자는 7년 이하의 징역 또는 1억원 이하의 벌금에 처한다.
[전문개정 2009.2.6.]

제67조(벌칙) 다음 각 호의 어느 하나에 해당하는 자는 5년 이하의 징역 또는 5천만원 이하의 벌금에 처한다. 〈개정 2013.6.12.〉

1. 제23조제1항부터 제3항까지, 제24조제1항, 제26조제1항, 제28조제1항, 제37조제1항, 제38조제1항, 제38조의4제1항 또는 제52조제2항을 위반한 자
2. 제38조제5항, 제48조제4항 또는 제51조제7항에 따른 명령을 위반한 자
[전문개정 2009.2.6.]

제67조의2(벌칙) 다음 각 호의 어느 하나에 해당하는 자는 3년 이하의 징역 또는 2천만원 이하의 벌금에 처한다. 〈개정 2011.7.25., 2013.6.12.〉

1. 제33조제3항, 제34조제2항, 제34조의4제1항, 제38조제3항, 제38조의3, 제46조, 제47조제1항 또는

제49조의2제1항 후단을 위반한 자

2. 제34조의4제2항, 제38조제4항, 제38조의2제4항, 제43조제2항, 제49조의2제3항·제10항 또는 제51조제6항에 따른 명령을 위반한 자

[전문개정 2009.2.6.]

제68조(벌칙) 다음 각 호의 어느 하나에 해당하는 자는 1년 이하의 징역 또는 1천만원 이하의 벌금에 처한다. 〈개정 2011.7.25., 2013.6.12.〉

1. 제26조제5항을 위반하여 중대재해 발생현장을 훼손한 자

2. 제29조제3항, 같은 조 제5항 전단, 제33조제1항·제2항, 제34조의2제2항·제3항, 제35조의4제1항, 제52조의6 또는 제63조를 위반한 자

3. 제34조의2제4항 또는 제35조의4제2항에 따른 명령을 위반한 자

[전문개정 2009.2.6.]

제69조(벌칙) 다음 각 호의 어느 하나에 해당하는 자는 1천만원 이하의 벌금에 처한다. 〈개정 2011.7.25., 2013.6.12.〉

1. 제29조제8항, 제35조제1항, 제35조의2제2항·제3항, 제40조제2항·제7항, 제43조제5항 또는 제45조제1항·제2항을 위반한 자

2. 제35조의2제4항 또는 제40조제4항·제8항에 따른 명령을 위반한 자

3. 제42조제3항에 따른 작업환경측정 결과에 따라 근로자의 건강을 보호하기 위하여 해당 시설·설비의 설치·개선 또는 건강진단의 실시 등의 조치를 하지 아니한 자

[전문개정 2009.2.6.]

제70조(벌칙) 제29조제1항 또는 제4항을 위반한 자는 500만원 이하의 벌금에 처한다. 〈개정 2011.7.25.〉

[전문개정 2009.2.6.]

제71조(양벌규정) 법인의 대표자나 법인 또는 개인의 대리인, 사용인, 그 밖의 종업원이 그 법인 또는 개인의 업무에 관하여 제66조의2, 제67조, 제67조의2 또는 제68조부터 제70조까지의 어느 하나에 해당하는 위반행위를 하면 그 행위자를 벌하는 외에 그 법인 또는 개인에게도 해당 조문의 벌금형을 과(科)한다. 다만, 법인 또는 개인이 그 위반행위를 방지하기 위하여 해당 업무에 관하여 상당한 주의와 감독을 게을리하지 아니한 경우에는 그러하지 아니하다.

[전문개정 2009.2.6.]

제72조(과태료) ① 다음 각 호의 어느 하나에 해당하는 자에게는 5천만원 이하의 과태료를 부과한다. 〈개정 2011.7.25.〉

1. 제38조의2제2항에 따라 기관석면조사를 하지 아니하고 건축물 또는 설비를 철거하거나 해체한 자

2. 제38조의5제3항을 위반하여 건축물 또는 설비를 철거하거나 해체한 자

② 제43조의2제2항 또는 제49조제2항을 위반한 자에게는 1천500만원 이하의 과태료를 부과한다. 〈개정 2011.7.25.〉

③ 다음 각 호의 어느 하나에 해당하는 자에게는 1천만원 이하의 과태료를 부과한다.〈개정 2011.7.25., 2013.6.12., 2016.1.27.〉

1. 제10조제2항에 따른 보고를 하지 아니하거나 거짓으로 보고한 자

2. 제29조의3제3항, 제29조의4제1항, 제30조제1항·제3항, 제34조의2제1항, 제36조제1항·제4항, 제36조의2제5항, 제39조의2제1항, 제48조제1항부터 제3항까지(자격을 갖춘 자의 의견을 듣지 아니하고 작성·제출한 자는 제외한다) 또는 제49조의2제1항 전단, 같은 조 제5항·제7항을 위반한 자

3. 제41조제8항, 제49조제1항 또는 제50조제1항·제2항에 따른 명령을 위반한 자

4. 제42조제1항에 따른 작업환경측정을 하지 아니한 자

5. 제43조제1항에 따른 근로자 건강진단을 하지 아니한 자

6. 제51조제1항에 따른 근로감독관의 검사·점검 또는 수거를 거부·방해 또는 기피한 자

④ 다음 각 호의 어느 하나에 해당하는 자에게는 500만원 이하의 과태료를 부과한다.〈개정 2010.6.4., 2011.7.25., 2013.6.12., 2016.1.27.〉

1. 제11조제1항, 제20조제1항 또는 제41조제3항을 위반하여 이 법 및 이 법에 따른 명령의 요지, 안전보건관리규정 및 물질안전보건자료를 갖춰 두거나 게시하지 아니한 자

2. 제41조제1항 또는 제11항을 위반하여 물질안전보건자료를 작성하여 제공하지 아니하거나 물질안전보건자료에 기재하지 아니한 정보를 제공하지 아니한 자

3. 제12조 전단, 제13조제1항, 제14조제1항, 제15조제1항, 제16조제1항, 제16조의3제1항, 제17조제1항, 제18조제1항, 제19조제1항(제29조의2에 따라 노사협의체를 설치·운영한 경우를 포함한다)·제5항, 제21조, 제29조제6항·제7항·제9항, 제29조의2제7항, 제31조제1항부터 제3항까지, 제31조의2제1항, 제32조제1항(제1호의 경우만 해당한다), 제35조의2제1항, 제36조제3항, 제38조의4제2항, 제38조의5제1항, 제42조제6항, 제43조제6항, 제44조제3항, 제49조의2제2항, 제50조제3항·제4항 또는 제52조의4제1항을 위반한 자

4. 제15조제3항(제16조제3항 및 제16조의3제3항에 따라 준용되는 경우를 포함한다) 또는 제51조제8항에 따른 명령을 위반한 자

5. 제42조제1항에 따른 작업환경측정 또는 제43조제1항에 따른 건강진단을 할 때 근로자대표가 요구하였는데도 근로자대표를 입회시키지 아니한 자

5의2. 제42조제1항에 따른 작업환경측정 시 고용노동부령으로 정한 작업환경측정의 방법을 준수하지 아니한 사업주(제42조제4항에 따라 지정측정기관에 위탁한 경우는 제외한다)

5의3. 제42조제3항에 따른 작업환경측정의 결과를 해당 작업장 근로자에게 알리지 아니한 자

6. 제51조제2항에 따른 고용노동부장관의 요구를 받고도 보고 또는 출석을 하지 아니하거나 거짓으로 보고한 자

7. 제51조제6항 후단을 위반하여 고용노동부장관으로부터 명령받은 사항을 게시하지 아니한 자

⑤ 다음 각 호의 어느 하나에 해당하는 자에게는 300만원 이하의 과태료를 부과한다.〈개정 2010.6.4., 2011.7.25., 2013.6.12., 2016.1.27.〉

1. 제11조제2항을 위반하여 근로자대표에게 알리지 아니한 자

2. 제25조, 제40조제5항, 제43조제3항·제7항 또는 제52조의8을 위반한 자

3. 제30조의2제1항을 위반하여 지도를 받지 아니한 자

4. 제32조제1항(제2호의 경우만 해당한다)을 위반하여 소속 근로자로 하여금 직무교육을 이수하도록 하지 아니한 자

4의2. 제34조제7항에 따른 자료 제출 명령에 따르지 아니한 자

4의3. 제38조의2제1항에 따라 일반석면조사를 하지 아니하고 건축물이나 설비를 철거하거나 해체한 자

5. 제38조의4제3항을 위반하여 고용노동부장관에게 신고하지 아니한 자

6. 제38조의5제1항에 따른 증명자료를 제출하지 아니한 자

7. 제40조제1항에 따른 유해성·위험성 조사보고서를 제출하지 아니하거나 같은 조 제6항에 따른 유해성·위험성 조사 결과 및 유해성·위험성 평가에 필요한 자료를 제출하지 아니한 자

8. 제41조제4항부터 제6항까지의 규정을 위반하여 경고표시를 하지 아니하거나 물질안전보건자료의 변경 내용을 반영하여 제공하지 아니한 자 또는 같은 조 제7항을 위반하여 교육을 하지 아니한 자

9. 제42조제1항 또는 제43조제4항에 따른 통보 또는 보고를 하지 아니하거나 거짓으로 통보 또는 보고한 자

10. 제48조제3항을 위반하여 유자격자의 의견을 듣지 아니하고 유해·위험방지계획서를 작성·제출한 자

11. 제48조제5항 또는 제49조의2제6항을 위반하여 고용노동부장관의 확인을 받지 아니한 자

12. 제51조제1항에 따른 질문에 대하여 답변을 거부, 방해 또는 기피하거나 거짓으로 답변한 자

12의2. 제51조제3항에 따른 검사·지도 등을 거부·방해 또는 기피한 자

13. 제64조제1항부터 제6항까지의 규정을 위반하여 서류를 보존하지 아니한 자

⑥ 제1항부터 제5항까지의 규정에 따른 과태료는 대통령령으로 정하는 바에 따라 고용노동부장관이 부과·징수한다.〈개정 2010.6.4.〉

[전문개정 2009.2.6.]

부 칙 〈제13906호,2016.1.27.〉

제1조(시행일) 이 법은 공포 후 9개월이 경과한 날부터 시행한다. 다만, 제16조의3의 개정규정은 이 법 시행일부터 2019년까지의 기간 이내에서 사업장의 규모에 따라 대통령령으로 정하는 날부터 시행한다.

제2조(공사기간 연장 요청 등에 관한 적용례) 제29조의4의 개정규정은 이 법 시행 후 최초로 도급계약을 체결한 공사부터 적용한다.

제3조(금치산자 등에 대한 경과조치) 제52조의4제3항제1호의 개정규정에도 불구하고 이 법 시행 당시 이미 금치산 또는 한정치산의 선고를 받고 법률 제10429호 민법 일부개정법률 부칙 제2조에 따라 금치산 또는 한정치산 선고의 효력이 유지되는 사람에 대해서는 종전의 규정에 따른다.

9. 산업재해보상보험법

시 행 2015. 11. 19

최초제정 1963년. 일부개정 2001. 12. 31
일부개정 2009. 01. 07 (법률 제9338호)
일부개정 2012. 12. 18 (법률 제11569호)
타법개정 2015. 05. 18 (법률 제13323호)

제1장 총 칙

제1조(목적) 이 법은 산업재해보상보험 사업을 시행하여 근로자의 업무상의 재해를 신속하고 공정하게 보상하며, 재해근로자의 재활 및 사회 복귀를 촉진하기 위하여 이에 필요한 보험시설을 설치·운영하고, 재해 예방과 그 밖에 근로자의 복지 증진을 위한 사업을 시행하여 근로자 보호에 이바지하는 것을 목적으로 한다.

제2조(보험의 관장과 보험연도) ① 이 법에 따른 산업재해보상보험 사업(이하 "보험사업"이라 한다)은 고용노동부장관이 관장한다.〈개정 2010.6.4.〉
② 이 법에 따른 보험사업의 보험연도는 정부의 회계연도에 따른다.

제3조(국가의 부담 및 지원) ① 국가는 회계연도마다 예산의 범위에서 보험사업의 사무 집행에 드는 비용을 일반회계에서 부담하여야 한다.
② 국가는 회계연도마다 예산의 범위에서 보험사업에 드는 비용의 일부를 지원할 수 있다.

제4조(보험료) 이 법에 따른 보험사업에 드는 비용에 충당하기 위하여 징수하는 보험료나 그 밖의 징수금에 관하여는 「고용보험 및 산업재해보상보험의 보험료징수 등에 관한 법률」(이하 "보험료징수법"이라 한다)에서 정하는 바에 따른다.

제5조(정의) 이 법에서 사용하는 용어의 뜻은 다음과 같다.〈개정 2010.1.27., 2010.5.20., 2010.6.4., 2012.12.18.〉
1. "업무상의 재해"란 업무상의 사유에 따른 근로자의 부상·질병·장해 또는 사망을 말한다.
2. "근로자"·"임금"·"평균임금"·"통상임금"이란 각각 「근로기준법」에 따른 "근로자"·"임금"·"평균임금"·"통상임금"을 말한다. 다만, 「근로기준법」에 따라 "임금" 또는 "평균임금"을 결정하기 어렵다고 인정되면 고용노동부장관이 정하여 고시하는 금액을 해당 "임금" 또는 "평균임금"으로 한다.
3. "유족"이란 사망한 자의 배우자(사실상 혼인 관계에 있는 자를 포함한다. 이하 같다)·자녀·부모·손자녀·조부모 또는 형제자매를 말한다.
4. "치유"란 부상 또는 질병이 완치되거나 치료의 효과를 더 이상 기대할 수 없고 그 증상이 고정된 상태에 이르게 된 것을 말한다.

5. "장해"란 부상 또는 질병이 치유되었으나 정신적 또는 육체적 훼손으로 인하여 노동능력이 상실되거나 감소된 상태를 말한다.

6. "폐질"이란 업무상의 부상 또는 질병에 따른 정신적 또는 육체적 훼손으로 노동능력이 상실되거나 감소된 상태로서 그 부상 또는 질병이 치유되지 아니한 상태를 말한다.

7. "진폐"(塵肺)란 분진을 흡입하여 폐에 생기는 섬유증식성(纖維增殖性) 변화를 주된 증상으로 하는 질병을 말한다.

제6조(적용 범위) 이 법은 근로자를 사용하는 모든 사업 또는 사업장(이하 "사업"이라 한다)에 적용한다. 다만, 위험률·규모 및 장소 등을 고려하여 대통령령으로 정하는 사업에 대하여는 이 법을 적용하지 아니한다.

제7조(보험 관계의 성립·소멸) 이 법에 따른 보험 관계의 성립과 소멸에 대하여는 보험료징수법으로 정하는 바에 따른다.

제8조(산업재해보상보험및예방심의위원회) ① 산업재해보상보험 및 예방에 관한 중요 사항을 심의하게 하기 위하여 고용노동부에 산업재해보상보험및예방심의위원회(이하 "위원회"라 한다)를 둔다. 〈개정 2009.10.9., 2010.6.4.〉

② 위원회는 근로자를 대표하는 자, 사용자를 대표하는 자 및 공익을 대표하는 자로 구성하되, 그 수는 각각 같은 수로 한다.

③ 위원회는 그 심의 사항을 검토하고, 위원회의 심의를 보조하게 하기 위하여 위원회에 전문위원회를 둘 수 있다.〈개정 2009.10.9.〉

④ 위원회 및 전문위원회의 조직·기능 및 운영에 필요한 사항은 대통령령으로 정한다.〈개정 2009.10.9.〉

[제목개정 2009.10.9.]

제9조(보험사업 관련 조사·연구) ① 고용노동부장관은 보험사업을 효율적으로 관리·운영하기 위하여 조사·연구 사업 등을 할 수 있다. 〈개정 2010.6.4.〉

② 고용노동부장관은 필요하다고 인정하면 제1항에 따른 업무의 일부를 대통령령으로 정하는 자에게 대행하게 할 수 있다.〈개정 2010.6.4.〉

2장　근로복지공단

제10조(근로복지공단의 설립) 고용노동부장관의 위탁을 받아 제1조의 목적을 달성하기 위한 사업을 효율적으로 수행하기 위하여 근로복지공단(이하 "공단"이라 한다)을 설립한다. 〈개정 2010.6.4.〉

제11조(공단의 사업) ① 공단은 다음 각 호의 사업을 수행한다. 〈개정 2010.1.27., 2015.1.20.〉

1. 보험가입자와 수급권자에 관한 기록의 관리·유지
2. 보험료징수법에 따른 보험료와 그 밖의 징수금의 징수
3. 보험급여의 결정과 지급
4. 보험급여 결정 등에 관한 심사 청구의 심리·결정
5. 산업재해보상보험 시설의 설치·운영

5의2. 업무상 재해를 입은 근로자 등의 진료 · 요양 및 재활

5의3. 재활보조기구의 연구개발 · 검정 및 보급

5의4. 보험급여 결정 및 지급을 위한 업무상 질병 관련 연구

5의5. 근로자 등의 건강을 유지 · 증진하기 위하여 필요한 건강진단 등 예방 사업

6. 근로자의 복지 증진을 위한 사업

7. 그 밖에 정부로부터 위탁받은 사업

8. 제5호 · 제5호의2부터 제5호의5까지 · 제6호 및 제7호에 따른 사업에 딸린 사업

② 공단은 제1항제5호의2부터 제5호의5까지의 사업을 위하여 의료기관, 연구기관 등을 설치 · 운영할 수 있다.〈신설 2010.1.27., 2015.1.20.〉

③ 제1항제3호에 따른 사업의 수행에 필요한 자문을 하기 위하여 공단에 관계 전문가 등으로 구성되는 보험급여자문위원회를 둘 수 있다.〈개정 2010.1.27.〉

④ 제3항에 따른 보험급여자문위원회의 구성과 운영에 필요한 사항은 공단이 정한다.〈개정 2010.1.27.〉

⑤ 정부는 예산의 범위에서 공단의 사업과 운영에 필요한 비용을 출연할 수 있다.〈신설 2015.1.20.〉

제12조(법인격) 공단은 법인으로 한다.

제13조(사무소) ① 공단의 주된 사무소 소재지는 정관으로 정한다.

② 공단은 필요하면 정관으로 정하는 바에 따라 분사무소를 둘 수 있다.

제14조(정관) ① 공단의 정관에는 다음 각 호의 사항을 적어야 한다.

 1. 목적

 2. 명칭

 3. 주된 사무소와 분사무소에 관한 사항

 4. 임직원에 관한 사항

 5. 이사회에 관한 사항

 6. 사업에 관한 사항

 7. 예산 및 결산에 관한 사항

 8. 자산 및 회계에 관한 사항

 9. 정관의 변경에 관한 사항

 10. 내부규정의 제정 · 개정 및 폐지에 관한 사항

 11. 공고에 관한 사항

② 공단의 정관은 고용노동부장관의 인가를 받아야 한다. 이를 변경하려는 때에도 또한 같다.〈개정 2010.6.4.〉

제15조(설립등기) 공단은 그 주된 사무소의 소재지에서 설립등기를 함으로써 성립한다.

제16조(임원) ① 공단의 임원은 이사장 1명과 상임이사 4명을 포함한 15명 이내의 이사와 감사 1명으로 한다.〈개정 2010.1.27.〉

② 이사장·상임이사 및 감사의 임면(任免)에 관하여는 「공공기관의 운영에 관한 법률」 제26조에 따른다.〈개정 2010.1.27.〉

③ 비상임이사(제4항에 따라 당연히 비상임이사로 선임되는 사람은 제외한다)는 다음 각 호의 어느 하나에 해당하는 사람 중에서 「공공기관의 운영에 관한 법률」 제26조제3항에 따라 고용노동부장관이 임명한다. 이 경우 제1호와 제2호에 해당하는 비상임이사는 같은 수로 하되, 노사 어느 일방이 추천하지 아니하는 경우에는 그러하지 아니하다.〈신설 2010.1.27., 2010.5.20., 2010.6.4.〉

1. 총연합단체인 노동조합이 추천하는 사람
2. 전국을 대표하는 사용자단체가 추천하는 사람
3. 사회보험 또는 근로복지사업에 관한 학식과 경험이 풍부한 사람으로서 「공공기관의 운영에 관한 법률」 제29조에 따른 임원추천위원회가 추천하는 사람

④ 당연히 비상임이사로 선임되는 사람은 다음 각 호와 같다.〈신설 2010.1.27., 2010.6.4.〉

1. 기획재정부에서 공단 예산 업무를 담당하는 3급 공무원 또는 고위공무원단에 속하는 일반직공무원 중에서 기획재정부장관이 지명하는 1명
2. 고용노동부에서 산업재해보상보험 업무를 담당하는 3급 공무원 또는 고위공무원단에 속하는 일반직공무원 중에서 고용노동부장관이 지명하는 1명

⑤ 비상임이사에게는 보수를 지급하지 아니한다. 다만, 직무 수행에 드는 실제 비용은 지급할 수 있다.〈개정 2010.1.27.〉

제17조(임원의 임기) 이사장의 임기는 3년으로 하고, 이사와 감사의 임기는 2년으로 하되, 각각 1년 단위로 연임할 수 있다. 〈개정 2010.1.27.〉

제18조(임원의 직무) ① 이사장은 공단을 대표하고 공단의 업무를 총괄한다.

② 상임이사는 정관으로 정하는 바에 따라 공단의 업무를 분장하고, 이사장이 사고가 있을 때에는 정관으로 정하는 순서에 따라 그 직무를 대행한다.

③ 감사(監事)는 공단의 업무와 회계를 감사(監査)한다.

제19조(임원의 결격사유와 당연퇴직) 다음 각 호의 어느 하나에 해당하는 사람은 공단의 임원이 될 수 없다.

1. 「국가공무원법」 제33조 각 호의 어느 하나에 해당하는 사람
2. 「공공기관의 운영에 관한 법률」 제34조제1항제2호에 해당하는 사람

[전문개정 2010.1.27.]

제20조(임원의 해임) 임원의 해임에 관하여는 「공공기관의 운영에 관한 법률」 제22조제1항, 제31조제6항, 제35조제2항·제3항, 제36조제2항 및 제48조제4항·제8항에 따른다.

[전문개정 2010.1.27.]

제21조(임직원의 겸직 제한 등) ① 공단의 상임임원과 직원은 그 직무 외에 영리를 목적으로 하는 업무에 종사하지 못한다. 〈개정 2010.1.27.〉

② 상임임원이 「공공기관의 운영에 관한 법률」 제26조에 따른 임명권자나 제청권자의 허가를 받은 경우와 직원이 이사장의 허가를 받은 경우에는 비영리 목적의 업무를 겸할 수 있다.〈신설 2010.1.27.〉

③ 공단의 임직원이나 그 직에 있었던 자는 그 직무상 알게 된 비밀을 누설하여서는 아니된다.〈개정 2010.1.27.〉

제22조(이사회) ① 공단에 「공공기관의 운영에 관한 법률」 제17조제1항 각 호의 사항을 심의·의결하기 위하여 이사회를 둔다.
② 이사회는 이사장을 포함한 이사로 구성한다.
③ 이사장은 이사회의 의장이 된다.
④ 이사회의 회의는 이사회 의장이나 재적이사 3분의 1 이상의 요구로 소집하고, 재적이사 과반수의 찬성으로 의결한다.
⑤ 감사는 이사회에 출석하여 의견을 진술할 수 있다.
[전문개정 2010.1.27.]

제23조(직원의 임면 및 대리인의 선임) ① 이사장은 정관으로 정하는 바에 따라 공단의 직원을 임명하거나 해임한다.
② 이사장은 정관으로 정하는 바에 따라 직원 중에서 업무에 관한 재판상 행위 또는 재판 외의 행위를 할 수 있는 권한을 가진 대리인을 선임할 수 있다.

제24조(벌칙 적용에서의 공무원 의제) 공단의 임원과 직원은 「형법」 제129조부터 제132조까지의 규정에 따른 벌칙의 적용에서는 공무원으로 본다.

제25조(업무의 지도·감독) ① 공단은 대통령령으로 정하는 바에 따라 회계연도마다 사업 운영계획과 예산에 관하여 고용노동부장관의 승인을 받아야 한다.〈개정 2010.6.4.〉
② 공단은 회계연도마다 회계연도가 끝난 후 2개월 이내에 사업 실적과 결산을 고용노동부장관에게 보고하여야 한다.〈개정 2010.6.4.〉
③ 고용노동부장관은 공단에 대하여 그 사업에 관한 보고를 명하거나 사업 또는 재산 상황을 검사할 수 있고, 필요하다고 인정하면 정관을 변경하도록 명하는 등 감독상 필요한 조치를 할 수 있다.〈개정 2010.6.4.〉

제26조(공단의 회계) ① 공단의 회계연도는 정부의 회계연도에 따른다.
② 공단은 보험사업에 관한 회계를 공단의 다른 회계와 구분하여 계리(計理)하여야 한다.
③ 공단은 고용노동부장관의 승인을 받아 회계규정을 정하여야 한다.〈개정 2010.6.4.〉

제27조(자금의 차입 등) ① 공단은 제11조에 따른 사업을 위하여 필요하면 고용노동부장관의 승인을 받아 자금을 차입(국제기구·외국 정부 또는 외국인으로부터의 차입을 포함한다)할 수 있다. 〈개정 2010.6.4.〉
② 공단은 회계연도마다 보험사업과 관련하여 지출이 수입을 초과하게 되면 제99조에 따른 책임준비금의 범위에서 고용노동부장관의 승인을 받아 제95조에 따른 산업재해보상보험 및 예방 기금에서 이입(移入)하여 충당할 수 있다.〈개정 2010.6.4.〉

제28조(잉여금의 처리) 공단은 회계연도 말에 결산상 잉여금이 있으면 공단의 회계규정으로 정하는 바

에 따라 회계별로 구분하여 손실금을 보전(補塡)하고 나머지는 적립하여야 한다.

제29조(권한 또는 업무의 위임·위탁) ① 이 법에 따른 공단 이사장의 대표 권한 중 일부를 대통령령으로 정하는 바에 따라 공단의 분사무소(이하 "소속 기관"이라 한다)의 장에게 위임할 수 있다.
② 이 법에 따른 공단의 업무 중 일부를 대통령령으로 정하는 바에 따라 체신관서나 금융기관에 위탁할 수 있다.

제30조(수수료 등의 징수) 공단은 제11조에 따른 사업에 관하여 고용노동부장관의 승인을 받아 공단 시설의 이용료나 업무위탁 수수료 등 그 사업에 필요한 비용을 수익자가 부담하게 할 수 있다. 〈개정 2010.6.4.〉

제31조(자료 제공의 요청) ① 공단은 보험사업을 효율적으로 수행하기 위하여 필요하면 국세청·지방 자치단체 등 관계 행정기관이나 보험사업과 관련되는 기관·단체 등에게 필요한 자료의 제공을 요청할 수 있다.
② 제1항에 따라 자료의 제공을 요청받은 관계 행정기관이나 관련 기관·단체 등은 정당한 사유 없이 그 요청을 거부할 수 없다.
③ 제1항에 따라 공단에 제공되는 자료에 대하여는 수수료나 사용료 등을 면제한다.

제32조(출자 등) ① 공단은 공단의 사업을 효율적으로 수행하기 위하여 필요하면 제11조제1항제5 호·제5호의2부터 제5호의5까지·제6호 및 제7호에 따른 사업에 출자하거나 출연할 수 있다. 〈개정 2010.1.27., 2015.1.20.〉
② 제1항에 따른 출자·출연에 필요한 사항은 대통령령으로 정한다.

제33조 삭제 〈2010.1.27.〉

제34조(유사명칭의 사용 금지) 공단이 아닌 자는 근로복지공단 또는 이와 비슷한 명칭을 사용하지 못한다.
[전문개정 2010.1.27.]

제35조(「민법」의 준용) 공단에 관하여는 이 법과 「공공기관의 운영에 관한 법률」에 규정된 것 외에는 「민법」 중 재단법인에 관한 규정을 준용한다. 〈개정 2010.1.27.〉

제3장 보험급여

제36조(보험급여의 종류와 산정 기준 등) ① 보험급여의 종류는 다음 각 호와 같다. 다만, 진폐에 따른 보험급여의 종류는 제1호의 요양급여, 제4호의 간병급여, 제7호의 장의비, 제8호의 직업재활급여, 제91 조의3에 따른 진폐보상연금 및 제91조의4에 따른 진폐유족연금으로 한다. 〈개정 2010.5.20.〉
1. 요양급여
2. 휴업급여
3. 장해급여

4. 간병급여

5. 유족급여

6. 상병(傷病)보상연금

7. 장의비(葬儀費)

8. 직업재활급여

② 제1항에 따른 보험급여는 제40조, 제52조부터 제57조까지, 제60조부터 제62조까지, 제66조부터 제69조까지, 제71조, 제72조, 제91조의3 및 제91조의4에 따른 보험급여를 받을 수 있는 자(이하 "수급권자"라 한다)의 청구에 따라 지급한다.〈개정 2010.5.20.〉

③ 보험급여를 산정하는 경우 해당 근로자의 평균임금을 산정하여야 할 사유가 발생한 날부터 1년이 지난 이후에는 매년 전체 근로자의 임금 평균액의 증감률에 따라 평균임금을 증감하되, 그 근로자의 연령이 60세에 도달한 이후에는 소비자물가변동률에 따라 평균임금을 증감한다. 다만, 제6항에 따라 산정한 금액을 평균임금으로 보는 진폐에 걸린 근로자에 대한 보험급여는 제외한다.〈개정 2010.5.20.〉

④ 제3항에 따른 전체 근로자의 임금 평균액의 증감률 및 소비자물가변동률의 산정 기준과 방법은 대통령령으로 정한다. 이 경우 산정된 증감률 및 변동률은 매년 고용노동부장관이 고시한다.〈개정 2010.6.4.〉

⑤ 보험급여(진폐보상연금 및 진폐유족연금은 제외한다)를 산정할 때 해당 근로자의 근로 형태가 특이하여 평균임금을 적용하는 것이 적당하지 아니하다고 인정되는 경우로서 대통령령으로 정하는 경우에는 대통령령으로 정하는 산정 방법에 따라 산정한 금액을 평균임금으로 한다.〈개정 2010.5.20.〉

⑥ 보험급여를 산정할 때 진폐 등 대통령령으로 정하는 직업병으로 보험급여를 받게 되는 근로자에게 그 평균임금을 적용하는 것이 근로자의 보호에 적당하지 아니하다고 인정되면 대통령령으로 정하는 산정 방법에 따라 산정한 금액을 그 근로자의 평균임금으로 한다.〈개정 2010.5.20.〉

⑦ 보험급여(장의비는 제외한다)를 산정할 때 그 근로자의 평균임금 또는 제3항부터 제6항까지의 규정에 따라 보험급여의 산정 기준이 되는 평균임금이 전체 근로자의 임금 평균액의 1.8배(이하 "최고 보상기준 금액"이라 한다)를 초과하거나, 2분의 1(이하 "최저 보상기준 금액"이라 한다)보다 적으면 그 최고 보상기준 금액이나 최저 보상기준 금액을 각각 그 근로자의 평균임금으로 한다. 다만, 휴업급여 및 상병보상연금을 산정할 때에는 최저 보상기준 금액을 적용하지 아니한다.

⑧ 최고 보상기준 금액이나 최저 보상기준 금액의 산정방법 및 적용기간은 대통령령으로 정한다. 이 경우 산정된 최고 보상기준 금액 또는 최저 보상기준 금액은 매년 고용노동부장관이 고시한다.〈개정 2010.6.4.〉

제37조(업무상의 재해의 인정 기준) ① 근로자가 다음 각 호의 어느 하나에 해당하는 사유로 부상·질병 또는 장해가 발생하거나 사망하면 업무상의 재해로 본다. 다만, 업무와 재해 사이에 상당인과관계(相當因果關係)가 없는 경우에는 그러하지 아니하다.〈개정 2010.1.27.〉

1. 업무상 사고

   가. 근로자가 근로계약에 따른 업무나 그에 따르는 행위를 하던 중 발생한 사고

   나. 사업주가 제공한 시설물 등을 이용하던 중 그 시설물 등의 결함이나 관리소홀로 발생한 사고

다. 사업주가 제공한 교통수단이나 그에 준하는 교통수단을 이용하는 등 사업주의 지배관리하에서 출퇴근 중 발생한 사고

라. 사업주가 주관하거나 사업주의 지시에 따라 참여한 행사나 행사준비 중에 발생한 사고

마. 휴게시간 중 사업주의 지배관리하에 있다고 볼 수 있는 행위로 발생한 사고

바. 그 밖에 업무와 관련하여 발생한 사고

2. 업무상 질병

가. 업무수행 과정에서 물리적 인자(因子), 화학물질, 분진, 병원체, 신체에 부담을 주는 업무 등 근로자의 건강에 장해를 일으킬 수 있는 요인을 취급하거나 그에 노출되어 발생한 질병

나. 업무상 부상이 원인이 되어 발생한 질병

다. 그 밖에 업무와 관련하여 발생한 질병

② 근로자의 고의 · 자해행위나 범죄행위 또는 그것이 원인이 되어 발생한 부상 · 질병 · 장해 또는 사망은 업무상의 재해로 보지 아니한다. 다만, 그 부상 · 질병 · 장해 또는 사망이 정상적인 인식능력 등이 뚜렷하게 저하된 상태에서 한 행위로 발생한 경우로서 대통령령으로 정하는 사유가 있으면 업무상의 재해로 본다.

③ 업무상의 재해의 구체적인 인정 기준은 대통령령으로 정한다.

[헌법불합치, 2014헌바254, 2016. 9. 29., 산업재해보상보험법(2007. 12. 14. 법률 제8694호로 전부개정된 것) 제37조 제1항 제1호 다목은 헌법에 합치되지 아니한다. 위 법률조항은 2017. 12. 31.을 시한으로 입법자가 개정할 때까지 계속 적용한다.]

제38조(업무상질병판정위원회) ① 제37조제1항제2호에 따른 업무상 질병의 인정 여부를 심의하기 위하여 공단 소속 기관에 업무상질병판정위원회(이하 "판정위원회"라 한다)를 둔다.

② 판정위원회의 심의에서 제외되는 질병과 판정위원회의 심의 절차는 고용노동부령으로 정한다.〈개정 2010.6.4.〉

③ 판정위원회의 구성과 운영에 필요한 사항은 고용노동부령으로 정한다.〈개정 2010.6.4.〉

제39조(사망의 추정) ① 사고가 발생한 선박 또는 항공기에 있던 근로자의 생사가 밝혀지지 아니하거나 항행(航行) 중인 선박 또는 항공기에 있던 근로자가 행방불명 또는 그 밖의 사유로 그 생사가 밝혀지지 아니하면 대통령령으로 정하는 바에 따라 사망한 것으로 추정하고, 유족급여와 장의비에 관한 규정을 적용한다.

② 공단은 제1항에 따른 사망의 추정으로 보험급여를 지급한 후에 그 근로자의 생존이 확인되면 그 급여를 받은 자가 선의(善意)인 경우에는 받은 금액을, 악의(惡意)인 경우에는 받은 금액의 2배에 해당하는 금액을 징수하여야 한다.

제40조(요양급여) ① 요양급여는 근로자가 업무상의 사유로 부상을 당하거나 질병에 걸린 경우에 그 근로자에게 지급한다.

② 제1항에 따른 요양급여는 제43조제1항에 따른 산재보험 의료기관에서 요양을 하게 한다. 다만, 부득이한 경우에는 요양을 갈음하여 요양비를 지급할 수 있다.

③ 제1항의 경우에 부상 또는 질병이 3일 이내의 요양으로 치유될 수 있으면 요양급여를 지급하지 아니한다.

④ 제1항의 요양급여의 범위는 다음 각 호와 같다.〈개정 2010.6.4.〉

1. 진찰 및 검사

2. 약제 또는 진료재료와 의지(義肢) 그 밖의 보조기의 지급

3. 처치, 수술, 그 밖의 치료

4. 재활치료

5. 입원

6. 간호 및 간병

7. 이송

8. 그 밖에 고용노동부령으로 정하는 사항

⑤ 제2항 및 제4항에 따른 요양급여의 범위나 비용 등 요양급여의 산정 기준은 고용노동부령으로 정한다.〈개정 2010.6.4.〉

⑥ 업무상의 재해를 입은 근로자가 요양할 산재보험 의료기관이 제43조제1항제2호에 따른 상급종합병원인 경우에는 「응급의료에 관한 법률」 제2조제1호에 따른 응급환자이거나 그 밖에 부득이한 사유가 있는 경우를 제외하고는 그 근로자가 상급종합병원에서 요양할 필요가 있다는 의학적 소견이 있어야 한다.〈개정 2010.5.20.〉

제41조(요양급여의 신청) ① 제40조제1항에 따른 요양급여(진폐에 따른 요양급여는 제외한다. 이하 이 조에서 같다)를 받으려는 자는 소속 사업장, 재해발생 경위, 그 재해에 대한 의학적 소견, 그 밖에 고용노동부령으로 정하는 사항을 적은 서류를 첨부하여 공단에 요양급여의 신청을 하여야 한다. 이 경우 요양급여 신청의 절차와 방법은 고용노동부령으로 정한다.〈개정 2010.5.20., 2010.6.4.〉

② 근로자를 진료한 제43조제1항에 따른 산재보험 의료기관은 그 근로자의 재해가 업무상의 재해로 판단되면 그 근로자의 동의를 받아 요양급여의 신청을 대행할 수 있다.

제42조(건강보험의 우선 적용) ① 제41조제1항에 따라 요양급여의 신청을 한 자는 공단이 이 법에 따른 요양급여에 관한 결정을 하기 전에는 「국민건강보험법」 제41조에 따른 요양급여 또는 「의료급여법」 제7조에 따른 의료급여(이하 "건강보험 요양급여등"이라 한다)를 받을 수 있다.〈개정 2011.12.31.〉

② 제1항에 따라 건강보험 요양급여등을 받은 자가 「국민건강보험법」 제44조 또는 「의료급여법」 제10조에 따른 본인 일부 부담금을 산재보험 의료기관에 납부한 후에 이 법에 따른 요양급여 수급권자로 결정된 경우에는 그 납부한 본인 일부 부담금 중 제40조제5항에 따른 요양급여에 해당하는 금액을 공단에 청구할 수 있다.〈개정 2011.12.31.〉

제43조(산재보험 의료기관의 지정 및 지정취소 등) ① 업무상의 재해를 입은 근로자의 요양을 담당할 의료기관(이하 "산재보험 의료기관"이라 한다)은 다음 각 호와 같다.〈개정 2010.1.27., 2010.5.20., 2010.6.4., 2015.5.18.〉

1. 제11조제2항에 따라 공단에 두는 의료기관

2. 「의료법」 제3조의4에 따른 상급종합병원

3. 「의료법」 제3조에 따른 의료기관과 「지역보건법」 제10조에 따른 보건소(「지역보건법」 제12조에 따른 보건의료원을 포함한다. 이하 같다)로서 고용노동부령으로 정하는 인력·시설 등의 기준에 해당하는 의료기관 또는 보건소 중 공단이 지정한 의료기관 또는 보건소

② 공단은 제1항제3호에 따라 의료기관이나 보건소를 산재보험 의료기관으로 지정할 때에는 다음 각호의 요소를 고려하여야 한다.

1. 의료기관이나 보건소의 인력 · 시설 · 장비 및 진료과목
2. 산재보험 의료기관의 지역별 분포

③ 공단은 제1항제2호 및 제3호에 따른 산재보험 의료기관이 다음 각 호의 어느 하나의 사유에 해당하면 그 지정을 취소(제1항제3호의 경우만 해당된다)하거나 12개월의 범위에서 업무상의 재해를 입은 근로자를 진료할 수 없도록 하는 진료제한 조치 또는 개선명령(이하 "진료제한등의 조치"라 한다)을 할수 있다.

1. 업무상의 재해와 관련된 사항을 거짓이나 그 밖에 부정한 방법으로 진단하거나 증명한 경우
2. 제45조에 따른 진료비를 거짓이나 그 밖에 부정한 방법으로 청구한 경우
3. 제50조에 따른 평가 결과 지정취소나 진료제한등의 조치가 필요한 경우
4. 「의료법」 위반이나 그 밖의 사유로 의료업을 일시적 또는 영구적으로 할 수 없게 되거나, 소속 의사가 의료행위를 일시적 또는 영구적으로 할 수 없게 된 경우
5. 제1항제3호에 따른 인력 · 시설 등의 기준에 미치지 못하게 되는 경우
6. 진료제한등의 조치를 위반하는 경우

④ 제3항에 따라 지정이 취소된 산재보험 의료기관은 지정이 취소된 날부터 1년의 범위에서 고용노동부령으로 정하는 기간 동안은 산재보험 의료기관으로 다시 지정받을 수 없다.〈신설 2010.1.27., 2010.6.4.〉

⑤ 공단은 제1항제2호 및 제3호에 따른 산재보험 의료기관이 다음 각 호의 어느 하나의 사유에 해당하면 12개월의 범위에서 진료제한 등의 조치를 할 수 있다.〈개정 2010.1.27., 2010.5.20.〉

1. 제40조제5항 및 제91조의9제3항에 따른 요양급여의 산정 기준을 위반하여 제45조에 따른 진료비를 부당하게 청구한 경우
2. 제45조제1항을 위반하여 공단이 아닌 자에게 진료비를 청구한 경우
3. 제47조제1항에 따른 진료계획을 제출하지 아니하는 경우
4. 제118조에 따른 보고, 제출 요구 또는 조사에 응하지 아니하는 경우
5. 산재보험 의료기관의 지정 조건을 위반한 경우

⑥ 공단은 제3항 또는 제5항에 따라 지정을 취소하거나 진료제한 조치를 하려는 경우에는 청문을 실시하여야 한다.〈개정 2010.1.27.〉

⑦ 제1항제3호에 따른 지정절차, 제3항 및 제5항에 따른 지정취소, 진료제한등의 조치의 기준 및 절차는 고용노동부령으로 정한다.〈개정 2010.1.27., 2010.6.4.〉

제44조(산재보험 의료기관에 대한 과징금 등) ① 공단은 제43조제3항제1호 · 제2호 및 같은 조 제5항제1호 중 어느 하나에 해당하는 사유로 진료제한 조치를 하여야 하는 경우로서 그 진료제한 조치가 그 산재보험 의료기관을 이용하는 근로자에게 심한 불편을 주거나 그 밖에 특별한 사유가 있다고 인정되면, 그 진료제한 조치를 갈음하여 거짓이나 부정한 방법으로 지급하게 한 보험급여의 금액 또는 거짓이나 부정 · 부당하게 지급받은 진료비의 5배 이하의 범위에서 과징금을 부과할 수 있다.〈개정 2010.1.27.〉

② 제1항에 따라 과징금을 부과하는 위반행위의 종류와 위반정도 등에 따른 과징금의 금액 등에 관한 사항은 대통령령으로 정한다.

③ 제1항에 따라 과징금 부과 처분을 받은 자가 과징금을 기한 내에 내지 아니하면 고용노동부장관의 승인을 받아 국세 체납처분의 예에 따라 징수한다.〈개정 2010.1.27., 2010.6.4.〉

제45조(진료비의 청구 등) ① 산재보험 의료기관이 제40조제2항 또는 제91조의9제1항에 따라 요양을 실시하고 그에 드는 비용(이하 "진료비"라 한다)을 받으려면 공단에 청구하여야 한다. 〈개정 2010.5.20.〉

② 제1항에 따라 청구된 진료비에 관한 심사 및 결정, 지급 방법 및 지급 절차는 고용노동부령으로 정한다.〈개정 2010.6.4.〉

제46조(약제비의 청구 등) ① 공단은 제40조제4항제2호에 따른 약제의 지급을 「약사법」 제20조에 따라 등록한 약국을 통하여 할 수 있다.

② 제1항에 따른 약국이 약제비를 받으려면 공단에 청구하여야 한다.

③ 제2항에 따라 청구된 약제비에 관한 심사 및 결정, 지급 방법 및 지급 절차는 고용노동부령으로 정한다.〈개정 2010.6.4.〉

제47조(진료계획의 제출) ① 산재보험 의료기관은 제41조 또는 제91조의5에 따라 요양급여를 받고 있는 근로자의 요양기간을 연장할 필요가 있는 때에는 그 근로자의 상병경과(傷病經過), 치료예정기간 및 치료방법 등을 적은 진료계획을 대통령령으로 정하는 바에 따라 공단에 제출하여야 한다.〈개정 2010.5.20.〉

② 공단은 제1항에 따라 제출된 진료계획이 적절한지를 심사하여 산재보험 의료기관에 대하여 치료기간의 변경을 명하는 등 대통령령으로 정하는 필요한 조치(이하 "진료계획 변경 조치등"이라 한다)를 할 수 있다.

제48조(전원 요양) ① 공단은 다음 각 호의 어느 하나에 해당하는 사유가 있으면 요양 중인 근로자를 다른 산재보험 의료기관으로 옮겨 요양하게 할 수 있다. 〈개정 2010.5.20.〉

1. 요양 중인 산재보험 의료기관의 인력·시설 등이 그 근로자의 전문적인 치료 또는 재활치료에 맞지 아니하여 다른 산재보험 의료기관으로 옮길 필요가 있는 경우

2. 생활근거지에서 요양하기 위하여 다른 산재보험 의료기관으로 옮길 필요가 있는 경우

3. 제43조제1항제2호에 따른 상급종합병원에서 전문적인 치료 후 다른 산재보험 의료기관으로 옮길 필요가 있는 경우

4. 그 밖에 대통령령으로 정하는 절차를 거쳐 부득이한 사유가 있다고 인정되는 경우

② 요양 중인 근로자는 제1항제1호부터 제3호까지의 어느 하나에 해당하는 사유가 있으면 공단에 전원(轉院) 요양을 신청할 수 있다.

제49조(추가상병 요양급여의 신청) 업무상의 재해로 요양 중인 근로자는 다음 각 호의 어느 하나에 해당하는 경우에는 그 부상 또는 질병(이하 "추가상병"이라 한다)에 대한 요양급여를 신청할 수 있다.

1. 그 업무상의 재해로 이미 발생한 부상이나 질병이 추가로 발견되어 요양이 필요한 경우

2. 그 업무상의 재해로 발생한 부상이나 질병이 원인이 되어 새로운 질병이 발생하여 요양이 필요한 경우

제50조(산재보험 의료기관의 평가) ① 공단은 업무상의 재해에 대한 의료의 질 향상을 촉진하기 위하여 제43조제1항제3호의 산재보험 의료기관 중 대통령령으로 정하는 의료기관에 대하여 인력·시설·의료서비스나 그 밖에 요양의 질과 관련된 사항을 평가할 수 있다. 이 경우 평가의 방법 및 기준은 대통령령으로 정한다.

② 공단은 제1항에 따라 평가한 결과를 고려하여 평가한 산재보험 의료기관을 행정적·재정적으로 우대하거나 제43조제3항제3호에 따라 지정취소 또는 진료제한등의 조치를 할 수 있다.

제51조(재요양) ① 제40조에 따른 요양급여를 받은 자가 치유 후 요양의 대상이 되었던 업무상의 부상 또는 질병이 재발하거나 치유 당시보다 상태가 악화되어 이를 치유하기 위한 적극적인 치료가 필요하다는 의학적 소견이 있으면 다시 제40조에 따른 요양급여(이하 "재요양"이라 한다)를 받을 수 있다.

② 재요양의 요건과 절차 등에 관하여 필요한 사항은 대통령령으로 정한다.

제52조(휴업급여) 휴업급여는 업무상 사유로 부상을 당하거나 질병에 걸린 근로자에게 요양으로 취업하지 못한 기간에 대하여 지급하되, 1일당 지급액은 평균임금의 100분의 70에 상당하는 금액으로 한다. 다만, 취업하지 못한 기간이 3일 이내이면 지급하지 아니한다.

제53조(부분휴업급여) ① 요양 또는 재요양을 받고 있는 근로자가 그 요양기간 중 일정기간 또는 단시간 취업을 하는 경우에는 그 취업한 날 또는 취업한 시간에 해당하는 그 근로자의 평균임금에서 그 취업한 날 또는 취업한 시간에 대한 임금을 뺀 금액의 100분의 90에 상당하는 금액을 지급할 수 있다. 다만, 제54조제2항 및 제56조제2항에 따라 최저임금액을 1일당 휴업급여 지급액으로 하는 경우에는 최저임금액(별표 1 제2호에 따라 감액하는 경우에는 그 감액한 금액)에서 취업한 날 또는 취업한 시간에 대한 임금을 뺀 금액을 지급할 수 있다.

② 제1항에 따라 단시간 취업하는 경우 취업하지 못한 시간(8시간에서 취업한 시간을 뺀 시간을 말한다)에 대하여는 제52조 또는 제54조부터 제56조까지의 규정에 따라 산정한 1일당 휴업급여 지급액에 8시간에 대한 취업하지 못한 시간의 비율을 곱한 금액을 지급한다.

③ 제1항에 따른 부분휴업급여의 지급 요건 및 지급 절차는 대통령령으로 정한다.

제54조(저소득 근로자의 휴업급여) ① 제52조에 따라 산정한 1일당 휴업급여 지급액이 최저 보상기준 금액의 100분의 80보다 적거나 같으면 그 근로자에 대하여는 평균임금의 100분의 90에 상당하는 금액을 1일당 휴업급여 지급액으로 한다. 다만, 그 근로자의 평균임금의 100분의 90에 상당하는 금액이 최저 보상기준 금액의 100분의 80보다 많은 경우에는 최저 보상기준 금액의 100분의 80에 상당하는 금액을 1일당 휴업급여 지급액으로 한다.

② 제1항 본문에 따라 산정한 휴업급여 지급액이 「최저임금법」 제5조제1항에 따른 시간급 최저임금액에 8을 곱한 금액(이하 "최저임금액"이라 한다)보다 적으면 그 최저임금액을 그 근로자의 1일당 휴업급여 지급액으로 한다.

제55조(고령자의 휴업급여) 휴업급여를 받는 근로자가 61세가 되면 그 이후의 휴업급여는 별표 1에 따

라 산정한 금액을 지급한다. 다만, 61세 이후에 취업 중인 자가 업무상의 재해로 요양하거나 61세 전에 제37조제1항제2호에 따른 업무상 질병으로 장해급여를 받은 자가 61세 이후에 그 업무상 질병으로 최초로 요양하는 경우 대통령령으로 정하는 기간에는 별표 1을 적용하지 아니한다.

제56조(재요양 기간 중의 휴업급여) ① 재요양을 받는 자에 대하여는 재요양 당시의 임금을 기준으로 산정한 평균임금의 100분의 70에 상당하는 금액을 1일당 휴업급여 지급액으로 한다. 이 경우 평균임금 산정사유 발생일은 대통령령으로 정한다.

② 제1항에 따라 산정한 1일당 휴업급여 지급액이 최저임금액보다 적거나 재요양 당시 평균임금 산정의 대상이 되는 임금이 없으면 최저임금액을 1일당 휴업급여 지급액으로 한다.

③ 장해보상연금을 지급받는 자가 재요양하는 경우에는 1일당 장해보상연금액(별표 2에 따라 산정한 장해보상연금액을 365로 나눈 금액을 말한다. 이하 같다)과 제1항 또는 제2항에 따라 산정한 1일당 휴업급여 지급액을 합한 금액이 장해보상연금의 산정에 적용되는 평균임금의 100분의 70을 초과하면 그 초과하는 금액 중 휴업급여에 해당하는 금액은 지급하지 아니한다.

④ 재요양 기간 중의 휴업급여를 산정할 때에는 제54조를 적용하지 아니한다.

제57조(장해급여) ① 장해급여는 근로자가 업무상의 사유로 부상을 당하거나 질병에 걸려 치유된 후 신체 등에 장해가 있는 경우에 그 근로자에게 지급한다.

② 장해급여는 장해등급에 따라 별표 2에 따른 장해보상연금 또는 장해보상일시금으로 하되, 그 장해등급의 기준은 대통령령으로 정한다.

③ 제2항에 따른 장해보상연금 또는 장해보상일시금은 수급권자의 선택에 따라 지급한다. 다만, 대통령령으로 정하는 노동력을 완전히 상실한 장해등급의 근로자에게는 장해보상연금을 지급하고, 장해급여 청구사유 발생 당시 대한민국 국민이 아닌 자로서 외국에서 거주하고 있는 근로자에게는 장해보상일시금을 지급한다.

④ 장해보상연금은 수급권자가 신청하면 그 연금의 최초 1년분 또는 2년분(제3항 단서에 따른 근로자에게는 그 연금의 최초 1년분부터 4년분까지)의 2분의 1에 상당하는 금액을 미리 지급할 수 있다. 이 경우 미리 지급하는 금액에 대하여는 100분의 5의 비율 범위에서 대통령령으로 정하는 바에 따라 이자를 공제할 수 있다.

⑤ 장해보상연금 수급권자의 수급권이 제58조에 따라 소멸한 경우에 이미 지급한 연금액을 지급 당시의 각각의 평균임금으로 나눈 일수(日數)의 합계가 별표 2에 따른 장해보상일시금의 일수에 못 미치면 그 못 미치는 일수에 수급권 소멸 당시의 평균임금을 곱하여 산정한 금액을 유족 또는 그 근로자에게 일시금으로 지급한다.

제58조(장해보상연금 등의 수급권의 소멸) 장해보상연금 또는 진폐보상연금의 수급권자가 다음 각 호의 어느 하나에 해당하면 그 수급권이 소멸한다. 〈개정 2010.5.20.〉
1. 사망한 경우
2. 대한민국 국민이었던 수급권자가 국적을 상실하고 외국에서 거주하고 있거나 외국에서 거주하기 위하여 출국하는 경우
3. 대한민국 국민이 아닌 수급권자가 외국에서 거주하기 위하여 출국하는 경우

4. 장해등급 또는 진폐장해등급이 변경되어 장해보상연금 또는 진폐보상연금의 지급 대상에서 제외되는 경우
[제목개정 2010.5.20.]

제59조(장해등급등의 재판정) ① 공단은 장해보상연금 또는 진폐보상연금 수급권자 중 그 장해상태가 호전되거나 악화되어 이미 결정된 장해등급 또는 진폐장해등급(이하 이 조에서 "장해등급등"이라 한다)이 변경될 가능성이 있는 자에 대하여는 그 수급권자의 신청 또는 직권으로 장해등급등을 재판정할 수 있다. 〈개정 2010.5.20.〉
② 제1항에 따른 장해등급등의 재판정 결과 장해등급등이 변경되면 그 변경된 장해등급등에 따라 장해급여 또는 진폐보상연금을 지급한다.〈개정 2010.5.20.〉
③ 제1항과 제2항에 따른 장해등급등 재판정은 1회 실시하되 그 대상자·시기 및 재판정 결과에 따른 장해급여 또는 진폐보상연금의 지급 방법은 대통령령으로 정한다.〈개정 2010.5.20.〉
[제목개정 2010.5.20.]

제60조(재요양에 따른 장해급여) ① 장해보상연금의 수급권자가 재요양을 받는 경우에도 그 연금의 지급을 정지하지 아니한다.
② 재요양을 받고 치유된 후 장해상태가 종전에 비하여 호전되거나 악화된 경우에는 그 호전 또는 악화된 장해상태에 해당하는 장해등급에 따라 장해급여를 지급한다. 이 경우 재요양 후의 장해급여의 산정 및 지급 방법은 대통령령으로 정한다.

제61조(간병급여) ① 간병급여는 제40조에 따른 요양급여를 받은 자 중 치유 후 의학적으로 상시 또는 수시로 간병이 필요하여 실제로 간병을 받는 자에게 지급한다.
② 제1항에 따른 간병급여의 지급 기준과 지급 방법 등에 관하여 필요한 사항은 대통령령으로 정한다.

제62조(유족급여) ① 유족급여는 근로자가 업무상의 사유로 사망한 경우에 유족에게 지급한다.
② 유족급여는 별표 3에 따른 유족보상연금이나 유족보상일시금으로 하되, 유족보상일시금은 근로자가 사망할 당시 제63조제1항에 따른 유족보상연금을 받을 수 있는 자격이 있는 자가 없는 경우에 지급한다.
③ 제2항에 따른 유족보상연금을 받을 수 있는 자격이 있는 자가 원하면 별표 3의 유족보상일시금의 100분의 50에 상당하는 금액을 일시금으로 지급하고 유족보상연금은 100분의 50을 감액하여 지급한다.
④ 유족보상연금을 받던 자가 그 수급자격을 잃은 경우 다른 수급자격자가 없고 이미 지급한 연금액을 지급 당시의 각각의 평균임금으로 나누어 산정한 일수의 합계가 1,300일에 못 미치면 그 못 미치는 일수에 수급자격 상실 당시의 평균임금을 곱하여 산정한 금액을 수급자격 상실 당시의 유족에게 일시금으로 지급한다.
⑤ 제2항에 따른 유족보상연금의 지급 기준 및 방법, 그 밖에 필요한 사항은 대통령령으로 정한다.

제63조(유족보상연금 수급자격자의 범위) ① 유족보상연금을 받을 수 있는 자격이 있는 자(이하 "유족보상연금 수급자격자"라 한다)는 근로자가 사망할 당시 그 근로자와 생계를 같이 하고 있던 유족(그 근로자가 사망할 당시 대한민국 국민이 아닌 자로서 외국에서 거주하고 있던 유족은 제외한다) 중 배우자와 다음

각 호의 어느 하나에 해당하는 자로 한다. 이 경우 근로자와 생계를 같이 하고 있던 유족의 판단 기준은 대통령령으로 정한다. 〈개정 2010.6.4., 2012.12.18.〉

1. 부모 또는 조부모로서 각각 60세 이상인 자
2. 자녀 또는 손자녀로서 각각 19세 미만인 자
3. 형제자매로서 19세 미만이거나 60세 이상인 자
4. 제1호부터 제3호까지의 규정 중 어느 하나에 해당하지 아니하는 자녀·부모·손자녀·조부모 또는 형제자매로서 「장애인복지법」 제2조에 따른 장애인 중 고용노동부령으로 정한 장애등급 이상에 해당하는 자

② 제1항을 적용할 때 근로자가 사망할 당시 태아(胎兒)였던 자녀가 출생한 경우에는 출생한 때부터 장래에 향하여 근로자가 사망할 당시 그 근로자와 생계를 같이 하고 있던 유족으로 본다.

③ 유족보상연금 수급자격자 중 유족보상연금을 받을 권리의 순위는 배우자·자녀·부모·손자녀·조부모 및 형제자매의 순서로 한다.

제64조(유족보상연금 수급자격자의 자격 상실과 지급 정지 등) ① 유족보상연금 수급자격자인 유족이 다음 각 호의 어느 하나에 해당하면 그 자격을 잃는다. 〈개정 2012.12.18.〉

1. 사망한 경우
2. 재혼한 때(사망한 근로자의 배우자만 해당하며, 재혼에는 사실상 혼인 관계에 있는 경우를 포함한다)
3. 사망한 근로자와의 친족 관계가 끝난 경우
4. 자녀·손자녀 또는 형제자매가 19세가 된 때
5. 제63조제1항제4호에 따른 장애인이었던 자로서 그 장애 상태가 해소된 경우
6. 근로자가 사망할 당시 대한민국 국민이었던 유족보상연금 수급자격자가 국적을 상실하고 외국에서 거주하고 있거나 외국에서 거주하기 위하여 출국하는 경우
7. 대한민국 국민이 아닌 유족보상연금 수급자격자가 외국에서 거주하기 위하여 출국하는 경우

② 유족보상연금을 받을 권리가 있는 유족보상연금 수급자격자(이하 "유족보상연금 수급권자"라 한다)가 그 자격을 잃은 경우에 유족보상연금을 받을 권리는 같은 순위자가 있으면 같은 순위자에게, 같은 순위자가 없으면 다음 순위자에게 이전된다.

③ 유족보상연금 수급권자가 3개월 이상 행방불명이면 대통령령으로 정하는 바에 따라 연금 지급을 정지하고, 같은 순위자가 있으면 같은 순위자에게, 같은 순위자가 없으면 다음 순위자에게 유족보상연금을 지급한다. 〈개정 2010.1.27.〉

제65조(수급권자인 유족의 순위) ① 제57조제5항·제62조제2항(유족보상일시금에 한한다) 및 제4항에 따른 유족 간의 수급권의 순위는 다음 각 호의 순서로 하되, 각 호의 자 사이에서는 각각 그 적힌 순서에 따른다. 이 경우 같은 순위의 수급권자가 2명 이상이면 그 유족에게 똑같이 나누어 지급한다.

1. 근로자가 사망할 당시 그 근로자와 생계를 같이 하고 있던 배우자·자녀·부모·손자녀 및 조부모
2. 근로자가 사망할 당시 그 근로자와 생계를 같이 하고 있지 아니하던 배우자·자녀·부모·손자녀 및 조부모 또는 근로자가 사망할 당시 근로자와 생계를 같이 하고 있던 형제자매
3. 형제자매

② 제1항의 경우 부모는 양부모(養父母)를 선순위로, 실부모(實父母)를 후순위로 하고, 조부모는 양부

모의 부모를 선순위로, 실부모의 부모를 후순위로, 부모의 양부모를 선순위로, 부모의 실부모를 후순위로 한다.

③ 수급권자인 유족이 사망한 경우 그 보험급여는 같은 순위자가 있으면 같은 순위자에게, 같은 순위자가 없으면 다음 순위자에게 지급한다.

④ 제1항부터 제3항까지의 규정에도 불구하고 근로자가 유언으로 보험급여를 받을 유족을 지정하면 그 지정에 따른다.

제66조(상병보상연금) ① 요양급여를 받는 근로자가 요양을 시작한 지 2년이 지난 날 이후에 다음 각 호의 요건 모두에 해당하는 상태가 계속되면 휴업급여 대신 상병보상연금을 그 근로자에게 지급한다. 〈개정 2010.1.27.〉

1. 그 부상이나 질병이 치유되지 아니한 상태일 것
2. 그 부상이나 질병에 따른 폐질(廢疾)의 정도가 대통령령으로 정하는 폐질등급 기준에 해당할 것
3. 요양으로 인하여 취업하지 못하였을 것

② 상병보상연금은 별표 4에 따른 폐질등급에 따라 지급한다.

제67조(저소득 근로자의 상병보상연금) ① 제66조에 따라 상병보상연금을 산정할 때 그 근로자의 평균임금이 최저임금액에 70분의 100을 곱한 금액보다 적을 때에는 최저임금액의 70분의 100에 해당하는 금액을 그 근로자의 평균임금으로 보아 산정한다.

② 제66조 또는 제1항에서 정한 바에 따라 산정한 상병보상연금액을 365로 나눈 1일당 상병보상연금 지급액이 제54조에서 정한 바에 따라 산정한 1일당 휴업급여 지급액보다 적으면 제54조에서 정한 바에 따라 산정한 금액을 1일당 상병보상연금 지급액으로 한다.〈개정 2010.1.27.〉

제68조(고령자의 상병보상연금) 상병보상연금을 받는 근로자가 61세가 되면 그 이후의 상병보상연금은 별표 5에 따른 1일당 상병보상연금 지급기준에 따라 산정한 금액을 지급한다. 〈개정 2010.1.27.〉

제69조(재요양 기간 중의 상병보상연금) ① 재요양을 시작한 지 2년이 지난 후에 상병상태가 제66조제1항 각 호의 요건 모두에 해당하는 자에게는 휴업급여 대신 별표 4에 따른 폐질등급에 따라 상병보상연금을 지급한다. 이 경우 상병보상연금을 산정할 때에는 재요양 기간 중의 휴업급여 산정에 적용되는 평균임금을 적용하되, 그 평균임금이 최저임금액에 70분의 100을 곱한 금액보다 적거나 재요양 당시 평균임금 산정의 대상이 되는 임금이 없을 때에는 최저임금액의 70분의 100에 해당하는 금액을 그 근로자의 평균임금으로 보아 산정한다.

② 제1항에 따른 상병보상연금을 받는 근로자가 장해보상연금을 받고 있으면 별표 4에 따른 폐질등급별 상병보상연금의 지급일수에서 별표 2에 따른 장해등급별 장해보상연금의 지급일수를 뺀 일수에 제1항 후단에 따른 평균임금을 곱하여 산정한 금액을 그 근로자의 상병보상연금으로 한다.

③ 제2항에 따른 상병보상연금을 받는 근로자가 61세가 된 이후에는 별표 5에 따라 산정한 1일당 상병보상연금 지급액에서 제1항 후단에 따른 평균임금을 기준으로 산정한 1일당 장해보상연금 지급액을 뺀 금액을 1일당 상병보상연금 지급액으로 한다.〈신설 2010.1.27.〉

④ 제1항부터 제3항까지의 규정에도 불구하고 제57조제3항 단서에 따른 장해보상연금을 받는 근로자가 재요양하는 경우에는 상병보상연금을 지급하지 아니한다. 다만, 재요양 중에 폐질등급이 높아지

면 제1항 전단에도 불구하고 재요양을 시작한 때부터 2년이 경과한 것으로 보아 제2항 및 제3항에 따라 산정한 상병보상연금을 지급한다.〈개정 2010.1.27.〉

⑤ 재요양 기간 중 상병보상연금을 산정할 때에는 제67조를 적용하지 아니한다.〈개정 2010.1.27.〉

제70조(연금의 지급기간 및 지급시기) ① 장해보상연금, 유족보상연금, 진폐보상연금 또는 진폐유족연금의 지급은 그 지급사유가 발생한 달의 다음 달 초일부터 시작되며, 그 지급받을 권리가 소멸한 달의 말일에 끝난다.〈개정 2010.5.20.〉

② 장해보상연금, 유족보상연금, 진폐보상연금 또는 진폐유족연금은 그 지급을 정지할 사유가 발생한 때에는 그 사유가 발생한 달의 다음 달 초일부터 그 사유가 소멸한 달의 말일까지 지급하지 아니한다.〈개정 2010.5.20.〉

③ 장해보상연금, 유족보상연금, 진폐보상연금 또는 진폐유족연금은 매년 이를 12등분하여 매달 25일에 그 달 치의 금액을 지급하되, 지급일이 토요일이거나 공휴일이면 그 전날에 지급한다.〈개정 2010.5.20.〉

④ 장해보상연금, 유족보상연금, 진폐보상연금 또는 진폐유족연금을 받을 권리가 소멸한 경우에는 제3항에 따른 지급일 전이라도 지급할 수 있다.〈개정 2010.5.20.〉

제71조(장의비) ① 장의비는 근로자가 업무상의 사유로 사망한 경우에 지급하되, 평균임금의 120일분에 상당하는 금액을 그 장제(葬祭)를 지낸 유족에게 지급한다. 다만, 장제를 지낼 유족이 없거나 그 밖에 부득이한 사유로 유족이 아닌 자가 장제를 지낸 경우에는 평균임금의 120일분에 상당하는 금액의 범위에서 실제 드는 비용을 그 장제를 지낸 자에게 지급한다.

② 제1항에 따른 장의비가 대통령령으로 정하는 바에 따라 고용노동부장관이 고시하는 최고 금액을 초과하거나 최저 금액에 미달하면 그 최고 금액 또는 최저 금액을 각각 장의비로 한다.〈개정 2010.6.4.〉

제72조(직업재활급여) ① 직업재활급여의 종류는 다음 각 호와 같다. 〈개정 2010.1.27., 2010.5.20.〉

1. 장해급여 또는 진폐보상연금을 받은 자나 장해급여를 받을 것이 명백한 자로서 대통령령으로 정하는 자(이하 "장해급여자"라 한다) 중 취업을 위하여 직업훈련이 필요한 자(이하 "훈련대상자"라 한다)에 대하여 실시하는 직업훈련에 드는 비용 및 직업훈련수당

2. 업무상의 재해가 발생할 당시의 사업에 복귀한 장해급여자에 대하여 사업주가 고용을 유지하거나 직장적응훈련 또는 재활운동을 실시하는 경우에 각각 지급하는 직장복귀지원금, 직장적응훈련비 및 재활운동비

② 제1항제1호의 훈련대상자 및 같은 항 제2호의 장해급여자는 장해정도 및 연령 등을 고려하여 대통령령으로 정한다.

제73조(직업훈련비용) ① 훈련대상자에 대한 직업훈련은 공단과 계약을 체결한 직업훈련기관(이하 "직업훈련기관"이라 한다)에서 실시하게 한다.

② 제72조제1항제1호에 따른 직업훈련에 드는 비용(이하 "직업훈련비용"이라 한다)은 제1항에 따라 직업훈련을 실시한 직업훈련기관에 지급한다. 다만, 직업훈련기관이 「장애인고용촉진 및 직업재활법」, 「고용보험법」 또는 「근로자직업능력 개발법」이나 그 밖에 다른 법령에 따라 직업훈련비용에 상당한

비용을 받은 경우 등 대통령령으로 정하는 경우에는 지급하지 아니한다.

③ 직업훈련비용의 금액은 고용노동부장관이 훈련비용, 훈련기간 및 노동시장의 여건 등을 고려하여 고시하는 금액의 범위에서 실제 드는 비용으로 하되, 직업훈련비용을 지급하는 훈련기간은 12개월 이내로 한다.〈개정 2010.6.4.〉

④ 직업훈련비용의 지급 범위·기준·절차 및 방법, 직업훈련기관과의 계약 및 해지 등에 필요한 사항은 고용노동부령으로 정한다.〈개정 2010.6.4.〉

제74조(직업훈련수당) ① 제72조제1항제1호에 따른 직업훈련수당은 제73조제1항에 따라 직업훈련을 받는 훈련대상자에게 그 직업훈련으로 인하여 취업하지 못하는 기간에 대하여 지급하되, 1일당 지급액은 최저임금액에 상당하는 금액으로 한다. 다만, 휴업급여나 상병보상연금을 받는 훈련대상자에게는 직업훈련수당을 지급하지 아니한다. 〈개정 2010.1.27.〉

② 제1항에 따른 직업훈련수당을 받는 자가 장해보상연금 또는 진폐보상연금을 받는 경우에는 1일당 장해보상연금액 또는 1일당 진폐보상연금액(제91조의3제2항에 따라 산정한 진폐보상연금액을 365로 나눈 금액을 말한다)과 1일당 직업훈련수당을 합한 금액이 그 근로자의 장해보상연금 또는 진폐보상연금 산정에 적용되는 평균임금의 100분의 70을 초과하면 그 초과하는 금액 중 직업훈련수당에 해당하는 금액은 지급하지 아니한다.〈개정 2010.5.20.〉

③ 제1항에 따른 직업훈련수당 지급 등에 필요한 사항은 고용노동부령으로 정한다.〈개정 2010.6.4.〉

제75조(직장복귀지원금 등) ① 제72조제1항제2호에 따른 직장복귀지원금, 직장적응훈련비 및 재활운동비는 장해급여자에 대하여 고용을 유지하거나 직장적응훈련 또는 재활운동을 실시하는 사업주에게 각각 지급한다. 이 경우 직장복귀지원금, 직장적응훈련비 및 재활운동비의 지급요건은 각각 대통령령으로 정한다.

② 제1항에 따른 직장복귀지원금은 고용노동부장관이 임금수준 및 노동시장의 여건 등을 고려하여 고시하는 금액의 범위에서 사업주가 장해급여자에게 지급한 임금액으로 하되, 그 지급기간은 12개월 이내로 한다.〈개정 2010.6.4.〉

③ 제1항에 따른 직장적응훈련비 및 재활운동비는 고용노동부장관이 직장적응훈련 또는 재활운동에 드는 비용을 고려하여 고시하는 금액의 범위에서 실제 드는 비용으로 하되, 그 지급기간은 3개월 이내로 한다.〈개정 2010.6.4.〉

④ 장해급여자를 고용하고 있는 사업주가 「고용보험법」 제23조에 따른 지원금, 「장애인고용촉진 및 직업재활법」 제30조에 따른 장애인 고용장려금이나 그 밖에 다른 법령에 따라 직장복귀지원금, 직장적응훈련비 또는 재활운동비(이하 "직장복귀지원금등"이라 한다)에 해당하는 금액을 받은 경우 등 대통령령으로 정하는 경우에는 그 받은 금액을 빼고 직장복귀지원금등을 지급한다.〈개정 2010.1.27.〉

⑤ 사업주가 「장애인고용촉진 및 직업재활법」 제28조에 따른 의무로써 장애인을 고용한 경우 등 대통령령으로 정하는 경우에는 직장복귀지원금등을 지급하지 아니한다.〈신설 2010.1.27.〉

제76조(보험급여의 일시지급) ① 대한민국 국민이 아닌 근로자가 업무상의 재해에 따른 부상 또는 질병으로 요양 중 치유되기 전에 출국하기 위하여 보험급여의 일시지급을 신청하는 경우에는 출국하기 위하여 요양을 중단하는 날 이후에 청구 사유가 발생할 것으로 예상되는 보험급여를 한꺼번에 지급할 수 있다. 〈개정 2010.1.27.〉

② 제1항에 따라 한꺼번에 지급할 수 있는 금액은 다음 각 호의 보험급여를 미리 지급하는 기간에 따른 이자 등을 고려하여 대통령령으로 정하는 방법에 따라 각각 환산한 금액을 합한 금액으로 한다. 이 경우 해당 근로자가 제3호 및 제4호에 따른 보험급여의 지급사유 모두에 해당될 것으로 의학적으로 판단되는 경우에는 제4호에 해당하는 보험급여의 금액은 합산하지 아니한다.〈개정 2010.1.27., 2010.5.20.〉

1. 출국하기 위하여 요양을 중단하는 날부터 업무상의 재해에 따른 부상 또는 질병이 치유될 것으로 예상되는 날까지의 요양급여

2. 출국하기 위하여 요양을 중단하는 날부터 업무상 부상 또는 질병이 치유되거나 그 상병상태가 취업할 수 있게 될 것으로 예상되는 날(그 예상되는 날이 요양 개시일부터 2년이 넘는 경우에는 요양 개시일부터 2년이 되는 날)까지의 기간에 대한 휴업급여

3. 출국하기 위하여 요양을 중단할 당시 업무상의 재해에 따른 부상 또는 질병이 치유된 후에 남을 것으로 예상되는 장해의 장해등급에 해당하는 장해보상일시금

4. 출국하기 위하여 요양을 중단할 당시 요양 개시일부터 2년이 지난 후에 상병보상연금의 지급대상이 되는 폐질상태가 지속될 것으로 예상되는 경우에는 그 예상되는 폐질등급(요양 개시일부터 2년이 경과한 후 출국하기 위하여 요양을 중단하는 경우에는 그 당시의 상병상태에 따른 폐질등급)과 같은 장해등급에 해당하는 장해보상일시금에 해당하는 금액

5. 요양 당시 받고 있는 진폐장해등급에 따른 진폐보상연금

③ 제1항에 따른 일시지급의 신청 및 지급 절차는 고용노동부령으로 정한다.〈개정 2010.6.4.〉

제77조(합병증 등 예방관리) 공단은 업무상의 부상 또는 질병이 치유된 자 중에서 합병증 등 재요양 사유가 발생할 우려가 있는 자에게 산재보험 의료기관에서 그 예방에 필요한 조치를 받도록 할 수 있다. [전문개정 2010.1.27.]

제78조(장해특별급여) ① 보험가입자의 고의 또는 과실로 발생한 업무상의 재해로 근로자가 대통령령으로 정하는 장해등급 또는 진폐장해등급에 해당하는 장해를 입은 경우에 수급권자가 「민법」에 따른 손해배상청구를 갈음하여 장해특별급여를 청구하면 제57조의 장해급여 또는 제91조의3의 진폐보상연금 외에 대통령령으로 정하는 장해특별급여를 지급할 수 있다. 다만, 근로자와 보험가입자 사이에 장해특별급여에 관하여 합의가 이루어진 경우에 한한다.〈개정 2010.5.20.〉

② 수급권자가 제1항에 따른 장해특별급여를 받으면 동일한 사유에 대하여 보험가입자에게 「민법」이나 그 밖의 법령에 따른 손해배상을 청구할 수 없다.

③ 공단은 제1항에 따라 장해특별급여를 지급하면 대통령령으로 정하는 바에 따라 그 급여액 모두를 보험가입자로부터 징수한다.

제79조(유족특별급여) ① 보험가입자의 고의 또는 과실로 발생한 업무상의 재해로 근로자가 사망한 경우에 수급권자가 「민법」에 따른 손해배상청구를 갈음하여 유족특별급여를 청구하면 제62조의 유족급여 또는 제91조의4의 진폐유족연금 외에 대통령령으로 정하는 유족특별급여를 지급할 수 있다.〈개정 2010.5.20.〉

② 유족특별급여에 관하여는 제78조제1항 단서·제2항 및 제3항을 준용한다. 이 경우 "장해특별급여"는 "유족특별급여"로 본다.

제80조(다른 보상이나 배상과의 관계) ① 수급권자가 이 법에 따라 보험급여를 받았거나 받을 수 있으면 보험가입자는 동일한 사유에 대하여 「근로기준법」에 따른 재해보상 책임이 면제된다.

② 수급권자가 동일한 사유에 대하여 이 법에 따른 보험급여를 받으면 보험가입자는 그 금액의 한도 안에서 「민법」이나 그 밖의 법령에 따른 손해배상의 책임이 면제된다. 이 경우 장해보상연금 또는 유족보상연금을 받고 있는 자는 장해보상일시금 또는 유족보상일시금을 받은 것으로 본다.

③ 수급권자가 동일한 사유로 「민법」이나 그 밖의 법령에 따라 이 법의 보험급여에 상당한 금품을 받으면 공단은 그 받은 금품을 대통령령으로 정하는 방법에 따라 환산한 금액의 한도 안에서 이 법에 따른 보험급여를 지급하지 아니한다. 다만, 제2항 후단에 따라 수급권자가 지급받은 것으로 보게 되는 장해보상일시금 또는 유족보상일시금에 해당하는 연금액에 대하여는 그러하지 아니하다.

④ 요양급여를 받는 근로자가 요양을 시작한 후 3년이 지난 날 이후에 상병보상연금을 지급받고 있으면 「근로기준법」 제23조제2항 단서를 적용할 때 그 사용자는 그 3년이 지난 날 이후에는 같은 법 제84조에 따른 일시보상을 지급한 것으로 본다.

제81조(미지급의 보험급여) ① 보험급여의 수급권자가 사망한 경우에 그 수급권자에게 지급하여야 할 보험급여로서 아직 지급되지 아니한 보험급여가 있으면 그 수급권자의 유족(유족급여의 경우에는 그 유족급여를 받을 수 있는 다른 유족)의 청구에 따라 그 보험급여를 지급한다.

② 제1항의 경우에 그 수급권자가 사망 전에 보험급여를 청구하지 아니하면 같은 항에 따른 유족의 청구에 따라 그 보험급여를 지급한다.

제82조(보험급여의 지급) 보험급여는 지급 결정일부터 14일 이내에 지급하여야 한다.

제83조(보험급여 지급의 제한) ① 공단은 근로자가 다음 각 호의 어느 하나에 해당되면 보험급여의 전부 또는 일부를 지급하지 아니할 수 있다. 〈개정 2010.5.20.〉

1. 요양 중인 근로자가 정당한 사유 없이 요양에 관한 지시를 위반하여 부상·질병 또는 장해 상태를 악화시키거나 치유를 방해한 경우

2. 장해보상연금 또는 진폐보상연금 수급권자가 제59조에 따른 장해등급 또는 진폐장해등급 재판정 전에 자해(自害) 등 고의로 장해 상태를 악화시킨 경우

② 공단은 제1항에 따라 보험급여를 지급하지 아니하기로 결정하면 지체 없이 이를 관계 보험가입자와 근로자에게 알려야 한다.

③ 제1항에 따른 보험급여 지급 제한의 대상이 되는 보험급여의 종류 및 제한 범위는 대통령령으로 정한다.

제84조(부당이득의 징수) ① 공단은 보험급여를 받은 자가 다음 각 호의 어느 하나에 해당하면 그 급여액에 해당하는 금액(제1호의 경우에는 그 급여액의 2배에 해당하는 금액)을 징수하여야 한다. 이 경우 공단이 제90조제2항에 따라 국민건강보험공단등에 청구하여 받은 금액은 징수할 금액에서 제외한다.

1. 거짓이나 그 밖의 부정한 방법으로 보험급여를 받은 경우

2. 수급권자 또는 수급권이 있었던 자가 제114조제2항부터 제4항까지의 규정에 따른 신고의무를 이행하지 아니하여 부당하게 보험급여를 지급받은 경우

3. 그 밖에 잘못 지급된 보험급여가 있는 경우

② 제1항제1호의 경우 보험급여의 지급이 보험가입자·산재보험 의료기관 또는 직업훈련기관의 거짓된 신고, 진단 또는 증명으로 인한 것이면 그 보험가입자·산재보험 의료기관 또는 직업훈련기관도 연대하여 책임을 진다.

③ 공단은 산재보험 의료기관이나 제46조제1항에 따른 약국이 다음 각 호의 어느 하나에 해당하면 그 진료비나 약제비에 해당하는 금액을 징수하여야 한다. 다만, 제1호의 경우에는 그 진료비나 약제비의 2배에 해당하는 금액(제44조제1항에 따라 과징금을 부과하는 경우에는 그 진료비에 해당하는 금액)을 징수한다.〈개정 2010.5.20.〉

1. 거짓이나 그 밖의 부정한 방법으로 진료비나 약제비를 지급받은 경우

2. 제40조제5항 및 제91조의9제3항에 따른 요양급여의 산정 기준을 위반하여 부당하게 진료비나 약제비를 지급받은 경우

3. 그 밖에 진료비나 약제비를 잘못 지급받은 경우

제85조(징수금의 징수) 제39조제2항에 따른 보험급여액의 징수, 제78조에 따른 장해특별급여액의 징수, 제79조에 따른 유족특별급여액의 징수 및 제84조에 따른 부당이득의 징수에 관하여는 보험료징수법 제27조, 제28조, 제29조, 제30조, 제32조, 제39조, 제41조 및 제42조를 준용한다. 이 경우 "건강보험공단"은 "공단"으로 본다.〈개정 2010.1.27.〉

제86조(보험급여 등의 충당) ① 공단은 제84조제1항 및 제3항에 따라 부당이득을 받은 자, 제84조제2항에 따라 연대책임이 있는 보험가입자 또는 산재보험 의료기관에 지급할 보험급여·진료비 또는 약제비가 있으면 이를 제84조에 따라 징수할 금액에 충당할 수 있다.

② 보험급여·진료비 및 약제비의 충당 한도 및 충당 절차는 대통령령으로 정한다.

제87조(제3자에 대한 구상권) ① 공단은 제3자의 행위에 따른 재해로 보험급여를 지급한 경우에는 그 급여액의 한도 안에서 급여를 받은 자의 제3자에 대한 손해배상청구권을 대위(代位)한다. 다만, 보험가입자인 2 이상의 사업주가 같은 장소에서 하나의 사업을 분할하여 각각 행하다가 그 중 사업주를 달리하는 근로자의 행위로 재해가 발생하면 그러하지 아니하다.

② 제1항의 경우에 수급권자가 제3자로부터 동일한 사유로 이 법의 보험급여에 상당하는 손해배상을 받으면 공단은 그 배상액을 대통령령으로 정하는 방법에 따라 환산한 금액의 한도 안에서 이 법에 따른 보험급여를 지급하지 아니한다.

③ 수급권자 및 보험가입자는 제3자의 행위로 재해가 발생하면 지체 없이 공단에 신고하여야 한다.

제88조(수급권의 보호) ① 근로자의 보험급여를 받을 권리는 퇴직하여도 소멸되지 아니한다.

② 보험급여를 받을 권리는 양도 또는 압류하거나 담보로 제공할 수 없다.

제89조(수급권의 대위) 보험가입자(보험료징수법 제2조제5호에 따른 하수급인을 포함한다. 이하 이 조에서 같다)가 소속 근로자의 업무상의 재해에 관하여 이 법에 따른 보험급여의 지급 사유와 동일한 사유로 「민법」이나 그 밖의 법령에 따라 보험급여에 상당하는 금품을 수급권자에게 미리 지급한 경우로서 그 금품이 보험급여에 대체하여 지급한 것으로 인정되는 경우에 보험가입자는 대통령령으로 정하는 바에 따라 그 수급권자의 보험급여를 받을 권리를 대위한다.

제90조(요양급여 비용의 정산) ① 공단은 「국민건강보험법」 제13조에 따른 국민건강보험공단 또는 「의료급여법」 제5조에 따른 시장, 군수 또는 구청장(이하 "국민건강보험공단등"이라 한다)이 제42조제1항에 따라 이 법에 따른 요양급여의 수급권자에게 건강보험 요양급여등을 우선 지급하고 그 비용을 청구하는 경우에는 그 건강보험 요양급여등이 이 법에 따라 지급할 수 있는 요양급여에 상당한 것으로 인정되면 그 요양급여에 해당하는 금액을 지급할 수 있다. 〈개정 2011.12.31.〉

② 공단이 수급권자에게 요양급여를 지급한 후 그 지급결정이 취소된 경우로서 그 지급한 요양급여가 「국민건강보험법」 또는 「의료급여법」에 따라 지급할 수 있는 건강보험 요양급여등에 상당한 것으로 인정되면 공단은 그 건강보험 요양급여등에 해당하는 금액을 국민건강보험공단등에 청구할 수 있다.

제90조의2(국민건강보험 요양급여 비용의 정산) ① 제40조에 따른 요양급여나 재요양을 받은 사람이 요양이 종결된 후 2년 이내에 「국민건강보험법」 제41조에 따른 요양급여를 받은 경우(종결된 요양의 대상이 되었던 업무상의 부상 또는 질병의 증상으로 요양급여를 받은 경우로 한정한다)에는 공단은 그 요양급여 비용 중 국민건강보험공단이 부담한 금액을 지급할 수 있다.

② 제1항에 따른 요양급여 비용의 지급 절차와 그 밖에 필요한 사항은 고용노동부령으로 정한다.

[본조신설 2015.1.20.]

제91조(공과금의 면제) 보험급여로서 지급된 금품에 대하여는 국가나 지방자치단체의 공과금을 부과하지 아니한다.

제3장의2 진폐에 따른 보험급여의 특례 〈신설 2010.5.20.〉

제91조의2(진폐에 대한 업무상의 재해의 인정기준) 근로자가 진폐에 걸릴 우려가 있는 작업으로서 암석, 금속이나 유리섬유 등을 취급하는 작업 등 고용노동부령으로 정하는 분진작업(이하 "분진작업"이라 한다)에 종사하여 진폐에 걸리면 제37조제1항제2호가목에 따른 업무상 질병으로 본다. 〈개정 2010.6.4.〉

[본조신설 2010.5.20.]

제91조의3(진폐보상연금) ① 진폐보상연금은 업무상 질병인 진폐에 걸린 근로자(이하 "진폐근로자"라 한다)에게 지급한다.

② 진폐보상연금은 제5조제2호 및 제36조제6항에 따라 정하는 평균임금을 기준으로 하여 별표 6에 따라 산정하는 진폐장해등급별 진폐장해연금과 기초연금을 합산한 금액으로 한다. 이 경우 기초연금은 최저임금액의 100분의 60에 365를 곱하여 산정한 금액으로 한다.

③ 진폐보상연금을 받던 사람이 그 진폐장해등급이 변경된 경우에는 변경된 날이 속한 달의 다음 달부터 기초연금과 변경된 진폐장해등급에 해당하는 진폐장해연금을 합산한 금액을 지급한다.

[본조신설 2010.5.20.]

제91조의4(진폐유족연금) ① 진폐유족연금은 진폐근로자가 진폐로 사망한 경우에 유족에게 지급한다.

② 진폐유족연금은 사망 당시 진폐근로자에게 지급하고 있거나 지급하기로 결정된 진폐보상연금과

같은 금액으로 한다. 이 경우 진폐유족연금은 제62조제2항 및 별표 3에 따라 산정한 유족보상연금을 초과할 수 없다.

③ 제91조의6에 따른 진폐에 대한 진단을 받지 아니한 근로자가 업무상 질병인 진폐로 사망한 경우에 그 근로자에 대한 진폐유족연금은 제91조의3제2항에 따른 기초연금과 제91조의8제3항에 따라 결정되는 진폐장해등급별로 별표 6에 따라 산정한 진폐장해연금을 합산한 금액으로 한다.

④ 진폐유족연금을 받을 수 있는 유족의 범위 및 순위, 자격 상실과 지급 정지 등에 관하여는 제63조 및 제64조를 준용한다. 이 경우 "유족보상연금"은 "진폐유족연금"으로 본다.

[본조신설 2010.5.20.]

제91조의5(진폐에 대한 요양급여 등의 청구) ① 분진작업에 종사하고 있거나 종사하였던 근로자가 업무상 질병인 진폐로 요양급여 또는 진폐보상연금을 받으려면 고용노동부령으로 정하는 서류를 첨부하여 공단에 청구하여야 한다. 〈개정 2010.6.4.〉

② 제1항에 따라 요양급여 등을 청구한 사람이 제91조의8제2항에 따라 요양급여 등의 지급 또는 부지급 결정을 받은 경우에는 제91조의6에 따른 진단이 종료된 날부터 1년이 지나거나 요양이 종결되는 때에 다시 요양급여 등을 청구할 수 있다. 다만, 제91조의6제1항에 따른 건강진단기관으로부터 합병증「진폐의 예방과 진폐근로자의 보호 등에 관한 법률」(이하 "진폐근로자보호법"이라 한다) 제2조제2호에 따른 합병증을 말한다. 이하 같다]이나 심폐기능의 고도장해 등으로 응급진단이 필요하다는 의학적 소견이 있으면 1년이 지나지 아니한 경우에도 요양급여 등을 청구할 수 있다.

[본조신설 2010.5.20.]

제91조의6(진폐의 진단) ① 공단은 근로자가 제91조의5에 따라 요양급여 등을 청구하면 진폐근로자보호법 제15조에 따른 건강진단기관(이하 "건강진단기관"이라 한다)에 제91조의8의 진폐판정에 필요한 진단을 의뢰하여야 한다.

② 건강진단기관은 제1항에 따라 진폐에 대한 진단을 의뢰받으면 고용노동부령으로 정하는 바에 따라 진폐에 대한 진단을 실시하고 그 진단결과를 공단에 제출하여야 한다.〈개정 2010.6.4.〉

③ 근로자가 진폐근로자보호법 제11조부터 제13조까지의 규정에 따른 건강진단을 받은 후에 건강진단기관이 같은 법 제16조제1항 후단 및 같은 조 제3항 후단에 따라 해당 근로자의 흉부 엑스선 사진 등을 고용노동부장관에게 제출한 경우에는 제91조의5제1항 및 이 조 제2항에 따라 요양급여 등을 청구하고 진단결과를 제출한 것으로 본다.〈개정 2010.6.4.〉

④ 공단은 제2항에 따라 진단을 실시한 건강진단기관에 그 진단에 드는 비용을 지급한다. 이 경우 그 비용의 산정 기준 및 청구 등에 관하여는 제40조제5항 및 제45조를 준용한다.

⑤ 제2항에 따라 진단을 받는 근로자에게는 고용노동부장관이 정하여 고시하는 금액을 진단수당으로 지급할 수 있다. 다만, 장해보상연금 또는 진폐보상연금을 받고 있는 사람에게는 진단수당을 지급하지 아니한다.〈개정 2010.6.4.〉

⑥ 제1항, 제2항 및 제5항에 따른 진단의뢰, 진단결과의 제출 및 진단수당의 구체적인 지급절차 등에 관한 사항은 고용노동부령으로 정한다.〈개정 2010.6.4.〉

[본조신설 2010.5.20.]

제91조의7(진폐심사회의) ① 제91조의6에 따른 진단결과에 대하여 진폐병형 및 합병증 등을 심사하기

위하여 공단에 관계 전문가 등으로 구성된 진폐심사회의(이하 "진폐심사회의"라 한다)를 둔다.

② 진폐심사회의의 위원 구성 및 회의 운영이나 그 밖에 필요한 사항은 고용노동부령으로 정한다.〈개정 2010.6.4.〉

[본조신설 2010.5.20.]

제91조의8(진폐판정 및 보험급여의 결정 등) ① 공단은 제91조의6에 따라 진단결과를 받으면 진폐심사회의의 심사를 거쳐 해당 근로자의 진폐병형, 합병증의 유무 및 종류, 심폐기능의 정도 등을 판정(이하 "진폐판정"이라 한다)하여야 한다. 이 경우 진폐판정에 필요한 기준은 대통령령으로 정한다.

② 공단은 제1항의 진폐판정 결과에 따라 요양급여의 지급 여부, 진폐장해등급과 그에 따른 진폐보상연금의 지급 여부 등을 결정하여야 한다. 이 경우 진폐장해등급 기준 및 합병증 등에 따른 요양대상 인정기준은 대통령령으로 정한다.

③ 공단은 합병증 등으로 심폐기능의 정도를 판정하기 곤란한 진폐근로자에 대하여는 제2항의 진폐장해등급 기준에도 불구하고 진폐병형을 고려하여 진폐장해등급을 결정한다. 이 경우 진폐장해등급 기준은 대통령령으로 정한다.

④ 공단은 제2항 및 제3항에 따라 보험급여의 지급 여부 등을 결정하면 그 내용을 해당 근로자에게 알려야 한다.

[본조신설 2010.5.20.]

제91조의9(진폐에 따른 요양급여의 지급 절차와 기준 등) ① 공단은 제91조의8제2항에 따라 요양급여를 지급하기로 결정된 진폐근로자에 대하여는 제40조제2항 본문에도 불구하고 산재보험 의료기관 중 진폐근로자의 요양을 담당하는 의료기관(이하 "진폐요양 의료기관"이라 한다)에서 요양을 하게 한다.

② 고용노동부장관은 진폐요양 의료기관이 적정한 요양을 제공하는 데 활용할 수 있도록 전문가의 자문 등을 거쳐 입원과 통원의 처리기준, 표준적인 진료기준 등을 정하여 고시할 수 있다.〈개정 2010.6.4.〉

③ 공단은 진폐요양 의료기관에 대하여 시설, 인력 및 의료의 질 등을 고려하여 3개 이내의 등급으로 나누어 등급화할 수 있다. 이 경우 그 등급의 구분 기준, 등급별 요양대상 환자 및 등급별 요양급여의 산정 기준은 고용노동부령으로 정한다.〈개정 2010.6.4.〉

④ 진폐요양 의료기관을 평가하는 업무에 대하여 자문하기 위하여 공단에 진폐요양의료기관평가위원회를 둔다. 이 경우 진폐요양의료기관평가위원회의 구성·운영이나 그 밖에 필요한 사항은 고용노동부령으로 정한다.〈개정 2010.6.4.〉

⑤ 진폐요양 의료기관에 대한 평가에 관하여는 제50조를 준용한다. 이 경우 제50조제1항 중 "제43조제1항제3호의 산재보험 의료기관 중 대통령령으로 정하는 의료기관"은 "진폐요양 의료기관"으로 본다.

[본조신설 2010.5.20.]

제91조의10(진폐에 따른 사망의 인정 등) 분진작업에 종사하고 있거나 종사하였던 근로자가 진폐, 합병증이나 그 밖에 진폐와 관련된 사유로 사망하였다고 인정되면 업무상의 재해로 본다. 이 경우 진폐에 따른 사망 여부를 판단하는 때에 고려하여야 하는 사항은 대통령령으로 정한다.

[본조신설 2010.5.20.]

제91조의11(진폐에 따른 사망원인의 확인 등) ① 분진작업에 종사하고 있거나 종사하였던 근로자의 사망원인을 알 수 없는 경우에 그 유족은 해당 근로자가 진폐 등으로 사망하였는지 여부에 대하여 확인하기 위하여 병리학 전문의가 있는 산재보험 의료기관 중에서 공단이 지정하는 의료기관에 전신해부에 대한 동의서를 첨부하여 해당 근로자의 시신에 대한 전신해부를 의뢰할 수 있다. 이 경우 그 의료기관은 「시체해부 및 보존에 관한 법률」 제2조에도 불구하고 전신해부를 할 수 있다.

② 공단은 제1항에 따라 전신해부를 실시한 의료기관 또는 유족에게 그 비용의 전부 또는 일부를 지원할 수 있다. 이 경우 비용의 지급기준 및 첨부서류 제출, 그 밖에 비용지원 절차에 관한 사항은 고용노동부령으로 정한다.〈개정 2010.6.4.〉

[본조신설 2010.5.20.]

제4장   근로복지 사업

제92조(근로복지 사업) ① 고용노동부장관은 근로자의 복지 증진을 위한 다음 각 호의 사업을 한다.〈개정 2010.6.4.〉

1. 업무상의 재해를 입은 근로자의 원활한 사회 복귀를 촉진하기 위한 다음 각 목의 보험시설의 설치·운영

가. 요양이나 외과 후 처치에 관한 시설

나. 의료재활이나 직업재활에 관한 시설

2. 장학사업 등 재해근로자와 그 유족의 복지 증진을 위한 사업

3. 그 밖에 근로자의 복지 증진을 위한 시설의 설치·운영 사업

② 고용노동부장관은 공단 또는 재해근로자의 복지 증진을 위하여 설립된 법인 중 고용노동부장관의 지정을 받은 법인(이하 "지정법인"이라 한다)에 제1항에 따른 사업을 하게 하거나 같은 항 제1호에 따른 보험시설의 운영을 위탁할 수 있다.〈개정 2010.6.4.〉

③ 지정법인의 지정 기준에 필요한 사항은 고용노동부령으로 정한다.〈개정 2010.6.4.〉

④ 고용노동부장관은 예산의 범위에서 지정법인의 사업에 필요한 비용의 일부를 보조할 수 있다.〈개정 2010.6.4.〉

제93조(국민건강보험 요양급여 비용의 본인 일부 부담금의 대부) ① 공단은 제37조제1항제2호에 따른 업무상 질병에 대하여 요양 신청을 한 경우로서 요양급여의 결정에 걸리는 기간 등을 고려하여 대통령령으로 정하는 자에 대하여 「국민건강보험법」 제44조에 따른 요양급여 비용의 본인 일부 부담금에 대한 대부사업을 할 수 있다.〈개정 2011.12.31.〉

② 공단은 제1항에 따라 대부를 받은 자에게 지급할 이 법에 따른 요양급여가 있으면 그 요양급여를 대부금의 상환에 충당할 수 있다.

③ 제1항에 따른 대부의 금액·조건 및 절차는 고용노동부장관의 승인을 받아 공단이 정한다.〈개정 2010.6.4.〉

④ 제2항에 따른 요양급여의 충당 한도 및 충당 절차는 대통령령으로 정한다.

제94조(장해급여자의 고용 촉진) 고용노동부장관은 보험가입자에 대하여 장해급여 또는 진폐보상연

금을 받은 자를 그 적성에 맞는 업무에 고용하도록 권고할 수 있다. 〈개정 2010.1.27., 2010.5.20., 2010.6.4.〉

제5장   산업재해보상보험및예방기금

제95조(산업재해보상보험및예방기금의 설치 및 조성) ① 고용노동부장관은 보험사업, 산업재해 예방 사업에 필요한 재원을 확보하고, 보험급여에 충당하기 위하여 산업재해보상보험및예방기금(이하 "기금"이라 한다)을 설치한다. 〈개정 2010.6.4.〉

② 기금은 보험료, 기금운용 수익금, 적립금, 기금의 결산상 잉여금, 정부 또는 정부 아닌 자의 출연금 및 기부금, 차입금, 그 밖의 수입금을 재원으로 하여 조성한다.

③ 정부는 산업재해 예방 사업을 수행하기 위하여 회계연도마다 기금지출예산 총액의 100분의 3의 범위에서 제2항에 따른 정부의 출연금으로 세출예산에 계상(計上)하여야 한다.

제96조(기금의 용도) ① 기금은 다음 각 호의 용도에 사용한다. 〈개정 2008.12.31., 2010.1.27.〉

1. 보험급여의 지급 및 반환금의 반환

2. 차입금 및 이자의 상환

3. 공단에의 출연

4.「산업안전보건법」제61조의3에 따른 용도

5. 재해근로자의 복지 증진

6.「한국산업안전보건공단법」에 따른 한국산업안전보건공단(이하 "한국산업안전보건공단"이라 한다)에 대한 출연

7. 보험료징수법 제4조에 따른 업무를 위탁받은 자에의 출연

8. 그 밖에 보험사업 및 기금의 관리와 운용

② 고용노동부장관은 회계연도마다 제1항 각 호에 해당하는 기금지출예산 총액의 100분의 8 이상을 제1항제4호 및 제6호에 따른 용도로 계상하여야 한다.〈개정 2010.6.4.〉

제97조(기금의 관리·운용) ① 기금은 고용노동부장관이 관리 · 운용한다. 〈개정 2010.6.4.〉

② 고용노동부장관은 다음 각 호의 방법에 따라 기금을 관리 · 운용하여야 한다.〈개정 2010.6.4.〉

1. 금융기관 또는 체신관서에의 예입(預入) 및 금전신탁

2. 재정자금에의 예탁

3. 투자신탁 등의 수익증권 매입

4. 국가 · 지방자치단체 또는 금융기관이 직접 발행하거나 채무이행을 보증하는 유가증권의 매입

5. 그 밖에 기금 증식을 위하여 대통령령으로 정하는 사업

③ 고용노동부장관은 제2항에 따라 기금을 관리 · 운용할 때에는 그 수익이 대통령령으로 정하는 수준 이상이 되도록 하여야 한다.〈개정 2010.6.4.〉

④ 고용노동부장관은 기업회계의 원칙에 따라 기금을 계리하여야 한다.〈개정 2010.6.4.〉

⑤ 고용노동부장관은 기금의 관리 · 운용에 관한 업무의 일부를 공단 또는 한국산업안전보건공단에 위탁할 수 있다.〈개정 2008.12.31., 2010.6.4.〉

제98조(기금의 운용계획) 고용노동부장관은 회계연도마다 위원회의 심의를 거쳐 기금운용계획을 세워야 한다. 〈개정 2010.6.4.〉

제99조(책임준비금의 적립) ① 고용노동부장관은 보험급여에 충당하기 위하여 책임준비금을 적립하여야 한다. 〈개정 2010.6.4.〉

② 고용노동부장관은 회계연도마다 책임준비금을 산정하여 적립금 보유액이 책임준비금의 금액을 초과하면 그 초과액을 장래의 보험급여 지급 재원으로 사용하고, 부족하면 그 부족액을 보험료 수입에서 적립하여야 한다.〈개정 2010.6.4.〉

③ 제1항에 따른 책임준비금의 산정 기준 및 적립에 필요한 사항은 대통령령으로 정한다.

제100조(잉여금과 손실금의 처리) ① 기금의 결산상 잉여금이 생기면 이를 적립금으로 적립하여야 한다.

② 기금의 결산상 손실금이 생기면 적립금을 사용할 수 있다.

제101조(차입금) ① 기금에 속하는 경비를 지급하기 위하여 필요하면 기금의 부담으로 차입할 수 있다.

② 기금에서 지급할 현금이 부족하면 기금의 부담으로 일시차입을 할 수 있다.

③ 제2항에 따른 일시차입금은 그 회계연도 안에 상환하여야 한다.

제102조(기금의 출납 등) 기금을 관리·운용을 할 때의 출납 절차 등에 관한 사항은 대통령령으로 정한다.

제6장   심사 청구 및 재심사 청구

제103조(심사 청구의 제기) ① 다음 각 호의 어느 하나에 해당하는 공단의 결정 등(이하 "보험급여 결정 등"이라 한다)에 불복하는 자는 공단에 심사 청구를 할 수 있다. 〈개정 2010.5.20.〉

1. 제3장 및 제3장의2에 따른 보험급여에 관한 결정
2. 제45조 및 제91조의6제4항에 따른 진료비에 관한 결정
3. 제46조에 따른 약제비에 관한 결정
4. 제47조제2항에 따른 진료계획 변경 조치등
5. 제76조에 따른 보험급여의 일시지급에 관한 결정
6. 제84조에 따른 부당이득의 징수에 관한 결정
7. 제89조에 따른 수급권의 대위에 관한 결정

② 제1항에 따른 심사 청구는 그 보험급여 결정등을 한 공단의 소속 기관을 거쳐 공단에 제기하여야 한다.

③ 제1항에 따른 심사 청구는 보험급여 결정등이 있음을 안 날부터 90일 이내에 하여야 한다.

④ 제2항에 따라 심사 청구서를 받은 공단의 소속 기관은 5일 이내에 의견서를 첨부하여 공단에 보내야 한다.

⑤ 보험급여 결정등에 대하여는 「행정심판법」에 따른 행정심판을 제기할 수 없다.

제104조(산업재해보상보험심사위원회) ① 제103조에 따른 심사 청구를 심의하기 위하여 공단에 관계 전문가 등으로 구성되는 산업재해보상보험심사위원회(이하 "심사위원회"라 한다)를 둔다.

② 심사위원회 위원의 제척 · 기피 · 회피에 관하여는 제108조를 준용한다.

③ 심사위원회의 구성과 운영에 필요한 사항은 대통령령으로 정한다.

제105조(심사 청구에 대한 심리·결정) ① 공단은 제103조제4항에 따라 심사 청구서를 받은 날부터 60일 이내에 심사위원회의 심의를 거쳐 심사 청구에 대한 결정을 하여야 한다. 다만, 부득이한 사유로 그 기간 이내에 결정을 할 수 없으면 1차에 한하여 20일을 넘지 아니하는 범위에서 그 기간을 연장할 수 있다.

② 제1항 본문에도 불구하고 심사 청구 기간이 지난 후에 제기된 심사 청구 등 대통령령으로 정하는 사유에 해당하는 경우에는 심사위원회의 심의를 거치지 아니할 수 있다.

③ 제1항 단서에 따라 결정기간을 연장할 때에는 최초의 결정기간이 끝나기 7일 전까지 심사 청구인 및 보험급여 결정등을 한 공단의 소속 기관에 알려야 한다.

④ 공단은 심사 청구의 심리를 위하여 필요하면 청구인의 신청 또는 직권으로 다음 각 호의 행위를 할 수 있다.

1. 청구인 또는 관계인을 지정 장소에 출석하게 하여 질문하거나 의견을 진술하게 하는 것

2. 청구인 또는 관계인에게 증거가 될 수 있는 문서나 그 밖의 물건을 제출하게 하는 것

3. 전문적인 지식이나 경험을 가진 제3자에게 감정하게 하는 것

4. 소속 직원에게 사건에 관계가 있는 사업장이나 그 밖의 장소에 출입하여 사업주 · 근로자, 그 밖의 관계인에게 질문하게 하거나, 문서나 그 밖의 물건을 검사하게 하는 것

5. 심사 청구와 관계가 있는 근로자에게 공단이 지정하는 의사 · 치과의사 또는 한의사(이하 "의사등" 이라 한다)의 진단을 받게 하는 것

⑤ 제4항제4호에 따른 질문이나 검사를 하는 공단의 소속 직원은 그 권한을 표시하는 증표를 지니고 이를 관계인에게 내보여야 한다.

제106조(재심사 청구의 제기) ① 제105조제1항에 따른 심사 청구에 대한 결정에 불복하는 자는 제107조에 따른 산업재해보상보험재심사위원회에 재심사 청구를 할 수 있다. 다만, 판정위원회의 심의를 거친 보험급여에 관한 결정에 불복하는 자는 제103조에 따른 심사 청구를 하지 아니하고 재심사 청구를 할 수 있다.

② 제1항에 따른 재심사 청구는 그 보험급여 결정등을 한 공단의 소속 기관을 거쳐 제107조에 따른 산업재해보상보험재심사위원회에 제기하여야 한다.

③ 제1항에 따른 재심사 청구는 심사 청구에 대한 결정이 있음을 안 날부터 90일 이내에 제기하여야 한다. 다만, 제1항 단서에 따라 심사 청구를 거치지 아니하고 재심사 청구를 하는 경우에는 보험급여에 관한 결정이 있음을 안 날부터 90일 이내에 제기하여야 한다.

④ 재심사 청구에 관하여는 제103조제4항을 준용한다. 이 경우 "심사 청구서"는 "재심사 청구서"로, "공단"은 "산업재해보상보험재심사위원회"로 본다.

제107조(산업재해보상보험재심사위원회) ① 제106조에 따른 재심사 청구를 심리 · 재결하기 위하여 고용노동부에 산업재해보상보험재심사위원회(이하 "재심사위원회"라 한다)를 둔다. 〈개정 2010.6.4.〉

② 재심사위원회는 위원장 1명을 포함한 60명 이내의 위원으로 구성하되, 위원 중 2명은 상임위원으로, 1명은 당연직위원으로 한다.

③ 재심사위원회의 위원 중 5분의 2에 해당하는 위원은 제5항제2호부터 제5호까지에 해당하는 자 중에서 근로자 단체 및 사용자 단체가 각각 추천하는 자로 구성한다. 이 경우 근로자 단체 및 사용자 단체가 추천한 자는 같은 수로 하여야 한다.〈개정 2010.1.27.〉

④ 제3항에도 불구하고 근로자단체나 사용자단체가 각각 추천하는 사람이 위촉하려는 전체 위원 수의 5분의 1보다 적은 경우에는 제3항 후단을 적용하지 아니하고 근로자단체와 사용자단체가 추천하는 위원 수를 전체 위원 수의 5분의 2 미만으로 할 수 있다.〈신설 2010.1.27.〉

⑤ 재심사위원회의 위원장 및 위원은 다음 각 호의 어느 하나에 해당하는 자 중에서 고용노동부장관의 제청으로 대통령이 임명한다. 다만, 당연직위원은 고용노동부장관이 소속 3급의 일반직 공무원 또는 고위공무원단에 속하는 일반직 공무원 중에서 지명하는 자로 한다.〈개정 2010.1.27., 2010.6.4.〉

1. 3급 이상의 공무원 또는 고위공무원단에 속하는 일반직 공무원으로 재직하고 있거나 재직하였던 자

2. 판사·검사·변호사 또는 경력 10년 이상의 공인노무사

3. 「고등교육법」 제2조에 따른 학교에서 부교수 이상으로 재직하고 있거나 재직하였던 자

4. 노동 관계 업무 또는 산업재해보상보험 관련 업무에 15년 이상 종사한 자

5. 사회보험이나 산업의학에 관한 학식과 경험이 풍부한 자

⑥ 다음 각 호의 어느 하나에 해당하는 자는 위원에 임명될 수 없다.〈개정 2010.1.27., 2015.1.20.〉

1. 피성년후견인·피한정후견인 또는 파산선고를 받고 복권되지 아니한 자

2. 금고 이상의 형을 선고받고 그 형의 집행이 종료되거나 집행을 받지 아니하기로 확정된 후 3년이 지나지 아니한 자

3. 심신 상실자·심신 박약자

⑦ 재심사위원회 위원(당연직위원은 제외한다)의 임기는 3년으로 하되 연임할 수 있고, 위원장이나 상임위원인 위원의 임기가 끝난 경우 그 후임자가 임명될 때까지 그 직무를 수행할 수 있다.〈개정 2010.1.27.〉

⑧ 재심사위원회의 위원은 다음 각 호의 어느 하나에 해당하는 경우 외에는 그 의사에 반하여 면직되지 아니한다.〈개정 2010.1.27.〉

1. 금고 이상의 형을 선고받은 경우

2. 오랜 심신 쇠약으로 직무를 수행할 수 없게 된 경우

⑨ 재심사위원회에 사무국을 둔다〈개정 2010.1.27.〉

⑩ 재심사위원회의 조직·운영 등에 필요한 사항은 대통령령으로 정한다.〈개정 2010.1.27.〉

제108조(위원의 제척·기피·회피) ① 재심사위원회의 위원은 다음 각 호의 어느 하나에 해당하는 경우에는 그 사건의 심리(審理)·재결(裁決)에서 제척(除斥)된다.

1. 위원 또는 그 배우자나 배우자였던 자가 그 사건의 당사자가 되거나 그 사건에 관하여 공동권리자 또는 의무자의 관계에 있는 경우

2. 위원이 그 사건의 당사자와 「민법」 제777조에 따른 친족이거나 친족이었던 경우

3. 위원이 그 사건에 관하여 증언이나 감정을 한 경우

4. 위원이 그 사건에 관하여 당사자의 대리인으로서 관여하거나 관여하였던 경우

5. 위원이 그 사건의 대상이 된 보험급여 결정등에 관여한 경우

② 당사자는 위원에게 심리 · 재결의 공정을 기대하기 어려운 사정이 있는 경우에는 기피신청을 할 수 있다.

③ 위원은 제1항이나 제2항의 사유에 해당하면 스스로 그 사건의 심리 · 재결을 회피할 수 있다.

④ 사건의 심리 · 재결에 관한 사무에 관여하는 위원 아닌 직원에게도 제1항부터 제3항까지의 규정을 준용한다.

제109조(재심사 청구에 대한 심리와 재결) ① 재심사 청구에 대한 심리 · 재결에 관하여는 제105조제1항 및 같은 조 제3항부터 제5항까지를 준용한다. 이 경우 "공단"은 "재심사위원회"로, "심사위원회의 심의를 거쳐 심사 청구"는 "재심사 청구"로, "결정"은 "재결"로, "소속 직원"은 "재심사위원회의 위원"으로 본다.

② 재심사위원회의 재결은 공단을 기속(羈束)한다.

제110조(심사 청구인 및 재심사 청구인의 지위 승계) 심사 청구인 또는 재심사 청구인이 사망한 경우 그 청구인이 보험급여의 수급권자이면 제62조제1항 또는 제81조에 따른 유족이, 그 밖의 자이면 상속인 또는 심사 청구나 재심사 청구의 대상인 보험급여에 관련된 권리 · 이익을 승계한 자가 각각 청구인의 지위를 승계한다.

제111조(다른 법률과의 관계) ① 제103조 및 제106조에 따른 심사 청구 및 재심사 청구의 제기는 시효의 중단에 관하여 「민법」 제168조에 따른 재판상의 청구로 본다.

② 제106조에 따른 재심사 청구에 대한 재결은 「행정소송법」 제18조를 적용할 때 행정심판에 대한 재결로 본다.

③ 제103조 및 제106조에 따른 심사 청구 및 재심사 청구에 관하여 이 법에서 정하고 있지 아니한 사항에 대하여는 「행정심판법」에 따른다.

제7장 보 칙

제112조(시효) ① 다음 각 호의 권리는 3년간 행사하지 아니하면 시효로 말미암아 소멸한다. 〈개정 2010.1.27.〉

1. 제36조제1항에 따른 보험급여를 받을 권리
2. 제45조에 따른 산재보험 의료기관의 권리
3. 제46조에 따른 약국의 권리
4. 제89조에 따른 보험가입자의 권리
5. 제90조제1항에 따른 국민건강보험공단등의 권리

② 제1항에 따른 소멸시효에 관하여는 이 법에 규정된 것 외에는 「민법」에 따른다.

제113조(시효의 중단) 제112조에 따른 소멸시효는 제36조제2항에 따른 청구로 중단된다. 이 경우 청구가 제5조제1호에 따른 업무상의 재해 여부의 판단을 필요로 하는 최초의 청구인 경우에는 그 청구로 인한 시효중단의 효력은 제36조제1항에서 정한 다른 보험급여에도 미친다.

제114조(보고 등) ① 공단은 필요하다고 인정하면 대통령령으로 정하는 바에 따라 이 법의 적용을 받는 사업의 사업주 또는 그 사업에 종사하는 근로자 및 보험료징수법 제33조에 따른 보험사무대행기관(이하 "보험사무대행기관"이라 한다)에게 보험사업에 관하여 필요한 보고 또는 관계 서류의 제출을 요구할 수 있다.

② 장해보상연금, 유족보상연금, 진폐보상연금 또는 진폐유족연금을 받을 권리가 있는 자는 보험급여 지급에 필요한 사항으로서 대통령령으로 정하는 사항을 공단에 신고하여야 한다.〈개정 2010.5.20.〉

③ 수급권자 및 수급권이 있었던 자는 수급권의 변동과 관련된 사항으로서 대통령령으로 정하는 사항을 공단에 신고하여야 한다.

④ 수급권자가 사망하면 「가족관계의 등록 등에 관한 법률」 제85조에 따른 신고 의무자는 1개월 이내에 그 사망 사실을 공단에 신고하여야 한다.

제115조(연금 수급권자등의 출국신고 등) ① 대한민국 국민인 장해보상연금 수급권자, 유족보상연금 수급권자, 진폐보상연금 수급권자, 진폐유족연금 수급권자(이하 이 조에서 "장해보상연금 수급권자등"이라 한다) 또는 유족보상연금·진폐유족연금 수급자격자가 외국에서 거주하기 위하여 출국하는 경우에는 장해보상연금 수급권자등은 이를 공단에 신고하여야 한다.〈개정 2010.5.20.〉

② 장해보상연금 수급권자등과 유족보상연금·진폐유족연금 수급자격자가 외국에서 거주하는 기간에 장해보상연금, 유족보상연금, 진폐보상연금 또는 진폐유족연금을 받는 경우 장해보상연금 수급권자등은 그 수급권 또는 수급자격과 관련된 사항으로서 대통령령으로 정하는 사항을 매년 1회 이상 고용노동부령으로 정하는 바에 따라 공단에 신고하여야 한다.〈개정 2010.5.20., 2010.6.4.〉

[제목개정 2010.5.20.]

제116조(사업주의 조력) ① 보험급여를 받을 자가 사고로 보험급여의 청구 등의 절차를 행하기 곤란하면 사업주는 이를 도와야 한다.

② 사업주는 보험급여를 받을 자가 보험급여를 받는 데에 필요한 증명을 요구하면 그 증명을 하여야 한다.

③ 사업주의 행방불명, 그 밖의 부득이한 사유로 제2항에 따른 증명이 불가능하면 그 증명을 생략할 수 있다.

제117조(사업장 등에 대한 조사) ① 공단은 보험급여에 관한 결정, 심사 청구의 심리·결정 등을 위하여 확인이 필요하다고 인정하면 소속 직원에게 이 법의 적용을 받는 사업의 사무소 또는 사업장과 보험사무대행기관의 사무소에 출입하여 관계인에게 질문을 하게 하거나 관계 서류를 조사하게 할 수 있다.

② 제1항의 경우에 공단 직원은 그 권한을 표시하는 증표를 지니고 이를 관계인에게 내보여야 한다.

제118조(산재보험 의료기관에 대한 조사 등) ① 공단은 보험급여에 관하여 필요하다고 인정하면 대통령령으로 정하는 바에 따라 보험급여를 받는 근로자를 진료한 산재보험 의료기관(의사를 포함한다. 이하 이 조에서 같다)에 대하여 그 근로자의 진료에 관한 보고 또는 그 진료에 관한 서류나 물건의 제출을 요구하거나 소속 직원으로 하여금 그 관계인에게 질문을 하게 하거나 관계 서류나 물건을 조사하게 할 수 있다.

② 제1항의 조사에 관하여는 제117조제2항을 준용한다.

제119조(진찰 요구) 공단은 보험급여에 관하여 필요하다고 인정하면 대통령령으로 정하는 바에 따라 보험급여를 받은 자 또는 이를 받으려는 자에게 산재보험 의료기관에서 진찰을 받을 것을 요구할 수 있다.

제119조의2(포상금의 지급) 공단은 제84조제1항 및 같은 조 제3항에 따라 보험급여, 진료비 또는 약제비를 부당하게 지급받은 자를 신고한 사람에게 예산의 범위에서 고용노동부령으로 정하는 바에 따라 포상금을 지급할 수 있다. 〈개정 2010.6.4.〉
[본조신설 2010.5.20.]

제120조(보험급여의 일시 중지) ① 공단은 보험급여를 받고자 하는 자가 다음 각 호의 어느 하나에 해당되면 보험급여의 지급을 일시 중지할 수 있다. 〈개정 2010.5.20.〉
1. 요양 중인 근로자가 제48조제1항에 따른 공단의 전원 요양 지시를 정당한 사유 없이 따르지 아니하는 경우
2. 제59조에 따라 공단이 직권으로 실시하는 장해등급 또는 진폐장해등급 재판정 요구에 응하지 아니하는 경우
3. 제114조나 제115조에 따른 보고·서류제출 또는 신고를 하지 아니하는 경우
4. 제117조에 따른 질문이나 조사에 응하지 아니하는 경우
5. 제119조에 따른 진찰 요구에 따르지 아니하는 경우
② 제1항에 따른 일시 중지의 대상이 되는 보험급여의 종류, 일시 중지의 기간 및 일시 중지 절차는 대통령령으로 정한다.

제121조(국외의 사업에 대한 특례) ① 국외 근무 기간에 발생한 근로자의 재해를 보상하기 위하여 우리나라가 당사국이 된 사회 보장에 관한 조약이나 협정(이하 "사회보장관련조약"이라 한다)으로 정하는 국가나 지역에서의 사업에 대하여는 고용노동부장관이 금융위원회와 협의하여 지정하는 자(이하 "보험회사"라 한다)에게 이 법에 따른 보험사업을 자기의 계산으로 영위하게 할 수 있다. 〈개정 2008.2.29., 2010.1.27., 2010.6.4.〉
② 보험회사는 「보험업법」에 따른 사업 방법에 따라 보험사업을 영위한다. 이 경우 보험회사가 지급하는 보험급여는 이 법에 따른 보험급여보다 근로자에게 불이익하여서는 아니 된다.
③ 제1항에 따라 보험사업을 영위하는 보험회사는 이 법과 근로자를 위한 사회보장관련조약에서 정부가 부담하는 모든 책임을 성실히 이행하여야 한다.
④ 제1항에 따른 국외의 사업과 이를 대상으로 하는 보험사업에 대하여는 제2조, 제3조제1항, 제6조 단서, 제8조, 제82조와 제5장 및 제6장을 적용하지 아니한다.
⑤ 보험회사는 제1항에 따른 보험사업을 영위할 때 이 법에 따른 공단의 권한을 행사할 수 있다.

제122조(해외파견자에 대한 특례) ① 보험료징수법 제5조제3항 및 제4항에 따른 보험가입자가 대한민국 밖의 지역(고용노동부령으로 정하는 지역은 제외한다)에서 하는 사업에 근로시키기 위하여 파견하는 자(이하 "해외파견자"라 한다)에 대하여 공단에 보험 가입 신청을 하여 승인을 받으면 해외파견자를 그

가입자의 대한민국 영역 안의 사업(2개 이상의 사업이 있는 경우에는 주된 사업을 말한다)에 사용하는 근로자로 보아 이 법을 적용할 수 있다.〈개정 2010.6.4.〉

② 해외파견자의 보험급여의 기초가 되는 임금액은 그 사업에 사용되는 같은 직종 근로자의 임금액 및 그 밖의 사정을 고려하여 고용노동부장관이 정하여 고시하는 금액으로 한다.〈개정 2010.6.4.〉

③ 해외파견자에 대한 보험급여의 지급 등에 필요한 사항은 고용노동부령으로 정한다.〈개정 2010.6.4.〉

④ 제1항에 따라 이 법의 적용을 받는 해외파견자의 보험료 산정, 보험 가입의 신청 및 승인, 보험료의 신고 및 납부, 보험 관계의 소멸, 그 밖에 필요한 사항은 보험료징수법으로 정하는 바에 따른다.

제123조(현장실습생에 대한 특례) ① 이 법이 적용되는 사업에서 현장 실습을 하고 있는 학생 및 직업훈련생(이하 "현장실습생"이라 한다) 중 고용노동부장관이 정하는 현장실습생은 제5조제2호에도 불구하고 이 법을 적용할 때는 그 사업에 사용되는 근로자로 본다.〈개정 2010.6.4.〉

② 현장실습생이 실습과 관련하여 입은 재해는 업무상의 재해로 보아 제36조제1항에 따른 보험급여를 지급한다.〈개정 2010.5.20.〉

③ 현장실습생에 대한 보험급여의 기초가 되는 임금액은 현장실습생이 지급받는 훈련수당 등 모든 금품으로 하되, 이를 적용하는 것이 현장실습생의 재해보상에 적절하지 아니하다고 인정되면 고용노동부장관이 정하여 고시하는 금액으로 할 수 있다.〈개정 2010.6.4.〉

④ 현장실습생에 대한 보험급여의 지급 등에 필요한 사항은 대통령령으로 정한다.

⑤ 현장실습생에 대한 보험료의 산정·신고 및 납부 등에 관한 사항은 보험료징수법으로 정하는 바에 따른다.

제124조(중·소기업 사업주에 대한 특례) ① 대통령령으로 정하는 중·소기업 사업주(근로자를 사용하지 아니하는 자를 포함한다. 이하 이 조에서 같다)는 공단의 승인을 받아 자기 또는 유족을 보험급여를 받을 수 있는 자로 하여 보험에 가입할 수 있다. 이 경우 제5조제2호에도 불구하고 그 사업주는 이 법을 적용할 때 근로자로 본다.

② 제1항에 따른 중·소기업 사업주에 대한 보험급여의 지급 사유인 업무상의 재해의 인정 범위는 대통령령으로 정한다.

③ 제1항에 따른 중·소기업 사업주에 대한 보험급여의 산정 기준이 되는 평균임금은 고용노동부장관이 정하여 고시하는 금액으로 한다.〈개정 2010.6.4.〉

④ 제2항에 따른 업무상의 재해가 보험료의 체납 기간에 발생하면 대통령령으로 정하는 바에 따라 그 재해에 대한 보험급여의 전부 또는 일부를 지급하지 아니할 수 있다.

⑤ 중·소기업 사업주에 대한 보험급여의 지급 등에 필요한 사항은 고용노동부령으로 정한다.〈개정 2010.6.4.〉

⑥ 제1항에 따라 이 법의 적용을 받는 중·소기업 사업주의 보험료의 산정, 보험 가입의 신청 및 승인, 보험료의 신고 및 납부, 보험관계의 소멸, 그 밖에 필요한 사항은 보험료징수법으로 정하는 바에 따른다.

제125조(특수형태근로종사자에 대한 특례) ① 계약의 형식에 관계없이 근로자와 유사하게 노무를 제공

함에도 「근로기준법」 등이 적용되지 아니하여 업무상의 재해로부터 보호할 필요가 있는 자로서 다음 각 호의 모두에 해당하는 자 중 대통령령으로 정하는 직종에 종사하는 자(이하 이 조에서 "특수형태근로종사자"라 한다)의 노무(勞務)를 제공받는 사업은 제6조에도 불구하고 이 법의 적용을 받는 사업으로 본다. 〈개정 2010.1.27.〉

1. 주로 하나의 사업에 그 운영에 필요한 노무를 상시적으로 제공하고 보수를 받아 생활할 것
2. 노무를 제공함에 있어서 타인을 사용하지 아니할 것

② 특수형태근로종사자는 제5조제2호에도 불구하고 이 법을 적용할 때에는 그 사업의 근로자로 본다. 다만, 특수형태근로종사자가 제4항에 따라 이 법의 적용 제외를 신청한 경우에는 근로자로 보지 아니한다.〈개정 2010.1.27.〉

③ 사업주는 특수형태근로종사자로부터 노무를 제공받거나 제공받지 아니하게 된 경우에는 이를 대통령령으로 정하는 바에 따라 공단에 신고하여야 한다.

④ 특수형태근로종사자는 이 법의 적용을 원하지 아니하는 경우 보험료징수법으로 정하는 바에 따라 공단에 이 법의 적용 제외를 신청할 수 있다. 다만, 사업주가 보험료를 전액 부담하는 특수형태근로종사자의 경우에는 그러하지 아니하다.

⑤ 제4항에 따라 이 법의 적용 제외를 신청한 경우에는 신청한 날의 다음 날부터 이 법을 적용하지 아니한다. 다만, 처음 이 법의 적용을 받은 날부터 70일 이내에 이 법의 적용 제외를 신청한 경우에는 처음 이 법의 적용을 받은 날로 소급하여 이 법을 적용하지 아니한다.

⑥ 제4항과 제5항에 따라 이 법의 적용을 받지 아니하는 자가 다시 이 법의 적용을 받기 위하여 공단에 신청하는 경우에는 다음 보험연도부터 이 법을 적용한다.

⑦ 제1항에 따라 이 법의 적용을 받는 특수형태근로종사자에 대한 보험관계의 성립·소멸 및 변경, 법 적용 제외 및 재적용의 신청, 보험료의 산정·신고·납부, 보험료나 그 밖의 징수금의 징수에 필요한 사항은 보험료징수법에서 정하는 바에 따른다.

⑧ 특수형태근로종사자에 대한 보험급여의 산정 기준이 되는 평균임금은 고용노동부장관이 고시하는 금액으로 한다.〈개정 2010.6.4.〉

⑨ 특수형태근로종사자에 대한 보험급여 지급사유인 업무상의 재해의 인정 기준은 대통령령으로 정한다.

⑩ 제9항에 따른 업무상의 재해가 보험료 체납기간 중에 발생한 경우에는 대통령령으로 정하는 바에 따라 그 업무상의 재해에 따른 보험급여의 전부 또는 일부를 지급하지 아니할 수 있다.

⑪ 특수형태근로종사자에 대한 보험급여의 지급 등에 필요한 사항은 고용노동부령으로 정한다.〈신설 2010.1.27., 2010.6.4.〉

제126조(「국민기초생활 보장법」 상의 수급자에 대한 특례) ① 제5조제2호에 따른 근로자가 아닌 자로서 「국민기초생활 보장법」 제15조에 따른 자활급여 수급자 중 고용노동부장관이 정하여 고시하는 사업에 종사하는 자는 제5조제2호에도 불구하고 이 법의 적용을 받는 근로자로 본다. 〈개정 2010.6.4.〉

② 자활급여 수급자의 보험료 산정 및 보험급여의 기초가 되는 임금액은 자활급여 수급자가 제1항의 사업에 참여하여 받는 자활급여로 한다.

제8장 벌 칙

제127조(벌칙) ① 산재보험 의료기관이나 제46조제1항에 따른 약국의 종사자로서 거짓이나 그 밖의 부정한 방법으로 진료비나 약제비를 지급받은 자는 3년 이하의 징역 또는 3천만원 이하의 벌금에 처한다.

② 거짓이나 그 밖의 부정한 방법으로 보험급여를 받은 자는 2년 이하의 징역 또는 2천만원 이하의 벌금에 처한다.

③ 제21조제3항을 위반하여 비밀을 누설한 자는 2년 이하의 징역 또는 1천만원 이하의 벌금에 처한다.〈개정 2010.1.27.〉

제128조(양벌규정) 법인의 대표자나 법인 또는 개인의 대리인, 사용인, 그 밖의 종업원이 그 법인 또는 개인의 업무에 관하여 제127조제1항의 위반행위를 하면 그 행위자를 벌하는 외에 그 법인 또는 개인에게도 해당 조문의 벌금형을 과(科)한다. 다만, 법인 또는 개인이 그 위반행위를 방지하기 위하여 해당 업무에 관하여 상당한 주의와 감독을 게을리하지 아니한 경우에는 그러하지 아니하다.
[전문개정 2009.1.7.]

제129조(과태료) ① 다음 각 호의 어느 하나에 해당하는 자에게는 200만원 이하의 과태료를 부과한다.〈개정 2010.1.27.〉

1. 제34조를 위반하여 근로복지공단 또는 이와 비슷한 명칭을 사용한 자
2. 제45조제1항을 위반하여 공단이 아닌 자에게 진료비를 청구한 자

② 다음 각 호의 어느 하나에 해당하는 자에게는 100만원 이하의 과태료를 부과한다.

1. 제47조제1항에 따른 진료계획을 정당한 사유 없이 제출하지 아니하는 자
2. 제105조제4항(제109조제1항에서 준용하는 경우를 포함한다)에 따른 질문에 답변하지 아니하거나 거짓된 답변을 하거나 검사를 거부·방해 또는 기피한 자
3. 제114조제1항 또는 제118조에 따른 보고를 하지 아니하거나 거짓된 보고를 한 자 또는 서류나 물건의 제출 명령에 따르지 아니한 자
4. 제117조 또는 제118조에 따른 공단의 소속 직원의 질문에 답변을 거부하거나 조사를 거부·방해 또는 기피한 자
5. 제125조제3항에 따른 신고를 하지 아니한 자

③ 제1항 또는 제2항에 따른 과태료는 대통령령으로 정하는 바에 따라 고용노동부장관이 부과·징수한다.〈개정 2010.6.4.〉

④ 삭제〈2010.1.27.〉

⑤ 삭제〈2010.1.27.〉

⑥ 삭제〈2010.1.27.〉

부 칙 〈제13323호,2015.5.18.〉

제1조(시행일) 이 법은 공포 후 6개월이 경과한 날부터 시행한다.

제2조 생략

제3조(다른 법률의 개정) ①부터 ④까지 생략

⑤ 산업재해보상보험법 일부를 다음과 같이 개정한다.

제43조제1항제3호 중 "「지역보건법」 제7조"를 "「지역보건법」 제10조"로, "「지역보건법」 제8조"를 "「지역보건법」 제12조"로 한다.

⑥부터 ⑨까지 생략

제4조 생략

10. 파견근로자보호 등에 관한 법률

시　　행　2014. 09. 19

제　　정　1998. 02. 20
일부개정　2008. 03. 21. (법률 제8964호)
일부개정　2013. 03. 22. (법률 제11668호)
일부개정　2014. 03. 18. (법률 제12470호)

제1장　총칙

제1조(목적) 이 법은 근로자파견사업의 적정한 운영을 기하고 파견근로자의 근로조건등에 관한 기준을 확립함으로써 파견근로자의 고용안정과 복지증진에 이바지하고 인력수급을 원활하게 함을 목적으로 한다.

제2조(정의) 이 법에서 사용하는 용어의 정의는 다음과 같다. 〈개정 2006.12.21., 2013.3.22.〉

1. "근로자파견"이라 함은 파견사업주가 근로자를 고용한 후 그 고용관계를 유지하면서 근로자파견계약의 내용에 따라 사용사업주의 지휘·명령을 받아 사용사업주를 위한 근로에 종사하게 하는 것을 말한다.
2. "근로자파견사업"이라 함은 근로자파견을 업으로 행하는 것을 말한다.
3. "파견사업주"라 함은 근로자파견사업을 행하는 자를 말한다.
4. "사용사업주"라 함은 근로자파견계약에 의하여 파견근로자를 사용하는 자를 말한다.
5. "파견근로자"라 함은 파견사업주가 고용한 근로자로서 근로자파견의 대상이 되는 자를 말한다.
6. "근로자파견계약"이라 함은 파견사업주와 사용사업주간에 근로자파견을 약정하는 계약을 말한다.
7. "차별적 처우"라 함은 다음 각 목의 사항에 있어서 합리적인 이유 없이 불리하게 처우하는 것을 말한다.
   가. 「근로기준법」 제2조제1항제5호에 따른 임금
   나. 정기상여금, 명절상여금 등 정기적으로 지급되는 상여금
   다. 경영성과에 따른 성과금
   라. 그 밖에 근로조건 및 복리후생 등에 관한 사항

제3조(정부의 책무) 정부는 파견근로자를 보호하고 근로자의 구직과 사용자의 인력확보를 용이하게 하기 위하여 다음 각호의 각종 시책을 강구·시행함으로써 근로자가 사용자에게 직접 고용될 수 있도록 노력하여야 한다.

1. 고용정보의 수집·제공
2. 직업에 관한 연구
3. 직업지도
4. 직업안정기관의 설치·운영

제4조(근로자파견사업의 조사 · 연구) ① 정부는 필요한 경우 근로자대표 · 사용자대표 · 공익대표 및 관계전문가로 하여금 근로자파견사업의 적정한 운영과 파견근로자의 보호에 관한 주요사항을 조사 · 연구하게 할 수 있다.

② 제1항의 규정에 의한 조사 · 연구에 관하여 필요한 사항은 고용노동부령으로 정한다.〈개정 2010.6.4.〉

제2장   근로자파견사업의 적정운영

제5조(근로자파견대상업무 등) ① 근로자파견사업은 제조업의 직접생산공정업무를 제외하고 전문지식 · 기술 · 경험 또는 업무의 성질 등을 고려하여 적합하다고 판단되는 업무로서 대통령령이 정하는 업무를 대상으로 한다. 〈개정 2006.12.21.〉

② 제1항의 규정에 불구하고 출산 · 질병 · 부상 등으로 결원이 생긴 경우 또는 일시적 · 간헐적으로 인력을 확보하여야 할 필요가 있는 경우에는 근로자파견사업을 행할 수 있다.〈개정 2006.12.21.〉

③ 제1항 및 제2항의 규정에 불구하고 다음 각 호의 업무에 대하여는 근로자파견사업을 행하여서는 아니 된다.〈신설 2006.12.21., 2007.8.3., 2011.8.4.〉

1. 건설공사현장에서 이루어지는 업무

2. 「항만운송사업법」 제3조제1호, 「한국철도공사법」 제9조제1항제1호, 「농수산물유통 및 가격안정에 관한 법률」 제40조, 「물류정책기본법」 제2조제1항제1호의 하역업무로서 「직업안정법」 제33조의 규정에 따라 근로자공급사업 허가를 받은 지역의 업무

3. 「선원법」 제2조제1호에 따른 선원의 업무

4. 「산업안전보건법」 제28조의 규정에 따른 유해하거나 위험한 업무

5. 그 밖에 근로자 보호 등의 이유로 근로자파견사업의 대상으로는 적절하지 못하다고 인정하여 대통령령이 정하는 업무

④ 제2항의 규정에 의하여 파견근로자를 사용하고자 할 경우 사용사업주는 당해 사업 또는 사업장에 근로자의 과반수로 조직된 노동조합이 있는 경우에는 그 노동조합, 근로자의 과반수로 조직된 노동조합이 없는 경우에는 근로자의 과반수를 대표하는 자와 사전에 성실하게 협의하여야 한다.〈개정 2006.12.21.〉

⑤ 누구든지 제1항 내지 제4항의 규정을 위반하여 근로자파견사업을 행하거나 그 근로자파견사업을 행하는 자로부터 근로자파견의 역무를 제공받아서는 아니된다.〈개정 2006.12.21.〉

제6조(파견기간) ①근로자파견의 기간은 제5조제2항의 규정에 해당하는 경우를 제외하고는 1년을 초과하지 못한다. 〈개정 2006.12.21.〉

② 제1항의 규정에 불구하고 파견사업주 · 사용사업주 · 파견근로자간의 합의가 있는 경우에는 파견기간을 연장할 수 있다. 이 경우 1회를 연장할 때에는 그 연장기간은 1년을 초과하지 못하며, 연장된 기간을 포함한 총파견기간은 2년을 초과하지 못한다.〈신설 2006.12.21.〉

③ 「고용상 연령차별금지 및 고령자고용촉진에 관한 법률」 제2조제1호의 규정에 따른 고령자인 파견근로자에 대하여는 제2항 후단의 규정에 불구하고 2년을 초과하여 근로자파견기간을 연장할 수 있

다.〈개정 2006.12.21., 2012.2.1.〉

④ 제5조제2항의 규정에 의한 근로자파견의 기간은 다음과 같다.〈개정 2006.12.21.〉

1. 출산·질병·부상등 그 사유가 객관적으로 명백한 경우에는 그 사유의 해소에 필요한 기간

2. 일시적·간헐적으로 인력을 확보할 필요가 있는 경우에는 3월이내의 기간. 다만, 그 사유가 해소되지 아니하고 파견사업주·사용사업주·파견근로자간의 합의가 있는 경우에는 1회에 한하여 3월의 범위안에서 그 기간을 연장할 수 있다.

제6조의2(고용의무) ① 사용사업주가 다음 각 호의 어느 하나에 해당하는 경우에는 해당 파견근로자를 직접 고용하여야 한다. 〈개정 2012.2.1.〉

1. 제5조제1항의 근로자파견대상업무에 해당하지 아니하는 업무에서 파견근로자를 사용하는 경우(제5조제2항에 따라 근로자파견사업을 행한 경우는 제외한다)

2. 제5조제3항의 규정을 위반하여 파견근로자를 사용하는 경우

3. 제6조제2항을 위반하여 2년을 초과하여 계속적으로 파견근로자를 사용하는 경우

4. 제6조제4항을 위반하여 파견근로자를 사용하는 경우

5. 제7조제3항의 규정을 위반하여 근로자파견의 역무를 제공받은 경우

② 제1항의 규정은 당해 파견근로자가 명시적인 반대의사를 표시하거나 대통령령이 정하는 정당한 이유가 있는 경우에는 적용하지 아니한다.

③ 제1항의 규정에 따라 사용사업주가 파견근로자를 직접 고용하는 경우에 있어서 파견근로자의 근로조건은 다음과 같다.

1. 사용사업주의 근로자 중 당해 파견근로자와 동종 또는 유사업무를 수행하는 근로자가 있는 경우에는 그 근로자에게 적용되는 취업규칙 등에서 정하는 근로조건에 의할 것

2. 사용사업주의 근로자 중 당해 파견근로자와 동종 또는 유사업무를 수행하는 근로자가 없는 경우에는 당해 파견근로자의 기존의 근로조건의 수준보다 저하되어서는 아니될 것

④ 사용사업주는 파견근로자를 사용하고 있는 업무에 근로자를 직접 고용하고자 하는 경우에는 당해 파견근로자를 우선적으로 고용하도록 노력하여야 한다.

[본조신설 2006.12.21.]

제7조(근로자파견사업의 허가) ① 근로자파견사업을 하고자 하는 자는 고용노동부령이 정하는 바에 의하여 고용노동부장관의 허가를 받아야 한다. 허가받은 사항중 고용노동부령이 정하는 중요사항을 변경하는 경우에도 또한 같다. 〈개정 2010.6.4.〉

② 제1항 전단의 규정에 의하여 근로자파견사업의 허가를 받은 자가 허가받은 사항중 동항 후단의 규정에 의한 중요사항외의 사항을 변경하고자 하는 경우에는 고용노동부령이 정하는 바에 의하여 고용노동부장관에게 신고하여야 한다.〈개정 2010.6.4.〉

③ 사용사업주는 제1항의 규정을 위반하여 근로자파견사업을 행하는 자로부터 근로자파견의 역무를 제공받아서는 아니 된다.〈신설 2006.12.21.〉

제8조(허가의 결격사유) 다음 각호의 1에 해당하는 자는 제7조의 규정에 의한 근로자파견사업의 허가를 받을 수 없다. 〈개정 2007.4.11., 2008.3.21., 2011.8.4.〉

1. 미성년자·금치산자·한정치산자 또는 파산선고를 받고 복권되지 아니한 자
2. 금고이상의 형(집행유예를 제외한다)의 선고를 받고 그 집행이 종료되거나 집행을 받지 아니하기로 확정된 후 2년이 경과되지 아니한 자
3. 이 법, 직업안정법,「근로기준법」제7조, 제9조, 제20조부터 제22조까지, 제36조, 제43조부터 제46조까지, 제56조 및 제64조,「최저임금법」제6조,「선원법」제110조을 위반하여 벌금이상의 형(집행유예를 제외한다)의 선고를 받고 그 집행이 종료되거나 집행을 받지 아니하기로 확정된 후 3년이 경과되지 아니한 자
4. 금고이상의 형의 집행유예선고를 받고 그 유예기간중에 있는 자
5. 제12조의 규정에 의한 당해 사업의 허가가 취소된 후 3년이 경과되지 아니한 자
6. 법인으로서 그 임원중 제1호 내지 제5호의1에 해당하는 자가 있는 법인

제9조(허가의 기준) ① 고용노동부장관은 제7조의 규정에 의하여 근로자파견사업의 허가신청이 있는 경우에는 다음 각호의 요건에 적합한 경우에 한하여 이를 허가할 수 있다.〈개정 2010.6.4.〉
1. 신청인이 당해 근로자파견사업을 적정하게 수행할 수 있는 자산 및 시설등을 갖추고 있을 것
2. 당해 사업이 특정한 소수의 사용사업주를 대상으로 하여 근로자파견을 행하는 것이 아닐 것
② 제1항의 규정에 의한 허가의 세부기준은 대통령령으로 정한다.

제10조(허가의 유효기간등) ① 근로자파견사업의 허가의 유효기간은 3년으로 한다.
② 제1항의 규정에 의한 허가의 유효기간의 만료후 계속하여 근로자파견사업을 하고자 하는 자는 고용노동부령이 정하는 바에 의하여 갱신허가를 받아야 한다.〈개정 2010.6.4.〉
③ 제2항의 규정에 의한 갱신허가의 유효기간은 당해 갱신전의 허가의 유효기간이 만료되는 날의 다음날부터 기산하여 3년으로 한다.
④ 제7조 내지 제9조의 규정은 제2항의 규정에 의한 갱신허가에 관하여 이를 준용한다.

제11조(사업의 폐지) ① 파견사업주는 근로자파견사업을 폐지한 때에는 고용노동부령이 정하는 바에 의하여 고용노동부장관에게 신고하여야 한다.〈개정 2010.6.4.〉
② 제1항의 규정에 의한 신고가 있는 때에는 근로자파견사업의 허가는 신고일부터 그 효력을 잃는다.

제12조(허가의 취소등) ① 고용노동부장관은 파견사업주가 다음 각호의 1에 해당하는 때에는 근로자파견사업의 허가를 취소하거나 6월 이내의 기간을 정하여 영업정지를 명할 수 있다. 다만, 제1호 또는 제2호에 해당하는 때에는 그 허가를 취소하여야 한다.〈개정 2008.3.21., 2010.6.4.〉
1. 제7조제1항 또는 제10조제2항에 따른 허가를 거짓이나 그 밖의 부정한 방법으로 받은 때
2. 제8조의 규정에 의한 결격사유에 해당하게 된 때
3. 제9조의 규정에 의한 허가의 기준에 미달하게 된 때
4. 제5조제5항을 위반하여 근로자파견사업을 행한 때
5. 제6조제1항·제2항 또는 제4항을 위반하여 근로자파견사업을 행한 때
6. 제7조제1항 후단을 위반하여 허가를 받지 아니하고 중요한 사항을 변경한 때
7. 제7조제2항에 따른 변경신고를 하지 아니하고 신고사항을 변경한 때
8. 제11조제1항에 따른 폐지신고를 하지 아니한 때

9. 제13조제2항을 위반하여 영업정지처분의 내용을 사용사업주에게 통지하지 아니한 때

10. 제14조에 따른 겸업금지의무를 위반한 때

11. 제15조를 위반하여 명의를 대여한 때

12. 제16조제1항을 위반하여 근로자를 파견한 때

13. 제17조에 따른 준수사항을 위반한 때

14. 제18조에 따른 보고를 하지 아니하거나 거짓의 보고를 한 때

15. 제20조제1항에 따른 근로자파견계약을 서면으로 체결하지 아니한 때

16. 제24조제2항을 위반하여 근로자의 동의를 얻지 아니하고 근로자파견을 행한 때

17. 제25조를 위반하여 근로계약 또는 근로자파견계약을 체결한 때

18. 제26조제1항을 위반하여 파견근로자에게 제20조제1항제2호·제4호부터 제12호까지의 사항을 알려주지 아니한 때

19. 제28조에 따른 파견사업관리책임자를 선임하지 아니하거나 결격사유에 해당하는 자를 선임한 때

20. 제29조에 따른 파견사업관리대장을 작성하지 아니하거나 보존하지 아니한 때

21. 제35조제5항을 위반하여 건강진단결과를 송부하지 아니한 때

22. 제37조에 따른 근로자파견사업의 운영 및 파견근로자의 고용관리 등에 관한 개선명령을 이행하지 아니한 때

23. 제38조에 따른 보고명령을 위반하거나 관계 공무원의 출입·검사·질문 등의 업무를 거부·기피·방해한 때

② 고용노동부장관은 법인이 제8조제6호의 규정에 의한 결격사유에 해당되어 허가를 취소하고자 하는 경우에는 미리 그 임원의 개임에 필요한 기간을 1월 이상 주어야 한다.〈개정 2010.6.4.〉

③ 고용노동부장관은 제1항의 규정에 의하여 허가를 취소하고자 하는 경우에는 청문을 실시하여야 한다.〈개정 2010.6.4.〉

④ 제1항의 규정에 의한 근로자파견사업의 허가의 취소 또는 영업정지의 기준은 고용노동부령으로 정한다.〈개정 2010.6.4.〉

제13조(허가취소등의 처분후의 근로자파견) ① 제12조의 규정에 의한 허가의 취소 또는 영업의 정지처분을 받은 파견사업주는 그 처분전에 파견한 파견근로자와 그 사용사업주에 대하여는 그 파견기간이 종료될 때까지 파견사업주로서의 의무와 권리를 가진다.

② 제1항의 경우에 파견사업주는 그 처분의 내용을 지체없이 사용사업주에게 통지하여야 한다.

제14조(겸업금지) 다음 각호의 1에 해당하는 사업을 하는 자는 근로자파견사업을 행할 수 없다.〈개정 2009.2.6.〉

1. 「식품위생법」 제36조제1항제3호에 따른 식품접객업

2. 공중위생법 제2조제1항제1호 가목의 규정에 의한 숙박업

3. 가정의례에관한법률 제5조의 규정에 의한 결혼상담 또는 중매행위를 하는 업

4. 기타 대통령령으로 정하는 사업

제15조(명의대여의 금지) 파견사업주는 자기의 명의로 타인에게 근로자파견사업을 행하게 하여서는 아니된다.

제16조(근로자파견의 제한) ① 파견사업주는 쟁의행위중인 사업장에 그 쟁의행위로 중단된 업무의 수행을 위하여 근로자를 파견하여서는 아니된다.

② 누구든지「근로기준법」제24조의 규정에 의한 경영상의 이유에 의한 해고를 한 후 대통령령이 정하는 일정기간이 경과하기 전에는 당해 업무에 파견근로자를 사용하여서는 아니된다.〈개정 2007.4.11.〉

제17조(파견사업주등의 준수사항) 파견사업주 및 제28조의 규정에 의한 파견사업관리책임자는 근로자파견사업을 행함에 있어 고용노동부령이 정하는 사항을 준수하여야 한다.〈개정 2010.6.4.〉

제18조(사업보고) 파견사업주는 고용노동부령이 정하는 바에 따라 사업보고서를 작성하여 고용노동부장관에게 제출하여야 한다.〈개정 2010.6.4.〉

제19조(폐쇄조치등) ① 고용노동부장관은 허가를 받지 아니하고 근로자파견사업을 하거나 허가의 취소 또는 영업의 정지처분을 받은 후 계속하여 사업을 하는 자에 대하여는 관계공무원으로 하여금 당해 사업을 폐쇄하기 위하여 다음 각호의 조치를 하게 할 수 있다.〈개정 2010.6.4.〉

1. 당해 사무소 또는 사무실의 간판 기타 영업표지물의 제거 · 삭제
2. 당해 사업이 위법한 것임을 알리는 게시물의 부착
3. 당해 사업의 운영을 위하여 필수불가결한 기구 또는 시설물을 사용할 수 없게 하는 봉인

② 제1항의 규정에 의한 조치를 하고자 하는 경우에는 미리 이를 당해 파견사업주 또는 그 대리인에게 서면으로 알려주어야 한다. 다만, 급박한 사유가 있는 경우에는 그러하지 아니하다.

③ 제1항의 규정에 의한 조치는 그 사업을 할 수 없게 함에 필요한 최소한의 범위에 그쳐야 한다.

④ 제1항의 규정에 의하여 조치를 하는 관계공무원은 그 권한을 표시하는 증표를 관계인에게 내보여야 한다.

제3장 파견근로자의 근로조건등

제1절 근로자파견계약

제20조(계약의 내용등) ① 근로자파견계약의 당사자는 고용노동부령이 정하는 바에 따라 다음 각호의 사항이 포함되는 근로자파견계약을 서면으로 체결하여야 한다.〈개정 2006.12.21., 2010.6.4.〉

1. 파견근로자의 수
2. 파견근로자가 종사할 업무의 내용
3. 파견사유(제5조제2항의 규정에 의하여 근로자파견을 행하는 경우에 한한다)
4. 파견근로자가 파견되어 근로할 사업장의 명칭 및 소재지 기타 파견근로자의 근로장소
5. 파견근로중인 파견근로자를 직접 지휘 · 명령할 자에 관한 사항
6. 근로자파견기간 및 파견근로 개시일에 관한 사항
7. 시업 및 종업의 시각과 휴게시간에 관한 사항
8. 휴일 · 휴가에 관한 사항

9. 연장 · 야간 · 휴일근로에 관한 사항

10. 안전 및 보건에 관한 사항

11. 근로자파견의 대가

12. 기타 고용노동부령이 정하는 사항

② 사용사업주는 제1항의 규정에 따라 근로자파견계약을 체결하는 때에는 파견사업주에게 제21조제1항의 규정을 준수하도록 하기 위하여 필요한 정보를 제공하여야 한다. 이 경우 제공하여야 하는 정보의 범위 및 제공방법 등에 관한 사항은 대통령령으로 정한다.〈신설 2006.12.21.〉

제21조(차별적 처우의 금지 및 시정 등) ① 파견사업주와 사용사업주는 파견근로자임을 이유로 사용사업주의 사업 내의 동종 또는 유사한 업무를 수행하는 근로자에 비하여 파견근로자에게 차별적 처우를 하여서는 아니 된다.

② 파견근로자는 차별적 처우를 받은 경우 노동위원회에 그 시정을 신청할 수 있다.

③ 제2항의 규정에 따른 시정신청 그 밖의 시정절차 등에 관하여는 「기간제 및 단시간근로자 보호 등에 관한 법률」 제9조 내지 제15조 및 제16조(동조제1호 및 제4호를 제외한다)의 규정을 준용한다. 이 경우 "기간제근로자 또는 단시간근로자"는 "파견근로자"로, "사용자"는 "파견사업주 또는 사용사업주"로 본다.

④ 제1항 내지 제3항의 규정은 사용사업주가 상시 4인 이하의 근로자를 사용하는 경우에는 이를 적용하지 아니한다.

[전문개정 2006.12.21.]

제21조의2(고용노동부장관의 차별적 처우 시정요구 등) ① 고용노동부장관은 파견사업주와 사용사업주가 제21조제1항을 위반하여 차별적 처우를 한 경우에는 그 시정을 요구할 수 있다.

② 고용노동부장관은 파견사업주와 사용사업주가 제1항에 따른 시정요구에 응하지 아니할 경우에는 차별적 처우의 내용을 구체적으로 명시하여 노동위원회에 통보하여야 한다. 이 경우 고용노동부장관은 해당 파견사업주 또는 사용사업주 및 근로자에게 그 사실을 통지하여야 한다.

③ 노동위원회는 제2항에 따라 고용노동부장관의 통보를 받은 경우에는 지체 없이 차별적 처우가 있는지 여부를 심리하여야 한다. 이 경우 노동위원회는 해당 파견사업주 또는 사용사업주 및 근로자에게 의견을 진술할 수 있는 기회를 부여하여야 한다.

④ 제3항에 따른 노동위원회의 심리 및 그 밖의 시정절차 등에 관하여는 「기간제 및 단시간근로자 보호 등에 관한 법률」 제15조의2제4항에 따라 준용되는 같은 법 제9조제4항, 제11조부터 제15조까지의 규정 및 제15조의2제5항을 준용한다. 이 경우 "시정신청을 한 날"은 "통지를 받은 날"로, "기각결정"은 "차별적 처우가 없다는 결정"으로, "관계 당사자"는 "해당 파견사업주 또는 사용사업주 및 근로자"로, "시정신청을 한 근로자"는 "해당 근로자"로 본다.

[본조신설 2012.2.1.]

제21조의3(확정된 시정명령의 효력 확대) ① 고용노동부장관은 제21조제3항 또는 제21조의2제4항에 따라 준용되는 「기간제 및 단시간근로자 보호 등에 관한 법률」 제14조에 따라 확정된 시정명령을 이행할 의무가 있는 파견사업주 또는 사용사업주의 사업 또는 사업장에서 해당 시정명령의 효력이 미치는 근로자 이외의 파견근로자에 대하여 차별적 처우가 있는지를 조사하여 차별적 처우가 있는 경우

에는 그 시정을 요구할 수 있다.

② 파견사업주 또는 사용사업주가 제1항에 따른 시정요구에 응하지 아니할 경우에는 제21조의2제2항부터 제4항까지의 규정을 준용한다.

[본조신설 2014.3.18.]

제22조(계약의 해지등) ① 사용사업주는 파견근로자의 성별·종교·사회적 신분이나 파견근로자의 정당한 노동조합의 활동등을 이유로 근로자파견계약을 해지하여서는 아니된다.

② 파견사업주는 사용사업주가 파견근로에 관하여 이 법 또는 이 법에 의한 명령, 근로기준법 또는 동법에 의한 명령, 산업안전보건법 또는 동법에 의한 명령에 위반하는 경우에는 근로자파견을 정지하거나 근로자파견계약을 해지할 수 있다.

제2절 파견사업주가 강구하여야 할 조치

제23조(파견근로자의 복지증진) 파견사업주는 파견근로자의 희망과 능력에 적합한 취업 및 교육훈련기회의 확보, 근로조건의 향상 기타 고용안정을 기하기 위하여 필요한 조치를 강구함으로써 파견근로자의 복지증진에 노력하여야 한다.

제24조(파견근로자에 대한 고지의무) ① 파견사업주는 근로자를 파견근로자로서 고용하고자 할 때에는 미리 당해 근로자에게 그 취지를 서면으로 알려주어야 한다. 〈개정 2006.12.21.〉

② 파견사업주는 그가 고용한 근로자중 파견근로자로 고용하지 아니한 자를 근로자파견의 대상으로 하고자 할 경우에는 미리 그 취지를 서면으로 알려주고 당해 근로자의 동의를 얻어야 한다.〈개정 2006.12.21.〉

제25조(파견근로자에 대한 고용제한의 금지) ① 파견사업주는 정당한 이유없이 파견근로자 또는 파견근로자로서 고용되고자 하는 자와 그 고용관계의 종료후 사용사업주에게 고용되는 것을 금지하는 내용의 근로계약을 체결하여서는 아니된다.

② 파견사업주는 정당한 이유없이 파견근로자의 고용관계의 종료후 사용사업주가 당해 파견근로자를 고용하는 것을 금지하는 내용의 근로자파견계약을 체결하여서는 아니된다.

제26조(취업조건의 고지) ① 파견사업주는 근로자파견을 하고자 할 때에는 미리 당해 파견근로자에게 제20조제1항 각호의 사항 기타 고용노동부령이 정하는 사항을 서면으로 알려주어야 한다. 〈개정 2006.12.21., 2010.6.4.〉

② 파견근로자는 파견사업주에게 제20조제1항제11호의 규정에 따른 당해 근로자파견의 대가에 관하여 그 내역의 제시를 요구할 수 있다.〈신설 2006.12.21.〉

③ 파견사업주는 제2항의 규정에 따라 그 내역의 제시를 요구받은 때에는 지체 없이 그 내역을 서면으로 제시하여야 한다.〈신설 2006.12.21.〉

제27조(사용사업주에 대한 통지) 파견사업주는 근로자파견을 할 경우에는 파견근로자의 성명 기타 고용노동부령이 정하는 사항을 사용사업주에게 통지하여야 한다. 〈개정 2010.6.4.〉

제28조(파견사업관리책임자) ① 파견사업주는 파견근로자의 적절한 고용관리를 위하여 제8조제1호 내

지 제5호의 규정에 의한 결격사유에 해당하지 아니하는 자중에서 파견사업관리책임자를 선임하여야 한다.

② 파견사업관리책임자의 임무등에 관하여 필요한 사항은 고용노동부령으로 정한다.〈개정 2010.6.4.〉

제29조(파견사업관리대장) ① 파견사업주는 파견사업관리대장을 작성ㆍ보존하여야 한다.

② 제1항의 규정에 의한 파견사업관리대장의 기재사항 및 그 보존기간은 고용노동부령으로 정한다.〈개정 2010.6.4.〉

제3절 사용사업주가 강구하여야 할 조치

제30조(근로자파견계약에 관한 조치) 사용사업주는 제20조의 규정에 의한 근로자파견계약에 위반되지 아니하도록 필요한 조치를 강구하여야 한다.

제31조(적정한 파견근로의 확보) ① 사용사업주는 파견근로자로부터 파견근로에 관한 고충의 제시가 있는 경우에는 그 고충의 내용을 파견사업주에게 통지하고 신속ㆍ적절하게 고충을 처리하도록 하여야 한다.

② 제1항의 규정에 의한 고충의 처리외에 사용사업주는 파견근로가 적정하게 행하여지도록 필요한 조치를 강구하여야 한다.

제32조(사용사업관리책임자) ① 사용사업주는 파견근로자의 적절한 파견근로를 위하여 사용사업관리책임자를 선임하여야 한다.

② 사용사업관리책임자의 임무등에 관하여 필요한 사항은 고용노동부령으로 정한다.〈개정 2010.6.4.〉

제33조(사용사업관리대장) ① 사용사업주는 사용사업관리대장을 작성ㆍ보존하여야 한다.

② 제1항의 규정에 의한 사용사업관리대장의 기재사항 및 그 보존기간은 고용노동부령으로 정한다.〈개정 2010.6.4.〉

제4절 근로기준법등의 적용에 관한 특례

제34조(근로기준법의 적용에 관한 특례) ① 파견중인 근로자의 파견근로에 관하여는 파견사업주 및 사용사업주를 「근로기준법」 제2조의 규정에 의한 사용자로 보아 동법을 적용한다. 다만, 같은 법 제15조부터 제36조까지, 제39조, 제41조부터 제48조까지, 제56조, 제60조, 제64조, 제66조부터 제68조까지 및 제78조부터 제92조까지의 규정의 적용에 있어서는 파견사업주를, 같은 법 제50조부터 제55조까지, 제58조, 제59조, 제62조, 제63조 및 제69조부터 제75조까지의 규정의 적용에 있어서는 사용사업주를 사용자로 본다. 〈개정 2007.4.11.〉

② 파견사업주가 대통령령이 정하는 사용사업주의 귀책사유로 인하여 근로자의 임금을 지급하지 못한 때에는 사용사업주는 당해 파견사업주와 연대하여 책임을 진다. 이 경우 「근로기준법」 제43조 및 제68조의 규정을 적용함에 있어서는 파견사업주 및 사용사업주를 같은 법 제2조의 규정에 의한 사용자로 보아 동법을 적용한다.〈개정 2007.4.11.〉

③ 「근로기준법」 제55조, 제73조 및 제74조제1항의 규정에 의하여 사용사업주가 유급휴일 또는 유급

휴가를 주는 경우 그 휴일 또는 휴가에 대하여 유급으로 지급되는 임금은 파견사업주가 지급하여야 한다.〈개정 2007.4.11.〉

④ 파견사업주와 사용사업주가 근로기준법을 위반하는 내용을 포함한 근로자파견계약을 체결하고 그 계약에 따라 파견근로자를 근로하게 함으로써 동법을 위반한 경우에는 그 계약 당사자 모두를 동법 제15조의 규정에 의한 사용자로 보아 해당 벌칙규정을 적용한다.

제35조(산업안전보건법의 적용에 관한 특례) ① 파견중인 근로자의 파견근로에 관하여는 사용사업주를 산업안전보건법 제2조제3호의 규정에 의한 사업주로 보아 동법을 적용한다. 이 경우 동법 제31조제2항의 규정을 적용함에 있어서는 동항중 "근로자를 채용할 때"를 "근로자파견의 역무를 제공받은 때"로 본다.

② 제1항의 규정에 불구하고 산업안전보건법 제5조, 제43조제5항(작업장소의 변경, 작업의 전환 및 근로시간 단축의 경우에 한한다), 제43조제6항 단서, 제52조제2항의 적용에 있어서는 파견사업주 및 사용사업주를 동법 제2조제3호의 규정에 의한 사업주로 본다.

③ 사용사업주는 파견중인 근로자에 대하여 산업안전보건법 제43조의 규정에 의한 건강진단을 실시한 때에는 동법 제43조제6항의 규정에 의하여 당해 건강진단결과를 설명하여야 하며, 당해 건강진단결과를 지체없이 파견사업주에게 송부하여야 한다.

④ 제1항 및 제3항의 규정에 불구하고 산업안전보건법 제43조제1항의 규정에 의하여 사업주가 정기적으로 실시하여야 하는 건강진단중 고용노동부령이 정하는 건강진단에 대하여는 파견사업주를 동법 제2조제3호의 규정에 의한 사업주로 본다.〈개정 2008.3.21., 2010.6.4.〉

⑤ 파견사업주는 제4항의 규정에 의한 건강진단을 실시한 때에는 산업안전보건법 제43조제6항의 규정에 의하여 당해 건강진단결과를 설명하여야 하며, 당해 건강진단결과를 지체없이 사용사업주에게 송부하여야 한다.

⑥ 파견사업주와 사용사업주가 산업안전보건법을 위반하는 내용을 포함한 근로자파견계약을 체결하고 그 계약에 따라 파견근로자를 근로하게 함으로써 동법을 위반한 경우에는 그 계약당사자 모두를 동법 제2조제3호의 규정에 의한 사업주로 보아 해당 벌칙규정을 적용한다.

제4장 보칙

제36조(지도 · 조언등) 고용노동부장관은 이 법의 시행을 위하여 필요하다고 인정할 때에는 파견사업주 및 사용사업주에 대하여 근로자파견사업의 적정한 운영 또는 적정한 파견근로를 확보하는데 필요한 지도 및 조언을 할 수 있다. 〈개정 2010.6.4.〉

제37조(개선명령) 고용노동부장관은 적정한 파견근로의 확보를 위하여 필요하다고 인정할 때에는 파견사업주에 대하여 근로자파견사업의 운영 및 파견근로자의 고용관리등에 관한 개선을 명할 수 있다. 〈개정 2010.6.4.〉

제38조(보고와 검사) ① 고용노동부장관은 이 법의 시행을 위하여 필요하다고 인정할 때에는 고용노동부령이 정하는 바에 따라 파견사업주 및 사용사업주에 대하여 필요한 사항의 보고를 명할 수 있다. 〈개정 2010.6.4.〉

② 고용노동부장관은 필요하다고 인정할 때에는 관계공무원으로 하여금 파견사업주 및 사용사업주의 사업장 기타 시설에 출입하여 장부·서류 기타 물건을 검사하거나 관계인에게 질문하게 할 수 있다.〈개정 2010.6.4.〉

③ 제2항의 규정에 의하여 출입·검사를 하는 공무원은 그 권한을 표시하는 증표를 관계인에게 내보여야 한다.

제39조(자료의 요청) ① 고용노동부장관은 관계행정기관 기타 공공단체등에 대하여 이 법 시행에 필요한 자료의 제출을 요청할 수 있다.〈개정 2010.6.4.〉

② 제1항의 규정에 의하여 자료의 제출을 요청받은 자는 정당한 사유가 없는 한 이에 응하여야 한다.

제40조(수수료) 제7조 및 제10조의 규정에 의한 허가를 받고자 하는 자는 고용노동부령이 정하는 바에 따라 수수료를 납부하여야 한다.〈개정 2010.6.4.〉

제41조(권한의 위임) 이 법에 의한 고용노동부장관의 권한은 대통령령이 정하는 바에 의하여 그 일부를 지방고용노동관서의 장에게 위임할 수 있다.〈개정 2010.6.4.〉

제5장 벌칙

제42조(벌칙) ① 공중위생 또는 공중도덕상 유해한 업무에 취업시킬 목적으로 근로자파견을 한 자는 5년 이하의 징역 또는 5천만원 이하의 벌금에 처한다.〈개정 2014.5.20.〉

② 제1항의 미수범은 처벌한다.

제43조(벌칙) 다음 각호의 1에 해당하는 자는 3년 이하의 징역 또는 3천만원 이하의 벌금에 처한다.〈개정 2006.12.21., 2014.5.20.〉

1. 제5조제5항, 제6조제1항·제2항·제4항 또는 제7조제1항의 규정을 위반하여 근로자파견사업을 행한 자

1의2. 제5조제5항, 제6조제1항·제2항·제4항 또는 제7조제3항의 규정을 위반하여 근로자파견의 역무를 제공받은 자

2. 허위 기타 부정한 방법으로 제7조제1항의 규정에 의한 허가 또는 제10조제2항의 규정에 의한 갱신허가를 받은 자

3. 제15조 또는 제34조제2항의 규정을 위반한 자

제43조의2(벌칙) 제21조제3항의 규정에 따라 준용되는 「기간제 및 단시간근로자 보호 등에 관한 법률」 제16조(동조제1호 및 제4호를 제외한다)의 규정을 위반한 자는 2년 이하의 징역 또는 1천만원 이하의 벌금에 처한다.

[본조신설 2006.12.21.]

제44조(벌칙) 다음 각호의 1에 해당하는 자는 1년 이하의 징역 또는 1천만원 이하의 벌금에 처한다.〈개정 2006.12.21., 2009.5.21.〉

1. 삭제〈2006.12.21.〉

2. 제12조제1항의 규정에 의한 영업의 정지명령을 위반하여 근로자파견사업을 계속한 자

3. 제16조를 위반한 자

제45조(양벌규정) 법인의 대표자나 법인 또는 개인의 대리인, 사용인, 그 밖의 종업원이 그 법인 또는 개인의 업무에 관하여 제42조·제43조·제43조의2 또는 제44조의 위반행위를 하면 그 행위자를 벌하는 외에 그 법인 또는 개인에게도 해당 조문의 벌금형을 과(科)한다. 다만, 법인 또는 개인이 그 위반행위를 방지하기 위하여 해당 업무에 관하여 상당한 주의와 감독을 게을리하지 아니한 경우에는 그러하지 아니하다.

[전문개정 2009.5.21.]

제46조(과태료) ① 제21조제3항, 제21조의2제4항 및 제21조의3제2항에 따라 준용되는 「기간제 및 단시간근로자보호 등에 관한 법률」 제14조제2항 또는 제3항의 규정에 따라 확정된 시정명령을 정당한 이유 없이 이행하지 아니한 자는 1억원 이하의 과태료에 처한다.〈신설 2006.12.21., 2012.2.1., 2014.3.18.〉

② 제6조의2제1항의 규정을 위반하여 파견근로자를 직접 고용하지 아니한 자는 3천만원 이하의 과태료에 처한다.〈신설 2006.12.21.〉

③ 제26조제1항을 위반하여 근로자파견을 할 때에 미리 해당 파견근로자에게 제20조제1항 각 호의 사항 및 그 밖에 고용노동부령으로 정하는 사항을 서면으로 알리지 아니한 파견사업주에게는 1천만원 이하의 과태료를 부과한다.〈신설 2009.5.21., 2010.6.4.〉

④ 제21조제3항, 제21조의2제4항 및 제21조의3제2항에 따라 준용되는 「기간제 및 단시간근로자보호 등에 관한 법률」 제15조제1항의 규정에 따른 고용노동부장관의 이행상황 제출요구에 정당한 이유 없이 불응한 자는 500만원 이하의 과태료에 처한다.〈신설 2006.12.21., 2009.5.21., 2010.6.4., 2012.2.1., 2014.3.18.〉

⑤ 다음 각호의 1에 해당하는 자는 300만원 이하의 과태료에 처한다.〈개정 2006.12.21., 2009.5.21.〉

1. 제11조제1항의 규정에 의한 신고를 하지 아니하거나 허위의 신고를 한 자

2. 제18조 또는 제38조제1항의 규정에 의한 보고를 하지 아니하거나 허위의 보고를 한 자

2의2. 제26조제3항의 규정을 위반한 자

3. 제27조·제29조 또는 제33조의 규정을 위반한 자

4. 제35조제3항 또는 제5항의 규정을 위반하여 당해 건강진단결과를 송부하지 아니한 자

5. 제37조의 개선명령을 위반한 자

6. 제38조제2항의 규정에 의한 검사를 정당한 이유없이 거부·방해 또는 기피한 자

⑥ 제1항부터 제5항까지의 규정에 따른 과태료는 대통령령으로 정하는 바에 따라 고용노동부장관이 부과·징수한다.〈개정 2009.5.21., 2010.6.4.〉

⑦ 삭제〈2009.5.21.〉

⑧ 삭제〈2009.5.21.〉

부 칙 〈제12632호, 2014.5.20.〉

이 법은 공포한 날부터 시행한다.

> 📝 **보충** **파견대상업무**(현행법 상 32개 업무) (55세 이상은 업종 제한 폐지: 2013. 12. 13. 정부 발표)
>
> 1) 컴퓨터관련 전문가의 업무. 2) 행정. 경영 및 재정 전문가의 업무. 3) 특허 전문가의 업무. 4) 기록 보관원. 사서 및 관련 전문가의 업무. 5) 번역가 및 통역가의 업무. 6) 창작 및 공연예술가의 업무. 7) 영화. 연극 및 방송관련 전문가의 업무. 8) 컴퓨터관련 준전문가의 업무. 9) 기타 전기공학 기술공의 업무. 10) 통신 기술공의 업무. 11) 제도 기술종사자. 캐드 포함의 업무. 12) 광학 및 전자장비 기술종사자의 업무. 13) 정규교육 이외 교육 준전문가의 업무. 14) 기타 교육 준전문가의 업무. 15) 예술. 연예 및 경기 준전문가의 업무. 16) 관리 준전문가의 업무. 17) 사무 지원 종사자의 업무. 18) 도서. 우편 및 관련 사무 종사자의 업무. 19) 수금 및 관련 사무 종사자의 업무. 20) 전화교환 및 번호안내 사무 종사자의 업무. 21) 고객관련 사무 종사자의 업무. 22) 개인보호 및 관련 종사자의 업무. 23) 음식조리 종사자의 업무. 24) 여행안내 종사자의 업무. 25) 주유원의 업무. 26) 기타 소매업체 판매원의 업무. 27) 전화통신 판매 종사자의 업무. 28) 자동차 운전 종사자의 업무. 29) 건물 청소 종사자의 업무. 30) 수위 및 경비원의 업무. 31) 주차장 관리원의 업무. 32) 배달. 운반 및 검침관련 종사자의 업무 등 총 32가지.

11. 기간제 및 단시간근로자 보호 등에 관한 법률

시　행　2014. 9. 19

시　행　2007. 07. 01 (법률 제8372호)
일부개정　2013. 03. 22 (법률 제11667호)
일부개정　2014. 03. 18 (법률 제12469호)

제1장　총 칙

제1조(목적) 이 법은 기간제근로자 및 단시간근로자에 대한 불합리한 차별을 시정하고 기간제근로자 및 단시간근로자의 근로조건 보호를 강화함으로써 노동시장의 건전한 발전에 이바지함을 목적으로 한다.

제2조(정의) 이 법에서 사용하는 용어의 정의는 다음과 같다. 〈개정 2007.4.11., 2013.3.22.〉
1. "기간제근로자"라 함은 기간의 정함이 있는 근로계약(이하 "기간제 근로계약"이라 한다)을 체결한 근로자를 말한다.
2. "단시간근로자"라 함은 「근로기준법」 제2조의 단시간근로자를 말한다.
3. "차별적 처우"라 함은 다음 각 목의 사항에 있어서 합리적인 이유 없이 불리하게 처우하는 것을 말한다.
   가. 「근로기준법」 제2조제1항제5호에 따른 임금
   나. 정기상여금, 명절상여금 등 정기적으로 지급되는 상여금
   다. 경영성과에 따른 성과금
   라. 그 밖에 근로조건 및 복리후생 등에 관한 사항

제3조(적용범위) ① 이 법은 상시 5인 이상의 근로자를 사용하는 모든 사업 또는 사업장에 적용한다. 다만, 동거의 친족만을 사용하는 사업 또는 사업장과 가사사용인에 대하여는 적용하지 아니한다.
② 상시 4인 이하의 근로자를 사용하는 사업 또는 사업장에 대하여는 대통령령이 정하는 바에 따라 이 법의 일부 규정을 적용할 수 있다.
③ 국가 및 지방자치단체의 기관에 대하여는 상시 사용하는 근로자의 수에 관계없이 이 법을 적용한다.

제2장　기간제근로자

제4조(기간제근로자의 사용) ① 사용자는 2년을 초과하지 아니하는 범위 안에서(기간제 근로계약의 반복 갱신 등의 경우에는 그 계속근로한 총기간이 2년을 초과하지 아니하는 범위 안에서) 기간제근로자를 사용할 수 있다. 다만, 다음 각 호의 어느 하나에 해당하는 경우에는 2년을 초과하여 기간제근로자로 사용할 수 있다.

1. 사업의 완료 또는 특정한 업무의 완성에 필요한 기간을 정한 경우
2. 휴직·파견 등으로 결원이 발생하여 당해 근로자가 복귀할 때까지 그 업무를 대신할 필요가 있는 경우
3. 근로자가 학업, 직업훈련 등을 이수함에 따라 그 이수에 필요한 기간을 정한 경우
4. 「고령자고용촉진법」 제2조제1호의 고령자와 근로계약을 체결하는 경우
5. 전문적 지식·기술의 활용이 필요한 경우와 정부의 복지정책·실업대책 등에 따라 일자리를 제공하는 경우로서 대통령령이 정하는 경우
6. 그 밖에 제1호 내지 제5호에 준하는 합리적인 사유가 있는 경우로서 대통령령이 정하는 경우
② 사용자가 제1항 단서의 사유가 없거나 소멸되었음에도 불구하고 2년을 초과하여 기간제근로자로 사용하는 경우에는 그 기간제근로자는 기간의 정함이 없는 근로계약을 체결한 근로자로 본다.

제5조(기간의 정함이 없는 근로자로의 전환) 사용자는 기간의 정함이 없는 근로계약을 체결하고자 하는 경우에는 당해 사업 또는 사업장의 동종 또는 유사한 업무에 종사하는 기간제근로자를 우선적으로 고용하도록 노력하여야 한다.

제3장 단시간근로자

제6조(단시간근로자의 초과근로 제한) ① 사용자는 단시간근로자에 대하여 「근로기준법」 제2조의 소정근로시간을 초과하여 근로하게 하는 경우에는 당해 근로자의 동의를 얻어야 한다. 이 경우 1주간에 12시간을 초과하여 근로하게 할 수 없다. 〈개정 2007.4.11.〉
② 단시간근로자는 사용자가 제1항의 규정에 따른 동의를 얻지 아니하고 초과근로를 하게 하는 경우에는 이를 거부할 수 있다.
③ 사용자는 제1항에 따른 초과근로에 대하여 통상임금의 100분의 50 이상을 가산하여 지급하여야 한다.〈신설 2014.3.18.〉

제7조(통상근로자로의 전환 등) ① 사용자는 통상근로자를 채용하고자 하는 경우에는 당해 사업 또는 사업장의 동종 또는 유사한 업무에 종사하는 단시간근로자를 우선적으로 고용하도록 노력하여야 한다.
② 사용자는 가사, 학업 그 밖의 이유로 근로자가 단시간근로를 신청하는 때에는 당해 근로자를 단시간근로자로 전환하도록 노력하여야 한다.

제4장 차별적 처우의 금지 및 시정

제8조(차별적 처우의 금지) ① 사용자는 기간제근로자임을 이유로 당해 사업 또는 사업장에서 동종 또는 유사한 업무에 종사하는 기간의 정함이 없는 근로계약을 체결한 근로자에 비하여 차별적 처우를 하여서는 아니 된다.
② 사용자는 단시간근로자임을 이유로 당해 사업 또는 사업장의 동종 또는 유사한 업무에 종사하는 통상근로자에 비하여 차별적 처우를 하여서는 아니 된다.

제9조(차별적 처우의 시정신청) ① 기간제근로자 또는 단시간근로자는 차별적 처우를 받은 경우 「노동위원회법」 제1조의 규정에 따른 노동위원회(이하 "노동위원회"라 한다)에 그 시정을 신청할 수 있다. 다만, 차별적 처우가 있은 날(계속되는 차별적 처우는 그 종료일)부터 6개월이 경과한 때에는 그러하지 아니하다. 〈개정 2012.2.1.〉

② 기간제근로자 또는 단시간근로자가 제1항의 규정에 따른 시정신청을 하는 때에는 차별적 처우의 내용을 구체적으로 명시하여야 한다.

③ 제1항 및 제2항의 규정에 따른 시정신청의 절차·방법 등에 관하여 필요한 사항은 「노동위원회법」 제2조제1항의 규정에 따른 중앙노동위원회(이하 "중앙노동위원회"라 한다)가 따로 정한다.

④ 제8조 및 제1항 내지 제3항과 관련한 분쟁에 있어서 입증책임은 사용자가 부담한다.

제10조(조사·심문 등) ① 노동위원회는 제9조의 규정에 따른 시정신청을 받은 때에는 지체 없이 필요한 조사와 관계당사자에 대한 심문을 하여야 한다.

② 노동위원회는 제1항의 규정에 따른 심문을 하는 때에는 관계당사자의 신청 또는 직권으로 증인을 출석하게 하여 필요한 사항을 질문할 수 있다.

③ 노동위원회는 제1항 및 제2항의 규정에 따른 심문을 함에 있어서는 관계당사자에게 증거의 제출과 증인에 대한 반대심문을 할 수 있는 충분한 기회를 주어야 한다.

④ 제1항 내지 제3항의 규정에 따른 조사·심문의 방법 및 절차 등에 관하여 필요한 사항은 중앙노동위원회가 따로 정한다.

⑤ 노동위원회는 차별시정사무에 관한 전문적인 조사·연구업무를 수행하기 위하여 전문위원을 둘 수 있다. 이 경우 전문위원의 수·자격 및 보수 등에 관하여 필요한 사항은 대통령령으로 정한다.

제11조(조정·중재) ① 노동위원회는 제10조의 규정에 따른 심문의 과정에서 관계당사자 쌍방 또는 일방의 신청 또는 직권에 의하여 조정(調停)절차를 개시할 수 있고, 관계당사자가 미리 노동위원회의 중재(仲裁)결정에 따르기로 합의하여 중재를 신청한 경우에는 중재를 할 수 있다.

② 제1항의 규정에 따라 조정 또는 중재를 신청하는 경우에는 제9조의 규정에 따른 차별적 처우의 시정신청을 한 날부터 14일 이내에 하여야 한다. 다만, 노동위원회의 승낙이 있는 경우에는 14일 후에도 신청할 수 있다.

③ 노동위원회는 조정 또는 중재를 함에 있어서 관계당사자의 의견을 충분히 들어야 한다.

④ 노동위원회는 특별한 사유가 없는 한 조정절차를 개시하거나 중재신청을 받은 때부터 60일 이내에 조정안을 제시하거나 중재결정을 하여야 한다.

⑤ 노동위원회는 관계당사자 쌍방이 조정안을 수락한 경우에는 조정조서를 작성하고 중재결정을 한 경우에는 중재결정서를 작성하여야 한다.

⑥ 조정조서에는 관계당사자와 조정에 관여한 위원전원이 서명·날인하여야 하고, 중재결정서에는 관여한 위원전원이 서명·날인하여야 한다.

⑦ 제5항 및 제6항의 규정에 따른 조정 또는 중재결정은 「민사소송법」의 규정에 따른 재판상 화해와 동일한 효력을 갖는다.

⑧ 제1항 내지 제7항의 규정에 따른 조정·중재의 방법, 조정조서·중재결정서의 작성 등에 관한 사항은 중앙노동위원회가 따로 정한다.

제12조(시정명령 등) ① 노동위원회는 제10조의 규정에 따른 조사 · 심문을 종료하고 차별적 처우에 해당된다고 판정한 때에는 사용자에게 시정명령을 발하여야 하고, 차별적 처우에 해당하지 아니한다고 판정한 때에는 그 시정신청을 기각하는 결정을 하여야 한다.

② 제1항의 규정에 따른 판정 · 시정명령 또는 기각결정은 서면으로 하되 그 이유를 구체적으로 명시하여 관계당사자에게 각각 교부하여야 한다. 이 경우 시정명령을 발하는 때에는 시정명령의 내용 및 이행기한 등을 구체적으로 기재하여야 한다.

제13조(조정·중재 또는 시정명령의 내용) ① 제11조의 규정에 따른 조정 · 중재 또는 제12조의 규정에 따른 시정명령의 내용에는 차별적 행위의 중지, 임금 등 근로조건의 개선(취업규칙, 단체협약 등의 제도개선 명령을 포함한다) 또는 적절한 배상 등이 포함될 수 있다. 〈개정 2014.3.18.〉

② 제1항에 따른 배상액은 차별적 처우로 인하여 기간제근로자 또는 단시간근로자에게 발생한 손해액을 기준으로 정한다. 다만, 노동위원회는 사용자의 차별적 처우에 명백한 고의가 인정되거나 차별적 처우가 반복되는 경우에는 손해액을 기준으로 3배를 넘지 아니하는 범위에서 배상을 명령할 수 있다. 〈신설 2014.3.18.〉

제14조(시정명령 등의 확정) ① 지방노동위원회의 시정명령 또는 기각결정에 대하여 불복이 있는 관계당사자는 시정명령서 또는 기각결정서의 송달을 받은 날부터 10일 이내에 중앙노동위원회에 재심을 신청할 수 있다.

② 제1항의 규정에 따른 중앙노동위원회의 재심결정에 대하여 불복이 있는 관계당사자는 재심결정서의 송달을 받은 날부터 15일 이내에 행정소송을 제기할 수 있다.

③ 제1항에 규정된 기간 이내에 재심을 신청하지 아니하거나 제2항에 규정된 기간 이내에 행정소송을 제기하지 아니한 때에는 그 시정명령 · 기각결정 또는 재심결정은 확정된다.

제15조(시정명령 이행상황의 제출요구 등) ① 고용노동부장관은 확정된 시정명령에 대하여 사용자에게 이행상황을 제출할 것을 요구할 수 있다. 〈개정 2010.6.4.〉

② 시정신청을 한 근로자는 사용자가 확정된 시정명령을 이행하지 아니하는 경우 이를 고용노동부장관에게 신고할 수 있다. 〈개정 2010.6.4.〉

제15조의2(고용노동부장관의 차별적 처우 시정요구 등) ① 고용노동부장관은 사용자가 제8조를 위반하여 차별적 처우를 한 경우에는 그 시정을 요구할 수 있다.

② 고용노동부장관은 사용자가 제1항에 따른 시정요구에 응하지 아니할 경우에는 차별적 처우의 내용을 구체적으로 명시하여 노동위원회에 통보하여야 한다. 이 경우 고용노동부장관은 해당 사용자 및 근로자에게 그 사실을 통지하여야 한다.

③ 노동위원회는 제2항에 따라 고용노동부장관의 통보를 받은 경우에는 지체 없이 차별적 처우가 있는지 여부를 심리하여야 한다. 이 경우 노동위원회는 해당 사용자 및 근로자에게 의견을 진술할 수 있는 기회를 부여하여야 한다.

④ 제3항에 따른 노동위원회의 심리 및 그 밖의 시정절차 등에 관하여는 제9조제4항 및 제11조부터 제15조까지의 규정을 준용한다. 이 경우 "시정신청을 한 날"은 "통지를 받은 날"로, "기각결정"은 "차별적 처우가 없다는 결정"으로, "관계 당사자"는 "해당 사용자 또는 근로자"로, "시정신청을 한 근로자"는 "해당 근로자"로 본다.

⑤ 제3항 및 제4항에 따른 노동위원회의 심리 등에 관한 사항은 중앙노동위원회가 정한다.
[본조신설 2012.2.1.]

제15조의3(확정된 시정명령의 효력 확대) ① 고용노동부장관은 제14조(제15조의2제4항에 따라 준용되는 경우를 포함한다)에 따라 확정된 시정명령을 이행할 의무가 있는 사용자의 사업 또는 사업장에서 해당 시정명령의 효력이 미치는 근로자 이외의 기간제근로자 또는 단시간근로자에 대하여 차별적 처우가 있는지를 조사하여 차별적 처우가 있는 경우에는 그 시정을 요구할 수 있다.
② 사용자가 제1항에 따른 시정요구에 응하지 아니하는 경우에는 제15조의2제2항부터 제5항까지의 규정을 준용한다.
[본조신설 2014.3.18.]

제5장 보 칙

제16조(불리한 처우의 금지) 사용자는 기간제근로자 또는 단시간근로자가 다음 각 호의 어느 하나에 해당하는 행위를 한 것을 이유로 해고 그 밖의 불리한 처우를 하지 못한다.
1. 제6조제2항의 규정에 따른 사용자의 부당한 초과근로 요구의 거부
2. 제9조의 규정에 따른 차별적 처우의 시정신청, 제10조의 규정에 따른 노동위원회에의 참석 및 진술, 제14조의 규정에 따른 재심신청 또는 행정소송의 제기
3. 제15조제2항의 규정에 따른 시정명령 불이행의 신고
4. 제18조의 규정에 따른 통고

제17조(근로조건의 서면명시) 사용자는 기간제근로자 또는 단시간근로자와 근로계약을 체결하는 때에는 다음 각 호의 모든 사항을 서면으로 명시하여야 한다. 다만, 제6호는 단시간근로자에 한한다.
1. 근로계약기간에 관한 사항
2. 근로시간 · 휴게에 관한 사항
3. 임금의 구성항목 · 계산방법 및 지불방법에 관한 사항
4. 휴일 · 휴가에 관한 사항
5. 취업의 장소와 종사하여야 할 업무에 관한 사항
6. 근로일 및 근로일별 근로시간

제18조(감독기관에 대한 통고) 사업 또는 사업장에서 이 법 또는 이 법에 의한 명령을 위반한 사실이 있는 경우에는 근로자는 그 사실을 고용노동부장관 또는 근로감독관에게 통고할 수 있다. 〈개정 2010.6.4.〉

제19조(권한의 위임) 이 법의 규정에 따른 고용노동부장관의 권한은 그 일부를 대통령령이 정하는 바에 따라 지방고용노동관서의 장에게 위임할 수 있다. 〈개정 2010.6.4.〉

제20조(취업촉진을 위한 국가 등의 노력) 국가 및 지방자치단체는 고용정보의 제공, 직업지도, 취업알선, 직업능력개발 등 기간제근로자 및 단시간근로자의 취업촉진을 위하여 필요한 조치를 우선적으로 취하도록 노력하여야 한다.

제6장 벌 칙

제21조(벌칙) 제16조의 규정을 위반하여 근로자에게 불리한 처우를 한 자는 2년 이하의 징역 또는 1천만원 이하의 벌금에 처한다.

제22조(벌칙) 제6조제1항의 규정을 위반하여 단시간근로자에게 초과근로를 하게한 자는 1천만원 이하의 벌금에 처한다.

제23조(양벌규정) 사업주의 대리인·사용인 그 밖의 종업원이 사업주의 업무에 관하여 제21조 및 제22조의 규정에 해당하는 위반행위를 한 때에는 행위자를 벌하는 외에 그 사업주에 대하여도 해당조의 벌금형을 과한다.

제24조(과태료) ① 제14조(제15조의2제4항 및 제15조의3제2항에 따라 준용되는 경우를 포함한다)에 따라 확정된 시정명령을 정당한 이유 없이 이행하지 아니한 자는 1억원 이하의 과태료에 처한다.〈개정 2012.2.1., 2014.3.18.〉
② 다음 각 호의 어느 하나에 해당하는 자는 500만원 이하의 과태료에 처한다.〈개정 2010.6.4., 2012.2.1., 2014.3.18.〉
1. 제15조제1항(제15조의2제4항 및 제15조의3제2항에 따라 준용되는 경우를 포함한다)을 위반하여 정당한 이유 없이 고용노동부장관의 이행상황 제출요구에 불응한 자
2. 제17조의 규정을 위반하여 근로조건을 서면으로 명시하지 아니한 자
③ 제1항 및 제2항의 규정에 따른 과태료는 대통령령이 정하는 바에 따라 고용노동부장관이 부과·징수한다.〈개정 2010.6.4.〉
④ 제3항의 규정에 따른 과태료 처분에 불복이 있는 자는 그 처분의 고지를 받은 날부터 30일 이내에 고용노동부장관에게 이의를 제기할 수 있다.〈개정 2010.6.4.〉
⑤ 제3항의 규정에 따른 과태료 처분을 받은 자가 제4항의 규정에 따라 이의를 제기한 때에는 고용노동부장관은 지체 없이 관할법원에 그 사실을 통보하여야 하며, 그 통보를 받은 관할법원은 「비송사건절차법」에 의한 과태료의 재판을 한다.〈개정 2010.6.4.〉
⑥ 제4항의 규정에 따른 기간 이내에 이의를 제기하지 아니하고 과태료를 납부하지 아니한 때에는 국세체납처분의 예에 의하여 이를 징수한다.

부 칙 〈제12469호,2014.3.18.〉

제1조(시행일) 이 법은 공포 후 6개월이 경과한 날부터 시행한다.

제2조(초과근로에 관한 적용례) 제6조제3항의 개정규정은 이 법 시행 후 최초로 초과근로를 하는 경우부터 적용한다.

제3조(배상 명령에 관한 적용례) 제13조제2항의 개정규정은 이 법 시행 후 최초로 발생한 차별적 처우부터 적용한다.

12. 외국인근로자의 고용 등에 관한 법률

시　　행　2016. 07. 28

제　　정　2003. 08. 16. (법률)
일부개정　2008. 02. 29. (법률 제8852호)
일부개정　2016. 01. 27. (법률 제13908호)
타법개정　2013. 03. 23. (법률 제11690호)

제1장　총 칙 〈개정 2009.10.9〉

제1조(목적) 이 법은 외국인근로자를 체계적으로 도입·관리함으로써 원활한 인력수급 및 국민경제의 균형 있는 발전을 도모함을 목적으로 한다.
[전문개정 2009.10.9.]

제2조(외국인근로자의 정의) 이 법에서 "외국인근로자"란 대한민국의 국적을 가지지 아니한 사람으로서 국내에 소재하고 있는 사업 또는 사업장에서 임금을 목적으로 근로를 제공하고 있거나 제공하려는 사람을 말한다. 다만, 「출입국관리법」 제18조제1항에 따라 취업활동을 할 수 있는 체류자격을 받은 외국인 중 취업분야 또는 체류기간 등을 고려하여 대통령령으로 정하는 사람은 제외한다.
[전문개정 2009.10.9.]

제3조(적용 범위 등) ① 이 법은 외국인근로자 및 외국인근로자를 고용하고 있거나 고용하려는 사업 또는 사업장에 적용한다. 다만, 「선원법」의 적용을 받는 선박에 승무(乘務)하는 선원 중 대한민국 국적을 가지지 아니한 선원 및 그 선원을 고용하고 있거나 고용하려는 선박의 소유자에 대하여는 적용하지 아니한다.
② 외국인근로자의 입국·체류 및 출국 등에 관하여 이 법에서 규정하지 아니한 사항은 「출입국관리법」에서 정하는 바에 따른다.
[전문개정 2009.10.9.]

제4조(외국인력정책위원회) ① 외국인근로자의 고용관리 및 보호에 관한 주요 사항을 심의·의결하기 위하여 국무총리 소속으로 외국인력정책위원회(이하 "정책위원회"라 한다)를 둔다.
② 정책위원회는 다음 각 호의 사항을 심의·의결한다.
1. 외국인근로자 관련 기본계획의 수립에 관한 사항
2. 외국인근로자 도입 업종 및 규모 등에 관한 사항
3. 외국인근로자를 송출할 수 있는 국가(이하 "송출국가"라 한다)의 지정 및 지정취소에 관한 사항
4. 그 밖에 대통령령으로 정하는 사항
③ 정책위원회는 위원장 1명을 포함한 20명 이내의 위원으로 구성한다.
④ 정책위원회의 위원장은 국무조정실장이 되고, 위원은 기획재정부·외교부·법무부·산업통상자원부·고용노동부의 차관, 중소기업청장 및 대통령령으로 정하는 관계 중앙행정기관의 차관이 된

다.〈개정 2010.6.4., 2013.3.23.〉

⑤ 외국인근로자 고용제도의 운영 및 외국인근로자의 권익보호 등에 관한 사항을 사전에 심의하게 하기 위하여 정책위원회에 외국인력정책실무위원회(이하 "실무위원회"라 한다)를 둔다.

⑥ 정책위원회와 실무위원회의 구성·기능 및 운영 등에 필요한 사항은 대통령령으로 정한다.

[전문개정 2009.10.9.]

제5조(외국인근로자 도입계획의 공표 등) ① 고용노동부장관은 제4조제2항 각 호의 사항이 포함된 외국인근로자 도입계획을 정책위원회의 심의·의결을 거쳐 수립하여 매년 3월 31일까지 대통령령으로 정하는 방법으로 공표하여야 한다. 〈개정 2010.6.4.〉

② 고용노동부장관은 제1항에도 불구하고 국내의 실업증가 등 고용사정의 급격한 변동으로 인하여 제1항에 따른 외국인근로자 도입계획을 변경할 필요가 있을 때에는 정책위원회의 심의·의결을 거쳐 변경할 수 있다. 이 경우 공표의 방법에 관하여는 제1항을 준용한다.〈개정 2010.6.4.〉

③ 고용노동부장관은 필요한 경우 외국인근로자 관련 업무를 지원하기 위하여 조사·연구사업을 할 수 있으며, 이에 관하여 필요한 사항은 대통령령으로 정한다.〈개정 2010.6.4.〉

[전문개정 2009.10.9.]

제2장   외국인근로자 고용절차 〈개정 2009.10.9.〉

제6조(내국인 구인 노력) ① 외국인근로자를 고용하려는 자는 「직업안정법」 제2조의2제1호에 따른 직업안정기관(이하 "직업안정기관"이라 한다)에 우선 내국인 구인 신청을 하여야 한다.

② 직업안정기관의 장은 제1항에 따른 내국인 구인 신청을 받은 경우에는 사용자가 적절한 구인 조건을 제시할 수 있도록 상담·지원하여야 하며, 구인 조건을 갖춘 내국인이 우선적으로 채용될 수 있도록 직업소개를 적극적으로 하여야 한다.

[전문개정 2009.10.9.]

제7조(외국인구직자 명부의 작성) ① 고용노동부장관은 제4조제2항제3호에 따라 지정된 송출국가의 노동행정을 관장하는 정부기관의 장과 협의하여 대통령령으로 정하는 바에 따라 외국인구직자 명부를 작성하여야 한다. 다만, 송출국가에 노동행정을 관장하는 독립된 정부기관이 없을 경우 가장 가까운 기능을 가진 부서를 정하여 정책위원회의 심의를 받아 그 부서의 장과 협의한다. 〈개정 2010.6.4.〉

② 고용노동부장관은 제1항에 따른 외국인구직자 명부를 작성할 때에는 외국인구직자 선발기준 등으로 활용할 수 있도록 한국어 구사능력을 평가하는 시험(이하 "한국어능력시험"이라 한다)을 실시하여야 하며, 한국어능력시험의 실시기관 선정 및 선정취소, 평가의 방법, 그 밖에 필요한 사항은 대통령령으로 정한다.〈개정 2010.6.4.〉

③ 한국어능력시험의 실시기관은 시험에 응시하려는 자로부터 대통령령으로 정하는 바에 따라 수수료를 징수하여 사용할 수 있다. 이 경우 수수료는 외국인근로자 선발 등을 위한 비용으로 사용하여야 한다.〈신설 2014.1.28.〉

④ 고용노동부장관은 제1항에 따른 외국인구직자 선발기준 등으로 활용하기 위하여 필요한 경우 기

능 수준 등 인력 수요에 부합되는 자격요건을 평가할 수 있다.〈개정 2010.6.4., 2014.1.28.〉

⑤ 제4항에 따른 자격요건 평가기관은 「한국산업인력공단법」에 따른 한국산업인력공단(이하 "한국산업인력공단"이라 한다)으로 하며, 자격요건 평가의 방법 등 필요한 사항은 대통령령으로 정한다.〈개정 2014.1.28.〉

[전문개정 2009.10.9.]

제8조(외국인근로자 고용허가) ① 제6조제1항에 따라 내국인 구인 신청을 한 사용자는 같은 조 제2항에 따른 직업소개를 받고도 인력을 채용하지 못한 경우에는 고용노동부령으로 정하는 바에 따라 직업안정기관의 장에게 외국인근로자 고용허가를 신청하여야 한다.〈개정 2010.6.4.〉

② 제1항에 따른 고용허가 신청의 유효기간은 3개월로 하되, 일시적인 경영악화 등으로 신규 근로자를 채용할 수 없는 경우 등에는 대통령령으로 정하는 바에 따라 1회에 한정하여 고용허가 신청의 효력을 연장할 수 있다.

③ 직업안정기관의 장은 제1항에 따른 신청을 받으면 외국인근로자 도입 업종 및 규모 등 대통령령으로 정하는 요건을 갖춘 사용자에게 제7조제1항에 따른 외국인구직자 명부에 등록된 사람 중에서 적격자를 추천하여야 한다.

④ 직업안정기관의 장은 제3항에 따라 추천된 적격자를 선정한 사용자에게는 지체 없이 고용허가를 하고, 선정된 외국인근로자의 성명 등을 적은 외국인근로자 고용허가서를 발급하여야 한다.

⑤ 제4항에 따른 외국인근로자 고용허가서의 발급 및 관리 등에 필요한 사항은 대통령령으로 정한다.

⑥ 직업안정기관이 아닌 자는 외국인근로자의 선발, 알선, 그 밖의 채용에 개입하여서는 아니 된다.

[전문개정 2009.10.9.]

제9조(근로계약) ① 사용자가 제8조제4항에 따라 선정한 외국인근로자를 고용하려면 고용노동부령으로 정하는 표준근로계약서를 사용하여 근로계약을 체결하여야 한다.〈개정 2010.6.4.〉

② 사용자는 제1항에 따른 근로계약을 체결하려는 경우 이를 한국산업인력공단에 대행하게 할 수 있다.〈개정 2014.1.28.〉

③ 제8조에 따라 고용허가를 받은 사용자와 외국인근로자는 제18조에 따른 기간 내에서 당사자 간의 합의에 따라 근로계약을 체결하거나 갱신할 수 있다.〈개정 2012.2.1.〉

④ 제18조의2에 따라 취업활동 기간이 연장되는 외국인근로자와 사용자는 연장된 취업활동 기간의 범위에서 근로계약을 체결할 수 있다.

⑤ 제1항에 따른 근로계약을 체결하는 절차 및 효력발생 시기 등에 관하여 필요한 사항은 대통령령으로 정한다.

[전문개정 2009.10.9.]

제10조(사증발급인정서) 제9조제1항에 따라 외국인근로자와 근로계약을 체결한 사용자는 「출입국관리법」 제9조제2항에 따라 그 외국인근로자를 대리하여 법무부장관에게 사증발급인정서를 신청할 수 있다.

[전문개정 2009.10.9.]

제11조(외국인 취업교육) ① 외국인근로자는 입국한 후에 고용노동부령으로 정하는 기간 이내에 대통령령으로 정하는 기관에서 국내 취업활동에 필요한 사항을 주지(周知)시키기 위하여 실시하는 교육(이

하 "외국인 취업교육"이라 한다)을 받아야 한다. 〈개정 2010.6.4.〉

② 사용자는 외국인근로자가 외국인 취업교육을 받을 수 있도록 하여야 한다.

③ 외국인 취업교육의 시간과 내용, 그 밖에 외국인 취업교육에 필요한 사항은 고용노동부령으로 정한다.〈개정 2010.6.4.〉

[전문개정 2009.10.9.]

제12조(외국인근로자 고용의 특례) ① 다음 각 호의 어느 하나에 해당하는 사업 또는 사업장의 사용자는 제3항에 따른 특례고용가능확인을 받은 후 대통령령으로 정하는 사증을 발급받고 입국한 외국인으로서 국내에서 취업하려는 사람을 고용할 수 있다. 이 경우 근로계약의 체결에 관하여는 제9조를 준용한다.

1. 건설업으로서 정책위원회가 일용근로자 노동시장의 현황, 내국인근로자 고용기회의 침해 여부 및 사업장 규모 등을 고려하여 정하는 사업 또는 사업장

2. 서비스업, 제조업, 농업 또는 어업으로서 정책위원회가 산업별 특성을 고려하여 정하는 사업 또는 사업장

② 제1항에 따른 외국인으로서 제1항 각 호의 어느 하나에 해당하는 사업 또는 사업장에 취업하려는 사람은 외국인 취업교육을 받은 후에 직업안정기관의 장에게 구직 신청을 하여야 하고, 고용노동부장관은 이에 대하여 외국인구직자 명부를 작성·관리하여야 한다.〈개정 2010.6.4.〉

③ 제6조제1항에 따라 내국인 구인 신청을 한 사용자는 같은 조 제2항에 따라 직업안정기관의 장의 직업소개를 받고도 인력을 채용하지 못한 경우에는 고용노동부령으로 정하는 바에 따라 직업안정기관의 장에게 특례고용가능확인을 신청할 수 있다. 이 경우 직업안정기관의 장은 외국인근로자의 도입 업종 및 규모 등 대통령령으로 정하는 요건을 갖춘 사용자에게 특례고용가능확인을 하여야 한다.〈개정 2010.6.4.〉

④ 제3항에 따라 특례고용가능확인을 받은 사용자는 제2항에 따른 외국인구직자 명부에 등록된 사람 중에서 채용하여야 하고, 외국인근로자가 근로를 시작하면 고용노동부령으로 정하는 바에 따라 직업안정기관의 장에게 신고하여야 한다.〈개정 2010.6.4.〉

⑤ 특례고용가능확인의 유효기간은 3년으로 한다. 다만, 제1항제1호에 해당하는 사업 또는 사업장으로서 공사기간이 3년보다 짧은 경우에는 그 기간으로 한다.

⑥ 직업안정기관의 장이 제3항에 따라 특례고용가능확인을 한 경우에는 대통령령으로 정하는 바에 따라 해당 사용자에게 특례고용가능확인서를 발급하여야 한다.

⑦ 제1항에 따른 외국인근로자에 대하여는 「출입국관리법」 제21조를 적용하지 아니한다.

⑧ 고용노동부장관은 제1항에 따른 외국인이 취업을 희망하는 경우에는 입국 전에 고용정보를 제공할 수 있다.〈개정 2010.6.4.〉

[전문개정 2009.10.9.]

제3장 외국인근로자의 고용관리 〈개정 2009.10.9.〉

제13조(출국만기보험·신탁) ① 외국인근로자를 고용한 사업 또는 사업장의 사용자(이하 "사용자"라 한

다)는 외국인근로자의 출국 등에 따른 퇴직금 지급을 위하여 외국인근로자를 피보험자 또는 수익자(이하 "피보험자등"이라 한다)로 하는 보험 또는 신탁(이하 "출국만기보험등"이라 한다)에 가입하여야 한다. 이 경우 보험료 또는 신탁금은 매월 납부하거나 위탁하여야 한다. 〈개정 2014.1.28.〉

② 사용자가 출국만기보험등에 가입한 경우 「근로자퇴직급여 보장법」 제8조제1항에 따른 퇴직금제도를 설정한 것으로 본다.

③ 출국만기보험등의 가입대상 사용자, 가입방법 · 내용 · 관리 및 지급 등에 필요한 사항은 대통령령으로 정하되, 지급시기는 피보험자등이 출국한 때부터 14일(체류자격의 변경, 사망 등에 따라 신청하거나 출국일 이후에 신청하는 경우에는 신청일부터 14일) 이내로 한다.〈개정 2014.1.28.〉

④ 출국만기보험등의 지급사유 발생에 따라 피보험자등이 받을 금액(이하 "보험금등"이라 한다)에 대한 청구권은 「상법」 제662조에도 불구하고 지급사유가 발생한 날부터 3년간 이를 행사하지 아니하면 소멸시효가 완성한다. 이 경우 출국만기보험등을 취급하는 금융기관은 소멸시효가 완성한 보험금등을 1개월 이내에 한국산업인력공단에 이전하여야 한다.〈신설 2014.1.28.〉

[전문개정 2009.10.9.]

제13조의2(휴면보험금등관리위원회) ① 제13조제4항에 따라 이전받은 보험금등의 관리 · 운용에 필요한 사항을 심의 · 의결하기 위하여 한국산업인력공단에 휴면보험금등관리위원회를 둔다.

② 제13조제4항에 따라 이전받은 보험금등은 우선적으로 피보험자등을 위하여 사용되어야 한다.

③ 휴면보험금등관리위원회의 구성 및 운영, 그 밖에 필요한 사항은 대통령령으로 정한다.

[본조신설 2014.1.28.]

제14조(건강보험) 사용자 및 사용자에게 고용된 외국인근로자에게 「국민건강보험법」을 적용하는 경우 사용자는 같은 법 제3조에 따른 사용자로, 사용자에게 고용된 외국인근로자는 같은 법 제6조제1항에 따른 직장가입자로 본다.

[전문개정 2009.10.9.]

제15조(귀국비용보험 · 신탁) ① 외국인근로자는 귀국 시 필요한 비용에 충당하기 위하여 보험 또는 신탁에 가입하여야 한다.

② 제1항에 따른 보험 또는 신탁의 가입방법 · 내용 · 관리 및 지급 등에 필요한 사항은 대통령령으로 정한다.

③ 제1항에 따른 보험 또는 신탁의 지급사유 발생에 따라 가입자가 받을 금액에 대한 청구권의 소멸시효, 소멸시효가 완성한 금액의 이전 및 관리 · 운용 등에 관하여는 제13조제4항 및 제13조의2를 준용한다.〈신설 2014.1.28.〉

[전문개정 2009.10.9.]

제16조(귀국에 필요한 조치) 사용자는 외국인근로자가 근로관계의 종료, 체류기간의 만료 등으로 귀국하는 경우에는 귀국하기 전에 임금 등 금품관계를 청산하는 등 필요한 조치를 하여야 한다.

[전문개정 2009.10.9.]

제17조(외국인근로자의 고용관리) ① 사용자는 외국인근로자와의 근로계약을 해지하거나 그 밖에 고용

과 관련된 중요 사항을 변경하는 등 대통령령으로 정하는 사유가 발생하였을 때에는 고용노동부령으로 정하는 바에 따라 직업안정기관의 장에게 신고하여야 한다. 〈개정 2010.6.4.〉

② 사용자가 제1항에 따른 신고를 한 경우 그 신고사실이 「출입국관리법」 제19조제1항 각 호에 따른 신고사유에 해당하는 때에는 같은 항에 따른 신고를 한 것으로 본다.〈신설 2016.1.27.〉

③ 제1항에 따라 신고를 받은 직업안정기관의 장은 그 신고사실이 제2항에 해당하는 때에는 지체 없이 사용자의 소재지를 관할하는 지방출입국·외국인관서의 장에게 통보하여야 한다.〈신설 2016.1.27.〉

④ 외국인근로자의 적절한 고용관리 등에 필요한 사항은 대통령령으로 정한다.〈개정 2016.1.27.〉

[전문개정 2009.10.9.]

제18조(취업활동 기간의 제한) 외국인근로자는 입국한 날부터 3년의 범위에서 취업활동을 할 수 있다.
[전문개정 2012.2.1.]

제18조의2(취업활동 기간 제한에 관한 특례) ① 다음 각 호의 외국인근로자는 제18조에도 불구하고 1회에 한하여 2년 미만의 범위에서 취업활동 기간을 연장받을 수 있다. 〈개정 2010.6.4., 2012.2.1.〉

1. 제8조제4항에 따른 고용허가를 받은 사용자에게 고용된 외국인근로자로서 제18조에 따른 취업활동 기간 3년이 만료되어 출국하기 전에 사용자가 고용노동부장관에게 재고용 허가를 요청한 근로자

2. 제12조제3항에 따른 특례고용가능확인을 받은 사용자에게 고용된 외국인근로자로서 제18조에 따른 취업활동 기간 3년이 만료되어 출국하기 전에 사용자가 고용노동부장관에게 재고용 허가를 요청한 근로자

② 제1항에 따른 사용자의 재고용 허가 요청 절차 및 그 밖에 필요한 사항은 고용노동부령으로 정한다.〈개정 2010.6.4., 2012.2.1.〉

[전문개정 2009.10.9.]

제18조의3(재입국 취업의 제한) 국내에서 취업한 후 출국한 외국인근로자(제12조제1항에 따른 외국인근로자는 제외한다)는 출국한 날부터 6개월이 지나지 아니하면 이 법에 따라 다시 취업할 수 없다.
[본조신설 2012.2.1.]

제18조의4(재입국 취업 제한의 특례) ① 제18조의3에도 불구하고 다음 각 호의 요건을 모두 갖춘 외국인근로자로서 제18조의2에 따라 연장된 취업활동 기간이 만료되어 출국하기 전에 사용자가 재입국 후의 고용허가를 신청하면 고용노동부장관은 그 외국인근로자에 대하여 출국한 날부터 3개월이 지나면 이 법에 따라 다시 취업하도록 할 수 있다.

1. 제18조 및 제18조의2에 따른 취업활동 기간 중에 사업 또는 사업장 변경을 하지 아니하였을 것(제25조제1항제2호에 따라 사업 또는 사업장을 변경한 경우에는 재입국 후의 고용허가를 신청하는 사용자와 취업활동 기간 만료일까지의 근로계약 기간이 1년 이상일 것)

2. 정책위원회가 도입 업종이나 규모 등을 고려하여 내국인을 고용하기 어렵다고 정하는 사업 또는 사업장에서 근로하고 있을 것

3. 재입국하여 근로를 시작하는 날부터 효력이 발생하는 1년 이상의 근로계약을 해당 사용자와 체결하고 있을 것

② 제1항에 따른 재입국 후의 고용허가 신청과 재입국 취업활동에 대하여는 제6조, 제7조제2항, 제11조를 적용하지 아니한다.

③ 제1항에 따른 재입국 취업은 1회에 한하여 허용되고, 재입국 취업을 위한 근로계약의 체결에 관하여는 제9조를 준용하며, 재입국한 외국인근로자의 취업활동에 대하여는 제18조, 제18조의2 및 제25조를 준용한다.

④ 제1항에 따른 사용자의 고용허가 신청 절차 및 그 밖에 필요한 사항은 고용노동부령으로 정한다.
[본조신설 2012.2.1.]

제19조(외국인근로자 고용허가 또는 특례고용가능확인의 취소) ① 직업안정기관의 장은 다음 각 호의 어느 하나에 해당하는 사용자에 대하여 대통령령으로 정하는 바에 따라 제8조제4항에 따른 고용허가나 제12조제3항에 따른 특례고용가능확인을 취소할 수 있다.

1. 거짓이나 그 밖의 부정한 방법으로 고용허가나 특례고용가능확인을 받은 경우
2. 사용자가 입국 전에 계약한 임금 또는 그 밖의 근로조건을 위반하는 경우
3. 사용자의 임금체불 또는 그 밖의 노동관계법 위반 등으로 근로계약을 유지하기 어렵다고 인정되는 경우

② 제1항에 따라 외국인근로자 고용허가나 특례고용가능확인이 취소된 사용자는 취소된 날부터 15일 이내에 그 외국인근로자와의 근로계약을 종료하여야 한다.
[전문개정 2009.10.9.]

제20조(외국인근로자 고용의 제한) ① 직업안정기관의 장은 다음 각 호의 어느 하나에 해당하는 사용자에 대하여 그 사실이 발생한 날부터 3년간 외국인근로자의 고용을 제한할 수 있다. 〈개정 2014.1.28.〉

1. 제8조제4항에 따른 고용허가 또는 제12조제3항에 따른 특례고용가능확인을 받지 아니하고 외국인근로자를 고용한 자
2. 제19조제1항에 따라 외국인근로자의 고용허가나 특례고용가능확인이 취소된 자
3. 이 법 또는 「출입국관리법」을 위반하여 처벌을 받은 자
4. 그 밖에 대통령령으로 정하는 사유에 해당하는 자

② 고용노동부장관은 제1항에 따라 외국인근로자의 고용을 제한하는 경우에는 그 사용자에게 고용노동부령으로 정하는 바에 따라 알려야 한다.〈개정 2010.6.4.〉
[전문개정 2009.10.9.]

제21조(외국인근로자 관련 사업) 고용노동부장관은 외국인근로자의 원활한 국내 취업활동 및 효율적인 고용관리를 위하여 다음 각 호의 사업을 한다. 〈개정 2010.6.4.〉

1. 외국인근로자의 출입국 지원사업
2. 외국인근로자 및 그 사용자에 대한 교육사업
3. 송출국가의 공공기관 및 외국인근로자 관련 민간단체와의 협력사업
4. 외국인근로자 및 그 사용자에 대한 상담 등 편의 제공 사업
5. 외국인근로자 고용제도 등에 대한 홍보사업
6. 그 밖에 외국인근로자의 고용관리에 관한 사업으로서 대통령령으로 정하는 사업
[전문개정 2009.10.9.]

제4장 외국인근로자의 보호

제22조(차별 금지) 사용자는 외국인근로자라는 이유로 부당하게 차별하여 처우하여서는 아니 된다.
[전문개정 2009.10.9.]

제23조(보증보험 등의 가입) ① 사업의 규모 및 산업별 특성 등을 고려하여 대통령령으로 정하는 사업 또는 사업장의 사용자는 임금체불에 대비하여 그가 고용하는 외국인근로자를 위한 보증보험에 가입하여야 한다.

② 산업별 특성 등을 고려하여 대통령령으로 정하는 사업 또는 사업장에서 취업하는 외국인근로자는 질병·사망 등에 대비한 상해보험에 가입하여야 한다.

③ 제1항 및 제2항에 따른 보증보험, 상해보험의 가입방법·내용·관리 및 지급 등에 필요한 사항은 대통령령으로 정한다.
[전문개정 2009.10.9.]

제24조(외국인근로자 관련 단체 등에 대한 지원) ① 국가는 외국인근로자에 대한 상담과 교육, 그 밖에 대통령령으로 정하는 사업을 하는 기관 또는 단체에 대하여 사업에 필요한 비용의 일부를 예산의 범위에서 지원할 수 있다.

② 제1항에 따른 지원요건·기준 및 절차 등에 관하여 필요한 사항은 대통령령으로 정한다.
[전문개정 2009.10.9.]

제24조의2(외국인근로자 권익보호협의회) ① 외국인근로자의 권익보호에 관한 사항을 협의하기 위하여 직업안정기관에 관할 구역의 노동자단체와 사용자단체 등이 참여하는 외국인근로자 권익보호협의회를 둘 수 있다.

② 외국인근로자 권익보호협의회의 구성·운영 등에 필요한 사항은 고용노동부령으로 정한다.〈개정 2010.6.4.〉
[본조신설 2009.10.9.]

제25조(사업 또는 사업장 변경의 허용) ① 외국인근로자(제12조제1항에 따른 외국인근로자는 제외한다)는 다음 각 호의 어느 하나에 해당하는 사유가 발생한 경우에는 고용노동부령으로 정하는 바에 따라 직업안정기관의 장에게 다른 사업 또는 사업장으로의 변경을 신청할 수 있다. 〈개정 2010.6.4., 2012.2.1.〉

1. 사용자가 정당한 사유로 근로계약기간 중 근로계약을 해지하려고 하거나 근로계약이 만료된 후 갱신을 거절하려는 경우

2. 휴업, 폐업, 제19조제1항에 따른 고용허가의 취소, 제20조제1항에 따른 고용의 제한, 사용자의 근로조건 위반 또는 부당한 처우 등 외국인근로자의 책임이 아닌 사유로 인하여 사회통념상 그 사업 또는 사업장에서 근로를 계속할 수 없게 되었다고 인정하여 고용노동부장관이 고시한 경우

3. 그 밖에 대통령령으로 정하는 사유가 발생한 경우

② 사용자가 제1항에 따라 사업 또는 사업장 변경 신청을 한 후 재취업하려는 외국인근로자를 고용할 경우 그 절차 및 방법에 관하여는 제6조·제8조 및 제9조를 준용한다.

③ 제1항에 따른 다른 사업 또는 사업장으로의 변경을 신청한 날부터 3개월 이내에 「출입국관리법」 제21조에 따른 근무처 변경허가를 받지 못하거나 사용자와 근로계약이 종료된 날부터 1개월 이내에 다른 사업 또는 사업장으로의 변경을 신청하지 아니한 외국인근로자는 출국하여야 한다. 다만, 업무상 재해, 질병, 임신, 출산 등의 사유로 근무처 변경허가를 받을 수 없거나 근무처 변경신청을 할 수 없는 경우에는 그 사유가 없어진 날부터 각각 그 기간을 계산한다.

④ 제1항에 따른 외국인근로자의 사업 또는 사업장 변경은 제18조에 따른 기간 중에는 원칙적으로 3회를 초과할 수 없으며, 제18조의2제1항에 따라 연장된 기간 중에는 2회를 초과할 수 없다. 다만, 제1항제2호의 사유로 사업 또는 사업장을 변경한 경우는 포함하지 아니한다.〈개정 2014.1.28.〉

[전문개정 2009.10.9.]

제5장 보 칙 〈개정 2009.10.9.〉

제26조(보고 및 조사 등) ① 고용노동부장관은 필요하다고 인정하면 사용자나 외국인근로자 또는 제24조제1항에 따라 지원을 받는 외국인근로자 관련 단체에 대하여 보고, 관련 서류의 제출이나 그 밖에 필요한 명령을 할 수 있으며, 소속 공무원으로 하여금 관계인에게 질문하거나 관련 장부·서류 등을 조사하거나 검사하게 할 수 있다. 〈개정 2010.6.4.〉

② 제1항에 따라 조사 또는 검사를 하는 공무원은 그 신분을 표시하는 증명서를 지니고 이를 관계인에게 내보여야 한다.

[전문개정 2009.10.9.]

제26조의2(관계 기관의 협조) ① 고용노동부장관은 중앙행정기관·지방자치단체·공공기관 등 관계 기관의 장에게 이 법의 시행을 위하여 다음 각 호의 자료 제출을 요청할 수 있다.

1. 업종별·지역별 인력수급 자료

2. 외국인근로자 대상 지원사업 자료

② 제1항에 따라 자료의 제출을 요청받은 기관은 정당한 사유가 없으면 요청에 따라야 한다.

[본조신설 2014.1.28.]

제27조(수수료의 징수 등) ① 제9조제2항에 따라 사용자와 외국인근로자의 근로계약 체결(제12조제1항 각 호 외의 부분 후단, 제18조의4제3항 및 제25조제2항에 따라 근로계약 체결을 준용하는 경우를 포함한다. 이하 이 조에서 같다)을 대행하는 자는 고용노동부령으로 정하는 바에 따라 사용자로부터 수수료와 필요한 비용을 받을 수 있다. 〈개정 2010.6.4., 2012.2.1.〉

② 고용노동부장관은 제21조에 따른 외국인근로자 관련 사업을 하기 위하여 필요하면 고용노동부령으로 정하는 바에 따라 사용자로부터 수수료와 필요한 비용을 받을 수 있다.〈개정 2010.6.4.〉

③ 제27조의2제1항에 따라 외국인근로자의 고용에 관한 업무를 대행하는 자는 고용노동부령으로 정하는 바에 따라 사용자로부터 수수료와 필요한 비용을 받을 수 있다.〈개정 2010.6.4.〉

④ 다음 각 호의 어느 하나에 해당하는 자가 아닌 자는 근로계약 체결의 대행이나 외국인근로자 고용에 관한 업무의 대행 또는 외국인근로자 관련 사업을 하는 대가로 일체의 금품을 받아서는 아니 된다.〈개정 2010.6.4.〉

1. 제9조제2항에 따라 사용자와 외국인근로자의 근로계약 체결을 대행하는 자

2. 제27조의2제1항에 따라 외국인근로자의 고용에 관한 업무를 대행하는 자

3. 제21조에 따른 고용노동부장관의 권한을 제28조에 따라 위임·위탁받아 하는 자

[전문개정 2009.10.9.]

제27조의2(각종 신청 등의 대행) ① 사용자 또는 외국인근로자는 다음 각 호에 따른 신청이나 서류의 수령 등 외국인근로자의 고용에 관한 업무를 고용노동부장관이 지정하는 자(이하 "대행기관"이라 한다)에게 대행하게 할 수 있다. 〈개정 2010.6.4., 2012.2.1.〉

1. 제6조제1항에 따른 내국인 구인 신청(제25조제2항에 따라 준용하는 경우를 포함한다)

2. 제18조의2에 따른 사용자의 재고용 허가 요청

3. 제18조의4제1항에 따른 재입국 후의 고용허가 신청

4. 제25조제1항에 따른 사업 또는 사업장 변경 신청

5. 그 밖에 고용노동부령으로 정하는 외국인근로자 고용 등에 관한 업무

② 제1항에 따른 대행기관의 지정요건, 업무범위, 지정절차 및 대행에 필요한 사항은 고용노동부령으로 정한다.〈개정 2010.6.4.〉

[본조신설 2009.10.9.]

제27조의3(대행기관의 지정취소 등) ① 고용노동부장관은 대행기관이 다음 각 호의 어느 하나에 해당하는 경우에는 고용노동부령으로 정하는 바에 따라 지정취소, 6개월 이내의 업무정지 또는 시정명령을 할 수 있다. 〈개정 2010.6.4.〉

1. 거짓이나 그 밖의 부정한 방법으로 지정을 받은 경우

2. 지정요건에 미달하게 된 경우

3. 지정받은 업무범위를 벗어나 업무를 한 경우

4. 그 밖에 선량한 관리자의 주의를 다하지 아니하거나 업무처리 절차를 위배한 경우

② 고용노동부장관은 제1항에 따라 대행기관을 지정취소할 경우에는 청문을 실시하여야 한다.〈개정 2010.6.4.〉

[본조신설 2009.10.9.]

제28조(권한의 위임·위탁) 고용노동부장관은 이 법에 따른 권한의 일부를 대통령령으로 정하는 바에 따라 지방고용노동관서의 장에게 위임하거나 한국산업인력공단 또는 대통령령으로 정하는 자에게 위탁할 수 있다. 다만, 제21조제1호의 사업은 한국산업인력공단에 위탁한다. 〈개정 2010.6.4., 2014.1.28.〉

[전문개정 2009.10.9.]

제6장 벌 칙 〈개정 2009.10.9.〉

제29조(벌칙) 다음 각 호의 어느 하나에 해당하는 자는 1년 이하의 징역 또는 1천만원 이하의 벌금에 처한다. 〈개정 2014.1.28.〉

1. 제8조제6항을 위반하여 외국인근로자의 선발, 알선, 그 밖의 채용에 개입한 자
2. 제16조를 위반하여 귀국에 필요한 조치를 하지 아니한 사용자
3. 제19조제2항을 위반하여 근로계약을 종료하지 아니한 사용자
4. 제25조에 따른 외국인근로자의 사업 또는 사업장 변경을 방해한 자
5. 제27조제4항을 위반하여 금품을 받은 자
[전문개정 2009.10.9.]

제30조(벌칙) 다음 각 호의 어느 하나에 해당하는 자는 500만원 이하의 벌금에 처한다.
1. 제13조제1항 전단을 위반하여 출국만기보험등에 가입하지 아니한 사용자
2. 제23조에 따른 보증보험 또는 상해보험에 가입하지 아니한 자
[전문개정 2009.10.9.]

제31조(양벌규정) 법인의 대표자나 법인 또는 개인의 대리인, 사용인, 그 밖의 종업원이 그 법인 또는 개인의 업무에 관하여 제29조 또는 제30조의 위반행위를 하면 그 행위자를 벌하는 외에 그 법인 또는 개인에게도 해당 조문의 벌금형을 과(科)한다. 다만, 법인 또는 개인이 그 위반행위를 방지하기 위하여 해당 업무에 관하여 상당한 주의와 감독을 게을리하지 아니한 경우에는 그러하지 아니하다.
[전문개정 2009.10.9.]

제32조(과태료) ① 다음 각 호의 어느 하나에 해당하는 자에게는 500만원 이하의 과태료를 부과한다.
1. 제9조제1항을 위반하여 근로계약을 체결할 때 표준근로계약서를 사용하지 아니한 자
2. 제11조제2항을 위반하여 외국인근로자에게 취업교육을 받게 하지 아니한 사용자
3. 제12조제3항에 따른 특례고용가능확인을 받지 아니하고 같은 조 제1항에 따른 사증을 발급받은 외국인근로자를 고용한 사용자
4. 제12조제4항을 위반하여 외국인구직자 명부에 등록된 사람 중에서 채용하지 아니한 사용자 또는 외국인근로자가 근로를 시작한 후 직업안정기관의 장에게 신고를 하지 아니하거나 거짓으로 신고한 사용자
5. 제13조제1항 후단을 위반하여 출국만기보험등의 매월 보험료 또는 신탁금을 3회 이상 연체한 사용자
6. 제15조제1항을 위반하여 보험 또는 신탁에 가입하지 아니한 외국인근로자
7. 제17조제1항을 위반하여 신고를 하지 아니하거나 거짓으로 신고한 사용자
8. 제20조제1항에 따라 외국인근로자의 고용이 제한된 사용자로서 제12조제1항에 따른 사증을 발급받은 외국인근로자를 고용한 사용자
9. 제26조제1항에 따른 명령을 따르지 아니하여 보고를 하지 아니하거나 거짓으로 보고한 자, 관련 서류를 제출하지 아니하거나 거짓으로 제출한 자, 같은 항에 따른 질문 또는 조사 · 검사를 거부 · 방해하거나 기피한 자
10. 제27조제1항 · 제2항 또는 제3항에 따른 수수료 및 필요한 비용 외의 금품을 받은 자
② 제1항에 따른 과태료는 대통령령으로 정하는 바에 따라 고용노동부장관이 부과 · 징수한다.〈개정 2010.6.4.〉
[전문개정 2009.10.9.]

제1조(시행일) 이 법은 공포 후 6개월이 경과한 날부터 시행한다.

제2조(신고에 관한 적용례) 제17조의 개정규정은 이 법 시행 후 최초로 신고를 하는 경우부터 적용한다.

참고   외국인근로자에 대한 4대 사회보험 적용

1) 산재보험 : 모든 외국근로자 적용.
   - O 근로기준법상 근로자이면 내 · 외국인 합 · 불법체류 여부를 불문하고 산재보험 적용

2) 고용보험 적용대상 : O 거주(F–2), 영주권자(F–5)
   - O 국내 외국기업의 파견근로자('04.1월) : 주재(D–7), 기업투자(D–8), 무역경영(D–9)
     - 단, 당해 외국인의 본국법이 대한민국 국민에게 적용되지 않을 경우 적용제외(상호주의)
   - O 고용 허가받은 외국인근로자('04. 8월) : 비전문취업(E–9)
     * 적용제외 : O 외국인 근로자는 원칙적으로 적용 제외
     - 교수, 연구, 기술지도, 연수취업 등의 경우에는 임의가입 가능

3) 건강보험 적용대상: O 외국인은 강제가입 대상 아님
   - O 건강보험 직장가입자 적용사업장의 근로자와 공무원 · 교직원으로 임용 또는 채용된 자는 직장가입자로 임의가
     입 가능
   - O 지역가입자로 임의가입 가능
     - 방문동거(F–1)자격으로 체류하는 한국 국민의 배우자 및 자녀
     - 문화예술(D–1), 유학(D–2), 산업연수(D–3), 일반연수(D–4), 취재(D–5), 종교(D–6), 주재(D–7), 기업투자(D–8),
       무역경영(D–9), 교수(E–1), 회화 지도(E–2), 연구(E–3), 기술지도(E–4), 전문 직업(E–5), 특정 활동(E–7), 연수
       취업(E–8)의 체류자격으로 국내에 1년 이상 체류할 자 및 배우자와 20세미만 자녀(F–3)
     - 거주(F–2) 자격으로 국내에 장기 거주하는 자
     - 재외동포(F–4) 자격으로 체류하는 외국국적동포

4) 국민연금 적용대상 : O 국민연금 적용사업장의 18세 이상 60세미만의 외국인 (사용자 또는 근로자)
   - 단, 당해 외국인의 외국법이 "국민연금에 상응하는 연금"에 관하여 대한민국 국민에게 적용하지 않는 것으로
     확인된 경우에는 제외 대상(상호주의)
   - * 적용 제외 : O 다른 법령 또는 조약(협약)에서 국민연금법 적용을 배제하는 자(외교관, 영사기관원과 가족 등)
     - O 체류기간 연장허가를 받지 않고 허가된 체류기간이상 체류하는 자
     - O 외국인등록을 하지 않거나 강제퇴거명령서가 발부된 자
     - O 체류자격이 문화예술(D–1), 유학(D–2), 산업연수(D–3), 일반연수(D–4), 종교(D–6), 방문동거(F–1), 동반(F–3),
       기타(G–1)인 자

국제 및
외국 노동법

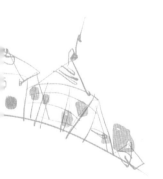
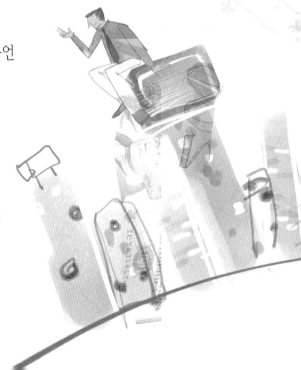

국제 및 외국 노동법

1. 국제노동기준과 ILO 협약

국제노동기준의 성격

ILO(International Labor Organization)는 "불법행위, 학대, 박탈"과 관련 있는 근로조건을 시정하기 위한 국제적인 기준을 채택하는 것을 주된 목적으로 1919년에 설립되었다. 1944년 필라델피아 선언문이 ILO 헌장에 통합된 이후 ILO의 기준설정에 관한 임무는 보다 일반적인 사회정책과 인권문제를 포함할 만큼 확대되었다. 국제노동기준은 이러한 문제에 대한 국제적인 삼자협약이라 할 수 있다. 현재 185개국이 가입되어 있고 한국은 1991년 12월, 152번째로 가입했다.

ILO헌장 전문

세계의 항구적 평화는 사회정의를 기초로 함으로써만 확립될 수 있으며, 또한 세계의 평화와 화합이 위협받을 만큼 수많은 사람들에게 중대한 사회불안을 야기하는 불의, 고난 및 궁핍을 가져다주는 근로조건이 존재하며, 이러한 근로조건은, 예컨대 1일 및 1주의 최장근로시간의 설정을 포함한 근로시간의 규제, 노동력 공급의 조절, 실업의 방지, 적정한 생활급의 지급, 직업상 발생하는 질병·질환·상해로부터 근로자의 보호, 아동·청소년 및 여성의 보호,

노령 및 상해에 대한 급부, 자국이외의 다른 나라에서 고용된 근로자의 권익보호, 동등가치의 근로에 대한 동일보수 원칙의 인정, 결사의 자유 원칙의 인정, 직업교육 및 기술교육의 실시와 다른 조치를 통하여, 시급히 개선되어야 하며, 또한 어떤 국가가 인도적인 근로조건을 채택하지 아니하는 것은 다른 나라들이 근로조건을 개선하려는데 장애가 되므로, 체약당사국은 정의 및 인도주의와 세계의 항구적 평화를 보장하고자 하는 염원에서, 또한 이 전문에 기술한 목적을 달성하기 위하여 다음의 국제노동기구 헌장에 동의한다.

국제노동기구(ILO)의 목적에 관한 선언(필라델피아 선언)

국제노동기구는 1944년 5월 10일, 「필라델피아」 제26차 회의에서 국제노동기구의 목적 및 회원국의 정책 기조가 될 원칙에 관한 선언을 이에 채택한다.

I

총회는 이 기구가 기초하고 있는 기본 원칙, 특히 다음 사항을 재확인한다.

(가) 노동은 상품이 아니다.

(나) 표현 및 결사의 자유는 부단한 진보에 필수적이다.

(다) 일부의 빈곤은 전체의 번영을 위험하게 한다.

(라) 결핍과의 전쟁은 각 국 안에서는 불굴의 의지로, 그리고 근로자 및 사용자 대표는 정부 대표와 동등한 지위에서 일반 복지의 증진을 위한 자유로운 토의와 민주적인 결정에 함께 참여하는 지속적이고도 협조적인 국제적 노력에 의하여 수행할 것을 요한다.

II

항구적 평화는 사회정의에 기초함으로써만 확립될 수 있다는 국제노동기구 헌장 선언의 진실성은 경험상 충분히 증명되어 있다고 믿어, 총회는 다음 사항을 확인한다.

(가) 모든 인간은 인종, 신조 또는 성별에 관계없이 자유 및 존엄과 경제적 안정 및 기회균등의 조건하에 물질적 복지 및 정신적 발전을 추구할 권리를 가진다.

(나) 이를 가능케 할 상태의 실현은 국가적 및 국제적 정책 및 조치의 중심 목적이어야 한다.

(다) 모든 국가적 및 국제적 정책과 조치, 특히 경제적, 정치적 성격의 정책과 조치는 이러한 과정에서 판단되어야 하며, 또한 근본목표의 달성을 촉진하며 방해하지 않는 한도 내에서 채택되어야 한다.

(라) 이 근본목표에 비추어 모든 국제적 경제정책, 재정정책 및 조치를 검토하고 심의하는
　　것은 국제노동기구의 책무이다.
(마) 국제노동기구는 수임된 임무를 수행함에 있어 관련된 모든 경제적 및 재정적 요소를
　　감안하여 그 결정 및 권고 중에 적절하다고 인정하는 규정을 포함시킬 수 있다.

Ⅲ

총회는 전 세계 국가에게 다음 사항을 달성하기 위한 계획을 촉진해야 하는 국제노동기구
의 엄숙한 책무를 승인한다.
(가) 완전고용 및 생활수준의 향상
(나) 근로자가 기술 및 기능을 최대한도로 발휘하여 만족을 누릴 수 있고, 일반의 복지에
　　최대한으로 공헌할 수 있는 직업에 고용
(다) 이러한 목적달성의 방편으로서 모든 관련자에 대한 적절한 보장하에 훈련을 위한 시
　　설제공과 고용 및 정착 목적의 이민을 포함한 노동의 이동을 위한 편의의 제공
(라) 모든 사람에게 경제발전과실의 공정분배를 보장할 수 있는 임금 및 소득, 근로시간 및
　　다른 근로조건에 관한 정책, 최저생활급에 의한 보호를 요하는 자를 포함한 모든 근로
　　자에 대한 최저생활급 지급
(마) 단체교섭권의 효과적인 인정, 생산능률의 지속적 향상 및 사회적·경제적 조치의 준
　　비와 적용에 관한 근로자와 사용자간의 협력
(바) 기본소득 제공으로 보호할 필요가 있는 모든 사람에 대한 기본소득의 보장과 이들에
　　게 종합의료를 제공하는 사회보장조치의 확대
(사) 모든 직업에 있어서 근로자의 생명 및 건강의 적절한 보호
(아) 아동을 위한 복지제공 및 모성의 보호
(자) 적절한 영양공급과 주거 및 휴식·문화시설의 제공
(차) 교육 및 직업에 있어서 기회균등의 보장

Ⅳ

이 선언에 명시된 목적 달성에 필요한 세계 생산자원의 보다 충분하며 광범위한 이용은 생
산 및 소비의 증대, 격심한 경기변동의 회피, 세계 저개발지역의 경제적·사회적 발전의 촉
진, 1차 생산물 가격의 국제적 안정성 확보 및 국제무역량의 고도, 지속적 증대 조치를 포함
하는 효과적인 국제적 및 국내적 조치에 의하여 확보될 수 있음을 확신하여, 총회는 국제노

동기구가 이 위대한 사업 및 모든 사람의 건강, 교육 및 복지의 증진에 관한 책임의 일부를 맡은 국제단체와 충분히 협력할 것을 서약한다.

V

총회는 이 선언에 언급된 원칙이 전 인류에 충분히 적용될 수 있음과 이를 어떻게 적용하는가는 각국민이 처한 사회적 경제적 발달의 단계를 충분히 고려하여 결정할 수 있다고 하더라도, 아직 종속적인 상태에 있거나 이미 자치에 도달한 경우에 대해서도 이 원칙을 점진적으로 적용하는 것이 문명세계 전체의 관심사항임을 확인한다.

ILO 근로자 기본권 선언

ILO 헌장상의 "핵심적 노동인권의 보호 · 증진(8개 ILO 핵심 협약)"을 효과적으로 확보하기 위한 방안에 대하여 그간 다양한 논의가 진행되면서 근로자 기본권 선언을 채택하게 되었다.

ILO로서는 변화하는 세계에서 노동권 관련기관으로서 위상을 재정립하고, 위와 같은 WTO 등에서의 노동기준과 무역 연계 논의에 적절히 대응할 필요성을 절감하게 되었다. 관련 협약의 미비준 회원국을 포함하여 모든 회원국은 ILO 회원국이라는 사실에 의해, 관련 협약에서 규정하고 있는 다음의 기본적 권리에 관한 원칙들을 성실히 ILO 헌장에 따라 존중하고 실현할 의무가 있다.

- 결사의 자유 및 단체교섭권의 효과적 인정
- 모든 형태의 강제근로 철폐
- 고용과 직업상의 차별 금지
- 아동노동의 효과적 철폐

이러한 목적을 달성하기 위해 ILO는 여타 국제기구와 함께 회원국을 최대한 지원하고, 이 선언의 효력을 극대화하기 위해 부속서에 포함된 후속조치를 이행하게 된다. 한편, 노동기준을 보호무역주의 목적으로 사용해서는 안되고 선언 및 후속조치의 어떠한 부분도 그러한 의도를 유발하거나 그 같은 목적으로 사용되어서는 안 된다.

국제노동기준의 형태

기본적으로 ILO의 기준은 협약(Convention)과 권고(Recommendation)의 형태로 만들어진다. 이 중 협약은 회원국이 비준하는 경우 국제조약이 되어 이행할 의무가 발생한다. 반면 권고는 협약 내용과 관련하여 회원국의 정책과 활동이 나아가야 할 방향을 제시하는 지침의 성격을 가지고 있으며, 이행의 의무는 없다.

기준의 다른 형태로는 ILO 총회와 각종 회의 시 채택되는 행동강령, 결의, 선언 등이 있다. 이들은 비록 일정 규범을 설정하는 효과는 있으나, 협약과 권고와 같이 공식적인 성격은 없으며, ILO의 국제노동기준 체계에는 포함되지 않는다.

2017년 현재 ILO는 189개 협약과 194개 권고를 채택하고 있다. 1998년『근로자 기본권 선언』을 채택한 이후에는 근로자의 가장 기본적인 권리를 다루는 4개 분야에서의 8개 협약을 모든 회원국이 비준하고 이행해야 하는 협약(소위 핵심협약, Fundamental Convention)으로 구분하고 있다. 4개 분야의 8개 핵심협약은 다음과 같다.

(1) 결사의 자유

제 87 호 결사의 자유 및 단결권 보호에 관한 협약 (1948년)

제 98 호 단결권 및 단체교섭권 원칙의 적용에 관한 협약(1949년)

(2) 강제근로

제 29 호 강제근로에 관한 협약(1930년)

제 105 호 강제근로의 폐지에 관한 협약(1957년)

(3) 아동노동

제 138 호 취업의 최저연령에 관한 협약(1973년)

제 182 호 가혹한 형태의 아동노동철폐에 관한 협약(1999년)

(4) 차별금지

제 100 호 동일가치 근로에 대한 남녀근로자의 동등보수에 관한 협약(1951년)

제 111 호 고용 및 직업에 있어서 차별대우에 관한 협약(1958년)

또한 노동관련 제도 및 정책에 중요한 영향을 미치는 다음 3개 분야의 4개 협약은 우선협약(Priority Convention)으로 불린다.

① 근로감독

제 81 호 공업 및 상업부문에서 근로감독에 관한 협약 (1947년)

제 129 호 농업부문 근로감독에 관한 협약 (1969년)

② 고용정책

제122 호 고용정책에 관한 협약 (1964년)

③ 3자협의

제144 호 국제노동기준의 이행을 촉진하기 위한 3자 협의에 관한 협약 (1976년)

▶ 한국이 비준한 ILO 협약 현황 : ILO 협약은 모두 188개인데, 비준대상협약은 100개로서 이미 비준한 28개와 아직 비준하지 않은 72개로 구성된다. 나머지는 비준이 불필요한 협약인데 미 발효(8), 폐기(5), 신협약 채택에 따른 개정 협약 등 모두 88개다. 위 '핵심협약' 8개 중 4개(100호, 111호, 138호, 182호)는 이미 비준한 상태다.

🖊 참고 우리나라 비준 ILO 협약 28개 현황 (2017년 현재)

협약번호	협약 명 주요내용	비준일
제73호	선원의 건강진단에 관한 협약 해상근무에 대한 적격성을 입증하는 권한 있는 기관이 발급한 건강증명서를 소유한 경우에만 선박 내에 고용될 수 있음을 규정	92.12
제81호	공업 및 상업부문에서 근로감독에 관한 협약 공업 및 상업부문 사업장에서 근로조건과 근로자 보호에 관한 법규정 집행을 보장하기 위한 근로감독 체계를 제공해야함을 규정	92.12
제122호	고용정책에 관한 협약 경제성장과 발전을 촉진하고 생활수준을 향상시키고 인력수요를 충족시키는 한편 실업 및 불완전 고용을 해소하기 위하여 완전 고용을 촉진하는 적극적인 정책을 추진하도록 규정	92.12
제142호	인적자원의 개발에 있어서 직업지도 및 훈련에 관한 협약 고용과 밀접하게 관계된 직업지도 및 직업훈련에 관한 포괄적이고 조화된 정책과 프로그램을 채택하고, 특히 공공취업알선기관을 통하여 정책을 시행할 것을 규정	94. 1
제100호	동일가치 근로에 대한 남녀근로자의 동등보수에 관한 협약 사용자가 근로자에게 직·간접적으로 혹은 현금·현물의 형태로 지불하는 최저임금, 급료, 그 밖의 모든 형태의 추가급여가 남녀차별 없이 동등하게 지불되어야 함을 규정	97.12
제150호	노동행정(역할·기능·조직)에 관한 협약 비준국은 적절히 조율된 효율적인 노동행정, 기능, 책임체계를 조직해야 함을 규정	97.12
제160호	노동통계에 관한 협약 회원국은 기본적인 노동통계를 정기적으로 수집·편집·출판하여야 함	97.12
제111호	고용 및 직업에 있어서 차별대우에 관한 협약 직업훈련·고용·특정직업에의 접근·고용계약과 조건 등에 있어 모든 형태의 차별을 철폐할 목적으로 국가정책을 결정·추진함으로써 기회와 처우의 평등을 촉진하여함	98.12
제138호	취업의 최저연령에 관한 협약 아동노동의 효율적인 철폐를 보장하고, 또한 취업의 최저연령을 연소자의 심신의 완전한 발달에 가장 적합한 수준까지 점진적으로 높일 것을 규정, 특히 취업최저연령은 어떤 경우에도 15세미만이어서는 안됨	99. 1
제144호	국제노동기준의 이행을 촉진하기 위한 3자 협의에 관한 협약 국제노동기구 관련활동을 하는데 있어 정부·사용자·근로자 대표 사이의 효율적인 협의를 보장하기 위한 절차적 조치를 취해야 함	99.11

협약번호	협약 명 주요내용	비준일
제159호	장애인 직업재활 및 고용에 관한 협약 장애인과 일반 근로자간의 동등한 기회원칙을 토대로 직업소개, 직업훈련, 취업 및 기타 고용에 관련된 적절한 서비스를 장애인들에게 제공해야 함	99.11
제19호	근로자 재해보상에 대한 내 · 외국인 근로자의 균등대우에 관한 협약 산업재해 발생시 내 · 외국인 근로자를 차별하지 않고 동등하게 보상하여야 함.	01. 3
제156호	가족부양의 의무가 있는 근로자의 고용 및 기회균등에 관한 협약 모든 근로자는 가족 부양의 의무로 인하여 고용 · 승진 등 모든 경제활동에서 차별되어서는 아니 됨	01. 3
제182호	가혹한 형태의 아동노동 철폐에 관한 협약 18세미만 아동에 대한 가혹한 노동은 금지함.	01. 3
제26호	최저임금의 결정제도의 수립에 관한 협약 임금이 예외적으로 낮은 산업에 고용된 근로자를 위한 최저임금 보장을 위한 제도 유지를 규정함	01. 12
제131호	개발도상국을 특히 고려한 최저임금 결정에 관한 협약 부당한 저임금으로부터 근로자 보호를 위한 최저임금제 시행을 규정함.	01. 12
제88호	직업안정기관의 구성에 관한 협약 무료의 공공직업안정기관 유지를 규정함.	01. 12
제135호	기업에서 근로자대표에게 제공되는 보수 및 편의에 관한 협약 근로자 대표는 동 지위 또는 활동을 이유로 해고 또는 불이익 조치를 받지 않아야 함을 규정함.	01. 12
제170호	작업장에서의 화학물질 사용 안전에 관한 협약 작업장에서의 화학물질 사용에 있어 안전유지를 위한 규정 및 사용자와 근로자간 협력 등 규정	03. 3
제53호	상선에 승무하는 선장과 직원에 대한 직무상 자격의 최저요건에 관한 협약 상선에 승무하는 선장과 직원의 최저연령, 자격 등 규정	03. 3
제162호 (1986)	석면협약 직업 상 유해한 석면에 노출되는 근로자의 건강 보호에 관한 협약	07. 4
제187호 (2006)	산업안전보건증진체계협약 노사 대표와의 협의에 의한 국가적 차원의 산재예방 체제 구축, 산재예방 정책, 프로그램을 통한 지속적 안전보건 정책의 증진	08. 2
제155호 (1981)	산업안전보건협약 산재 예방을 위해 산업안전보건 및 작업환경에 관한 국가정책의 수립, 시행 시, 노사 대표와 협의를 거칠 것	08. 2
제139호 (1974)	직업성 암협약 직업상 노출이 금지되거나 승인 또는 통제되어야 하는 발암성 물질 및 인자를 정하여 관리	11. 11
제115호 (1960)	방사선 보호 협약 전리 방사선 및 방사선 물질의 노출 기준을 정하고 근로자에게 관련 정보 제공, 노출 기준 준수에 대한 감시, 감독 실시	11. 11
제 47호 (1935)	주 40시간 협약 생활수준이 저하되지 않는 방식으로 주 40시간 근로 원칙 승인	11. 11
제2호 (1919)	실업협약 공공고용 서비스 기관 및 자문위원회(노사대표 포함) 설치, 상대국 근로자에 대한 동등한 보험혜택 위해 비준국 간 협약 체결	11. 11

2. 중국 노무관리

단기계약직도 노동계약서 작성 필수…
정년퇴직 후 연장계약땐 산재 적용 안돼

(출처: 〈서울경제〉 2015. 9. 14.)
도움말: 법무부 해외진출 중소기업 법률자문단)

중국에 진출하는 한국 기업의 고민거리 가운데 하나는 노무관리다. 중국 노동계약제도는 우리와 다른 점이 많은데 한국 기업의 상당수는 이를 간과하다가 각종 분쟁에 휘말린다.

중국에선 '서면 노동계약'이 정규직은 물론이고 단기계약직에게도 적용되므로 꼼꼼하게 챙겨야 한다. 노동계약법상 노동계약서를 작성하지 않은 채 1개월이 지나면 근로자에게 매달 2배의 임금을 지급해야 하며 1년이 지나면 해당 근로자는 무기한 노동계약을 맺은 것으로 간주한다. 때문에 노동계약서를 작성하는 것은 물론 도중에 분실하지 않도록 철저히 관리해야 할 필요가 있다.

근로자의 노동계약 기간은 크게 고정기간 노동계약, 무기한 노동계약으로 나뉜다. 우리로 치자면 전자는 계약직, 후자는 정규직(무기계약직 포함)인 셈이다. 계약 기간은 근로자와 합의해 정할 수 있는데 △근로자를 고정기간 노동계약으로 10년 연속 고용했거나 △2회 연속 고정기간 노동계약을 맺은 뒤 만기가 되면 해당 근로자를 무기직으로 고용해야 할 의무가 생긴다는 점을 주의해야 한다.

중국의 정년퇴직연령은 남성 60세로 규정하고 있다. 여성의 경우 관리직은 55세이지만 그 외에는 50세다. 정년퇴직한 근로자와도 추가로 근무계약을 맺을 수 있으며 이러한 '연장 계약'에는 노동법이 아니라 민법 제도가 적용되므로 유의해야 한다. 가령 62세 근로자가 근무하다 다치면 산재보험이 적용되는 게 아니라 손해배상 책임이 생긴다. 기업의 부담이 거의 없는 산재보험과 달리 신체 손해배상은 기업이 전액 부담해야 하므로 지출해야 할 비용이 커진다.

근로자가 퇴직 후 일정 기간 경쟁업체로 옮기는 것을 막는 '경업금지'도 중국에선 까다롭게 운영된다. 중국 노동계약법에서는 경업금지 약정을 맺으면 기업이 그에 상응하는 경제보상금을 근로자에게 지불해야 한다고 규정하고 있다. 보상금을 지급하지 않는 경업금지 조항은 원칙적으로 무효다. 경업금지 기간도 2년을 넘어서는 안 된다.

중국 진출기업 대상 노무관리 설명회 개최

코트라(KOTRA, 대한무역투자진흥공사) 제공
〈중국의 노무관리제도〉 (2013. 12. 20.)

■ 노사발전재단(사무총장 엄현택)은 해외투자기업 노사안정지원반을 중국에 파견하여 중국 대련시(7월 14일)와 남경시(7월 15일)에 진출한 우리기업들을 대상으로 노무관리 현지 설명회를 개최하였다.

  * 대련시 : 최근 한인 조선기업의 파산으로 인한 조선기자재 업체들의 경영난에 따라 향후 노동분쟁 발생 가능성을 미연에 방지하고자 함

  ** 남경시 : 남경 한국상회의 노무관리 지원 요청 및 우리 기업 주요 진출 지역

■ 현재 중국은 신창타이 시대로 접어들면서 성장률 둔화 및 노동분쟁 증가 추세와 더불어 임금 및 복지보장, 노사정 제도 확립 강화 등의 이슈로 중국에 진출한 5만여 개 우리기업들의 노무관리 지원이 시급한 상황이다.

  * 신창타이(新常態, New normal)시대: 중고속 성장을 위한 중국 경제의 새로운 상태

■ 양일간 개최된 설명회에서 김상용 주중 대한민국대사관 고용노동관은 '중국 외자기업관련 노동이슈 및 노동환경 변화'에 관한 발표를 통해,

  ○ "중국은 경제사회 전환기를 맞이하여 노동관계가 다원화되고, 노동 갈등이 다발적으로 발생한다"며 "조화로운 노동관계 구축을 위해 노동관계 3방 협의(노·사·정) 기제 완비, 노동보장감찰(근로감독) 및 노동분쟁조정중재 제도 완비, 기업의 사회적 책임 적극적 이행 교육 등이 중요하다"고 강조하였다.

■ 또한 이평복 코트라 청도 무역관 고문은 '노동분쟁 사례 분석을 통한 중국 노동법 제도의 특징 및 노사분쟁 예방을 위한 인사노무관리 전략'발표를 통해,

  ○ "중국법인 성공경영을 위해 인사노무 및 재무에 밝은 관리자 파견,중국직원에 과감한 권한위양과 집행상황의 감시 등을 꼽을 수 있다"며, "조화로운 노무관리를 제도화하며, 종신고용시대를 겨냥한 인사제도를 구축해야한다"고 주장했다.

■ 이번 설명회는 중국 현지 한국상회, 코트라무역관, 지역 중소기업협의회, 중국 내 우리 영사관과 협의를 통해 진행되었으며, 이번 설명회에서 도출된 의견을 바탕으로 현지 법 개정 및 노동동향을 파악할 예정이다.

노무관리 방법

1) 근로 시간

중국은 주 5일제(40시간)를 시행하고 있으며, 초과 근로에 대한 제한이 엄격하게 실시되고 있다. 초과 근로는 1일 1시간, 특수상황에서 3시간, 월 36시간 한도 이내에서 가능하다. 초과

근로 시간에 대해서는 평일급 기준 50%, 주 휴일 근로는 100%, 법정휴일 근로는 200%의 가산 임금을 지급해야 하므로 인건비 부담을 최소화할 수 있는 방안을 강구하는 것이 필요하다. 우리기업은 다음과 같은 방법을 사용하는 것이 효과적일 것이다.

(1) 교대제 근로

중국에는 야간수당 지급에 대한 법규가 없으므로 토, 일요일 특근(100% 가산 임금적용)보다는 16~24시간 풀 가동으로 2조 3교대제, 3조 4교대 작업을 추진하는 방법이 좋다.

(2) 비전일제(非全日制) 근로

업무량, 업무성격 등을 감안하여 파트타임(비전일제) 근로자를 활용한다. 이는 근무 시간이 매일 4시간, 매주 24시간을 초과하지 않는 고용 형식이다.

(3) 부정시제(不定時制) 근로

작업의 시작과 끝이 불분명하고, 근무시간이 고정되어 있지 않는 근로자(고급 관리자, 외근사원, 전용차 기사 등)에 적용하는 방법이다. 이 경우의 근로자는 법정 표준근로시간, 휴일 등의 법 적용에서 제외되므로 인건비를 절감할 수 있다.

2) 퇴직금(경제보상금 제도)

중국은 근로계약기간 종료 전에 사용자 측 사정으로 계약이 해지되는 경우, 1년 근무 당 1개월 분의 경제보상금이 지급되는 것이 일반적이었으나, 2008년 1월 1일부터 시행되는 신 노동법에서는 근로계약 기간이 만료되거나 만료 전에 근로자가 자의로 사직하는 경우에 대해서도 경제보상금 지급의무를 별도로 규정하였다.

경제보상금은 노동자의 해당 고용단위에서의 근속연한에 근거하여, 만 1년마다 1개월 분의 임금을 기준으로 근로자에게 지불한다. 6개월 이상 1년 미만의 경우 1년으로 계산하고, 6개 월 미만의 경우 반개월분 임금을 경제보상금으로 지불한다. 근로자의 월급이 고용단위가 소재한 직할시나 구(區)가 설치되어 있는 시의 전년도 근로자 평균월급의 3배보다 높을 경우 지불되는 경제보상금의 기준은 근로자 평균 월급의 3배로 한다. 지불되는 경제보상금의 연한은 최고 12년을 초과하지 않는다. 여기서 의미하는 월급은 노동계약 해지 또는 종료 전 근로자의 12개월 평균임금을 지칭한다.

3) 장애인 의무고용

장애인 의무고용 비율은 지역마다 다르나 보통 근로자 수의 1.5% 정도이다. 1990년에 공포된《중화인민공화국 장애인보장법(中華人民共和國殘疾人保障法)》에 따르면, 구체적인 비율은 성급 지방정부에서 정하도록 되어 있다. 장애인 미채용 시 지역의 전년도 근로자 평균임금에 근거하여 부담금(장애인 취업 보장금)을 납부해야 하는 경우도 있다.

4) 노동조합(公會)

중국의 경우 2001년 수정한《노동조합법(公會法)》에 의거, 모든 기업에 노동조합을 설치 하도록 권장하고 있다. 노동조합 설립은 사업주의 의무는 아니나 최근 중국정부는 노동조합 미설립 기업명단을 언론에 공개하고 우수기업 선정 대상에서 제외하는 등 노동조합 설립을 강력 추진하고 있다.

또 노동조합에게 노동관계 법규 준수상황에 대한 감독권도 부여(2004. 12월 《노동보장 감찰조례(勞動保障監察條例)》)하고 있어 노동조합의 권한이 점차 강화되고 있다.

《노동조합법(公會法)》에 따르면 중국 노동조합은 단결권과 단체교섭권만 있고 단체행동권(파업 등)은 인정되지 않고 있다. 사용주는 근로자 임금총액의 2%를 노동조합경비로 납부해야 한다.

또한 노동조합을 중심으로 노동쟁의가 발생할 것을 대비하여 해당지역 노동국 등 관련 기관으로부터 협조와 지원을 받을 수 있도록 평소 긴밀한 유대관계 구축이 필요하다.

5) 효율적인 인력관리 방법

(1) 성과주의(인센티브) 제도를 최대한 활용

중국 인력을 효율적으로 운영하기 위해서는 우선 인센티브 제도를 최대한 활용하여야 한다. 특히 영업사원의 경우, 기본급은 적게 주고 판매목표 달성량에 따라 인센티브를 차등 지급하는 것이 바람직하며, 생산직도 매월 인사고과를 실시하여 열심히 일하는 직원과 적당히 일하는 직원 간의 급여 차이를 확실히 하여야 한다. 정액제로 할 경우 생산성이 하향 평준화되기 때문에 관리가 까다롭더라도 매월 평가제를 시행하는 것이 필요하다. 사무직원의 경우는 직무급을 도입하여 업무의 난이도에 따라 급여의 차를 두는 것이 바람직하다.

(2) 상벌 제도(신상필벌)의 확립

중국 기업은 신상필벌(信賞必罰)의 엄격한 노무관리 제도를 많이 활용하고 있다. 즉, 사규에 어긋나거나 품질불량, 생산차질 등을 초래했을 때, 사전에 일정한 벌과금을 정해 급여에서 공제하고, 반대로 생산 활동에 기여했을 때에는 상응하는 금전적인 보상을 실시하는 제도를 활용하는 것이 한국식의 온정주의적인 관리방법보다 더 효율성이 크다.

① 현지인(토착민), 외지인, 조선족의 관리

일반적으로 총경리의 비서와 한국 본사 상대 업무담당자로는 조선족 출신 여사원이 적당하며, 총무, 현장관리, 재무는 관공서와의 인맥활용과 현금관리의 특성상 신분이 확실한 현지인을, 일반 현장직원은 관리가 용이하고 성실한 외지인을 채용하는 것이 바람직하다. 한편, 한족과 조선족 간의 질시와 비협조 등의 부정적인 관계 형성은 사내 분위기를 해칠 수 있으므로, 조선족의 경우 통역업무를 맡기더라도 명확하게 구분된 직무만을 부여하여 직무 외의 일에 관여하지 못하도록 조치하여 분쟁의 소지를 최소화 하는 것이 중요하다.

② 현지 사회 관습과 문화를 고려한 노무관리

중국의 문화와 사회관습을 무시한 채 한국식으로 노무관리를 하다가 현지 직원과의 마찰로 인해 사업에 애로를 겪는 경우가 많다. 중국은 같은 유교 · 한자문화권에 속하고 있지만 의식구조와 사고방식은 한국과 많은 차이가 있다. 따라서 현지 인력에 대한 노무 · 인사 관리는 한국 관리자가 직접 하는 것보다 가급적 현지인에게 맡기거나 노동조합의 협조를 얻어 진행하는 것이 좋다.

한편 노동관리에 있어 지역 노동국의 역할 또한 중요하므로 수시로 회사의 노무상황에 대하여 의논하고 협조를 구하는 것이 좋다. 또한 필요할 경우에는 지역 노동국 담당직원을 회사로 초빙하여 수출현황과 지역경제 기여도 등을 설명해 주는 것도 미래에 발생할 수 있는 노무 분쟁을 대비하는 데 효과적이다.

③ 현지인 간부 임명

현지인 간부는 회사운영에 중요한 역할을 하므로 장기간 관찰을 통해 신중히 임명하는 것이 필요하고, 간부 임명 후에도 부적합하다고 판단될 시에는 간부 직책을 바로 해지할 수 있도록 직책과 직급을 분리한 인사 운영체계를 운영하는 것이 바람직하다.

④ 문제사원 관리

문제사원을 성급하게 해고시키면 노동국에 가서 탄원서를 제출하여 일이 복잡해질 수 있다. 문제사원 발견 시 절대 감정적으로 처리해서는 안 되고, 출결사항, 근무 중 이탈행위, 비리 사실 등을 문서화한 후 대응하는 것이 필요하다. 또한 체면을 중시하는 민족적 특성을 가지고 있으므로 문제사원을 다른 사람들 앞에서 질책하는 것은 절대 금물이다. 질책이 필요할 경우에는 체면을 건드리지 않고 기술적으로 하는 것이 바람직하다.

⑤ 사회보험료 부담

중국 노동법에는 사회보험료의 납부가 의무화되어 있기 때문에 사회보험료 미납은 노동법상 위법행위로 간주된다. 해고된 노동자가 퇴직 후에 해고한 회사가 사회보험에 미가입한 사실을 노동관서에 진정하는 사례도 발생하고 있어 주의가 요구된다. 중국 노동자의 인건비 산출 시 사회보험료나 복지비용을 합산하여 계산하여야 한다. 급여를 100으로 보면 기업의 실 부담은 대략 140~150 정도가 되므로 중국의 실 인건비는 동남 아시아에 비해 월등히 높다고 볼 수 있다. 한국 중소기업의 경우, 사회보험부담을 고려하지 않고 진출했다가 사업채산성 악화로 어려움을 겪는 사례가 적지 않다. 사회보험료 부담에 대한 대응책으로 임시직의 고용을 확대하는 기업도 있으나, 이 경우 지역 노동국이 임시직 과다 고용을 문제 삼을 수 있으므로 주의가 필요하다.

6) 노무관리 유의사항

중국투자 한국 기업의 70% 이상은 의류, 전기전자, 조립금속 등 노동집약적 제조업에 종사하고 있으므로 노무 관리는 우리 기업의 경영에 매우 중요한 영향을 미치는 부분이다.

그러나 실상 노무관리 분야는 세무나 마케팅 분야에 비해 상대적으로 관심이 적고 전문인력도 부족하다. 지역마다 차이는 있지만 1999년 이후 매년 10% 이상 인건비가 상승하고 있고, 숙련된 기술인력을 확보하는 일이 점점 어려워지고 있는 실정이다. 중국정부도 '사회적 약자'인 노동자 권익을 강화하는 방향으로 정책을 선회하고 있어, 우리 기업은 노무관리에 대한 중요성을 인식하고 이에 대한 대응을 해나가야 할 것이다.

7) 우리기업의 노무관리의 특징 및 체크포인트

노무관리 측면에서 우리 기업의 특징은 크게 3가지로 요약된다.

첫째, 우리 기업은 노무관리 관련 규정에 대해 사전에 관심을 갖고 잘 숙지하지 못하여 많은 어려움을 겪었다.

둘째, 많은 기업이 노조 설립에 대해 부정적인 인식을 가지고 있어서 노조 설립에 적극적이지 않았다. 특히 중소기업의 경우는 노조설립율이 10% 수준인 것으로 추정된다. 이는 중국에서 노조를 설립할 경우 노동자의 지나친 경영 간섭이 우려되고, 노조설립 시 노동자 총급여액의 2%에 달하는 경비를 회사가 납부해야 하는 부담이 있기 때문이다. 그러나 노조 설립을 계속 기피할 경우 지방정부 및 지역 총 노조와의 갈등이 우려되고, 각급 노동 관계기관과의 협조에 어려움을 겪을 수도 있다. 따라서 우리 기업은 중국 노동조합의 순기능적인 특성을 감안하여 노조 설립을 적극 검토하는 것이 필요하다.

셋째, 아직도 우리 기업들은 중국에서 올바르지 못한 노무관리 방법으로 근로자를 다루는 경우가 종종 있다. 현지 근로자에게 인격적으로 대우해 주지 않고 모욕적인 언사, 폭행을 하는 경우가 그 예이다. 이 경우 해당 기업은 물론 주변 여타 우리 기업의 이미지에도 악영향을 끼칠 수 있다. 따라서 우리는 중국에서 바람직한 노무관리 방법이 무엇인지 숙지하여 대응해 나가는 것이 필요하다.

O 노무관리 최신 이슈

1) 〈여직원 노동보호 특별규정〉 발표(2012.4.28 부 시행)

국무원은 제200회 상무회의에서 〈여직원 노동보호 특별규정〉을 통과시켰으며 4월 28일 공포되었다. 〈규정〉에서는 여직원의 출산휴가 기간, 여직원 종사 금기 노동범위, 위반 시 책임 등에 대해 명확히 규정하였다.

2) 세부내용

여직원의 출산휴가를 기존의 90일에서 14주(98일)로 연장하였다. 출산휴가 98일에는 산전휴가 15일이 포함되며, 난산일 경우 출산휴가가 15일 추가, 쌍둥이 등 다태아는 매 1인당 15일의 출산휴가가 추가된다.

여직원이 임신 4개월 미만에 유산하는 경우 15일의 출산휴가, 임신 만 4개월 후 유산 시에는 42일의 출산휴가를 받을 수 있다.

여직원이 출산 후 12개월까지 수유기간을 가질 경우, 고용주는 잔업 및 야간작업반 근무를 부과할 수 없고, 동 기간 중 근무시간 내에 1일 1시간 이상의 수유시간 설정이 요구된다. 유아가 쌍둥이 또는 쌍둥이 이상인 경우, 2번째 유아 1인당 매일 1시간의 수유시간이 추가된다.

여직원이 임신기간 동안 기존업무에 적응할 수 없을 경우 고용기업이 의료기관에서 제출한 증명에 근거하여 업무량을 줄이거나 또는 기타 적응이 가능한 업무로 조정해야 한다. 임신 7개월의 여직원에 한해서는 고용주가 잔업 및 야간 작업근무를 부과해서는 안되며 또한 임신기간 중 여직공이 근무시간 내에 출산 전 정기검진을 받는 경우, 그 시간은 노동시간으로 간주된다.

고용주는 여직원 임신, 생육, 모유수유 기간 동안 여직원의 급여를 인하하거나 또는 해고 및 노동관계를 해제할 수 없다. 여직원이 출산 또는 유산 시, 고용자가 생육보험에 가입했을 경우 전년도 노동자평균임금에 근거하여 생육보험기금에서 생육수당이 지급되나, 미 가입 시에는 고용주가 여직공에게 출산 전 또는 유산전의 임금에 근거하여 임금 및 출산비용을 부담하게 된다.

출산휴가를 부여하지 않거나, 임신7개월 이후 및 수유기간 중 잔업 및 야간노동을 안배한 경우, 인력자원사회보장행정부문은 기한 내 개선을 명령하며, 피해 여직원 1명당 1천 위안 이상 5천 위안까지의 벌금에 처한다.

여성노동자에 부적합한 분야의 노동을 시킨 경우, 안전생산감독관리부문은 기한을 정해 시정지시를 내리며, 5만 위안 이상 30만 위안 이하의 벌금에 처한다.

4) 산둥성 노동계약 조례 표결 통과 (2013년 10월부 시행)

2013년 8월 1일 산둥성 제12기 인민대표회의 상무위원회의 제3차 회의에서 '산둥성 노동계약 조례(수정초안)'이 표결 통과되었다. 동 조례는 2013년 10월 1일부로 시행되며 동시에 2001년 반포된 '산동 노동계약 조례'는 폐지된다.

조례의 주요 내용은 크게 다음의 여섯 가지로 요약할 수 있다.

첫째, 노동계약 미갱신 상태에서 계속 고용 시 임금의 2배에 해당하는 징벌 배상금 부과(제17조): 노동계약 기한 만료 후 1개월 이내 노동 관계의 종료 또는 갱신계약을 체결하지 않은 상태에서 계속 고용 시(즉 서면계약 없이), 1개월 이후부터 서면계약 미체결에 따른 2배 임금을 부과한다. 갱신계약 미체결 상태의 고용이 1년 초과하는 경우 무고정계약이 이미 체결된 것으로 간주한다.

중국의 노동계약법은 서면 계약 없이 고용할 경우 입사 1개월 이후부터 2배 임금의 징벌배금을 노동자에게 지불하도록 규정하고 있다. 신규 입사뿐 아니라, 노동계약의 만기 경과 후 갱신계약 없이 고용 시에도 1개월 초과 시점부터 2배 임금을 부과하는 실정이다. 이 조항은 특별히 새로울 것이 없는 현재 법률 해석을 그대로 반영한 내용이다.

둘째, 노동계약의 종료 또는 해제 후 3개월 이내에 다시 고정기한 노동계약 체결 시 연속 2차 노동계약 체결로 간주(제15조): 2차 고정 체결 후 3차 계약 체결 시 무고정기한 노동계약 체결의 법적 의무를 회피하기 위해 노동관계를 일단 종료한 후 재입사시켜 다시 제1차 고정 계약을 체결하려는 사례가 많다. 동 조항은 이를 방지하기 위해 3개월 이내 계약의 재체결 시 연속 2차 노동계약 체결로 간주한다는 내용이다.

무고정계약의 부담과 리스크를 피하고자 1차 고정계약 만기시점에 노동 관계를 종료하고 수주일 후에 재차 입사시키는 수법이 그동안 흔하게 사용되었다. 지금까지는 고용 종료 후 얼마의 기간 이후에 재고용해야 연속 2차 계약으로 간주되는지에 대한 분명한 기준이 없었다. 그러나 이번 '산둥성 조례'는 그 기간을 '3개월'로 설정해 앞으로 산둥성에서는 3개월간의 임금을 고용종료상태의 노동자에게 보장해 주지 않으면 위의 방법을 통한 무고정계약의 회피는 불가능하게 된다.

셋째, 노동계약 만료시점에 협상일치로 기한을 연장할 경우 계약의 갱신체결로 간주(제16조): 계약만기시점에 당해계약서상의 기한만 연장한다 해도 이를 계약의 연장이 아닌 계약의 갱신 체결, 즉 제2차 고정계약의 체결로 간주한다. 기업은 계약기한의 연장을 원할 시 반드시 계약기한 만료 전에 협상 일치를 통해 연장 내용의 보충계약을 체결해야 한다.

넷째, 노동계약의 '중지'가능 및 중지 기간 노동관계 유지되나, 임금 지불 및 사회보험 납부는 정지되며, 중지기간은 근속연수에 불산입(제26조): 노동계약법에는 계약의 중지에 대한 관련 조항이 존재하지 않는다. 그러나 현실적으로 여러 가지 요인에 따른 계약 이행의 일정 기간 중지가 필요한 경우가 종종 발생하기 때문에 '산둥(山東)성 조례'는 이를 법적으로 뒷받침하기 위해 아래와 같이 중지가 허용되는 상황을 설정하였다.

- 노사 간에 서면으로 합의하는 경우
- 위법범죄행위 혐의로 인신 자유가 구속된 경우
- 불가항력 요인으로 노동계약의 이행이 잠시 불가능한 경우
- 법률에 규정된 기타상황

위의 요건 중 '노사 간에 서면으로 합의하는 경우'는 필요 시 적극 활용이 요망된다. 예를 들어 임신이나 수유기 또는 개인적인 장기 교육참가 등의 사유로 일정 기간 출근이 곤란할 경우 회사는 노동자와 노동계약의 서면중지 협의서를 체결하는 방식을 채택함으로써 이 기간에 임금, 사회보험, 주방공적금 등 일체의 부담에서 벗어날 수 있다.

다섯째, 질병 또는 부상으로 법정 의료 기간 만료 후도 업무종사가 불가능할 경우 사용자는 경제보상금 및 의료보조비를 지급하고 노동계약을 해제가능(제29조): 질병으로 의료 기간 만료 후 회사가 안배한 업무의 종사가 곤란한 경우 사용자는 총 근속연수에 상응하는 경제보상금, 1개월 해고예고수당 및 의료보조비 지급한다(일반질병의 경우 6개월, 중병은 9개월, 불치병은 12개월). 단 이 규정은 노동계약의 해제 시에만 해당되며 노동계약의 만기종료에는 적용되지 않는다는 점에 유의할 필요가 있다. 질병, 부상으로 직장복귀가 불가능해 노동계약 도중 해제가 불가피할 시는 경제보상금 외에도 의료보조비의 부담이 적지 않다는 점을 숙지해야 한다.

여섯째, 집단계약은 공회와 기업 간에 체결하며, 공회 미설립 기업은 상급공회의 지도로 선출된 노동자 대표와 기업 간에 체결(제32조): 공회가 없는 기업에서 노동자 다수가 집단계약 체결을 요구할 경우 협상 창구인 공회가 존재하지 않으므로 이 경우 지역의 상급공회가 간여해 노동자 협상대표를 선출한 후 사용자와 집단협상을 진행해야 한다.

산둥(山東)성 조례는 집단협상을 특별규정으로 상세하게 다루고 있는데 동 조항은 집단임금협상의 추진압력이 강화되는 가운데 이와 관련한 법적 근거가 구체적으로 명시된 것이라 볼 수 있다.

3. 인도네시아의 유형별 노무관리 전략

1) 투자단계에 따른 노사관계 대응방안

○ 인도네시아의 노사상황은 정치적 민주화, 복수노조 출현, 노동자의 소비욕구 증가, 높은 인플레이션, 최저임금 대폭 상승 등의 상황으로 인해 복잡한 양상을 보이고 있다.

○ 가능하다면 일단 비노조로 운영하거나 정식노조 형태보다는 노사협 의회로 운영해 노사 문제를 해결할 수 있다. 별다른 마찰 없이 경영을 이끌어 갈 수 있다는 점에서 바람직한 방법이다. 가능하다면 설립초기 단계에서 비노조로 운영하다가 점차 노동자의 권익보장과 의사소통 욕구 증대 등 그 의식수준이 올라가는 시점에서 노사협의회를 설립

하는 것이 좋다.

○ 인도네시아인들에게 노조는 일종의 의사소통기구다. 투자 초기단계에서는 먼저 노사협의회라는 사내조직을 통해 노사 문제를 해결하도록 유도한다.

○ 기본적으로 사내 노사관리를 위해서는 긴장을 풀지 않고 종업원들과 끊임없이 대화하는 것이 필요하다. 노동자들의 문화적 특성을 이해하기 위해 지속적으로 노력해야 한다.

○ 정부기관과의 유대를 강화하고 노사담당자로 하여금 일일정보를 분석케 한다. 항상 노사협의회와 같은 의사소통채널을 활성화하고, 고충처리기능을 강화해 불만요인을 최소화한다.

○ 노사분규는 언제든지 일어날 수 있다는 전제하에 노사분규시 대응시 나리오를 미리 수립한다.

○ 아래와 같은 투자 진입 단계별로 차별화된 노사협의 및 커뮤니케이션 전략을 고려한다.

별표 1   단계별 노사협의 및 커뮤니케이션전략(예시)

초 창 기		정 착 기	
비공식채널 활성화 (초기 문제 해결)	비공식채널 활성화 (사내 복지 향상)	공식 노사협의회 운영 (노사협의체)	사내노동조합 지원
– 주 1회 미팅 – 팀별(전부서원 대상) – 개선 및 건의사항 – 청취.관계부서 피드백 ▼ 초기 공장설립.가동단계에 나타나는 주재원과 현지인과의 문화 마찰에 대한 차이 해소 및 상호 이해 노력	– 월 1회 정기 미팅 – 공장별 간담회 위원 운영(각 공장별 선출) – 소그룹활동 시작 (식당, 종교활동) ▼ 각 공장별 현안(개선위주)을 상호 협의를 통해 해결안 도출 및 실시	– 회사 공식채널로 승격 – 격월 1회 정기 미팅 – 공장측 대표 자율선출 – 회사측 대표(임명), – 상호 합의 원칙 회사 차원의 성과 달성을 위해 상호합의를 통해 해결안 도출 및 실시	건전한 단일노조 육성 – 노무전담조직 – 조직활성화팀 (각 공장단위)

2) 중소 제조투자기업 인사노무관리 중점항목

○ 일반 중소제조업 투자공장인 경우 인사.노무.안전.보건.환경 등 다양한 측면에서 관리를 요한다. 중소기업인 경우 생산현장에 관련된 관리부문이 특히 중요하다. 다음과 같은 중점 가이드 리스트를 참고해 관리하면 도움이 될 것이다. 구체적인 배점은 각 기업에 따라 다르겠지만 다음과 같은 배점을 기준으로 관리에 필요한 비용과 노력을 배분할 수 있을 것이다.

📝 **별표 2** **현지종업원 인사노무관리 중점항목 및 배점**(예시, 중소기업)

주요관리 항목		점수
현지 종업원 인사 노무관리	보수 · 복 리 후 생	35
	의사소통	15
	교육훈련	10
안 전		20
보 건		15
환 경		5
총 점		100

구체적 항목

현지 종업원		인사노무관리
보수 · 복리후생 (35점)	현지종업원 기본급 및 제수당 수준	10
	기본급 및 제수당의 적시 지급 여부	7
	시간외근무 적절한지 여부	6
	주요 보직에 현지종업원 승진 여부	5
	현지종업원 휴가 제공	2
	사내 체육,문화,레크리에이션활동 제공	2
	기도소 · 식당 · 매점,은행 등 사내 복리후생시설	2
	종업원관련 기타복리후생제도	1
의사소통 (15점)	회사관리규정 현지어로 번역 비치	5
	사내 중요한 규칙 등은 벽에 게시	5
	노동자와 관리자 간 의사소통시스템	3
	고충처리제도 및 피드백시스템 (제안박스 등)	2
교육훈련 (10점)	현지노동법이나 회사정책으로 규정된 교육훈련 문건화 및 실시 (예절교육 · 기초기능교육)	5
	마약 · 에이즈 · 가족계획 등 기타 주제에 대한 교육	3
	건강과 위생 교육훈련 문건화	2
현지종업원 인사노무관리		60점

안 전	
사내 안전관리 관행 : 성문화된 안전정책유무 및 안전교육시행 여부	5
개인 보호장비 착용, 열 · 먼지를 억제하기 위한 환기	3
응급 의료지원, 비상시 대피요령, 방제훈련	5
화재,사고 방지 (소화기 · 호스 · 스프링클러 작동 여부)	3
전기시설 (노후화된 전선, 과부하 등 정기적 검진)	22
원자재 정리,보관, 조명, 청소	2
안전관련 총점	20점

보 건	
모든 장소에서의 위생 및 청결 정도 (식수대 · 화장실 등)	5
부엌, 음식제공서비스	5
진료 혹은 응급 건강치료	3
기숙사	2
보건관련 총점	15점

환 경	
위험물질 및 쓰레기	3
폐기물 처리시설	2
환경 총점	5점

3) 대기업 제조투자기업 인사노무관리제도의 단계적 개발

○ 대기업 투자공장인 경우 일상적인 인사노무관리도 중요하지만 인사 노무제도의 정착이 매우 중요하다. 특히 투자진입 단계에 따라 중점 업무내용이 조금씩 달라질 것이다. 다음 예시는 생산현장에 관련된 부문뿐만 아니라 현지화, 그리고 일반 관리제도의 개발 측면에서 참고해 관리하면 도움이 될 것이다. 중점적으로 개발해야 하는 구체적인 내용은 각 기업에 따라 다르겠지만 대체적으로 다음과 같은 가이드라인을 중심으로 계획을 수립할 수 있을 것이다.

별표 3　현지 인사노무관리 및 제도의 단계적 개발(예시. 대기업)

추진	진입 초 창기		정착기	
단계	도입기	성장기	성숙기	정착기
제도	1. 현지 인사체계의 도입 　1) 현장 직급체계 개발 2. 제도의 현지화 추진 　1) 취업규칙제정 　2) 포상 징계규정 　3) 채용규정 　4) 감독자 임용규정1	1. 직위.직책제도 도입 　1) 능력에 따른 직책 　　부여 (계.반장) 2. 근무평가.보상제 도입 　(공정성 확보) 3. 인사전산시스템 가동	1. 직위.직책 세분화 2. 현지인 발탁진급 　(중간관리자 육성)	1. 독자적인 관리 체계 　수립 2. 교육결과의 인사 평가 　반영

평가·보상	초임경쟁력 유지 (임금경쟁력)	1. 차등 상여금 지급 2. 우수사원 포상	1. 정기평가(연간 2회) 2. 상여평가(연간 1회) 3. 급여인상 차등적용	1. 평가에 의한 급여인상 차등적용 2. 핵심인력 발굴 및 집중육성
	▼	▼	▼	▼
	현지화 수행을 위한 현지문화에 기초한 기본제도의 수립·시행	개개인의 능력에 대한 평가.보상의 객관화 정립	수행결과에 입각한 성과.능력위주 인사추진	현지인 중심의자립화 시행
복리후생	복리후생기초 복리후생 지원 (식사·출퇴근 차량·종교활동)	1. 전 사원 정기검진 실시 2. 사내병원 개원 3. 이슬람사원 오픈	1. 전 사원 의료보험 실시 2. 생필품 무상지급	사내 협동조합운영

○ 대기업의 경우 체계적인 교육훈련이 필수적이다. 교육훈련은 크게 계층과 교육내용에 따라 다양하게 진행할 수 있다. 교육을 선택할 때 반드시 필요한 것은 교육의 목적을 분명하게 설정하는 것이다. 교육훈련비용과 시간을 산출하고 교육의 가치를 판단해 교육시간이나 교육 대상을 정해야 한다. 아래 예시대로 기업은 사정에 따라 기본적 소양 교육·직능교육뿐만 아니라 국제화교육.현지문화교육.조직활성화 활동 등을 실시할 수 있다.

별표 4   사내 교육관련 프로그램 예시 1(대기업의 경우)

	과정	노동자	조장	직장	반장	계장	과장
계층 교육	신입과정	○	○	○	○		
	사원향상과정	○	○				
	신임계장과정			○	○		
	신임대리과정					○	
	신임관리자과정						○
직능·합리화교육	안정교육	○	○	○	○	○	○
	부서지원교육	○	○	○	○	○	○
	사외위탁교육	○	○	○	○	○	○
국제화 교육	모범사원 해외연수			○	○	○	○
	직무관련 해외연수			○	○	○	○
	사원대상 외국어교육			○	○	○	○
조직 활성	화생일자 기념행사	○	○	○	○	○	○
	친선모임	○	○	○	○	○	○
	체육행사	○	○	○	○	○	○
	사원가족교육		○	○	○	○	
신생활 활동	부서별 캐치프레이즈	○	○	○	○	○	○
	기본준수 홍보	○	○	○	○	○	○
	표어 공모전	○	○	○	○	○	○

○ 다음은 직능교육을 중심으로 구성한 예시이다. 각 기업은 교육필요에 따라 이 프로그램에 따라 이 프로그램을 이용해 각기 다른 프로그램을 구성할 수 있다. 중소기업의 경우 꼭 필요한 교육을 우선적으로 실시해 종업원의 자질향상과 업무효율성을 꾀할 수 있다.

별표 5 사내 교육관련 프로그램 예시 2(직능교육 경우)

	커리큘럼	해당 직급(참석)					회수	시간
		과장	계장	고급기술자	하급기술자	노동자		
1	업무부서소개			○	○	○	1	40
2	전화에티켓				○	○	3	2
3	기본산업 응급조치			○	○		3	4
4	화재 · 안전		○	○	○	○	5	4
5	발표 능력	○	○	○			3	4
6	탐구축	○	○				1	16
7	기본컴퓨터기술			○	○		2	6
8	워드			○	○		3	24
9	엑셀			○	○		3	24
10	파워포인트			○	○		2	16
11	컴퓨터 프로그램교육	○	○	○	○		4	84
12	리더십		○	○			2	2
13	기본경영기술	○	○	○			2	8
14	권한이양	○	○				1	8
15	영어교육(기본1/기본2)			○	○		2	60

참고 국내자료

· 김형준, '인도네시아 자바인의 수평적 사회관계 : 루꾼 개념을 중심으로', 『동남아시아연구』, 2008.
· 미래인력연구센터, 『노동인력의 세계화 : 인도네시아편』, 1998.
· 삼성경제연구소, 『해외진출기업의 현지종업원관리사례 : ASEAN』, 1995.
· 신윤환, 『인도네시아의 정치경제 : 수하르또 시대의 국가 · 자본 · 노동』, 서울대학교 출판부, 2001.
· 양승윤, 『동남아와 아세안』, 한국외국어대학교 출판부, 1996.
· 인도네시아국제은행(BII), 『인도네시아 신노동법 해설 및 사례연구』, 2005.
· 전제성, '인도네시아의 경제위기와 노동법 개정 : 통제와 보호로부터의 이중적 자유화', 『동아연구』, 2004.
· 코트라(KOTRA), 『인도네시아투자실무가이드』, 2007.

📝 참고   외국자료

- Antons, Christoph, Doing Business in Indonesia: Enforcement of Contracts in the General Courts and the Creation of a Specialized Commercial Court for Intellectual Property and Bankruptcy Cases, Paris: Paris, 2007.
- Badan Pusat Statistik, Trends of the Selected Socio-Economic Indicators of Indonesia, Jakarta: Badan Pusat Statistik, 각월호.
- Badan Pusat Statistik, Key Indicators of Indonesia, Jakarta: Badan Pusat Statistik, 각년호.
- Bank Indonesia, Economic Report on Indonesia, Jakarta: Bank Indonesia, 각년호.
- Department of, Indonesia: An Official Handbook, Department of Indonesia, Republic of Indonesia, 1999.
- Draine Cathie & Hall Barbara, Culture Shock: A Guide to Customs and Ettiquette, Times Editions Pte. Ltd, 1995.
- Ford Michele, 'Indonesian Trade Union Developments since the Fall of Suharto', Labour and Management in Development Journal 1(3).
- Geertz, Clifford, Agricultural Involution: The Process of Ecological Change in Indonesia, Berkeley et al.: University of California Press, 1963.
- Goodfellow Rob, An Insider's Guide: Indonesian Business Culture, Reed Academic Publishing Asia, Singapore, 1997.
- Novindo Pustaka Mandiri, Undang-Undang & Peraturan Pemerintah Republik Indonesia tentang Jaminan Sosial Tenaga Kerja, Jakarta: Novindo Pustaka Mandiri, 2009.
- Tim New Merah Putih, Undang-undang Republik Indonesia Nomor 13 Tahun 2003 tentang Ketenagakerjaan, Yogyakarta: New Merah Putih, 2008.
- World Bank & International Finance Corporation, Doing Business 2009, Washington: The International Bank for Reconstruction and Development & The World Bank, 2008.
- Mann, Richard, The Culture of Business in Indonesia, Gateway Books, 1998.
- US Department of State, Indonesia Human Rights Report, Bureau of Democracy, Human Rights, and Labor, US Department of State, 각년호.

📝 참고   웹사이트 자료

- 인도네시아 노동이주성 http://www.depnakertrans.go.id/
- 국제노조연맹 http://www.ituc-csi.org/
- 인도네시아 은행 http://www.bi.go.id/web/id/
- 인도네시아 통계청 http://www.bps.go.id/ 각종 통계자료
- 인도네시아 투자청 http://www.bkpm.go.id/
- 재인도네시아 외국인을 위한 사이트 http://www.expat.or.id/info/info.html
- 세계은행 http://www.worldbank.org/

4. 필리핀 노무관리 주의사항

1. 개 괄

필리핀은 한국인 체류교민수에 있어서 전 세계에서 5~6권에 들 정도로 한국인의 출입이 잦은 국가 중의 하나이다. 이에 따라 신문, 잡지, 텔레비전, 인터넷 등의 매체와 주변 사람들로부터 필리핀에 관한 여러 정보를 접할 기회도 많아지고 있다. 그럼에도 불구하고 필리핀에 진출한 한국기업들이 호소하는 애로사항은, 필리핀노동법을 핵심사항이나마 이해해야만 하는데 이런 정보를 득할 곳은 그리 많지 않다는 것이다.

그간 저자는 필리핀에 진출한 수십여 대기업 및 중소기업의 한국인 관리자 법인장들과 면담을 하며 애로사항을 협의하였고, 또한 노동부·국가노사위원회·각급 법원에서의 노동재판에 연루된 기업들을 지도자문한 경험, 그리고 노동법 및 시행규칙을 조합하게 되었다. 이러한 활동의 결과 거의 모든 진출기업들은 노동법의 핵심을 이해하고 전후의 의미를 분석하게 되면 노무관리에 도움이 되겠다는 결론을 주문하기에 이르렀다. 이러한 맥락에서 한국기업들이 노동법의 해석과 적용에 있어서 취약한 부분들을 집중적으로 끄집어내게 되었던 것이다.

물론 직업훈련편, 해외취업근로자편 등 노동법의 상당 부분은 외국기업에게 꼭 대입되는 것은 아니기에, 이런 부분은 생략하게 되었다. 그렇지만 노동법을 전부 다루지 못하여 아쉬움이 남음도 숨길 수가 없으나, 특히 Ⅲ장에서의 1~15 절을 참고해서 노무관리에 다소나마 도움이 됐으면 하는 소망이다.

필리핀인들의 마인드와 행동양식은 상당히 서구화되어 있다. 그러면서도 가족애가 한국 못지않게 끈끈한 면을 갖고 있다. 물론 한자권 동양국가들과는 이질감이 있음을 체감할 것이다. 그러므로 기진출한 한국기업 또는 진출예정인 기업은 필리핀인들의 문화·사고방식·행동양태를 충분히 인지하면서 노무관리의 시발점으로 삼아야 할 것이다. 그러나 무엇보다도 현지에서의 적법한 법적지위 예를 들어 법인설립시의 지분관계, 노동허가서, 체류비자 등을 확보함이 우선순위인 것이며, 그리고 노동법뿐만 아니라 이민법·외국인투자법 등에서 외국인에게 금지된 부문은 하지 말아야 하자 없는 기업 활동의 토대가 된다 함은 아무리 강조해도 지나치지 않을 것이다.

근로자를 반강제적 사직으로 유도하든, 회사에서 해고하든, 또는 분규가 발생하여 한 근로자 또는 여러 근로자가 불만을 품고 노동부 또는 관계기관 또는 타 정부기관에 진정을 하게 되면, 가능하면 바로 해결하는 게 시간적으로나 금전적으로나 유리하다 함은 기진출한 기업들은 대부분 알고 있을 것이다. 기강을 확립하겠다 하여 본격적인 분규 내지는 소송에 휘말리면, 사용자가 외국기업이라면 승소하는 경우는, 극히 일부 사안을 제외하고는, 거의 없다. 갈등 또는 분규가 외부에 노출되기 전에 당사자와의 타협이 원만할 것이며, 외부에 노출되었다면 더 확대되기 전에 종결시킴이 궁극적으로 회사의 평판 유지에 도움이 될 것이다.

필리핀의 제반 물가, 그리고 법정 최저임금, 사회보장, 잔업수당, 13개월차수당 등을 합산하면 생산성 대비 1인당 노무비용이 동남아국 중에서 상위권에 든다는 통계는 1990년대부터 나오고 있다. 그래도 한국과 비교하면 저렴하다고 할 수 있을 것이다. 그렇다면 노동법에서 명기되어 있는 표준 근로조건, 정부기관의 복지 가이드라인을 준수해야 함은 당연한 일일 것이다. 회사의 경영상황이 어려울 때도 있을 수 있겠으나, 한국보다 저렴한 곳에서의 표준 복지 조항을 회피한다든지 하면 한국기업 원래의 해외진출의 당위성은 희석될 것이고, 그런 즉 이러한 이슈로 근로자들과 갈등이 있어서는 아니 될 것이다. 예를 들어 월급제 직원의 휴일수당, 해고근로자의 separation pay, 하청근로자 문제 등은 노동법을 따라야만 하는 것이다.

노동조합이 설립된 사업장에서의 단체협상 또는 단체교섭은 노동법 규칙을 따라야 만이 부당노동행위라는 말이 나오질 않는다. 단체협약서(Collective Bargaining Agreement)를 도출하는 기간은 사업장마다 다를 수 있으며, 일단 CBA에 서명하면 이 효력은 사업장의 헌법으로 불릴 정도로 노동법에 버금가는 상위법으로 간주된다. 하지만 CBA 준수에 전후되는 절차적 사항들은 노동법이 대입됨을 간과하지 말아야 할 것이다. 한편, 노동조합이 없는 사업장에서는 단체 협상이 요구되질 않는 즉 노무관리에 큰 부담은 갖지 않을 수도 있을 것이다. 그런 즉 시혜적 조치도 취하여 근로자의 소속감, 애사심, 생산성 향상을 유도해야 할 것이다.

2008년 5월 아로요 대통령은 근로자 500인 이상의 사업장에 대해, 현재 필리핀이 겪고 있는 어려움 중의 하나인 쌀 부족 문제 해결에 앞장서 달라고 권유성 행정명령을 내린 적이 있다. 대기업으로 하여금 쌀을 경작하거나, 수입을 하게 해줄 테니 근로자들에게 쌀을 지급해주라는 것이었고, 그러면 재정 편의도 봐주겠다는 것이 요지였다. 한국기업 중에 500인 이상의 사업장은 소수에 불과하며, 설사 대형 사업장이 아니라 하더라도, 만약 여력이 있어서 예를 들어 모범근로자에게 인센티브의 하나로서, 쌀을 지급하면 정부 시책에 동참함을 표출하는 것이고 인본주의 기업철학이 피력될 수도 있을 것이다. 물론 이는 사기앙양책의 일환을 제시한 것뿐이다.

필리핀에서의 사업이 제조업일 경우 품질 좋은 제품을 비교적 중저가로 생산, 판매, 수출한다는 기본적 목표를 지니고 있을 것이다. 이런 목표 달성을 위한 노무관리의 또 다른 대안으로서는 ① 근로자에게 애사심을 유발시키는 인사체계의 관리가 당연히 있어야 할 것이며; ②

필리핀 고유의 특징을 이해하며; ③ 문제 발생 시 현지인 관리자 또는 수퍼바이저가 먼저 처리하도록 하며; ④ 문화적 갈등 해소에의 노력은 기업이 존속할 때까지 기울여야 할 것이며; ⑤ 필리핀인 기술자, 중간관리자를 확보하고 이들의 전직을 방지하며, 극단적으로는 이들의 전직을 대비한 후속 인력들도 개발해야 할 것이다. 그러나 중요 인력이 퇴사한다 하더라도 다른 인력이 차질 없이 업무를 수행할 수 있게끔 더블-체크 안전장치가 시스템적으로 운영되어야 할 것이다. 이런 사안들은 필리핀의 대학 졸업자들 수준이면 익히 알고 있는 사안들이다.

한국인 관리자들은 ① 일상적 회의, 품질관리활동, 회식, 스포츠, 각종 행사에 이르기까지 모든 것이 노무관리에 연결되어 있다는 인식을 가져야 할 것이며; ② 그러나 모든 활동에 대해 한국식 잣대, 한국식 사고방식으로 측정하면 오해의 싹이 틀수도 있으므로 지양해야 할 것이고; ③ 필리핀 문화를 이해하며, 관용적 자세를 갖되, 공사 구별을 확실히 하고, 노동법의 기본 궤도를 벗어나지 않도록 해야 할 것이다.

2) 필리핀 진출시 유의사항

(1) 사회 및 문화적 차이

필리핀에 진출하기 전 무엇보다도 현지인들에 대한 문화와 국민성 이해를 필요로 한다 몇 달간 출장으로 먼저 진출한 기업에서 자료를 얻어 문화를 빨리 익히는 것이 무엇보다 중요하다. 최근 인터넷이 발달하여 각종 사이트에 들어가면 무수한 필리핀 정보가 나온다. 인사관련 정보는 별로 없으나 문화, 생활습관 등등 구체적으로 많이 나와 있으므로 사전에 간접적으로 접해 보는 것도 상당한 도움이 된다.

필리핀인은 잘 웃으며 항상 친절하다. 때로 과다한 친절로 외국인들의 거부감을 사기도 하지만 근본적으로 그들의 삶에 대한 애정, 유머감각, 삶에 대한 낙천적인 면을 보여 준다. 이런 면은 생활에 대한 애착의 결여로 필리핀이 지금까지 빈국으로부터 벗어나지 못하는 하나의 요인으로 볼 수도 있다.

필리핀 사람들은 국가와 개인에 앞서 가족을 가장 소중히 여긴다. 가톨릭의 영향 때문에 법적으로 이혼이 안 되는 국가여서 인지는 몰라도 이들의 가족 유대는 유별나다. 가족의 경조사는 기본적으로 챙길 뿐 아니라 사업이나 생활에 대해서도 전적으로 책임을 진다. 필리피노는 가족이 다들 모여서 살뿐만 아니라, 자금부족으로 자신의 집의 건설 공사가 중단 된 상태임에도 불구하고 처남에게 지프니를 사 줘 생계를 유지하게 하는 경우도 있다.

물산이 풍부한 동남아의 공통 된 특징처럼 여겨지는데 웬만한 일로는 낙심하지 않는다. 모 조사에서 아시아의 젊은이들을 대상으로 행복 지수를 조사하였더니 필리핀이 1위, 태국이 2위를 차지하였다. 인간의 행복이 물질적인 것에 의해서 결정되는 것은 아니라 하더라도 눈여겨볼 대목이다. 또한 아직까지 필리핀을 비롯한 동남아 지역의 사람들은 70년대 한국 농촌의 소박함을 가지고 있다. 순수하고 착하다고 이해하면 될 것이다.

이들의 여유는 낙천적인 기질에서 오며 생활 전반에 물들어 있다. 쉽게 화를 내지 않고 잘 참으며 오늘 못하면 내일 한다는 체념적인 면도 있다. 이러한 여유로 인한 많은 축제를 즐기고 파티를 한다. 한편으론 이러한 여유가 삶에 대한 자포자기에서 기인되었을 가능성도 있다. 수세기 동안의 식민지생활, 혹독한 독재를 통해 그들의 욕구를 표현할 수 없어서 쉽게 망각하고 체념하는 면이 여유로 나타날 수도 있다. 다른 말로 게으르다고 할 수 있다.

필리핀인들은 음악을 좋아하고 사랑한다. 가끔 노래를 좋아하는 것이 지나쳐 광적으로 느껴지기도 한다. 물론 노래도 잘 부른다. 세계적으로도 필리핀 밴드의 수준은 높이 평가된다. 음악을 좋아하는 것이 무슨 장점이냐고 반문할 수도 있겠지만, 개인적으로 음주 가무를 즐기는 것을 높이 평가한다. 스페인 과 미국의 식민지 시대를 통해 수많은 축제와 파티를 만들어 삶의 원동력이 되었다. 음식점이나 거리에서 노래만 나오면 춤을 추거나 노래를 흥얼거리는 모습을 쉽게 볼 수 있다. 이로 인해 동남아 대부분의 악단은 필리핀인으로 구성되어질 만큼 그들의 음악적 기질을 잘 나타내 준다.

필리핀에서 여성의 지위는 상당히 높아서 여성장관, 여성상원의원들도 쉽게 볼 수 있으며, 기업 내에서도 여성이기 때문에 불이익을 당하는 경우는 거의 없다. 여성이 대통령으로 당선될 수 있었던 것도 이런 이유에서 비롯되었다고 볼 수 있다. 반면 가사는 남자의 능력으로 해결해야 한다는 사고방식으로 돈 없는 남자들은 결혼을 못하는 예가 많으며, 자녀에 대해 아들에 대한 선호경향은 다소 있으나, 한국의 아들선호사상과 차이가 있다.

필리핀 사람들은 대화과정에서 눈이나 입술, 손짓을 자주 사용한다. 눈썹을 올리거나 미소를 짓는 것은 가벼운 인사나 질문에 있어서 긍정적인 답변을 의미하지만 오랫동안 눈을 마주하는 것은 상당히 무례한 것을 받아들여진다. 긴장한 상황 하에서는 눈을 마주치는 행위는 도전으로 해석되어 폭력을 불러일으킬 수도 있다.

옆에 있는 사람의 주목을 끌려면 팔꿈치를 살짝 건드리면 된다. 방향을 지시할 때는 그 방향으로 쳐다보거나 입술을 뾰족하게 해서 가리키는 것이 예의바른 행동이다. 몸짓으로 사람을 부를 때는 팔을 뻗치고 손가락 전체를 아래위로 흔든다. 한 손가락만을 구부려서 사람을 부르는 것은 모욕적인 행위이므로 삼가야 한다. 엉덩이에 손을 대고 서 있는 자세는 화가 났다는 것을 의미하며 도발적인 행위로 간주되기도 한다. 일반적으로 사람을 부를 대 말로 하는 것보다 입술소리인 "쓰읏" 즉 도마뱀 소리와 비슷한 소리를 내며 그러나 친한 경우나 연장자인 경우는 삼가야 한다.

필리핀 사람들은 부드러운 목소리로 예의바르고 정중하게 언어를 사용하는 것을 중요하게 생각하며, 직접적이고 노골적인 질문은 피한다. 필리핀 사람들은 자존심이 강하므로 그들을 공개적으로 비난 한다던가 그들과 논쟁하지 않는 것이 좋다. 자칫하면 곤란한 상황에 빠지게 된다. 되도록 정치, 종교, 정부부패나 외국원조 등에 관한 이야기는 피하는 것이 좋고, 가족에 관한 이야기라면 필리핀 사람과 좋은 이야기 주제가 된다.

사업이나 경제활동에서는 영어가 사용되며, 약속시간은 정확히 지켜야 하며, 식사초대에는 약속시간보다 약간 늦은 시간에 도착하는 것이 좋다. 인사는 악수가 일반적이며 명함을 준비하는 것이 중요하다.

필리핀인의 "Yes"의 대답을 그대로 믿고 행동하다가는 당황하는 경우가 있다. 필리핀인이 어떤 경우에 "Yes"라고 대답하는지 알아보고 주의 깊게 상황을 판단하고 대처해야 한다. 그들이 긍정할 때, 누군가가 귀찮게 굴 때, 나누던 대화를 중단하고 싶을 때, 깊은 인상을 남기려고, 대강 이해되었을 때, 확신이 서지 않을 때, 상대방보다 잘 안다고 여길 때 "Yes"라고 하는 경향이 있다.

국민들이 생활전반에 종교적인 신념을 갖고 생활한다. 야외 곳곳에 임시 성당을 만들어 놓았으며 일요일 쇼핑센터 내에서도 미사를 볼 정도로 신념이 강하다. 이런 면이 수세기 동안의 식민지 생활, 장기적인 독재, 수많은 자연재해로부터 극복할 수 있는 원동력이 되었다고 할 수 있다. 최근에 필리핀인들은 많은 어려움을 겪고 있다. Pinatubo나 Mayon의 화산폭발, baguio 지역의 지진, 셀 수 없는 홍수, 아키노 정권 시절의 몇 차례의 쿠데타기도, 그리고 하루 8시간에 이르는 정전 등. 또한 과거 300여 년 간의 스페인 식민지 46년간의 미국 식민지, 3년간의 일본 통치, 식민지시대 이후 20여 년간의 마르크스 독재정권 등 이러한 여러 가지 어려움을 필리핀인들은 종교를 통하여 극복하여 왔다고 볼 수 있다.

필리핀인들은 종교적인 의식도 좋아하고 즐긴다. 크리스마스는 보통 1월 연휴까지 보름이상이다. 5월 부활절 연휴는 일주일에 이르며 6월까지 부활절 행사가 연장되기도 한다. 가장 일반적인 축제인 "Fiesta"도 보통 종교와 연결되어 행복한 생활을 기원하고 있다.

필리핀인들은 초월적인 영혼을 통해 사후세계를 믿는 국민들이다. 따라서 필리핀인들에게 있어서 그들의 종교는 개인과 개인이 속한 가족, 사회, 세상을 설명하는 중요한 수단이 되고 있다. 또한 필리핀 사람들은 중대사를 운명에 맡기는 경향이 있다. 필리핀인들은 바할라나

(Bahalana)라는 말을 자주 사용하는데 이는 신의 뜻이라면 될 대로 되라는 뜻이다.

필리핀 사람들은 외국인에 대해서 배타적이지 않고 항상 친절하다. 낯선 사람일지라도 스스럼없이 말을 건네고 쉽게 어울리는 것을 좋아한다. 그러나 과도한 친절을 때로는 경계해야 할 필요가 있다. 그들 자신이 잘 모르는 경우에도 기꺼이 가르쳐 주고 도와주려고 하기 때문에 종종 잘못된 정보로 인해 피해를 볼 수도 있다. 또한 미국, 유럽, 일본인들에 대한 사대주의 사상이 강하다. 그들을 지배했던 민족, 잘사는 나라라는 인식에서 비롯된 것이다.

수세기의 식민지 생활을 경험하면서 그런지 모르지만 필리핀인은 외국인을 지나칠 정도로 좋아한다. 특히 미국은 그들이 그리는 꿈의 나라이다. 정치제도, 사회, 문화, 생활 전반에서 미국식이 자리 잡고 있는 것을 볼 수 있다. 이런 기질로 인해 국제결혼에 대한 거부현상이 없다. 많은 필리핀 여자들은 외국인과의 결혼을 원하고 있으며 필리핀인과의 결혼을 기피하는 경향이 있다.

필리핀의 외국인에 대한 이와 같은 성향의 원인을 보면 첫째, 그들은 피에 대한 집착이 크지 않다는 것이다. 필리핀은 말레이, 중국, 스페인, 미국 등의 피가 혼합된 다인종 국가이다. 둘째로 언어이다. 현재 필리핀에서 Tayalay, Visaya를 비롯한 필리핀어(방언은 72가지 종류)가 사용되지만, 영어 또한 공용어로 폭넓게 사용되고 있다. 영어로 된 교과서로 공부하고, 신문이나 TV를 영어로 시청하면서 자연스럽게 영어가 생활화되어 외국인에 대한 거부감이 없다. 또한 스페인어, 중국어 등에도 적응된 민족이므로 어느 나라에서도 쉽게 생활할 수 가 있다. 셋째, 필리핀인들 특유의 낙관적인 적응력이다.

그러나 필리핀 사람들은 외국에서 쉽게 동화되어 살아가더라도 필리핀을 잊지 않는다. 필리핀 근로자가 많이 있는 나라에서는 주말이면 광장에 필리핀 근로자들이 너무 많이 모여(싱가폴, 홍콩 등지에서는 공공장소를 필리핀인들이 모두 점유하기 때문에) 사회문제로까지 대두되고 있다고 한다. 모임을 갖고 고국의 친척들에게 돈이나 전자제품 등을 선물하기도 한다. 필리핀인들은 외국으로의 이주를 국내에서의 이사만큼 쉽게 생각하지만, 그들 국적이 필리핀임을 잊지 않는다.

우리나라 사람들이 필리핀 사람과의 관계에서 그들의 단점으로 인식하고 있는 것을 보면 우선, 필리핀사람들이 금전적인 문제에 있어서는 비굴하리만치 자신을 낮춘다. 또한 자신에게 조금이라도 이득이 된다면 금방 들통 날 일이라도 사소한 거짓말을 한다. 또한 필리핀 사람들은 내일을 위해 투자하지 않는다는 것이다. 월급을 받으면 1주일 안으로 다 소비한다. 또한 필리핀인들은 경마, 마작, 카드 게임 등 지나치리만큼 도박이나 사행성 내기를 많이 한다.

(2) 인사노무관리상의 유의사항

필리핀인은 복잡하거나, 장기적으로 보는 것을 싫어한다. 따라서 일을 줄 때에도 무엇을 해야 하는가를 명확히 지시해야 하며, 잘 알아서 해라는 식의 지시는 그들로서 소화하기 힘들다. 실업률이 10%에 달하므로 직업선택의 기회는 많지 않으나, 중산층 이상은 급여보다 직위, 근무지, 재량권 등에 더 비중을 주고 직업을 선택하는 경향이 있다. 또한 일부 대기업 직원 이외에는 한 직장에서 5년 이상 근무하려고 생각하는 사람은 그다지 많지 않은 편이다. 그러나 직위간이 위계질서, 예의 등은 매우 깍듯하며, 공손하게 대한다.

필리핀 근로자들은 전반적으로 일에 대한 책임감과 애착이 결여되어 있으며, 자기개발에 대한 투자를 하지 않고 모든 면에 있어서 수동적이다. 그저 주어진 일을 정해진 시간에 맞추어 일을 한다는 태도이다. 하던 일이 조금남아 약간의 시간만 투입되면 끝낼 수 있는 일도 점심시간이나 휴식시간이 되면 멈추고 다음으로 미루는 것이 우리나라 근로자와는 다른 점이다.

필리핀 근로자들은 일요일 근무를 원하지 않는다. 한 주간 근무했으므로 일요일은 패밀리데이(family day)라 하여 가족이 모여 교회를 간다든지, 친척을 방문한다든지 하면서 가족만의 시간을 보낸다. 납기문제로 일요일에 근무를 시키면 80%정도만 출근하고, 출근한 근로자도 능률이 80% 저조함으로 일요일과 공휴일에는 근무를 시키지 않은 회사도 있다.

한국인 근로자에 비해 생산성이나 능률은 조금 떨어지나 지속적인 교육과 훈련을 통해 어느 정도 수준까지 올라 갈 수 있다는 것이 현지 투자업체들의 경험이다. 근무성실도가 우수하고 작업시간 등은 준수함으로 상세한 작업지시과 교육을 통해 생산성을 향상시킬 수 있다.

작업지시를 할 때 항상 단계적으로 하여야 한다. 한국에서 라면 한 번에 지시하면 근로자들이 알아서 하나 필리핀에서는 몇 차례에 나누어서 지시하고 각 단계마다 제대로 진행되고 있는지를 점검하여야 한다. 일을 하다가도 막히면 다음 단계로 넘어가지 않고, 또한 스스로 와서 문제점을 제기하여 도움을 구하지도 않는다. 한편 찾아서 일을 하지 않는다는 점이 우리나라 근로자와의 가장 큰 차이점이라고 할 수 있으나 시키는 일은 아주 잘하며 별문제는 없다고 보는 현지 투자업체의 시각도 있다.

현장이나 사무실, 어디에서고 큰소리를 내는 것은 절대 금물이다. 혹 잘못했더라도 큰소리로 나무라기보다는 감독자로 하여금 설명하게 하고 재발되지 않도록 하는 것이 바람직 한다.

우리는 급할 때 서두르는데, 이들은 우리와 같이 서두르지 않는다. 필리핀에 대한 특수성과 국민성을 먼저 이해하고 이곳은 남의 나라이므로 이 나라의 문화와 국민을 먼저 이해하고 존중하는 마음을 가져야 한다. 서로의 인격을 존중하면서 상호이익을 위해 노력해야 한다. 상대방에 대해 어느 정도 관심을 기울이느냐가 갈등을 얼마나 가지고 갈 것인가 정해진다.

현지인들의 생활 습관과 태도가 우리와 다르다 하여 차별을 두지 말고 이들의 문화와 습관을 존중할 수 있어야 한다. 필리핀인이나 한국인이나 동일하다고 생각하여야 한다. 절대 서로를 인정해 주고 관심을 갖는다면 투자의 성공은 멀리 있지 않다.

필리핀 현지의 민심을 잃으면 모든 것이 수포로 돌아가기 쉽다. 인사관리 및 노무관리는 현지인 감독자를 두어 관리하게 하고 우리는 감독자를 잘 관리하면 된다. 인사관계는 근로자 채용 및 해고를 시킬 때 부담이 있는 부분이므로 현지인 관계는 현지인끼리 하는 것이 가장 좋은 방법으로 생각된다.

특히 언어 면에서도 현지인끼리 하는 것이 좋다. 이곳은 영어권이긴 하지만 영어를 못하는 근로자가 대부분이기 때문에 직접 근로자를 관리하기보다는 감독자(현지인)로 하여금 직접 관리하게 하는 것이 의사전달은 물론 문제발생 시 해결도 수월하다.

어느 정도의 규모를 갖춘 기업이라면 인사전문가를 파견하는 것이 좋을 것으로 판단된다.

외국인 투자기업임으로 항상 필리핀법에 저촉되지 않도록 유념해서 일을 하여야 한다. 법에 관련하여 의문점이 있으면 필리핀 관리자에게 물어보아야 한다.

필리핀에서 종업원 수의 감축은 매우 민감한 문제로서 주의 깊고 민주적으로 항상 이 문제를 다뤄야 한다. 잘못된 해고 소송 건으로 문제를 질질 끌면서 악화시키기보다는 계약종료의 조건 등을 준비한 뒤 아주 관대하게 대해 주는 것이 차라리 낫다. 이러한 계획을 시행하기 전에 해고될 종업원이 받게 될 보상금의 세금 처리문제에 대해 국세청과 사전협의하여 공식적인 결정을 얻어 놓는 것이 바람직 하다.

퇴직금과 관련하여 유의할 점은 우리나라와 같이 법정퇴직금이 없음으로 이곳에서는 기업체가 자체적으로 정하여 퇴직금을 지급하고 있다. 우리나라 기업인들은 대부분이 이곳에서 지급하는 13번째 월급을 당해년도의 퇴직금으로 생각하여 퇴직금이 없다고 오해하고 있는데 13월 월급은 법적으로 지급하게 되어 있는 급여로서 퇴직금이 아니다.

현지직원 성향 및 정부 노동정책에 대한 사전 연구 필요도 필요하다. 철저한 사전조사 없이 가능성에만 초점을 맞추고 시작을 하지 말아야 한다. 충분한 사전 조사와 함께 최악의 상황을 어느 정도 해 놓아야 한다.

회사설립 초기에는 잦은 결근으로 공장 운영에 상당한 어려움을 겪게 되는 경우가 많다. 앞에서 언급된 각 종 인센티브제도 등 상벌규정을 마련하여 제도적으로 접근하는 것이 좋다. 특히 비가 많이 오는 날(우기철)은 교통수단인 지프니의 운행이 줄어 지각 및 결근자가 많다.

끝으로 필리핀은 해외투자기업에서의 노동조합 결성이나 노사분규에 대해 자국기업과 차별을 두지 않는다. 즉 불법적인 파업에 대해서는 공권력이 투입되지만 적법한 절차를 거친 파업에 대해서는 정부가 개입하지 않는다. 쟁의행위에 따른 중재 등의 노력은 법에 정해진 절차대로 이루어지면 외자기업이라고 하여 다른 동남아시아 국가와 같이 별도의 혜택이 부여되지 않는다.

필리핀 노동운동이 분열화 되어 있는 등의 이유로 일단 노동조합이 결성되면 회사 경영상에는 적지 않은 애로요인이 될 가능성이 크다. 기업 스스로 철저한 인사노무관리를 통해 노동조합이 결성될 수 있는 환경이 조성되지 않아야 한다. 한국인 투자업체 중 일부는 회사에 우호적인 노조가 결성되도록 지원하는 경우도 있다. 특히 공단지역에 위치한 투자업체는 주변 회사에 노조가 결성되면 노조결성의 가능성이 큼으로 더욱 주의가 요한다. 가장 급진적인 KMU계열의 노조가 침투하는 경우 회사의 문을 닫아야 하는 사례도 다수의 우리나라 기업에서 있었다.

일부 우리나라 기업은 현지의 노동법을 준수하지 않아 수당 등을 법에 정해진대로 지급하지 않고 근무시간도 과다한 등 노조가 결성될 여건이 되어 있다. 외국인 투자기업으로서 적어도 법에 정한 근로기준은 준수하여야 하며 이것이 경영상의 부담이 되는 경우 철수를 고려하는 것이 바람직하다.

필리핀에 투자한 지 10여년이 넘었고 노조문제를 경영상의 어려움을 겪었으나 이제는 극복하여 가장 모범적인 노사관리를 하고 있는 우리나라 투자업체(E사)의 한 경영자는 필리핀에서 노동문제를 만드는 근본요인을 ① 임금, ② 사회보장 및 복지후생, ③ 작업환경, ④ 인권과 관련된 불만 요소, ⑤ 의사소통, ⑥ 기타와 관련된 불만요소로 구별하였다.

최저임금이나 수당등과 관련된 불만 요소는 법에 정한 기준을 사업주가 지키지 않음으로써 생기는 것이고, 인권과 관련하여서는 앞에서도 언급하였듯이 다른 사람 앞에서 야단을 치거나 일과 관계없이 자존심을 상하게 하거나 근무시간이 너무 장시간(일부 우리나라 업체는 1일 근무시간인 18시간인 사례도 있음)인 것 등이고 의사소통과 관련되어서는 언어 상의 문제로 의사소통상에 생긴 문제를 상급자라는 이유로 책임을 전가하거나 직급으로 압박하는 경우이다. 기타 불만이 생기는 요소는 고충처리제도가 없거나 종업원에 대한 인간적인 배려가 없고 주위의 공장과 비교하여 근무조건이 열악하거나 미래에 대한 비전이 없는 경우이다.

필리핀은 산별교섭체계이기 때문에 외부에서 노동운동이 침투하여 회사 내에서 노조를 결성하여야 하는데, 외부 노동조합 단체의 조직화 대상이 되는 회사는 위의 내용과 관련된 불만이 많은 회사, 외국인 회사, 종업원이 많은 회사, 최근 급성장한 회사라고 이 경영자는 지적하고 있다.

이와 같은 불만의 이면에는 필리핀 문화와 국민에 대한 인식과 이해 부족 그리고 자국 국민 보호를 우선시하는 필리핀 정부의 정책 등이 있으나 이를 대립적 관계에서 해결하기 보다는 대화를 통한 상생의 해결을 추구하는 것이 바람직하는 것이 현지에서 모범적인 노사관계를 구축하고 있는 투자업체의 제언이다.

별표 6 필리핀 한국기업에서 노동관련 불만 요인(E사의 분석)

1. 임금과 관련된 요소
- 최저임금
- 휴일근무수당
- 13th Month Pay

2. 사회보장 및 복지후생
- Social Security Scheme
- Medi Care
- Pag-Ibig

3. 작업환경
- 구급의약품 및 치료 시설
- 위생시설(식수, 화장대, 세면대)
- 식당 위생 및 음식, 가격에 대한 불만
- 위험한 일을 하는 장소에 대한 안전망과 안전장치

4. 인권과 관련된 불만요소
- 다른 사람 앞에서 큰소리로 야단침, 수치침이나 치욕주기
- 일과 상관없이 자존심 손상
- 신체적, 정식적 가혹행위와 학대
- 성희롱을 포함한 성적 학대
- 과다한 근무시간

5. 의사소통과 관련된 불만요소
- 한국직원과 현지인의 불분명한 언어소통으로 인해 생긴 문제에 대한 책임 전가
- 언어소통으로 생긴 문제를 직급으로 해결하려고 할 때
- 알아들을 수 없는 한국말로 험담 및 욕설

6. 기타 불만사항
- 불만이 있을 시 적절히 해소할 수 없는 제도의 부재
- 불공평한 상벌제도나 인센티브제도
- 회사나 관리자가 종업원에 대한 배려가 없을 시
- 직장상사, 동료, 부하와 원만하지 못한 관계
- 주위의 공장과 비교하여 여러 가지 측면에서 기대에 미치지 못 할 때
- 개인의 발전과 성장에 비전이 없을 때

자료:' 노동문제의형성원인과예방책', 필리핀한국상공회의소세미나발표지료, 2004. 7.27.

E사의 제언에 의하면 신바람나는 훌륭한 일터를 만들 수 있는 요인을 분석하여 자기 특성에 맞는 프로그램을 개발하여 실천하고 외부로 좋은 강사를 초빙하여 교육을 하고 한국에 우수직원을 연수시켜 문화적인 차이를 줄이려고 노력하고 내부 워크샵 등을 통해 불만요소를 지속적으로 해결하는 자세가 필요하다. 즉 어느 나라에서도 적용되는 기준은 문제해결 방안을 사측에서 주도할 때 올바른 노사문화가 창출되고 건강하고 경쟁력 있는 기업으로 존속할 수 있다는 것이다.

별표 7 필리핀 한국기업에서 노동관련 불만 요인의 해결방안(E사의 제언)

1) 신바람나는 훌륭한 일터를 만들 수 있는 요인의 분석
- 열린 커뮤니케이션을 구축을 통한 신뢰형성
- 구성원의 성장과 발전을 위해 투자: 회사의 발전과 성장의 절대적 요소
- 다양한 이벤트와 행사로 보람과 재미를 느낄 수 있는 역동적인 조직 형성
- 칭찬과 격려를 통해 회사에 대한 자부심 고취
- 구성원의 의견을 존중하여 창의적인 아이디어가 나오도록 유도
- 회사의 제도와 방침을 공평하게 적용
- 위와 같은 요소들에 대한 체계적인 접근을 지속적으로 하여 나감
- 업무향상에 대한 인센티브 구축

2) 외부로부터 좋은 강사 초청하여 세미나 개최

3) 우수 직원을 한국으로 연수: 문화적인 차이를 줄일 수 있는 계기

4) 워크샵을 통해 내부적인 불만요소를 지속적으로 해결

5) 자기 회사 특성에 맞는 혁신 프로그램을 통해 직원들의 사기 진작

자료:' 노동문제의형성원인과예방책', 필리핀한국상공회의소세미나발표지료, 2004. 7.27.

5. 베트남 진출 기업들의 '노동 고민

노동생산성 빠르게 향상…고급인력 양성은 숙제

베트남의 노동 생산성 향상은 투입자본 비율이 높은 외투기업에서의 생산성 제고 덕분이라는 말이 많다. 하지만 생산성 향상과 6%에 가까운 경제성장률은 베트남 노동자의 임금을

지속적으로 끌어올리는 요인이기도 하다. 노동 생산성 개선과 임금 상승의 대세 속에 베트남에 투자한 한국 기업들의 노동 관련 이슈는 무엇일까?

▶ 베트남 노동자 10명이 한국인 1명만 못하다? = 국제노동기구(ILO)에 따르면 베트남의 노동 생산성은 한국 대비 9.33%, 즉 1/10에 불과하고 평균 급여는 한국의 6.9% 수준이다. 2013년 기준 노동자의 1인당 연간 산출물 가치는 한국이 5만8298달러인 반면 베트남은 5440달러였다. 같은 기간 중 노동자의 월 평균 임금은 한국이 2624달러, 베트남 181달러였다.

이들 수치만 놓고 보면 '한국인 1명이 베트남인 10명분을 해낸다'는 지적이 설득력이 있어 보인다. 하지만 낮은 노동 생산성을 단순히 베트남 노동자 개인의 역량으로만 돌리기에는 무리가 있다. 그들이 종사하는 산업과 1인당 자본/장비 비율에 크게 영향 받을 수 있음을 감안해야 한다.

▶ 쓸 만한 관리직 직원은 돈을 많이 줘도 못 구한다? = 고급 및 기술 인력 양성은 베트남의 숙제다. 현지에 진출한 많은 한국 기업들도 쓸 만한 관리직 직원은 급여를 많이 줘도 구하기 어렵다고 호소한다.

이는 곧 고급 및 기술 인력은 임금이 올라도 단기간에 공급되지 않는 노동시장의 특성을 정확히 반영한다. 베트남이 글로벌 경제에 편입된 게 길어야 20년에 불과한 상황에서 시장과 기업을 이해하는 숙련된 인력은 제한적일 수밖에 없다.

베트남의 대학 진학률은 과거에 비해 많이 올라갔지만 고등교육 시스템의 비효율성 때문에 기업이나 사회가 원하는 인력을 제대로 공급하지 못하고 있다. 유네스코에 따르면 베트남의 대학 진학률은 2000년 10%에서 2013년 25%로 급증했다.

그러나 베트남 대졸자와 노동시장의 니즈 간 미스매칭이 커서 자신의 전공분야에서 직업을 찾는 경우는 절반에 불과하다. 현실이 이렇다 보니 기업은 필요 인력을 교육, 훈련을 통해 양성해야 하는 실정이다.

베트남의 경제성장은 고급 인력 수요를 지속적으로 증가시킬 것이며 고급 인력은 산업의 고도화를 이끌 주요 동력이기에 이들을 어떻게 공급할 것인지가 베트남의 어렵고도 중요한 숙제다.

참고로 베트남의 해외 유학생은 급증하고 있다. 2006년 2만3334명이던 것이 2012년에는 5만3802명으로 2배 이상 늘었다. 베트남 교육체계가 제공하지 못하는 고등교육에 대한 니즈가 해외유학으로 연결됐기 때문이다.

▶ 최저임금의 지속적인 인상 때문에 불안하다? = 베트남뿐만 아니라 많은 아세안 국가들이 최저임금 제도를 운영하고 있으며 최저임금 제도는 외투기업 생산직 직원의 급여산정의 기초가 되고 있다. 최저임금 제도는 단체협상을 통한 임금책정이 불가능하거나 부재한 아세안 국가에서 임금을 설정하는 주요 메커니즘으로 작동하고 있다. 노사 간 결정사항에 사실상 국가가 개입해 기준점을 제시해주는 것이다.

최저임금은 최저 생계비와 물가 상승률 등을 기준으로 산출되며 지역을 구분해 단계별로 산정된다.

임금은 경제성장의 과실을 노동자에게 돌려주는 가장 중요한 채널이기 때문에 베트남의 경제성장이 지속되는 한 최저임금은 지속적으로 상승할 수밖에 없다. 이 과정에서 완만하고 예측 가능한 임금 상승은 기업에게 대처할 수 있는 시간을 준다. 기업의 선택지로는 생산시설의 현대화를 통한 생산성 제고, 직업교육 활성화 등이 있고 공장이나 회사의 이전 역시 가능하다.

참고로 인도네시아와 필리핀은 최저임금 결정구조를 분권화함으로써 한 국가 안에서도 지역별로 최저임금이 2배 이상 차이가 난다. 반면 베트남은 결정구조가 중앙정부에 집중돼 있어 지역 간 노동환경 격차를 반영하는 데는 한계가 있다. 하지만 이를 뒤집어 보면 특정 산업이나 지역, 특히 대도시 인근 지역에서의 급격한 임금 상승 역시 완화시키는 역할을 한다는 사실도 부정할 수 없다.

6. 인도 노동법의 최근 동향(2016. 9.)

- 기업환경 개선을 위한 노동시장 경직성 개선 시도
- 반발이 거센 가운데, 친정부 성향의 주정부를 중심으로 점진적인 개혁
  ※ 인도 경제개혁의 3대 이슈인 ① 간접세 개혁, ② 토지수용법 개정, ③ 노동법 통합 중 하나인 통합간접세(GST) 법안 마련을 위한 헌법개정안이 인도 국회를 통과함에 따라, 다른 두 가지 개혁 이슈의 향방이 새로이 주목을 받게 됨. 이에, GST 이후의 인도 경제개혁이라는 주제도 토지수용법 및 노동법 개정, 통합 이슈를 다루고자 함.

1) 노동법 개정 시도의 배경

○ 제조업 기반 경제성장 추진과 방해요인
- 인도는 Make in India를 표방하며 제조업 육성 중심의 경제 발전을 이룩하고자 하고 있으나, 인도 제조업은 GDP의 16%에 지나지 않음. 이는 중국의 32%에 절반에 겨우 미치는 수치임.
- 부진한 인도 제조업 성장의 원인 중의 하나로 경직된 노동시장이 꼽히고 있음. 세계은행은 인도가 세계에서 가장 경직된 노동시장을 가지고 있는 국가 중의 하나라고 지적함.

○ 노동경직성과 부진한 일자리 창출
- 각종 노동규제로 인해 노동 유연성이 보장되지 않은 상황에서, 인도의 기업가들은 인도의 풍부한 노동력보다 기계장비를 사들여 생산력을 보충하는 경우가 많았음.
- 현재의 높은 경제성장에도 불구하고 현 정부는 충분한 일자리가 만들어지고 있지 않다는 비판에 직면해 있으며, 이를 타개하기 위한 방법의 하나로 노동법의 개정이 필요함을 주장하고 있음.

○ 법 규정이 변화된 현실을 반영하지 못한다는 비판
- 1990년 경제개방 이후 인도는 큰 경제성장을 이룩했으나, 노동법의 경우 1984년 이래 인도 노동법에는 큰 변화가 없었음.
- 노동법의 경직성에 대한 비판이 제기되는 한편에는, 노동법의 보호대상이 일부 노동자 계층에 한정되는 등 대다수 노동자의 권익을 보호하지 못한다는 비판의 목소리도 강하게 제기되고 있음.

2) 인도의 노동법 현황

○ 중앙정부와 주 정부별 관련 법규의 난립
- 인도 헌법에 의하면 노동법의 경우, 중앙정부, 주정부 양자 모두에 의해 제정될 수 있음. 이에 따라, 수많은 노동법이 난립하고 있으며 각 법이 중복 적용되는 사례가 발생하게 됨.
- 현지 추산에 의하면, 노동법은 중앙정부 하에 44개가 존재하는 것으로 파악되고 있으며, 주정부 법률의 경우 100여 개에 이르는 것으로 알려짐.
- 또한, 한 개 분야에 여러 개의 법이 난립하는 경우가 많아, 어떤 사안에 어떤 법을 적용해야 하느냐가 모호해지는 현상이 발생

○ 주요 법의 경직성

- '분쟁조정에 관한 법률(Industrial Disputes Acts 1947)'에 따르면, 100명 이상의 근로자를 고용하는 사업장은 해고나 사업장 폐쇄를 위해서는 주 정부의 허가를 받아야 함.
- 인도 노동조합법은 복수 노조를 허용하고 있으며, 노동조합 결성조건으로 최소 7명의 노동자가 결집할 것으로 요구하고 있음. 이에 따라 노동조합이 난립하는 경향을 보임.
- 회사의 노조들은 각기 다른 정치세력의 산하 조직으로 육성되는 경우가 많아, 노동조합끼리의 대립이 발생하거나 회사의 경영이 정치이슈에 휘말리는 경우 또한 발생함.

3) 노동법 개정을 위한 시도

○ 관련 법안 통합정리 및 상정 시도

- 인도 정부는 현존하는 노동법들을 5개의 새로운 법으로 통합하고자 하고 있음.
- 하지만, 야당과 노조들의 반대에 직면하고 있는 상황으로, 원래 연초 국회 예산회기에 개정방안이 상정될 예정이었으나 , 8월 몬순회기에도 상정되지 못하고 말았음.

○ 5개 법안과 간략한 내용은 다음과 같음.

노동법 개정 관련 법안 및 주요 내용

① 노사관계에 관한 법(the Industrial Relations Code Bill 2016)

- 공장에서의 고용 및 인력정리에 관한 내용을 다루고 있는 법안임.
- 초안의 경우, 최대 300명의 인력을 정리하는 경우, 경영상의 위급 등의 사유가 있는 경우 지방정부의 허가를 받지 않아도 됨.
- 노동조합의 결성요건의 경우, 현행 7명 이상에서 전체 노동자 10%, 혹은 100명 이상이 결성에 참여해야 하는 것으로 상향됨.
- the Trade Unions Act of 1926, the Industrial Dispute Act, the Industrial Employment(Standing Orders) Act of 1946 등을 대체함.

② 임금법(Wage Code Bill 2016)

- 급여와 관련된 기존 노동법을 통합 정리하는 법안임.
- the Payment of Wages Act of 1936, the Minimum Wages Act of 1948, Payment of Bonus Act 1965, Equal Remuneration Act 1976 등을 대체함.

③ 소규모 사업체 관련 법 [The Small Factories (Regulation of Employment and Conditions of Service) Bill 2016]

- 소규모 사업체의 경영 활성화를 위한 법
- 40인 이하의 사업장의 경우, 공장법과 같은 관련 6개 규제법안의 적용대상에서 제외됨.
- 8시 이후로 금지돼 있는 여성의 야간근무를 가능하게 하는 내용이 포함돼 있음.

④ 상점 설립에 관한 법[The Shops and Establishments (Amendment) Bill 2016]
- 상점의 24시간 영업을 허가하는 내용이 포함돼 있음.

⑤ 노동자 연금 등에 관한 법률[Employees Provident Fund and Miscellaneous Provisions (Amendment) Bill 2016]
- 현재의 고용자연금펀드(Employees Provident Fund)를 국가연금체계(National Pension System)로 대체하는 방안을 다루고 있음.
※ 자료원: 인도 정부 자료로부터 KOTRA 재구성.

4) 전망 및 시사점

o 노동법의 전면적인 개정은 어려울 것으로 전망되나, 점진적 변화 가능
- 토지수용법 개정과 같은 이슈에서 야당은 현 정부를 '반 농민, 친 기업'이라고 비판하며 반대하고 있으며, 현 정부는 노동법의 개혁을 밀어붙일 경우 친 기업이라는 이미지가 강화돼 정국 주도에 어려움이 생길 것을 우려하는 상황임.
- 이에, 라자스탄, 마디야 프라데시와 같은 친정부 성향의 주에서 노동법의 개정을 추진하고 있으며, 이를 바탕으로 다른 주나 중앙정부에서의 노동법 개혁을 점진적으로 확산시켜 나간다는 계획임.
- 각 지방정부가 기업 유치를 위해 투자환경 개선에 힘을 쓰는 상황에서 지방 → 중앙의 상향식 개혁이 이루어질 가능성도 제기됨.

o 인도 진출 시 진출지역별 노동법규와 이슈를 숙지할 필요
- 주 정부별로 노동법을 제정할 수 있기 때문에, 같은 인도에서도 주별로 다른 노동법규가 적용됨. 따라서, 소재지역 노동법규를 숙지할 필요가 있음.
- 중앙정부와의 관계, 기업 투자유치에 대한 적극성, 현지 정치이슈 등 주 정부의 노동 관련 사안에 대한 접근이 상이하기 때문에, 노동과 관련된 사안은 인도 전체가 아닌 지방별로 접근할 필요가 있음.

※ 작성자 : KOTRA 뉴델리 무역관 임성식 과장. Suarav Dev Mng
※ 자료원 : 인도 정부 자료, 현지 언론 홈페이지 및 KOTRA 뉴델리 무역관 자료 종합Ⅵ. 멕시코 현지투자업체의 증언35)

7. 멕시코 현지투자업체의 증언[1]

1) 모니터 사출업체 A사

- 멕시코 T시에 위치하고 있으며, 한국인 직원은 총 12명이다. 경영관리 3명, 노무.인사 관리 2명, 판매 관리 2명, 구매.자재 관리 1명, 생산 관리 2명 그리고 현장기술 관리 2명이다.

- 현지 공장 인원은 대략 120명으로 총 3개의 조(Turno)로 구성된다. 그리고 공정 단계는 사출.조립.포장과 출고.납품으로 이뤄진다. 1조(Turno)당 8시간씩 근무하며, 각 조는 현지 인 관리자(Supervisor)에 의해 작업지시를 받는다. 관리자(Supervisor)는 해당부문에서 1년 이상의 경력이 요구되며, 작업지시.작업관리 과정에서 분쟁이 발생(예 : 한국인과 현지인의 문제 발생시)하면 조정하는 역할을 맡기도 한다.

- 앞의 경우와 같은 문제가 발생하면 한국인이 직접 문제를 조정하기보다는 현지인 관리 자(Supervisor)가 조정하는 것이 효율적이다.

📝 참고 **생산직 구조**

사출 / 조립 / 포장 / 창고관리		
1조	2조	3조
조장(Supervisor)	조장(Supervisor)	조장(Supervisor)
작업자(공정별 15~20명)	작업자(공정별 15~20명)	작업자(공정별 15~20명)

- 작업자들(Operatores)은 필요 시 매주 월요일 오전에 회사 내에서 인터뷰를 실시하며 인터 뷰를 통과한 지원자들은 바로 현장에 투입 약 2일간의 교육을 받고 공정에 투입된다. 인 력의 턴 오버(Turn over)가 많은 관계로 그들을 관리하는 방법이 한국과 다르다고 할 수 있다. 예를 들자면 한국인 관리자와 현지인 작업자들 사이에 의사소통을 위한 Tea Time, 문제가 있는 경우에는 면담을 통한 관리가 일상적으로 요구되며, 1년에 상반기와 하반기 에 한 번씩 단합대회(Paseo)를 실시해 구성원들 간의 화합을 도모하는 것이 필요하다. 멕

---

1) 아래 자료는 멕시코에서 한국 기업들이 현지투자에 성공한 사례들(A,B,C 그리고 D사)이다. 이 4개 의 사례들은 2003년 한국국제노동재단의 사례 분석(의류업체와 전자업체)에 2006년 현지에서 현 장 경험을 한 A사의 경험을 추가해 분석 · 평가 및 요약 정리했다. 인터뷰에 등장하는 기업.인명은 모두 익명으로 처리했다.

시코 현지인들은 낙천적인 성향과 춤추고 노는 것을 선호하기 때문에 그러한 단합대회가 요구된다.

- 작업자의 선발 시 유의해야 하는 사항은 첫째, 건강을 확인 할 수 있는 서류를 반드시 확인해야 한다. 멕시코는 의료시설, 의료시스템이 잘 발달이 되지 않아 질병을 가진 사람이 지원하는 경우가 많다. 추후 노동사고로 연결될 소지가 있으므로 상기 서류를 반드시 확인해야 한다. 둘째, 경력기간을 주의해야 한다. 단기간 내로 회사를 많이 옮긴 경력이 있는 사람은 선발이 되더라도 오래가지 못한다. 마지막으로 미성년이 지원하는 경우가 많고 그럴 경우 노동감사(Auditoria)에서 문제가 될 수 있으므로, 지원자의 나이를 꼭 확인해야 한다.

- 사무직 직원의 선발은 결원이 발생했을 경우 인력정보회사를 통해 선발할 수 있다. 절차는 인력정보회사에 자격요건 및 임금정보 제출, 인력정보업체에서 요건에 맞는 지원자 선발 및 지원자의 이력서를 고용회사 측에 제공한다. 고용회사는 이력서 검토 후 면접 날짜를 선정하고 면접을 실시한다. 주의사항은 회사에서 담당할 업무를 반드시 숙지시켜 줘야 하며 업무의 변경 시(예: 판매에서 생산으로 업무 변경을 지 시 할 경우) 해당 직원의 사전 동의를 얻어야 한다.

- 아울러 이 도시에는 타 도시 출신 노동자가 많다. 따라서 연말 크리스마스 시즌에는 약 15~20일 간의 휴가를 보내 주는 것이 좋다. 왜냐하면 휴가를 주지 않을 경우 직장을 그만두고 크리스마스를 가족과 함께 보내려고 자신의 고향으로 돌아가는 경우가 많기 때문이다.

- 턴 오버(Turn Over)와 지각, 무단결근을 방지하기 위하여 1주 동안 지각.결근을 하지 않는 작업자들에게는 보너스제도를 실시했다. 아울러 매년 인사평가를 실시해 작업성과가 좋거나 지각.무단결근이 없었던 작업자들은 임금인상과 승진의 혜택을 줬다. 인사평가의 단계는 각 조의 Supervisor가 자신의 조원(Operatores)의 업무태도.생산성 등을 평가한다. 여기에 노무.인사관리팀이 지각.무단결근을 합한 인사 평가서를 만들어 회사게시판에 부착했다.

- 그리고 매달 해당 작업자들의 공정관리에 대한 아이디어를 모집해 선발된 작업자에게 포상금 약 1천페소(Peso)와 상패 그리고 인사평가 시 가산점을 주는 등 공정관리 향상을 도모하는 것도 하나의 방법이라 할 수 있다.

- 작업지시는 한국인 관리자가 현지인 Supervisor에게 서면을 통해 전달하는 것이 가장 효율적이다. 중간에 누군가가 통역을 한다고 하더라도 언어상의 문제가 있어 간단명료한 서면상의 작업전달이 필요하다. 이럴 경우 통역의 전달이 미숙할 지라도 업무지시를 받은 사람은 작업 지시를 제대로 이해할 수 있게 된다.

- 불성실한 작업자와 회사의 분위기를 엉망으로 망치는 작업자들은 특히 경계의 대상이다. 하지만 멕시코의 노동법은 일반적으로 작업자를 우선시 하는 법이기 때문에 그러한 작업자를 해고시키기 위해서는 절대적으로 그 작업자의 불성실함이나 회사 분위기를 엉망으로 망쳤다는 객관적인 증거를 확보하는 것이 우선이며, 그 후에는 노동담당 변호사와 상담을 통해 사건을 해결해야 한다.

- 객관적인 증거의 확보가 어렵고 해고를 해야 할 경우에는 가급적이면 3개월치의 임금을 우선 지급하고 해고를 하는 경우가 많다. 그래야 추후에 발생할 수 있는 노동분쟁을 방지할 수 있기 때문이다.

- 한국인이 주의해야 할 점은, 첫째 한국인과 멕시코인은 문화적으로 너무 다르다. 작업자에 대한 압력.과도한 언행.무시 등으로 인해서 노동문제가 발생하는 경우가 많다. 멕시코 현지인들은 그러한 것들을 절대로 참지 못하며 계속해 시정이 되지 않을 경우 법에 호소하는 경향이 있다. 둘째, 멕시코 현지인에 대한 교육이다. 전반적인 학력수준이 한국에 비해 떨어지므로 직원.작업자 교육에 많은 노력을 기울여야 하며, 즉각 이해를 하지 못하는 경우가 있더라고 다그치지 말고 참을성을 가지고 지도해야 한다. 셋째, 현지 직원을 평가하는 경우 객관적이어야 한다. 직원평가에 대해서 현지인들이 충분히 납득할 수 있는 자료에 근거해야 한다. 마지막으로 현지인들에게 한 발 먼저 다가가 그들의 어려움.불만.바람 등을 들어주고 이해하는 모습을 보여주는 것이 필요하다.

- 멕시코로의 진출은 세계 최대시장인 미국과 인접해 지역적 Advantage(특히 마킬라도라(Maquiladora)의 지역에서는 수입관세 면제 등의 효과를 얻을 수 있다)를 가지고 있으며 노동비용 절감효과도 있다. 하지만 진출하기에 앞서 시장분석, 노동법 파악, 현지 업체들의 경험 등에 대한 사전 조사가 철저하게 이뤄져야 한다.

2) 의류업체 B사[2]

- 멕시코의 뿌에블라에 위치해 있다. 산업지구이자 공장지대에 위치에 있지만 공기.교육시설(아메리칸 스쿨)이 좋고, 미국시장과의 무역 및 운송조건 좋다.

- 의류시장은 미국의 뉴욕라인과 LA라인이 있는데, 운송조건이 좋아 미국과 직접 연결된다. 1994년 나프타(NAFTA: 북미자유무역협정)의 영향으로 들어와 대단위로 투자하는 기업이 많다. H사의 경우 인도네시아에 공장이 있고, 700만달러 가량을 투자하고, 다른 회사들도 약 600~700만달러 정도 투자하고 있다. T사의 경우에는 한국 공장 생산물량의 절반을 가져와 여기에 투자하고 있다. 이런 경우를 제외하고 대부분은 중소 단위로 30~40만달러 정도의 투자업체들이 많다.

- B사는 초기 투자자금 27만달러로 시작했다. 멕시코 현지인과 동업관계를 통해 사업을 진행 중이며 사업관련 기계들은 일본에서 직접 구입하면서 사업 확장했다. 재투자를 통해 사업 확대를 해 오고 있다.

- 공장에서 애로사항은 공장직원들과 대화가 힘든 것이다. 대화의 어려움으로 다양한 일상생활이 힘들다. 공장에서 직원들의 출.퇴근에 대한 애로사항이 제일 큰 문제다. 노동문화가 상당히 다르기 때문에 출ㆍ퇴근 시간이 정확하게 지켜지지 않아서 생산에 차질이 생기는 경 우가 많이 발생하고 있는 것이다. 예를 들어 총 64명 중에 30% 정도가 결근하는 경우들이 있을 정도로 심한 편이다. 관리와 기계수리를 혼자서 도맡아 하는 형편이라서 노무관리 그 자체에 대한 형편이 어려운 실정이다.

- 점차 이곳에 한국 영세기업들이 진출하면서 한국인 사이에서 갈등이 더욱 문제점으로 들어나고 있다. 점차 한국인이 증가해 처음에는 11~12명이던 것이 현재는 약 200명이 넘는다. 같은 한국인끼리 기계를 빌려주기도 하면서 공장을 세우는 데 도움을 주기도 한다. 하지만 이후에 비즈니스에서 반목과 질시로 인해 사이가 좋지 않은 관계가 형성되기도 한다.

- 노동관습과 문화가 다른 것이 가장 큰 문제다. 그들은 월급을 수령한 후 바로 소비해 버리며 저축 문화에는 인색하다. 미래에 일어날 수 있는 문제에 준비하라고 은행계좌를 만

2) 1980년대 중반 멕시코에서 시작한 것으로, 면세 부품과 원료를 수입.조립해 완제품을 수출하는 멕시코 내에 위치한 공장으로 수입한 부품을 완제품으로 만들어 멕시코 국외(Fuera de Mexico)로 수출하면 면세를 받는 공업 지역.

들어주고 일부분을 저축하라고 권고하지만 대부분이 노력하지 않는다. 많은 물량의 오더가 들어와 잔업을 요구해도 추가 노동에는 관심이 별로 없다. 공장 생산제품에 손을 대는 도벽이 있어서 의류의 팔.앞부분 등을 나눠 반출한 뒤 집에서 만들어 입기도 하고 팔기도 한다. 이런 문제에 대한 해결은 법적으로 처리하는 경우도 있지만 대부분 회사에서 설득을 통해 해결하는 방법이 종종 문제해결에 도움이 되는 경우도 있다.

- 한 공장에 기계 400대와 많은 노동력을 데리고 일하는 것은 매우 어려우며 100~150대 규모의 2~3 유닛으로 나누는 것이 훨씬 효율적이다. 현지 공장에서는 2년 6개월 동안에 2번의 파업이 있었는데 파업은 현지 동업자와 T사 간의 의견 불일치에서 비롯됐다. 연초에 다른 공장에서는 유니폼을 착용하고 임금을 16.8% 인상하자 이들도 동시에 같은 사항을 요구했다. 일주일에 임금으로 500페소 지불됐는데 이전에는 임금이 절반 정도였다. 결국 2004년 초 16.8% 인상했다. 사무실직원.운전수.식당직원을 제외한 모든 직원이 노조에 가입해 있는 상태이며 노동자들은 임금의 2%를 노조에 납부하고 있다.

- 노동자 고용은 신문광고와 벽보를 통해서 하고, 전화번호는 기입하지 않으며 대부분 면접을 보고 결정한다. 현재의 봉급은 적어도 회사를 믿고 함께 일하면, 미래는 보장받을 수 있다는 말을 한다. 대부분의 노 동자들이 초등학교 졸업 또는 중퇴, 5~10%는 중졸이며 자기 이름도 못쓰고 계산도 못하는 경우도 있다. 연령은 30~35세가 다수이고, 남편이 없는 주부직원도 거의 30%에 이른다. 미혼과 기혼의 비율이 반반이며 남편이 없는 주부 사원들이 있기 때문에 그나마 공장이 돌아간다. 남편이 없는 주부사원들은 생존이 달려 있어 야간작업도 마다하지 않는다. 공장을 빠른 시간 내에 그만두는 이들은 대부분은 미혼들이다. 그래서 되도록 기혼을 선호한다. 비록 의료보험을 들어줘야 하지만 장기적인 관점에서 보면 기혼이 회사에 오래 남아 적응한다. Tlaxcala에 있는 공장은 총 183명이 일하는데 기혼이 많다. 이는 지역적 특성 때문이다. 공장이 지역 공동체 안에 위치하여 지역 연고자가 많아 대부분이 기혼이며 이곳은 또한 모계사회다.

3) 의류업체 C사

- C사는 1998년 1월에 가동을 시작했는데 이곳에서는 숙녀복을 만들었다. 처음에 현지인들을 잘못 이해해 인력관리에 실패했다. 이곳 노동자들은 '소리 지르는 것'(grita)을 싫어하는데, 한국 관리인들은 이곳 노동자들을 일방적으로 대했다. 게다가 스페인어를 못하

니 언어소통에도 문제가 많았다. 기간이 짧으니 노동자들이 이 quality form에 적응 못했다. 특히 숙녀복은 숙련을 요구하는데, 유행 기간이 짧아 한국보다 빨리 바뀌다보니 노동자들이 변화하는 작업에 적응을 못했다.

- C사의 주요 바이어들은 미국의 테네시, 달라스 그리고 캐나다다. 전에 CBI (Caribbean Basin Initiative) 정책 때에는 미국에서 커팅해서 아무 곳에나 보내면 재봉해서 수출했지만 지금은 809법안에 따른다. 기존의 806법안은 미국에서 원단이 와서 여기에서 재단했다. 반드시 미국산 원단일 필요는 없었으나 807법안은 바이어들이 원단을 잘라서 보내면 여기에서는 봉재만 한다. 주로 영세업체들이 많이 하는데 한국인들끼리 경쟁이 심해서 '제살 깎아먹기' 식이다.

- 미국 업체들은 멕시코를 매우 선호한다. 관세가 자꾸 내려간다. 재킷의 경우 다른 나라에서 생산하면 관세가 28%인데, 멕시코에서는 7%다. C사는 미국과 직접 거래하며 정장을 생산하는데 대부분의 공장들은 PCT의 Edmund Kim과 하청계약(subcontract)한다. 즉 미국 바이어가 PCT에 하청을 주면, 다시 이들은 다른 공장에게 재하청을 준다. 이들의 대부분 의류는 저가품이다.

- C사에 현재 한국인 10명이 근무하고 있으며 사무실에 3명, 생산 쪽에 5명이 있다. 기계 총 유지 관리하는 공업과장, 공장장, 3명의 여자 반장(supervisor)이 있고, 품질관리 담당이 있다. 매니저는 과테말라에서 2년 근무했으며 이전에 자메이카에서 88년부터 P개발이라는 곳에서 8년간 근무했던 경험도 있다. 한국에서는 L화학 국내공장과 아프리카 지사 등에서 근무했고, 마케팅부장 경력도 있다. 자메이카에도 한국 봉제공장이 많았지만, 지금은 거의 없는데 입지가 매우 좋지 않아 대부분 철수했다. 매니저는 작년 7월에 이 회사로 왔다. 공장장은 여성으로 스페인어권 지역에서 10년 넘게 근무해 스페인어가 능통하다. 10년 전 도미니카 공화국에서 함께 일했는데, 여기 올 때 생산과장으로 왔다. 일도 잘하고 노동자 관리도 잘하고 노고도 많아서 공장장으로 승진됨. 노동자 관리에서 언어 구사능력이 중요하다.

- C사는 JC Penny 평가해서 좋은 점수(72점)를 받았다. 제품을 발주하기 전 바이어가 arrange해서 공장을 건설하고 4개월 만에 공장전체 평가를 받았다. 40점 미만이면 저가를 생산할 수 있고, 50점이면 중급이고, 70점 이상이면 better 그룹에 속한다. 72점이면 다른 바이어들도 인정해 준다. C사는 현재 점차 노동자들의 인권 향상과 노동환경 개선

에도 관심을 갖고 있다.

- 가장 어려운 점은 현지인을 관리하는 것인데 제일 중요한 점은 현지 문화를 이해하는 가운데 공장의 운영정책이 세워져야 한다. 일부 Owner들은 이를 무시하고 한국에서 하듯이 하루에 '몇 장' 또는 '얼마'와 같은 지시가 톱 경영진에서 내려오니까, 한국인 관리자들은 책임감 때문에 이를 이행하려 한다. 하지만 현지 노동문화는 그렇지 않아 갈등과 문제가 발생한다. '한국 노동문화가 가지고 있는 추진력과 현지인 문화.습관을 조화해서 하는가'가 최대 관건이다. 그런 면에서 C사의 소유주는 이를 실행하려고 노력을 많이 했다. 실례로 현지인 가족 중 (돈이 없어서) 공부 못하는 학생들에게 장학금을 1만5천달러을 주고 있는데, 51명이 혜택을 받고 있다. 학생들은 시에서 선발한다. 현지인들은 굉장히 부지런하지만 일을 추진하는 힘이 별로 없어 현지 출신 관리자들을 키우는 것이 쉽지 않다. 게다가 자기들끼리는 컨트롤 하기도 싫고, 컨트롤 당하기도 싫어하는 문화를 가지고 있다.

- 한 Modulo(90명)에는 2개의 작업반(A, B)이 있고, 작업반 당 1명의 supervisor(반장)가 있고, 여기에는 8개의 분임조로 나뉘어져 있다. 각 분임장들에게 컨트롤하는 방법을 가르쳐야 하며 벌을 줘도 현지인들이 주게 해 이들에게 힘을 주는 것이 좋다. 약 8명은 한국식 마인드로 바뀌어가고 있음. 생산량이 안 나오면 고민하고 빨리하라고 채근하기도 하고, 56명 분임장 중 15~20%는 점차 한국식 사고방식으로 바뀌어가고 있다.

- 맨 처음 신입사원을 받을 때, 2주에 급료를 준다고 말했다. 멕시코시티도 멀고, 위험하며 물품을 운반하다가 잃어버리면, 회사에 달라 해도 회사가 책임이 없다고 강조했다. 2주에 한 번씩 급료를 주는 것을 받아들이면 입사시켰는데 멕시코 노동자들은 받아서 당장 쓰기 좋아하니까, 매주 받는 것을 선호한다.

- 공장부지로 이곳을 택할 때, 녹음이 풍부하고 주변에 30분 거리 이내에 약 10만명이 살고 있어 노동력은 풍부하다는 것을 고려했다. 멕시코시티나 뿌에블라에서 조금 떨어진 곳이지만, 고속도로와 매우 인접한 곳이다. 컨테이너 이동 중 분실사고가 많은데, 운송 도중 사고 방지를 위해서 이곳을 택했다. 이곳 시장이 너무 협조적이어서 부지는 무료로 제공 받았다. 현지 노동자를 모집하는데, 시청에서 협조해 줬다. 이들이 협조공문을 만들어 시청에서 사람들에게 나눠주었음. 처음에는 모두 신참들로 전부 이곳에서 양성했는데, 생각보다 빨리 따라 왔다. 지금 통근버스를 Zeco에 4대, Acatzingo에 1대, Quetzalac

에 1대 보내고 있다.

- 특별한 노하우는 없고 모두 열심히 노력한 결과임. 처음 automatic 기계를 구입했다. 노동자 교육을 시키는데 시작하기 전 과테말라 공장에서 각 그룹(8개)에서 1~2명을 뽑아서 훈련시킨 후 이곳으로 배치했음. 일단 같은 언어권이라 디테일한 면이 커버됐는데 이것도 노하우라면 노하우라고 할 수 있다.

- 노사분규가 한번 우연히 있었다. 1개 Modulo(90명)을 총괄하는 여자 헤페(Jefe, 총괄책임자)가 있고 밑에 남자 supervisor가 있었다. 이 남성노동자 얼굴이 번지르하고 여자를 밝혀, 염불보다는 잿밥에 관심이 많은 친구였다. 정신 상태도 안 좋고 책임감이 없어 여자 헤페와 한국 관리자가 합의해 이 남자를 평사원으로 강등하기로 합의하고 발표했다. 그런데 여자 헤페가 합의하고도 나중에 남자 supervisor와 다른 여자 supervisor와 함께 반대한다며 가버렸다. 그러자 다른 그룹인원들이 다 나가버렸는데 저 사람들이 와야 일을 하겠다는 것이다. 그리곤 옆 Line도 동조해서 이들도 따라 나가, 결국 하루 종일 일도 못했다. 이들은 요구조건으로 1주일마다 급료를 줄 것, 토요일에는 일을 하지 말 것, 잔업을 하즈 않을 것 등 약 40가지를 요구했다. 대화를 통해 대표자(25명)를 뽑고 협의를 했고 다른 사람들은 일을 하라고 했다. 협의 과정에서는 임금을 1주일마다 줄 수 있는 있으나 책임질 부분이 있다고 말했다. "만약 사고가 생겨 못주게 되면 책임을 질 것이냐. 이것에 찬성할 수 있으면, 손을 들라"고 한 것이다. 그러니 아무도 들지 않았다. 결국 전처럼 주는 것에 모두 찬성해 급료는 2주마다 주고 있다. 토요일 근무를 말자는 요구에는 이렇게 대응했다. 현지 주 노동법에 법정 근무시간은 48시간으로 돼 있다. "하루에 8시간 근무하면 좋다. 그러면 매일 8시간 근무하고 토요일에도 8시간 근무해야 한다. 그렇게 할 것이냐"고 설득했다. 결국 아무도 손을 들지 않았다. 결국 현행처럼 토요일은 4시간 근무하고, 매일 1시간 잔업을 하고 있다. 점심시간의 경우에도 현지 노동법에 공장 밖으로 안 나가면 점심시간은 30분이고, 밖으로 나가면 1시간으로 규정돼 있다. 법대로 식사시간은 30분만 하겠다고 했는데 식사는 공장에서 제공하지 않았다. 대신 자기들이 가지고 오는데 점심시간은 40분으로 하고, 20분 먼저 퇴근시켰다. 월급의 경우에는 12월에 올려주겠다고 했다. 협의과정에서 이전에 만들어 놓았던 '어용노조'를 자연스럽게 소개하게 됐다. 현지 법에 한 기업에 1개 노조만 설립하게 돼 있다. 이 사건으로 언론사에서 취재가 나왔다. 기자에게 "외국인투자가 들어와야 하는데 TV에 나오면 외국인 투자유치는 어떻게 되겠냐"고 말했다. 이렇게 해서 TV.신문에 사건이 보도되지 않고도 문제를 해결할 수 있었

다. 나중에 분규 당사자들이 와서 일을 다시 하겠다고 했으나 거절했다. Jefa는 Acatinzgo 출신이고 남자 supervisor는 Zeco, 그리고 여자 supervisor는 어딘지 모르겠다. 현지인들을 잘 다루고자하면 문제가 작을 때 미리 해결해야 한다. 건의함을 설치해 자주 분위기를 파악하는 것도 필요하다. 이들의 신경을 자주 다른 쪽으로 돌리려고도 노력했는데 1년에 회사 주최로 축제(fiesta)도 하고, 일요일이 되면 반별로 풀장으로 데려가기도 했다. 회사의 매년 기념식이 있었는데, 스스로 준비해 춤도 하고 연극도 했다. 그 무대를 이용해 매월 예선을 하고 3개월 간격으로 결선을 한다. 자기들이 무용.노래 등 그룹도 만들었다. C사에서 만든 제품으로 패션쇼를 하기도 했다. 연말에는 '쫑파티'를 한다. 매월 공장에서 현지 교회 신부님을 모셔와 미사를 하는데, 신부님이 좋은 이야기를 많이 해준다. 주로 계속 근무하면 혜택과 발전이 있을 것이라는 이야기다. 무엇보다도 회사와 개인을 엮는 것이 필요하다.

- 어떤 곳에서 부지를 기증(donation)한다고 해서 무작정 공장 건설하면 안 된다. 시청에서 현지 공장부지를 기증했는데, 아직 명의를 바꾸지 못하고 있다. 시청에서 원래 사유지를 매입해서 우리에게 줬는데 시청협의체에서는 승락했고, 주정부에서 환경조사.준공검사를 했고, 주 토지등기소를 통과했다. 아직 멕시코 연방의회를 통과해야 부지의 소유가 바뀐다. 멕시코정부의 약속을 믿기에는 웬만큼 인내심을 가져야 한다.

- 전체 투자규모는 250만달러이며 여기엔 장부가 2개가 있다. 세무관계가 매우 복잡하다. 외국계라고 해서 혜택(benefit)은 없다. 무조건 이익의 32%는 법인세로 내야 한다. 한국에는 차등이 있는데 말이다. 어쨌든 작년 매출액은 약 400만달러였다. 주정부는 단지 신입사원에게 2개월간 지원해주는데, 이것도 잘 실행되지 않고 있는 실정이다.

- 결근율은 별로 높지 않다. 무단결근을 할 경우 평소 태도 등으로 현지인 supervisor가 결정해 경고 또는 벌을 준다. 결근율은 평소 1% 미만이지만 월요일에는 약 1.5%로 높다. 경력사원 보다 주로 신입사원을 받는다. 1개월 미만의 신입사원 중에서 퇴사자가 많기 때문이다. 1개월 버티면 그 다음에는 대개 잘 적응하는데 처음에 적응하는 것이 쉽지 않다. 이들이 주로 작업하는 것은 바지.니트다. 유경험 자들에 대해 '손이 좀 험하고 나쁜 것을 많이 배운다'는 평가를 내리고 있다. 차라리 신입사원을 가르쳐 일을 시키는 것이 오히려 낫다고 한다. 신입사원이 입사하면 훈련을 시키는데 가장 먼저 진행하는 것이 정신교육이다. 일에 대한 태도, 유니폼 착용, 두발, 복장 단정, 일할 때는 말을 안 한다, 물은 어디에서 먹어야한다는 내용이다. 훈련 반장은 기본 동작훈련과 기계 조작방법을 가르

쳐 준다. 훈련기간은 보통 1~2주 정도다. 훈련실에서 나와 쉬운 일, 플란차(대림질), 마르까도르(마킹) 등을 하면서 눈으로 미싱을 배운다. 이후 미싱에 투입 된다.

- 노동자는 남자 30%, 여자가 70% 정도인데 점차 남자비율을 줄이려는 추세다. 분규 시 남자들이 주도한다. 기술면에서는 남자들은 거친 반면, 여자들은 섬세하고 말을 잘 들어 컨트롤하기가 수월하다고 평가하고 있다. 게다가 현지 supervisor도 여자가 많으니까 같이 일하면서 사내연애하는 것이 많고, 그것이 이직이나 회사 이탈로 이어진다. 연애하다 보면 일에 집중이 안 되고, 어쩌다 임신까지 하게 되면 회사에서도 나가는 경우가 많다. 연애도 해야겠지만, 일의 측면에서 보면 바람직하지는 않아 가급적이면 기혼자를 채용하려고 한다. 기혼자는 애가 있어 책임감이 강하고 꾸준히 일을 한다. 미혼자는 일은 빨리하는데, 책임의식은 낮다. 하지만 기혼.미혼을 따지기 전에 사람 됨됨이를 먼저 봐야 한다.

- 기본금은 하루 38페소(peso)로, 시간당으로 미화 5달러가 넘지 않는다. 하지만 생산 인센티브와 품질 인센티브를 준다. 그룹단위로 자율적인 평가를 하는 것이다. 대부분 공장들은 생산수당을 주지만 품질수당은 주지 않는다. 그러나 C사는 생산수당보다는 품질수당을 먼저 줬다. 그 결과 C사는 똑같은 바이어와 똑같은 시기에 시작해 생산량은 먼저 달성했다. 그런데 품질이 문제가 돼 어려움을 겪고 있다.

- 8명 중 Utility가 있다. 2주마다 기능시험을 치르고 합격하면 배지(badge)와 기능수당을 준다. 3공정 이상 합격하면, Utility로 유니폼이 검남색으로 바뀐다. 검수자(inspector)는 보라색 유니폼을 입고 별도 그룹으로 관리하며, 전무에게 소속된다(95명). 재단 · 봉재 · 완성 · 재검사로 나뉘는데 분임장 · supervisor-jefe가 교육 · 회의를 해 문제가 무엇이며 회사가 어느 방향으로 가야하는가를 논의 한다. 거의 매일 분임별, A,B별, 모듈별 회의가 있다. 분임장급 이상은 한국인 관리자들이 선발하는데, 분임장에게는 별도의 수당을 준다. 하다가 능력이 없으면 다른 사람으로 교체하기도 한다.

- 체육대회 등을 하기도 하는데, 집이 멀어서 가능하면 빨리 귀가하려 한다. 모듈별로 매주 토요일에 수영장.동물원.야영지로 야유회를 간다. 회사는 버스와 음료수를 제공하고, 자기들은 먹을 것을 가져 온다. 보통 한국 사람들도 따라간다. 토요일 11시면 일을 끝내고 정리청소를 하고, 30분 거리로 가서 5~6시까지 놀고 버스로 귀가 한다. 전체는 못가고 모듈별로 신청하면 무조건 받아 준다.

- 미국에서 정장 수요가 감소하고 있다. 첫째는 공급과잉으로 주문이 많이 줄었다. 그리고 엘니뇨현상으로 겨울에도 날씨가 더워 2월까지 반팔로 지낸다. 라이프스타일도 많이 변했다. 이렇게 국제시장의 흐름에도 민감하게 대처해야 한다.

4) 전자업체 D사

- 한국인 관리자는 총 6명이다. 경영관리 2명, 냉장고 파트 2명, 세탁기 파트 2명이다. 공장을 설립한 지는 3년 6개월 지났다. 현지인들은 우리를 어떻게 보는지, 이 시점이 이것을 알아보는 적기가 아닌가하고 생각한다. 이곳에 법인장으로 온 지는 1년 6개월이 지났다. 1998년까지는 환 리스크로 어려움이 많았다. 점점 환율이 안정되고, 유가가 상승하고 2000년 대통령 선거와 함께 경기가 좋아졌다. D사는 달러를 가지고 사업을 하기 때문에 환율에 민감하다. 이 상태로 나간다면 2~3년이면 투자금 회수가 가능할 것 같다. 총 4천만달러 부채가 있었 는데 작년에 1천700만달러를 상환했다.

- D사는 주로 내수시장을 겨냥해 냉장고.세탁기, 그리고 에어컨을 생산한다. 중남미의 다른 나라들(베네수엘라.콜롬비아.파나마)을 합쳐도 멕시코보다 수요가 적다. 남은 것은 미국시장 돌파다. 그런데 돌파엔 문제가 있다. 먼저 냉장고와 세탁기 방식이 다르다. 미국은 대규모 용량인데, 여긴 소규모이다. 따라서 오직 합자형태로만 돌파가 가능하다.

- 초기 공장 인원은 350명이었다. 여기 온 후 약 120명을 내보냈다. 지금은 239명이다. 한국 사람도 11명까지 있었는데, 지금은 총 7명 남았다. 나머지는 한국으로 돌아갔다. 노동자 약 60명은 사직 등으로 자연 감소했고, 나머지는 정리해고됐다. 정리해고 과정에서 반발은 거의 없었다. 퇴직금 명목으로 3개월치 임금을 지급했다. 안 주고 자르는 곳이 많아 그런지 꽤 고마워하면서 나갔다. 60여명의 사직이유로는 각각 다르다. 먼저 관리직의 경우 임금(pay) 때문이다. 대대수는 보다 나은 대우를 해주면 그곳으로 간다. 생산 매니저도 임금(pay) 문제로 다른 곳으로 갔다. 이직율이 높은 두 번째 이유는 이렇다. 여기에서는 회사를 많이 옮길수록 좀 더 나은 경우로 인식한다. 회사에 충성하는 명분보다 현실을 더 중시한다. 특히 작년 상반기까지 매우 경기가 좋아 일자리가 많았다. 나가는 사람 일부는 3개월 기간 동안 임금이 2배가 된 경우도 있고, 바닥으로 떨어져 그만 두는 경우도 있었다.

- 현지화하기 위해 노력하고 있지만 어렵다. 현지화 중 가장 큰 어려움은 엔지니어를 키우

는 것이다. 하루아침에 엔지니어가 나오는 것도 아니다. 언어장벽도 높다. 관리.노무.경제 쪽은 상당히 좋은데 엔지니어를 키우는 것이 가장 큰 어려움이다. 판매 정보가 없고 자재 정보도 없다. 멕시코 가전업체는 양분돼 있다. 먼저 Mabe는 GA 모델 라인을 뜯어 올 정도로 합작해 GA를 통해 미국에 수출하고 있다. 두 번째 Vitron는 몬테레이에 있는데 Woorlpool과 합작하고 있다.

- 노동자 충원은 공고를 많이 하고, 관리직은 소개를 통해 많이 채용한다. K시가 아닌 시골 출신이 약 40%에 이른다. 노동자의 대부분은 중졸이다. 협력업체는 국졸이 많다. 컨베이어 시스템은 보는 것과 다르다. 생산성 향상을 위해서는 노동강도를 높이거나 기술을 높이거나 설계를 변경해 불필요한 요소를 제거한다. 솔직히 말하자면 작년까지 노동강도를 높이는 쪽으로 해왔는데, 이제는 점차 설계를 바꾸거나 기술 현대화 쪽으로 바꿔가고 있다. 궁극적으로 생산성을 높이고 충성도를 높이는 길은 첫째, 직원들을 존중하는 것이고, 둘째, 인센티브를 주는 것이다. 현지 법으로는 이윤의 10%를 노동자들에게 돌려주는 것이 정해져 있다. 현재 생산향상 인센티브를 지급하고, 식사비의 70%와 자녀 학자금을 보조한다.

- 현지화를 이렇게 생각한다. 현지 문화.풍습 등을 존중하면서 이윤을 창출하는 것이다. 이들에게 고용을 창출하고 이윤을 돌려주고, 또한 경영 노하우와 기술을 돌려주는 것이다. 사람만 바뀌었다고 현지화됐다고 생각하지 않는다. 기업가에게는 이윤을 창출하고, 현지 직원들에게는 고용창출과 이윤을 돌려주고 기술도 주는 것이 현지화가 아닐까 한다. 그래서 당연히 이쪽으로 무언가 이전(transfer)돼야 한다. 하지만 현재 모든 정보는 한국 사람이 독점할 수밖에 없다. 지금은 현지인을 채용하는 것은 거의 불가능하다.

- '이곳 사람들이 느리다'는 인식이 있는데, 그렇지는 않다. 느릴 수가 없다. 컨베이어 시스템을 바꿔줘 봐라. 시스템이 돌아가는데 어떻게 느릴 수가 있는가. 한국의 경우 인천에서 1시간에 120대 냉장고를 생산했는데, 광주에서는 1시간에 180대 생산했다. 게다가 광주에서 용역화했더니 1시간에 240대까지 생산했다. 일본 미쓰비시에서는 1시간에 360대를 생산하였는데, 이곳에서는 인간이 최고속도를 낼 수 있도록 하는 시스템화를 했다.

- 안타까운 것은 임금인데, 용역업체는 우리의 절반 밖에 못 받는다. 현실적으로 초기에 D사는 중국에 진출해 실패했다. 당시 사회주의 때문에 실패했다. 현지인들은 주당 40시간, 하루 8시간 일하고 나가 개인생활을 해야 한다. 잔업시키는 관리자의 잘못이다. 전자업

종이 자동차 업종이 진출하는데 기여를 해야 한다.

- 이곳 노조는 CTM에 속해 있고, 공장 내에 4명의 파견근무자(Delegado)가 있다. 노무회의는 매주 수요일 4시50분부터 회의가 있다. 회의에는 노무 매니저, 인사담당자, 4명의 노조 대표, CTM의 당사 담당자, 그리고 사장이 참여한다. 봉제공장은 '인건비 따먹기'로 임금이 비싼 멕시코에선 어려움이 많을 것이다. 매년 9월5일에 임금을 인상한다. 노동자들은 업무에 따라 7등급으로 나뉘는데 임금이 조금씩 다르다. 하는 일은 거의 차이가 없는데 임금차이가 있어 근로자들 간에 불만이 있다. 그래서 이번에는 등급을 단순화하려고 해서 요즈음 정신이 없다. 임금협상은 1년마다 있고, 그리고 2년마다 복리후생협상이 있다.

- CTM에서는 매주 수요일 노무회의에 참석하고, 매주 금요일 라인투어를 하면서 근로자들과 면담을 한다. 이 결과가 매주 수요일 회의에서 다루어진다. 노조가 강하다고 하지만, 한국처럼 강성은 아니다. 정당한 이유가 있으면 서로 협상이 가능하다. 양분되어 있지 않고 서로 협력해 노사관계는 좋다. 그러나 철저하게 노조의 개입을 막는 부분은 회사 인사권이다. 경영을 못하니 관리자 누구를 잘라 달라고 하는 것을 다 들어주면 나라고 목숨이 붙어 있겠나. 일반적으로 요구는 단순하다. 약 80%는 들어줄만하다. 단지 업무가 많아질 뿐이다.

기타

강 수 돌 (姜守乭)

[경 력]

- 서울대 경영학과 학사, 석사
- 독일 브레멘대 노사관계 박사
- 한국노동연구원 연구위원 역임
- 미국 위스콘신대, 캐나다 토론토대,
  독일 베를린대 방문교수
- 현재 고려대 (세종) 융합경영학부 교수

[저·역서]

- 〈중독 사회〉 (이상북스, 2016)
- 〈중독 조직〉 (이후, 2015)
- 〈자본주의와 노사관계〉 (한울, 2014)
- 〈행복한 삶을 위한 인문학〉 (이상북스, 2015)
- 〈나부터 세상을 바꿀 순 없을까〉 (이상북스, 2014)
- 〈팔꿈치사회〉 (갈라파고스, 2013)
- 〈노동을 보는 눈〉 (개마고원, 2012)
- 〈경제와 사회의 녹색혁명〉 (문화과학, 2011)
- 〈자본을 넘어 노동을 넘어〉 (이후, 2009)
- 〈노사관계와 삶의 질〉 (한울, 2002) 등

기업경영과 노동법

초 판1쇄 발행 2006년 2월 28일
개정2판1쇄 발행 2014년 2월 25일
개정3판1쇄 발행 2017년 2월 25일

저   자 강 수 돌
펴 낸 이 임 순 재
펴 낸 곳 주식회사 **한올출판사**
등   록 제11-403호
주   소 서울시 마포구 성산동 133-3 한올빌딩 3층
전   화 (02)376-4298(대표)
팩   스 (02)302-8073
홈페이지 www.hanol.co.kr
e-메일 hanol@hanol.co.kr

ISBN 979-11-5685-568-2